L'ITALIE
DES ITALIENS

QUATRIÈME PARTIE

ROME

PARIS. — IMP. SIMON RAÇON ET COMP., RUE D'ERFURTH, 1.

L'ITALIE
DES
ITALIENS

PAR

Mme LOUISE COLET

Di una terra son tutti : un linguaggio
Parlan tutti : fratelli gli dice
Lo straniero : il comune linguaggio
A ognun d'essi dal volto traspar.
Questa terra fu a tutti nudrice,
. . . .
Che natura dall' altre ha divisa
E ricinta coll' Alpe e col mar.
Manzoni, *Carmagn.*, atto II.

QUATRIÈME PARTIE

ROME

PARIS

E. DENTU, LIBRAIRE

ÉDITEUR DE LA SOCIÉTÉ DES GENS DE LETTRES

PALAIS-ROYAL, 17 ET 19, GALERIE D'ORLÉANS

1864

Tous droits réservés.

L'ITALIE
DES ITALIENS

— ROME —

I

Dans les sentiments généraux comme dans les sentiments intimes, je n'ai jamais compris une satisfaction ou une joie ressentie au préjudice d'une nation ou d'un individu; un bien personnel issu du mal qu'on fait à autrui porte en soi une perturbation morale, une sorte d'impossibilité de succès et de bonheur durable. C'est ainsi qu'un amour adultère est toujours troublé. Le serment trahi, le foyer délaissé, l'ombre d'un mari, quelque coupable qu'il soit, et les ombres plus chères et plus sacrées des enfants innocents de nos passions et qui souffrent par elles, empoisonnent la sécurité d'un amour nouveau. L'amour ancien renié, et devenu haine, menace l'autre de sa propre décomposition fatale, inévitable... « Moi aussi j'ai été vivant, murmure-t-il au chevet durant les nuits d'ivresse, je ne suis plus que cendre; à ton tour tu le deviendras! *Memento mori!* »

De même, pour un esprit philosophique, la guerre et la conquête accomplies par la violation du droit ne procurent aux triomphateurs qu'une gloire malsaine; une vapeur d'injustice s'en dégage qui obscurcit leur renommée. La fanfare de nos victoires ne pourra désormais réjouir la France que si ces victoires ont aidé à l'avènement d'un principe.

Qui oserait dire que le siége et l'occupation de Rome furent pour la France une campagne glorieuse? Autant j'avais éprouvé d'orgueil en rencontrant à Milan, en 1859, mes belliqueux compatriotes, autant je sentis de tristesse et d'humiliation en les voyant mêlés aux gendarmes pontificaux sur le port de Civita-Vecchia, lorsque j'y débarquai le 20 février 1861. A Milan, nos soldats étaient les libérateurs d'un peuple; ici, ils en étaient les geôliers; à Milan, ils affirmaient l'idée émancipatrice des sociétés modernes; ici, ils la trahissaient et la forçaient à se soumettre au fantôme du droit divin terrassé par nos armées dans l'Europe entière.

Insoucieux de leur besogne de lèse-nation, quelques fantassins chantaient en flânant sur le rivage, l'un d'eux m'indiqua la maison voisine du consulat français. M. Breuil, notre consul, à qui j'étais recommandée, voulut bien donner asile à une de mes caisses où j'avais renfermé mes cahiers de notes, mes livres, mes albums, tous mes souvenirs de l'Italie libre. Rassurée sur cette partie compromettante de mon bagage, je livrai le reste à l'inspection des douaniers.

Je reçus de notre consul à Civita-Vecchia et de son aimable femme le plus cordial accueil; je me reposai chez eux en attendant le départ. On sait qu'un chemin de fer relie Civita-Vecchia à la ville éternelle.

« Où comptez-vous loger à Rome? me demanda M. Breuil.
— A l'hôtel d'Angleterre, lui dis-je.
— C'est là où je descends, reprit-il. Je vais vous recommander au maître de l'hôtel, M. Gendre, un Français intelligent qui mérite de faire fortune, tant il exerce son métier en conscience. »

Tandis que le consul de France écrit quelques lignes à cet excellent homme, le *facchino* que j'ai chargé de mes malles accourt m'avertir que je suis en retard; je remercie M. et madame Breuil en leur disant au revoir, et je me rends à l'embarcadère. J'arrive une minute trop tard; j'obtiens à grand'peine qu'on me laisse partir; quant à mon bagage je l'abandonne à l'administration espagnole, qui me promet de me l'expédier le soir même. Je trouve dans le wagon où je m'assieds un monsignor romain et son secrétaire, deux Français, l'un officier d'état-major, l'autre payeur de l'armée, un Russe, un Anglais et un vieux soldat espagnol au service du pape. Je cause avec les deux Français, je leur raconte la joie de Naples à la prise de Gaëte; le Russe et l'Anglais prennent part à la conversation, le prêtre et l'Espagnol me considèrent avec étonnement.

Je regarde les plaines désertes aux belles lignes lumineuses que nous traversons; l'étendue se remplit pour moi d'une vision auguste : c'est donc à Rome que la vapeur m'entraîne? Je crois voir apparaître les grandes ruines antiques. Mais aucune ne se dessine à l'horizon. Les terres se déroulent planes devant nous. Où se cache donc cette campagne de Rome, si merveilleuse et si enivrante, que les artistes et les poëtes qui l'ont une fois contemplée sentent loin d'elle comme une nostalgie de l'idéal, entrevu, saisi, perdu et regretté. En approchant, Saint-Paul, ressemblant à une immense usine, élève à droite ses murs blancs sur le sol marécageux qui borde le Tibre, dont le cours nous est dérobé. Nous arrivons au débarcadère. Je regarde avidement autour de moi et ne découvre rien encore de la grandeur de Rome.

> C'est donc là ce fantôme altier
> Qui jadis eut le monde entier
>   Sous son empire!
> César dans sa pourpre est tombé.
> Dans un petit manteau d'abbé
>   Sa veuve expire!

Je fredonne cette strophe d'Alfred de Musset en montant dans une des voitures découvertes qui stationnent à droite sur un chemin effondré où s'alignent quelques vieux arbres; je dis au cocher de me conduire à l'*hôtel d'Angleterre*. Il devine à ma façon de prononcer l'italien que je suis Française; il me demande aussitôt si j'arrive de Paris, si j'en apporte de bonnes nouvelles pour Rome; et avec cette liberté de langage qui caractérise partout le peuple en Italie, il me traduit le sens de sa demande en ajoutant:

« Nous aimons beaucoup les Français, nous traitons vos soldats en frères, mais nous les aimerions encore mieux s'ils nous laissaient faire un saint du pape, un *gran santo*, répète-t-il, *con il solo governo della chiesa di san Pietro.* »

Sur ma réponse que j'arrive de Naples, il reprend avec vivacité :

« *Sua Eccellenza ha veduto il nostro Giuseppe?* »

C'est ainsi que le peuple de Rome désigne Garibaldi.

« *L'aspettiamo! l'aspettiamo, questo caro eroe!* » poursuit-il, et il se met à me raconter qu'il faisait partie du bataillon *dei cocchieri*, qui tous combattirent sous les ordres de Garibaldi au siège de Rome.

Les cochers romains forment depuis cette époque une association libérale qui donne maille à partir à la police papale : plus alertes encore que leurs confrères de Naples, ces descendants des conducteurs des chars antiques lancent leurs chevaux avec une impétuosité inouïe et ils leur communiquent le vol des fabuleux griffons quand il s'agit de soustraire un patriote à la recherche des gendarmes pontificaux. En apprenant que je connais et que j'honore Garibaldi, mon cocher me conduit en *liberale*, non pas poursuivie, mais fatiguée et pressée d'arriver. J'éprouve un grand charme à entendre parler ce premier Romain; sa prononciation scandée et sonore m'enchante par son harmonie, qui contraste agréablement avec l'accent nasillard et aigu des Napolitains, dont je suis encore assourdie.

Nous arrivons devant la porte *Portese*, élevée au dix-septième siècle par Urbain VIII, sur l'emplacement de la porte antique *Porticensis* [1]. Des soldats français y sont de faction [2] et fument au soleil. Nous passons à travers des rues étroites et désertes voisines du *Transtevere*; nous traversons le *pont Sixte* [3]. Le Tibre, jaune, aux eaux lentes et encaissées, coule entre un double rang de vieilles maisons bâties sur pilotis; j'entrevois à peine sur la rive gauche du fleuve une des façades du palais Farnèse, et sur la rive droite l'étroit jardin de *la Farnésine*; en tournant la tête, je découvre le versant du mont Janicule. Le cocher me nomme les lieux et les monuments; au bout du pont il s'arrête : *Ecco la fontana di ponte Sisto*, me dit-il en me désignant à droite une belle

---

[1] Ainsi nommée parce qu'elle conduisait au port de Rome.
[2] Toutes les portes de Rome, excepté la porte *San Spirito*, enclavée dans la cité Léonine, sont gardées par des soldats français.
[3] Sur l'emplacement du pont antique *Janiculensis*.

nappe d'eau tombant en cascade d'une niche soutenue par deux colonnes :

« É l'acqua Paola, ajoute-t-il; vedrete com' è bella la fontana Paolina sopra il Gianicolo. (C'est de l'eau Paula. Vous verrez comme elle est belle la fontaine Pauline sur le Janicule.) »

Nous franchissons encore quelques rues sans caractère, puis nous débouchons sur la place de Venise, où se dresse à droite le grand palais de Venise couronné de créneaux; en face est le palais moderne du prince Torlonia; à gauche, une des façades du palais Doria, dont l'entrée principale donne dans la rue du *Corso*; je regarde sans admiration les palais et les magasins qui bordent cette rue célèbre : c'est de Rome antique que je rêve, et le Corso me transporte à Paris ou à Milan.

Enfin, sur la place *Colonna*, je vois s'élancer la *colonne Antonine*, dont la spirale en marbre blanc déroule jusqu'au ciel les victoires de Marc Aurèle en Germanie. Les officiers français accoudés au balcon du palais qui remplit le fond de la place pensent-ils à ce vainqueur des barbares qui furent nos pères? La figure en bronze de saint Paul a chassé du faîte de la colonne la statue du noble empereur. Nous suivons la rue du Corso jusqu'à la *via Condotti*, au bout de laquelle m'apparaît en perspective la place d'Espagne et le grand escalier qui conduit à *Santa Trinità de' Monti*. La voiture tourne à gauche, dans la courte et large *via bocca Leone*, longée d'un côté par le palais du duc Torlonia [1]; en face de ce palais est le joli hôtel d'Angleterre. Un magnifique saule pleureur, ombrageant une fontaine formée par un sarcophage antique, décore la façade. L'aspect tranquille de la rue, la propreté exquise de la maison me séduisent tout d'abord. Le maître s'empresse quoique j'arrive sans bagages. La lettre de recommandation de M. Breuil m'attire aussitôt les soins de M. Gendre, soins parfaits qui ne se sont pas démentis une minute durant les trois mois que j'ai passés à Rome. Me voilà installée dans une élégante petite chambre de cet hôtel, le mieux tenu et le plus hospitalier de tous ceux où j'ai logé pendant mes voyages. Table, appartements, service, tout se ressent de l'intelligence active du *padrone*

---

[1] Frère du prince.

di casa. Quelle halte commode dans la vie ! Qu'il fait bon d'oublier dans cette maison, si bien ordonnée, les soins du ménage et la surveillance des domestiques !

Très-lasse du double parcours sur mer et en chemin de fer, je me repose quelques heures. Je descends dîner à table d'hôte, où je trouve alignés à peu près deux cents Anglais ; la plupart, Irlandais et catholiques, sont venus à Rome pour assister à la semaine sainte. La roideur de ce bataillon complet d'insulaires m'aurait un peu gâté l'excellente chère de l'hôtel d'Angleterre, si l'attentif M. Gendre ne m'avait placée près du petit nombre de Français, d'Italiens et de Russes qui occupait l'un des bouts de cette table incommensurable. Je reparlerai de quelques physionomies bonnes à noter parmi tous ces convives, qui, le premier jour, ne formèrent pour moi qu'une assemblée confuse, réunie par le hasard, dans cette longue galerie peinte à fresque et soutenue par des colonnes massives. Le premier soir, je ne remarquai qu'une Anglaise de quarante ans, qui trônait vers le milieu de la table ; la cascade de ses boucles rousses inondait ses épaules nues et se perdait dans les flots de guipure blanche qui encadraient son corsage. Un collier de grosses perles bleu pâle, un diadème, des pendants d'oreilles et des bracelets en verroterie pareille, forçaient tous les yeux à la regarder ; elle minaudait tour à tour avec un de ses gros compatriotes à face rouge, assis à sa droite, et un frêle et blême Irlandais placé à sa gauche, qui semblaient se jeter le double défi, à qui boirait le plus et à qui l'emporterait dans le cœur de la dame. Le vin rendait l'un de plus en plus pourpre et l'autre de plus en plus livide. La dame partageait entre eux les faveurs de ses sourires et de ses paroles qu'accompagnait le cliquetis de ses perles innombrables. J'appris plus tard qu'elle était l'auteur de plusieurs romans moraux, et qu'elle trouvait notre littérature française dangereuse et *shoking*. En sortant de la salle à manger, je traversai un salon de lecture où étaient exposées quelques bonnes copies de tableaux de grands maîtres, et de charmantes réductions en marbre des monuments antiques.

Il était à peine sept heures, et Rome semblait dormir : pas une voix du dehors, pas un chant ne montait des rues silencieuses ; les maisons étaient muettes comme des sépulcres. La tristesse de la ville morte pesait sur mon cœur. Je m'accoudai à ma fenêtre ; je me sentais comme perdue et abandonnée dans cette ville ténébreuse et inconnue. La lune planait au-dessus du palais Torlonia dans un ciel d'une blancheur d'opale et pour ainsi dire tissé d'étoiles, tant elles étaient multipliées.

Tandis que je contemplais la nuit limpide, « plus claire que le jour du Nord[1], » un garçon d'hôtel sifflait dans le corridor l'air de l'hymne de Garibaldi ; la voix se rapprochait et me faisait sourire : c'était comme un écho de Naples, comme une bouffée de liberté et de joie. La voix se tut à ma porte. Le domestique qui chantait frappa et m'annonça la visite de M. Ferdinand Gaillard, pensionnaire de l'Académie de France.

« On vous permet donc à Rome l'hymne de Garibaldi ? demandai-je au domestique.

— Nous nous le permettons dans les maisons, répliqua-t-il.

— Vous aimez Garibaldi ?

— Je le crois bien, dit-il vivement ; il a logé ici avec quelques-uns de ses braves, lorsqu'il arriva à Rome en 1849. *Gran core*, ajouta-t-il, *agnello e leone* (grand cœur, agneau et lion). »

M. Gaillard entra. Je fus charmée de revoir ce jeune artiste, qui m'avait si bien guidée dans le musée de Naples. « Comment pouvez-vous vivre, lui dis-je, dans cette ville morte ? Quel silence, quelle immobilité ! je me sens déjà sur les épaules la chape de plomb des damnés du Dante. Le Vésuve, le golfe de Naples, Pausilippe, Pouzzoles, le cap Misène, Procida, Ischia, que j'ai vu fuir hier soir sous la pourpre du couchant, apparaissent encore à mon regard. Rien ne remplacera ici cette vision resplendissante.

— Ayez le courage de monter en voiture et de vous laisser conduire, répliqua M. Gaillard ; cette belle nuit est faite à souhait pour voir les ruines antiques ; peut-être demain la pluie et les bourrasques viendront, car la température de Rome est changeante comme au temps d'Horace, qui déplorait le vent glacial qui soufflait du mont Soracte.

> Vides ut alta sitet nive candidum
> Soracte, etc.

[1] Gœthe.

— Le froid de cette neige en expectative me glace déjà, repartis-je; songez que j'ai vécu six mois au contact de la flamme du Vésuve, doublée de la flamme patriotique de l'Italie renaissante.

— Chut! ne parlez pas politique, me dit l'artiste, Rome est la ville des morts.

— Oh! je le vois bien, et je me sens déjà dans un tombeau.

— Oui, mais dans un tombeau sublime, reprit-il, où toute l'antiquité tressaillira et se ranimera pour vous dans sa beauté que rien n'égale; allons, poëte, secouez le sommeil et suivez-moi. »

Je m'enveloppai d'un manteau, croyant déjà à la *mal'ria* de Rome, et je montai, avec mon guide intelligent, dans une voiture découverte. Nous traversâmes la *via Condotti*, la place d'Espagne, puis des rues tortueuses, mal éclairées, désertes, et dont toutes les boutiques étaient closes, quoiqu'il fût à peine huit heures. Nous débouchâmes tout à coup sur la place Saint-Jean de Latran et longeâmes à droite le vaisseau de l'imposante basilique. La voiture s'arrêta du côté de la grande façade; nous mîmes pied à terre, et debout sur les degrés du péristyle, au point central d'où le pape bénit le peuple, nous embrassâmes de l'horizon ce que la lueur de la nuit laiteuse nous permettait d'en découvrir. Nous avions devant nous les grands arcs rompus des aqueducs de Claude et de Néron, derrière lesquels se dressaient les branches dentelées de hauts amandiers; à gauche, la *Scala Santa* et l'immense tribune de Latran avec sa belle mosaïque byzantine sur fond d'or dont les figures rayonnaient et semblaient se mouvoir à la clarté de la lune. Plus loin, la campagne de Rome, dominée par des masses opaques qui sont les montagnes de la Sabine. Je devine la grandeur de cet horizon en pleine lumière, et déjà Rome m'apparaît sous un aspect ineffaçable. Nous remontons en voiture, nous traversons de nouveau la place de Saint-Jean de Latran, où se dresse, gardien géant et silencieux, le plus grand des obélisques de Thèbes; puis nous descendons la rue du Colisée, sur laquelle les murailles fleuries de la villa Campana répandent à gauche des cascades de roses blanches et de volubilis.

« Attention! me dit M. Gaillard, nous voici dans l'antique Rome: à votre droite, cette hauteur, c'est le mont Esquilin; les débris qui le couvrent sont ceux du palais d'or de Néron et des thermes de Titus, en face, regardez!... »

Je vois tout à coup, au bout de la rue que notre voiture franchit, avec la rapidité des chars antiques, l'ellipse immense du Colisée; le cirque de Flavius, le formidable *Colossæum*, comme disaient les Romains. L'amphithéâtre détache ses galeries énormes sous le dôme étoilé du ciel clair.

Nous tournons à droite, du côté où le monument est entier; la lumière de la lune se joue dans les arceaux et en blanchit les teintes dorées. Le Colisée m'apparaît dans sa grandeur primitive comme le jour où Titus l'inaugura par des jeux où furent immolées cinq mille bêtes féroces et autant de gladiateurs. Le Colisée a été construit sur l'emplacement d'un lac qui baignait le pied de l'Esquilin et faisait partie des jardins du palais d'or de Néron.

Nous avions laissé un peu à notre gauche le mont Cœlius, où sont encore quelques traces du prétoire, caserne de ces fameuses gardes prétoriennes, qui faisaient et défaisaient les empereurs. Dans les entrailles du Cœlius furent creusés les souterrains voûtés du Vivarium, antre effroyable où rugissaient les animaux destinés au cirque, et qui aboutissaient à l'arène par un couloir invisible. Les restes du portique du Vivarium servent aujourd'hui de bases à un couvent de frères *passionistes* et aux terrasses de leur jardin.

La voiture a tourné l'ellipse du Colisée; nous voici du côté de la partie effondrée; trois sentinelles françaises gardent les grilles fermées dont les barreaux de fer se détachent fluets dans l'encadrement des arcs gigantesques.

Nous parlementons avec les sentinelles pour qu'elles nous laissent entrer dans l'arène. Le soldat à qui je m'adresse est Provençal; je le reconnais à son mauvais accent français, et je lui parle aussitôt dans ce doux idiome arlésien, le premier que j'aie bégayé enfant; il ne résiste pas à une prière formulée dans la langue mère.

« Française et Provençale, me dit-il, nous sommes deux fois compatriotes. Entrez, madame; après tout, la consigne ne doit regarder que ces pendards de Romains, qui se donnent quelquefois sous ces voûtes des rendez-vous honteux. »

Heureuse de voir la barrière et l'obstacle tomber devant mon désir passionné, je me précipite dans le cirque et ne m'arrête qu'au milieu, au pied de la croix : j'embrasse d'un regard la circonférence inouïe des gradins et des arches superposées, et dont le dernier entablement semble soutenir la voûte du ciel. La tête renversée, les regards perdus dans l'espace, j'éprouve une sorte d'éblouissement qui absorbe ma pensée. M. Gaillard, qui m'a rejointe dans l'arène, me dit en riant :

« Oh ! je savais bien que l'admiration vous ferait oublier la lassitude.

— C'est d'une beauté et d'une grandeur qui enorgueillissent, m'écriai-je ; on aime ces œuvres gigantesques et audacieuses de l'homme éphémère, qui luttent de puissance et de durée avec les œuvres éternelles de la nature. Nos théâtres modernes ne sont que des jouets d'enfants auprès de cet amphithéâtre où s'accomplissaient des drames vivants. Je crois voir ce cirque se repeupler de spectateurs : j'y assiste tour à tour aux tueries des animaux et des hommes, ou à quelque naumachie superbe sur l'arène transformée en lac.

— Voici la loge des empereurs, celle des gardes, celle des consuls, celle des vestales, celles des matrones romaines, » me dit M. Gaillard, en me désignant du geste, tandis que nous faisions le tour de l'hémicycle, les divisions architecturales qui formaient les limites des places réservées.

Des chapiteaux, des tronçons de colonnes, des fragments de corniches et de bas-reliefs, des torses de statues bordent le pourtour. Devant ces débris antiques se dressent, de distance en distance, de détestables peintures modernes, à cadres peints en jaune, représentant les stations du Chemin de la Croix ; c'est d'une discordance qui choque les yeux et la pensée ; il en est de même de la croix de bois d'un gris de fer, décrivant trois pointes de lance, qui s'élève au milieu de l'arène ; c'est mesquin et insuffisant pour symboliser le christianisme vainqueur du paganisme ; la grandeur du monument païen écrase ici la prise de possession du Dieu de l'Évangile. J'aurai occasion d'en dire autant à propos des temples antiques transformés en églises d'un faux goût ; les chapelles, les autels, les peintures et les ornements coloriés du culte catholique messeyent à ces rotondes grecques qui réclament leurs sereines et blanches divinités de marbre transportées au Vatican. Au Dieu du Calvaire il faut nos églises gothiques ou les églises byzantines de Venise, de Ravenne et de Padoue.

Je détourne mes yeux de l'arène pour les attacher avidement sur l'immensité des galeries; les pâles clartés des étoiles y projettent des formes indécises; on croit voir passer sous les arcades les sénateurs romains dans leurs toges; les soldats avec leurs casques au cimier sculpté; les courtisanes en péplum transparent brodé d'or; les esclaves nubiens portant des amphores, des coupes et des corbeilles de fruits; la lune rayonne perpendiculaire au milieu de l'arène; l'éther décrit un velarium bleuâtre au-dessus de nos têtes. La nuit fraîchit; la sentinelle provençale nous crie :

« Hâtez-vous! je suis en contravention! »

Je m'éloigne à regret du Colisée, emportant le ravissement de cette première apparition du plus grand monument de l'antiquité.

En sortant du cirque nous avons en face de nous la *Voie Sacrée*; tout à fait devant nous, à droite, les débris de la Borne-fontaine où les gladiateurs faisaient leurs ablutions, et, à gauche, le piédestal détruit du colosse de Néron; ce colosse en bronze (dont la main gigantesque est dans une des cours du Capitole) était presque aussi grand que celui de Rhodes; il représentait le soleil[1] sous les traits de Néron. Je pense à Louis XIV, qui avait également adopté cette image comme emblème. La souveraineté absolue aime les symboles éblouissants.

Avant de franchir la voie Sacrée, nous tournons la tête à gauche et contemplons l'arc de Constantin, porte ouverte sur la *Voie Triomphale*; de ce côté, la partie brisée du Colisée est entourée de vieux arbres dont le feuillage renaissant bruit en ce moment dans l'air; les allées et les gazons du Jardin botanique continuent ce cadre de verdure; l'on n'en saurait imaginer un plus grandiose, plus poétique et seyant mieux à cette belle ruine. Du côté droit de l'arc de Constantin, dont les milliers de figures empruntent à la nuit des lignes plus pures, se dresse le mont Palatin. Nous l'avons à gauche en suivant la voie Sacrée. C'est sur ce mont, d'après la

[1] Apollon, dieu du jour.

tradition, qu'Évandre fonda la cité de Palatium, nom d'une ville d'Arcadie. Cette colline s'élève au milieu des autres collines de Rome; elle a à l'ouest l'Aventin, au sud le Cœlius, à l'est l'Esquilin, au nord et à l'ouest le Viminal, le Quirinal et le Capitole. La forme du mont Palatin est celle d'un trapèze ayant six mille quatre cents pieds romains de circuit et cinquante-deux mètres d'élévation au-dessus du niveau de la mer; la voie Triomphale, la voie Sacrée et la voie Appia lui forment une ceinture imposante. Qu'on nous pardonne ces détails; ce théâtre de l'histoire est assez mémorable pour qu'il ne soit pas sans intérêt d'en mesurer l'étendue. Sur cette colline habitèrent les cinq premiers rois de Rome Romulus y eut sa cabane, Numa et Tullus Hostilius leurs maisons, Ancus Martius et Tarquin l'Ancien leurs palais; enfin Auguste, Tibère, Caïus Caligula, Claude, Néron et Domitien y élevèrent ces constructions formidables désignées sous le nom de *Palais des Césars*, et dont les ruines attestent encore aujourd'hui la splendeur et l'immensité.

Au début de la voie Sacrée, nous avons à droite les fondations du *Temple de Vénus et Rome*; au point culminant de la voie se dresse l'*Arc de Titus*, en marbre pentélique; je regarde un instant sur un bas-relief intérieur de la voûte, les Juifs enchaînés, les tables de Moïse, les trompettes bibliques et le candélabre à sept branches du temple de Jérusalem; c'est le judaïsme sculpté, éternisé par la conquête. Toujours à droite, voici les grandes arches à caissons de la *Basilique de Constantin*, le *Temple de Romulus et Rémus*, celui d'*Antonin et Faustine*, la *Basilique Julia*, étalant le long du Forum, et jusqu'au pied du Capitole, leurs colonnes, leurs frontons, leurs rotondes aux sculptures rompues; à gauche, le Palatin, où les arbres, les champs, les jardins, les couvents et les villas se mêlent aux pans de murs énormes et aux terrasses babyloniennes du palais des Césars, qui se continue en retour et dresse sa plus belle ruine du côté de la voie Appia.

Ce soir-là nous bornons notre excursion à la voie Sacrée et au Forum jusqu'au pied du Capitole. Après avoir passé l'arc de Titus, je remarque à gauche, sur le versant du Palatin, tout à fait au bord de la voie et en face de la basilique de Constantin, un escalier aboutissant à des terrasses ornées de bustes (modernes), de niches, de balustrades, de fontaines à sec et formant une sorte de décoration de théâtre dans le style des Médicis; on dirait un fragment du jardin Boboli de Florence. Ces constructions font disparate au milieu de la sévérité des monuments qui bordent la voie Sacrée; elles conduisent au jardin Farnèse, l'une des propriétés à Rome du dernier roi de Naples[1]. Mais, dans ces jardins abandonnés et devenus des terrains incultes, sont des ruines précieuses au milieu desquelles je conduirai bientôt mes lecteurs. Pour le moment avançons dans le Forum: le calme et la solitude de cette heure doublent la beauté des monuments antiques.

Les Romains dorment; nous ne rencontrons que des soldats français émerveillés comme nous du spectacle des ruines; plusieurs sifflent en marchant des airs nationaux; quelques-uns donnent le bras à de jeunes Romaines dont les beaux profils se dessinent souriants à travers les entre-colonnements des temples. Nous échangeons des *bonsoirs* avec nos compatriotes, joyeux gardiens de la ville éternelle.

Nous saluons aussi, en passant, comme des reines rayonnantes de blancheur, les trois colonnes corinthiennes du temple de *Jupiter Stator* (ou de tout autre dieu); puis, sentinelle géante, veillant sur tous ces grands débris, la *Colonne de Phocas*, auprès de laquelle se groupent les ruines des trois *Temples de la Fortune*, de *Jupiter Tonnant* et de *la Concorde*, des *Rostres*[2] et du *Tabularium*. Nous nous arrêtons enfin sous l'arc de *Septime Sévère*, au pied du Capitole; nous contemplons les fondements antiques adhérents au roc; mais nous nous gardons de considérer les constructions modernes et surtout d'en faire le tour pour voir la façade du palais de la Renaissance avec ses deux ailes élégantes, dessinées par Michel-Ange, son escalier monumental, sa cour ornée de marbres dont quelques-uns sont antiques et semblent faire cortège à la statue équestre en bronze de Marc Aurèle. Il est là, l'empereur philosophe, à la figure pensive, comme le juge recueilli et inexorable des triomphateurs anciens et modernes dont

---

[1] L'Empereur Napoléon III en a fait depuis l'acquisition.
[2] Tribune aux harangues.

les ombres s'agitent encore dans cette enceinte muette où tant d'orgueil et de bruit retentirent. Malgré le grandiose ensemble décoratif de ce côté moderne du Capitole, nous nous en détournons ce soir-là; après la majestueuse simplicité des monuments du Forum, nos yeux n'en supporteraient pas l'aspect; de même qu'au sortir des golfes de Naples, de Salerne ou de Baïa, la cascade du parc de Caserte, faite sur le modèle de celle de Saint-Cloud, irrite le regard par la mièvrerie de ses rocailles.

Nous montons jusqu'à mi-côte (en venant du Forum) la rampe de gauche du Capitole, et nous tournant une dernière fois du côté du Palatin, nous admirons encore dans l'ombre de la nuit, plus sombre, la ruine échelonnée du palais des Césars, qu'il faut voir au grand jour pour bien la décrire.

II

« Si vous aviez le courage de veiller encore une heure, me dit M. Gaillard, je vous proposerais de comparer dès ce soir les monuments de l'art chrétien à ceux de l'art païen. Cette claire nuit double la beauté de la place Saint-Pierre, en atténuant les défauts de détail des figures et des ornementations qui ne vous choqueront que trop en pleine lumière.

— L'admiration repose, et je me sens, lui répondis-je, la force de parcourir Rome jusqu'au jour. »

Nous franchissons plusieurs rues obscures, passons le *ponte Rotto*, sur lequel je ramènerai mes lecteurs, puis à travers le Transtévère endormi, nous gagnons la *via della Lungara*, et nous trouvons tout à coup sur la place Saint-Pierre : je suis frappée par l'élégance de la double perspective des portiques elliptiques à quatre rangs de colonnes, dont les lueurs bleuâtres de la nuit baignent les interstices. Ces deux galeries encadrent la place de leurs courbes harmonieuses et se couronnent d'une balustrade, où tous les saints des légendes et du martyrologe planent dans l'éther. Au grand jour, ces innombrables figures sont d'un style détestable, mais, à cette heure, elles contribuent à l'effet de cette imposante décoration. Je me place au pied de l'obélisque d'Héliopolis (transporté à Rome par Caligula), comme je me suis placée au pied de la croix au milieu de l'arène du cirque antique. Après le Colisée, la grandeur de la place Saint-Pierre ne me frappe point ; les deux petites fontaines de bronze qui jaillissent de chaque côté du monolithe ressemblent à des jouets d'enfants. La seconde place, étranglée (en forme de trapèze), qui suit la vaste place en rotonde, en tranche la majesté, et au fond la façade de l'église, percée de portes et de fenêtres étroites, comme celles d'une maison, me causent un désenchantement absolu. Cette malencontreuse façade dérobe la vue de la coupole, seule partie vraiment belle de Saint-Pierre et qui projette au-dessus du panorama de Rome une splendeur inouïe. La merveilleuse unité des monuments antiques, ce que j'appellerais volontiers leur olympienne structure, manque entièrement ici ; l'imperfection et la surcharge des ornements et des lignes brisées amoindrit ce monument immense : colonnes, statues, architraves, se heurtent disparates. C'est à l'art antique ce qu'une étoffe mouchetée, chatoyante, enjolivée est à la noble simplicité d'un vêtement de pourpre. A mesure que nous avançons sur la petite place, flanquée de deux galeries où l'air s'engouffre par des fenêtres béantes et sans vitres (qui font ressembler ces galeries à des pans de maisons inachevées), l'absence d'ensemble et d'harmonie me choque de plus en plus.

Je demande à M. Gaillard où donc se cache le palais du Vatican ?

Il me conduit à l'extrémité du portique de gauche, d'où nous découvrons un amas de constructions confuses, reliées entre elles par la cour *S. Damaso*, qu'encadrent les galeries de Bramante et de Raphaël. Cette perspective manque de grandeur, d'unité et de véritable aspect monumental. Les portiques, qui m'enchanteront bientôt, disparaissent dans l'ensemble heurté des bâtiments divers. Je me prends à regretter le vieux château fort à tourelles et à créneaux du Vatican primitif qu'habita Charlemagne, et je regrette aussi l'ancienne basilique de Saint-Pierre, bâtie par Constantin, qui resta debout jusqu'au quinzième siècle.

Au lieu même où s'élève le Vatican moderne, l'antiquité rendait des oracles[1]; les siècles passeront, et les thaumaturges de la papauté laisseront aussi peu d'écho que ceux du paganisme.

Le double portique qui se déroule devant nous, la basilique de Saint-Pierre et le palais du Vatican, occupent l'emplacement du cirque et des jardins de Néron.

« Depuis longtemps, dit Tacite, Néron souhaitait de conduire un
« char dans la lice, et par une fantaisie non moins honteuse, il
« voulait chanter sur la harpe pendant ses repas des chansons ob-
« scènes... On fit enclore dans la vallée du Vatican un terrain où il
« conduisait des chevaux. Des spectateurs choisis furent seuls
« admis d'abord, mais bientôt le peuple romain fut invité. La
« foule exaltait Néron ; car cette foule, avide de plaisir, aimait à
« retrouver ses goûts dans ses princes. Cet avilissement public,
« loin de le dégoûter, comme on s'y attendait, l'excita. Croyant
« atténuer son déshonneur en déshonorant les autres, il fit monter
« sur la scène les descendants des familles nobles que l'indigence
« réduisait à se vendre. Quoique morts, je ne les nomme point,
« par respect pour leurs ancêtres ; d'ailleurs la honte est à celui
« qui, loin de les détourner du mal, les paya pour le faire. Il
« força même par de grands présents des chevaliers d'une haute
« distinction à s'engager pour les combats de l'arène ; les présents
« ont la force de la contrainte quand ils viennent de celui qui
« peut ordonner. » En me rappelant ce passage de Tacite sur le lieu même où César paradait comme un histrion, je songeais au faste insensé que le despotisme perpétue sur la terre : Louis XIV se plaisait aussi à figurer dans ses carrousels. Les pompes royales ne participent en rien de la grandeur des arts ; c'est le luxe éphémère de la Perse, étranger à l'immortelle splendeur de la Grèce. A tous les souverains qui adorent la mise en scène manque le sentiment de la statuaire et de la poésie ; il y a dans l'art vrai une grandeur morale inaccessible à la tyrannie.

Néron ensanglanta le sol antique où s'élève aujourd'hui la *cité Léonine*[2] par des jeux plus sinistres. Après l'incendie de Rome,

---

[1] Le mot Vatican, en latin *Vaticanum*, provient des oracles romains *Vaticinia* qu'on rendait dans cet endroit.

[2] La *cité Léonine* ou *Borgo* renferme le Vatican, la basilique de Saint-Pierre, le fort Saint-Ange et le palais Giraud. C'est avec la cité Léonine que

dont ont accusait l'empereur, « Néron, dit encore Tacite, sup-
« posa des coupables, et livra aux tortures les plus raffinées ces
« hommes détestés pour leurs forfaits, que le peuple appelait chré-
« tiens... On saisit d'abord ceux qui avouaient, et sur leur dé-
« position il y en eut un grand nombre qui furent convaincus,
« sinon d'avoir incendié Rome, du moins de haïr le genre hu-
« main. On insultait, comme pour s'en amuser, ceux qui allaient
« mourir ; on les couvrait de peaux de bêtes pour les faire dé-
« chirer par les chiens ; on les attachait sur des croix, quelque-
« fois même on les allumait comme des torches pour servir,
« quand le jour tombait, à éclairer la nuit. Néron avait prêté ses
« jardins à ce spectacle, et en même temps il donnait des jeux
« dans le cirque, se mêlant parmi le peuple en habit de cocher,
« et conduisant des chars. Quoique les chrétiens fussent cou-
« pables et dignes des derniers supplices, on ne laissait pas de
« les prendre en pitié, comme s'ils eussent été sacrifiés, non pas
« à l'utilité publique, mais à la cruauté d'un seul homme. »

Ces forfaits de la tyrannie et du fanatisme ne sont point exclusifs au monde antique ; les auto-da-fé espagnols et les prêtres catholiques, crucifix en main, lançant sur les Indiens des chiens dressés à la chasse humaine, ont égalé les cruautés de Néron. Des historiens encore moins émus que Tacite, nous ont transmis ces scènes d'horreur qui furent bénies par la papauté.

Tandis que j'évoque ces drames impies, la lune plane dans le firmament d'un blanc azuré, elle se balance au-dessus de la croix de fer qui se dresse à la pointe de l'obélisque. Il semble aux rêveurs que cette immuable sérénité des astres descend de l'œil de Dieu toujours ouvert sur nous.

Le palais du Vatican est endormi et couvert de ténèbres, à peine quelques lueurs percent-elles çà et là les vitres des fenêtres du troisième étage du bâtiment carré appelé *villa de Jules II;* c'est là que demeure le cardinal Antonelli. Au-dessous de ces fe-

---

l'Italie libre, ayant Rome pour capitale, proposait de composer un apanage au pape ; y comprendre le château Saint-Ange serait inutile, à moins qu'il cessât d'être une forteresse et devînt le décor d'un grand parc qu'on planterait dans ses entours, et où les papes futurs pourraient se recueillir.

nêtres, en ce moment obscures, sont celles de l'appartement de Pie IX. La grande place de Saint-Pierre (ou du Vatican) est absolument déserte; sous la galerie de droite, quelques gardes suisses, dans leur bizarre uniforme, se promènent lance au poing devant la porte qui mène au palais des papes.

Nous quittons la place en prenant la rue *Borgo nuovo*, à l'angle de laquelle se dresse la pauvre *osteria del Leone d'oro*, où je conduirai un matin mes lecteurs; ce restaurant, fort sale, trône en regard de la façade de Saint-Pierre. Sous l'occupation de Rome par les Français, durant le premier Empire, il avait été question d'abattre les maisons du *Borgo nuovo* et de relier par des portiques la place Saint-Pierre au fort Saint-Ange; la perspective y eût gagné, mais il aurait fallu démolir le beau palais Giraud [1], construit par Bramante, et une ravissante *casa* bâtie d'après les dessins de Raphaël. Déjà le palais où mourut ce grand peintre avait été sacrifié à la colonnade de Bernini. C'est payer trop cher l'embellissement symétrique des capitales modernes que de détruire pour les obtenir les monuments historiques. La grandeur d'une ville consiste moins dans son étendue que dans ses souvenirs. Une colonne du Forum en dit plus à l'esprit que toutes les arcades de la rue de Rivoli. Les demeures des hommes illustres doivent nous être sacrées à l'égal de leurs tombes; quelque chose de leur âme y palpite et nous attire. Les œuvres du génie, dans la science, dans la peinture et dans la poésie sont encore inaccessibles à l'esprit de la foule ; mais les pierres lui parlent. *La Torre di Galileo* a rendu familier au plus pauvre Florentin le nom du révélateur du mouvement de la terre, de même que la dalle où Dante s'asseyait au soleil sur la place *di Santa Maria del Fiore* a popularisé sa mémoire. Durant deux siècles les incultes Transtévérins, en se rendant à la basilique de Saint-Pierre, se sont montré la maison où Raphaël expira et ont mêlé son nom à celui de la Fornarina, cette fille de leur sang dont ils sont encore glorieux. Ces lueurs obscures et bornées de ce qui fut grand, beau ou terrible, perçant de génération en génération les ténèbres du peuple, ont leur intérêt romanesque, elles prêtent aux annales certaines l'imagination des

---

[1] Il appartient aujourd'hui au prince Torlonia.

légendes. J'aurai plus d'une fois à constater à Rome la poésie tour à tour naïve et grandiose des traditions populaires.

Tout en regrettant la *casa* où mourut Raphaël, nous faisons le tour de la place *S. Giacomo Sossacavalli*[1], que traverse la rue *Borgo nuovo*, et au centre de laquelle jaillit une jolie fontaine ; puis tout à coup nous voyons à gauche, devant nous, le fort Saint-Ange, dont l'immense rotonde jaillit au-dessus des créneaux d'un mur d'enceinte et se détache dans le ciel. Une sorte de tour tronquée, trouée de meurtrières, superfétation du moyen âge, couronne la rotonde ; à son sommet se dresse la figure colossale de l'archange aux ailes déployées. Cette statue de bronze doré semble toucher aux étoiles et en réfléter les rayons.

Avant même de savoir le nom du monument qui vient de m'apparaître, je m'arrête frappée par sa majestueuse harmonie. C'est bien là cette belle unité des édifices grecs et romains que complétaient, sans surcharge, les ornements et les statues. Je suis émerveillée de cette masse imposante qui se dessine nette et superbe dans la transparence de l'air ! Que sera-ce, lorsqu'à l'aide d'une description antique je pourrai reconstruire cet inouï tombeau d'Adrien dans sa primitive magnificence ! Tandis que nous nous en approchons, nous voyons s'élancer de la ceinture du mur d'enceinte la galerie à arcades qui relie le fort au Vatican. Ce passage fut construit par le pape Borgia Alexandre VI, et il servit à Clément VII pour se réfugier au château Saint-Ange pendant que les soldats du connétable de Bourbon faisaient le sac de Rome. Aujourd'hui le passage est gardé, aussi bien que le fort, par des soldats français.

Nous trouvons un poste nombreux de nos joyeux compatriotes, les uns debout, les autres étendus, devant la petite redoute par laquelle on entre dans la forteresse. Quelques-uns se tiennent accoudés sur la balustrade du pont Saint-Ange, regardant couler le Tibre, qui les fait rêver sans doute de quelque fleuve de la patrie. Par cette belle nuit, le pont antique (*pontus Ælius*) est superbe. Il fut construit par Adrien en même temps que son splendide mausolée ; au-dessus des balustres (modernes) se dressent

---

[1] Où s'élève le palais Giraud.

les dix anges maniérés de Bernini et de ses élèves [1]. Sur les deux derniers piédestaux faisant face à la place (rive gauche du fleuve) sont les statues de saint Pierre et de saint Paul. Je ne regarde que l'ensemble du pont et du mausolée. J'y ramènerai mes lecteurs. La nuit fraîchit, une vapeur blanche monte des eaux du fleuve au pied du Janicule; les maisons bâties sur pilotis, les palais qui s'étagent au loin sont muets comme des tombes. A peine quelques lueurs scintillent-elles çà et là à travers les fenêtres closes. Nous remontons en voiture sur la place Saint-Ange, où, durant tant de siècles, se dressa l'échafaud des condamnés à mort. Nous y évoquerons un jour ses plus attendrissants fantômes. Où s'élevaient la prison de *torre di Nona* (à gauche de la place, dans la rue des *Coronari*) est aujourd'hui le théâtre de *Tordinono*; les chants des maestri harmonieux ont succédé aux cris et aux gémissements des suppliciés. Le théâtre est fermé à cause du carême. Jusqu'à l'hôtel, plus rien n'attire mes regards fatigués.

« A demain, me dit M. Gaillard en me déposant à la porte de l'*albergo d'Inghilterra*; j'ai encore une journée entière à vous donner, puis les études de la dernière année que je dois passer à Rome me forceront à mesurer ces heures d'excursion, si attrayantes et si fructueuses pour l'artiste, car la vue des monuments encadrés de lumière complète dans l'art l'enseignement des chefs-d'œuvre de la statuaire et de la peinture. Mais le soir je serai libre, et nous pourrons parcourir Rome; les nuits romaines valent les nuits vénitiennes. »

III

Ne voulant pas abuser du temps du jeune artiste, je songe dès le lendemain à remettre les lettres de recommandation qui m'ont été données à Naples. A midi, M. Gaillard vient me chercher pour me conduire au palais Médicis (Académie de France). Nous suivons la *via Condotti* [2], une des rues les plus élégantes de Rome, qui

[1] Un seul est de Bernini.
[2] Ainsi nommée des conduits (*condotti*) de l'*acqua Virgine* qui passent au-dessous de cette rue.

va du *Corso* à la *place d'Espagne*. Elle est bordée de jolis magasins d'orfévrerie étalant sur leurs devantures des flots de chapelets, des bijoux en mosaïque, en malachite, en corail, en lapis lazuli, et en toutes sortes de *pietre dure*. Les bijoux en or mat imités de l'antique sont en majorité ; nous retrouverons ces parures étrusques, grecques et romaines dans toute leur perfection chez le grand orfévre Castellani. Dans d'autres boutiques se groupent les reproductions des monuments de Rome et des chefs-d'œuvre de la statuaire. Les morceaux de marbre précieux, de rouge, de jaune et de vert antique, qui jonchent la campagne romaine, servent à sculpter ces copies en diminutif dont le principal mérite est la précision. Les Anglais, enthousiastes de ces jouets de marbre, peuvent, en quittant Rome, emporter dans leur poche la colonne Trajane, le Colisée et l'obélisque de la place Latran. Si les boutiquiers d'Athènes avaient été pourvus de pareilles imitations au temps de lord Elgin, sans doute le noble lord s'en serait contenté et les métopes du Parthénon ne seraient pas à Londres. C'est aussi dans la *via Condotti* qu'on trouve les jolies écharpes de soie en tissu croisé ressemblant à celles des fabriques de Sorrente. Viennent ensuite les expositions de photographie : Vénus, Léda, Antinoüs, Apollon, voire même les plus petits Amours alignés dans les vitrines, sont affublés des pudibondes et *sciocche foglie*, dont les sabres des garibaldiens ont fait justice dans le musée de Naples. Il est vrai que dans leur arrière-boutique les photographes vendent, à qui les demande, les dieux et les héros dépouillés de leur grotesque accessoire. Tout est ainsi à Rome, la décence et la règle n'y sont que d'apparat.

Les étalages des plus belles fleurs embaument la rue. A l'angle même de la petite place *Bocca di Leone*, où est situé l'hôtel d'Angleterre, deux jeunes paysans, en culotte courte et en veste ronde, étagent chaque matin de gros bouquets de roses, de camellias, de violettes doubles et d'héliotropes s'alternant avec les jolies corbeilles où les pâquerettes, les *ne m'oubliez-pas*, les boutons d'or, les jasmins et les pensées décrivent une rosace ou un ovale de mosaïque aux vives couleurs ; puis, ce sont de grosses gerbes d'orchidées, de glaïeuls, d'arum aux cornets d'ivoire, de lis et de tubéreuses. Rome l'emporte sur Gênes dans l'art de grouper les fleurs; moyennant quelques *baiocchi* on peut se donner chaque jour ce luxe enchanteur.

Outre les établis en plein vent, la *via Condotti* a un grand magasin de fleurs où se trouve toute la flore de la campagne romaine. Cette moisson riante et pacifique sépare les deux établissements culinaires des frères Spillmann, qui exposent derrière leurs vitrines les plus alléchants comestibles; ce sont de vrais frères ennemis que ces frères Spillmann (de souche allemande devenue italienne). L'aîné défraye la table des cardinaux et des *Codini*[1] (queues); le cadet est le fournisseur des libéraux, des étrangers, de la population flottante, vivante, active; la clientèle du frère cadet est beaucoup plus considérable que celle de l'aîné. C'est devant les deux étalages de fruits, de poissons, de volailles et de venaison auxquels Lucullus aurait souri, que l'on rencontre à toute heure quelques familles (toujours les mêmes) de mendiants romains; ils forment des groupes superbes. Le mendiant romain est à celui de Naples ce qu'est la Vénus de Milo à une idole chinoise; dans le mendiant de Rome, rien de grotesque, rien de repoussant; jamais une plaie et très-rarement des haillons (excepté au Ghetto); la beauté et la noblesse natives drapent pour ainsi dire la misère. Ces gens-là vous demandent l'aumône avec une dignité et un port de tête qui vous font monter aux lèvres le vers d'Alfred de Musset:

Ce sont des mendiants qu'on prendrait pour des dieux...

Je n'oublierai jamais le tableau que m'offrait chaque jour, dans la *via Condotti*, une mendiante romaine suivie de ses trois enfants. Son fils, de quatorze ans, beau comme l'*Empellus* de la *villa Ludovisi*, joue de la zampogna; sa tête rit, ses yeux petillent, les boucles de ses cheveux bruns s'agitent au mouvement de ses lèvres. Ses deux sœurs, aux pieds roses et poudreux, portent des jupons écrus fixés à la taille par des corsets rouges; leur cou, modelé comme celui de la Thalie[2], est ceint d'un collier de

---

[1] Surnom donné aux partisans du *statu quo* correspondant à celui de perruque.
[2] Salon des Muses au Vatican.

corail; leur front grec, qu'entoure le double bandeau de leurs cheveux noirs, se couronne d'un capulet de pourpre posé carrément. L'aînée, qui a douze ans à peine, est d'une beauté troublante; ses longs yeux aux cils mouvants, ses narines dilatées et ses dents éclatantes font rêver des prêtresses de Vénus. La mère, au profil d'Agrippine, porte le même costume que ses filles; son attitude est si fière, qu'on est tenté de s'incliner devant elle. D'une de ses mains elle serre un nourrisson à sa ceinture, elle tend l'autre aux passants en répétant : *la carità, cari signori*. Ce n'est pas l'obsession assourdissante et tenace de la mendiante napolitaine, c'est comme un appel fraternel et doux. Le plaisir qu'on trouve à la regarder, elle et ses enfants, fait qu'on lui donne toujours.

Tout en flânant dans la *via Condotti*, nous débouchons sur la place d'Espagne, une des plus connues de Rome; elle doit son nom au grand palais appartenant à la cour d'Espagne qui se masse à droite: à côté s'élève le fameux collége de la *Propagande*, devant lequel a été plantée l'énorme colonne de l'*Immaculée Conception*. Ce monument, érigé par Pie IX, en l'honneur d'un dogme nouveau, est d'un goût atroce : une magnifique colonne antique en marbre rose, trouvée au Champ-de-Mars, se dresse garrottée dans un feuillage de bronze doré; son fût se couronne d'une mauvaise statue de la Vierge portant au front un cercle d'étoiles. Une base massive et carrée est flanquée à chaque angle des lourdes figures de Moïse, de David, d'Isaïe et d'Ézéchiel, les quatre prophètes qui prédirent la venue de Marie. Ce monument, qu'on a fait riche ne pouvant le faire beau, exerce chaque jour la verve des libres penseurs romains. Son piédestal, rivalisant avec le torse du vieux *Pasquino*, leur sert à afficher la nuit les épigrammes que leur inspire le dogme nouveau proclamé sur la colonne païenne. La police papale lacère en vain le matin les vers satiriques, ils reparaissent la nuit suivante plus comiques et plus hardis. Je me garde d'en citer quelques-uns de peur de m'attirer leur sort et d'être mise en pièces par les dévots.

Détournant nos yeux de ce fastueux décor, qui constate l'inanité de l'art catholique contemporain, nous nous plaçons au centre de la place, au bord de l'élégante fontaine *della Barcaccia* de Pietro

Bernini [1], elle est en forme de barque comme son nom l'indique; une large coupe, d'où l'eau jaillit, s'épanouit au milieu.

En face de nous s'étagent le double escalier et les galeries, surmontées d'un obélisque, qui conduisent à l'église de *la Trinità de' Monti*; les deux clochers de l'église encadrent à distance la pointe du monolithe. Nous montons les degrés de cette décoration un peu théâtrale qui est due à un Français [2]. Arrivés au pied de l'obélisque, le panorama de Rome commence à se déployer. L'église de *la Trinita de' Monti* que nous avons à droite est fermée, elle appartient, ainsi que le couvent, aux dames du Sacré-Cœur. Nous franchissons une courte allée d'arbres qui mène au palais Médicis, dont la belle façade donne sur les jardins. Vis-à-vis de la porte de l'Académie de France, un jet d'eau jaillit dans une vaste coupe antique abritée par des platanes. Rome se groupe devant nous. J'interroge M. Gaillard sur les monuments qui m'apparaissent.

« Attendez, me dit-il, montons encore, la vue sera plus complète du belvédère où je vais vous conduire. »

L'escalier du palais aboutit sous un beau péristyle qui s'ouvre sur les jardins; de ce côté, les murs de la façade (dessinée, dit-on, par Michel-Ange) sont incrustés de bas-reliefs grecs et romains. C'est tout ce qui reste à la *villa Médicis* de la statuaire antique; les figures qui la décoraient autrefois ont été transportées dans la *Galerie des Offices* de Florence. Devant nous s'étendent les jardins calmes et recueillis ayant pour perspective la *villa Borghèse* et une partie de la *villa Ludovisi*. A l'horizon se dressent en courbes lumineuses les montagnes du *Latium* et de *Tusculum*. Des débris de murs antiques bordent l'esplanade où nous marchons; un tunnel romain passe au-dessous dans les entrailles du mont Pincio et amène l'*acqua Vergine* à la place d'Espagne. A droite, l'esplanade est close par la longue *galerie des Plâtres*, servant aux études et au-dessus de laquelle frissonne un petit bois de chênes verts; nous suivons le bord de la terrasse parallèle à la belle allée qui conduit à la promenade du Pincio. Déjà la grande coupole de Saint-

---

[1] Père de Lorenzo Bernini.
[2] à Étienne Gouffier, ambassadeur de France à Rome.

Pierre nous apparaît dans toute sa splendeur, encadrée par les belles lignes du mont Janicule et du mont Mario.

« C'est d'ici qu'il faut voir l'illumination de la coupole aux fêtes de Pâques ; vous jugerez mieux tantôt de l'effet de la coupole quand nos regards planeront au-dessus de la ville entière. »

Au bout de la terrasse qui relie la *villa Médicis* et la *promenade du Pincio*, nous trouvons un pavillon contenant les logements des pensionnaires de l'Académie de France. M. Gaillard me conduit dans sa cellule, dont les deux fenêtres s'ouvrent sur le Pincio ; l'esplanade sillonnée d'allées, de parterres et de quinconces est en ce moment déserte ; quelques statues antiques et modernes et des bustes d'Italiens célèbres, debout sur des hermès, semblent les gardiens de cette poétique solitude toute baignée d'une lumière éclatante.

« La promenade du Pincio ainsi que les deux belles fontaines décoratives que vous verrez sur la place du Peuple, sont l'œuvre de Valladier, architecte français, me dit M. Gaillard. La place *del Popolo* s'étend au pied du mont Pincio, au-dessous de l'esplanade que vous regardez. De l'autre côté, qui longe le Tibre, est une autre promenade peu fréquentée ; c'est ici, dans les allées qui se déroulent sous mes fenêtres, qu'afflue vers quatre heures la fashion romaine et étrangère.

— Je préfère voir ce beau lieu dans sa solitude, répondis-je, en m'accoudant à la fenêtre de l'atelier de l'artiste ; quel enseignement du coloris pour un peintre que cette perspective inondée de soleil et d'azur ! Comment pourrez-vous vivre et travailler à Paris, sous un ciel brumeux, qui n'a pas un ton chaud pour votre palette et au milieu d'une population affairée où vous chercheriez en vain un type vivant du beau ?

— Je pressens cette tristesse et ce dénûment de la couleur et de la forme, répliqua le jeune artiste, et j'accumule les esquisses de tout ce qui m'a frappé à Athènes, à Naples, à Rome ; j'en garde ainsi comme une brûlante empreinte, comme une lueur qui m'éclairera. »

Tandis qu'il me parlait, je considérais les toiles et les aquarelles éparses autour de nous ; c'étaient toutes les copies des plus belles fresques de Pompéi dont j'ai déjà parlé à mes lecteurs [1], puis une vue nocturne du golfe de Naples, traversé par ce fleuve de lumière que décrit la lune et que je me suis efforcée de peindre; quelques touches magistrales avaient suffi à M. Gaillard pour reproduire cet effet inouï. Dans d'autres vues, le port du Pirée, les Propylées et le Parthénon m'apparurent groupés sur l'Acropole. Plusieurs paysages des rives du Bosphore m'inspirèrent l'invincible désir d'aller à Constantinople. Dans un grand nombre de cartons, les plus beaux marbres grecs revivaient d'un trait. Venaient ensuite les croquis des fresques et des figures les plus sublimes de Michel-Ange, du Pérugin et de Raphaël; un dessin capital rendait dans toute sa vigoureuse beauté la Vénus du Titien de la *Tribune de Florence*.

« Ce sont là mes notes de voyage, me dit l'artiste, elles feront revivre pour moi la patrie absente quand je serai exilé; la vraie patrie des artistes et des poëtes, c'est la Grèce et l'Italie.

— Oui, repartis-je, Montaigne avait raison de dire en parlant de Rome : « Je ne saurois revoir le tombeau de cette ville si « grande et si puissante que je ne l'admire et révère; je savois le « Tibre avant la Seine et le Capitole avant que je sceusse le Louvre. »

— Allons voir, me dit M. Gaillard, la réalité de toutes ces choses dont mes dessins ne sont que les pâles reflets. »

Nous traversâmes de nouveau le jardin et les terrasses de l'Académie et, sous les bosquets taillés en arceaux où s'abritent des statues, nous vîmes tout à coup, appuyée au tronçon d'une colonne, se détacher en pleine lumière sur le fond d'azur, une femme d'une éblouissante beauté; c'était une paysanne de Frascati, portant le collier et les pendants d'oreille en corail des mendiantes de la *via Condotti*, elle était vêtue du même costume plus coquettement agencé; elle arrêta sur nous ses grands yeux de déesse pleins d'une flamme tranquille et dit en souriant à l'artiste :

« *Oggi non mi vuole* [2]?

— *Domani*, répliqua M. Gaillard qui ajouta en s'adressant à moi : C'est un des modèles de l'Académie. »

Je contemplais éblouie la perfection de cette tête : ses cheveux

---

[1] Tome III, de l'*Italie des Italiens*.
[2] Vous ne voulez pas de moi aujourd'hui ?

luisaient comme du marbre noir; ses cils projetaient une ombre sur ses joues empourprées aux fermes contours; sa bouche était si belle et si fraîche qu'elle faisait songer aux sources limpides et aux fruits parfumés; quelque chose de doux et de rêveur flottait sur son front.

« Oh! je comprends, m'écriai-je, l'ivresse de Raphaël pour la Fornarina; à ce degré de splendeur la matière est irrésistible, c'est l'idéal fait chair, la vision de l'artiste devenue palpable.

— On trouve encore dans le *Transtévère*, reprit M. Gaillard, quelques femmes aussi belles que la Fornarina, nous allons, pour les voir, dîner le dimanche dans une *osteria* enfumée, où elles viennent avec leur famille ou leurs amoureux; elles nous permettent d'esquisser leurs traits et leurs attitudes, mais elles sont en général très-fières et très-sages; d'ailleurs toute tentative trop vive ou trop tendre serait à l'instant réprimée par le couteau *del fratello* ou *dell' amante*, tiré contre nous. »

Nous avions traversé la vaste esplanade qui s'étend devant la villa, nous tournâmes derrière la *galerie des Plâtres*, où une porte monumentale s'ouvre sur un sentier bordé de débris antiques conduisant à un bois de chênes; les troncs noueux des grands arbres dressent leurs noires colonnes au-dessus d'une fraîche pelouse parsemée de violettes et encadrée de larges plantes d'acanthe. On dirait des chapiteaux corinthiens en malachite. J'entoure un gros bouquet de violettes de ces belles feuilles sculpturales: les branches touffues des vieux arbres projettent une tente de verdure sur nos têtes. Nous montons à l'ombre jusqu'au belvédère qui domine le petit bois; là, sous l'immensité bleue du ciel éclatant, Rome entière se groupe devant nous: au-dessus de l'amas des toitures, des dômes et des campaniles, quelques monuments forment des saillies superbes: le fort Saint-Ange flotte dans l'azur; les ailes de bronze de l'archange Michel semblent s'agiter et prendre l'essor; le Vatican masse ses constructions diverses en un majestueux ensemble. La double colonnade de Bernini se déroule svelte et aérienne; la triste façade de Saint-Pierre n'est plus qu'un piédestal écrasé par l'immense coupole qui se dessine dans sa majesté titanique sur un fond de lumière; les deux petites coupoles posées parallèlement semblent sourire comme des enfants à leur mère. On peut faire une usine du vaisseau de l'église, en renverser les autels et en briser les mosaïques, l'art n'y perdra rien et a foi vraie peu de chose; mais cette coupole unique doit survivre aux temps et aux religions; elle est à la majesté du panorama de Rome ce qu'est le mont Blanc à la chaîne des Alpes et le Vésuve au golfe de Naples; le soleil la revêt en ce moment d'un or fluide; on croirait une planète tombant du ciel sur la ville éternelle. Plus près de nous, à gauche, au-dessus de toutes les autres tours, la *torre delle Milizie* [1], appelée par le peuple *Tour de Néron*, dresse sa plate-forme d'un ton roux. Le feu a chauffé ces pierres, dit la légende, mais n'a pu monter jusqu'au sommet, d'où le César incendiaire regardait Rome brûler. Ce crime, atteignant une ville entière, est le seul des crimes de Néron qui soit resté de siècle en siècle dans la mémoire populaire; il fallait un piédestal à la figure du sinistre empereur; sa *maison d'or* rasée et son palais du Palatin détruit, le peuple, qui n'entrevoit l'histoire que par les vestiges des monuments, plaça l'ombre du tyran sur la vieille tour du moyen âge; elle y plane encore menaçante et démesurée. Plus à gauche et plus près de nous s'arrondit la voute du Panthéon, revêtue autrefois de bronze doré; le plomb noirâtre qui la recouvre aujourd'hui la fait ressembler à l'immense carapace d'une tortue humant le soleil au-dessus des maisons de Rome et dressant dans l'air ses deux pattes de devant figurées par deux clochers grotesques de Bernini; ces deux malencontreux clochers insultant la majesté du temple antique, furent comparés par Pasquin à deux oreilles d'âne posées sur une tête auguste.

La tour *de' Conti* saillit dans l'air entre des débris des *Thermes de Titus* et l'emplacement de la maison de Pompée; le Quirinal se dégage de la place de *Monte Cavallo* suivi des longues lignes du palais du Conclave; puis, ce sont les constructions confuses du Capitole et la courbe énorme du Colisée nous indiquant l'emplacement du Forum. Des échappées de la campagne de Rome se montrent au delà de la ville; au couchant, le mont Janicule se couronne des pins parasols de la villa Panfili; les montagnes lointaines bornent l'horizon; chaque détail du tableau sublime se

[1] Construite au commencement du treizième siècle par Pandolphe di Suburra.

sculpte en relief sur le fond lumineux du ciel. Cette première vue de Rome à vol d'oiseau m'enchante et me retient immobile; je m'oublierais volontiers jusqu'au soir sur le belvédère de la villa Médicis.

« Après l'aperçu, l'exploration, me dit M. Gaillard; dans deux jours, j'en suis sûr, vous pourrez vous orienter dans Rome, mais nous avons pour cela beaucoup à voir. Hâtons-nous. »

Avant de quitter l'Académie de France, j'y laisse ma carte pour le directeur, M. Schnetz, si sympathique aux artistes et aux littérateurs.

Nous allons ensuite, à pied, chez l'ambassadeur de France, qui habite à Rome le magnifique palais *Colonna*. La propreté des rues que nous traversons m'offre un agréable contraste avec celles de Naples. La longue occupation française a forcé l'édilité de Rome à des réformes, et l'activité de nos soldats dégourdit un peu la paresse de cette population si longtemps endormie; ils infiltrent aussi dans les pauvres familles leur liberté d'esprit, leur verve mordante et leur gaieté; la crasse des moines, les prérogatives des prêtres, l'intervention des saints leur inspirent des plaisanteries intarissables et contagieuses; les Romains, enhardis par l'exemple des défenseurs du pape, en sont arrivés à douter de tous ces thaumaturges, qui ne savent plus se protéger eux-mêmes; la lumière se fait par ceux-là mêmes qui semblent garder le tabernacle; une sorte de fraternité s'est établie entre nos soldats, fils du peuple, et cette pauvre foule asservie; il s'en dégage pour l'avenir un élément d'émancipation. Les officiers supérieurs, très-flattés d'être accueillis par les cardinaux, les *monsignori* et quelques princes *codini*, mettent seuls leur orgueil à s'incliner devant les débris du droit divin.

M. Gaillard me fait traverser la petite place où jaillit la fontaine monumentale de *Trevi*. Au milieu d'une façade décorative adossée au palais *Poli* est une grande niche où Neptune se tient debout sur une conque traînée par des chevaux marins qui s'élancent sur des roches sortant de la vasque; au-dessous du dieu l'*acqua Vergine*[1] bouillonne en blanches cascades; trois jets écu-

---

[1] Apportée par le conduit antique qui passe sous le mont Pincio.

meux surgissent de chaque côté à travers les rocs. Ces eaux fraîches et limpides sont d'un plus bel effet que les figures sculptées par Pietro Bracci, et dont le groupe rappelle celui du *bassin de Neptune* à Versailles. La place étroite qui enserre la fontaine nuit à l'aspect du monument. Des paysans, regardant l'eau couler, vendent des légumes disposés en couronnes dans des paniers ronds qu'ils portent sur leurs têtes. J'examine tous ces beaux profils aux lignes sculpturales. Abattez ces paniers et coiffez ces hommes d'un casque, vous aurez aussitôt les figures des bas-reliefs antiques. Ces Romains du peuple (c'est toujours dans le peuple qu'il faut chercher la transmission des races) ont la taille svelte et élancée, leurs attitudes et leurs mouvements sont empreints d'une noblesse native; le type français, grimaçant, indécis, contraste par sa laideur avec ce type si pur. Nos soldats, qui passent en ce moment près de la fontaine, me frappent désagréablement par leur nez épaté, leur bouche large, leurs cheveux rares et plats; leurs yeux pétillent d'esprit; leur activité fait honte aux Romains immobiles, mais la plastique n'a que faire de ces corps et de ces visages grotesques.

Nous traversons la place des *SS. Apostoli*, où est situé le beau *palais Colonna*; à gauche de sa vaste cour est l'escalier qui mène à la galerie et aux appartements de l'ambassade de France. Le duc de Grammont est sorti; je lui laisse la lettre du baron Aimé d'Aquin, ma carte et un de mes ouvrages.

« Il faut voir maintenant un fragment de la campagne de Rome, » me dit M. Gaillard. Nous prenons une voiture, franchissons plusieurs rues montueuses, et nous nous arrêtons un moment devant la fontaine *de' Termini*; elle se compose de trois niches : dans celle du milieu est la figure colossale de Moïse faisant jaillir l'eau d'un rocher; ici encore cette belle nappe de l'*Acqua felice*[1], retombant bruyamment, plaît aux yeux plus que le décor qui l'encadre. Ces grandes masses d'eau murmurantes sont un des attraits de Rome; elles font rêver à la majesté des aqueducs antiques qui les apportaient dans la cité. A côté de la fon-

---

[1] Dans l'antiquité, eau alexandrine, qui alimentait les thermes d'Alexandre Sévère, près du Panthéon.

taine *de' Termini* sont les ruines des *Thermes de Dioclétien* dont la plus grande salle forme l'église de *S. Maria degli Angeli*, que nous visiterons un autre jour. En retour de l'église, quelques arceaux rompus, fermés par des planches, conduisent à d'autres salles qui servent aujourd'hui de greniers à fourrages à la cavalerie française; une vingtaine de nos soldats chantent devant ces ruines en étrillant leurs chevaux.

Nous sortons de Rome par la *porta Pia*, construite d'après un dessin de Michel-Ange. Au delà des deux tours qui se dressent à droite de la porte moderne, était la porte antique *Nomentana*; le tombeau de *Quintus Aterius*, préteur sous Tibère, se trouve à côté de l'emplacement de la porte antique. Nous suivons une route bordée de villas parmi lesquelles trône, comme une parvenue fastueuse, celle du prince Torlonia. Dans les jardins s'entassent des imitations de temples grecs, des théâtres, des hippodromes et des ruines simulées dont les tons blancs attestent la nouveauté. Ces puérils simulacres de monuments antiques choquent à Rome plus qu'ailleurs; on en détourne le regard et on court au Forum. Le décor extérieur de la *villa Torlonia* nous ôte l'envie d'en parcourir les chambres et les salons que les continuateurs de Canova ont peuplés de pâles et mièvres statues. De l'autre côté, à gauche de la route, est l'église de Sainte-Agnès (bâtie par Constantin), et celle de Sainte-Constance, où je ramènerai le lecteur. Un peu plus loin nous trouvons l'entrée des Catacombes; la permission indispensable pour les visiter nous manque; j'en éprouve un regret très-vif; je rêve de galeries majestueuses et interminables, ne me doutant pas de la mystification que me réservent ces couloirs souterrains. Notre voiture croise sur la route plusieurs carrosses de cardinaux, tendus de pourpre à l'intérieur; sur l'impériale repose un grand parapluie qu'on ouvrait autrefois sur la tête de l'Éminence qui mettait pied à terre; aujourd'hui les cardinaux descendent de ces caisses massives comme de simples mortels. Ceux que nous rencontrons sont à peine salués par quelques Anglais qui passent à cheval; aucuns des pionniers et des paysans taciturnes clair-semés sur la route ne s'agenouillent pour demander la bénédiction à ces contempteurs des libertés modernes; leur prestige est détruit et leur pompe décline. Une trentaine de séminaristes irlandais défilent au bord du chemin; leurs têtes blondes et leurs soutanes rouges se détachent sur le bleu du ciel.

« Voilà, dis-je en riant, les Garibaldiens du pape. »

Nous arrivons dans la campagne silencieuse et désertée; à peine quelques champs sont-ils cultivés; à Rome l'homme et la terre ne travaillent plus. L'immobilité semble paralyser à la fois les êtres et la végétation; c'est ce qui fait l'immense et poétique attrait des solitudes qui environnent la ville muette des Césars. Le mouvement des moulins et des fabriques, le sol converti en vergers et en carrés de légumes, les paysans supputant le gain de la journée, en moissonnant ou en faisant la vendange, la culture anglaise ou française avec ses travailleurs haletants, détruiraient pour le rêveur et l'artiste la majesté de ces paysages déserts, champs mortuaires de la Rome évanouie. Les lueurs variées du ciel forment des courbes lointaines sur le sommet des montagnes : quelques ruines surgissant dans l'étendue; quelques bergers flâneurs se dessinant sur un monticule avec leurs buffles qui paissent autour d'eux, quelques attelages traversant une voie antique, composent l'horizon harmonieux où les souvenirs se déploient dans une tranquillité sépulcrale.

Dès ce premier jour, je bus le philtre vertigineux de la campagne de Rome.

En rentrant dans la ville, nous traversâmes la jolie place *della Pilotta*, où est situé le ministère de la guerre, siège de l'activité fébrile de monseigneur de Mérode; dix-huit carabiniers du pape faisaient l'exercice; les soldats français les regardaient en riant et quelques Romains du peuple avec gravité. Arrivés sur la place de *Monte Cavallo* (ou du Quirinal), nous descendîmes de voiture au pied de l'obélisque en granit rouge, dont la base est encadrée par le groupe fameux de *Castor et Pollux* domptant deux chevaux qui s'élancent; ces figures, d'une allure olympienne, découvertes dans les thermes de Constantin, furent attribuées à Phidias et à Praxitèle, dont les noms étaient gravés sur les piédestaux [1]; les archéologues n'ont point admis cette filiation divine; n'importe,

---

[1] L'inscription est du règne de Constantin.

ces marbres grecs sont d'une perfection rare ; ils se détachent sur la transparence de l'air avec une majesté qui arrête net le passant. Au pied de l'obélisque est une fontaine, dont la vasque est formée par une immense coupe de granit *bigio* trouvée au Forum. Tandis que nous considérons cette belle place de *Monte Cavallo*, une des plus attrayantes de Rome [1], une foule de mendiants et de soldats bourbonniens, à l'uniforme déchiré, se pressent près de la porte du palais du Quirinal, d'où sortent en ce moment en voiture l'ex-roi et l'ex-reine de Naples ; les bras qui se lèvent m'empêchent de bien distinguer ce jour-là les visages de ces majestés déchues. Le palais papal du Quirinal est habité par François II et sa famille ; l'entrée en est désormais interdite aux visiteurs, excepté aux légitimistes, aux cléricaux et aux intrigants du monde entier qui, sous prétexte de fidélité, commençaient dès lors à pousser le prince détrôné à cette lutte du brigandage si fatale depuis deux ans à la liberté de l'Italie et à l'influence de la France.

M. Gaillard me propose d'aller revoir en pleine lumière le Forum que nous avons parcouru la veille à la lueur des étoiles. Nous y arrivons par le *Capitole*, dont les constructions modernes me déroutent et me choquent au premier aspect ; je rêve de la grandeur sévère du *Capitole antique*, et je vois tout à coup se dresser au fond d'une rue, comme un décor de théâtre, un palais [2], aux fenêtres étroites, dont la corniche est ornée de mauvaises statues d'apôtres ; au milieu du toit pointe un campanile ; en retour s'élèvent deux autres palais enjolivés, encadrant une place étroite décorée de figures antiques. Le large escalier et les rampes latérales qui montent au Capitole, prêtent quelque grandeur à cette perspective. Au pied de ces degrés, où Rienzi fut lapidé par le peuple, sont deux lions énormes en basalte d'Égypte ; au bout des deux balustrades qui bordent l'escalier, surgissent les piédestaux des statues colossales en marbre pentélique de Castor et Pollux, tenant en laisse un cheval. Ces deux groupes antiques paraissent médiocres, après ceux de la place du Quirinal. A côté sont les trophées qui décoraient une fontaine sur l'*Esquilin*, les statues

---

[1] Elle est située sur le sommet du mont Quirinal, un vent frais y souffle le soir en toutes saisons.

[2] Palais du Sénateur, bâti sur les fondements du *Tabularium*.

de Constantin et de son fils, puis la colonne milliaire de Vespasien et de Nerva. Une de ces colonnes, qui mesurait les milles sur la *voie Appia*, donne l'idée de l'élégance des bornes antiques. Au centre de la place est la magnifique statue équestre en bronze de Marc Aurèle; le cheval, calme et harmonieux, me rappelle les chevaux de Corinthe qui couronnent le portail de Saint-Marc, à Venise. Nous avons laissé à gauche la sombre église d'*Ara Cœli*, bâtie sur le sommet oriental du mont, à la place même où se groupait dans sa majesté rayonnante le *Temple de Jupiter capitolin* (*Jupiter optimus maximus*); sa façade, formée par un portique de trois rangs de colonnes, était tournée du côté du Tibre; un portique semblable, à deux rangs de colonnes, entourait les trois autres côtés de l'édifice. C'est du haut de ce temple [1] que les généraux vainqueurs venaient faire, en rentrant à Rome, un sacrifice aux dieux; le peuple acclamait ou censurait le triomphe. Au lieu de la statue éclatante de Jupiter, l'église renferme un affreux *bambino* en bois d'olivier, emmailloté d'oripeaux, figurant l'enfant Jésus. Nous ne visitons pas ce jour-là le musée du Capitole, si riche en statues et en tableaux.

Nous quittons la place du Capitole et suivons à droite la rampe qui descend au Forum; quelques échoppes de tisserands et de menuisiers bordent la partie du mont où était la roche Tarpéienne; à gauche de la rampe, à l'angle du *Palais du Sénateur*, est une petite fontaine, où quelques jeunes Romaines, pieds nus, puisent de l'eau. De ce côté, le palais repose sur les fondations de l'antique citadelle romaine; ces bases indestructibles ont une grandeur qui contraste avec l'édifice moderne; l'emplacement du *Tabularium* et du *Temple de la Concorde*, l'*arc de Septime Sévère*, les huit colonnes debout du *Temple de la Fortune*, le *Temple de Saturne*, les *Rostres* et la majestueuse *Colonne de Phocas*, sont au premier plan devant nous; la perspective se déroule jusqu'au Colisée, la lumière dore les sculptures des frises, le ciel jette à travers les arcs et les colonnes des tentures d'azur; les ruines du palais des Césars se groupent à droite sur le Palatin; plus loin, nous aperce-

---

[1] Il existait encore au temps de Charlemagne et ne fut entièrement détruit u'au onzième siècle.

vons les *Thermes de Caracalla*. La végétation se mêle à ces ruines augustes. Nous marchons jusqu'au Colisée dans un enchantement toujours nouveau. Le soleil ranime chaque débris; on s'imagine que tous ces monuments se construisent, qu'ils sont encore incomplets, mais que bientôt on les verra achevés et sublimes.

J'oublie la Rome chrétienne et n'y rentre qu'avec répugnance. Pour clore cette journée d'excursions, M. Gaillard me conduit au *Forum de Trajan*; il surpassait en magnificence tous les autres *Forums romains*; il fut bâti par le fameux architecte grec Apollodore; des portiques peuplés de statues l'entouraient; derrière les deux petits portiques (dont les tronçons de colonnes entourent encore la grande *Colonne trajane*) s'élevait un temple dédié à Trajan et une bibliothèque. Nous descendons à travers les ruines des deux petits portiques et contemplons la grande colonne où se déploient en spirales les victoires de l'empereur Trajan : deux mille cinq cents figures sont sculptées sur les bas-reliefs de marbre blanc. Ce trophée triomphal servit de tombe à l'empereur; au-dessus de ses cendres, sur le chapiteau d'un seul bloc de la colonne, planait sa statue en bronze doré; Sixte V la remplaça par la statue de saint Pierre tenant en main les clefs du paradis; ces clefs qui se détachent sur le bleu du ciel sont d'un effet grotesque. Les maisons qui encadrent le Forum de Trajan et les deux églises, aux lourdes coupoles, qui se dressent au fond de la perspective nuisent à l'harmonie de cette belle ruine; nous la voudrions dans une ceinture d'arbres, débarrassée de son apôtre en bronze. Cette prise de possession par le catholicisme de tous les monuments païens les fait grimacer aux regards de l'artiste; presque toujours les superfétations chrétiennes sont détestables et, fussent-elles d'un goût plus pur, elles seraient déplacées.

J'envoie le soir au colonel Aymard, en garnison à Rome, une lettre que sa cousine, la princesse de Morra, m'a remise pour lui. Dès huit heures les boutiques de la *via Condotti* sont fermées, la ville éternelle s'endort et je me décide à faire comme elle, très-lasse de mes excursions du jour.

IV

Dès cette seconde journée de mon séjour à Rome, je m'aventure à visiter seule les monuments; M. Gaillard, retenu à la *villa Médicis* par le beau modèle qui m'est apparu la veille dans le jardin, ne peut être libre que le soir. Je préfère ma solitude à la compagnie d'un guide routinier et bavard; je monte en voiture découverte et me fais conduire au Panthéon.

Je ne suis pas d'abord éblouie par ce temple superbe, le pavé antique envahi par le sol qui s'est exhaussé aurait dû être déblayé comme à la *Maison carrée* de Nîmes; la place qui sert de marché et étouffe le plus beau des monuments romains aurait dû être élargie et plantée d'arbres; le Panthéon d'Agrippa, ainsi dégagé, se serait élancé plus majestueusement sur le fond du ciel. Les seize colonnes corinthiennes de son portique, se détachant pour ainsi dire de terre, nous seraient alors apparues dans leur admirable proportion; tel que le temps, l'ignorance et l'incurie l'ont réduit, on dirait d'un géant accroupi, humilié de son attitude; les deux clochers bouffons ricanent au-dessus de son fronton et en avant de sa coupole. Une fontaine de mauvais goût, surmontée d'un petit obélisque, jase en face du merveilleux portique comme une bourgeoise vulgaire toisant le génie. De hideux crampons en fer rejoignent les fûts brisés des colonnes dont les bases, malgré la grille moderne, inélégante, qui ferme le portique, sont souillées d'immondices et de poussière. Je songe avec orgueil aux restaurations savantes faites par la France aux monuments romains qu'elle possède [1], et je déplore une fois de plus la dilapidation et le béotisme des prêtres. Les tuiles en bronze doré, qui couvraient la coupole, et le grand bas-relief (en même métal) du fronton, furent détruits sous la papauté. Les statues des dieux, échappées aux barbares (au septième siècle), tombèrent sous le règne de Boni-

---

[1] A la *Maison carrée* déjà indiquée, aux *Arènes de Nîmes* et d'*Arles*, à l'*arc de triomphe* et au *théâtre d'Orange*.

face IV. On fondit plus tard les poutres et les clous de bronze qui restaient de la toiture et du portique pour composer le détestable baldaquin de la basilique de Saint-Pierre et quatre-vingts pièces de canon, dont on arma le fort Saint-Ange. La porte antique en bronze fut seule épargnée. Un vieux sacristain aux longs cheveux blancs emmêlés, drapé d'un manteau bleu en loques, me fait pénétrer dans l'intérieur du temple ; je lève les yeux vers cette voûte hardie, percée au milieu d'une ouverture circulaire d'où la lumière descend dans l'enceinte. C'est par cette ouverture que s'échappait la fumée des sacrifices [1]. Deux niches demi-circulaires et quatre rectangulaires, encadrées de colonnes d'un seul bloc, contenaient les statues des dieux ; dans une septième niche, plus grande et faisant face à la porte, se dressait la figure de *Jupiter tonnant*; des cariatides, dont il n'y a plus aucun vestige, s'élevaient vers le centre du temple et le séparaient du reste de la rotonde. De petits autels chrétiens, enjolivés et enluminés ont remplacé la majesté des dieux de l'Olympe, si radieux dans la statuaire antique. Raphaël et Annibal Carrache furent ensevelis au Panthéon ; leurs bustes décoraient leurs tombes ; on les enleva il y a quelques années comme incompatibles avec le respect religieux. Nous verrons bientôt le buste colossal de l'impure et cruelle Christine de Suède trôner à Saint-Pierre ; les papes admettent l'effigie des rois, quels qu'ils soient, dans leur basilique somptueuse, mais ils traitent plus cavalièrement le génie. Auprès des cendres de Raphaël sont celles de la nièce du cardinal Bibiena, fiancée au peintre illustre, et qui mourut trois mois avant lui. La beauté vivante de la Fornarina consola l'artiste de la perte de sa *sposa* promise qui n'était plus qu'une ombre.

Avant de quitter la place du Panthéon (ou de la Rotonde), je m'arrête à son extrémité (trop rapprochée du temple) pour en considérer l'admirable façade; je me pénètre déjà de la perfection idéale de cette façade sublime qui ne se révèle entièrement que la nuit.

Du Panthéon je vais à Saint-Pierre, la place et la double co-

---

[1] C'était un temple *Hypètre*, c'est-à-dire *sous le ciel*, avec lequel il était censé en communication par son ouverture à ciel découvert.

lonnade de Bernini me paraissent bien moins imposantes à la clarté du jour qu'à la lueur des étoiles. Toutes ces statues qui se dressent sur l'architrave découpent dans l'air de plaisantes silhouettes. La façade de l'église me semble encore plus étriquée que la veille; je voudrais l'abattre et la remplacer par un portique ouvert sur le vestibule, dont la majesté me saisit; en retour, de chaque côté, sont les statues équestres d'une très-grande allure, de Constantin le Grand, par Bernini, et de Charlemagne, par Cornacchini. On pénètre dans l'intérieur de la basilique par cinq portes, dont l'une, dite *la Porte sainte*, est murée et ne s'ouvre que tous les vingt-cinq ans pour le jubilé. On est frappé en entrant de la profondeur du vaisseau plus encore que de son immensité, car le grand défaut de cette immensité est de ne pas se révéler dans son ensemble. Toutes les parties de l'enceinte, au lieu de converger vers le centre de la coupole, sont coupées par les piliers massifs des trois nefs. La profondeur même de la nef du milieu est rompue dans sa majestueuse unité par le maître-autel placé au-dessous de la coupole, et dont le lourd baldaquin (fait avec le bronze enlevé au Panthéon) est soutenu par quatre colonnes torses du plus triste effet. Je n'entreprendrai pas la description de Saint-Pierre, faite mille fois par de plus compétents; je dirai simplement mon impression personnelle telle qu'elle fut à cette première visite et telle qu'elle resta à toutes les visites qui suivirent: l'absence de caractère religieux et de mystère laisse le cœur froid et l'esprit distrait; l'ensemble étonne par sa grandeur, sa propreté et une surabondance de richesses. Aucun morceau d'art achevé, à part la *Pietà* de Michel-Ange, ne charme et ne fixe le regard; ces marbres, ces bronzes, ces mosaïques faites d'hier, ces tombeaux de papes somptueux et guindés sont d'une pompe glaciale. C'est bien là l'église qui conviendrait au Paris moderne, au Paris des parvenus et des banquiers qui décorent leurs hôtels stéréotypés d'un luxe alimenté par l'industrie et non par l'art; ce n'est pas la basilique vénérable qu'on rêve à Rome, le temple caractérisant la puissance séculaire des papes successeurs des Césars! C'est d'une magnificence nouvelle, brillante, éphémère; les souvenirs et les traditions ne hantent pas ces murs neufs : on marche à travers sans recueillement; le respect du passé, l'âme des êtres en poussière, ne s'exhalent d'aucune tombe; tout est trop frais moulu, trop bien verni, d'un ton trop vif, pour faire songer au néant et à l'éternité.

En arrivant sous la grande coupole je suis éblouie par sa circonférence et sa hauteur, et par l'éclat de l'or et des mosaïques qui en font descendre comme un rayonnement, mais mon impression subsiste. Je m'arrête en avant du maître-autel, devant le caveau entouré d'une balustrade où cent quarante-deux petites lampes brûlent jour et nuit. Dans ce caveau, appelé *la Confession de saint Pierre*, repose la moitié du corps de cet apôtre; l'autre moitié est à *Saint-Paul*, et le crâne est à *Saint-Jean de Latran*. La tradition veut que saint Pierre ait subi le martyre à cette place même. Le maître-autel, assez simple, recouvert du baldaquin colossal dont j'ai parlé, est disposé comme dans la primitive église : le pape en officiant regarde le peuple. Contre un des piliers de droite de la grande nef est la fameuse statue en bronze dont les lèvres des dévots ont usé le pied à force de le baiser. Cette figure est, assure-t-on, un Jupiter transformé en saint Pierre; elle est médiocre et fait douter qu'elle soit antique. J'erre distraite à travers les chapelles aux autels uniformes et les tombes des papes, toutes également riches, ornées de figures froides et prudentes. Rien de mystique, rien qui révèle la foi; toutes ces têtes des successeurs de saint Pierre, sculptées dans une époque de décadence, me frappent par leur insignifiance. Le somptueux tombeau de Clément XIII, par Canova, encadrant la porte de la sacristie, ne forme qu'un décor théâtral. Je préfère à ces lions rugissants et à ce génie de la mort maniéré deux anges mélancoliques du même statuaire qui semblent pleurer sur le dernier des Stuarts; on dirait deux beaux éphèbes grecs : Canova s'est vraiment inspiré de l'art antique dans ce bas-relief admirable. La porte du tombeau qui renferme les restes de Jacques III, roi d'Angleterre, et de ses deux fils, le cardinal d'York et le prétendant [1], semble gardée par ces deux anges d'un modelé si fin et si pur; leur doux visage pensif exprime la tristesse qu'inspire l'éclipse des grandes races royales. Les crimes et les hontes accumulés ont réduit ces pré-

---

[1] Mari toujours ivre de la belle comtesse Albani qui fut enlevée par Alfieri. Le grand poëte épousa plus tard la veuve de ce Stuart dégénéré.

tendants au niveau du néant terrestre; mais quelque chose de prestigieux, l'auréole des ancêtres, les couronne encore dans la mort. Le corps des deux anges, dont la beauté est aussi pure que celle de la tête, était primitivement nu; la femme d'un général, qui, assure-t-on, fit autrefois partie d'un corps de ballet, avait en horreur les nudités et adorait les tuniques; elle offrit d'en faire confectionner deux à ses frais pour en couvrir les deux anges impudiques : cette chaste idée passionna le cardinal-ministre qui en décréta l'exécution. Voilà comment deux draperies en fer-blanc vernissé, de l'effet le plus bouffon, flottent désormais de la ceinture aux genoux des deux séraphins. Chaque artiste qui passe tambourine avec sa canne sur le vêtement sonore. Un des sacristains de Saint-Pierre, presque toujours assis sur le banc en face du monument des Stuarts, se lève alors et dit avec douceur : *Zitti! cari signori, questo vestito è ridicolo e sciocco, ma che volete? è così; non c'è niente da fare.* (Paix, chers messieurs, ce vêtement est ridicule et bête; mais que voulez-vous, c'est ainsi; il n'y a rien à faire.) Ce furent les paroles que le bedeau philosophe et, par intuition, plus artiste que le cardinal-ministre, m'adressa ce jour-là, tandis que je heurtais du bout de mon ombrelle les *indécentes* tuniques. Ces deux phrases : *Che volete, così; niente da fare,* sont l'expression du découragement séculaire qu'inspirent depuis des siècles aux Romains les inepties, les exactions et les turpitudes de ses gouvernants mitrés. Le commerce annihilé et les terres incultes, bien au delà de la campagne romaine, impliquent une pauvreté incurable; les marais stagnants, qui pourraient être desséchés, produisent annuellement la *mal'aria*, sorte de coupe réglée de la mort; les actes du népotisme, longtemps monstrueux et triomphant, se perpétuent et se divisent en favoritisme et en charges ecclésiastiques, tronçons toujours vivants d'un vieux corps coupé; les priviléges et les abus, tombés en poussière dans les États les plus despotiques du monde entier, persistent dans ce bienheureux royaume de la théocratie, où quelques hommes, prétendant ne relever que de Dieu, croient tout pouvoir et osent tout commettre. Le droit civil est éternellement dénié, et tout contrôle public est interdit à ce peuple d'Ilotes; on séduit leurs filles; à ceux qui sont juifs, on enlève à jamais leurs fils pour en faire des chrétiens; *niente da fare!* à d'autres jetés en prison, on refuse le jugement! *niente da fare!* aux artistes, aux lettrés qui souffrent de la profanation des monuments, de l'ignorantisme des colléges, du détournement des chefs-d'œuvre trouvés dans les fouilles et vendus à l'étranger, des mille excès, des bons-plaisirs revêtant tour à tour des formes cruelles, cyniques ou grotesques; à quelques-uns plus hardis, prêts à briser la vieille machine, dont l'engrenage impassible les écrase et les broie depuis des siècles, à tous, de leur berceau sans vagissement vital à leur tombe sans espérance pour la génération qui leur survit, la force insensible et monstrueuse raillée, conspuée, toisée, jugée, mais menaçante par son inertie inocule le dissolvant du fatalisme turc. Le *niente da fare* équivaut au *c'était écrit!* l'immobilité de cette muraille de Chine arrête les plus militants; les autres s'endorment à ses pieds en répétant : *niente da fare!* Et certes le mot est devenu comme une sentence irrévocable, depuis que vingt-cinq mille soldats français sauvegardent la fantastique tyrannie qui pèse sur une population d'ombres, semblable à cette chape de plomb sous laquelle Dante courbe ses damnés.

Cette rêverie produite par le *niente da fare* du bedeau de Saint-Pierre me retint longtemps immobile près du tombeau des Stuarts; les lourds piliers de l'église décrivaient pour moi comme un labyrinthe infranchissable où la liberté, belle Ariane abandonnée, était pour toujours enchaînée et prisonnière. Le froid des marbres me glaçait, il en sortait comme un souffle inexorable où retentissait la parole de l'enfer :

Lasciate ogni speranza!

faisant écho au *niente da fare* du sacristain. Ce pauvre Romain, ne se doutant pas des pensées qu'il me suggérait, se tenait debout derrière moi, essayant d'éveiller mon attention en répétant discrètement, par intervalle : « *Eccellenza, una piccola buona mano.* »

S'imaginant sans doute que je faisais la sourde oreille, il me cria tout à coup : « *Signora, c'è da vedere le fonti battesimali.* » Je tournai la tête et me trouvai en face de la chapelle des fonts baptismaux [1]. Une magnifique coupe en rouge antique (qui formait le couvercle du tombeau de l'empereur Othon II) contient l'eau consacrée. Les enjolivements en bronze doré dont on a affublé ce beau vase attirent l'œil et le repoussent. Je demande au sacristain de m'indiquer la chapelle où se trouve la *Pietà* de Michel-Ange; cette chapelle est justement vis-à-vis de celle des fonts baptismaux (la première en entrant, dans la nef du nord [2]). Enfin, voilà un marbre qui respire et souffre, un symbole qui parle à l'âme et que le génie du statuaire fait pour ainsi dire tressaillir. En regard d'un des arcs colossaux de la nef du milieu et dans le voisinage de statues gigantesques, ce groupe de la *Pietà*, placé au-dessus d'un autel, paraît plus petit que nature, et c'est ce qui ajoute à son ineffable beauté : la Vierge, assise, la tête affaissée par la douleur, tient sur ses genoux le corps mort de son fils; elle le regarde avec la même angoisse d'une mère terrestre regardant le cadavre de son enfant; rien d'étudié, rien qui ne soit humain et simple dans ce visage navré. Le corps du Christ est d'une délicatesse inimitable; le marbre, jauni par le temps, a le ton livide que la mort imprime à la chair; chaque muscle se détend et s'affaisse; les pieds, percés par les clous de la croix, pendent à gauche du giron maternel; à sa droite flotte la tête triste et résignée; les lèvres, empreintes de la souffrance du martyre, murmurent encore cette parole de paix : *Mon royaume n'est pas de ce monde*. Au-dessus de l'arceau voisin, la face difforme, aux contours masculins, aux yeux hardis, de Christine de Suède semble s'animer et répéter, en ricanant : « *Ton royaume n'est pas de ce monde*. Voilà une parole que les successeurs de tes apôtres ont tous traitée de dérisoire, et qu'ils ont combattue comme une duperie. Leur royaume à eux est si bien de ce monde, que, de siècle en siècle, ils ont maudit et excommunié les rois et les peuples qui tentèrent de restreindre leur puissance ter-

---

[1] C'est la première à gauche, dans la nef du midi, en entrant dans l'église.
[2] Dans cette même chapelle est une urne, ornée de bas-reliefs, qui servait de fonts baptismaux dans la primitive basilique de Saint-Pierre, puis, entourée d'une grille, une colonne désignée comme la colonne du temple de Salomon où Jésus-Christ s'appuya en disputant contre les docteurs; les archéologues prétendent que cette colonne est une des douze que Constantin fit venir de Grèce pour décorer le tombeau de saint Pierre.

restre; ils tiennent si fort à ce royaume périssable que, pour l'usurper, le défendre et l'agrandir, ils ont pactisé avec toutes les tyrannies, absous tous les crimes et toutes les souillures des puissants qui les protégeaient et les enrichissaient; ils ont été les complaisants de nos plus ténébreux bons-plaisirs, et nos violations les plus flagrantes des lois divines et humaines les ont trouvés dociles et flatteurs: si je suis ici, moi, la reine meurtrière et infâme [1], c'est que, abjurant la foi épurée des réformateurs, qui faisaient revivre ta doctrine, j'ai confessé l'autorité papale, rejetée par mon peuple de qui je me suis séparée en le dépouillant. J'ai légué à l'Église mes richesses mal acquises, ne pouvant lui léguer mon royaume, à l'exemple de Mathilde de Toscane, qui dort là côte à côte auprès d'Innocent XIII [2]. Je m'étonne et m'irrite à bon droit de ne pas trouver dans ce temple la tombe d'Alexandre VI; aucun pape ne régit d'une main plus preste et plus inflexible le mondain royaume des princes de l'Église, aucun n'agrandit et n'affermit avec plus d'audace ce pouvoir temporel, leur éternel souci! ce qu'il voulut, ils le veulent encore; ce qu'il usurpa, ils le revendiquent toujours! Plus audacieux, plus sincère et plus logique qu'eux tous, Borgia, du fond du caveau où on l'a reléguée, les gourmande avec ses railleries de Satan insulté, et la voix seule de son spectre me divertit dans la nuit. »

Ainsi parla de sa bouche de marbre cette reine du Nord qui n'eut pour la philosophie et la science qu'un attrait pédantesque et vaniteux, sans sentir que la philosophie impose aux rois des lois plus douces, la commisération et la tolérance. Pour conjurer en mourant l'épouvante de sa vie, il fallut à cette reine, plus païenne dans ses mœurs que les reines antiques, l'absolution de l'Église et la sépulture sacrée des papes-rois.

Les âmes, troublées par cette insolente figure de Christine trônant dans Saint-Pierre, se tournent éplorées vers le groupe

---

[1] Les lettres de Christine de Suède récemment publiées ont révélé les violences et les dilapidations de sa vie publique, et les turpitudes de sa vie privée.

[2] Voir page 376, tome II de *l'Italie des Italiens*, le don que la comtesse Mathilde fit en mourant au pape de tous ses biens, qui formèrent ce qu'on appelait le *patrimoine de saint Pierre*.

clément de la *Pietà* : O Christ ! pensent-elles, à quoi donc a servi ton supplice ? Ton rachat des bons et des opprimés n'a-t-il été qu'une espérance ? Quand donc s'accomplira ta promesse ? En quels lieux caches-tu ta divinité ? Vois ce qu'ont fait de ta doctrine ceux qui se disent les apôtres ! Si ta tâche est terminée, si tu n'étais que le germe du fruit, que l'assise du temple, que la lueur du jour, laisse à des rédempteurs nouveaux la délivrance de l'humanité !

« *Signora, questa era una gran regina !* » me dit en ce moment un vieux prêtre à la soutane crasseuse, qui sembla sortir de terre près de moi, et qui, à l'immobilité de ma contemplation, me jugeant probablement émerveillée de la pompeuse perruque dont le statuaire a affublé la tête de Christine, se mit aussitôt à m'énumérer les mérites de la souveraine sanctifiée :
« *Era dotta, savia, generosa, santa, specchio di fede, e luce della Chiesa.*

— *Era cieca di core, impudica, ladra, empia, crudele, accidiosa, infidele al Dio vero,* » repartis-je en continuant sa litanie. Un officier français, qui visitait en ce moment la basilique, s'était arrêté pour nous écouter ; le *frate* le prit pour arbitre de notre colloque.

« Comme reine elle avait le droit d'être enterrée ici, dit mon compatriote, qui connaissait tout au plus le nom de Christine de Suède.

— Voilà une réponse, lui dis-je, qui sent la discipline militaire et l'obéissance passive.

— Le pape Alexandre VII la reçut avec de grands honneurs, poursuivit le prêtre ; il fit construire pour elle la belle porte *del Popolo*, par laquelle elle entra triomphalement à Rome.

— Jésus-Christ, répliquai-je, lui aurait fermé cette porte au nez.

— Peut-être que madame est protestante, reprit le prêtre en s'adressant à l'officier, et qu'elle n'aime pas cette sainte reine catholique ?

— Oui, je proteste contre la sainteté de Christine de Suède, m'écriai-je, comme saint, comme juste, je lui préfère Garibaldi ! »

A ce nom, qui vibra sonore sous le grand arc où nous nous trouvions, le prêtre s'enfuit épouvanté dans les profondeurs de l'église. Je riais, et l'officier, surpris de mon audace, me dit, avec un peu de roideur, que ce nom ne trouvait pas d'écho à Rome.

« Je crois, au contraire, lui repartis-je, qu'il résonne sourdement partout; dans le cœur des prêtres comme une terreur, dans le cœur du peuple comme une espérance. »

Nous étions sortis de la basilique et longions la galerie de gauche qui conduit au Vatican; il était trop tard pour visiter le musée. Nous trouvâmes une douzaine de gardes suisses de service à la petite porte du palais qui mène à la cour San Damaso; ils étaient vêtus de l'étrange costume des *valets de carreau*, grotesques, roides et la lance au poing. Deux d'entre eux se tenaient en faction sur le seuil de la porte; les autres jouaient aux cartes assis ou étendus sous la galerie. Une vingtaine de carabiniers du pape faisaient l'exercice sur la place entre les deux fontaines; un plus grand nombre de soldats français, groupés à l'entour, les regardaient en riant aux éclats. J'avais déjà vu cette petite scène sur la place *della Pilotta*. Décidément la garnison française prenait en pitié les débris de l'armée de Lamoricière. Les cochers romains, dont les voitures stationnaient en dehors de la galerie, faisaient comme nos soldats: ils se moquaient de la gaucherie de la *Légion sacrée*, que Mgr de Mérode s'efforçait de réorganiser.

« Voilà, dis-je à l'officier français qui marchait près de moi, une ironie séditieuse qui se changerait en vivats, si Garibaldi et ses chemises rouges envahissaient cette place.

— Ce ne seraient pas nos soldats qui pousseraient ces vivats, repartit l'officier un peu sèchement.

— En êtes-vous bien sûr? Les braves aiment les braves! » — Un des cochers qui m'offrait en ce moment sa voiture m'avait entendue; il redressa sa tête, au profil antique, et me dit avec une sorte de fierté:

« Madame, je l'ai connu en 1849, *nostro gran Giuseppe!* J'ai servi sous ses ordres, je l'ai vu, pendant les dernières nuits du siège, couché là, sur la pierre, enveloppé de son manteau, et du geste il me désignait le premier entre-colonnement de la galerie opposée ; il ne dormait jamais que d'un œil. Ce héros, que Dieu bénisse et ramène, ajouta le cocher ; si on l'avait laissé faire, il y aurait aujourd'hui un peuple romain. » — Il dit cela d'une façon très-noble ; je montai dans sa voiture et me fis conduire à Saint-Pierre *in Vincoli*.

Dans le ravissement que vient de me causer la *Pietà* de Michel-Ange, j'ai hâte d'admirer son *Moïse*, relégué dans cette petite église. Je ne m'oriente pas encore dans les quartiers de Rome que mon cocher patriote me fait traverser. Je regarde, attentive et curieuse, espérant toujours que quelques fragments de temple ou de portique vont surgir devant moi ; hélas ! les constructions modernes ont envahi et recouvert l'antique Rome. Tout à coup, au détour de la place des *Colonnace* se dressent deux belles colonnes corinthiennes cannelées, surmontées d'un entablement et d'une frise où sont sculptés en bas-relief les arts de Pallas. La figure de la déesse est debout au milieu de l'attique. Cette belle ruine est le reste du temple de Pallas qui formait l'angle oriental du *Forum Palladium*, ou *Forum de Nerva*, un des plus magnifiques de la Rome des Césars. Au temps de Paul V (un Borghèse), sept colonnes du *Temple de Pallas* étaient encore debout ; cinq furent enlevées et employées à la construction de la *fontaine Pauline* sur le mont Janicule. Trois colonnes en marbre blanc cannelées, d'ordre corinthien [1], plus imposantes encore que celles du *Temple de Pallas*, s'élèvent tout près ; elles appartenaient au temple somptueux que Trajan fit élever à Nerva. On voit encore de ce temple un fragment du mur de la *cella*, qui, avec les trois colonnes et un pilastre, supporte l'architrave ; le clocher en brique, lourd et massif, de l'église de l'Assomption, pèse sur cette belle ruine ; on dirait un bonnet de théologien posé sur le front des Grâces.

Nous voilà dans le quartier antique de *Suburre* ; nous traversons la rue Saint-François de Paule, le *vicus Sceleratus*, où Tullie fit passer son char sur le cadavre de son père ; nous gravissons un chemin qui monte, bordé de vieilles murailles, et nous arrivons

---

[1] Elles ont cinquante et un pieds de hauteur et seize et demi de circonférence.

sur la place tranquille de *San Pietro in Vincoli*; l'église est assise sur un des versants du mont Esquilin ; les trois nefs sont soutenues par vingt-quatre colonnes antiques, comme toujours, gâtées par le badigeon. A droite, près du chœur, se trouve le tombeau de Jules II, au-dessus duquel est placé le *Moïse* de Michel-Ange. Cette figure est sublime d'expression ; on dirait Jéhovah recueilli dans sa force inexorable. Ainsi Phidias a compris Jupiter pensif. Ici, c'est le judaïsme avec son énergie terrible et sa grandeur farouche. Le mouvement du cou est gigantesque et l'épaule droite semble porter le monde ; la barbe et les cheveux, tordus en cordes, ruissellent du limon du Nil, si on se borne à voir Moïse dans cette statue, ou des eaux du déluge, si on y voit Dieu le Père. Le marbre jauni et luisant est comme une chair huilée ; telle fut la première impression que me causa l'œuvre grandiose de Michel-Ange. Les jours suivants, je trouvai dans une des salles du Vatican un buste colossal de l'*Océan*, d'une ressemblance frappante avec le *Moïse*, et dont évidemment Michel-Ange s'était inspiré. Mais l'exécution de l'œuvre moderne était au-dessous de l'œuvre antique : la barbe du vieux Neptune flotte et se déroule dans son ampleur divine sans cesser d'être vraie ; on en sent frissonner les poils comme au souffle de la tempête ; celle de Moïse me paraît en comparaison fabuleuse et outrée ; elle déborde massive des joues, telle que des excroissances de chair : on dirait une mêlée de serpents enroulés. Le front du législateur juif n'a point la splendeur de celui de l'*Océan* ; ses yeux n'éclatent pas d'une si fière majesté. En regard de ce buste, la statue de *Moïse* n'est plus que la figure monstrueuse de quelque divinité de l'Inde. C'est bien là la personnification du judaïsme tyrannique et violent sur lequel le catholicisme a greffé l'Évangile. Le sublime Michel-Ange et le divin Raphaël ont dû leur génie à l'antiquité, et ne l'ont point égalée ; l'art moderne a tout emprunté à l'art grec et n'y a rien ajouté.

En sortant de l'église je remarque, au-dessus du vieux mur qu borde la place à gauche, quelques pins parasols et quelques amandiers en fleurs. *La strada della Polveria* tourne ce mur et conduit aux ruines des *Thermes de Titus*, qui s'élèvent sur les ruines du *Palais d'or de Néron*.

Je ne visitai pas ce jour-là les *Thermes de Titus*; arrivée sur ce plateau de l'Esquilin, absolument désert à cette heure chaude et éclatante du jour, je fus saisie de surprise et d'admiration, je m'élançai de voiture :

> Et le dos appuyé contre ces murs antiques,
> Je regardais de là s'étendre devant moi
> La vieille majesté des champs du peuple-roi.
> E rien ne parlait haut comme le grand silence
> Qui dominait alors cette ruine immense,
> Rien ne m'allait au cœur comme ces murs pendants,
> Ces terrains sillonnés de mâles accidents,
> Et la mélancolie empreinte en cette terre
> Qui ne saurait trouver son égale en misère.
> Sublime paysage à ravir le pinceau!
> Le Colisée avait tout le fond du tableau :
> Le monstre, de son orbe envahissant l'espace,
> Foulait de tout son poids la terre jaune et grasse.
> Là, ce grand corps sevré de sang pur et de chair,
> Étalait tristement ses vieux membres à l'air,
> Et le ciel bleu luisant à travers ses arcades,
> Ses pans de murs croulés, ses vastes colonnades,
> Semait ses larges reins de feux d'azur et d'or,
> Comme au soleil d'Afrique un reptile qui dort.

Ces vers du grand poëte des *Iambes,* une des gloires les plus intègres et les plus fières de la France, rendent seuls la majesté farouche du *Colosseum* antique trônant là devant moi sur l'emplacement du lac et du jardin de Néron au pied de l'Esquilin, du Cœlius et du Palatin; ces vers sculptent, pour ainsi dire, le panorama que je contemple; ils en précisent et en raniment la beauté. Je les répète sur les lieux mêmes, ravie de leur vérité. Pendant une heure je rêve et je m'oublie, immobile au milieu des vestiges superbes qui m'environnent. L'âme la plus véhémente s'apaise au contact des grandes ruines; sépultures, où disparurent l'énergie et la splendeur des civilisations évanouies, elles communiquent aux vivants le calme de la mort.

V

En rentrant à l'hôtel ce jour-là, je trouve une aimable lettre du duc de Gramont, qui me donne rendez-vous à l'ambassade pour le surlendemain. J'ai, le soir, la visite du colonel baron Aymard, cousin de la princesse de Morra. C'est un homme aimable et d'un esprit éclairé, qui juge librement l'occupation française à Rome, et m'en signale en peu de mots tous les contre-sens.

« Hier, me dit-il, tous les officiers supérieurs ont été convoqués, et le général de Goyon en tête, nous sommes allés au Quirinal faire visite au roi François II ; je n'ai jamais vu de contenance plus effacée et plus indifférente que celle de ce jeune roi Bourbon, vaincu par un souverain allié de la France. Notre hommage aurait dû le surprendre un peu ; il nous étonnait beaucoup nous-mêmes. La reine est très-jolie, et il y a dans son regard un feu qui trahit plus de fermeté et de passion politique que n'en contient la tête morne et blafarde de son mari. Le général de Goyon s'est montré fort empressé à témoigner son propre respect et la sympathie de la France aux jeunes souverains ; une revue de nos troupes doit être passée au premier jour en leur honneur. Le général exécute-t-il des ordres ou fait-il du zèle ? Quoi qu'il en soit, la cour de Rome est devenue soupçonneuse depuis la défaite de Lamoricière et l'envahissement des Marches et de l'Ombrie, que notre gouvernement a laissé s'accomplir. Les cardinaux et quelques princes, tels que les Borghèse, les Chigi, les Massimi, attachés au pouvoir temporel, font moins bon accueil au général de Goyon, en qui longtemps ils ont eu pleine confiance ; ils l'accusent de jouer désormais le pape, de concert avec l'Empereur.

— Pauvre général, repartis-je, à quoi lui a donc servi d'être si pieux, de faire partie de plusieurs confréries et d'avoir entouré de soins et de calmants un pouvoir qui meurt ? c'était bien la peine pour en arriver à être suspecté ! Que doit-il donc en être du duc de Gramont, qui vient de se montrer si ferme et si net dans ses dépêches sur la cour de Rome, publiées par les journaux ?

— Eh bien ! reprit le colonel, cette allure décidée de notre ambassadeur embarrasse et effraye moins les *profonds* diplomates de Rome que les ménagements extrêmes de notre général en chef, accusé de remplir l'office d'endormeur. Le blâme, exprimé dans les dépêches, est pour le gouvernement papal une sorte de clairon qui sonne l'alarme et l'avertit de songer à de nouvelles manœuvres; tandis que les caresses et les égards cherchent à l'aveugler, pense-t-il, et à cacher le bras qui doit le frapper.

— Ah! je comprends, repartis-je en riant, les ruses des faibles s'épouvantent de la ruse du fort. — Et le peuple romain, qu'en pensez-vous? demandai-je au colonel.

— Il n'y a plus de peuple romain à Rome, me répondit-il gaiement, il n'y a qu'une plèbe nécessiteuse et assoupie depuis des siècles, que les boutades et l'activité de nos soldats commencent à réveiller : — la classe bourgeoise, avocats, médecins, commerçants, jusqu'aux petits industriels...

— Y compris les cochers, interrompis-je en riant.

— ...Appellent l'annexion de tous leurs vœux, poursuivit le colonel; ils sentent le contre-coup du grand mouvement qui vient d'affranchir l'Italie. Rome, proclamée capitale de la Péninsule, c'est pour eux la fortune et l'affranchissement d'un long servage. Cependant une sorte d'indécision et de timidité monacale borne leur patriotisme à des désirs stériles. La fibre humaine, la grande fibre antique, est détendue ici par l'influence, j'oserai dire par le sang des prêtres mêlés à toutes les familles : les cardinaux et les *monsignori* maîtrisent l'aristocratie; les moines mendiants, les plus pauvres ménages. L'élément clérical prévaut à Rome depuis des siècles; les prêtres y sont les dominateurs exclusifs des passions, des sentiments, des intérêts et des vanités. Quant aux princes romains, des prérogatives surannées les attachent pour la plupart au pouvoir temporel.

— M. de Cavour, dans un de nos derniers entretiens, repartis-je, m'a parlé de l'esprit des Romains comme vous m'en parlez; c'est par l'impulsion de l'Italie libre qu'ils redeviendront des hommes; mais cette impulsion, appelée, soyez-en certain, par le plus grand nombre, vous lui barrez maintenant le passage en occupant Rome.

— Savez-vous la grande préoccupation du peuple romain à l'heure qu'il est? me demanda le baron Aymard sans répondre à ma réflexion.

— Sans doute les cérémonies religieuses des prochaines fêtes de Pâques? répondis-je.

— Non, il est blasé sur cette pompe du culte dont on lui a trop prodigué le spectacle; mais ce qui ne le lasse point, ce qui le tient en haleine et excite toujours son ardeur, ce sont les jeux de hasard et les loteries. La grande *Tombola*, qui doit être tirée dimanche prochain dans les beaux jardins de la villa Borghèse, agite à cette heure toutes les imaginations; il ne m'est pas bien prouvé que l'approche de Victor-Emmanuel et de Garibaldi les tint dans une attente aussi fiévreuse.

— Vous m'inspirez la fantaisie d'assister à cette fête peu héroïque.

— Je regrette, reprit le colonel, de ne pouvoir vous y conduire; mais mon régiment sera de service à la villa; j'espère vous y rencontrer et vous faire placer dans une tribune. »

M. Gaillard arriva chez moi comme le colonel Aymard en sortait; il venait me proposer une nouvelle excursion, par cette nuit printanière qui rayonnait à travers ma fenêtre. Une lassitude extrême me fit hésiter.

« Nous ferons seulement ce soir une courte promenade jusqu'à la place *del Popolo*, me dit M. Gaillard, c'est le point où rayonne le quartier le plus vivant et le plus aristocratique de Rome; demain soir je vous conduirai plus loin, puis je suis certain que vous pourrez vous orienter toute seule dans la ville éternelle.

— La ville moderne, repartis-je, me semble d'une médiocre étendue; il n'y a d'incommensurable à Rome que les souvenirs. »

Nous traversâmes *la place d'Espagne* et prîmes à gauche la belle rue *del Babuino*, et en quelques minutes nous arrivâmes sur la place *del Popolo*, entièrement déserte et silencieuse. Elle me parut superbe à la lueur de cette nuit étoilée : la lune se balançait au-dessus de la pointe de l'obélisque, enlevé au temple du Soleil à *Héliopolis*, et qu'Auguste fit transporter à Rome. Le monolithe se dresse sur un soubassement, aux angles duquel quatre lions accroupis vomissent, dans quatre vasques de marbre, des jets d'eau irradiés par les astres. Nous nous plaçons au pied de l'obélisque et embrassons l'ensemble de la place elliptique : derrière nous est la porte *del Popolo* [1], qu'Alexandre VII fit construire, par Bernini, en l'honneur de Christine de Suède; à droite de la porte est l'église de *Santa Maria del Popolo*; la *Douane*, une caserne et un

---

[1] Sur l'emplacement voisin de la porte antique *Flaminia*, tirant son nom de la *via Flaminia* qui partait de ce point.

palais, servant à l'exposition des beaux-arts, s'élèvent à gauche. Aux deux extrémités de la place sont deux larges hémicycles décorés de deux belles fontaines et de statues. Au-dessus de l'hémicycle nord-est monte une suite de rampes et de terrasses où des figures de marbre s'alternent avec des colonnes rostrales jusqu'à la promenade de *Monte Pincio*. Les arbres et les fleurs doublent l'enchantement de cette perspective décorative qui se dresse à l'endroit même où devait être construit le palais du Roi de Rome, fils des Césars nouveaux. Au point où nous sommes placés, nous avons en face la *via del Corso*, se déroulant jusqu'à la place de Venise; parallèlement, à droite, s'ouvre la *via Ripetta*, conduisant au port de ce nom, et à gauche la *via del Babuino* que nous venons de traverser. Deux églises uniformes séparent sur la *piazza del Popolo* les lignes formées par ces trois grandes rues. Les défauts des constructions modernes disparaissent à la clarté nocturne; les sculptures se revêtent de plus moelleux contours, les arbres qui bruissent sur le *monte Pincio* et sur les bords du Tibre semblent se dérouler en avenues sombres, la place qui s'agrandit et s'azure forme un ensemble merveilleux. A ceux qui l'ont vue par une telle nuit, la place *del Popolo* apparaîtra toujours comme la plus belle des entrées de Rome.

VI

Rome commençait à m'inspirer ce puissant attrait qui saisit l'âme de tous les poëtes et de tous les artistes qui l'ont visitée et qui fit dire à l'un des plus grands : « Que je me sens heureux dans Rome, lorsque je pense au temps où dans le Nord un jour grisâtre m'enveloppait, où le ciel trouble et lourd s'appesantissait sur ma tête. Le monde gisait là sans couleur et sans formes; et moi, cherchant à m'élever au-dessus de mon propre *moi*, à sonder les sombres abimes de l'esprit agité, je tombais en de silencieuses méditations. Maintenant l'éclat d'un éther plus pur inonde mon front; Phébus-dieu évoque les formes et les couleurs [1]. »

[1] Goethe.

C'étaient surtout les vestiges de la ville antique qui m'attiraient; la Rome chrétienne ne m'offrait, je l'avoue, qu'un intérêt secondaire. Avant de visiter les galeries du Vatican, je voulais voir les temples et les tombes d'où sont sortis les statues et les marbres divins. Le quatrième jour que je passai à Rome (samedi 23 février 1861), fut d'un éclat et d'une sérénité qui me conviaient à une excursion hors les murs. Je pris une calèche découverte et dis au cocher : « *Via Appia!* »

Nous laissâmes à gauche la partie du Palais des Césars groupée au-dessus du Palatin. Je me réservais de contempler au retour cette ruine superbe dans le cadre de pourpre que le déclin du soleil lui préparait. La voiture franchit le vaste emplacement du *Cirque Maximus*, construit sur le lieu même de l'enlèvement des Sabines. J'avais devant moi, à droite, les *Thermes de Caracalla*, ruine titanique avec ses salles incommensurables, pavées de mosaïques brisées, jonchées de tronçons de colonnes en granit d'Égypte aussi grosses que des tours [1], ses portiques et ses corridors rompus, les voûtes écroulées de son *Laconicum* circulaire [2] et de son immense piscine, et les grands pans de son mur d'enceinte dont le faîte gigantesque découpe ses déchirures dans l'azur du ciel; on dirait des fragments de rocs séparés par l'irruption d'un volcan. Les lierres, d'un vert tendre, et les rosiers s'incrustent à ces ruines; peintures vivantes qui les décorent, grâce et fraîcheur sur leur vétusté.

Me voilà sur l'emplacement de l'antique *Porte Capena*, où commençait la *Via Appia* [3], le fragment de l'*Arc de Drusus* [4] saillit dans l'azur, suivi de quelques arches brisées de l'aqueduc qui portait l'eau aux *Thermes de Caracalla* et dont le conduit passait dans l'architrave de l'arc. Je laisse à gauche le *Tombeau des Scipions*

[1] Une de ces colonnes entière fut transportée à Florence et y décore la place *Santa Trinità*.

[2] Salle des bains de vapeur.

[3] Elle s'étendit d'abord de Rome à Capoue et plus tard de Capoue à Brindes (un parcours de 352 kilomètres). J'en ai retrouvé les traces à Capoue, non loin du cirque antique orné de colonnes, de statues de marbre, et dont les souterrains (chambres des Gladiateurs) sont encore d'une beauté qui atteste la magnificence de l'amphithéâtre de Capoue.

[4] Élevé en l'honneur de Drusus (Germanicus), après ses victoires sur les Germains.

et le *Columbarium* de *Cn. Hylas* et de *Pomponius Vitalinus*, cachés par le mur qui borde la route. Je passe la porte crénelée de *Saint-Sébastien*, flanquée de ses deux vieilles tours d'un ton roux : elle est gardée par des soldats français comme toutes les portes de Rome. La *voie Appia* se déroule devant moi jusqu'au lointain horizon. Je rencontre d'abord à droite le couvent et la basilique de *Saint-Sébastien*; une chapelle souterraine de l'église conduit aux catacombes de *Saint-Calixte*, les plus vastes de Rome. S'il faut en croire les auteurs ecclésiastiques, quatorze papes et près de deux mille chrétiens y furent inhumés. A gauche s'élèvent, sur une pelouse verte, les magnifiques débris du *Cirque du consul Romulus* (fils de Maxence); les arcades et les gradins mutilés se dessinent sur le fond du ciel d'un bleu vif; les lierres s'y enlacent et les amandiers en fleurs y secouent leurs parfums; une grande tour domine cette belle ruine. Deux tours semblables encadraient une terrasse où s'asseyaient les patriciens; du sommet de ces tours les joueurs de trompettes animaient les chevaux et les conducteurs de chars. Plus loin, toujours à gauche, s'élève le *tombeau de Cæcilia Metella*; il est composé d'une rotonde reposant sur une base carrée. Dans la chambre sépulcrale, qui existe encore, était le sarcophage en marbre qu'on voit dans le palais Farnèse; l'inscription de la tombe placée du côté de la voie Appia était surmontée d'un bas-relief, au-dessus duquel est restée intacte une frise élégante, où sont des têtes de bœuf enlacées de festons. Au treizième siècle, les ducs Caëtani transformèrent ce mausolée en forteresse; ils en exhaussèrent la rotonde, qui devint une tour couronnée de créneaux; à côté, furent construits un château et une église, en ruines aujourd'hui, près de la tombe antique toujours debout.

Je descends de voiture, et, appuyée au mur d'enceinte du mausolée, je regarde émerveillée les grandes lignes d'aqueducs rompus se déroulant dans la campagne de Rome. Des tours les coupent çà et là. La chaîne des montagnes de la Sabine borne l'horizon; un peu à gauche, Frascati se groupe sur une colline; plus à droite est Albano, dont la route blanche se dessine sur le versant grisâtre des rochers; quelques champs d'oliviers maigres sillonnent la plaine aride; quelques bergers à culottes courtes, à vestes serrées autour des reins, à chapeaux calabrais, mènent paitre des troupeaux de moutons ou de bœufs noirs aux grandes cornes luisantes ; des débris de bas-reliefs, d'inscriptions et de statues encombrent les deux bords du chemin [1]. Les cendres des morts se sont confondues à la terre ; la poussière des marbres s'y confond à son tour. Les tombeaux ouverts montrent à nu leurs parois disjointes ; je fais le tour des plus grands mausolées : à leurs pieds poussent des touffes fleuries de violettes qui embaument l'air ; j'en forme de gros bouquets en quelques minutes. Il n'est pas six heures, et déjà la lune se lève rayonnante dans le ciel bleu, tandis que s'y projette encore la pourpre du couchant. Ces effets de lumière inouïs éclatent sur les montagnes, sur les ruines et dans toute l'étendue de la campagne déserte et muette. C'est d'une solitude et d'un silence qui agrandissent l'âme ; oublieuse du corps, du monde et des passions, elle plane dans cet horizon sublime.

Je remonte en voiture et m'en retourne à Rome, remettant à un autre jour une plus longue excursion sur cette voie Appia, une des merveilles du monde antique ; mais, tout à coup, je m'arrête éblouie devant la ruine du Palais des Césars, qui se dresse maintenant à ma droite : c'est la partie du palais impérial appelée *Septizanium*, où se déroulait dans les airs, à l'angle du mont Palatin, le majestueux portique de Septime-Sévère [2]. La lune se balance comme un globe de feu au-dessus du mur colossal qui forme une terrasse suspendue, derrière laquelle s'étagent des cyprès en pyramides et des pins parasols. Une haute tour effondrée, suivie d'arcades sombres, forme un ensemble magique ; au ton rouge cuivré des briques se mêle le vert éclatant de la végétation qui se suspend et s'enlace aux débris ; le ciel, resplendissant des dernières flammes du jour, illumine la ruine et l'encadre. Je la contemple longtemps, puis j'écris au crayon, en la regardant toujours, les lignes qu'on vient de lire.

---

[1] Les sarcophages, les statues, les bustes, les mosaïques et les bas-reliefs les plus précieux ont été enlevés ; ils sont aux musées du Vatican, du Capitole, de Saint-Jean de Latran et dans les principaux musées de l'Europe.

[2] Il était encore debout au seizième siècle, Sixte V le fit démolir et en employa les matériaux pour la construction de Saint-Pierre.

La voiture traverse la place de la *Bocca della Verità* : je donne, en passant, un regard charmé au joli temple rond de *Vesta*, si mal entouré par de sales masures. Je traverse la place *Montanara*, où se dressent quelques belles arcades du théâtre de Marcellus ; de misérables échoppes en remplissent le vide, et sur l'emplacement de l'édifice antique trône le palais Orsini.

VII

Le soir du même jour, M. Ferdinand Gaillard vient me chercher à neuf heures ; ma promenade en voiture sur la voie Appia m'avait laissé la force de faire une longue course pédestre à travers Rome, si belle à la lueur des étoiles. Nous suivons la *via Condotti*, puis en face, de l'autre côté du *Corso*, la rue qui mène au palais Borghèse, dont la masse imposante s'élève sur une vaste place ; nous tournons le palais en passant par une ruelle, et nous voilà sur le port *Ripetta*. En regard du port coule une jolie fontaine décorée par des dauphins ; au-dessus est une petite *loggia* que soutiennent des colonnes et des pilastres. A côté de l'église *San Girolamo degli Schiavoni*, un grand arc et une maison à tourelles se groupent à droite du port et sur la rive gauche du Tibre. Toujours sur la même rive, l'œil découvre, en remontant le cours du fleuve, les arbres qui s'élèvent derrière la place du Peuple, du côté opposé au mont Pincio. En face de nous, l'autre rive du Tibre est encaissée et bordée par la campagne ; le *monte Mario* forme perspective et se découpe vaguement dans la nuit. Le port est désert ; un bac et deux ou trois barques [1] dorment sur les eaux boueuses et jaunes le jour, et à cette heure noirâtres et lourdes comme du plomb. Pas un être vivant ne passe, pas une voix ne retentit ; seul, le vent du sud y gémit à travers les broussailles de la rive droite.

C'est par une nuit semblable, c'est de la place même où nous

---

[1] Au point du jour, des bateliers venus de la Sabine et de l'Ombrie y arriveront apportant le vin, le blé, l'huile et autres denrées d'approvisionnement. Ce petit port sera alors encombré par les acheteurs.

sommes debout que César Borgia fit jeter dans le Tibre le cadavre de son frère qu'il venait d'assassiner. Le lieu était encore plus sauvage et plus sombre. Laissons parler Hugo; ce crime effroyable revit dans le drame du poëte:

« En quatorze cent quatre-vingt-dix-sept, dans une certaine nuit, un batelier du Tibre qui s'était couché dans son bateau, le long du bord, pour garder ses marchandises, vit quelque chose d'effrayant, c'était un peu au-dessous de l'église San Girolamo; il pouvait être cinq heures après minuit. Le batelier vit venir dans l'obscurité, par le chemin qui est à gauche de l'église, deux hommes qui allaient à pied deçà, delà, comme inquiets; après quoi il en parut deux autres, et enfin trois; en tout, sept. Un seul était à cheval: il faisait nuit assez noire. Dans les maisons qui regardaient le Tibre il n'y avait plus qu'une seule fenêtre éclairée. Les sept hommes s'approchèrent du bord de l'eau; celui qui était monté tourna la croupe de son cheval du côté du Tibre, et alors le batelier vit distinctement sur cette croupe des jambes qui pendaient d'un côté et des bras de l'autre, — le cadavre d'un homme. Pendant que leurs camarades guettaient les angles des rues, deux de ceux qui étaient à pied prirent le corps mort, le balancèrent deux ou trois fois avec force et le lancèrent au milieu du Tibre. Au moment où le cadavre frappa l'eau, celui qui était à cheval fit une question à laquelle les deux autres répondirent: « Oui, monseigneur. » Alors le cavalier se retourna vers le Tibre, et vit quelque chose de noir qui flottait sur l'eau; il demanda ce que c'était. On lui dit: « Monseigneur, c'est le manteau de monseigneur, qui est mort. » Et quelqu'un de la troupe jeta des pierres à ce manteau, qui le firent enfoncer. Ceci fait, ils s'en allèrent tous de compagnie [1]. »

« Vous trouverez dans la belle galerie Borghèse, me dit M. Gaillard, à qui je rappelais cette scène sinistre, si bien rendue par le poëte, le portrait peint par Raphaël de ce César Borgia, aussi beau qu'il fut infâme; il porte le crime comme d'autres portent la gloire, avec une attitude altière qui vous défie.

— Cette famille des Borgia, repartis-je, a reproduit à Rome les

---

[1] Victor Hugo, *Lucrèce Borgia*, acte 1ᵉʳ.

turpitudes et les forfaits des Césars de Suétone. Un des malheurs du catholicisme est de s'être fondé dans cette ville souveraine du monde, centre de toutes les grandeurs et de tous les excès. Sur cette terre empestée par les débordements antiques, la doctrine nouvelle n'a rien épuré, et elle a ajouté aux vices païens l'hypocrisie, vice inconnu dans l'antiquité. On est épouvanté, en lisant l'histoire des papes, de ce qu'ils ont commis ou laissé commettre autour d'eux de violences et de débauches sous le couvert d'un manteau sacré. Sous l'ère chrétienne, les grandeurs qui faisaient la majesté de Rome, l'art, le courage, la dignité humaine s'éclipsèrent jusqu'à la Renaissance; mais les bas-fonds de Rome subsistèrent; la sombre *Cloaca massima* de ses iniquités surgit à travers les cloîtres et les séminaires, et monte en vapeur fétide jusqu'au-dessus de la croix. Ainsi greffé, l'arbre de vie a porté des fruits morts. Si les apôtres du Christ avaient pu fonder sa puissance sur quelque terre vierge de la Gaule, cette puissance idéale, qui n'est pas de ce monde, selon la parole du Maître (reniée de siècle en siècle par la papauté), cette puissance, dis-je, ne s'inspirant que de la pureté et de la mansuétude du Christ, serait restée sans doute la régulatrice des âmes. Mais, submergé par la matière, avide de force et d'éclat, empruntant sa constitution au paganisme qu'il a remplacé, le catholicisme est devenu un corps opaque et inerte d'où la lumière est absente, et que le souffle de Dieu n'agite plus; l'esprit cherche ailleurs; l'Évangile se débat dans Saint-Pierre comme un oiseau effaré; il voudrait briser sa cage de marbre et fuir les oiseleurs qui l'ont mutilé; libre, il reprend son vol à travers le monde; il marche en tête des philosophies qui le précédèrent; esclave, il déchoit et cesse de régir les âmes. »

Tout en causant de la sorte, tournant le dos à la *piazza del Popolo*, nous suivîmes la rue *Ripetta* jusqu'à la place *Madame*, où s'élève le palais de ce nom[1], que fit construire Catherine de Médicis; à côté est le beau palais *Giustiniani*, dépouillé de ses galeries de tableaux de maîtres et de marbres antiques; puis l'église *Saint-Louis des Français*, érigée par Catherine de Médicis

[1] C'est aujourd'hui le palais de la poste.

après la Saint-Barthélemy. Nous marchons à droite, et nous nous trouvons sur une place où s'élève l'église *Saint-Augustin*, célèbre par la fresque de Raphaël représentant Isaïe, et par une belle Vierge de Sansovino, que les dévots ont surchargée de joyaux et de clinquant. Tout à coup la grande place *Navone* s'ouvre devant nous. Elle est ovale, et les maisons qui l'entourent ont été bâties sur les fondations du cirque de Septime-Sévère, dont cette place a conservé la forme; les deux grandes fontaines qui la décorent sont d'un fort bel effet à la clarté de la nuit; ces lueurs voilées font paraître moins lourde l'affreuse façade de l'église de *Sainte-Agnès*, et double la beauté du somptueux palais *Doria Panfili*, que le pape Innocent X fit construire pour sa favorite Olympia Panfili, femme de son propre frère. Olympia exerçait une influence absolue sur l'esprit du pontife; elle faisait annuler les décisions prises par le sacré collége, quand elle n'avait pas assisté à ses réunions. A la mort d'Innocent X, elle fut exilée par Alexandre VII; son fils hérita de sa grande fortune. Sur le plafond du grand salon du palais Panfili se déroulent les aventures d'Énée, fresque magistrale de Pierre de Cortone; d'autres chambres renferment des peintures du Poussin. La splendide villa Panfili fut aussi construite pour Olympia, dans le voisinage du Vatican; le pape et son Égérie pouvaient s'y réunir à toute heure. Je suis désagréablement distraite de mon admiration de l'élégante façade du palais Panfili par la forte odeur des choux brocolis gisant en gros tas tout à l'entour de la place Navone; ce légume, adoré du peuple romain, s'alterne avec des pyramides d'énormes navets blancs, et la puanteur du fromage, qui assaisonnera choux et navets, semble s'en exhaler déjà. Chaque matin l'arène du Cirque antique se transforme en marché aux herbes; une boue noirâtre, où nagent les détritus des légumes, entoure les fontaines monumentales. Nous fuyons cet air empesté, et, tournant l'angle du palais *Braschi*, nous nous trouvons dans la *via Papale*, où se déroule l'imposante façade de ce palais dont l'escalier est un des plus beaux de Rome. A l'angle du palais *Braschi* se dresse, sur la petite place *Pasquino*, la statue mutilée de ce nom. Elle faisait partie d'un groupe antique représentant Ménélas enlevant le corps de Patrocle tué par Hector; cette statue, dont le torse atteste encore la beauté de l'art grec, fut découverte dans le commencement du dix-septième siècle, devant la boutique d'un tailleur célèbre par son esprit satirique ; ses traits malins pleuvaient comme grêle sur les cardinaux, les *monsignori*, les princes romains et les grandes dames qui passaient devant sa pauvre échoppe ; les papes mêmes n'étaient pas épargnés. A la mort du *sarto* facétieux, le peuple perpétua sa mémoire en donnant son nom à ce marbre antique de Ménélas, et, depuis plus de deux siècles, c'est sur son piédestal qu'ont été affichées les épigrammes les plus vives contre les abus et les crimes de la papauté ; durant la nuit, une main mystérieuse et hardie colle ces papiers où éclate, en écriture moulée, le trait ironique et vengeur qui, dès le point du jour, circule dans Rome entière. Ces épigrammes, presque toujours écrites en latin, sont, pour la plupart, l'œuvre des lettrés. A l'élection de Paul II (de Venise), Pasquino s'écria :

> Pontificis Pauli testes ne Roma requiras,
> Filia quam genuit sat docet esse marem...

et à celle d'Innocent VIII (de Gênes) :

> Octo novem pueros genuit totidemque puellas,
> Hunc merito poteris dicere, Roma, patrem.

Le pape Adrien VI, successeur de Léon X, menaça de faire jeter dans le Tibre la statue de Pasquino. Pour empêcher les incartades ordinaires de l'oracle, on place, pendant la durée du conclave et dans les temps de troubles politiques, une sentinelle auprès de la statue de Pasquino ; mais le plus souvent la sentinelle s'endort ou se laisse corrompre pour quelques baïoques ; en ce cas, elle répète toujours à la police, pour imperturbable excuse : *Che volete, illustrissimi signori, questo è opera del Diavolo.*

La lune éclaire ce soir-là une belle affiche carrée sur le socle luisant du morne Pasquino ; je me penche, alléchée, espérant quelque joyeux distique sur les foudres de guerre que François II et Pie IX préparent contre l'Italie libre. Je lis l'annonce d'une vente de meubles ! hélas ! Pasquino humilié s'est transformé ce soir-là en pacifique commissaire-priseur.

M. Gaillard me fait passer dans une rue obscure et me donne

tout à coup la surprise du délicieux petit palais *Farnesina*, construit d'après des dessins de Raphaël. Nous débouchons ensuite sur la place de la Chancellerie, où s'élève le palais grandiose de ce nom, dont Bramante fut l'architecte, puis nous arrivons sur la place Farnèse, qui me frappe par sa beauté régulière. J'y ramènerai mes lecteurs pour visiter le grand palais Farnèse, bâti par Michel-Ange. Nous nous dirigeons vers le pont Sixte IV, en passant devant le grand édifice du *Mont de Piété*, qu'une arche élancée au-dessus de la rue relie à l'établissement voisin, nommé *Monte dei depositi* (Mont des dépôts), où les Romains consignaient leur argent pour le mettre à l'abri des événements ; la liberté de l'Italie et les expédients financiers auxquels est réduit le pouvoir papal ont fait perdre la confiance publique à cette banque de sûreté ; sa caisse est vide comme le serait celle du Saint-Père, sans le bienheureux denier de saint Pierre imposé au monde entier.

Comme nous arrivons au bord du Tibre, onze heures sonnent à l'église de *S. Giovanni della Malva*. Rome endormie, est absolument déserte ; nous allons jusqu'au milieu du pont Sixte pour regarder couler le fleuve, plus large et plus profond en cet endroit qu'au *port Ripetta*. Pas une lumière ne brille à travers les vitres des masures et des palais qui bordent les deux rives sombres. Les arbres du petit jardin de la *Farnésine* bruissent à droite devant nous ; la lune plane au-dessus du mont Janicule, dont la croupe noire figure le fantôme de l'antique Rome regardant taciturne la cité dégénérée. Notre voix, grossie par le silence qui nous environne, monte sonore à travers la nuit. Nous donnons l'éveil à une patrouille de gendarmes pontificaux qui tout à coup se montre à l'autre bout du pont et marche vers nous à pas précipités. En nous entendant parler français le chef de l'escouade se rassure et dit aux autres : « *È gente che passeggia.*

— J'ai grande envie de crier : Vive Garibaldi ! » dis-je tout haut à M. Gaillard. Ce nom fait arrêter tout net les gendarmes, mais le chef reprend : « *Andiamo, è una signora francese,* » et la patrouille s'éloigne. Ce double titre de femme et de Française m'inspirent, dès ce soir, une grande liberté de parole et d'action ; j'en rends grâce à la puissance de mon pays, et non à la faiblesse de mon sexe, que j'ai toujours déplorée. Les sentiments les plus fiers et les pensées les plus hautes d'un esprit féminin ont sans cesse à combattre un dédain superbe dans notre France impertinente, où le premier venu s'adjuge le droit de toiser une femme supérieure.

Nous revenons sur nos pas et traversons la place du Panthéon; le temple antique me paraît superbe dans la nuit; l'obélisque qui se dresse au milieu de la place déserte ressemble à un sphinx, mystérieux gardien du monument. Je m'arrache à regret à la contemplation du merveilleux portique à travers lequel les étoiles projettent des lueurs nacrées. Tout à coup, au détour d'une place, une musique profane se fait entendre derrière une porte éclairée, c'est le petit théâtre *Valle*, où on donne trois fois par semaine, malgré le carême, des soirées de prestidigitation [1]. Dans une rue voisine apparaît, suspendue à deux maisons parallèles, une longue affiche, où est écrite en lettres rouges illuminées l'annonce de la grande *Tombola* de la *villa Borghèse*, qui doit se tirer le lendemain. Décidément le gouvernement papal est le plus tolérant des pouvoirs : il permet à ses sujets la liberté des jeux de hasard et le spectacle d'escamoteurs que la sainte inquisition aurait jadis fait brûler comme sorciers.

VIII

En sortant le lendemain, j'allai d'abord au palais Colonna, où m'attendait le duc de Gramont. Dans une immense antichambre du premier étage s'ouvre à droite la Galerie de tableaux et à gauche l'enfilade des appartements de l'ambassadeur. Je traverse plusieurs salons magnifiques tendus de tapisseries des Gobelins, décorés de tableaux de maîtres, de marbres et de vases précieux; je suis introduite dans le cabinet du duc, qui me reçoit avec la plus gracieuse affabilité. Je trouve en lui le type de l'élégance et de la distinction aristocratiques, bien rares aujourd'hui parmi la noblesse française. Le duc a hérité de l'extérieur séduisant de sa mère, si

[1] Quelques jours après, ce théâtre fut fermé sous prétexte que le Robert Houdin du lieu s'était rendu coupable de fantasmagorie politique.

célèbre par sa beauté sous la Restauration. Je m'assieds en face d'un grand bureau aux ornements de cuivre doré.

« Ce bureau, me dit le duc, est celui de Chateaubriand et le fauteuil où je suis assis est le même où il s'asseyait pour écrire [1]. »

Notre ambassadeur m'interrogea d'abord sur la situation de Naples, et en voyant ma sincère sympathie pour Garibaldi et pour l'unité italienne il me dit en souriant :

« Je ne crois pas à cette unité, Rome y mettra toujours obstacle ; le pouvoir temporel du pape subsistera longtemps encore, et l'occupation française se prolongera pour le maintenir.

— Je pensais, au contraire, monsieur le duc, d'après la publication récente de vos dépêches, que vous jugiez ce pouvoir prêt à tomber. L'ingratitude de ce pouvoir envers le gouvernement français qui le soutient seul, la désaffection du peuple romain, et la haine de la papauté pour l'Italie affranchie, me semblent des motifs suffisants pour prévoir sa chute.

— Vous envisagez la question du côté révolutionnaire, repartit gaiement le duc ; vous êtes séduite par la poésie des événements que vous avez vus s'accomplir, mais dont la durée, je vous le répète, me paraît douteuse.

— Pourtant, dans vos dépêches mêmes, repris-je, se trouve la juste critique de la politique du pouvoir papal.

— Que je veux réformer et non renverser, répliqua le duc ; en exprimant cette critique, j'ai accompli un devoir, douloureux, mais devant lequel je n'ai point hésité. Je représente ici la France et, avant tout, je devais sauvegarder sa dignité et ses droits, ses droits à la reconnaissance de la cour de Rome ; exiger le respect du gouvernement de mon pays, blâmer les intrigues, conseiller de sages réformes, voilà la ligne où je me suis maintenu. Prémunir un pouvoir menacé contre ses propres imprudences, ce n'est pas en préparer la fin et encore moins la désirer ; vous voyez bien, ajouta-t-il, que j'ai agi en libéral et non en révolutionnaire.

— Je vois aussi, monsieur le duc, que vos bienveillantes remontrances et vos observations mesurées n'ont rien obtenu ; au

---

[1] Chateaubriand habitait à Rome, durant son ambassade, le palais *Simonetti*.

lieu de vous être reconnaissants, les cléricaux vous accusent ; au lieu de vous tendre la main comme à un ami qui veut le sauver, le pape vous soupçonne.

— Non pas lui, c'est un juste et un saint, reprit le duc, mais il est vrai que le cardinal Antonelli me boude un peu. C'est un esprit fin et vif qui me plaît beaucoup, ajouta-t-il.

— Je serais très-curieuse de le voir et de l'entendre, répondis-je.

— Je ne vous promets pas que vous le rencontrerez à l'ambassade ; depuis la publication des dépêches, il ne vient plus à mes réceptions.

— Vous le voyez, on vous traite en ennemi, monsieur le duc, on vous méconnaît, on vous fuit comme la trahison qui veut nuire quand on devrait vous rechercher comme la vérité qui éclaire.

— Il est bien difficile à un pouvoir qui a existé durant des siècles sans contrôle, répliqua-t-il, de reconnaître à un représentant d'une nation, même de la plus puissante, le droit d'examen et de critique. Avez-vous vu à Naples, me demanda-t-il, le jeune roi et la jeune reine ?

— Ils s'en étaient enfuis quand j'y suis arrivée.

— Convenez qu'ils y sont regrettés !

— Le jour de mon départ, répondis-je, Naples était dans l'ivresse de la prise de Gaëte, et pas un regret n'était donné aux souverains exilés.

— C'est cruel ; ils sont dignes pourtant d'un très-vif intérêt ; le roi est d'une résignation et d'une sérénité qui m'étonnent.

— Cette humeur tranquille vient de son ineptie, dis-je en souriant.

— Un seul nom, reprit le duc, a le pouvoir de troubler ce calme habituel, c'est celui de Liborio Romano. Quand on lui parle du fallacieux ministre, le roi éclate en imprécations fort divertissantes. »

Je racontai à l'ambassadeur de France mes entrevues à Naples avec Liborio Romano.

« Je ne m'étonne pas, reprit le duc, de son admiration pour Cicéron, dont il a si bien mis en pratique la célèbre maxime : *In omni causa duas contrarias orationes explicare* (Il faut que

l'orateur, en toute occasion, sache prouver le pour et le contre).
Quant à la jeune reine de Naples, poursuivit le duc, elle est adorable ; ses yeux superbes et sa grâce exquise lui feront partout des partisans ; elle n'aurait qu'à parcourir les cours de l'Europe pour obtenir l'intervention armée des souverains et reconquérir son royaume.

— Ce serait, répliquai-je en riant, une politique chevaleresque dont notre siècle positif ne nous a pas donné d'exemples. »

Nous causâmes ensuite de la France, de nos artistes et de nos littérateurs ; le duc de Gramont avait connu et aimé les plus illustres à travers sa carrière diplomatique ; il savait sur beaucoup des anecdotes piquantes, qu'il me raconta avec ce tour d'esprit bref et vif qui ranime d'un mot les êtres évanouis : il avait été particulièrement lié avec Alfred de Musset dans sa première jeunesse ; nous en parlâmes longtemps, ainsi que de mademoiselle Rachel, dont la vie intime fut aussi vertigineuse que sa gloire rapide fut éclatante. Je m'oubliai plus d'une heure dans cette conversation attrayante. Quand je pris congé, le duc me dit : « Au revoir ; la duchesse de Gramont et ma mère, qui est ici en ce moment, seront charmées de vous connaître. »

Je conçus, dès cette première entrevue, pour notre ambassadeur à Rome un sentiment de gratitude que le temps n'a pas effacé ; la dissemblance de nos opinions au sujet de l'Italie me fit encore mieux apprécier la protection active dont il m'entoura pendant plusieurs mois. Je me sentais sous la sauvegarde de sa bonté parfaite et de l'indépendance de son esprit. J'étais certaine que, par la franchise même de mon langage, il avait compris le désintéressement de mes convictions.

IX

En quittant le palais Colonna, je me fis conduire *via Giulia*, où demeure mademoiselle Thérèse Gnoli, la jeune Romaine, poëte amie de Giannina Milli. Cette vieille rue Giulia est une des plus larges et des plus belles de la Rome de la Renaissance ; elle aboutit au pont Saint-Ange. Aucun commerce ne trouble sa solitude et le silence des grands palais qui la bordent. Je remarque, en passant, l'élégante architecture florentine du *Palazzo Ricci*, dont la façade est couverte de belles peintures en clair-obscur par *Polidoro* et *Maturino Caravaggio*. Ma voiture s'arrête à gauche, vers le milieu de la rue, devant un vaste palais qui semble désert ; aucun portier, aucun passant ne peut me renseigner sur l'étage qu'habite l'avocat *Tommasso conte Gnoli*, père de la jeune muse. Je sonne au hasard à plusieurs hautes portes cintrées, d'aspect claustral. Enfin, au *secondo piano*, je suis introduite par une vieille servante dans un appartement rempli de livres et de gravures ; j'arrive dans un salon où je trouve Thérèse Gnoli avec ses deux jeunes sœurs. On dirait trois vierges de Salzo Ferrata ; recueillies, sereines, un peu mystiques. L'accueil est cordial et doux ; c'est toujours la bienvenue italienne, pleine de simplicité, sans pose, sans phrase, et qui devient caressante sitôt que la sympathie s'éveille. La lettre de Giannina Milli m'ouvre le cœur des trois sœurs ; elles me parlent avec émotion de l'Italie libre, et me demandent des détails sur les derniers événements. Les nouvelles favorables à l'unité sont étouffées ou démenties à Rome ; les trois nobles filles prient Dieu, me disent-elles, pour la patrie. Elles y tiennent par l'âme, on le sent bien, mais elles sont rendues timorées par les pratiques dévotes imposées dès l'enfance, et aussi par la fréquentation, de chaque jour, des prêtres mêlés à la famille, y ayant droit de conseil, de surveillance, protégeant ses intérêts, si on leur obéit, ou les ruinant si on leur résiste. Il est admirable que le sentiment de la justice et le souffle de l'enthousiasme survivent dans de jeunes esprits ainsi comprimés. Voilà ce que je me dis en écoutant les trois sœurs et leurs deux frères, qui surviennent et prennent part à l'entretien. Le père fait en ce moment la sieste. La mère est morte depuis quelques années. Je propose à Thérèse Gnoli d'aller voir la grande *Tombola* ; un de ses frères nous accompagne.

La voiture passe sur la place Saint-Ange. Le mausolée d'Adrien m'apparaît superbe, doré par le soleil. Nous franchissons la *via Ripetta*, puis la place et la porte *del Popolo*. A droite, sur le versant du mont *Pincio*, nous trouvons la porte *Pinciana* (aujourd'hui fermée); elle fut bâtie par Honorius et reconstruite par Bélisaire, qui, tombé en disgrâce, dit la légende, s'y asseyait pour demander l'aumône. Un vieux mendiant romain, drapé dans son manteau, implorant des passants la *carità*, est là dans sa fière attitude comme le fantôme de Bélisaire. Près de la porte *Pinciana* se dresse, sur la colline, un grand portique (imité des Propylées d'Athènes) qui conduit à la villa Borghèse, tous les équipages de Rome gravissent l'avenue monumentale. Les piétons se déroulent en longues files des deux côtés de la route. Nous entrons dans le parc, aujourd'hui amoindri[1]; les arbres centenaires ombragent des fontaines jaillissantes, des statues, des temples et des ruines imités de l'antique. L'ornement le plus précieux de ce parc admirable était le *Casino de Raphaël*; il fut stupidement démoli : nous trouverons dans la *galerie Borghèse* quelques-unes des fresques précieuses qui le décoraient. Nous avançons dans les allées couvertes, peuplées d'une foule élégante. Je pense à la princesse Pauline, qui se mourait d'ennui sous ces beaux ombrages et regrettait Paris. Une ombre plus poétique m'accompagne : c'est celle de Béatrix Cenci, qui vécut désespérée et mourut à seize ans, tenaillée par le bourreau. Courte vie aux longues tortures. Son père, le monstrueux Francesco Cenci, était le plus riche et le plus avare des seigneurs romains[2]. Ce grand parc Borghèse faisait partie de son patrimoine Un enfant de treize ans, Bernardo Cenci, innocent du meurtre de son père, garrotté sur l'échafaud où on le força de s'asseoir pour assister à la mort de son frère, de sa sœur et de sa belle-mère, obtint sa grâce de Clément VIII; on le laissa vivre, mais vivre en mendiant, et ne gardant de son héritage que son nom sinistre. Tous les biens des Cenci furent confisqués. Paul V, un Borghèse, en enrichit bientôt son neveu, qui se fit construire une somptueuse villa dans le parc des Cenci. Ce que devint Bernardo Cenci, perdu parmi les pauvres et la plèbe, cela importa peu à ses spoliateurs devenus princes par le bon plaisir d'un prêtre.

[1] Il avait autrefois quatre milles de tour.
[2] Il possédait deux millions et demi de revenu, fortune énorme pour le temps, et qui lui servait à acheter le silence des cardinaux et des familiers du pape sur tous les crimes qu'il commettait impunément à Rome.

Quelques poëtes et quelques romanciers s'intéressèrent seuls à ces destinées fatales.

Des fanfares joyeuses retentissent tout à coup. C'est la musique des régiments français rangée à l'entour du vaste hippodrome gazonné (appelé place de Sienne). Cette immense arène, de forme ovale, ceinte de vieux arbres, offre, au moment où nous y arrivons, un coup d'œil féerique ; au centre de l'arène se dresse un échafaudage à terrasse, drapé de tentures, au sommet duquel les *uffiziali* des loteries romaines, ceints d'écharpes blanches, procèdent pompeusement au tirage de la grande *Tombola*. Chaque numéro sortant, colossal et peint en rouge, se hisse aussitôt sur l'azur du ciel. Les spectateurs les plus éloignés le voient et l'acclament. Une foule compacte, sérieuse, avide, remplit l'hémicycle. On dirait les Romains antiques assistant au Colisée à un combat de gladiateurs. Sur les talus du bord, nos soldats, assis ou debout, toisent en riant ce pacifique spectacle. Des tribunes réservées, ornées de vieilles tapisseries et de drapeaux, se dressent d'un côté de l'arène. La tribune du milieu est occupée par l'état-major français ; quelques femmes élégantes y prennent place. La foule italienne, toujours calme et polie, s'est entr'ouverte pour les laisser passer ; je suis le chemin qu'elles ont suivi. Le colonel Aymard m'aperçoit et m'introduit avec Teresa Gnoli dans la tribune française. Je m'assieds et regarde au-dessous de nous toutes ces têtes expressives dont les yeux dardent leurs rayons sur les numéros suspendus dans l'air. Bientôt je me passionne comme la foule pour ce jeu de hasard qui grise et enflamme. C'est la lutte de l'espoir et de l'inconnu, de l'attente et du peut-être ! Je prends des cartons, j'en fais prendre à ma compagne ; par deux fois nous croyons avoir gagné le gros lot. Le triomphateur de la capricieuse Fortune fut ce jour-là un paysan de Tivoli ; il vint chancelant et pâle comme un spectre, dans la tribune voisine où siégeait le directeur des loteries ; doutant de la certitude de son bonheur, il répétait craintif : « Est-ce bien vrai ? ne me trompez-vous pas ? » Les symphonies guerrières, écho de nos batailles ; le ciel resplendissant tendu sur nos têtes en velarium bleu ; la brise embaumée, frissonnant dans les hautes branches où des rayons d'or s'alignaient comme des cordes de harpe ; les oiseaux chantant dans les massifs fleuris; les déesses de marbre souriant au fond des avenues; l'enchantement du lieu et de la nature en fête; il avait tout oublié devant ce sac d'argent qui était pour le pauvre *contadino* l'extase anticipée *del divino paradiso*.

X

Avant de continuer le lendemain mes excursions artistiques, je passai à la chancellerie française pour y chercher les lettres qu'on devait m'y adresser de l'Italie et de la France. Je fis la connaissance de M. Loiseau d'Entraigues, chancelier de l'ambassade, homme éminemment sympathique par sa cordiale obligeance et son esprit libéral; il m'annonça la visite de sa femme, petite-fille de cette belle princesse de Santa Croce, rendue célèbre au dix-huitième siècle par l'amour du cardinal de Bernis. Je répondis à ce gracieux empressement en allant voir le jour suivant l'aimable femme; nous nous liâmes aussitôt et son attrayante compagnie devint un des charmes de mon séjour à Rome.

Avant de visiter les galeries du Vatican, de Saint-Jean de Latran et du Capitole et celles des palais particuliers, je voulais parcourir tous les quartiers de la ville antique et moderne, en embrasser l'ensemble du haut de ses collines et fixer à jamais son panorama dans mon souvenir. En sortant de la chancellerie de France, je me fis conduire à l'église de S. *Pietro in Montorio* sur le Janicule. C'est à la base de ce mont, dit Tite Live, que furent découverts deux sarcophages, dont l'un portait le nom de Numa Pompilius, et dont l'autre renfermait sept livres latins et sept livres grecs, où les lois du législateur romain étaient écrites sur papyrus. Le sénat les fit brûler en déclarant leurs doctrines pernicieuses. L'*index* papal a le droit d'invoquer cette autorité antique.

A mesure que ma voiture franchit lentement le versant du Janicule qui regarde Rome, la ville m'apparaît en relief; par places d'abord, puis dans sa circonférence entière, puis enfin indéfiniment agrandie par sa campagne déserte, où l'imagination rêve des palais, des temples, des arcs de triomphe, des théâtres, des forums, des portiques, des prétoires, des ponts, des casernes, des forteresses, des tours, des thermes incommensurables, des champs de Mars, des jardins, des bois sacrés aux eaux jaillissantes, des avenues de tombeaux et de colonnes rostrales et, se déroulant jusqu'à l'extrême horizon, les lignes d'aqueducs qui dessinent dans l'azur leurs grands festons de pierre. A l'entour de ce gisement silencieux et solitaire de la Rome des empereurs, les croupes lumineuses des montagnes décrivent comme une enceinte de bastions et de forts titaniques.

C'est de la terrasse de l'église de *S. Pietro in Montorio* que j'évoque ce fantôme de la Rome païenne dominatrice du monde. La Rome chrétienne, tassée et amoindrie, se groupe à mes pieds sur les bords du Tibre. Le mur d'enceinte de la ville des empereurs avait cinquante milles de tour; celui de la ville papale n'en a que seize[1]. Je contemple attentive la ville immobile et cherche à reconstruire la configuration des sept collines historiques. En face de moi voici le mont Capitolin, dont l'un des deux sommets était la *roche Tarpéienne* et l'autre la base du Temple de Jupiter; toujours en face, un peu à ma droite, se dresse le mont Palatin, où resplendissait le Palais des Césars. Partant du mont Capitolin et longeant une partie du Palatin, le Forum se déploie jusqu'au Colisée. Plus loin, à gauche du Colisée, se détache le plateau de l'Esquilin, piédestal de la Maison d'or de Néron; en face de l'Esquilin, à droite du Colisée, le mont Cœlius décrit une courbe allongée et plus basse. Dans les entrailles du Cœlius étaient les souterrains du Vivarium (communiquant avec le Colisée); on y renfermait les bêtes destinées aux jeux du cirque; sur le sommet de ce mont se groupaient les casernes des gardes prétoriennes. Sur un de ses versants est aujourd'hui l'église de *Saint-Grégoire* et le jardin botanique, dont les ombrages ondulent d'un côté du Colisée; dominant le Cœlius, l'église et le couvent de *Saints-Jean-et-Paul* s'élèvent sur la voûte du vivarium antique. J'ai sous mon regard, en ligne droite, le Quirinal, couronné de son obélisque et de ses deux groupes majestueux; le Temple de Quirinus s'y dressait autrefois. Le mont Viminal s'étend entre le Quirinal et l'Es-

---

[1] Rome moderne occupe l'emplacement du champ de Mars antique, elle compte à peine 180,000 habitants; elle en eut jusqu'à 2 millions dans l'antiquité.

quilin et se confond avec eux. Suivant à gauche la courbe profonde que décrit le Tibre, je découvre le mont Aventin se soulevant à peine au-dessus de l'emplacement du *Cirque Maximus*; l'église de *Sainte-Sabine* en remplit la solitude. Le peuple ne s'y rassemble plus menaçant. Le mont Aventin est pour ainsi dire écrasé par le *mont Testaccio*, colline factice formée par les débris des poteries romaines. Trois collines, le Janicule, le Vatican et le Pincio, furent enclavées plus tard dans l'enceinte de Rome; la plus haute de toutes, le Janicule, qui me sert en ce moment d'observatoire, se couronnait dans l'antiquité d'une forteresse. Aujourd'hui les arbres de la *villa Panfili* frissonnent sur son front; le *palais Corsini* et la *Farnésine* se groupent à sa base sur la rive du Tibre. En face, au loin, au delà et à gauche du Quirinal, le mont Pincio m'apparaît, découpant sur le fond du ciel la *villa Médicis*, inondée de rayons. Dans l'antiquité, le Pincio était couvert de jardins où le cadavre abandonné de Néron fut enseveli dans la sépulture de sa famille. Un peu en retour du Janicule, à ma gauche, le mont Vatican élance jusqu'au ciel la coupole de Saint-Pierre, d'une éblouissante majesté; plus loin, le *mont Mario* (hors des murs) sourit lumineux, étalant la blanche *villa Madame* sur le fluide empourpré du soleil qui décline. Le Tibre, qui se replie comme un long reptile aux écailles dorées, ondule dans la cité immobile, il y dessine deux courbes profondes presque semblables : en dehors de l'une, en remontant le cours du fleuve, se massent la cité Léonine, et, un peu plus bas, le fort Saint-Ange; en dehors de l'autre, en descendant le fleuve, le Théâtre de Marcellus, englouti dans des constructions modernes : c'est dans cette dernière partie du Tibre que se trouve la petite île *S. Bartolomeo* (insula Tiberina), où était le Temple d'Esculape. En portant mes yeux au delà de la porte *del Popolo*, mon œil suit la marche du fleuve depuis le *ponte Molle* (Milvius); le Tibre coule d'abord dans la campagne, puis longe la *promenade du Poussin*, entre ensuite dans Rome à côté de la *place du Peuple*, suit le *port Ripetta*, passe sous le pont Saint-Ange (Cælius), glisse à mes pieds sous le pont *Sixte* (Janiculensis), au delà sous le pont *Quattro Capi* (Fabricius), qui relie la ville à l'île Tibérine, et sous le pont *Bartolomeo* (Cestius), qui joint la même île au Transtévère, enfin sous le *ponte Rotto* (Palatium), près duquel se dégorge (à gauche), la *Cloaca Massima*. Ici le Tibre sort de Rome; bordé à droite par le port de *Ripa grande*, il côtoie la lande où se dresse Saint-Paul et disparaît enfin à mes yeux à travers la plaine d'Ostie. La Rome antique avait deux autres ponts: le pont *Vaticanus* (entre le pont Saint-Ange et le pont *Sixte*), le pont *Sublicius* (au delà du pont *Palatium*), d'où se précipita Horatius Coclès[1].

Voilà l'ensemble que mon regard embrasse. Espace circonscrit, si l'on mesure l'emplacement de la ville éternelle à l'importance et à l'éclat de son histoire. La grandeur de Rome n'est pas dans son étendue, mais dans l'immensité de ses souvenirs. Ces collines, que peuplent les ombres démesurées des héros et des Césars, ne sont que des monticules et des tertres; ce Tibre, aux eaux troubles et au lit étroit, ne mérite pas le nom de fleuve-roi. Ces temples, ces arcs de triomphe et ces portiques restés debout ravissent par leur harmonie plus qu'ils n'étonnent par leurs proportions; ils sont écrasés par la lourde masse de Saint-Pierre[2]. Mais l'âme de Rome plane sur ces pierres! La fibre antique, si fière et si forte, résonne au travers et les fait retentir.

Tandis que je m'enivre jusqu'au vertige du panorama de Rome et de l'évocation de sa splendeur, autour de moi un régiment français, caserné dans le couvent voisin de l'église, fait l'exercice sur la place de *S. Pietro in Montorio*. Un de nos soldats me propose de me montrer le petit temple de *Bramante*, qui s'élève au milieu du cloître; il est extérieurement décoré de douze colonnes en granit noir, surmonté d'une coupole. Deux chapelles, dont une souterraine et fort riche, s'abritent sous cette jolie rotonde, élevée, selon la légende, sur le lieu même où saint Pierre fut flagellé. J'entre ensuite dans l'église. La nef de *S. Pietro in Montorio* est veuve de la *Transfiguration*, de Raphaël. Je cherche en vain dans ce chœur, où était ce tableau sublime, la tombe oubliée de Béatrix Cenci. « Le corps de la jeune fille, dit la chronique contemporaine, recouvert de ses habits et couronné de fleurs avec profusion, fut porté à *Saint-Pierre in Montorio*. Elle était d'une ravissante beauté, on eût dit qu'elle dormait. Elle fut

---

[1] Quand les eaux du Tibre sont basses, on voit les débris des piles de ces deux ponts.
[2] Excepté le Colisée.

enterrée devant le grand autel et la *Transfiguration* de Raphaël d'Urbin; elle était accompagnée de cinquante gros cierges allumés et de tous les religieux franciscains de Rome. »

Je regarde la belle fresque de la *Flagellation* de *Sébastien del Piombo*, puis, sortant de l'église, je continue à gravir le Janicule; j'arrive à la *fontaine Pauline*, qui répand en cascades ses eaux limpides du haut de cinq niches, encadrées par de magnifiques colonnes en rouge antique, dépouilles du *Forum de Nerva*. A droite de la fontaine, sur un plan plus élevé, près de la porte *S. Pancrazio*, est le *casino Savorelli* que Garibaldi a rendu célèbre. C'est là qu'en 1849 il établit son quartier général quand les Français assiégèrent Rome; les soldats de Garibaldi étaient parqués dans la *villa Panfili*, dont les arbres murmurent au-dessus de ma tête. L'assaut donné par nos troupes, le 30 avril, fut vaillamment repoussé; guidés par Garibaldi et stimulés par l'exemple des volontaires romagnols et lombards, les Romains dégénérés redevinrent des Romains antiques. Après un mois de suspension d'armes, la lutte liberticide recommença; les Français attaquèrent à la fois : la *villa Panfili*, l'église *S. Pancrazio*, la *villa Giraud* et les jardins de la *villa Corsini*. Triomphants sur plusieurs points, ils commencèrent à battre en brèche le mur d'enceinte et les bastions du haut desquels les assiégés leur répondaient. D'autres batteries républicaines faisaient feu du sommet de l'*Aventin* et du mont *Testaccio*. Les Français accomplirent d'énormes travaux d'attaque, puis montèrent à l'assaut du sixième et du septième bastions où des brèches furent ouvertes, dans la nuit du 21 au 22 juin, et dans la matinée du 30 ils s'emparèrent de huit bastions. Le 3 juillet l'armée française entrait à Rome par les portes Saint-Pancrace, Portèse et Saint-Paul. Garibaldi dut s'enfuir, suivi de quelques-uns des siens et de sa fidèle Annita, la vaillante guerrière toujour à ses côtés pendant les combats du siège. Un prêtre les accompagnait, un vrai prêtre de Jésus-Christ, Ugo Bassi, prêchant la liberté et voulant la rédemption du peuple; il soutenait de sa parole sainte l'héroïne épuisée, prête à devenir mère. Traquée par les gendarmes pontificaux, puis par les Autrichiens, la petite troupe gagna les bords de l'Adriatique[1]; c'est là qu'Annita défaillit

[1] Il faut lire les douloureuses péripéties de la marche de Garibaldi à tra-

sur les sables et mourut. Quelques jours avant cette lamentable agonie, Ugo Bassi, qui portait encore l'uniforme garibaldien, craignant d'attirer l'attention sur les fugitifs, s'en éloigna pour se procurer un habit de paysan. Il fut surpris par les soldats ennemis et conduit à Bologne, où l'évêque actuel de Viterbe le livra à la mort et ordonna qu'il fût dégradé des ordres sacrés avant son supplice. Ugo Bassi, au moment d'être fusillé par les Autrichiens, tourna sa face radieuse de martyr vers l'église de Saint-Luc et implora la madone. Hélas! l'image miraculeuse[1] laissa s'accomplir l'horrible assassinat.

Garibaldi a vengé Ugo Bassi dans des pages éloquentes, oraison funèbre d'un prêtre martyr prononcée par un héros vaincu.

Je rêvai longtemps à la défaite de la liberté romaine sur le lieu même où elle s'était accomplie. Sinistre victoire de la France décrétée dans un jour d'égarement. Le triomphe moral fut pour Garibaldi, il retrempa le courage des Romains et leur laissa en partant une foi nouvelle. Rien n'est perdu pour un chef populaire tant qu'il n'abdique point ses principes; l'important, c'est de ne pas faillir à son âme. Les hommes publics qui violent leur conscience sont les véritables vaincus de l'histoire. Elle décrète leur déchéance.

Le soleil avait disparu en projetant des lueurs de sang sur le palais du Vatican et la coupole de Saint-Pierre; l'ombre s'étendait sur Rome; je descendis le Janicule en disant au revoir à la *villa Panfili*.

Le soir, poursuivie par l'image du héros injustement vaincu par les armes aveugles de la France, je relus ces strophes indignées qu'il fit en Amérique, en pensant à l'avilissement de sa patrie:

> Non tra pomposi e pensili
> Vaghi giardini in fiore:
> Non sotto bei marmorei
> Archi è giammai il mio core;
> Ma nell' ombrosa selva
> Si piace il mio pensier.

---

vers l'ennemi et le récit de la mort de sa noble femme dans la *Italia storia di due anni*, par Auguste Vecchi. Ce récit, émouvant comme un drame, a la simplicité grandiose d'une page d'épopée antique.

[1] Voir tome II, page 564 de *l'Italie des Italiens*.

Non quando il ciel sereno
E dei zeffiri il lambito
All' esser fausto in seno
Diffonde un dolce palpito
Ma quando rugge il nembo;
Si scuote l'orbe inter;

Non quando Teti argentei
I flutti suoi mi estolle;
Non si tranquillo in ignei
Monti il bitume bolle;
Ma tempestose l'onde;
Sconquassato il crater.

E che m'importa il gaudio
Dei popoli o la pace!
Che calmi del Sabaudo
Il vegetar mendace,
Et del Sannita immemore
Il codardo giacer.

E che m'importa, o Italia,
Dei lirici concenti
Se di Germania e Gallia
I bellici istromenti
Nel vil tuo core imbelle
L'onta non fan suonar?

Io ti vorrei deserta,
Coi tuoi palagi infranti;
Ed io dell' Alpi all' erta
Le tue città fumanti
Scorgere e con sardonico
Sorriso contemplar,

Pria di vederti trepida
Sotto il baston di un Vandalo
Già prostituta e fetida
Delle nazioni scandalo
Il tuo destin cospicuo
Stolida rinnegar [1].

---

[1] Ce n'est pas à travers les jardins pompeux, suspendus et fleuris, qu'erre amais mon cœur, mais ma pensée se plaît dans les forêts ombreuses.

Non pas quand le ciel est serein et que les caresses des brises répandent dans le sein des heureux un doux frissonnement, mais quand l'orage gronde et que la terre tressaille.

Non quand Thétis gonfle en se jouant les vagues argentées ni quand la lave tranquille bouillonne dans les entrailles des monts, mais quand l'onde éclate en tempête et que le cratère rugit.

Et que m'importe la joie et la paix des peuples! le calme du Savoyard qui végète et mendie, et le lâche repos du Samnite oublieux!

Que m'importent, ô Italie! tes accords lyriques, si de la Germanie et de la

XI

En montant, le jour suivant, une rue étroite et marchande qui conduit à la jolie place *Barberine*, je fus tout à coup frappée par la tournure superbe d'un boucher, debout sur sa porte, au milieu des viandes sanglantes suspendues au dehors. C'était un homme d'une cinquantaine d'années, drapé dans son large tablier blanc comme un sénateur romain dans sa toge; le couteau qui brillait à sa ceinture avait la forme d'un glaive antique; il s'en servit tout à coup pour dépecer un mouton avec un geste plein de noblesse, on eût dit un prêtre païen accomplissant un sacrifice; la gravité du profil, fier et sculptural, complétait l'illusion. Un acteur tragique, un orateur ou un souverain auraient envié la majesté naturelle de cet homme. On rencontre ainsi à chaque pas, à Rome, des gens du peuple qui, par la double beauté des lignes et de l'attitude, rappellent les chefs-d'œuvre de la statuaire. J'indiquerai ces modèles persistants de la supériorité de la race latine chaque fois qu'ils frapperont mes regards; aussi bien que les effets de la lumière, l'harmonie des monuments, la splendeur des statues, ils contribuent à l'admiration qu'inspire l'Italie.

En traversant la place Barberine (autrefois le cirque de Flore), je regarde l'élégante fontaine de Bernini : du milieu de sa vasque quatre dauphins soulèvent une coquille au-dessus de laquelle un triton fait jaillir de sa bouche un jet d'eau qui monte dans l'air et retombe en poussière irisée. Un balcon à balustres, tout couvert de fleurs, sourit sur la façade d'une des vieilles maisons de la place tranquille. C'est là que demeure madame Loiseau d'Entraigues. Je trouve chez elle cette belle personne, spirituelle et enjouée

---

Gaule les instruments belliqueux ne font pas retentir la honte dans ton cœur avili.

Je te voudrais déserte, tes palais écroulés et tes villes fumantes, et moi du haut des Alpes te contemplant avec un sourire ironique :

Plutôt que de te voir tremblante sous le bâton d'un Vandale; prostituée fétide, scandale des nations, reniant, insensée, tes grandes destinées.

comme une Française, bonne et cordiale comme une Italienne ; elle me parle avec une grande liberté d'esprit des abus du gouvernement papal :

« L'Italie ni la France n'ont à espérer aucune concession, me dit-elle, de la part de ce vieux pouvoir croulant qui, comme un vieillard qui tombe en enfance, réunit l'entêtement à l'imprévoyance ; jamais la théocratie romaine ne se laissera toucher et entraîner par les sentiments généreux de l'Italie affranchie. Jamais la France, qui étaye de son dévouement cette vétusté orgueilleuse, n'obtiendra une réforme du cardinal Antonelli ni du Pape. Depuis la publication des dépêches du duc de Gramont, Pie IX repousse tout conseil, il a cessé ses relations directes avec l'ambassade de France : la dépêche où il est parlé du zèle dévot et presque séditieux des Bretons a surtout révolté le Saint-Père ; il en plaisante agréablement selon son habitude, qui est de traduire sa colère en sarcasme. Il disait l'autre jour à un noble vendéen qui venait s'engager à son service : « Je vous reçois au risque d'être censuré par *Satan*. » Vous devinez le protecteur redoutable désigné sous ce nom de Satan. Des actes inouïs de corruption et de captation vont leur train comme au moyen âge, à l'abri de cette autorité sénile. Il y a à peine trois semaines, ajouta madame Loiseau, que toute la haute société de Rome s'est émue du mariage *in extremis* de mon jeune cousin Prospero Publicola de Santa-Croce. Son frère aîné, le prince Antonio, vous racontera lui-même dans tous ses détails ce drame de famille ; vous n'y croirez pas. A Rome, le réel défie l'invraisemblable ; l'absence de la liberté de la presse et l'impunité assurée par l'absolution (sitôt qu'on a pour soi quelque dignitaire de l'Église) font tout oser. »

Après une heure de conversation variée, l'aimable femme me proposa de me conduire à quelque galerie. Il était trop tard pour nous rendre au Vatican ; nous allâmes au *Corso* visiter le *palais Doria-Panfili*. La cour de ce palais magnifique est entourée de portiques, soutenus par des colonnes antiques. Au centre de ce cloître poétique, se groupent des massifs de camellias et d'orangers. Nous montons à la galerie de peinture, mille fois décrite. Je suis surtout attirée vers quelques portraits historiques. Celui

7.

de Lucrèce Borgia, par Paul Véronèse, arrête le regard, comme si la fille du pape Alexandre VI revivait tout à coup; les yeux sont pleins d'éclat, la bouche est charmante, la physionomie sensuelle et décidée. Les mains superbes se détachent en relief sur une robe de velours noir qui retombe sur une jupe de damas blanc. L'œil perçant d'un portrait de Machiavel, par Bronzino, pétille d'esprit; la ruse et une perspicacité implacable sont empreintes dans ce profil au nez pointu. Plus loin est un portrait d'Olympia Panfili déjà vieille, rappelant madame de Maintenon; elle porte un costume monastique et un chapeau rond en feutre noir. Un autre portrait d'Olympia la représente beaucoup plus jeune, toujours dans le même costume; ses yeux noirs sont irrésistibles: l'audace et la volupté y rayonnent. Comme contraste, je regarde le célèbre portrait de Jeanne d'Aragon, par Léonard de Vinci; la bouche est fine et presque mystique; la Madeleine, de Carrache, exhale un trouble passionné; le corps est d'un affaissement adorable où luttent la douleur et la beauté; la beauté l'emporte.

Le prince Doria, maître de ce beau palais (qui est avec le palais Borghèse le plus somptueux de Rome), est aussi propriétaire de la villa Panfili[1] et de la villa Doria à Gênes; descendant de l'illustre André Doria, il met en oubli les grands souvenirs historiques qui devraient le rattacher à l'Italie libre. C'est un des princes *codini* de l'aristocratie romaine; son frère cadet (Dominique) est le très-insignifiant héros du véridique roman de cette pauvre *Tolla*, dont les lettres d'amour sont si touchantes. Je les lis le soir même, et j'y trouve un curieux tableau de la vie oisive, puérile, dévote, annihilante de la jeunesse romaine. On en veut à l'âme brûlante et pure de Tolla de se prendre de passion pour cet égoïste vulgaire, exclusivement occupé des soins de son corps et de son âme pendant que le choléra ravage Rome (1837). S'imagine-t-on Roméo écrivant à Juliette absente les ordonnances de M. Purgon et les règlements prescrits par un confesseur? Comme la plupart des femmes, Tolla aima un fantôme à qui elle prêta son cœur; elle mit dans son amour l'ardeur de patriotisme des Romaines antiques et la foi enthousiaste des martyres chrétiennes. Le

[1] Les Doria ont recueilli par alliance l'héritage des Panfili.

dieu était indigne du culte; il brisa stupidement la croyante qui l'adorait. Elle morte, qui se souvint de lui? qui pourrait dire aujourd'hui ce qu'est devenu ce petit prince romain? Ce fut le 10 octobre 1858 qu'on la porta au *Campo santo*, elle était comme endormie dans sa bière découverte; son beau visage souriait à la foule qui se lamentait. Ses funérailles de reine défilèrent devant le palais Doria; là le peuple éclata en murmures, en montrant du poing cette porte fermée, qui aurait dû s'ouvrir pour la recevoir vivante. Par sa beauté chaste et son esprit charmant, elle eût ennobli la maison princière; sa présence y eût épuré l'image souillée de la Panfili. L'homme qui l'avait tuée par son abandon, promenait à Londres, à Paris et dans les petites cours d'Italie son oisiveté, sa fortune et ses titres; il n'y avait qu'un an qu'elle était morte quand on le revit à Rome, bellâtre souriant, à un bal de l'ambassadeur de France. Il dut passer, pour se rendre à cette fête, devant la maison de la morte; il dut regarder cette fenêtre sous laquelle il avait erré si souvent en soupirant désœuvré. Il est des êtres à qui les spectres ne disent rien. Des prêtres jouèrent dans ce drame le rôle d'endormeurs et de complices. Le nom de a pauvre *Tolla* est resté populaire à Rome; bourgeoisie et peuple en veulent à la noblesse du malheur de quelques-unes de leurs filles si belles. L'aîné des Doria avait donné à son frère l'exemple de la sécheresse de cœur, de l'orgueil et de l'avarice de caste; il avait abandonné une jeune et belle Romaine pour épouser une riche Anglaise. Le prince Borghèse et plusieurs autres princes romains ont suivi cet exemple. L'hérésie des épouses n'a pas arrêté les époux orthodoxes. D'ailleurs, les cardinaux et les *monsignori* se chargent d'*enguirlander* ces dames, qui presque toutes sont rentrées dans le giron de l'Église. Les mêmes tentatives furent faites, pendant que j'étais à Rome, pour la conversion de la jeune duchesse de Gramont, Anglaise et protestante; elle résista avec cette fermeté douce contre laquelle les influences et les séductions s'émoussent.

XII

Un ciel nébuleux succède brusquement le lendemain au ciel d'azur des jours précédents et m'empêche de visiter les galeries du Vatican. Ce n'est que par un soleil éclatant, ou à la vive lueur des flambeaux, que toute la radieuse beauté des statues antiques se révèle.

Ce temps du Nord donne un aspect sinistre à la campagne romaine; je me fais conduire à *Saint-Laurent hors les murs*. Je regarde en passant la fontaine *de' Termini, les ruines des Thermes de Dioclétien* et la double *porte de Saint-Laurent*[1], construite par Honorius en 402; le second arc de la porte tient à droite aux vieux remparts de Rome couronnés de tours. En face de moi, bornant l'horizon, les montagnes de Tivoli, fantastiquement éclairées, se découpent en blanc et en relief sur un fond sombre; je vois bientôt se grouper à droite de la route le couvent de capucins, la basilique de Saint-Laurent et le grand cimetière public commencé sous la domination française. La pluie jaillit par ondées du ciel incliné qui semble pleurer sur les tombes. Quelques paysans à la taille svelte, à la tête expressive, menant de petites charrettes traînées par des bœufs, croisent ma voiture; d'autres sont étendus dans une espèce de préau qui précède l'église. Quelques beaux pins parasols s'étalent à gauche; à droite s'étend le *Campo santo;* du même côté la *via Appia* se déroule. La basilique de Saint-Laurent fut érigée au cinquième siècle par *Galla Placidia,* l'impératrice impudique dont la tombe est à Ravenne. Les maîtres du monde ont toujours racheté par des fondations pieuses leurs débauches et leurs forfaits. Le pape Honorius III restaura au treizième siècle l'église primitive et y ajouta un portique soutenu par six magnifiques colonnes antiques dont quatre sont cannelées; ce portique est décoré de peintures byzantines. J'entre dans l'église divisée en trois nefs par vingt-deux co-

[1] Porte *Tiburtina* conduisant à l'antique Tibur, aujourd'hui Tivoli.

lonnes en granit et en cipolin, dépouilles de monuments de la vieille Rome. Le chœur me frappe d'admiration : il est pavé de mosaïques et encadré par douze colonnes superbes également antiques dont les fûts cannelés saillissent à mi-hauteur de l'église primitive devenue souterraine; les chapiteaux corinthiens soutiennent un entablement antique servant d'appui à un second rang de colonnes d'où s'élancent les arcades des tribunes qu'occupaient les femmes. Un vieux siège épiscopal en marbre sculpté trône au milieu du chœur. Deux capucins couverts de leur robe de bure se meuvent comme deux ombres dans la basilique déserte; ils tendent de damas rouge les majestueuses colonnes dont la base repose au-dessous du pavé du chœur. Sur mon observation que ces marbres antiques sont beaucoup plus imposants dans leur nudité, un des moines me propose de descendre dans un souterrain où l'on voit ces belles colonnes se développer de leurs bases à leurs chapiteaux. Nous descendons par un escalier en planches. Un jour voilé nous éclaire à peine; je ne sais quoi de mystérieux et d'auguste se dégage de cette obscurité, d'une blancheur opaque comme la brume, et sur laquelle monte gigantesque la colonnade demi-circulaire. Je considère émerveillée ces fûts hardis dont les cannelures décrivent des plis rigides. A quel palais d'empereur, à quel temple païen ces douze colonnes ont-elles appartenu? On a pu constater à dater du moyen âge quels furent les monuments antiques détruits ou spoliés par la papauté; mais dans les premiers siècles de l'Église, sous Constantin le Grand et ses successeurs immédiats, les iconoclastes brisèrent les statues, renversèrent les temples (dont les matériaux servirent à construire des églises) et engloutirent jusqu'au souvenir des édifices abattus. Ces douze colonnes silencieuses, plongées à moitié dans la nuit, sont là devant moi comme des sphinx ténébreux. Tout à coup quelque chose se meut au pied de l'une d'elles et deux vifs rayons semblent jaillir du marbre. Ce sont les yeux du moine que j'avais oublié et qui me regarde immobile. Une terreur folle me traverse l'esprit; je remonte précipitamment dans l'église d'où je sors à droite en traversant un cloître recueilli voisin du *Campo santo*. Je trouve là mon cocher causant gaiement avec un capucin.

La pluie cesse comme je rentre à Rome. Des éclaircies de lumière flottent çà et là dans le ciel; du haut d'une rue j'aperçois à l'horizon le mont *Mario* projetant dans une nuée d'or les pins qui le couronnent.

En rentrant à l'hôtel je lis dans le *Journal des Débats* que Victor-Emmanuel a été proclamé roi d'Italie! la patrie a son chef glorieux, mais la capitale manque au royaume. Le soir même, j'apprends que les habitants de Viterbe ont voté l'annexion à la barbe des autorités papales; les Romains en eussent fait autant sans la redoutable garnison française.

XIII

J'étais très-fière, après huit jours de séjour à Rome, de pouvoir m'orienter seule à travers les ruines antiques et la ville moderne. Je ne me lassais pas de traverser le Forum, d'entrer en familiarité avec les temples, les arcs de triomphe et le Colisée. Un matin je tournai l'orbe du colosse et me trouvai dans la *via San Stephano* d'où le cirque immense m'était apparu le premier soir. Je reconnais la rue où se trouve à droite la *villa Campana*, à un seul étage, avec ses blanches terrasses couvertes de plantes grimpantes. C'est là qu'étaient réunies les belles collections d'objets d'art achetées par la Russie et par la France et qui ont donné une sorte d'illustration au nom de Campana. Malgré les concussions de l'homme qui le porta, ce nom est resté cher au peuple de Rome qui se souvient des largesses du proscrit. Lorsqu'il fut condamné et que ses biens furent confisqués la foule se récria ici. « Beaucoup de princes de l'Église ont fait et font encore comme lui, disait-elle; pourtant ils vivent en paix sous leurs masques sacrés. » Un peuple soumis depuis des siècles à l'illégalité en arrive à trouver arbitraire l'application des lois. Du même côté que la *villa Campana* est le mont *Cælius* et à gauche le mont *Esquilin*. Je ramènerai le lecteur sur ces deux collines mémorables de la Rome antique. Toujours du même côté, sur l'Esquilin, au sud du Palais d'or de Néron, est la

vieille église de *Saint-Clément* mentionnée par saint Jérôme dès la seconde année du troisième siècle. Je regarde sans m'y arrêter la belle place de Saint-Jean-de-Latran où était le palais de Plautius Lateranus; on aime à voir survivre le nom de cet héroïque Romain que son patriotisme entraîna dans la conjuration de Pison.
« Le poëte Lucain et Plautius Lateranus, dit Tacite, dans son récit de cette conjuration de Pison, s'y portèrent avec une haine ardente; Lucain, par une cause toute personnelle et par ressentiment contre Néron, qui étouffait la gloire de ses vers en lui défendant de les montrer par une vaniteuse jalousie; Lateranus, sans motif de vengeance, mais par amour de l'État... Voici comment les conjurés avaient concerté l'attaque : Lateranus, sous prétexte de demander un secours pour sa misère, devait, d'un air suppliant, tomber aux genoux de Néron, le renverser brusquement et le terrasser; car Lateranus était d'un caractère énergique et d'une grande force, et pendant qu'il aurait maintenu Néron par terre, les tribuns, les autres conspirateurs, chacun suivant son courage, devaient accourir et tuer le prince. Après la découverte de la conjuration, ajoute Tacite, Néron n'accorda aucun délai à Lateranus pour embrasser ses enfants et choisir son supplice. Traîné dans le lieu destiné au châtiment des esclaves, il fut tué par le tribun Stulius et garda courageusement le silence, ne reprochant pas même au tribun d'être son complice. » Tout en évoquant cette ombre d'un vrai Romain, ma voiture traverse la place où fut son palais. Constantin donna le domaine des *Laterani* à l'évêque de Rome pour en faire sa résidence. Cette place est bordée par le *Palais* et la *Basilique de Latran*, par le *Baptistère de Constantin* et par deux hôpitaux. Au centre s'élance de la vasque d'une fontaine le grand obélisque d'Héliopolis qui décorait le cirque Maximus. Avant d'entrer dans l'église, je visite le palais de Latran transformé en musée ; la cour intérieure est entourée de portiques peints à fresque et soutenus par de belles colonnes. Les salles du rez-de-chaussée renferment les sculptures antiques. Je remarque d'abord une superbe mosaïque représentant trois gladiateurs; elle servait de pavé à une des chambres des Thermes de Caracalla. Puis ce sont des tombeaux de marbres couverts de bas-reliefs enlevés à la *via Appia*. La statue colossale d'Antinoüs

trouvée à Palestrina, et restaurée par Canova, est d'une grâce exquise malgré ses proportions. Sa belle tête, rêveuse et alanguie, porte une couronne de lierre. Un buste de Scipion l'Africain fait revivre le héros; c'est bien là la physionomie sévère et noble que dut avoir le fier Romain. Je salue un cerf fougueux en marbre gris et une vache pensive en marbre blanc : les divinités du paganisme se plaisaient à revêtir les corps des animaux : la statuaire antique s'inspirait de cette incarnation; le dieu subsiste et l'âme palpite dans toutes les figures de bêtes. En entrant dans la chambre de la famille d'Auguste on éprouve comme un saisissement : on dirait que toute la parenté du prudent empereur répond à une évocation de l'esprit, s'anime et va parler. La tête colossale d'Auguste est d'une expression vulgaire, l'habileté n'est pas le génie. Tibère vieux vous regarde terrible; ses joues affaissées semblent tirées par la tension de la cruauté et de l'astuce. Claude a l'air bestial et presque béat. C'est le chanoine du *Lutrin* qui digère. Ces trois empereurs n'ont pas d'auréole. La figure de Germanicus jeune, vêtu en guerrier, répand la vie et l'audace dans la morne assemblée. La figure de Livie au profil pur y répand la beauté.

Dans la salle à côté est l'éblouissante statue grecque de Sophocle en marbre de Paros; elle rappelle et surpasse peut-être la statue d'Eschine du musée de Naples : la chevelure ondule en anneaux réguliers au-dessus du front inspiré; la voix semble sortir de la bouche entr'ouverte. Le manteau dans lequel se drape le poëte est d'un mouvement superbe. Cette statue fut découverte par la famille Antonelli, près de Terracine (l'antique Anxur); le cardinal en fit hommage au musée de Latran. Un Romain me disait à ce propos le soir même : « Il a tant vendu à l'étranger de beaux marbres trouvés dans les fouilles qu'il pouvait bien nous en donner un.

— On prête un mot hardi au prince banquier Torlonia, ajouta un autre de mes visiteurs : le cardinal-ministre voulant entraîner le financier dévôt à fournir des fonds au Saint-Père, lui dit un jour :

« Hélas! nos caisses sont vides, c'est une honte pour la chrétienté.

« — Je sais un sûr moyen de les remplir, riposta Torlonia.

« — Et comment? s'écria le cardinal rayonnant d'espoir.

« — Faites revenir de l'étranger l'argent que vous y avez envoyé, » répliqua le prince.

Dans la même salle où est le Sophocle, on voit un Faune dansant aussi leste et aussi jovial que son frère du *Museo Borbonico*. La statue de Neptune en marbre pantélique m'arrête longtemps : quel mouvement! quelle suprême élégance! le dieu s'élance appuyé sur un dauphin : ce n'est plus le vieux Neptune à la barbe vénérable [1], c'est un Neptune jeune et charmant dont le regard calme la tempête, dont le sourire déride la mer. Les figures de Neptune sont fort rares ; ce dieu n'avait qu'un temple à Rome, un à Ostie, un dans l'île sacrée [2], et un à Antium (*porto d'Anzio*) où fut trouvée la statue dont je viens de parler. Quelle adorable figure que cet Amour en marbre doré par le soleil! Il est assis sur un dauphin et joue avec un canard. Ce canard me fait penser aux Chinois qui ont fait de ce volatile l'oiseau consacré à l'Amour. Tout près est un buste de Vénus adolescente d'une grâce exquise. Voici trois magnifiques sarcophages trouvés sur la *voie Appia* [3], ils renferment encore des ossements. Je m'incline devant une statue de Caton, au visage sévère et triste. Une figure d'esclave, revêtu d'une tunique et d'un pantalon bouffant, porte encore les points du statuaire, qui n'acheva pas entièrement son œuvre.

Je monte dans les salles du *Musée sacré* où sont les peintures des catacombes. La belle statue assise de saint Hippolyte [4] me frappe par la noblesse de son attitude. C'est presque de l'art grec ; dans d'autres salles sont des mosaïques trouvées à Tivoli et à la *villa Adriana*.

Je sors du palais et j'entre dans la basilique par le petit portique qui donne sur la place Saint-Jean-de-Latran ; sous ce portique est la statue en bronze de Henri IV [5]. *Les papes l'ont mis*

---

[1] Dont la tête colossale qui est au Vatican a inspiré le *Moïse* de Michel-Ange.
[2] Aujourd'hui lande désolée entre Ostie et Fiumicino.
[3] Ils sont du siècle de Trajan.
[4] Découverte dans les catacombes de Saint-Laurent.
[5] Henri IV, après sa conversion, fut, comme tous les anciens rois de

hors de l'église comme s'il était toujours hérétique, dit Pasquino le jour où fut érigée cette statue. La basilique de Saint-Jean de Latran fut fondée par Constantin ; c'est dans cette église que chaque pape nouvellement élu vient prendre possession de son siége comme évêque de Rome. L'église primitive, détruite par plusieurs incendies, a été successivement reconstruite ; la partie ancienne qui m'apparaît en entrant, se borne à l'abside soutenue par des colonnes antiques ; la demi-voûte est couverte d'une mosaïque sur fond d'or représentant le Père éternel penché au-dessus d'une croix ; deux jolies biches sont couchées au pied de la croix ; de chaque côté se groupent des apôtres et des vierges. Devant le maître-autel est le tabernacle éclairé nuit et jour, qui renferme les têtes des apôtres Pierre et Paul retrouvées au quatorzième siècle, selon la légende.

« La veille de Pasques, je vis, dit Montaigne, à Saint-Jean de Latran, les chefs S. Pol et S. Pierre qu'on y montre, qui ont encore leur charnure, teint et barbe, comme s'ils vivoint : S. Pierre, un visage blanc un peu longuet, le teint vermeil et tirant sur le sanguin, une barbe grise fourchue, la teste couverte d'une mitre papale ; S. Pol, noir, le visage large et plus gras, la teste plus grosse, la barbe grise, épaisse. Ils sont en haut, dans un lieu exprès. La façon de les montrer, c'est qu'on apele le peuple au son des cloches, et que à secousses, on dévale contre bas un rideau au derrière duquel sont ces testes, à costé l'une de l'autre. On les laisse voir le temps de dire un *Ave Maria*, et soudein on remonte ce rideau, après on le ravale de mesmes, et cela jusques à trois fois ; on refaict cette montre quatre ou cinq fois le jour. Le lieu est élevé de la hauteur d'une pique, et puis de grosses grilles de fer, au travers lesquelles on voit. On alume autour par le dehors plusieurs cierges ; mais il est mal aisé de discerner bien cleremant toutes les particularités ; je les vis à deux ou trois fois. La polissure de ces faces avoit quelque ressemblance à nos masques[1]. »

L'église a cinq nefs, et, de la hauteur du chœur, celle du milieu

---

France, reçu chanoine de Saint-Jean de Latran. Napoléon III vient d'obtenir la même prérogative, et a accordé une pension considérable à tous les chanoines de cette basilique.

[1] Montaigne, *Voyage d'Italie.*

se déroule imposante ; elle offre une perspective qui, à première vue, semble plus grandiose que celle de Saint-Pierre. La lourdeur des décors et des statues en altère l'harmonie. Les douze figures gigantesques des apôtres surgissent de leurs niches (au-dessus de l'entablement de la grande nef), avec des postures à la fois menaçantes et grotesques, comme si elles allaient se précipiter sur la tête des passants. Au lieu de les regarder je considère ce qui reste des peintures primitives de l'ancienne basilique. D'abord une fresque de Giotto, représentant le Jubilé de l'année 1300. Dante assiste à la cérémonie. C'est ensuite un plafond peint par Pirro Ligorio attribué à Michel-Ange. Je m'arrête aussi devant l'éblouissant autel du Saint-Sacrement dont le tabernacle est formé par des pierreries. Les colonnes cannelées de bronze qui soutiennent le fronton décoraient le temple de Jupiter Capitolin.

La chapelle mortuaire des Torlonia, d'une somptuosité fastueuse, atteste seulement la richesse d'un financier qui n'eut pas le bonheur d'avoir pour contemporains, comme Chigi, Michel-Ange, Raphaël et Titien. La chapelle des Corsini est vraiment grandiose. Le pavé de l'église, entièrement en mosaïque, produit un fort bel effet. Je sors du côté de la grande façade où les cinq portes de l'église s'ouvrent sous un péristyle soutenu par vingt-quatre pilastres ; la porte du milieu a des battants de bronze dépouilles de la basilique antique *Æmilia*. Sous ce péristyle trône la statue colossale de Constantin le Grand trouvée dans les thermes de cet empereur. La façade, couronnée par les statues des apôtres et se détachant dans l'éther, est majestueuse, quoique d'un aspect théâtral. Cette grandeur outrée est préférable à la mesquine architecture de la façade de Saint-Pierre ; le cadre qui entoure, de ce côté, Saint-Jean-de-Latran saisit et enchante le regard : à droite, sont les vieux murs de Rome ; à gauche, l'aqueduc rompu de Néron ; l'église de la *Scala Santa* (renfermant les vingt-huit marches de marbre blanc, escalier authentique, dit l'Église, du palais de Pilate à Jérusalem), puis la grande niche du *Triclinium*, revêtue d'une mosaïque sur fond d'or qui faisait partie du réfectoire de l'ancien palais de Latran. En face est la basilique de *Santa Croce in Gerusalemme*, au delà la campagne de Rome coupée par les lignes d'aqueducs et les collines du Latium ; à l'horizon Tivoli,

Frascati, Albano, puis les montagnes bleuâtres de la Sabine se détachant sur l'azur plus vif du ciel. Qu'est la colonnade de Bernini auprès de cette place incommensurable aux décors éternels! Je m'arrache à regret au ravissement qu'inspire ce tableau où se déroulent les annales de Rome.

Je rentre dans l'église pour visiter le cloître du treizième siècle; j'en suis plus émerveillée que de toute la basilique à cinq nefs. Ce cloître, qui est resté intact, a quatre entrées flanquées de beaux lions accroupis; ses colonnettes sveltes et torses, surmontées de chapiteaux variés, sont incrustées de mosaïques. Au milieu du préau, couvert de fleurs, est une belle citerne en marbre blanc. Je sors de l'église en passant de nouveau sous le péristyle où est la statue de bronze de Henri IV. Le *Baptistère de Constantin* se trouve du même côté. Il était autrefois précédé d'un portique antique dont il ne reste que des débris. La politique papale a presque fait un saint de cet empereur, chargé de tant de crimes. C'est ici, prétend la tradition, que saint Sylvestre, après l'avoir absous, baptisa ce grand pervers qui octroya aux évêques de Rome son palais impérial de Latran. Le fait du baptême de Constantin est contesté; on doute qu'il ait été baptisé, et, s'il l'a été, ce n'est qu'au moment de sa mort (337). Les deux nefs du Baptistère octogone sont séparées par huit colonnes de marbre couronnées d'une architrave antique d'où s'élancent huit colonnes plus petites; les entre-colonnements et la coupole sont revêtus de belles peintures. On descend par trois marches de marbre aux fonts baptismaux, formés par une urne antique en basalte avec un couvercle de bronze. Je remarque deux bas-reliefs représentant le baptême de Jésus-Christ et celui du sanguinaire empereur. Quel rapprochement monstrueux! Le pur, le doux, le révélateur céleste de la charité associé à ce César barbare! Tout souverain qui concède à l'Église les biens de la terre obtient de ces flatteries impies.

Trois petites chapelles s'élèvent près du Baptistère; celle de S. Venanzio, renfermant une belle mosaïque du septième siècle; celle de S. Jean-Baptiste, où est une statue en bois du Sauveur, par Donatello, et celle de S. Jean évangéliste. Je remonte en voiture et rentre à l'hôtel, en tournant de nouveau la grande ellipse du Colisée sublime.

J'apprends en dînant que les murs de Rome ont été couverts la veille, dans la nuit, de ces mots mille fois répétés : *Viva Vittorio Emmanuele nostro Ré.* L'élection du roi d'Italie a fait tressaillir d'espoir tous les jeunes Romains; la police papale, renforcée de la police de François II, est dans un grand émoi.

L'excellente chère de la table d'hôte de l'hôtel d'Angleterre m'était un peu gâtée par la morne compagnie anglaise que j'y trouvais chaque soir; il y avait là toute une collection alignée de vieilles filles, de l'aspect le plus rogue et le plus empesé. Plusieurs étaient Irlandaises et catholiques, et celles qui étaient protestantes suppléaient à l'orthodoxie par la pruderie du *Cant*, insupportable à l'esprit français. Je me souviens d'une de ces vierges de cinquante ans, au teint pourpre, native de Guernesey, qui me parlait de Victor Hugo avec une indignation biblique :

« C'est un grand génie, oh! oui, s'écriait-elle, mais le génie de la corruption et de l'impiété ! c'est l'ange maudit de Milton. Je l'ai suivi un jour jusqu'à Hauteville-House, j'étais curieuse de le connaître. Mais entrer dans sa maison et lui parler, jamais!...

— Vous avez bien fait, repartis-je, il est si pervers qu'il n'aime que les jeunes et beaux visages. »

La lady rousse, aux verroteries bleues, dont j'ai parlé, contrastait par ses sourires et ses œillades avec la roideur de ses pudibondes compatriotes; elle étendait jusqu'à moi ses regards sympathiques du milieu de la table où elle trônait.

J'ai dit que M. Gendre, attentif pour chacun de ses hôtes, m'avait placée dans la région cosmopolite, et par cela même la moins ennuyeuse de l'immense table. J'avais trouvé là un jeune ménage polonais, ému des troubles qui éclataient en ce moment à Varsovie; M. et madame Vavin, de Paris, avec qui je me liai bientôt; un peintre allemand, quelques Russes, quelques Prussiens, et par intervalles un ou deux Italiens que des affaires appelaient à Rome.

M. et madame Vavin étaient allés faire une excursion à Naples. Les Russes et les Prussiens qui les remplacèrent près de moi me parurent encore plus irritants que les Anglais. Attachés d'ambassade, ils affichaient, à Rome, une grande sympathie pour le pape, et partant la haine et le mépris de Victor-Emmanuel et de Garibaldi. Schismatiques hors de l'Église, ces petits diplomates la respectaient; ils faisaient bon marché de son infaillibilité, mais le pouvoir temporel leur paraissait sacré. C'était une autocratie sanctionnée par le temps, une sainte ennemie de l'envahissement révolutionnaire. Cette politique gouvernementale m'était odieuse; mieux valait encore le libéralisme borné des Anglais. La dame aux doux yeux était protestante; j'ai dit qu'elle écrivait des romans élégiaques; une place étant vacante dans son voisinage, je m'y assis un soir. Ses amis me firent fête; deux d'entre eux parlaient, à peu près, le français. Nous causâmes des derniers événements de Naples, de Garibaldi, de la cour papale, des agitations des *monsignori*. Nous parlions gaiement et assez bruyamment. Un ministre écossais nous regardait avec une fixité provocante, son teint, où le vin éclatait, semblait animé par la colère.

« Est-il étrange? me dit un de mes voisins irlandais.

Je répondis par cette phrase banale :

— Oui, bien singulier. »

La consonnance de ce dernier mot arriva au ministre écossais.

A l'issue du dîner, je l'aperçus interpellant *il padrone di casa* et prenant à partie mon voisin de table. Je sus bientôt que j'étais l'objet du colloque; l'irascible Écossais m'accusait de l'avoir appelé *sanglier*. Mon interlocuteur, dont il invoquait le témoignage, hésitait à affirmer le contraire : *singulier* et *sanglier* lui paraissaient *en conscience synonymes*.

« Il y a évidemment un malentendu, objectait M. Gendre, cette dame ne saurait avoir appelé *sanglier* un homme de votre respectabilité. »

Il fallut toute une semaine de pourparlers pour calmer cet évangélique ministre. A chaque rencontre, il me montrait les dents et me lançait des regards menaçants, comme si ce mot de *sanglier*, dont l'écho le poursuivait, l'eût changé en ce farouche animal. Je me tins désormais à distance des Anglais.

Je dînais souvent chez M. et madame Loiseau, et je les recevais à mon tour. Je connus chez eux le comte Teccio di Bajo, consul de Sardaigne, le marquis Doria, vice-consul, et M. Testa, de Gênes, qui dirigeait une usine à Rome. Ces trois esprits libéraux me plaisaient par leur franc-parler. L'avocat Gnoli m'amena ses filles et ses fils, et me fit connaître le docteur Pantaleoni, dont l'exil devait produire bientôt une très-vive sensation; M. Schnetz, directeur de l'Académie de France, vint m'engager à ses réunions du dimanche. Peu à peu le cercle de mes relations s'étendit, et je pus mêler à mes excursions d'art quelques études de la société romaine. Déroutée par l'occupation française, cette société, tant dans le camp des *codini* que dans celui des libéraux, n'avait plus aucune franchise d'allure. Devant la ferme attitude prise récemment par notre ambassadeur, les réactionnaires étaient contraints de dissimuler leurs machinations et leurs espérances insensées. D'autre part, les partisans de l'indépendance italienne, c'est-à-dire tous les hommes éclairés de Rome, dans la noblesse comme dans la bourgeoisie (sans excepter le peuple), las et humiliés du gouvernement papal, se disaient :

« A quoi bon des paroles et des agitations impuissantes, puisque la présence de l'armée française nous force à l'inaction? »

Ces deux partis bien tranchés, quoique inégaux (évidemment le parti clérical, renforcé par les légitimistes français, et la petite cour de l'ex-roi de Naples, était faible et caduc), se mesuraient, s'épiaient et se faisaient une guerre de coups d'épingle et d'épigrammes; agressions presque puériles sur lesquelles planait la force française régulatrice et souveraine. Lorsque l'exercice du droit est supprimé à un peuple, son énergie collective s'engourdit; restent les résistances individuelles. Il est rare qu'elles se produisent à Rome avec éclat, la fibre humaine s'y est tellement détendue depuis des siècles, qu'il ne faudra rien moins que la force militante de l'Italie affranchie pour lui rendre sa vigueur.

XIV

Le samedi 2 mars (1861) j'allai, par une mélancolique journée, à la villa Panfili, dont les verts ombrages couronnent le plateau du Janicule. On gravit une belle route au-dessus de la *Fontaine Pauline*, et à l'endroit même où se croisaient les voies antiques *Aurelia* et *Vitellia* on voit se dresser une espèce d'arc de triomphe d'assez mauvais goût. Cette entrée, récemment construite, s'ouvre sur une esplanade gazonnée d'où un chemin serpente jusqu'à la villa ; je le descends à pied avec lenteur pour savourer l'enchantement du paysage : çà et là, des deux côtés, saillissent les constructions brisées des antiques *Columbariums*. A droite, l'aqueduc *Trojano Paola* découpe sur l'azur le vide de ses arches encadrant les tertres couverts de pelouses qui relient le Janicule au mont Vatican ; des vaches noires y paissent l'herbe, le ciel est d'un gris pâle ; on dirait presque un paysage hollandais sans la magnificence de la coupole de Saint-Pierre, qui se détache au fond et monte jusqu'aux nuages. Du même côté, le sommet du mont Nario se couronne de quelques lueurs dorées. J'entre dans la villa et suis comme enlacée par le réseau de ses longues avenues, qui aboutissent à des temples, à des fontaines jaillissantes, à des belvédères, à des serres, à des terrasses, à des hippodromes ceints de pins parasols. L'habitation féerique, la chapelle où reposent nos soldats morts au siège de Rome, les parterres en fleurs, l'orangerie et une merveilleuse pièce d'eau, qu'entourent des niches, et des statues se groupent au milieu. La partie la plus belle des jardins est celle où serpente, entre deux rives montueuses et vertes, un large courant d'eau vive ; des barques y sont amarrées, des cygnes en rasent les bords embaumés par des massifs fleuris. Aux limites de l'opulent domaine est un mur d'enceinte, percé d'une porte monumentale, qui conduit au vieux cimetière *Calepodio*. Ce voisinage de la mort a dû troubler parfois dans ses nuits sacrilèges l'impudique Olympia, pour qui Innocent X fit construire cette villa somptueuse. Une ombre plus vénérée m'accompagne, c'est celle de Chateaubriand. Presque chaque jour, lorsqu'il était ambassadeur à Rome, il promenait sous ces ombrages son incurable ennui.

En traversant les allées les plus solitaires, je me suis croisée trois fois avec *monsignor* Sacconi[1], qui fut longtemps nonce à Paris. Comme je sors de la villa Panfili, le prélat, blême et soucieux, passe de nouveau près de moi. Je l'avais rencontré dans plusieurs salons parisiens, il reconnaît mon visage sans bien se rappeler qui je suis. Nous nous saluons, je me nomme, et lui dis que j'arrive de Naples.

[1] Aujourd'hui cardinal.

« Où tout est à feu et à sang, réplique-t-il.

— Où tout est fort paisible, je vous assure, monseigneur.

— Garibaldi n'est qu'un républicain déguisé, reprend le prélat.

— Si bien déguisé, monseigneur, qu'il a donné deux royaumes à un roi, et j'ajoute en souriant : J'ai vu ce roi à Palerme salué et béni par trois évêques.

— Il est au loin, repart-il, quelques évêques faibles et égarés qui ne s'inspirent pas assez de l'esprit de Rome. L'heure est venue où nous devons tous nous entendre pour défendre le Saint-Siége en péril.

— Le péril ne menace pas la religion, monseigneur, j'ai parcouru l'Italie entière et j'y ai trouvé partout une foi persistante; ce n'est qu'au pouvoir temporel qu'on en veut. »

A ces derniers mots, monseigneur Sacconi flaire sans doute en moi un libre penseur. Il me regarde avec méfiance et murmure sous forme de réflexions :

« L'esprit du siècle envahit donc jusqu'au cœur des femmes? »

Nous étions arrivés à l'entrée de la villa ; je saluai monseigneur, en ajoutant que j'espérais le revoir à l'ambassade de France.

« Je n'y vais pas, » me répondit-il un peu sèchement; puis, s'étant incliné, il monta dans son moelleux carrosse. Je m'assis dans mon petit cabriolet de louage, et les deux voitures suivirent à la file la route qui longe le rempart de Rome. Nous passâmes la porte San Pancrazio, gardée par des soldats français. En quelques minutes, j'arrivai derrière la colonnade de gauche de la place Saint-Pierre où se trouve le *Palais du Saint-Office*, entouré de belles maisons claustrales; les portes et les fenêtres sont closes; pas un habitant ne se montre ; aucun bruit n'arrive jusqu'à ce quartier désert. C'est d'une solitude qui glace comme celle des tombeaux. On rêve derrière ces murs silencieux les grands juges décrétant autrefois les supplices de l'Inquisition, et mettant aujourd'hui à l'Index toutes les doctrines morales et généreuses. On voudrait placer là la scène d'un drame. »

Je traverse la place Saint-Pierre, puis le pont et la place Saint-Ange, et longe la rue où est le théâtre *di Tordinono*. Je remarque à l'extrémité de cette rue l'*Albergo del l'Orso*, où Rabelais a logé et où Montaigne passa deux jours en arrivant à Rome. La vieille porte de l'auberge s'ouvre sur une sorte de péristyle intérieur soutenu par des colonnes trapues, débris sans doute de quelque temple antique. Au milieu de ce portique se groupent des chevaux et des palefreniers. Cette entrée devait être la même au temps de Rabelais et de Montaigne : l'*Albergo del l'Orso*, devenu aujourd'hui une pauvre *locanda*, était alors une hôtellerie renommée. Le *padrone di casa* ne peut me renseigner sur les chambres qu'habitèrent les deux grands prosateurs français : *Di questi non si sa niente*, me dit-il.

J'ai, le soir, plusieurs visiteurs à qui je parle de ma rencontre avec monseigneur Sacconi à la villa Panfili; on m'apprend qu'il vit fort triste et fort retiré depuis son retour à Rome. Lui et le frère du cardinal Antonelli se scandalisent, ajouta-t-on, du procès Mirès et en déplorent les investigations.

XV

Le lendemain dimanche, madame Loiseau d'Entraigues vient me chercher dès neuf heures pour aller à la chapelle Sixtine entendre la messe où le pape officie entouré de ses cardinaux. Nous passons sous la galerie de droite de la colonnade de *Bernini*, au bout de laquelle se trouve la *Scala regia* qui conduit aux salles du *Vatican*. Quelques hallebardiers du pape sont de faction dans le large escalier, bordé par des colonnes ioniques qui décrivent une perspective imposante. Nous traversons au premier étage la vaste salle *regia* servant de vestibule à la *chapelle Pauline* et à la *chapelle Sixtine*. Cette salle est décorée de grandes fresques peintes par Zuccheri et par Vasari; trois des compositions de ce dernier peintre représentent le massacre de la Saint-Barthélemi en glorification duquel Grégoire XIII fit frapper une médaille; sur un des revers était la tête de ce pape, sur l'autre un ange exterminateur pourchassant des huguenots. A gauche de la salle *regia*, presque en face de ces fresques impies où Charles IX est représenté radieux, s'ouvre la porte de la chapelle Sixtine; une portière de velours fripé retombe dessus; deux gardes se tiennent de chaque côté ; dans l'intérieur sont rangés une vingtaine d'autres gardes, dont cinq gardes nobles, les massiers et les chambellans du pape. Tous ces hommes, à la mine ennuyée, sont revêtus d'uniformes ternis. La chapelle se déroule en une seule galerie sans division de nef et de colonnade. À droite en entrant sont les bancs destinés aux femmes ; à gauche, ceux des hommes, et au milieu de cette travée de gauche se dresse une tribune en échafaudage pour les souverains ou les princes. La partie, réservée au public, est séparée de celle qui est réservée au clergé par de légers piliers carrés en marbre blanc, aux sculptures brisées, et dont l'entablement supporte huit candélabres en bois doré ; quatre seulement ont des cierges allumés. Au milieu s'ouvre une porte en chêne sculpté avec des fleurs de lis. La tribune des chantres, placée à droite du côté des femmes, est en bois doré, ainsi que le grand pupitre qui soutient la musique chantée par des êtres invisibles. En attendant que la chapelle se remplisse, je regarde l'admirable fresque de Michel-Ange couverte de poussière et éclatant çà et là en longues fissures. Tout a été dit sur la vigueur magistrale des figures des Sibylles et des Prophètes. Ève, restée dans sa nudité, est superbe. On sait que le pudibond Pie IV ordonna à Daniel de Volterre de recouvrir de draperies les autres figures nues peintes par Michel-Ange ; ce labeur de profanation fut appelé *Braghettone*. Une injure nouvelle a été faite à la fresque de Michel-Ange dans sa partie la plus belle et la plus célèbre, celle du Jugement dernier qui remplit le fond de la chapelle où est le maître-autel. Un grand tableau en tapisserie des Gobelins, aux couleurs voyantes, encadré de velours rouge, est placé au-dessus de l'autel et dérobe outrageusement une partie de la fresque. Les *monsignori* et les cardinaux commencent à arriver ; ces derniers sont tous vieux et cassés, leur tenue est fort négligée ; ils portent sur leurs camails de pourpre salie d'autres camails en guipure trouée qui n'ont pas été lavés depuis un demi-siècle ; des taches de tabac les maculent par devant. Au milieu de tous ces vieillards malpropres, le cardinal Antonelli tranche par son air de jeunesse, ses cheveux noirs, ses yeux éclatants et une sorte d'élégance. Je ne le vois qu'à distance. Il entre par la porte réservée au pape, qui est percée à droite au fond de la chapelle. Dans la partie réservée au public se placent, du côté des hommes, quelques officiers français ; le général de Goyon arrive escortant une grosse femme, à la figure vulgaire, qu'il fait monter dans la tribune des souverains. C'est l'ex-reine-mère de Naples. Toutes les femmes massées à droite portent des robes noires et des voiles de dentelle noire sur la tête ; ce costume est de rigueur. Sitôt que le pape a fait son entrée, je ne songe plus qu'à le regarder ; au moyen d'une lorgnette de spectacle, je le vois comme s'il était auprès de moi : il n'est pas grand et commence à être obèse, sa grosse tête s'affaisse sur son cou gonflé ; sa physionomie est insignifiante ; le teint rouge, l'œil trouble, la lèvre prudente ; les cheveux sont gris et légèrement poudrés, ainsi que la tonsure. La voix pleine, sonore et très-juste, a des intonations majestueuses.

Je suis distraite de mon examen par le timbre singulièrement pénétrant du plain-chant qui sort de la tribune au-dessus de ma tête ; les chanteurs sont cachés : sont-ils jeunes ou vieux ? On l'ignore ; mais aux notes aiguës et légères qui éclatent, tant dans les solos que dans les morceaux d'ensemble, on dirait des voix de vierges cloîtrées implorant l'amour. Pas de tendresse, aucune inflexion molle, mais un désir inassouvi et désespéré. La plainte humaine se module instinctivement, et comme à son insu, sur la douleur qui la produit. On sait à quelle mutilation les papes soumettaient ces interprètes de la musique sacrée. Les chanteurs que j'entendis ce jour-là étaient les restes de ces déplorables phalanges. « On n'en fait plus, assurent les autorités romaines. » On en fait encore quelques-uns par contrebande, prétendent les frondeurs. Pour ajouter un raffinement à la mise en scène des pompes religieuses, la papauté a continué durant des siècles une barbarie sacrilége pratiquée par les Césars infâmes [1].

J'allai le soir à l'ambassade de France ; la jeune duchesse de Gramont faisait avec beaucoup de grâce les honneurs de ces réceptions hebdomadaires en ce moment peu nombreuses. Je fus charmée de son accueil. Il y avait une vingtaine de personnes dans le salon : deux ou trois princesses romaines, deux généraux français, quelques officiers supérieurs, un certain nombre

---

[1] Les prêtres et les moines semblent avoir eu, dans les temps modernes, le monopole de cette barbarie. Les Nubiens destinés à la garde du sérail sont mutilés dans les couvents chrétiens cophtes.

d'Anglais, des attachés de l'ambassade française et des autres ambassades; un seul dignitaire de l'Église, Mgr de la Tour d'Auvergne, archéologue et beau parleur. La duchesse me le présenta et en appela à son jugement de celui que je portais sur *Saint-Pierre*. Mon peu d'admiration pour l'immense basilique et la préférence que je donnais aux églises byzantines de Ravenne déroutaient la duchesse. J'eus la bonne fortune de trouver le prélat de mon avis. Nous causâmes quelques instants des différents styles de l'art chrétien. Une belle personne, la femme du général D..., assise près de moi, prit part à l'entretien. La duchesse de Gramont nous ayant nommée l'une à l'autre, nous nous promîmes de nous voir; mais je renonçai aussitôt à mon intention, quand son mari, que l'ambassadeur venait de me présenter, m'exprima à bout portant les opinions les plus hostiles à mes sympathies.

« Vous arrivez de Naples, me dit-il, comment avez-vous pu vivre, madame, au milieu de tous ces révolutionnaires?

— Je vous assure, général, que j'y ai vécu pendant six mois fort tranquille; j'y ai vu à l'œuvre vos frères d'armes de Magenta et de Solférino, le général della Rocca, qui a pris Capoue, et le général Cialdini, qui a pris Gaëte.

— Je ne leur serrerai jamais la main, répliqua le général, ce sont des complices de Garibaldi, des révolutionnaires, répéta-t-il.

— Il n'y a pas de révolutionnaires en Italie, général, il n'y a que des patriotes qui veulent se constituer une patrie libre et forte.

— Et pour se donner une capitale, chasser le pape de Rome, riposta le général.

— Non pas le chasser, général, mais le contraindre à régner sur un royaume qui n'est pas de ce monde. »

A ces mots madame D... me regarda avec défiance.

« Nous y mettrons bon ordre, » riposta le général D..., puis il me quitta pour aller causer avec le général de Goyon qui venait d'entrer. Le duc de Gramont s'approcha de moi, et me proposa de me présenter le général en chef si zélé pour la papauté.

« Que Votre Excellence me permette de refuser, répondis-je; c'est bien assez du général D..., dont je viens de me faire un ennemi en ne désavouant pas mes glorieux amis italiens.

IV 9

— Il dépend de vous d'éviter ces hostilités, me dit le duc avec courtoisie; oubliez la politique; ne parlez qu'art et littérature.

— Comment dissimuler mes sentiments quand on m'interpelle?

— Gardez pour moi vos professions de foi, répliqua-t-il; elles me plaisent par leur sincérité même; je n'y vois qu'un peu d'exaltation poétique, mais d'autres pourraient s'en effaroucher. »

L'affabilité et l'esprit du duc éclairaient de quelques vives lueurs la société opaque qui l'entourait.

Les réceptions de l'ambassade française finissaient à dix heures et demie; j'allai terminer ma soirée à l'Académie de France, où l'on dansait chaque dimanche malgré le carême. Je trouvai là beaucoup d'officiers français, des artistes, de jeunes et aimables femmes. M. Schnetz préside à ces réunions et les remplit d'entrain par sa cordialité et sa bonne humeur toujours égale. Son esprit est devenu clérical mais dans l'acception joyeuse et narquoise du mot. Je le soupçonne de regretter la Rome du cardinal de Bernis; son cœur est resté français, et son hospitalité s'étend à tous ses compatriotes, sans exclusion d'opinion. Je trouve, dans le salon de la *villa Médicis*, un capitaine d'artillerie, qui a été le compagnon d'armes de mon beau-frère en Crimée. Nous causons, et il traite les Italiens et les Napolitains, en particulier, avec le même dédain que le général D...

« On ne fera jamais des soldats de tous ces mangeurs de macaroni, me dit-il.

— Ces mangeurs-là, capitaine, se nourrissent aujourd'hui de *bon gros bœuf* à la caserne, et ils formeront bientôt de braves et superbes régiments comme au temps de Murat.

— Oui, des pillards, comme les garibaldiens, qui ont dévasté le musée de Naples.

— La plaisanterie est par trop forte, repartis-je; prenez garde, lorsque vous quitterez Rome, qu'on ne vous accuse d'avoir dépouillé les galeries du Vatican; respectez ceux que vous n'aimez point si vous voulez qu'on vous respecte. »

J'étais une fois de plus humiliée par cette faconde des militaires français qui m'avait si fort choquée à Milan; sur les champs de bataille, ils n'ont pas d'égaux; mais, dans le *far niente* des garnisons, leur jactance égale celle des commis voyageurs.

M. Schnetz, qui avait entendu le colloque, craignant qu'il ne se transformât en discussion politique, vint me présenter M. Louis Delâtre, un érudit français établi à Rome depuis longtemps. Poëte à ses heures, M. Delâtre, qui écrit et parle l'italien aussi bien que le français, a publié de beaux vers dans les deux langues; lié avec tous les princes romains qui se passionnent encore pour le savoir et le plaisir, personne n'a mieux pénétré la société de Rome, immobile et uniforme au fond, flottante et variée à la surface par les éléments étrangers qui s'y mêlent chaque année. Musiciens, peintres, statuaires, littérateurs, diplomates, libres penseurs et partisans du droit divin, ladies sentimentales, princesses russes ou valaques abritant dans la ville éternelle, comme à Venise, les amours du déclin; pas un voyageur s'arrêtant à Rome, y étant cité ou y tenant un salon, qui ne recherche M. Delâtre. Il a cette flexibilité d'esprit qui le rend propre à toutes les relations; il sait pour ainsi dire fragmenter son intelligence sans en diminuer l'étendue et sans entamer les convictions qui sont le fond même de son caractère; convictions philosophiques et politiques très-nettes et très-fermes dont ses écrits mêmes sont les preuves. Ses vers enthousiastes sur Garibaldi et sur le frère de Poërio, mort pour la liberté de Venise, son dithyrambe indigné contre le pouvoir papal dissipèrent bien vite, quand je les lus, le doute passager que m'avait inspiré sur ses doctrines sa placide tolérance des hommes et des choses. Je me dis : voilà un sage qui veut vivre en paix; sans espoir de réformer le monde, qui l'amuse, il l'étudie et le juge, évitant de le blesser, mais ne lui permettant jamais d'humilier sa pensée ni de contraindre sa liberté. Je m'imagine que s'il se complaît, avec une égale urbanité, dans des relations si diverses, c'est un peu comme le satirique qui aime à surprendre sur le vif ce qu'il se réserve de peindre et de censurer un jour. Qui sait si, durant son long séjour à Rome, M. Delâtre ne recueille pas de curieux documents pour des mémoires où les portraits des plus célèbres acteurs de la cour papale seront traités à la manière de Saint-Simon; satire posthume qui révélera la verve affranchie de l'auteur; testament ironique d'une vie tranquille couronnée par le rayonnement que laisse après soi tout esprit hardi.

Parmi les personnes qu'il voyait le plus à Rome, M. Louis Delâtre me cita la baronne Schwart, une femme élégante et supérieure, amie de Garibaldi, et célèbre en Allemagne par la publication de plusieurs romans. L'aimable femme désirait me connaître et m'adressa bientôt une invitation. Avant d'étendre mes relations, je voulais terminer mes excursions d'art. J'avoue que l'esprit des salons m'attirait moins que la poésie des ruines et que les chefs-d'œuvre de la statuaire antique.

XVI

Enfin, par un jour éclatant, le lundi 4 mars, j'entrai pour la première fois dans les splendides galeries du Vatican, qui demandent grâce pour tous les actes de barbarie (j'entends seulement en matière d'art) commis par les papes.

Je passe par l'escalier nouveau, qui conduit à la cour S. Damaso, bordée, sur trois côtés, par plusieurs rangs de portiques; le portique du second étage, à droite, est formé par les loges de Raphaël. Je ne m'y arrête pas ce jour-là. J'ai hâte d'entrer dans le musée des Antiques. Dès le seuil de la longue *Galerie des inscriptions*, suivie de la *Galerie Chiaramonti*, on est frappé d'éblouissement; on regarde au hasard et comme effaré tous ces marbres sublimes survivant aux hommes qui les ont façonnés, et faisant planer sur le néant des êtres l'immortalité de ce qu'ils ont créé.

Qui donc sculpta cette magnifique citerne où deux grands lions en relief étouffent des cerfs? deux chasseurs se penchent sur le groupe terrible et fascinent de leurs regards les animaux qui s'étreignent? J'erre à travers le mystère des sarcophages alignés[1]; leurs inscriptions grecques ou latines nous parlent des morts qu'ils ont contenus. Laissant à gauche la porte de la bibliothèque du Vatican, je trouve, du même côté, la *Galerie del Braccio Nuovo*; je la parcours et regarde les statues qui m'émeuvent le plus, sans

[1] La plupart païens ; quelques-uns des premiers siècles du christianisme.

prétendre les voir toutes, et sans avoir l'idée de les décrire; qui ne les connaît? plus ou moins amoindries et déformées par la gravure, et plus encore par la photographie, dont les ombres noires chargent tous ces beaux marbres lumineux de reflets funèbres. Voici *Minerve Medica*, ensevelie durant des siècles sous la poussière de l'Esquilin; elle s'est relevée sereine et fière, vraie sœur de la Minerve du Parthénon. Le *Grand Nil couché* sourit dans sa barbe vénérable aux seize petits enfants [1] qui folâtrent sur son corps. Belle nourricière, précurseuse de la charité, la statue de *Cérès* [2] communique l'allégresse; celle de l'*Abondance* la regarde et semble la défier de son rayonnement. La blanche figure de la *Pudeur* raille, par sa grâce ineffable, la roideur de la *Chasteté* chrétienne; tous les symboles les plus doux et les plus graves éclatent lumineux dans ces déesses du paganisme et dans ces marbres.

La statue de Sénèque est empreinte d'une immense tristesse. On lit sur son visage l'épouvante du règne de Néron. Démosthène est beau par son attitude, par sa physionomie pensive, inspirée, sur son front mélancolique se lit la douleur de la décadence de sa patrie. Cette statue grecque, qui ornait, à *Tusculum*, la villa de Cicéron, est sans doute un portrait fidèle. Quelle noble figure que celle d'Euripide tenant un masque à la main! Comme l'âme s'élève dans la mâle compagnie de ces fiers anciens! Au fond de la galerie trône le *Coureur de Lysippe* trouvé au *Transtévère*; lui aussi a surgi triomphant comme un dieu de son long sommeil; ses jeunes muscles frémissent, ses reins souples ont le mouvement de l'essor. Je regarde encore quelques statues d'une beauté souveraine, la *Vénus Anadyomène* sortant des flots et tordant ses cheveux déployés; une *Fortune*, marbre grec intact; elle a maîtrisé le Temps; son visage exprime la quiétude de la domination; son timon qui conduit les hommes et sa corne d'abondance reposent sur un globe. Une *Amazone blessée* m'attire et m'intéresse comme une sœur idéale: elle aspirait, la belle guerrière, à la force, à la gloire; le vertige des combats enflammait son cœur!

---

[1] Symbolisant les seize coudées de sa crue.
[2] Trouvée à Ostie dans les fouilles dirigées par le commandeur Visconti.

la voilà mourante, son âme qui s'exhale flotte sur ses traits comme une lueur assombrie. Que ce soit l'épée ou la lyre en main que la femme se jette dans la mêlée publique, elle meurt toujours doutant du triomphe; son génie la couronne, mais l'homme autour d'elle amoncelle la nuit. Un joli *Faune*, flûte en main, semble railler l'amazone de son angoisse; un autre Faune se joue entre deux Néréides montées sur des chevaux marins. Un *Esclave dace* murmure farouche: « Je suis vaincu! » Il croise ses mains désarmées comme pour les tendre à la chaîne.

Avant de quitter le *Braccio Nuovo*, je considère au milieu de l'hémicycle un admirable vase en basalte noir : des thyrses, des masques tragiques et une guirlande de feuilles d'acanthe en composent les ornements exquis; ses deux anses légères sont formées par des ceps enlacés.

Je continue à monter l'incommensurable *Galerie Chiaramonti* bordée de tombes, de baignoires, de bustes et de statues. Auguste, si morne et presque vulgaire dans ses grandes effigies impériales, revit ici jeune, charmant et fier dans un buste en marbre de Paros. C'est Octave adopté par César et ne rêvant point encore l'empire. Qu'il était beau ce *Cupidon* de Praxitèle[1] tendant son arc et ajustant les cœurs. La *Vestale* debout dans sa robe flottante en détourne ses regards inquiets; elle tient anxieuse un petit tamis, épreuve fatidique qui décidera de sa vertu : si l'eau ne coule pas à travers le crible, la vestale est déclarée pure; si l'eau en jaillit, la vestale sera enterrée vivante. La face de Tibère inspire toujours l'épouvante; le voilà pourtant calme, assis, héroïque et le front radieux; c'est Tibère avant la lèpre de ses crimes et de ses débauches. J'arrive dans le vestibule carré où trône le fameux *Torse d'Hercule*[2], Michel-Ange, aveugle, aimait à le palper pour n'en pas oublier la beauté magistrale. Dans le *Vestibule rond* appelé *Belvédère*, ce ne sont pas quelques marbres brisés qu'on regarde, c'est Rome tout entière encadrée par l'azur apparaissant du haut du balcon; le soleil la baigne dans la lumière et vingt-sept siècles d'annales lui posent une auréole au front.

---

[1] Celui du Vatican est une copie d'après Praxitèle.
[2] Appelé *Torse du Belvédère*; il fut trouvé dans les thermes de Caracalla.

Je traverse la *Chambre de Méléagre* qui emprunte son nom à une des statues les plus célèbres du Vatican; je l'admire sans qu'elle me captive; près de la *Chambre de Méléagre* est le célèbre escalier en spirale du *Bramante*. J'arrive dans la *Rotonde du Belvédère*, les sarcophages, les bas-reliefs, les baignoires immenses, les bustes, les hermès, toutes les magnificences de l'antique Rome, dans la vie et dans la mort, y font cortége aux figures des dieux et des héros. Quelle outrecuidance il a fallu à Canova pour s'introduire dans cette compagnie olympienne! Pâle générateur, il exigea pour ses enfants éphémères des tabernacles pareils à ceux qui abritent les créations immortelles de l'art grec. Dans cette Rome, dont la gloire écrase toutes les gloires, où Michel-Ange même n'a sa statue sur une place publique, Canova rêvait de s'élever un temple[1]! A quoi bon s'essouffler après la renommée; laissons au temps à nous faire notre place; les contemporains sont souvent injustes, mais quand ils nous surfont la postérité se rit de nous. Qui donc regarde le *Persée* et les *Pugilateurs*[2] auprès du *Laocoon*, de l'*Antinoüs* et de l'*Apollon*? Avant d'entrer dans les chambres qui renferment ces trois marbres, je contemple longtemps une *Cléopâtre morte*, couchée sur un sarcophage: toutes les séductions de l'amour animent encore son visage; l'affaissement de ce beau corps, que l'aspic enlace, vous émeut comme la réalité. Je ferais sourire mes lecteurs en leur décrivant le *Laocoon*; tous l'ont vu, tous en ont sous les yeux quelque image. Je remarquerai seulement que la photographie et le moulage n'en donnent qu'une imparfaite idée. La photographie l'obscurcit et le moulage le grossit. L'original ne paraît pas plus grand que nature; le marbre lui prête la souplesse et le mouvement; on dirait de la chair qui palpite; la tension des muscles fait frissonner; le désespoir de ces visages mourants désespère. Quelle impudeur d'avoir cloué trois *sciocche foglie* sur ces nudités que l'agonie torture et efface! qui y songerait sans ces *avis aux passants!*

On a fait récemment de grandes critiques de l'*Apollon*, je les oublie et cède aux ravissements qu'il me cause; la tête a je ne

---

[1] Il dépensa un million pour se le faire construire à Passagno, sa patrie.
[2] Trois statues de Canova dans la rotonde du Belvédère.

sais quoi qui refoule l'analyse ; le corps est d'un tel attrait qu'on ne saurait lui vouloir plus de force et plus de majesté. Il y a dans le cabinet de l'*Apollon* un bas-relief grec d'une beauté saisissante ; il représente Pasiphaé fascinée par le taureau. La pureté de l'art grec ennoblit la défaillance de la femme ; l'animal la touche et la flaire ; elle ne se défend pas, elle cède à la fatalité antique avec un visage pudique ; debout devant elle, attisant le feu dont elle est embrasée, le Génie de l'hyménée secoue sa torche ; ce même feu brûlera Phèdre :

<blockquote>La fille de Minos et de Pasiphaé [1] !</blockquote>

Je passe la porte de la *Salle des animaux* et demeure immobile : c'est à ne pas y croire ! ils sont là tout vivants, agités, palpitants, terribles ou gracieux ; on dirait d'une ménagerie complète. Depuis les lions formidables, les chevaux en course, les griffons fabuleux, les tigres, les léopards, les dogues, les bœufs, les biches, les cerfs, jusqu'aux tortues, aux homards, aux serpents, aux oiseaux, aux insectes. Les flancs tressaillent, les ailes frémissent, les gueules s'entr'ouvrent, les naseaux hument l'air, les dards s'allongent. Un grand léopard en albâtre oriental, d'une teinte fauve, moucheté de marbre noir, vous montre les dents au passage. Les bêtes de la mythologie se mêlent aux bêtes de la création : un centaure marin enlève une Néréide. Hercule tient en laisse Cerbère enchaîné. Plus loin, le même Hercule, qui vient de tuer Géryon, emporte ses bœufs. Hercule encore tue Diomède et ses coursiers. Un lion superbe dévore un cheval mourant. Un centaure, qui porte en croupe un petit Amour, étreint un lièvre dans sa main droite. Hercule lacère le lion de Némée après l'avoir terrassé. Un grand lion en marbre roux secoue sa majestueuse crinière ; un autre en basalte déchire sous ses griffes la tête d'un jeune taureau. Un petit tigre en granit d'Égypte vous terrifie en vous regardant. Au-dessous de cette mêlée superbe, des oiseaux, des poissons et des fruits fourmillent sur deux mosaïques formant le pavé de la salle. La statue équestre de Commode, qui lance un javelot, domine cette sauvage multitude.

[1] Racine.

Dans la *Salle des statues*, la figure de Pâris est ravissante; les bergers antiques méritaient de plaire à des déesses. Une magnifique statue de *Minerve pacifique* et une *Pénélope assise* du plus beau temps de l'art grec, m'attirent tour à tour; puis, c'est le gracieux *Apollon Sauroctone* (tueur de lézards). Cette figure jeune, inspirée, est une copie antique d'après Praxitèle. Une autre copie demi-nature, en bronze, est à la *villa Albani*. Dans la même salle, une petite statue de Néron, assis et jouant de la lyre, est en ce moment entouré d'une vingtaine de soldats français; l'un d'eux lit aux autres le livret d'une voix de stentor, et débite du ton le plus sérieux de plaisants commentaires sur chaque figure.

« Voilà le petit Néron, s'écrie-t-il, il est très-facile de voir qu'il deviendra très-méchant !

— Je m'en moque, réplique un loustic, je toise cet empereur-là, puisqu'il est en pierre ! »

Une pimpante cantinière, tenant à la main son fils, enfant de troupe, écoute attentive les dissertations de ses compagnons; elle a fait les campagnes de Crimée et d'Italie, et partout, me dit-elle, elle a voulu visiter ce qu'il y avait de curieux et de beau. Peu d'élégantes Parisiennes ont vu les vastes horizons et les chefs-d'œuvre de l'art que cette femme a contemplés. Cette pensée revêt pour moi la pauvre cantinière d'une sorte de poésie. Nous échangeons quelques paroles, puis je continue à marcher dans la *Salle des statues*. La belle figure grecque de l'*Adonis blessé* me rappelle l'admirable fresque de Pompéi: l'*Ariane abandonnée*, désignée sous le nom de *Cléopâtre*, semble pousser un cri de détresse; étendue dans l'attitude du désespoir, on dirait qu'elle expire. Ce vase merveilleux, en albâtre oriental, fut trouvé près du mausolée d'Auguste; le pied est formé par trois chevaux marins, dont les queues remontent jusqu'aux bords de la coupe. Dans la *Salle des bustes* (collection qu'il faut étudier et revoir sans cesse), est une statue de *Jupiter*, copie antique du Jupiter de Phidias. C'est bien un dieu ! quelle puissance et quelle sérénité sur ce fier visage ! Je remarque une *Tête de flamine*, coiffée de la tiare sacerdotale; le buste de Scipion l'Africain est le plus noble de l'auguste compagnie, il évoque l'image de la Rome héroïque. Deux fières figures sépulcrales de Caton et de Porcia font songer à la belle scène de

Shakespeare. Dans le *Cabinet des mosaïques*, outre des bas-reliefs grecs d'une perfection exquise, se trouvent une figure de *Danseuse* et une de *Vénus sortant du bain*; puis une *Dryade* en pierre, dont la tête est ravissante, on la dirait imprégnée de la fraîcheur des bois. C'est ensuite une *Diane nocturne*, recueillie, émue et attendant Endymion. Un *Faune* en rouge antique, trouvé à la *villa Adriana*, est d'un mouvement inouï; le corps et le visage respirent une ivresse folle; la couleur du marbre ajoute à son expression lascive. Une *Jeune Bacchante*, svelte et légère, sourit à côté. Le *Ganymède* est digne de verser le nectar aux dieux, il leur verse aussi la joie par sa beauté juvénile. Des sièges de marbre aux pieds de bronze, semblent convier à s'asseoir toutes ces figures divines.

Le *Cabinet des masques* tire son nom d'une splendide mosaïque, dépouille de la *villa Adriana*, représentant des masques et un paysage où sont des moutons, des chèvres et des pasteurs; la bordure est formée par des fruits et des pampres enlacés de nœuds. On s'oublierait des jours entiers dans ce *Cabinet des masques*, son étroite enceinte paraît immense par tout ce qu'elle renferme de grand et d'exquis.

Je traverse de nouveau la *Salle des animaux*, et entre dans celle *des Muses*. Elle est soutenue par seize colonnes antiques de la *villa Adriana*. Je remarque en entrant un buste de Sophocle et un autre d'Homère, auxquels sourient les neuf sœurs. La plus charmante est la petite *Thalie*, assise et tenant un tambour de basque; qu'elle est gracieuse et mignonne! Son corps adolescent ploie sous sa robe flottante; sa bouche expressive fait la moue, ses yeux étonnés vous regardent. Des larmes me montent aux yeux en la contemplant; elle ressemble tellement à ma fille que je crois qu'elle va me parler et qu'elle tend ses bras frêles pour se suspendre à mon cou. Je reste là rêvant et pleurant, je n'ai qu'un regard distrait pour les autres muses, même pour l'*Uranie* qui est superbe; mais la *Thalie* est vraiment la plus gracieuse, la plus vivante, à part la chère image qu'elle évoque pour moi. Avant d'entrer dans la *Salle ronde*, je regarde une Aspasie voilée, et comme rougissant devant les neuf sœurs idéales. Périclès est en face; il semble lui dire :

« Pourquoi donc te cacher? n'es-tu pas la muse de la séduction? »

Au milieu de la *Salle ronde*, est l'immense vasque en rouge antique qui décorait la chambre des festins du *Palais d'or de Néron*. Les têtes colossales des dieux et des empereurs sont rangées à l'entour. Le buste de *Jupiter*, trouvé à Otricoli, est un des plus beaux. Celui de l'*Océan* me frappe soudain par sa ressemblance avec le Moïse de Michel-Ange. Une majestueuse statue de *Junon aux yeux de bœuf* rappelle la description d'Homère. Une des plus belles mosaïques connues compose le pavé de cette salle : elle représente le combat des Centaures et des Lapithes, à l'entour desquels des nymphes se jouent sur des tritons. La *Salle ronde* conduit à la *Salle de la croix grecque*, où deux sarcophages en rouge antique éblouissent d'abord le regard ; l'un est formé par une urne colossale, décorée de bas-reliefs païens et renfermant les cendres de sainte Constance, fille de Constantin ; l'autre tombe est celle de sainte Hélène, mère du même empereur. L'art n'a que faire de ces deux monuments ; quelque chose d'âpre et de barbare s'exhale de leur magnificence, les figures sont de la décadence ; l'œil s'en détourne et s'arrête ravi sur un bas-relief d'un grand style qui couronne la porte ; il représente un combat de gladiateurs et de bêtes féroces. La *Vénus de Gnide*[1] est là souriante. qui ne la regarde? C'est bien l'emblème de l'éternelle beauté toujours attrayante sous ses divers attributs. On monte ici le riche escalier à deux rampes qui conduit à l'une des portes de la bibliothèque et au jardin du Vatican, et l'on trouve à droite la *Chambre de la bigue*. Elle a reçu son nom du char antique (biga) qu'elle renferme ; le voilà qui s'élance pour la course olympique, ce beau char aérien lancé par deux chevaux qui hument l'air de leurs naseaux tendus ; fiers, inspirés, ils ne touchent pas terre ! un frein formé par un serpent les relie avec grâce. Ce char, en marbre de Paros, est un des miracles de la statuaire antique. La fenêtre de la *Chambre de la bigue* s'ouvre sur le jardin du Vatican solitaire et morne ; pas de vieux ombrages, pas d'eaux jaillissantes, pas un abri caché pour la rêverie ou la méditation ;

---

[1] Copie antique de celle de Praxitèle.

beaux fragments antiques le décorent. Deux des paons en bronze qui ornaient le tombeau d'Adrien y font éternellement la roue. Une pomme de pin colossale, qui couronnait on ne sait quel monument païen, gît au milieu du parterre du Belvédère. Le jardin est clos par les murs de Saint-Pierre et les vieux remparts de Rome, où s'ouvre la porte *Cavalleggieri*. C'est là que tomba blessé à mort le connétable de Bourbon ; c'est par cette porte que son armée de soudards se rua sur Rome, qu'elle saccagea durant plusieurs jours. Ces soldats ivres couchèrent dans les chambres du Vatican et ravagèrent les fresques de Raphaël.

Après tant de chefs-d'œuvre à peine entrevus, la *Galerie des candélabres* me garde un nouvel éblouissement ; la beauté de l'art antique est inépuisable ; on la retrouve là dans ses fantaisies les plus charmantes et les plus déliées. Toutes les variétés des vases, des urnes, des corbeilles, des coupes, des conques, des cornes d'abondance, des candélabres, des flambeaux et des groupes d'enfants fourmillent sous mes yeux ; des branches mortes d'arbres en marbre blanc couronnent leurs cimes de nids pleins de jolis Amours. On sourit à toutes ces grâces ; on se prend à rêver de cette grande civilisation disparue qui créa le Colisée, le Panthéon, le Palais des Césars, et étendit le rayonnement de sa splendeur jusqu'aux bas-reliefs en miniature, aux modules des médailles, aux ciselures des bijoux et aux gravures des pierres fines. Il me reste à voir le *Musée égyptien* et le *Musée étrusque*. Parmi les marbres égyptiens, plusieurs sont des copies faites à Rome dans l'antiquité pour décorer les villas des empereurs et des patriciens. De ce nombre est la colossale statue en marbre blanc représentant Antinoüs en divinité égyptienne ; elle ornait la *villa Adriana*. Adrien se plaisait à multiplier l'image de son favori. Il n'est pas une galerie de Rome qui ne renferme une statue, un buste ou un bas-relief reproduisant Antinoüs, sans compter les médailles qu'Adrien frappa en son honneur et les temples qu'il lui fit ériger[1]. Je regarde longtemps une grande et superbe *Isis* en granit noir, qu'on dit être le portrait d'*Incea*, mère d'un Sésostris ; cette mystérieuse figure décorait les jardins

---

[1] Il y en avait un à Pouzzoles près du temple de Sérapis.

de Salluste. Un ibis gigantesque, aussi en marbre noir, et deux lions monstrueux en basalte sont là en compagnie des sphinx pensifs, des longs crocodiles et des momies de marbre couchées sur des sarcophages. Toutes ces figures noires vous poursuivent comme une apparition funèbre. C'est la nuit de l'Égypte qui vous enveloppe après le jour radieux de la Grèce où flottent les blanches déesses. Dans le *Musée étrusque*, je suis charmée par une jolie statue de *Mercure tenant son caducée*. Le marbre rose de cette figure en rend mieux la jeunesse et la grâce. Dans la *Chambre des vases peints* est le célèbre vase de l'*Éducation de Bacchus*; puis vient l'immense collection des lampes, des urnes sépulcrales renfermant encore des cendres, des vases lacrymatoires, des patères et des merveilleux bijoux gréco-étrusques trouvés dans les tombeaux : anneaux, bracelets, colliers d'un travail exquis, couronnes d'honneur, cistes d'or ciselés, pendants d'oreilles, etc., etc. Dans la *Salle des Bijoux* est un char étrusque en bronze; ce vrai char antique, qui servait à l'usage, est tout à fait semblable au char de marbre blanc dont j'ai parlé. C'est ensuite une magnifique statue guerrière couverte de sa cotte de maille, et une autre d'adolescent portant la *bulla*.

Je viens de parcourir avec mes lecteurs toutes les Galeries des Antiques, m'arrêtant seulement, comme je le fis le premier jour, devant ce qui me frappe. J'y revins sans cesse les jours suivants, je me complaisais dans cette compagnie immortelle, et j'étais constamment attirée par les mêmes figures qui m'avaient d'abord captivée. La grandeur intérieure du palais du Vatican se révèle après le parcours du Musée des Antiques, car ce qui reste encore à voir est immense; au fond de la *Galerie des candélabres* se déroulent les *Galeries des tapisseries* et *des cartes*. La bibliothèque comprend, dans ses dépendances, l'*Appartement des Borgia*. La *Scala Regia* et le nouvel escalier construit sous Pie IX donnent accès à la *Cour S. Damaso*, aux *Loges de Raphaël*, à la *Galerie de tableaux*, aux *Chambres de Raphaël*, à la *Salle Ducale*, à la *Salle Regia*, aux chapelles *Pauline et Sixtine*. Le grand corps de logis, à droite de la *Cour S. Damaso*, renferme les appartements privés du pape. Des escaliers, des cours, des corridors sans nombre composent le dédale incommensurable[1] de ce palais irrégulier dont la magnificence se dissimule au premier aspect.

XVII

Je sentais, en sortant des galeries du Vatican, une sorte d'ivresse; le vertige de l'art grec m'était monté au cerveau. J'étais attendu à dîner chez l'aimable madame Loiseau d'Entraigues, où quelques Romains patriotes, le consul et le vice-consul de Sardaigne vinrent le soir. Une causerie familière et libérale m'arracha à l'obsession des divinités de l'Olympe qui enflammaient ma tête et la courbaient sous le poids de leur effigie de marbre. Chacun raconta quelque anecdote. Un de ces messieurs avait surpris la veille, à minuit, dans une rue de Rome, un prêtre qui suivait une jeune fille. Tout à coup une voix dit au *frate* : « *Monsieur l'abbé, vous jouissez de votre reste.* » L'abbé se retourna furieux, maugréant contre l'insolent Romain; mais il s'esquiva aussitôt tout déconcenancé; les mots prononcés en italien l'avaient été par un soldat français; dans sa bouche cette plaisanterie semblait une menace qui présageait la fin de la puissante sauvegarde sous laquelle s'abritent aujourd'hui tous les abus de Rome, depuis les peccadilles sensuelles jusqu'aux crimes d'État.

Un autre Romain nous dit que l'ex-roi de Naples avait assisté le matin aux exercices des soldats français, et qu'il avait dit devant lui, à un colonel de notre armée, qu'un jour, à Gaëte, en essayant une vieille carabine, il avait été blessé au visage par une pierre à fusil. « *Pierre à fusil!* voilà un mot accusateur, observa le Romain qui nous parlait; il n'existait, dans toute l'Europe, de ces vieux fusils à pierres que dans les caves du Vatican; évidemment il s'agissait d'un de ces pauvres fusils impuissants et impotents, comme des chanoines, que le pape avait expédiés en secret et en si grand nombre à François II.

— Pas si en secret, riposta un des assistants, que plusieurs Romains ne les aient vus partir. »

[1] Le Vatican renferme treize mille chambres, y compris les souterrains.

Un troisième interlocuteur assura que le cardinal Antonelli avait le luxe des Césars et les prodigalités de Cléopâtre ; il ne fait pas dissoudre les perles, mais il s'en fait faire des anneaux et broder des camails ; il a dans sa chambre un *certain* vase taillé dans un seul bloc de cristal de roche qui vaut quinze mille *scudi*.

« Voilà une hyperbole digne de Pasquino, dit M. Loiseau d'Entraigues qui nous écoutait avec incrédulité.

— Je connais l'artiste qui a fait le vase, » répondit le narrateur. Puis ce furent des récits incroyables sur les amours de deux *monsignori* dont tout Rome parlait ouvertement. Il faudrait la plume des satiriques antiques pour oser en dire quelque chose.

Je me sanctifiai le lendemain en allant visiter *Sainte-Marie-Majeure*. Quoique la foi catholique soit morte en moi, je me recueille toujours dans une grande basilique déserte. Je ne m'y sens pas en communication avec l'infini, comme lorsque je regarde une belle nuit étoilée ou l'immensité de l'Océan, mais je ne puis entrer dans un des temples que les religions successives ont élevés à leurs dieux, sans éprouver un attendrissement douloureux produit par l'éternelle misère de notre destinée bornée. A travers l'obscurité qui nous enveloppe, un point lumineux est en nous et aspire à se rattacher au foyer caché d'où il a jailli ; ce point c'est l'âme, ce foyer c'est Dieu qui se dérobe ; les religions altèrent Dieu en le modifiant d'après les passions humaines ; les philosophes s'en font une image, plus pure et plus juste quoique incertaine. Affirmer Dieu par nos œuvres, telle est la doctrine de la philosophie ; y croire par intuition et non de par une autorité fallacieuse, telle est la foi du penseur ; faible lueur, mais permanente et la seule réelle perçant la nuit qui pèse sur nous. Le spiritualisme du monde antique n'est attesté que par Socrate, Platon, Marc Aurèle, Hypatie et quelques autres ; le spiritualisme moderne ne le sera dans l'avenir que par Campanella, Bacon, Descartes et les philosophes de l'école écossaise et de l'école allemande. Les dieux mythologiques ne furent que les symboles des sensations terrestres ; l'âme de l'homme étouffait dans ces symboles et s'en riait à bon droit. L'âme étouffe aujourd'hui dans le catholicisme, édifice antihumain auquel les architectes ont supprimé l'air et la lumière. L'air qui sollicite l'âme à l'essor et la lumière qui l'attire se trouvaient dans l'Évangile plus encore que dans la philosophie antique; mais on a dénaturé le Christ en le proclamant Dieu. Avec la divinité inaccessible l'imposture humaine a ses franches coudées; elle rend des décrets, en s'appuyant sur des mystères dont elle se fait à son gré la révélatrice et l'interprète. De là les déviations et les souillures d'un courant dont la source était pure : en plaçant cette source dans le ciel, on interdit à l'homme d'y regarder. Quelques-uns plus hardis se hasardent, et voyant que l'arbre proclamé l'arbre de vie ne produit que des fruits morts, ils s'éloignent de son ombre. Alors ces détenteurs d'une foi prétendue divine s'indignent et s'épouvantent ; ils se cramponnent aux colonnes du temple qui chancelle, un œil fixé sur l'Évangile et défiant de l'autre les doctrines philosophiques, ils s'écrient : Pourquoi nous abandonner, ô vous qui cherchez à croire ! A nous seuls appartient de régir l'âme et de la guider vers ses destinées éternelles. N'avons-nous pas confessé de siècle en siècle tout ce qui constitue l'âme : la liberté, la justice, la charité, la science et la chasteté qui fait planer l'esprit au-dessus du corps? A ces paroles hardies, le paresseux troupeau des humains, que l'examen fatigue, écoute et se rendort ; mais ceux qui scrutent les œuvres se détournent et se disent : Veillons et cherchons ! Cherchons ailleurs. La liberté, la justice, la charité, la science et la chasteté n'ont été dans la bouche de l'Église que des paroles sonores; elle s'est toujours liguée avec la tyrannie et les ténèbres ; l'histoire incorruptible l'atteste, et à cette heure même la liberté et la justice crient contre l'Église par toutes les voix de la patrie italienne qui lui disent impérieuses : Pourquoi donc renies-tu notre affranchissement[1] ?

La charité que confesse l'Église est aussi stérile que sa justice et sa liberté ; elle prêche l'aumône, sœur de la servitude, l'aumône seulement qui soumet le faible au fort. La men-

---

[1] Un autre peuple torturé et égorgé par ses maîtres implora longtemps en vain la papauté. Les intérêts du pouvoir temporel firent taire la voix des pontifes. La politique de nos évêques vient de déterminer Pie IX à s'émouvoir des malheurs de la Pologne. Pitié stérile, aussi bien que la pitié des rois de l'Europe qui parlementent et regardent mourir ce peuple de héros. — Comme pressentant cette attitude, dont la France aurait dû sortir

dicité n'épouvante pas la richesse ; les affamés acceptent le pain qui les empêche de mourir de la main de ceux-là mêmes

à tout prix, j'écrivis ces vers dès le début de la lutte, cri de l'âme, écho du cri d'outre-tombe d'un poëte aimé :

A LA POLOGNE.

Jusqu'au jour, ô Pologne ! où tu nous montreras
Quelque désastre affreux comme ceux de la Grèce,
Quelque Missolonghi d'une nouvelle espèce,
Quoi que tu puisses faire, on ne te croira pas.
Battez-vous et mourez, braves gens ; l'heure arrive ;
Battez-vous ; la pitié de l'Europe est tardive :
Il lui faut des levains qui ne soient point usés ;
Battez-vous et mourez, car nous sommes blasés.
(Alfred de Musset, *Œuvres posthumes*.

NUIT DU MARDI GRAS AU MERCREDI DES CENDRES 1861.

Oui, nous sommes blasés ! vous mourez et l'on danse ;
On folâtre, on revêt des costumes bouffons ;
Quand vous tombez sanglants, ivres d'indépendance,
Nos hommes parlent Bourse et nos femmes chiffons.
Le grand drame d'horreurs, prédit par le poëte,
Se joue, à l'heure même où court, de fête en fête,
Le Paris sensuel, insensible et banal.
Intermède effrayant du joyeux carnaval,
C'est spectacle importun que cette tragédie
D'un peuple entier qui meurt ; c'est une trame ourdie
Contre les voluptés des bals et des festins.
Vous empourprez de sang les roses des matins
Qui succèdent aux nuits d'ivresse délirante ;
Vos combats insensés ont fait baisser la rente ;
Vos morts malencontreux révoltent les Laïs ;
Vos cris de liberté, votre amour du pays,
A nos sérénités en vain font violence,
N'espérez pas d'écho : nous aimons le silence ;
Nous aimons le sommeil, délectable aux heureux ;
Nos rêves positifs raillent vos songes creux,
Notre sagesse sait museler la folie.
Pologne ! rendors-toi, comme a fait l'Italie !
Ainsi parlent entre eux, bâillant et s'allongeant,
Ces reptiles gonflés de luxure et d'argent :
O France des grands jours ! ô fière révoltée
Qui des peuples jadis a sonné le réveil !
N'es-tu plus qu'un bras lourd et qu'une force athée
Leur limitant leurs droits et leur place au soleil ?
Tu vis sans tressaillir dans ton morne égoïsme
Garibaldi martyr de son patriotisme,
François deux soudoyant le meurtre au Quirinal
Rome criant vers toi sous son linceul papal,
Et la Grèce affranchie, humiliant mystère,
T'abjurer en tendant ses bras à l'Angleterre !

L'instant est décisif pour savoir si tu meurs,
France ! autrefois si prompte aux sublimes clameurs

qui les affament; la charité prévoyante, suscitant le travail et la dignité de l'épargne, est proscrite du territoire où l'Église règne encore.

Les labeurs obstinés de la science ont creusé à travers le monde un sillon éblouissant où l'homme cherche sa route, et l'Église se sentant dépassée, s'écrie: « Qu'elle aussi est la science; » et elle cite à l'appui ses théologiens et ses bénédictins érudits; la scholastique et les compilations, lettres mortes, la laissèrent, il est vrai, presque indifférente et placide [1]. Mais sitôt que le souffle de la Renaissance eut ranimé l'humanité, que les esprits se délièrent et se dirent : « Examinons et creusons! » sur chaque lueur nouvelle qu'ils faisaient jaillir, l'Église jetait un linceul. L'échafaud,

> Mère des nations, par la guerre et l'idée
> Leur déversant l'esprit qui t'avait fécondée!
> Mâle génératrice, au sein large et puissant,
> Toujours prête à répandre et ton âme et ton sang!
>
> Regarde! ils sont debout dans la brume lointaine,
> Croyants et radieux devant la mort certaine,
> Des villes, des hameaux, des landes et des bois,
> Nobles, faucheurs et juifs accourent à la fois.
> L'épouse arme l'époux; la mère s'associe
> A ses fils, la Pologne a mordu la Russie!
> La lionne enchaînée a fait peur au chacal.
> L'élan de l'âme au corps formidable et brutal;
> Le monstre qui se rue, avide de vengeance,
> Pour superbe ennemie trouve l'intelligence.
> A la fureur du czar criant: « Massacre et feu! »
> Le calme des martyrs répond : « Espoir en Dieu!
> Justice! immolons tous notre vie éphémère.
> Nous renaîtrons en toi, Pologne, ô notre mère!
> Et quand s'accompliront tes destins triomphants
> Nos os tressailleront, bénis par nos enfants! »
>
> Cette héroïque foi, dont l'éclair les anime,
> Labarum flamboyant de la lutte unanime,
> Change tous les périls en d'enivrants transports:
> L'immortalité luit sur la face des morts!
> Une phalange tombe, une autre la remplace,
> Plus forte d'espérance et plus belle d'audace.
> Par-dessus l'hécatombe et les chairs en lambeaux,
> Dévouements confondus, cadavres sans tombeaux,
> Gloire commune, exploits mêlés, noms qu'on ignore,
> Flots de sang d'où jaillit une clarté d'aurore,
> Piédestal fait par tous, où tous disparaîtront,
> La patrie apparaît une auréole au front!
>
> Si tu ne la fais luire en pareille épopée,
> O France! pour qui donc gardes-tu ton épée?

[1] Il ne faut pas oublier pourtant les querelles intérieures des cloîtres l'antagonisme des différents ordres religieux qui tour à tour produirent dans e moyen âge des querelles souvent sanglantes.

le bûcher, la geôle aux in-pace muettes, l'inquisition aux tortures variées, l'excommunication et l'index, armes homicides ou dérisoires, tout lui fut bon pour terrasser la science ! qu'elle sortît des cloîtres ou de la société laïque, la papauté lui courut sus. Dans l'obscurité que l'Église étendait autour d'elle montaient les flammes des bûchers qui dévorèrent Savonarole, Giordano Bruno et Vanini. Au-dessus du silence qu'elle décrétait, Galilée, bravant la torture, faisait éclater son génie.

« Je suis la chasteté, » s'écrie l'Église; et les âmes troublées par l'amour, irrésistible appel des êtres, s'inclinent émues et surprises en murmurant : « Comment fais-tu? Oh! oui, ta puissance est vraiment surhumaine si tu peux vaincre la flamme qui nous agite, résister au sourire qui nous caresse, au regard qui pénètre en nous, à la voix qui nous fait écho, au bras qui nous soutient, à l'étreinte qui nous complète, à l'ivresse qui double notre âme d'une autre âme qui s'y confond ! Oh! oui, ta force est vraiment divine et redoutable si, prévoyant l'infidélité et la mort qui séparent, tu préfères l'immuable amour à ces tendresses éphémères qui seules pourtant font l'homme clément et bon. Oui, le respect t'est dû si tu subis ce martyre, car la vie n'est consolée que par l'amour ! Comment fais-tu pour abdiquer ton être et pour triompher d'un attrait si doux ? »

« Nous ne triomphons pas, répondent les ombres d'un long défilé de papes et de cardinaux, nous nions la nature et nous la profanons ! » Le cortége des évêques, la foule des prêtres, la tourbe des moines répètent en chœur : « Nous nions la nature et nous la profanons ! La chair tressaille sous nos robes ; l'appétit s'assouvit sans mêler les âmes, les belles et fières amours se changent en basses voluptés ; la passion radieuse, en sinistre hypocrisie. » Les plus hardis ont déchiré le voile, peu soucieux qu'on vît en dessous. Les Borgia et les Pamfili n'étonnèrent point les alcôves du Vatican ! — Bernis a toujours des imitateurs ; demandez aux princesses romaines ! Interrogez les bourgeoises sur la pudeur des *monsignori*; questionnez les pauvres ouvrières et les paysannes sur les mœurs des moines mendiants !

On parlait dernièrement d'un soulèvement possible des Romains contre le pouvoir temporel et d'une prise d'armes contre les prêtres. — Pasquino, un matin, répondit à ces bruits par cette épigramme :

« Gardez-vous-en, malheureux, songez que vous seriez tous parricides ! »

Des catholiques imperturbables prétendent depuis des siècles que les crimes des papes n'ont servi qu'à faire éclater l'éternité et la divinité de l'Église : elle est éternelle, puisqu'elle ne s'est pas écroulée sous la main de ses indignes pasteurs ! elle est divine, puisque son esprit survit aux miasmes mortels qui devaient l'éteindre et l'anéantir ! Cet argument est immoral et puéril ; il est bon d'en combattre la banalité. Si la magistrature d'un État se composait de juges prévaricateurs, regarderait-on la justice comme en sûreté? Si les soldats d'une armée étaient des lâches, confierait-on à cette armée la défense et la sauvegarde du territoire et l'honneur de la patrie? Et vous voulez que la foi (c'est-à-dire la plus haute et la plus incorruptible des manifestations de l'âme) puisse avoir sans péril des initiateurs et des interprètes corrompus ? Oui, la foi ne meurt pas, vous dites vrai ; mais elle se transforme, elle se dégage de l'Église qui l'étouffe, elle palpite ailleurs ; elle monte vers Dieu du sein des sociétés laïques où la liberté et la justice pénètrent dans les lois ; elle rayonne dans la science et dans toutes les œuvres des esprits bienfaisants qui cherchent pour l'humanité un sort meilleur ; elle s'attendrit dans la charité ; elle atteste, sacrée et inviolable, la personnalité humaine ; elle se révèle dans la chasteté, qui n'est pas la mutilation, mais l'amour dans son harmonie et dans sa durée. Telle est la foi dont le souffle a passé à travers le monde, la foi qui fait planer es âmes et qui les réunit. Ce souffle épouvante et irrite l'Église ; donc il ne sort pas d'elle, donc la théocratie n'a plus sa raison d'être! les codes des nations libres contiennent une morale humaine et divine bien supérieure à celle que l'Église a jamais pratiquée.

Ainsi je rêvais dans *Sainte-Marie-Majeure*, appuyée contre l'urne de porphyre qui renferme les cendres de Pie V, le pape inquisiteur. Les pensées qui m'assaillirent sont dans tous les esprits ; d'autres les ont formulées avec plus d'éclat ; aucun orgueil ne saurait s'attacher à cette redite, mais, ainsi que Gœthe

l'a si bien exprimé : « Il faut répéter constamment les choses
vraies, parce que l'erreur renouvelle sans cesse autour de nous
ses prédications et que les démons du retard sont là qui partout interviennent. »

Au moment où j'étais entrée dans la vaste basilique dédiée à la
Vierge, il soufflait sur l'Esquilin un de ces vents tempétueux qui
semblent soulever à Rome la poussière des siècles. J'avais pénétré dans l'église par la porte de la façade méridionale sans avoir
pu regarder ce qui reste de cette façade primitive (de 432), j'étais aveuglée par la rafale ; elle me poussa en tourbillonnant dans
l'enceinte somptueuse soutenue par quarante-quatre colonnes de
marbre blanc, dépouilles du temple de Junon. La nef du milieu,
couronnée par un plafond à caissons dorés, est d'un aspect imposant et grandiose ; rien n'en rompt l'unité et n'y rappelle le
culte chrétien ; les tombeaux et les autels s'abritent dans les
chapelles des deux nefs latérales. Au bout de cette splendide
colonnade antique, qu'on dirait une salle du Palais des Césars, se
dresse une grande cuve en porphyre, baignoire de quelque patricienne romaine, transformée en autel. Toute l'église rayonne ;
l'or, les marbres et les mosaïques l'éclairent pour ainsi dire. Je
parcours la chapelle des *Sforza*, celle du magnifique tombeau
de Sixte-Quint et celle de Pie V, où je m'oublie longtemps. La
nef est déserte ; l'ouragan de sa voix formidable accompagne ma
rêverie ; il bat au dehors les murs de l'église et fait vibrer les
vitraux comme des orgues discordantes ; il s'engouffre en mugissant par la porte ouverte, on dirait que les colonnes chancellent,
que le temple s'ébranle et qu'il va s'écrouler. Tout à coup un
fracas strident me fait tressaillir, les vitres se brisent en éclats ;
trois petits mendiants se précipitent dans la nef et font une
razzia des fragments de carreaux qui tombent sur le pavé de
marbre. Ce grand coup de vent semble apaiser la tempête ; quand
je sors de la nef, l'air n'est plus obscurci par la poussière, et je
puis regarder la façade et les entours de l'église. La façade est
d'une décoration incorrecte ; elle est encadrée par deux bâtiments plus modernes, à l'usage du chapitre. Comme je considère
la vieille mosaïque de la galerie extérieure, qui couronne les cinq
portes de la basilique, une belle mendiante tenant deux enfants

dans les bras me demande *la carità*. En ce moment, trois chanoines et un *monsignor* sortent de la sacristie et passent près de moi; des soldats français se disposent à entrer dans l'église; je donne à la mendiante quelques baïoques et j'ajoute en riant : « Faut-il donc que les Français vous nourrissent, n'ont-ils pas assez de vous garder? » Puis, en désignant les prêtres, j'ajoute : *Dimandate danari a questi frati, sono più ricchi di noi.* La mendiante soulève sa tête aux nobles lignes antiques et me répond textuellement : *Costoro fanno i figli, ma non ce li mantengono.* Les soldats français éclatent de rire; les quatre prêtres s'éloignent en nous lançant des regards indignés.

Au-dessus de la colonne gigantesque [1] qui orne la place où nous sommes, la statue de la Vierge sourit dans l'azur; on dirait que sa voix murmure à travers les eaux de la fontaine qui jaillit en bas. La mendiante, qui s'est approchée pour s'abreuver à la vasque, me montre du geste la figure de Marie qui plane dans l'éther : *Questa è la madre dei Dolori*, me dit-elle. Les femmes du peuple aideront un jour leurs pères et leurs maris à chasser les prêtres de Rome, mais elles ne souffriront pas qu'on touche à la Madone. C'est le symbole de leurs souffrances et pour ainsi dire la *glorification* de leur destinée; ses images ont remplacé au foyer les dieux lares de l'antiquité.

En sortant de la place de Sainte-Marie-Majeure, on trouve à gauche l'église de *Saint-Antoine, abbé*, sur l'emplacement qu'occupait un temple de Diane; c'est sur cette partie de l'Esquilin que Mécène avait ses jardins, Properce, Horace et Virgile leurs maisons. A droite se dresse la colonne de porphyre érigée par Clément VIII en mémoire de la conversion d'Henri IV. Le prince gascon avait pensé qu'un royaume valait bien une messe, le souverain pontife trouva que ramener, par l'exemple de son roi, la France sous le joug papal valait bien une colonne. Les colonnes poussent à Rome comme des champignons; on n'a qu'à gratter la terre pour les en faire sortir. Ce fut ce même Clément VIII qui fit exécuter Béatrix Cenci.

[1] Elle est en marbre blanc et d'ordre corinthien ; sa hauteur est de cinquante-huit pieds ; c'est la seule restée entière des colonnes qui soutenaient la voûte de la *Basilique* de Constantin.

Au lieu de continuer à franchir sur l'Esquilin la rue qui relie Sainte-Marie-Majeure à Saint-Jean de Latran, je retourne sur mes pas, longe le mur extérieur de la basilique et me trouve devant la façade du nord qui s'élève sur une place solitaire au centre de laquelle est un obélisque en granit rouge [1]; c'est de ce côté que se dresse le campanile de Sainte-Marie-Majeure, le plus haut de toutes les églises de Rome.

Chaque émotion vive de nos jours rapides retentit plus ou moins dans nos nuits; elle s'y répercute en songes et parfois en poésie: c'est ainsi que je fis les strophes qu'on va lire:

CREDO PHILOSOPHIQUE.

Sombre inconnu, force invisible,
Pesant sur le monde éperdu;
Abîme effrayant du possible,
Toi qui jamais n'as répondu;

Mystérieux espoir des âmes,
Inexplicable à nos esprits,
Dieu de ténèbres et de flammes
Éternellement incompris!

Le culte dont Rome t'affuble
Suffit à qui ne pense pas;
Mais ton problème est insoluble
Pour tous les chercheurs d'ici-bas.

Vainement les rois et les prêtres
S'arment de ton obscurité,
Et des peuples restent les maîtres
Au nom de ta divinité.

Les rêveurs, les purs, ceux qui doutent,
Sous leur joug ne s'inclinent point;
Mais ils montrent qu'ils te redoutent,
Toi l'incorruptible témoin.

Tristes et pensifs, ils t'appellent,
Cœurs torturés, fronts abattus,
Tu te tais; mais ils te révèlent
Par la lueur de leurs vertus.

Ils te prouvent par leur doctrine;
Astres, ils attestent les cieux;
De ton identité divine,
Ils sont les reflets radieux.

---

[1] Cet obélisque était un de ceux qui décoraient le *Mausolée d'Auguste*.

Ils tracent la voie immuable
Qui de siècle en siècle a conduit
Vers ta splendeur impénétrable
L'homme qui marche dans la nuit.

XVIII

L'*Armonia* de Turin, qui est en Italie ce que *l'Univers* de M. Veuillot était en France, châtia par anticipation cette profession de foi philosophique. Le lendemain, à mon réveil, on me remit un numéro du pieux journal qui me signalait comme impie, à propos d'une brochure que je venais de publier sur Garibaldi. Je reçus en même temps une très-aimable lettre du duc de Gramont qui m'exprimait son regret de ne pouvoir me faire visite ce jour-là. Je me rendis moi-même à l'ambassade en suivant à pied le *Corso*. Comme je prenais à gauche une rue tortueuse qui débouche sur la place Colonna, je m'arrêtai tout net pour considérer un pauvre cordonnier et sa femme assis sur des escabeaux, et raccommodant de vieilles chaussures; ils étaient tous deux superbes : l'homme avec son profil grec, son œil noir et ses cheveux bouclés rappelait les plus beaux marbres antiques; la femme ressemblait à la Fornarina de la Tribune de Florence. C'est ainsi que l'artiste rencontre tout à coup à Rome des modèles inespérés. Chaque fois que je retournais à l'ambassade, je m'arrêtais en face de la porte de l'échoppe sur le seuil de laquelle le couple placide travaillait insoucieux de sa radieuse beauté autant que le pauvre peuple de Paris l'est de sa laideur.

J'appris au duc de Gramont l'attaque de l'*Armonia* de Turin. Il me dit en souriant avec sa grâce exquise :

« Nous voilà en confraternité; la feuille dévote m'a lancé, il y a un mois, toutes ses foudres quand les journaux de Paris ont publié mes dépêches. »

J'eus avec le duc une de ces longues causeries qui ravissent le cœur et l'esprit; chaque fois que je le revoyais, j'appréciais mieux sa haute intelligence : il planait, par la pensée, au-dessus des événements qui transformaient l'Italie, et il les traitait cependant en politique, forcé de tenir compte des difficultés que l'enthousiasme n'admet pas et que bravent les convictions absolues.

En sortant de l'ambassade, j'allai prendre madame Loiseau d'Entraigues ; nous nous fîmes conduire aux *Thermes de Caracalla*. On sonne à une porte en bois ; un vieux gardien, à mine rapace, vient ouvrir et vous introduit dans la ruine formidable. Une végétation printanière l'embellit : aux pans de murs titaniques, les rosiers du Bengale, les fleurs d'or des roquettes, les blanches aigrettes des sureaux, s'enchevêtrent dans les blocs disjoints ; les lierres montent jusqu'aux hautes terrasses babyloniennes qui étaient revêtues de mosaïques [1]. Le guide nous montre quelques tronçons des énormes colonnes de granit qui soutenaient la salle centrale ; nous parcourons ensuite les restes des deux hémicycles qui servaient aux exercices et aux spectacles ; dans le plus grand, on voit encore de larges fragments de mosaïques : le blanc, le vert et le rouge en composent les dessins.

« Voilà la couleur de la bannière italienne, dis-je à madame Loiseau ; il faut que le roi Victor-Emmanuel, après son entrée à Rome, donne ici une fête populaire. »

Nous passons dans la salle ronde des bains à vapeur ; nous considérons les ruines de la piscine, dont la voûte était revêtue de lames de bronze : les aqueducs déversaient les eaux, par sept ouvertures, dans cet immense réservoir. La pinacothèque et les galeries étaient décorées de peintures et de statues telles que l'*Hercule Farnèse*, le *Torse du Belvédère* [2], la *Flore*, la *Vénus Callipyge*, le *Taureau Farnèse* ; des cuves innombrables, en albâtre oriental et en granit, comme celles qu'on voit au Vatican et sur la place Farnèse, recevaient les baigneurs qui avaient pour s'asseoir seize cents sièges en marbre aux pieds de bronze, et pour se promener, aux heures chaudes du jour, des galeries à l'ombre, et le soir les terrasses d'où ils dominaient Rome, la campagne et le radieux horizon borné par des collines lumineuses. Il existe encore du côté nord-est des ruines une série d'étroites chambres

---

[1] Quelques-unes de ces mosaïques sont au musée de Latran.
[2] Qui était une statue d'Hercule.

qui étaient occupées par les serviteurs. Le vieux gardien qui nous escorte veut nous vendre fort cher de petits morceaux de jaune et de rouge antiques, et, comme nous le refusons, il reçoit en rechignant notre pourboire et nous fait les cornes : signe cabalistique qui équivaut à déchaîner l'enfer.

« Me voilà tiraillée entre deux diables, dis-je à madame Loiseau : celui auquel l'*Armonia* m'envoie et celui que ce pauvre vieux appelle à mes trousses. »

Notre cocher, pour repousser le maléfice, menace le gardien de son fouet. Nous passons devant la belle ruine du Palais des Césars qui regarde le cirque Maximus, et nous allons à *Saint-Clément sur l'Esquilin*. C'est une des plus anciennes églises de Rome : saint Jérôme y a prié. Elle est précédée d'un atrium carré à portique. Une balustrade de marbre sépare la nef du chœur ; la demi-coupole de l'abside est revêtue d'une mosaïque (du treizième siècle) à fond d'or sur laquelle se détache une croix noire, couverte de petits oiseaux qui regardent mourir le Christ. La grande fresque du *martyre de sainte Catherine*, par Masaccio, recouvrant en entier une chapelle (à gauche en entrant dans l'église), me ravit, malgré les réparations qui l'ont altérée : la sainte est assise sur la roue ; sa tête, au profil d'une pureté grecque, rayonne sous une auréole ; sa placidité contraste avec le visage féroce de ses bourreaux ; la roue du supplice se brise entre leurs mains. Dans une autre scène, on veut forcer la jeune vierge à sacrifier aux idoles ; le tentateur, envoyé pour la séduire, est jeune et charmant ; sur sa taille mince et cambrée flotte un manteau noir ; il regarde Catherine avec amour ; elle ne le voit pas : ses yeux sont fixés sur le calvaire qui remplit tout le fond de la chapelle derrière l'autel. Le Christ en croix a la pâleur et l'affaissement de la mort. Les saintes femmes, éplorées, soutiennent la Mère de Jésus ; à droite est un groupe de cavaliers romains, dont les chevaux s'effarent, d'une vigueur inouïe ; à gauche, des rabbins juifs, à la mine farouche, regardent mourir le Nazaréen avec effroi ; ils semblent pressentir la fin de leur culte et la persécution future de la race juive. La bordure de la voûte est formée d'un cordon de têtes de saints et d'apôtres d'une beauté antique. Sur le pilier de gauche, en dehors de la chapelle, se dresse un saint Chrysostome, svelte, ailé et comme soulevé par le vent du ciel ; ses cheveux s'agitent autour de sa tête inspirée. Il porte sur son épaule le petit Jésus souriant, posé ainsi qu'un oiseau.

Nous descendons dans les deux cryptes superposées l'une au-dessus de l'autre ; un escalier en bois nous conduit dans la supérieure, et une échelle dans celle qui est au-dessous. Des colonnes superbes, enlevées aux temples antiques, soutiennent les deux églises souterraines ; les murs humides portent encore des traces de peintures byzantines; une belle madone est intacte. Çà et là gisent des fragments de bas-reliefs païens. Toujours ruines sur ruines, et néant sur néant. Je pense à la papauté qui s'écroule et jettera bientôt une couche de poussière nouvelle sur les gisements de Rome.

XIX

En allant à la poste le lendemain, j'entrai dans l'église *Saint-Louis des Français*. Je m'arrêtai devant la tombe du peintre Sigalon que j'avais connu à Nîmes dans mon enfance, puis devant la tombe de madame de Montmorin : que de fois Chateaubriand est venu rêver sur ces restes aimés ! À Rome, il sentait plus qu'ailleurs l'ennui et l'inutilité de la vie. Ce grand orgueil ne pouvait se faire au néant que tout rappelle ici.

Je parle à quelques soldats français qui visitent en ce moment l'église ; voilà douze ans qu'ils sont dans la ville éternelle, et l'un d'eux, jouant sur le mot, me dit qu'ils voudraient bien voir finir cette éternelle garnison.

« Nous protégeons ici des prêtres et des moines ; c'est tout de même un régime bien *embêtant* pour un peuple.

— Surtout quand ce peuple a été le grand peuple romain et a eu César pour empereur, un malin aussi brave que Napoléon, » ajouta le lettré de la bande.

Il y a à Rome plus de trois cents églises, construites avec les débris des temples païens ou envahissant l'enceinte des temples qui sont restés debout et écrasant sous leur lourdeur la grâce et la majesté antiques. Je me gardai bien de les visiter toutes. Je ne conduirai mes lecteurs que dans celles que j'ai vues. J'allai ce jour-là à *Saint-Paul hors les murs*. On m'avait montré le matin une vieille gravure représentant la perspective intérieure de l'immense basilique (du quatrième siècle) qui était une des plus imposantes de Rome. Quatre-vingts colonnes antiques divisaient l'église en cinq nefs; le plus grand nombre de ces colonnes, d'un seul bloc en marbre violet et d'ordre corinthien, avait décoré le mausolée d'Adrien. Au fond du chœur, derrière le maître-autel, rayonnait une immense mosaïque (du cinquième siècle), où les figures gigantesques des prophètes et des apôtres se groupaient autour de Jésus-Christ. En place de plafond, une toiture en poutres rustiques, formée des cèdres du Liban, rappelait la grandeur et la rudesse des siècles de foi. Un vestibule extérieur était réservé aux pécheurs qui n'étaient admis dans l'église qu'après la purification de leurs souillures. Un incendie détruisit Saint-Paul en 1823 : le cloître et quelques mosaïques ont seuls été épargnés.

Avant de sortir de Rome par la double porte Saint-Paul (autrefois *Ostiensis*), je m'arrête devant la tombe de *Caïus Cestius*, qui surgit à droite des vieux remparts. Un fastueux septemvir, nommé Caïus Cestius, du temps d'Agrippa, ordonna, par testament, qu'on lui construisît une sépulture à l'imitation de celles des Pharaons. La pyramide est recouverte de marbre blanc; deux colonnes corinthiennes, longtemps ensevelies, se dressent de chaque côté de l'entrée : une statue colossale en bronze de *Caïus Cestius* [1] s'élevait au milieu. Je pénètre, à travers la boue, dans la chambre sépulcrale dont les murs et la voûte étaient revêtus de peintures exquises, aujourd'hui effacées; le sarcophage et les beaux candélabres qui l'entouraient ont été enlevés. A droite de la pyramide, les cyprès gigantesques du cimetière anglais dépassent les murailles d'un ton roux. C'est là qu'ont été inhumées les cendres du poëte Shelley [2], dont le corps fut brûlé par Byron dans la campagne de Pise. Le *campo santo* protestant est plein d'arbustes, de fleurs et d'oiseaux; les tombes sont élégantes et les allées bien peignées, comme la toilette de tous ces morts aristocratiques l'était de leur vivant. Je passe par *Ripa Grande* où de grosses barques à voiles latines sont à

---

[1] Il en reste un pied qu'on voit au musée du Capitole.
[2] Voir page 278 du tome II de *l'Italie des Italiens*.

l'ancre sur le Tibre. La route qui suit le bord du fleuve traverse une campagne triste et plane. Saint-Paul, avec ses murs blancs et nus et ses fenêtres modernes, ressemble aujourd'hui à la première fabrique venue. J'entre par une porte latérale et traverse un vestibule où sont quelques vieux portraits en mosaïque échappés à l'incendie. J'entrevois à gauche, à travers une fenêtre, le beau cloître du treizième siècle; il est entouré d'arcades soutenues par des colonnettes d'un travail exquis; la plupart sont incrustées de mosaïques. Dans les murs des galeries sont enclavés des bas-reliefs et des inscriptions antiques. Au milieu du préau fleurissent des rosiers et des camellias. Ce cloître si poétique est abandonné à cause de la *mal'aria*. Pendant le printemps et l'été, les moines qui desservent Saint-Paul se réfugient à Rome. En entrant dans l'église on est frappé par sa magnificence : l'or, les mosaïques et les marbres variés éblouissent un moment. Le maître-autel, en rouge antique et en malachite, est soutenu par quatre colonnes d'albâtre oriental; quatre-vingts colonnes corinthiennes divisent la basilique en cinq nefs; les frises de la nef du milieu sont couvertes par les portraits de tous les papes. C'est d'une somptuosité sans caractère et d'une richesse dont l'art est absent. La basilique primitive était en grande vénération parmi le peuple romain; il vit dans sa destruction le signe avant-coureur de la chute de la papauté. En rentrant à Rome, je m'arrête sur la jolie place *della Bocca della Verità* : au centre jaillit la fontaine des *deux Sirènes*.

Je parcours l'église de *Santa Maria in Cosmedin*, qui fut le Temple de Cérès et de Proserpine érigé par Tibère. Les huit colonnes de marbre blanc du péristyle et sept colonnes enclavées dans l'église appartenaient au temple. Une tombe antique forme l'autel. Sous le portique est un grand masque du dieu Pan qui servait d'embouchure à un égout. Malheur au parjure ou au menteur qui passe sa main dans la large bouche béante, la main est aussitôt broyée! les jeunes filles de Rome ont longtemps menacé de cette épreuve leurs amoureux infidèles, et les mères en épouvantaient les *bambini bugiardi*. Mais Pasquino un jour anéantit d'un mot le prestige du masque : « *Se*, dit-il, *la bocca della Verità troncasse la mano degli impostori, tutti i papi sarebbero mancherini.* »

Le joli campanile à jour qui domine l'église, est le plus aérien de Rome. A droite, un peu en retour de *Santa Maria in Cosmedin*, est une terrasse au pied de l'Aventin, toute couverte de rosiers en fleurs. Du côté de la place qui longe le Tibre, sourit le Temple rond de Vesta, dont les colonnes corinthiennes, en marbre blanc, supportent un toit de chaume. On dirait une belle fille grecque coiffée d'un paillasson. Ce petit temple est devenu une chapelle dédiée à *Santa Maria del Sole*. Si j'habitais Rome, je voudrais demeurer sur cette place tranquille *della Bocca della Verità*, elle est située au centre des monuments antiques et dans le voisinage de la campagne, où se déroulent les aqueducs, la *voie Latine* et la *voie Appia*. Je tourne à droite, dans une rue, ou plutôt à travers un terrain défoncé et fangeux, et me voilà devant la belle colonnade du Temple de la *Fortune virile*, également transformé en *église de la Vierge*; en face de moi est l'antique pont Palatin, devenu aujourd'hui *il Ponte rotto* (pont brisé); la moitié en fut emportée par une inondation du Tibre; un demi-pont en fer a été jeté pour remplacer les arches rompues; il se relie aux arches qui restent et dont les piles sont antiques. Je m'arrête avant de franchir le pont, laissant à droite, derrière moi, la vieille maison de Rienzi. Le tableau qui s'offre à mes yeux m'enchante et me ravit. Combien de fois je l'ai contemplé durant mon séjour à Rome! A gauche, le Temple de Vesta m'apparaît au bord du Tibre, entouré, de ce côté, d'un jardin d'orangers dont les fruits d'or éclatent dans le feuillage vert. Entre le pont et le temple est l'embouchure de l'égout de Tarquin (*Cloaca massima*); en face, de l'autre côté du fleuve, s'élève l'hospice Saint-Michel, plusieurs couvents et au dernier plan Saint-Pierre *in Montorio*, la fontaine Pauline, puis de grands palmiers découpant leurs feuilles dentelées sur un ciel bleu et rose. Le long des deux rives du Tibre se groupent des maisons pittoresques à terrasses et à jardins suspendus; les orangers s'y mêlent aux camellias, aux rosiers grimpants, aux gerbes de tubéreuses; là sont assises des femmes qui cousent à l'ombre ou des prêtres qui lisent leur bréviaire. A droite, le fleuve est coupé par l'île Saint-Barthélemi, autrefois île *Tiberina*. Esculape avait un temple dans cette île, les frères de Saint-Jean de Dieu y ont aujourd'hui un hospice. Je passe le pont et me voilà dans le *Transtévère*; tout à coup, à droite, dans une boutique de fruiterie, entre deux pyramides de salades, de choux et de navets, m'apparaît une jeune fille si belle, que je fais arrêter la voiture pour la contempler : ses cheveux noirs tordus sur les tempes laissent à découvert l'éclat de ses joues et l'ondulation de son cou superbe; ses yeux et ses dents brillent au soleil comme des pierreries; elle est debout (insoucieuse de son éblouissante beauté), secouant de sa main de déesse une botte de carottes.

La voiture tourne sur le pont *Graziano*, qui relie le Transtévère à l'île *Tiberina*. Je m'arrête au milieu de la petite place où s'élève à droite l'église S. *Bartholomeo*, construite sur le lieu même où fut le Temple d'Esculape, et dont la nef est soutenue par quatorze colonnes antiques dépouilles de ce temple. De l'autre côté de la place est l'hospice des frères de Saint-Jean de Dieu. De la porte ouverte de la vaste salle du rez-de-chaussée s'échappent des senteurs embaumées; j'aperçois au fond un foyer de lumière. Voilà un attrayant hôpital qui convie les malades comme un lieu de fête. Des lits de fer, avec des couvertures et des rideaux blancs, sont rangés en deux files le long des murs; au-dessus de chaque chevet est un tableau ou un crucifix; le pavé, de marbre, est jonché de fleurs et de branches de buis; au bout de la salle, sur un plan supérieur, se dresse, tout rayonnant de cierges allumés, un autel double; une des faces est tournée vers une autre salle, à laquelle on arrive par deux escaliers de marbre qui montent autour de l'autel. Cette seconde salle est encore plus élégante que la première; des fresques et une magnifique armoire, incrustée de rouge antique, la décorent. A peine trois ou quatre malades occupent-ils ces lits si propres qui convient au sommeil; sur l'un est assise une jeune femme, dont la belle tête pâle est encadrée d'un capulet de drap rouge. Je la salue en passant et lui dis : « *Corragio!* » Je sors persuadée que les pauvres malades de Rome sont les mieux soignés de tout l'univers; mais quand je veux le soir chanter les louanges des frères de Saint-Jean de Dieu, on fait tomber mon engouement en m'apprenant que leur hospice n'est qu'une hôtellerie où l'on paye.

Je quitte l'île San Bartholomeo en passant le petit pont *Quattro Capi*, qui relie cette île à la cité. C'est l'ancien pont *Fabricius*, qui emprunte son nom moderne à des hermès de *Janus quadrifrons*, décorant à droite, au bout du pont, une espèce de pilier.

XX

La duchesse de Gramont, mère de l'ambassadeur de France, occupait, au palais Colonna, l'appartement privé de Marie Mancini, qui s'ennuyait à Rome, regrettait Louis XIV et sa cour, rêvait les aventures et s'y déterminait avec audace.

Lorsque je fis visite à la duchesse, elle me reçut dans le petit salon de la nièce de Mazarin, lambrissé d'or et décoré de peintures exquises; à côté, est la chambre par laquelle l'ardente révoltée s'échappa un jour de la prison conjugale avec sa sœur Hortense.

La duchesse de Gramont fut célèbre à la cour de Charles X par son éclatante beauté; elle est restée belle à travers le temps; il n'est pas au monde une femme de son âge ayant un teint aussi pur et une chevelure aussi splendide; ses yeux ont gardé l'éclat de la jeunesse, et une incessante amabilité éclaire toute sa physionomie. L'accueil qu'elle me fit me parut d'autant plus gracieux que toutes ses sympathies politiques étaient les ennemies des miennes. Elle voyait beaucoup, à Rome, l'ex-famille royale de Naples et les légitimistes français qui venaient offrir à Pie IX leur tribut de fidélité au droit divin. Avec cet à-propos toujours en éveil, que donne un vif esprit, elle me parla de madame de Girardin, qu'elle avait beaucoup aimée et qu'elle appelait encore sa *chère Delphine*, puis de Delatouche, dont le commerce l'avait charmée.

« Quelles que soient les erreurs des écrivains, me dit-elle avec un bienveillant sourire, il se dégage d'eux un spiritualisme plus sensible que dans tous les autres êtres, c'est ce qui les rattache à leur insu à la foi.

— Ce spiritualisme est l'essence même de la foi, » repartis-je en souriant à mon tour.

Je parcourus la belle galerie Colonna, à l'issue de cette visite.

Dans une première salle est un petit portrait de Marie Mancini, par Gaspard Netscher : le visage, très-vivant, passionné, impérieux, est encadré d'abondants cheveux châtains ; la bouche est trop large et le nez trop fort, mais les yeux ont un éclat qui captive. Dans la Galerie, qui a donné l'idée de celle de Versailles, et qui est une des plus belles de Rome, se trouve un magnifique portrait de Charles Colonna, par Van Dyck : le prince est sur un cheval qui se cabre ; au-dessus plane une renommée tenant une colonne d'où s'échappe la foudre. Le portrait de Vittoria Colonna, marquise di Pescara, se trouve aujourd'hui dans l'appartement particulier de la princesse Colonna. Ce portrait, gravé en tête des vers de Vittoria, la représente jeune et heureuse dans sa pure et sévère beauté : quels yeux de déesse et de muse ! quel front inspiré ! C'est le commandeur Visconti, archéologue et poëte, dont je parlerai bientôt, qui a publié la magnifique édition des œuvres complètes de cette femme illustre, inspiratrice de Michel-Ange ; elle fut un des plus grands esprits et des plus grands caractères de la Renaissance.

Au fond de la galerie Colonna se trouve une porte communiquant avec les terrasses et les jardins, qui s'étendent jusqu'à la place de *Monte Cavallo*. Dans la partie des jardins parallèle au palais, sont les degrés d'un grand escalier aboutissant aux ruines des Thermes de Constantin ; le sol s'est exhaussé au-dessus des pilastres gigantesques d'une salle de ces thermes, que j'entrevois par une ouverture.

Dans une allée gisent deux grands bas-reliefs, fragments du Temple de Sérapis qui s'élevait sur le mont Quirinal. Rome se déploie au-dessous des jardins ; la perspective saillit sur le fond de l'éther. Je marche à l'ombre d'une tonnelle formée par des citronniers ployant sous leurs fruits, je passe une porte de clôture et me trouve sur la place *Monte Cavallo*.

Je fais une halte au palais *Rospigliosi*, situé de l'autre côté de la place dans la rue du Quirinal. Rien d'affable comme ces galeries des musées et des palais de Rome, où l'artiste et le poëte peuvent aller rêver chaque jour. Il n'est pas de trouble qui ne s'apaise

---

[1] Blason des Colonna.

dans cette contemplation sereine des chefs-d'œuvre de l'art. Le pavillon du palais *Rospigliosi*, où se trouve la fameuse fresque de l'*Aurore* de *Guido Reni*, est à gauche de la cour; on y arrive par une jolie terrasse gazonnée, couverte de massifs de fleurs et d'orangers; au centre est un bassin ovale dont le rebord de marbre est orné de gracieuses figurines. Trois salles du rez-de-chaussée composent la galerie de tableaux du pavillon *Rospigliosi*. Avant de m'asseoir dans celle du milieu où est le plafond de l'*Aurore*, je passe dans la salle de droite pour voir le *Samson* de Louis Carrache, composition d'un mouvement inouï; une colonne d'un portique, brisée par Samson, retombe sur son corps musculeux; la voûte s'effondre; la statue d'un dieu chancelle sur son piédestal; des convives qui mangent autour d'une table regardent effarés. En face de cette toile est l'*Adam et Ève* du Dominiquin : Ève nue, charmante et pensive, est entourée d'animaux qui la contemplent avec amour; les agneaux semblent bêler, les chiens allongent leurs museaux; les lapins blancs dardent leurs yeux ronds étonnés; Adam cueille des fruits sur un arbre et les tend à Ève; sur une des branches de l'arbre perche un grand perroquet rouge à l'air goguenard. Dans l'autre salle à gauche de celle de l'*Aurore* est un beau portrait du Poussin peint par lui-même puis les portraits des douze apôtres par Rubens; ils sont splendides, fiers, inspirés comme il convient aux propagateurs d'une foi nouvelle. Dans la même salle est le *Triomphe de David* du Dominiquin; Saül s'avance auprès de David, qui tient dans ses mains la tête terrible de Goliath; de belles filles juives dansent autour d'eux. Je vais m'asseoir dans la salle du milieu et me délecte à regarder le plafond de l'Aurore. Les lueurs d'or qui s'en échappent éclairent et réchauffent à la fois; les deux chevaux blancs du char sont bien des coursiers mythologiques, ils frémissent d'orgueil de porter un Dieu! La tête blonde d'Apollon projette des rayons; quelle délicatesse juvénile dans la tête de l'Aurore qui sème des fleurs; quelle grâce dans la ronde des Heures qui l'entourent; au-dessus d'une draperie bleue, l'une d'elles laisse voir son dos nu d'un modelé ravissant.

XXI

« Pie IV voulant allouer à un usage sacré la principale salle des Thermes de Dioclétien, chargea Michel-Ange d'en faire une église. » Voilà ce que louent sans sourciller tous les flatteurs de la papauté. Michel-Ange obéit, comme il avait déjà fait en démolissant une partie du Colisée pour construire le palais Farnèse (pour Alexandre Farnèse, neveu de Paul III). Michel-Ange eût été plus grand s'il avait résisté aux pontifes ignares et respecté la divine antiquité nourricière de son génie. Il dut, pour transformer en église cette majestueuse salle des thermes, faire un pavé nouveau deux mètres au-dessus du pavé antique; ainsi se trouvèrent enterrées les bases et une partie du fût des huit superbes colonnes restées debout. Des chambres voisines de la salle antique Michel-Ange avait fait quatre chapelles grandioses, deux de chaque côté de la nef; elles furent supprimées et murées au dix-huitième siècle par l'architecte Vanvitelli, et devinrent des greniers qui servent aujourd'hui de caserne à la cavalerie française.

On entre dans l'église (*Santa-Maria degli Angeli*) par un vestibule circulaire, qui était le *Laconicum* des *Thermes de Dioclétien*. La nef est en forme de croix latine soutenue par seize colonnes en granit (huit antiques et huit modernes), recouvertes d'un enduit brun qui choque l'œil à l'égal du badigeon; l'ensemble est d'une grandeur écrasante; la griffe immortelle de l'architecture romaine se révèle dans ces constructions altérées. Les *Thermes de Dioclétien* étaient les plus vastes de Rome, plus de trois mille personnes pouvaient s'y baigner à la fois. L'immense enceinte carrée renfermait deux grandes salles de bains chauds et de bains froids; des portiques, des cours, des jardins, des bosquets, des allées d'arbres, des gymnases, une école scientifique, une pinacothèque et la fameuse *Bibliothèque Ulpia*, enlevée par Dioclétien au Forum de Trajan. Je ranime en pensée les thermes antiques, tout en marchant à travers la nef qui était, pense-t-on, la salle de la pinacothèque. Les autres parties des thermes furent envahies par l'église *S. Bernardo*, les prisons, *il pio istituto di carità*, et un asile pour les sourds et muets. La fresque magistrale du **Martyre de saint Sébastien** du Dominiquin, me distrait de mes regrets païens : le cheval blanc qui se cabre sous un soldat romain est d'une allure superbe ; l'ange qui plane dans l'air posant une couronne sur la tête du martyr unit la grâce féminine à la beauté céleste ; une légère draperie d'un jaune doré voile à peine sa nudité. Je remarque un des autels d'une chapelle latérale formé par une grande baignoire antique. Je regarde ravie la belle statue de *saint Bruno*, par Houdon ; le recueillement de la foi, l'exaltation de l'ascétique palpitent sur cette figure, autant que le doute et le sarcasme éclatent dans le *Voltaire assis* du Théâtre Français ; ces deux marbres, d'un si frappant contraste, font d'Houdon le plus vrai et le plus grand de nos statuaires.

Je traverse la place Sainte-Marie-Majeure, je laisse à gauche le temple de **Minerve Medica** et les *Trophées de Marius*[1], et passe la *Porta Maggiore* (porte Prænestina), en dehors de laquelle se trouve, au pied des murs de Rome, la tombe antique d'un boulanger, et j'arrive à la basilique de *Santa Croce in Gerusalemme*. Elle fut érigée sur les jardins d'Héliogabale par sainte Hélène, mère de Constantin, qui y déposa un morceau de la croix du Christ. Reconstruite au dix-huitième siècle, l'église a perdu tout caractère ; elle n'attire plus que par sa situation sur un des points les plus saisissants des entours de Rome. En sortant de cette basilique on voit à gauche les aqueducs de Claude, et, à droite, les magnifiques fragments de ceux de Néron dont les arches se dessinent sur les jardins riants de la **Villa Wolkonski**. Je suis une belle allée d'arbres et me trouve devant la porte *S. Giovanni*, à gauche de laquelle sont les deux tours antiques[2] de la porte *Asinaria*. Un grand nombre de femmes se pressent en ce moment sur la place Saint-Jean-de-Latran, du côté de la *Scala Santa*. Je suis le flot et vois toutes ces bonnes âmes monter à genoux les vingt-huit degrés en marbre, enlevés à Jérusalem au palais de Pilate. Quelques jeunes oisifs de Rome se placent derrière les femmes prosternées ; ils

---

[1] Deux trophées de ce monument décorent la place du Capitole.
[2] Dans l'antiquité, on comptait trois cents de ces tours sur les remparts Rome.

froissent leurs robes et serrent leurs tailles d'une façon peu décente. Je dis à l'un d'eux qu'il serait plus digne de la *gioventù romana* d'aller combattre sous Garibaldi ; il me répond : « J'en arrive, j'étais en Sicile avec le héros ; je suis venu secrètement à Rome pour embrasser ma mère, mais je vais en repartir, car j'y étouffe.

— C'est surtout dans la *Scala Santa* qu'on étouffe, » repartis-je en riant.

Une odeur fétide de vêtements crasseux et de sueur âcre montait en vapeur de cet amas d'êtres et d'haleines confondus sous la voûte de l'escalier sacré. Je franchis debout un des quatre escaliers latéraux destinés aux profanes, et je parviens devant la chapelle *Sancta Sanctorum* où des reliques sont entassées dans quatre coffres en bois de cyprès. Une image du Christ *antichissima* resplendissait au milieu de cierges allumés ; à l'entour tout était ténèbres ; la foule que j'ai fuie me pousse et m'asphyxie ; je me précipite pour descendre, avide d'air pur et de lumière.

XXII

Il y avait à Rome *un Comité libéral*, qui subsiste encore, dirigé par la politique prudente de M. de Cavour ; cette association patriotique, dont faisaient partie tous les Romains honnêtes et intelligents de la noblesse, de la bourgeoisie et du peuple, avait pour mot d'ordre : une opposition ferme au gouvernement papal, sans agressions ni violences qui pussent embarrasser le gouvernement français. Tant que notre armée protégerait à Rome le pouvoir temporel, l'action était interdite à tous les opposants ; ce n'était guère que pour leurs sentiments qu'on pouvait les poursuivre. La légalité eût hésité à les accuser, faute de preuves, mais le bon-plaisir se contentait d'inductions, et tous les prétextes paraissaient valables pour envoyer en prison ou en exil ces adorateurs platoniques de la liberté. Ils ne troublaient pas la paix publique, ils ne s'armaient pas contre Pie IX, mais on savait qu'ils appelaient de tous leurs vœux un autre régime et un autre souverain ; ils correspondaient avec les Italiens affranchis, ils fuyaient les antichambres des cardinaux, ils s'éloignaient des cérémonies publiques où le pape faisait appel à l'affection de ses sujets. Chaque fois que le bruit d'une victoire nouvelle de l'Unité italienne parvenait à Rome, ils allaient se promener en foule au *Forum* ou sur la *Voie triomphale*, et mettre sous la protection des vieux Romains leurs espérances d'affranchissement toujours différé. Le mot *comité* est trop restreint pour désigner cette association de toute la partie saine et vivante de la population romaine qui procédait au grand jour. Pas d'affiliés enregistrés sur des listes, pas de serment, aucun mystère. Les représentants, ou plutôt les inspirateurs de ce parti, étaient naturellement des hommes que leurs opinions éclairées et leur position sociale avaient mis dès longtemps en rapport avec les chefs du gouvernement du roi d'Italie. Le plus honoré d'entre eux était le docteur Pantaleoni [1], à qui sa science et sa fortune avaient fait depuis de longues années une position considérable à Rome. Médecin renommé, il donnait ses soins à la noblesse comme au peuple, et avait pour clients tous les Anglais qui venaient à Rome. Il s'était récemment marié avec une jeune Anglaise à l'esprit libéral qui partageait toutes les aspirations de son mari. Le docteur Pantaleoni ayant appris mon arrivée à Rome, par l'avocat Gnoli, vint me voir dans les premiers jours de mars. Nous parlâmes de Mancini, de Giorgini et d'autres de ses amis qui étaient les miens ; il partageait leur espérance de voir bientôt Rome capitale de l'Italie, et ne dissimulait, me dit-il, ni aux cardinaux, ni même au pape la nécessité impérieuse de s'entendre enfin avec l'Italie entière. Nous nous promîmes en nous quittant de nous voir souvent ; le docteur Pantaleoni ne prévoyait pas qu'il serait bientôt brutalement exilé de Rome.

Le marquis Doria, vice-consul de Sardaigne [2], me proposa un jour d'aller passer la soirée chez un de ces patriotes romains ami du docteur Pantaleoni, et le plus actif des organisateurs du

---

[1] Aujourd'hui député au Parlement italien.

[2] A Rome, le grand royaume d'Italie était encore désigné sous ce nom et les armes de la Sardaigne étaient les seules tolérées sur la porte du consulat.

parti de l'avenir. C'était un homme de la bourgeoisie, en ayant le sens pratique, la prudence et la ténacité. Sa femme et sa nièce l'aidaient à recevoir ses amis, et tandis que les jeunes filles dansaient au piano, les hommes s'entretenaient d'affaires ou de politique. Je trouvai là plusieurs négociants, des chefs d'ateliers et d'usines, des avocats, des médecins et quelques artistes; presque tous portaient à leur cravate une croix de Savoie en argent sur fond rouge. Le vieil abbé S... qui correspondait avec M. de Cavour et avait fait dès longtemps ses preuves de libéralisme, dirigeait la conversation au moment où j'entrai dans un petit salon réservé aux causeurs. Nous étions convenus avec le marquis Doria de stimuler par quelque boutade ces doux et patients Romains qui aiment la liberté et lui restent fidèles comme à une fiancée pure et sacrée, mais qui n'ont pas l'ardeur de hâter le moment des épousailles par une tentative d'enlèvement.

« Ne précipitez rien, disait l'abbé S..., comme j'arrivais, et un triomphe prochain nous est assuré. Tout dépend du bon vouloir du gouvernement français; nous sommes certains de sa sympathie; attendons pour agir qu'il nous donne l'impulsion, et tenez, ajouta-t-il, voilà madame, qui est Française, et qui aime l'Italie; elle est, j'en suis sûr, de mon avis.

— Je ne saurais l'être au point de vue italien, répliquai-je, un peuple mûr pour la liberté doit manifester coûte que coûte sa volonté.

— Pouvons-nous nous battre contre vos soldats, me dit l'abbé, ou conspirer pour les assassiner?

— Dieu me garde de prêcher des Vêpres siciliennes, repartis-je; mais tout en évitant une lutte fratricide avec les Français, il vous reste d'autres moyens pour en finir avec le pouvoir temporel des prêtres.

— Quels sont-ils? demanda un assistant.

— Faites que la place ne leur soit plus tenable, repartis-je, refusez l'impôt, cessez pour un temps de faire baptiser vos enfants qui naissent, interdisez à ceux qui sont grands d'entrer dans les ordres et de grossir les rangs de vos oppresseurs; ne donnez pas votre consentement à leurs mariages, sanctionnés seulement par l'Église; que ceux de vos fils qui voudraient se faire soldats ou gardes du pape soient reniés par vous; que vos filles et vos femmes harcelées par des *monsignori* galants et des moines impudiques, loin d'étouffer l'offense, la proclament hautement; le scandale en retombera sur vos maîtres. Quelques Lucrèces vengeresses suffiraient pour les épouvanter; les Vénitiennes donnent l'exemple par leur haine des Autrichiens; qu'elles inspirent aux Romaines le dégoût et l'aversion des prêtres.

— Vous confondez la politique et la religion, objecta l'abbé, qui n'avait pu dépouiller tout à fait le vieil homme, les Romaines respectent leur foi dans leurs prêtres; la foi revêt les prêtres d'un caractère sacré.

— Le caractère cesse d'être sacré quand l'homme est souillé, repartis-je, quand, au lieu d'être le gardien des âmes, il n'est plus que le détenteur des choses terrestres; d'ailleurs j'espère qu'il est encore dans le clergé romain quelques hommes qui préfèrent aux intérêts mondains les intérêts du ciel; vous êtes de ce nombre, monsieur l'abbé; en cherchant bien, on pourrait peut-être en trouver d'autres : que les Romaines remettent à ces prêtres éclairés le soin de leurs âmes, qu'en pratiquant la religion elles ne contribuent plus à asservir la patrie; le temps pascal approche, que toutes les chrétiennes fidèles désertent leurs paroisses desservies par les ennemis de la liberté, qu'elles aillent dans les catacombes, qu'elles demandent la confession et la communion aux prêtres patriotes et courageux qui seront ardents, je suppose, à ramener la religion à ses pures origines.

— Bravo, s'écria le marquis Doria en souriant.

— Romanesque, murmura l'abbé qui fumait un cigare.

— *Questo è impossibile*, dirent plusieurs Romains taciturnes, si les femmes voulaient prier dans les catacombes on les enverrait bien vite en prison.

— Cela leur ferait honneur, » repartis-je.

Quelques jeunes filles, dans l'intervalle d'une contredanse à l'autre, étaient venues dans le petit salon pour voir *la signora francese*.

« Si nous allions faire nos Pâques dans les catacombes, nous y suivriez-vous? me demanda l'une d'elles.

— Je vous y suivrais et vous y précéderais même, si j'avais votre foi, repartis-je.

— *Gesù Maria! non ha la fede!* » s'écria une vieille femme avec épouvante.

Un grand jeune homme efflanqué aux cheveux roussâtres ricana en me regardant; je l'avais aperçu au piano en arrivant : c'était un de ces petits musiciens si nombreux à Rome qui défrayent à la fois la musique d'église et celle des salons; ils font métier *degli belli arti*; ils en repaissent leur faim et leur vanité. Élevés sous la robe des *monsignori*, il manque aux âmes de ces êtres obséquieux et efféminés ce qui manque aux corps des chanteurs de la chapelle Sixtine. J'appris quelques jours après que ce blême *musico* avait régalé une société de *codini* du récit de mon impiété : *Fuor di Roma! fuor di Roma simile gente!* répétait-il en s'adressant à un prélat romain. Une personne présente qui me connaissait un peu voulant détourner cette conversation menaçante pour moi, s'approcha du prélat et lui montra un album de photographies où se trouvaient les portraits de la famille impériale; à la vue de celui du prince Napoléon, le *musico* ne se contint plus. *Empio anche questo!* s'écria-t-il, *traditore della Chiesa!* et, emporté d'un saint zèle, il mit en pièces le portrait. Le prélat sourit, car il était un de ceux qui ne pardonnent pas au prince Napoléon ses généreux et éloquents discours sur la question romaine.

XXIII

Je repris mes explorations des monuments et des ruines antiques qui, je l'avoue, m'intéressaient plus que les églises. Le marquis Doria me conduisit un matin voir le *Tombeau des Scipions* et les deux Colombariums voisins[1]. La sépulture des Scipions n'est plus qu'un caveau vide : le sarcophage et les bustes

[1] Sur la voie Appia, avant d'arriver à la porte Saint-Sébastien.

qu'elle renfermait ont été emportés au Vatican, les prêtres ne pouvant faire des reliques avec les ossements païens de ces héros, exhumés de leur tombe, les concédèrent à *Angelo Guerini*, sénateur vénitien qui les emporta dans sa villa près de Padoue. Les colombariums existaient en grand nombre à Rome le long des voies publiques, et particulièrement sur les voies appienne et latine. Ces sépultures étaient en forme de colombiers, comme leur nom l'indique; elles abritaient des rayons de petites niches creusées dans les murs, où l'on déposait les urnes et les sarcophages en miniature contenant les cendres des morts. Avant de descendre l'escalier antique du premier colombarium, nous lisons une inscription en mosaïque portant les noms de *Ch. Hylas* et de *Pomponia Vitaline*, propriétaires de cette sépulture merveilleusement conservée. Dans les inscriptions placées au-dessous des niches se trouvent les noms de divers personnages de la cour d'Auguste et de Tibère; au-dessous d'une urne de porphyre je lis en latin : *Mortels ne touchez pas; respectez les ombres faites par les dieux*. Dans le second colombarium (de la fin de la république) sont déposées les cendres des partisans de Pompée. Je remarque un buste ravissant de jeune femme avec cette inscription : *Par son frère serviteur de César*. D'autres urnes renferment les cendres de musiciens, de médecins, de sages-femmes et de perruquiers. A l'entour des niches sont des moulures en stuc et de jolies peintures représentant des fleurs, des fruits et des oiseaux le bec tendu vers des bouquets de cerises.

La beauté du jour nous convie; nous tournons les murs de Rome, arrivons sur le Pincio et allons visiter les galeries de la *villa Borghèse*; elles sont veuves de leurs plus beaux marbres antiques; ceux qui restent sont de la décadence. Le groupe d'*Apollon et de Daphné*, fait par Bernini à dix-huit ans, est un des meilleurs ouvrages de ce statuaire; la tête du dieu est vraiment inspirée. Au milieu d'un salon trône la Vénus de Canova, pour laquelle posa la princesse Pauline; la tête est maniérée, le modèle était plus beau que le marbre; Bernini est un Phidias auprès de Canova, faible *pasticheur* de l'antique.

Le lendemain (dimanche 9 mars 1861), M. et madame Loiseau

d'Entraigues me conduisirent aux ruines du *Palais d'or* de Néron. Nous gravîmes en voiture le chemin qui monte du pied de l'Esquilin à la *Domus aurea Neronis*.

Vespasien et Titus fondèrent des thermes sur ce palais même. Ici encore les débris s'entassent sur les débris. Pour s'engager avec intérêt dans ces grands décombres transformés aujourd'hui en souterrains, il faut se souvenir de ce qu'ils furent avant leur chute et leur néant. Le Palatin entier et les palais que les premiers Césars y avaient successivement construits ne suffirent pas à l'orgueil et à l'imagination de Néron : il métamorphosa en vastes jardins, que baignaient un lac immense et des sources jaillissantes, la vallée qui s'étendait entre le Palatin et l'Esquilin; parmi des champs, des vignes, des pâturages, des forêts, remplis de troupeaux et de bêtes fauves, il fit construire divers édifices qui paraissaient former une grande ville; sur l'emplacement de l'enclos et de la maison de Mecène il éleva sa *Maison d'or*. Elle était entourée d'un portique, soutenu par trois mille colonnes, abritant un vestibule d'une magnificence indescriptible où se dressait comme un gardien redoutable le fameux colosse en bronze de cent soixante-quatorze pieds de haut dont j'ai parlé, et qui représentait Néron sous la figure d'Hélios. C'était l'œuvre de Zénodore d'Athènes. L'atrium, les corridors secrets, l'immense vestibule des gardes, les salles et les chambres étaient décorés de colonnes de jaspe antique, de statues, de coupes colossales ; les pavés étaient en mosaïque, les plafonds revêtus de peintures exécutées par Amulius, les parois recouvertes de bas-reliefs en marbre ou en ivoire rehaussés de nacre, de pierres précieuses et de ciselures d'or. Les candélabres d'or, les lits de pourpre, les vases d'onyx, toutes les somptuosités antiques décrites par Pétrone dans le *Banquet de Trimalcion* composaient l'ameublement du palais. La Grèce y avait épuisé ses chefs-d'œuvre, l'Inde ses tissus précieux. Le plafond des salles des festins était formé de tablettes d'ivoire mobiles qui répandaient sur les convives des fleurs et des parfums. La plus grande de ces salles, dont l'enceinte subsiste encore, avait un dôme entièrement mobile, qui, « tournant le jour

---

¹ Ce portique avait un mille de longueur.

et la nuit, imitait le mouvement du monde. » Des réservoirs remplis d'eau de mer, et d'autres d'eau douce des monts Albains alimentaient des thermes réservés à l'empereur-dieu. Le premier jour où Néron habita ce palais, il s'écria en y entrant, dit Suétone : « Enfin je suis logé comme il convient à un homme! »

A la mort de Néron, Vespasien et Titus transformèrent en thermes le *Palais d'or*; sous les premiers empereurs d'Orient l'édifice fut abandonné. Alaric le saccagea; Genséric le pilla et emporta tous les vases précieux qu'il renfermait; entre autres les vases et les ornements sacrés du temple de Jérusalem. A son tour, Attila se rua sur ce palais sans pareil. Malgré ces dévastations des barbares, une partie de la *Domus aurea*, ou, pour parler plus juste, des palais réunis des Césars, la partie du Palatin qui domine le Forum et le cirque Maximus, resta debout jusqu'au huitième siècle; au septième siècle l'empereur Héraclius y demeura.

Je conduirai bientôt mes lecteurs à travers les ruines du Palatin. Voyons d'abord celles du *Palais d'or* sur l'Esquilin. On a fait des fouilles dans trente chambres et corridors, dont plusieurs sont restés déblayés; le plus grand nombre est obstrué de décombres, car, à mesure qu'on vide une chambre, on rejette dans une autre la terre et les débris des marbres. C'est là, assure-t-on, que furent trouvés le *Laocoon*, le *Méléagre* et d'autres statues qui sont au Vatican. Nous descendons, précédés du *custode* muni de torches, dans une salle voûtée, maintenant souterraine. Nous marchons sur de la glaise humide, l'eau filtre sur nos têtes; d'imperceptibles fragments de jaspes antiques et de mosaïques que le guide nous fait remarquer attestent la somptuosité des parois et des pavés primitifs. Nous passons dans plusieurs vastes chambres; dans une se trouve une niche vide de sa statue; nous traversons des couloirs secrets et les étroits dortoirs des gardes, puis nous entrons dans la salle des festins qui s'ouvrait sur l'atrium; là, entre les colonnes d'albâtre oriental, s'élevait l'immense coupe ou plutôt la vasque de rouge antique qui est au Vatican; elle était remplie d'eau parfumée et entourée d'un massif de fleurs qui montaient jusqu'à ses bords. Je regarde curieusement le double cercle en maçonnerie qui soutenait cette bordure d'arbustes. J'en ai vu de semblables dans nos serres royales. Nous avons tout emprunté à l'antiquité et singé ses splendeurs dans des copies amoindries.

Les chambres et les corridors que nous parcourons étaient décorés de peintures exquises imitées par Raphaël dans ses loges du Vatican ; il n'en reste plus que quelques vestiges ; chaque jour l'humidité fait tomber en écailles ces tableaux merveilleux, d'un coloris et d'un dessin si purs [1]. Là, comme dans les tableaux récemment découverts sur la voie Latine, les oiseaux, les paysages, les fruits, les fleurs, les dieux de l'Olympe dans leur pudique nudité, s'encadraient dans les compartiments des voûtes ou se déroulaient en bordures déliées sur les frises. Nous retrouvons quelques peintures visibles à la voûte du grand vestibule. Le *custode* fixe ses torches à de longues perches et éclaire pour nous ces chefs-d'œuvre évanouis qui se raniment un moment. On voit comme à travers un voile des corps divins glisser dans des paysages poétiques ; on devine l'eau qui murmurait aux pieds des arbres et le ciel qui brillait au-dessus. Aujourd'hui les teintes se confondent, les formes seules se dessinent encore, semblables aux ombres que nos corps décrivent en marchant. C'est triste de la tristesse qu'on éprouve en pensant aux fantômes. Ici l'on n'a plus sous les yeux que les spectres de l'art. Les ornements décoratifs, formés de fruits, de fleurs, de feuillage et d'entrelacements capricieux, où toutes les fantaisies d'un pinceau savant se révèlent, sont moins dégradés ; ce qui en reste suffit pour prouver les imitations de Raphaël.

Le divin Sanzio et le sublime Michel-Ange ont dû leur génie à l'antiquité ; sans les modèles immortels qu'ils ont eus sous les yeux, ils n'auraient pas existé.

Tout en parcourant les salles vides du *Palais d'or de Néron*, l'évocation de l'art antique me saisit et me terrassa. Je revoyais debout ces portiques merveilleux ; je les repeuplais des chefs-d'œuvre réunis dans les galeries du Vatican ; les chambres déblayées ressaisissaient leurs ornements et leurs colonnes d'albâtre, leurs statues de Paros, leurs figures d'animaux, d'oiseaux ou de

---

[1] Les gravures en ont été publiées par Mirri en 1812.

reptiles en marbres orientaux, en porphyre; leurs candélabres; leurs nids d'Amours juchés sur des troncs d'arbres; leurs urnes décorées de bas-reliefs exquis, leurs baignoires et leurs cuves en lentisque et en granit, leurs figures de bronze, d'ivoire et d'or, leurs coupes de sardoines et d'améthystes. Les hôtes du palais renaissant se paraient des bijoux précieux que les tombeaux de Rome et les cendres de Pompéi nous ont rendus. Les turquoises et les perles, serties de minces feuillages d'or, flottaient en colliers au cou des femmes; les serpents d'or et d'opale tendaient leur dard de rubis sur la chair rose de leurs bras; les petits thyrses émaillés pendaient à leurs oreilles; les bandelettes en tresse et en chaîne, les diadèmes d'or flexible scintillants d'émeraudes couronnaient les cheveux et s'enlaçaient aux fleurs. Les hommes combattaient ou se jouaient avec des armes et des boucliers, tels que ceux qu'Homère a décrits. Ils passaient tous dans leurs manteaux de pourpre, ou leurs peplums blancs, de l'atrium au portique, à travers lequel le ciel répandait ses flots de lumière et d'azur; les horizons sans bornes de la campagne et l'éther immense s'offraient de tous côtés à leurs yeux. Ils n'habitaient pas les palais-prisons et les maisons-geôles du monde moderne; leur vie s'épanouissait en plein air et en plein soleil. Oh! quel rayonnement de l'être ils ont goûté! Ils ne dédoublèrent pas l'âme du corps, ils donnèrent au développement de la chair et à celui de l'esprit toute l'extension dont notre nature périssable est capable. De là vient la perfection immortelle de leurs œuvres d'art et de littérature. Nous nous essoufflons en vain après leur idéal; en ce temps-là la terre était plus jeune et l'homme était plus beau.

« Vous oubliez l'esclavage antique, les crimes de la tyrannie et ceux de Néron en particulier, me dirent les amis qui m'accompagnaient et à qui je faisais part de la vision qui m'avait assaillie. Relisez donc Tacite, ajouta le chancelier de l'ambassade, et vous serez épouvantée des forfaits de cette antique Rome dont le souvenir vous éblouit.

— Mais l'indignation même de Tacite, répliquai-je, atteste que dans l'antiquité l'éclipse du bien et de l'honnête n'était pas générale. Tacite était de la famille des Socrate, des Marc Aurèle, des Titus, des Virgile et de tant d'autres immortels. Toutes ces grandes âmes ont protesté contre les souillures de l'antiquité, comme les âmes fortes d'aujourd'hui protestent contre les turpitudes modernes. Le mal est ici-bas le compagnon et le conseiller ténébreux de l'humanité; il se perpétue de génération en génération, et subsiste éternellement sous des masques nouveaux. »

Tout en devisant de la sorte, nous étions sortis des salles humides, frissonnants et glacés; l'éclat du soleil nous ranima. Nous allâmes nous asseoir sur un espèce de tertre formé par les décombres et qui s'élève en face de la porte que nous avions franchie pour descendre dans les restes du *Palais d'or*. Les insectes bourdonnaient autour de nous sur les touffes de roquettes et de thyms embaumés; nous en cueillions des tiges en causant. De cette hauteur de l'Esquilin nous avions à droite le Colisée dont les arcades d'un ton doré semblaient toucher au bleu du ciel et dont la masse nous dérobait le mont Palatin; en face, sur le mont Cœlius, se dressaient les ruines des Casernes prétoriennes et celles du Vivarium.

« Tandis que nous prenons haleine, voulez-vous, me dit M. Loiseau d'Entraigues, que nous lisions ici le passage où Tacite, en racontant l'incendie de Rome, parle du *Palais d'or*?

— J'en serais ravie, » répliquai-je.

Il tira le premier volume des *Annales* de sa poche et lut les lignes qui suivent :

« Néron, qui était à Antium, ne revint à Rome qu'au moment où l'incendie approcha de la maison qu'il avait construite pour joindre le palais d'Auguste et les jardins de Mécène. On ne put empêcher cependant que le palais, la maison et tous les édifices voisins ne fussent consumés. Le bruit s'était répandu qu'au moment où la ville brûlait, Néron était monté sur son théâtre pour chanter la ruine de Troie, cherchant ainsi dans les désastres de l'antiquité des allusions aux calamités du présent. »

Nous verrons plus tard sur le Palatin ce qu'est devenu ce théâtre où Néron, cette étrange et vertigineuse figure que Shakespeare seul aurait pu ranimer dans un drame, joua de la lyre, tandis que Rome brûlait.

« Néron, poursuit Tacite, mit à profit les ruines de sa patrie et construisit un palais dans lequel l'or et les pierreries, qui sont un objet de luxe ordinaire et commun, excitaient moins l'admiration que les champs cultivés, les étangs, les forêts qui présentaient l'aspect d'une solitude, les plaines ouvertes et les perspectives. »

« Assez ! assez ! m'écriai-je en fermant le livre, nous sommes assis sur la poussière de toutes ces grandeurs, et cette description qui les ranime est triste comme l'est dans la mort le sourire de la jeunesse et de la beauté. »

Nous descendons l'Esquilin et traversons à pied le Colisée. A la pleine lumière du jour, les peintures des stations du chemin de la Croix m'apparaissent encore plus discordantes qu'à la lueur de la nuit. Quelques pauvres femmes, agenouillées dans l'arène, prient les mains jointes, roulant sous leurs pouces de gros chapelets. Nous sortons du cirque et trouvons le Forum envahi par les promeneurs endimanchés ; une jolie mendiante, en chemise écrue et en jupon rouge, aux cheveux fauves et emmêlés comme une crinière, aux grands yeux noirs, dont on ne peut oublier le regard, portant à son cou un collier de corail, nous demande l'aumône au nom de la Madone ; un vieil aveugle, au profil antique, joue de la flûte sur les débris de la Borne-fontaine, à la place même où le baladin qui assourdissait Sénèque jouait de la trompette. Coudoyant les grisettes romaines parées de vieilles modes françaises que les fripiers de Rome leur louent les jours de fêtes [1], et quelques belles paysannes d'Albano ou de Fracasti, qui ont eu l'esprit de garder leur costume national, nous passons sous l'*Arc de Titus* et montons à gauche l'escalier qui conduit aux jardins Farnèse ; les marches et les rampes en sont brisées, les terrasses et les plates-bandes sont couvertes d'ordures ; c'est l'incurie romaine doublée de la saleté napolitaine. Paul III, un Farnèse, construisit ces jardins, qui, ainsi que la *Farnésine*, le *palais Farnèse* et le *petit palais Farnesina*, échurent en héritage aux rois de Naples. Les jardins Farnèse furent primitivement décorés de bas-reliefs et de statues antiques [2] s'abritant sous les niches des fontaines ; aujourd'hui les

[1] Historique.
[2] Ces statues furent transportées à Naples et sont aujourd'hui dans le Musée Bourbonien.

bosquets sont rasés, les niches sont vides, les fontaines sont à sec. Au-dessus de la rampe décorative que bordent les balustres où s'étalent des bustes sans nez et des figurines brisées, se trouve la maisonnette décrépite des gardiens. Le *custode* actuel est un serviteur déguenillé de François II, qui nous précède pour nous montrer les ruines tout en prisant à outrance, de sa main crasseuse, un âcre tabac qu'il tire d'une boîte en corne. Nous marchons à gauche à travers les terrains incultes et les parterres abandonnés où poussent encore çà et là quelques bordures d'œillets et de roses. C'est ici que s'élevaient autrefois les palais de Tibère, d'Auguste et de Caligula, la Bibliothèque Palatine et le Temple d'Apollon érigé par Auguste. Il reste à peine quelques vestiges de l'emplacement de ce temple, où se trouvait une statue du dieu de cinquante pieds de hauteur. Dans cette partie des ruines fut récemment découverte une *graffite*[1] sur marbre du temps de Septime Sévère. Œuvre étrange, parodie païenne du Dieu crucifié : le corps du Nazaréen était représenté correct et beau, mais sa tête était celle d'un âne.

Les plus savants antiquaires de Rome furent en grand émoi à cette découverte. Plusieurs Pères jésuites prirent part à la discussion qui s'ensuivit, et finirent par obtenir de Pie IX que la *graffite* impie serait détruite[2] ; ce qui fit dire à Pasquino : que la tête d'âne serait mieux placée sur le corps du vicaire du Christ que sur celui du divin Maître.

Un étroit escalier aux marches rompues et boueuses nous conduit aux deux chambres souterraines des *Bains de Livie*; la première salle était ornée de statues et de bas-reliefs ; dans la seconde se trouvait une magnifique baignoire en porphyre, que j'ai vue au musée de Naples. La voûte, qui s'arrondit au-dessus de l'emplacement où était la cuve, est encore recouverte de peintures ; ce sont des paysages et des bergers, dont la grâce eût désespéré Watteau et que le temps efface brutalement sous ses pieds humides.

En sortant des *Bains de Livie*, nous trouvons, toujours à gauche

---

[1] Gravure sur marbre ou sur pierre.
[2] Le dessin en a été publié par le P. Garrucci dans son livre des *Graffiti*.

des jardins Farnèse, un joli pavillon dont la terrasse ouverte de trois côtés s'appuie contre un mur peint à fresque ; le plafond qui recouvre cette terrasse d'où nous dominons le Palatin est aussi décoré de peintures allégoriques. Nous voyons à gauche de la terrasse le mont Aventin couronné de l'église *Sainte-Sabine* ; au pied de l'Aventin est la *Marmorata*, où les navires déchargeaient autrefois les marbres que le monde entier envoyait à Rome. Là ont été récemment retrouvées des colonnes venues d'Égypte au temps d'Auguste et qu'on voit aujourd'hui au musée de Latran. De l'autre côté du Tibre, au pied du Janicule, se déploie le grand hospice de *Saint-Michel* où sont recueillis les enfants trouvés très-nombreux dans cette ville de célibataires. Devant nous, sur le premier plan, est l'*arc de Janus Quadrifrons* ; plus loin, le joli clocher de l'église de Santa Maria in Cosmedin ; le temple de Vesta, le Tibre, le pont Palatin (*ponte Rotto*), l'île Tiberina (aujourd'hui île Saint-Barthélemi) ; puis, sur le Janicule, la fontaine Pauline, la villa Panfili. A droite, les coupoles de plusieurs églises formant comme un faisceau gigantesque ; à l'horizon, celle de Saint-Pierre les dominant toutes ; puis le château Saint-Ange se détachant sur le fond vert que décrit au loin le mont Mario ; enfin, en nous tournant vers le Forum, nous embrassons le Colisée derrière lequel se dressent les montagnes de la Sabine aux sommets couverts de neige. Dans la même direction des cyprès gigantesques simulent des pyramides noires sur le versant des collines.

Nous descendons de la terrasse et nous poursuivons notre exploration à travers les jardins Farnèse, du côté où sont les ruines récemment déblayées de la *maison de Cicéron* et d'une partie du Palais des Césars. Là notre *custode* napolitain nous remet à la garde d'un invalide papal, ce qui me fait penser que les ruines où nous entrons, après avoir franchi une barrière, ne font plus partie des jardins Farnèse et sont du domaine de l'État. Nous suivons le vieux soldat du pape, qui nous guide et nous étaye parfois de son bras à travers une exubérante végétation de lauriers roses, d'oliviers, d'amandiers en fleurs, de massifs de buis, de plantes d'acanthe, de gazons riants et de touffes de violettes qui répandent sur ces ruines une parure de jeunesse et une atmosphère de parfums. Nous arrivons bientôt au milieu des débris d'un portique en marbre pentélique : quelques colonnes sont encore debout, d'autres, aux fûts brisés et découronnés de leurs chapiteaux corinthiens, gisent à nos pieds parmi les fragments des bas-reliefs et des frises. Une enceinte déblayée nous est désignée par le guide comme une salle des gardes du palais d'Auguste, dont nous retrouverons d'autres vestiges dans notre prochaine excursion au Palatin.

A côté des ruines où nous sommes sont celles de la *maison de Cicéron*; un buste de l'orateur et une inscription l'attestent. C'est dans cette partie du Palatin que furent trouvées plusieurs des statues qui sont au Vatican. Je remarque en passant une belle chaise curule en marbre blanc, placée sur une pelouse verte comme sur un tapis de velours. Je me repose un moment sur ce siége antique, puis, après quatre heures de marche et d'exploration, le corps brisé de fatigue, l'âme repue d'admiration et de grands souvenirs, nous descendons le versant du Palatin, fermé par une barrière à claire voie, qui donne sur les rues Saint-Théodore et Saint-Georges en Vélabre. Le Vélabre était autrefois ce marais du Tibre où Rémus et Romulus furent exposés. Nous passons sous l'*arc de Janus Quadrifrons*, et, faisant quelques pas à gauche, nous trouvons la *Cloaca massima*, le fameux égout de Tarquin, dont les trois arches formidables, intactes, indestructibles, couvrent encore l'écoulement des immondices de Rome emportées dans le Tibre[1] par un grand courant d'eau vive (*acqua argentina*), qui vient du mont Cœlius. Deux soldats français du 62° de ligne puisent de l'eau en chantant à la source pure et fraîche ; une vieille pauvresse aux cheveux grisonnants, vide un panier plein d'épluchures de légumes et d'arêtes de poisson, dans une des cavernes du cloaque.

XXIV

Il me restait à voir sur le Palatin la partie la plus imposante

---

[1] La *Cloaca massima*, qui partait du Forum, a son embouchure entre le Temple de Vesta et le pont Palatin (*ponte Rotto*).

des ruines du Palais des Césars, celle qui un soir m'était tout à coup apparue sous la pourpre du couchant et couronnée comme d'un diadème par le globe de la lune. Je fis cette excursion avec M. Louis Delâtre, quelques jours avant mon départ de Rome, mais j'en transpose ici le récit afin de donner au lecteur une idée suivie et complète des restes épars de la résidence des maîtres du monde.

Par une belle après-midi de mai, nous sonnâmes à une petite porte pratiquée dans un mur en terrassement, qui s'élève sur la *voie Appia*, en face du vaste emplacement où fut le cirque Maximus. Nous montâmes un escalier roide, conduisant à la maisonnette du gardien, qui vit là en famille, cultivant des carrés de légumes et des plates-bandes de fleurs à travers les grands décombres du palais des empereurs fastueux. Sa femme nous ouvrit et dit à son fils, un petit paysan de huit ans, de nous accompagner à travers les ruines.

Nous passons le long d'énormes arcades tapissées de lierres et entre les pierres desquelles pendent des touffes de fleurs. La nature pare les ruines de Rome avec une grâce éternelle. Nous franchissons un large escalier moderne surmonté d'un portail que couronne un crucifix. Là nous nous arrêtons, et, avant d'aller plus loin, nous nous retournons vers l'horizon qui commence à se déployer. Nous avons en face de nous l'église de *Saint-Grégoire le Grand*, un peu à droite le *monte Cavo*, point culminant des montagnes de la Sabine sur lequel s'élève un couvent des Frères de la Passion à la place même où était autrefois le superbe Temple de Jupiter. La voie Triomphale, bordée de monuments, conduisait jusqu'au sommet du mont où se dressait le temple. Toujours à droite, voici la ruine immense des Thermes de Caracalla; plus à gauche, le tombeau de *Cæcilia Metella*.

Nous passons sous la voûte d'une chapelle qui fut construite au moyen âge parmi ces ruines, et qui à son tour est devenue une ruine; nous montons à travers les herbes et les plantes qui poussent serrées et hautes. Nous apercevons alors à gauche le Colisée du côté ébréché, tout à fait en face, à nos pieds, les aqueducs de Claude, le jardin Botanique, le couvent et l'église des passionnistes occupant sur le Cœlius une partie de l'emplacement du Vivarium; la belle terrasse du couvent et l'église SS.-*Jean-et-Paul*; au fond les Apennins fermant l'horizon. Nous marchons à travers des carrés variés des plus beaux légumes : fèves aux fleurs blanches, fenouils aux senteurs pénétrantes, laitues colossales, petits pois touffus, tomates, cardons, poussent là vigoureux et exubérants comme si la cendre des Césars les engraissait. Nous sommes sur les grands débris du Théâtre Impérial, où Néron chanta durant l'incendie de Rome en s'accompagnant sur la lyre. A gauche est l'ancienne *villa Mills*, avec son pavillon chinois, qui fait ici discordance comme une enluminure. Cette villa, bâtie sur le palais d'Auguste, appartient aujourd'hui aux dames de la Visitation; elle renferme un petit portique soutenu par quatre colonnes antiques et peintes à fresque par Raphaël. Vénus entourée de nymphes, Hercule et les Muses, se jouent sur les parois; de fines arabesques décorent la voûte. Heureusement que les gravures de Marc-Antoine conservent pour nous ces compositions exquises qui se détériorent chaque jour, et dont les saintes sœurs nous défendent d'approcher. Même interdiction pour les trois chambres souterraines du palais d'Auguste qui sont restées entières et font partie du couvent.

Sur le mont Palatin comme sur tout l'emplacement où s'élevait l'antique Rome, le sol s'est exhaussé et, parfois, a envahi jusqu'au faîte les monuments; si bien que la cité des Césars, selon la belle expression de Montaigne; « n'est plus qu'un sépulcre à son tour enseveli. »

Poursuivant notre exploration, nous passons sous de grands arcs aux voûtes décorées de caissons d'une conservation parfaite. Nous dominons la place de l'Hippodrome où Néron lançait son char; c'est là que furent trouvées cinquante statues en bronze des Danaïdes, dispersées et détruites, dit-on. Cet hippodrome, transformé en jardin potager, est borné à gauche par la villa Mills. Nous franchissons une sorte de pont à travers des débris et des arbres; nous tournons en ce moment le dos à Albano; nous avons en face le mont Janicule, les villas, les couvents et les églises de cette partie de Rome. Nous faisons alors volte-face sur la partie des ruines appelée *terrasse*, qui formait primitivement une immense salle à pavé de mosaïque dont il reste encore quelques fragments. C'est là que s'élevait le magnifique portique dit *Septizonium* à triple rang de colonnes érigé par Septime Sévère. Au seizième siècle, ce majestueux portique subsistait encore presque intact. Sixte V en ordonna la démolition et employa les colonnes et les matériaux à la construction de la basilique de Saint-Pierre. On sait le jeu de mot latin que les Romains ont fait sur le vendalisme des papes.

Quod non feçerant barbari fecerunt Barberini.

Debout sur cette terrasse babylonienne, voici le tableau qui se déroule sous nos yeux. A droite, le mont Aventin, la pyramide de Caïus Cestius, le cimetière anglais, la porte Saint-Paul flanquée de belles tours d'un ton roux; Sainte-Balbine, son couvent et sa prison; plus près de la voie Appia, les thermes de Cacaralla; en face, l'immense horizon de la campagne romaine s'étendant jusqu'aux montagnes de Frascati et d'Albano.

Dans un angle de la terrasse, je découvre une sorte de cabinet formé par des murs à corniches; il est tapissé de plantes grimpantes; un fouillis d'herbe fleurie lui compose un tapis, et l'éther lui décrit un plafond; on voudrait dormir là par une nuit d'été scintillante d'étoiles, rêvant des siècles évanouis et contemplant la nature immuable. En sortant de cet étroit réduit, nous passons à travers des massifs d'asphodèle et de hauts lauriers en fleurs. Tout à coup Rome se déroule sous nos pieds; le dôme de Saint-Pierre domine les masses des monuments; le *monte Mario* se dresse verdoyant au dernier plan; le ciel bleu ruisselant d'une lumière intense forme le fond du tableau. Près de nous s'élève le haut débris d'une tour. Nous nous arrêtons au pied de la ruine d'une tribune d'où Domitien contemplait les jeux du cirque Maximus. Cet amphithéâtre pouvait contenir quatre cent mille spectateurs; il n'en reste au-dessous de nous que l'emplacement; nous distinguons la forme des gradins couverts de gazon; dans l'arène poussent des carrés de légumes; des troupeaux de moutons et de grands bœufs broutent l'herbe où furent les arcades. Le cirque Maximus fut construit primitivement en bois, puis en pierre sur le lieu même de l'enlèvement des Sabines; on y célébrait par des jeux l'anniversaire de cet événement.

C'est cette partie du Palais des Césars qui resta debout la dernière et qu'Héraclius habita au septième siècle. Quelques écrivains ont dit par erreur que Charlemagne y avait logé. L'empereur des Francs demeura dans le château primitif du Vatican.

On voit encore dans un cabinet de la bibliothèque du Vatican un portrait peint à fresque du grand empereur, qui fut sans doute conservé lorsqu'on démolit le château où il avait résidé. Nous revenons sur nos pas et descendons par l'escalier monté en arrivant; le petit garçon qui nous a d'abord guidés, puis nous a quittés tout à coup, reparaît pour nous réclamer la *buona mano*. Il m'offre un gros bouquet de roses; je lui demande son nom, il me répond qu'il se nomme *Josaphat*. M. Delâtre lui réplique en riant que son nom seul doit réveiller les morts et faire apparaître, la nuit, au milieu des ruines, Claude, Tibère et Néron. — L'enfant répond étonné : « Je ne connais pas ces hommes-là ! »

Nous tournons le Palatin et entrons dans la *voie Triomphale*. Nous voyons apparaître, au bout, l'arc de Constantin dans toute sa splendeur : ses trois portes s'ouvrent sur la voie Triomphale; le soleil en fait scintiller les marbres de teintes diverses comme des pierreries; les rayons dorent les statues et fouillent les bas-reliefs, dont les scènes variées s'animent. Malgré les défauts d'harmonie de ces décorations, de diverses époques, la beauté d'ensemble nous ravit; cet arc de triomphe est admirablement encadré : à gauche, le Palatin où se dresse dans une végétation touffue une partie des ruines du *Palais des Césars* que nous explorions tantôt; à droite, les beaux arbres du jardin botanique et une grande échancrure du Colisée. Nous nous arrêtons au milieu de la voie Triomphale pour admirer cette majestueuse perspective; puis, dépassant les limites du jardin botanique, nous entrons dans l'église de *Saint-Grégoire le Grand* bâtie sur la pente du *Cœlius*. Nous regardons la *Flagellation de saint André*, fresque admirable du Dominiquin; l'église reconstruite au dix-huitième siècle n'a plus aucun caractère.

« C'est près de la chapelle où nous sommes, me dit M. Delâtre, que la belle courtisane Impéria obtint un monument fastueux et une épitaphe rappelant le métier qu'elle exerçait à Rome; elle mourut à vingt-six ans (1511), ayant précipité gaiement ses jours rapides dans les passions. Elle était digne de cette galante et belliqueuse époque de la Renaissance où les princes de l'Église donnèrent l'exemple du triple amour des plaisirs, des arts et de la guerre; toutes leurs actions étaient en dehors de la foi, mais ils empruntaient une sorte de grandeur aux Césars païens.

La tombe d'Impéria a disparu, peut-être à dessein, dans la reconstruction de l'église. Depuis Luther, Voltaire et la Révolution française, la cour de Rome est plus soigneuse du décorum; au fond, les mœurs ont peu changé; les cardinaux et les *monsignori* succombent aux mêmes tentations, mais ils mettent plus de mystère dans leur chute.

Nous gravissons le Cœlius par une route qui monte à droite de Saint-Grégoire et longe les aqueducs de Claude; nous passons sous trois arcs élevés au treizième siècle pour étayer l'église *S. Giovanni*. Nous avons devant nous la villa *Mattei*, devenue un couvent de femmes. La voiture s'arrête près du portique de l'église formé par des colonnes antiques. En face est le couvent des frères *passionnistes*, dont le campanile a pour base un fragment de la façade du *Vivarium*; des hangars reliant l'église au couvent sont clos par une porte peinte en rouge. Je considère cette petite place aérée où il serait si bon de vivre. C'est là qu'était dans l'antiquité le *Macellum Magnum*, grand marché de poissons et de viandes. J'envie les nonnes et les moines possesseurs tranquilles du Cœlius désert. Un vieux sacristain de l'église appelle un moine du couvent, qui lui jette par une fenêtre la clef du Vivarium. *Il vecchio* essaye en vain de faire tourner cette clef rouillée dans la serrure de la porte peinte en rouge; il s'épuise en efforts pendant un quart d'heure, et il répète en riant : *Sicuro questa chiava è matta* (Certainement cette clef est timbrée). Enfin la porte s'ouvre; nous passons sous de grands arceaux qui formaient la façade du Vivarium. Ce qui reste de ces constructions colossales sert de base au couvent et à ses terrasses suivies de beaux ombrages. Quelques *frati* penchés au-dessus de nos têtes nous regardent passer. Nous descendons la pente d'une sorte de précipice jonchée de débris, puis un escalier effondré qui nous conduit à l'entrée des souterrains; notre guide allume une torche et la secoue sur le seuil du gouffre effroyable que nous renonçons à parcourir. Là rugissaient les hyènes, les lions, les panthères et toutes les bêtes fauves destinées aux jeux du cirque. Les crocodiles, les hippopotames et les murènes énormes s'ébattaient dans des réservoirs ; cet abime est empreint d'une grandeur barbare ; on croit y voir suinter le sang de l'arène.

XXV

Le lundi 11 mars, vers une heure, comme j'arrivais au Vatican, je trouvai dans la *cour S. Damaso* deux voitures du roi François II et six voitures du pape. Un certain nombre de curieux, debout ou assis sur des bancs du côté des *Loges de Raphaël*, attendaient là l'ex-roi de Naples et sa femme qui faisaient visite à Pie IX. J'attendis comme les autres, très-curieuse de voir de près cette charmante reine dont le duc de Gramont m'avait fait un si attrayant portrait. Je me promenais de long en large dans la cour. Le jeune Romain qui m'accompagnait avait à sa cravate une petite médaille d'or à l'effigie de Victor-Emmanuel, qui éveilla soudain l'attention de quelques gendarmes pontificaux ; ils nous suivirent obstinément pas à pas, cherchant à entendre ce que nous disions. Leur surveillance balourde me divertissait. Une heure s'écoula ; enfin quatre hallebardiers du pape se montrèrent du côté de la porte qui conduit aux appartements privés du pontife ; des *camerieri* firent la haie, et François II donnant le bras à sa jeune femme apparut escorté de monsignor Pacca et d'autres *monsignori*. Le prince portait l'habit de général et le grand cordon de Saint-Janvier ; il avait la démarche incertaine et grotesque de Thomas Diafoirus ; sa tête vulgaire, au nez prépondérant comme celui de son aïeul *Nasone*, était coiffée d'un chapeau tricorne orné d'une touffe de plumes blanches. Il avait l'air fort jeune, mais d'une jeunesse maladive, quelque chose de prématurément vieilli, de cafard et de terne. La reine formait un contraste saisissant par son élégance et sa beauté. Sur sa robe en velours noir, qui dessinait sa taille svelte, flottait une mantille à l'espagnole relevée avec grâce sur la tête et laissant voir de beaux cheveux à travers le réseau noir de la dentelle. Dans ce cadre coquettement disposé souriait le frais visage ; ses yeux, les plus doux et les plus vifs du monde, avaient de longs cils qui en tempéraient l'éclat ; la délicatesse du teint embellissait encore des traits charmants ; les lèvres souriantes et roses faisaient oublier les dents altérées. L'ensemble de sa gracieuse personne révélait l'enjouement et la résolution ; elle s'appuyait sur le bras de son mari comme sur celui d'un chambellan de service. On devinait son indifférence et son dédain pour cet être mal venu. Les rêves romanesques flottaient sur ce joli front ; en elle battait le cœur aventureux de son aïeul le roi Louis de Bavière. Des convenances dynastiques avaient lié ces deux êtres, mais il était facile de prévoir le divorce qui dès lors régnait entre eux. Le roi paraissait indifférent à tant de charmes, et elle était visiblement peu éprise de ce moine jouvenceau. Fêtée à Rome par les légitimistes français et les dignitaires de la cour papale, elle se montra très-active et très-gaie durant les premiers mois de son exil ; des cargaisons de modes parisiennes lui arrivaient chaque semaine. Elle luttait de goût et de fantaisies de costumes avec l'impératrice Eugénie. Un soir, après les solennités de Pâques, elle se montra au théâtre dans une toilette entièrement pourpre qui lui allait à ravir. On se disait en riant qu'elle avait revêtu l'habit garibaldien dans l'espoir de rallier à elle la jeune Italie. Presque chaque jour elle allait en voiture à la promenade du Pincio et de la villa Borghèse, où l'on rencontrait aussi, conduisant un équipage à la Daumont, le comte de Trani, moins laid que le roi.

J'avoue que je suis toujours indifférente à la déchéance des royautés. Les souverains ne se déterminent à la justice que lorsqu'ils y sont contraints par l'indignation populaire, et alors il n'est plus temps, car le peuple, sentant sa propre force, s'empare de ce qu'il demandait. La chute du monarque tombé devient la menace de son successeur. Ainsi se fonde violemment le droit nouveau en attendant qu'il triomphe et s'exerce avec tranquillité dans toute sa plénitude.

Sitôt que Leurs Majestés Napolitaines et leur suite eurent quitté la *cour S. Damaso*, je montai aux *Loges de Raphaël*. On a vitré, pour la conservation des peintures, cette aérienne galerie du second étage d'où la vue s'étend sur une grande partie de Rome. Ainsi closes, les *Loges* ont perdu de leur élégance, et on y étouffe comme dans une serre. Je m'y plaisais par les jours froids ; je me pénétrais des ravissants détails des arabesques qui décorent les piliers et forment la bordure des arcades ; ces ornementations exquises furent faites par Raphaël d'après des peintures antiques. Les voûtes sont revêtues de fresques représentant des scènes de l'Ancien et du Nouveau Testament ; chaque figure, par sa noblesse et sa grâce, concourt à l'harmonie de l'ensemble. A quoi bon décrire ces compositions bien connues ? il suffit de les indiquer pour les faire apparaître aux yeux des lecteurs. J'en dirai autant des *Stanze*, auxquelles j'arrive par cette divine galerie *delle Loggie*. Je suis surtout éblouie par la *Dispute du Saint-Sacrement*, où tout le génie de Raphaël se révèle. Parmi les théologiens, le peintre hardi a placé Dante et Savonarole. Ce dernier avait été l'ami de Raphaël, et l'on aime l'audace du fier artiste qui reproduisit le moine novateur dans le palais même des papes.

Dans le *Parnasse*, Sapho figure entre Homère et Pindare. Dante est encore là en compagnie de Pétrarque et de Boccace. Je n'ai vu dans aucun tableau un effet de lumière plus merveilleux que celui rendu par Raphaël dans la fresque de la *Délivrance de saint Pierre*. L'ange qui apparaît au saint dans sa prison y répand une clarté fluide ; tout s'en éclaire alentour. Les cariatides et les figures en grisaille[1] qui forment les soubassements des *Stanze* ont pour la plupart les attitudes des plus belles statues antiques. Ce jour-là, comme chaque fois que je parcourais les *Stanze*, revenant sur mes pas aux *Loges de Raphaël*, je montai à la galerie du troisième étage et j'entrai dans la *Pinacoteca*. Quatre salles, ne renfermant que quarante chefs-d'œuvre, voilà à mon avis le plus enviable et le plus intelligent des musées de peinture. On le parcourt sans lassitude ; l'âme y plane oublieuse du corps qui l'entrave ; aucune toile médiocre ne refroidit l'admiration. Familiarisé d'avance avec ces ouvrages des grands maîtres, on va de l'un à l'autre, heureux et souriant ; on se sent enor-

[1] Elles sont de Polydore de Caravage.

gueilli de cette perfection de l'art qui atteste avec tant d'éclat la grandeur humaine; on savoure la vie et le mouvement de chaque figure que ni le burin ni la photographie n'ont fait pressentir. La *Transfiguration* de Raphaël transporte le spectateur sur le Thabor. On est terrassé par la *Communion de saint Jérôme*, du Dominiquin, d'où se détache un lion sublime : ses yeux vous regardent et vous défient; il rugit, il s'élance. Une *Vierge* de Murillo semble murmurer à Raphaël : « Je vaux tes Madones! » *Sainte Micheline en extase*[1], jeune, blonde, aérienne, flotte lumineuse sur un fond de paysage et de rochers. Sa grâce juvénile vous enlace : des beautés plus mûres et plus correctes n'ont pas cet indicible attrait. Comme quarante écrivains choisis qui suffisent à l'esprit et qu'on relit sans cesse, on finit par savoir par cœur ces quarante chefs-d'œuvre de la Pinacothèque du Vatican. Si en sortant de ce musée circonscrit, on descend au premier étage des *Loges de Raphaël*, et que, traversant la *Galerie des inscriptions*, on arrive aux vastes salles de la Bibliothèque, on est frappé plus encore de l'immensité du palais papal. Une petite porte[2] vous introduit dans une antichambre; puis vient la salle des conservateurs, suivie du grand salon divisé en deux nefs par six piliers, entre lesquels se dressent les candélabres et les vases en porcelaine de Sèvres offerts aux papes par Napoléon Ier, Charles X et Napoléon III. Louis XVIII et Louis-Philippe se sont abstenus de pareils dons. L'empereur Nicolas envoya à Grégoire XVI, après son bref contre l'insurrection polonaise, deux grandes urnes en malachite qui figurent à côté des présents des rois Très-Chrétiens. Le long des parois, de belles armoires incrustées de miniatures et de mosaïques renferment les manuscrits; au-dessus sont rangées des collections de vases étrusques. Cette salle, peinte à fresque, est d'un aspect imposant; elle s'ouvre sur une galerie incommensurable coupée alternativement par des portes et par des arcades encadrées de colonnes; les livres, au nombre de cent mille, et les manuscrits, au nombre de vingt-cinq mille, sont placés dans des armoires alignées de chaque côté. Au bout de la galerie de

---

[1] Par Frédéric Barocci.
[2] Qui est à gauche de la *Galerie des inscriptions*.

droite, d'autres armoires contiennent des fragments d'inscriptions, de bas-reliefs et d'ornements antiques en or, en bronze et en ivoire. Parcourant ensuite la galerie de gauche, je remarque dans la seconde section, parmi les peintures décoratives, le projet primitif de la façade de Saint-Pierre, par Michel-Ange ; puis, dans la troisième section, les statues antiques assises d'Aristide et de Lysias. Vient enfin la division appelée *Musée sacré* où, dans de magnifiques armoires vitrées couronnées des bustes des cardinaux bibliothécaires, on voit tous les objets des rites primitifs de l'Église : calices, croix, ciboires, burettes, anneaux sacerdotaux, vases cinéraires en verre, candélabres, lampes, et peintures sur bois. La plupart de ces objets sont byzantins. Dans les crucifix grecs, le Christ est toujours représenté couvert d'une tunique. Je traverse le cabinet somptueusement décoré où les papyrus sont rangés sous verre. Puis la *Salle des peintures antiques*, où se trouvent quelques fresques dont la plus célèbre est celle des *Noces aldobrandines*, découverte dans les décombres d'une maison antique sur l'Esquilin ; d'autres fresques curieuses représentent les portraits de Pasiphaé, de Myrrha et de Phèdre, ces trois possédées antiques, symboles des amours fatals et monstrueux. Ces têtes sont d'un beau type grec. Dans le cabinet des *Bolli antichi*, ce qui frappe tout d'abord, c'est le portrait peint à fresque de Charlemagne. Il fut fait sans doute d'après nature, lorsque l'empereur des Francs habita le château primitif du Vatican. Ce portrait en buste nous montre Charlemagne jeune, svelte, amaigri ; son beau visage mélancolique entouré de cheveux blonds a le type germain ; il me rappelle, avec plus de fermeté dans les traits et dans le regard, la tête expressive d'Alfred de Musset. Nos musées devraient avoir des copies de ce portrait de Charlemagne, et aussi d'un autre portrait qu'on voit à Aix-la-Chapelle au fond de la *Salle des souverains*, et dans lequel Charlemagne, devenu vieux, est représenté debout : la couronne impériale repose sur sa tête blanchie ; une de ses mains vigoureuses tient l'épée, sur l'autre repose le globe du monde. Je continue mon exploration de la bibliothèque. A côté de la salle des *Bolli antichi* se trouve celle où sont réunies de superbes peintures de Cimabué, de Giotto, de Masaccio et de Frà Angelico. Le *Cabinet des mé-*

dailles, où brillait entre toutes la médaille qu'Alexandre VII fit frapper en l'honneur de Christine de Suède, a été dépouillé de ses richesses par un de ses conservateurs, ce qui n'empêche pas les livrets romains d'accuser de cette déprédation *la République française*. On voit encore aujourd'hui dans ce cabinet le magnifique prie-Dieu en chêne sculpté et en ivoire, offert par la ville de Tours à Pie IX, la Touraine est toujours la *benoiste* Touraine du temps de Rabelais[1]. L'*appartement Borgia*, que fit construire et qu'habita Alexandre VI, fait partie de la bibliothèque. Je m'arrête dans la troisième chambre pour regarder les belles peintures du Pinturicchio, représentant les *Vertus*, les *Sciences* et les *Arts*; dans la quatrième salle, au-dessus de l'arcade d'entrée, le même peintre a représenté Alexandre VI en prière aux pieds du Christ. Borgia ne devait pas se regarder sans rire dans cette béate attitude. Cet appartement, où s'accomplirent tant de crimes et où tant d'ombres sinistres semblent errer, contient aujourd'hui une partie des livres imprimés et des collections de gravures sur bois et sur cuivre, des bas-reliefs, des sarcophages et des colonnes antiques. Je me borne à indiquer; à quoi bon décrire? Il faut voir, sentir, comparer tous ces trésors d'art et de science des siècles évanouis rassemblés dans ces salles éblouissantes, dignes d'abriter ce qui survit de l'esprit de l'homme; il faut contempler à loisir les admirables vignettes des manuscrits, explorer dans la *salle des Archives* les chroniques et les procès célèbres (ce qui n'est réservé qu'à la conquête et à la Révolution). C'est ainsi que durant la première occupation française, *le procès de Galilée* fut emporté en France et y fut imprimé. Tous les papiers relatifs aux *Cenci* avaient été, m'a-t-on assuré récemment, copiés par un conservateur des archives, et devaient se publier à Florence. Espérons que d'autres documents enfouis nous seront révélés: il est temps qu'une entière lumière se fasse sur l'histoire ténébreuse et souillée de la

---

[1] « De la benoiste Touraine, dict le frère Jean, tant et tant de biens annuellement nous viennent, que nous fuct dict ung jour par gens du lieu par cy passants, que le duc de Touraine n'ha en tout son revenu de quoy son saoul de lard manger, par l'excessive largesse que ses prédécesseurs ont faict à ces sacro-sainctz oysaulx, pour icy de phaisans nous saouller, de perdraulx, de gelinotes, poules d'Inde, gras chappons de Loudunois, venaiscu de toutes sortes, et toutes sortes de gilier. » (Rabelais, liv. V, ch. vi.)

papauté. Je sors de la Bibliothèque [1] par une belle porte aux supports de granit qui s'ouvre près de l'escalier à trois rampes du Musée. Je traverse la *galerie des candélabres* et parcours la galerie des *Arrazi*; les *Arrazi* sont des tapisseries tissées à Arras sous le pontificat de Léon X; on en décore la chapelle Sixtine les jours de fête. Les cartons célèbres de ces *Arrazi* (que j'ai vus en Angleterre au palais d'Hamptoncourt) furent dessinés par Raphaël, qui, dans ces compositions grandioses, semble s'être inspiré de Michel-Ange. Un géant symbolisant un tremblement de terre est une des figures les plus magistrales créées par Raphaël. Après la *galerie des Arrazi* vient celle des *cartes géographiques* peintes à fresque (au seizième siècle) par Ignace Danti.

[1] « Je fus voir, dit Montaigne, la librerie du Vatican, qui est en cinq ou six salles tout de suite. Il y a un grand nombre de livres atachés sur plusieurs rangs de pupitres; il y en a aussi dans des coffres, qui me furent tous ouverts; force livres escrits à mein (*manuscrits*), et notamment un Seneque et les opuscules de Plutarche. J'y vis de remercable la statue du bon Aristide à tout (avec) une bele teste chauve, la barbe espesse, grand front, le regard plein de douceur et de majesté : son nom est escrit en sa base très-antique; un livre de china (chinois), le charactere sauvage, les feuilles de certene matiere beaucoup plus tendre et pellucide que notre papier, et parce que elle ne peut souffrir la teinture de l'ancre, il n'est escrit que d'un costé de la feuille, et les feuilles sont toutes doubles et pliées par le bout de dehors où elles se tiennent. Ils tiennent que c'est la membrane (écorce) de quelque arbre. J'y vis aussi un lopin de l'antien *papirus*, où il y avoit des caracteres inconnus : c'est une escorce d'arbre. J'y vis le breviaire de saint Grégoire escrit à mein : il ne porte nul tesmoignage de l'année, mais ils tiennent que mein en mein il est venu de lui. C'est un Missal (Missel) à peu près comme le nostre, et fut aporté au dernier concile de Trente pour servir de tesmoingnage à nos seremonies. J'y vis un livre de saint Thomas d'Aquin, où il y a des corrections de la mein du propre autheur, qui escrivoit mal, une petite lettre pire que la mienne. *Item* une Bible imprimée en parchemin, de celles que *Plantin* vient de faire en quatre langues (appelées *Polyglottes*), laquelle le roy Philippes a envoiée à ce pape, come il dit en l'inscription de la reliure; l'original du livre que le roy d'Angleterre composa contre Luter, lequel il envoïa il y a environ cinquante ans, au pape Léon X°, souscrit de sa propre mein, avec ce beau distique latin, aussi de sa mein :

Anglorum Rex Henricus Leo decime, mittit
Hoc opus, et fidei testem et amicitiæ.

« Je leus les préfaces, l'une au pape, l'autre au lecteur : il s'excuse sur ses occupations guerrieres et faute de suffisance; c'est un langage latin bon pour scholastique. Je la vis (*la bibliothèque*) sans nulle difficulté; chacun la voit ainsi, et en extrait ce qu'il veut, et est ouverte quasi tous les matins, et si fus conduit partout et convié par un jentilhomme, d'en user quand e voudrois. » (*Voyage d'Italie.*)

Ce palais du Vatican est un monde; j'en revenais toujours épuisée de fatigue, comme si un tourbillon m'avait emportée à travers l'espace. J'étais charmée de me reposer le soir en compagnie de quelques libres penseurs qui me racontaient la chronique du jour. Rome était en grand émoi, me dit-on ce soir-là, d'un scandale qui s'était produit dans un couvent de femmes. Sept nonnes s'y trouvaient à la fois dans *une position intéressante*[1]; on avait réprimandé l'abbesse et délibéré si on ne fermerait pas le couvent, puis on s'était déterminé à l'indulgence pour ne pas donner satisfaction à l'impiété. Les solennités de la Semaine sainte approchaient; il ne fallait pas en troubler la mise en scène. On me parla à ce propos du trafic des billets de communion; je ne voulais pas y croire; on m'en apporta pour me convaincre; chacun peut s'en procurer un moyennant quatre *paoli*. Voici comment cela se pratique : tout sujet du pape est tenu de faire ses Pâques, sous peine d'amende et de persécution; tout communiant est tenu de prouver qu'il a reçu le sacrement en produisant une attestation imprimée remise par l'officiant. Ceux qui répugnent à commettre cet acte obligatoire envoient à leur place des domestiques ou des mendiants qui communient tant qu'on veut, et moyennant quatre *paoli* vous revendent leurs billets. On se soustrait aussi pour cinq *paoli* à l'obligation de fermer sa boutique un jour de fête.

« Nos soldats sont-ils tenus à fournir ces preuves d'orthodoxie? demandai-je.

— Non, me répondit-on ; mais plusieurs colonels et plusieurs généraux n'y manqueront pas pour se faire bien voir des princes de l'Église. Le général de Goyon donne l'exemple d'un zèle dévot des plus excessifs; il s'est fait recevoir de la confrérie des *Sacchoni*, pénitents vêtus d'une espèce de sac, qui conduisent les morts en terre. Pasquino, au jour de l'an, a envoyé pour étrennes au général l'habit, la corde et le chapelet que portent ces moines. »

On me redit aussi quelques traits des mœurs des *monsignori* P.... et de F...; il faudrait la plume de Rabelais pour les narrer; je

---

[1] Un moine cafard se présente un jour chez Benoît XIV et lui dit : *Santità, miracolo! una mosca è gravida!* Le pape érudit, qui travaillait, lui répond impatienté en dialecte bolonais : *Miracolo! se fossi gravida mi.*

m'abstiens, me souvenant du sage conseil de Panurge : « Homme
« de bien, frappe, fériz, tue et meurtriz tous roys et princes du
« monde, en trahison, par venin ou autrement, quand tu voul-
« dras ; déniche des cieulx les anges, de tout euras pardon du
« Papegaut[1]. A ces sacrés oiseaux ne touche d'autant qu'aimes
« la vie, le prouficl, le bien, tant de toi que de tes parents et
« amis vivants et trépassés; encore ceulx qui d'eulx après nai-
« troient en seroient infortunés[2]. »

Dans la nuit qui suivit, quelques patriotes de Rome tentèrent de monter au haut de la colonne Antonine et d'y hisser le drapeau italien; des patrouilles de soldats français parcoururent Rome jusqu'au matin. Le lendemain, les libéraux firent en masse une promenade hors la porte S. *Giovanni*. Ces protestations pacifiques se renouvelaient presque chaque jour.

« Parades! s'écriait le vice-consul de Sardaigne Doria; les ombres héroïques des fiers Romains doivent se rire de ces vivants pusillanimes. »

XXVI

Le petit musée de l'Académie de Saint-Luc, situé *Via Bonella*, à droite du Forum, est digne d'être visité. Je le parcourus un matin de mars. Je remarquai dans la première salle plusieurs magnifiques Poussin et un admirable portrait de Titien peint par lui-même. Un des tableaux qui attirent et captivent le plus est la *Lucrèce*, de Guido Cagnacci. Le corps nu de la fière Romaine est superbe malgré le bout de draperie qui le coupe en deux et qui a été évidemment superposé; la tête effarée de Sextus Tarquin exprime l'effroi du crime. Au lieu de la toge antique, Sextus est vêtu d'un pourpoint bleu tendre brodé d'or dont l'anachronisme est fort plaisant. Quelle puissance de formes et de coloris dans l'*Amour profane*, du Guerchin! c'est bien là Vénus triomphante, énergique, et

---

[1] Cour de Rome.
[2] Rabelais, livre V, chapitre vi.

s'imposant d'un sourire à l'humanité. *La nymphe Caliste au bain* est une des compositions les plus suaves de Titien. Cinq jeunes nymphes entourent, en s'enlaçant, la fraîche baigneuse; toutes sont posées de façon à dérober une partie du nu que, par cela même, Titien indique trop dans ce tableau, comme dans ses *Vénus*. Une fontaine à bas-reliefs antiques est surmontée d'un Amour qui d'une urne épanche une eau transparente sur les corps divins des six femmes. La *chaste Suzanne*, de Paul Véronèse, regarde dédaigneuse les deux vieillards qui la convoitent. Raphaël a deux chefs-d'œuvre à l'*Académie de Saint-Luc* ; un Amour grand, robuste, éblouissant, est une des plus rares figures, à la touche antique, du divin Sanzio. Il s'est reproduit lui-même dans son tableau de *Saint Luc peignant la Madone* : la tête inspirée de l'artiste est ceinte d'une auréole; l'élève attentif qui le regarde est le plus bel éphèbe qu'on puisse imaginer; quelle fière posture et quelle tête expressive a ce bœuf accroupi derrière le peintre! Après cette toile, toutes les autres semblent médiocres. Je regarde encore un excellent portrait d'Innocent XI, par Vélasquez, puis un autre de Titien représentant *Bianca Capello* jeune : elle est déjà grasse et forte comme la vit Montaigne quelques années plus tard; ses yeux sont résolus, ses lèvres sensuelles; son sein se meut dans un corset de drap d'or; son cou, entouré d'un collier de perles, s'encadre dans une fraise à la Médicis; dans les cheveux relevés en brosse se jouent des ornements de perles. Deux Marines de Vernet pâlissent auprès d'une merveilleuse Marine de Claude Lorrain représentant une partie du port de Gênes.

En sortant de l'Académie de Saint-Luc, je m'arrête un moment sous l'arc de *Septime Sévère* et contemple ravie le Forum inondé de lumière qui se déroule devant moi; puis, montant à droite la rampe qui mène au *Capitole*, je traverse la place où la statue équestre en bronze doré de Marc Aurèle s'anime et scintille en plein soleil, et j'entre dans le *Musée des peintures*. Je traverse une cour remplie de débris de sculptures colossales, tronçons de colonnes, chapiteaux, bas-reliefs, pieds de géant, bustes énormes; sous le portique du fond est le groupe formidable d'un cheval mordu par un lion. Un joli escalier en colimaçon me conduit dans les deux salles où sont les tableaux. J'aperçois une cour intérieure dont les murs sont dépassés par les hautes branches de citronniers chargés de fruits. Deux *Sibylles* d'un grand caractère, l'une du Guerchin et l'autre du Dominiquin, me frappent tout d'abord. L'*Ame bienheureuse* du Guide, composition un peu maniérée, séduit toutes les âmes de jeunes filles : les beaux pieds de cet être qui se transfigure se détachent du globe de la terre ; des ailes le soulèvent vers le ciel ; le visage est radieux d'espérance ; des têtes d'anges dans une nuée regardent monter cette âme. Le portrait de Michel-Ange peint par lui-même se détache puissant et vigoureux de la toile ; la sobriété des ornements fait ressortir toute la réalité de la tête : l'artiste simple et sublime revit pour nous. Paul Véronèse a traité l'*Enlèvement d'Europe* à la moderne : l'amante de Jupiter est vêtue d'une robe de brocart d'où se dégagent le sein et le cou d'une beauté parfaite; la tête charmante est plus coquette qu'émue. Quatre suivantes asseyent Europe sur le taureau, qui cache le dieu, et flaire les beaux pieds suspendus à ses flancs. Un frein de fleurs tenu par un Amour flotte sur le front du bel animal à la chair rose et frémissante ; deux Amours riants voltigent sur la tête d'Europe. Un chien superbe et un âne pensif regardent à travers les arbres. Au loin, des nymphes emportées par des taureaux chevauchent joyeuses et enivrées ; chaque bête cache une âme amoureuse ; une volupté magnétique sort de tous ces naseaux fumants. Quel contraste entre ce tableau et la sombre *Madeleine* du Tintoret ! Sauvage, livide, amaigrie, elle pleure affaissée sur des branches sèches. Le *Triomphe de Flore*, du Poussin, sourit comme une fête antique ; la beauté du paysage forme un cadre harmonieux à la beauté de la déesse. Pendant que je regarde ce tableau, un autre paysage inattendu et plus grandiose m'apparaît en face à travers les fenêtres : sur l'extrémité du Palatin se groupent les ruines du *Palais des Césars* ; le soleil les dore ; les arbres qui s'y enchevêtrent frissonnent dans l'éther ; au fond, les montagnes de la Sabine se détachent lumineuses.

En descendant de la *Galerie de peinture*, on trouve, à gauche sous le péristyle, la *Protomothèque* ou musée des personnages célèbres. Rien de moins majestueux que les petites chambres du rez-de-chaussée où sont alignés les bustes d'Italiens illustres et de quelques étrangers. On dirait d'une cave ou d'une prison.

Du reste, toutes ces constructions modernes du Capitole manquent d'ensemble et de grandeur, et sans les chefs-d'œuvre qu'elles renferment, ce ne serait pas la peine de les visiter. Les bustes en marbre de la *Protomothèque* sont loin de pouvoir être comptés parmi ces chefs-d'œuvre; quelques-uns cependant méritent qu'on les regarde. Celui de Raphaël, dont le marbre est d'un blond doré, me frappe et m'arrête; celui d'Alfieri, par Canova, est une des œuvres les mieux réussies du statuaire. L'inspiration et la fierté planent sur le front du poëte. On sait gré à la papauté de n'avoir pas exclu de la *Protomothèque* le buste d'Alfieri, qui avait stigmatisé la Rome cléricale dans ce magnifique sonnet :

ROMA.

Vuota insalubre region, che *Stato*
Ti vai nomando; aridi campi incolti;
Squallidi, oppressi, estenuati volti
Di popol rio, cocardo, insanguinato;

Prepotente e non libero senato
Di vili astuti in lucid' ostro involti;
Ricchi patrizi e, più che ricchi, stolti;
Prence, cui fa sciocherra altrui, beato :

Città, non cittadini; augusti tempi,
Religion non già; leggi che ingiuste
Ogni lustro cangiar vede, ma in peggio;

Chiavi, che compre un dì schiudeano agli empi
Del ciel le porte, or per età vetuste :
Oh, se' tu Roma, o d'ogni vizio il seggio?

Un très-beau buste d'*Emmanuel-Philibert*, duc de Savoie, attire mon regard par sa ressemblance avec Victor-Emmanuel; à côté est un piédestal sans buste, qui semble attendre l'image du roi d'Italie. C'est au Forum, sur la voie Sacrée, près de l'arc de Constantin, que le peuple de Rome se propose de placer la statue équestre de l'élu du peuple; on l'attend, on l'appelle dans sa capitale, dont il est déjà possesseur par l'élection des âmes.

Deux bustes de femmes, celui de *Vittoria Colonna* et celui d'*Angelica Kauffmann*, se trouvent parmi les hommes célèbres. Je cherche en vain les bustes de *Delphine Gay* et de *dona Maria Morelli Fernandez*, couronnée au Capitole (en 1776) sous le nom de *Corilla Olympia*; elle était poète et fort belle, et a servi de type à la Corinne de madame de Staël. Delphine Gay (madame Émile de Girardin), obtint le même honneur que *Corilla*, sous la Restauration[1]. Qui donc se soucie aujourd'hui de ces vaines parades? La gloire des poëtes n'éclate que dans la beauté de leurs vers.

Le *musée de Sculpture* est de l'autre côté de la place du Capitole; en entrant dans le vestibule on aperçoit, au fond de la cour, une grande statue couchée de l'Océan; cette figure, placée près du Forum de Mars, fut longtemps populaire à Rome sous le nom de *Marforio*. Marforio était le compère de Pasquino; le premier posait des questions satiriques auxquelles le second répondait. Clément XI ayant envoyé des sommes énormes dans la ville d'Urbin, où il était né, Marforio demanda à Pasquino: *Che fa Pasquino?* celui-ci répliqua aussitôt: *Guarda Roma, che non vada a Urbino.* Le pape fit transporter au Capitole la statue de Marforio: *Questo è il trionfo, caro Marforio!* s'écria Pasquino qui, resté le seul censeur populaire, fut tenu de redoubler de verve et d'audace. Une statue colossale de Mars domine toutes les autres, dans le vestibule. J'admire dans la *salle des Bronzes* le superbe cheval et le grand fragment de taureau découverts au Transtévère. D'autres chambres du rez-de-chaussée sont remplies par les inscriptions, les sarcophages et les urnes cinéraires; on peut, à l'aide de ces collections et d'une partie du plan de Rome antique, reconstruire la ville des Césars. Les importants débris de ce plan en marbre décorent les murs de l'escalier qui me conduit aux salles du premier étage. Je parcours d'abord un long corridor où sont rangés des figures, des bustes, des bas-reliefs, des vases funéraires et des sarcophages. A droite s'ouvrent plusieurs petites chambres; dans l'une est la ravissante *mosaïque des Colombes*. Le *cabinet secret* est du même côté: je me le fais ouvrir et contemple la radieuse *Vénus*, enfermée par la papauté dans cette espèce de geôle. Sa nudité pudique défie l'hypocrisie. Elle est un peu plus grande que nature, ainsi qu'il convient à une déesse; son dos charmant a deux fossettes qui semblent sourire; le sein se meut et le cou d'un fin modelé s'en élance comme une tige aux ondulations caressantes. La chevelure, nouée sur le front, retombe massée sur les côtés. Gœthe

[1] Non au Capitole mais à l'académie *Tiberina*.

a dit, en parlant d'elle : « Cythérée lève ses yeux pleins de molles langueurs, humides dans le marbre même. » Une petite statue de Léda et un groupe ravissant de l'*Amour et Psyché* partagent la prison de la *Vénus* du Capitole. La *salle des Empereurs* et la *salle des Philosophes* me retiennent longtemps. Au milieu de tous ces portraits si divers des Césars et de leur famille est la statue assise d'Agrippine, femme de Germanicus. Grave et superbe, on dirait la figure de la Vertu faisant honte aux Néron, aux Tibère, aux Messaline rangés alentour. A côté des dominateurs de la force, voici les dominateurs de l'esprit; ils sont là dans leur éternelle sérénité, ces seuls rois véritables du genre humain : Démocrite, Socrate, Héraclite, Aristide, Diogène, Épicure, Hippocrate, Pythagore, Démosthène, Homère, Hérodote, Thucydide, Anacréon, Sophocle, Euripide, Aristophane, Virgile, Térence, Cicéron, Marc Aurèle, quoique empereur, est digne d'avoir sa place dans cette assemblée du génie; Caton et Scipion l'Africain l'honorent par leur vertu stoïque. Dans le *Grand Salon*, les marbres les plus remarquables sont ceux des *Centaures* en basalte; on les croirait en bronze; un *Chasseur tenant un lièvre*, et un buste colossal d'Antonin le Pieux. Dans la salle qui suit est le fameux *Faune*, en rouge antique, de la villa Adriana, et un sarcophage grec dont les admirables bas-reliefs représentent la *Guerre des Amazones et des Athéniens*; la douleur de l'orgueil vaincu éclate dans les figures des Amazones prisonnières, sculptées sur le couvercle. Le *Gladiateur mourant* (ou plutôt *le Gaulois expirant* dans la Grèce qu'il voulait soumettre) est la statue souveraine du Capitole. Un statuaire d'Athènes, frappé du désespoir d'un de nos ancêtres, sculpta sans doute d'après nature cette agonie pleine d'angoisse; les muscles se tendent avant de s'affaisser, la volonté lutte contre le destin. Dans la même chambre est le célèbre Antinoüs, dont la tête est frisée comme celle d'une femme. C'est la plus belle des statues, si souvent reproduites, du favori d'Adrien; il s'étale dans tous les musées et dans toutes les galeries de Rome, ce conquérant *étrange!* Les *frati* le protégent et ne l'exilent point dans les cabinets secrets. Les plus rares statues du Capitole se trouvent réunies dans cette *salle du Gladiateur mourant*; je suis ravie par les chastes et idéales figures d'une *Flore* aux draperies mouvantes, d'une

Isis mystérieuse, d'une *Muse* altière, demi-colossale, désignée sous le nom de Junon ; d'une *Amazone tendant l'arc*, et d'une admirable *Électre portant des libations au tombeau d'Agamemnon*; puis c'est cette belle *Enfant jouant avec une colombe et qu'un vieillard enlace*. Le philosophe Zénon (statue grecque) semble se complaire dans la noble assemblée de ces déesses et de ces vierges pudiques ; près de lui Brutus (un buste) médite taciturne. C'est l'unique portrait authentique du meurtrier de César.

Je sors du musée de Sculpture et j'entre dans le *Palais des Conservateurs*: je salue, en passant, *Uranie* et *Thalie*, deux belles Muses, gardiennes affables de l'escalier dont les murs sont décorés par de magnifiques bas-reliefs en l'honneur de *Marc Aurèle*; sur l'un de ces bas-reliefs est un char de triomphe lancé par des coursiers d'une fière allure. Dans la première salle que je traverse se trouvent trois figures assises des papes Urbain VIII (marbre de Bernini), de Léon X (statue détestable) et d'Innocent X, bronze bien jeté qui fait revivre l'adorateur sacrilége d'Olympia. Un grand médaillon de Christine de Suède trône au milieu des pontifes. Dans les salles qui suivent est un buste de Sapho, trouvé au Forum ; la chevelure frisée s'étage en petites boucles superposées, on dirait une coiffure du temps de Louis XIV ; puis deux bronzes célèbres : la *Louve allaitant Romulus et Rémus* et le *Jeune Berger s'arrachant une épine du pied*; l'expression de la tête du berger est saisissante de naïveté ; on remarque à côté de petits dieux lares (en bronze) appuyés sur des boucliers d'un fini merveilleux. Les salles que je parcours sont recouvertes de fresques ; les plus belles ont été peintes par le Pérugin et Daniel de Volterre.

Ma visite du Capitole terminée, je descends la rampe que j'ai montée en venant ; c'est par là que passaient les cortéges des triomphes antiques pour se rendre au Temple de Jupiter capitolin. « César dans un de ses triomphes, dit Suétone, monta au Capitole à la lueur des flambeaux que portaient dans des lampadaires quarante éléphants rangés à droite et à gauche, quand il triompha de Pharnace. On lisait sur le tableau de sa victoire ces mots : *Je suis venu, j'ai vu, j'ai vaincu*, qui n'exprimaient que la promptitude de son expédition au lieu de rapporter des détails comme les triomphateurs avaient coutume de le faire. »

Me voici au haut du Forum, au milieu des débris d'architecture antique qui jonchent la ruine du portique du *Tabularium;* cet édifice renfermait les tables de bronze sur lesquelles étaient gravés les *sénatus-consultes* et les décrets du peuple; après un incendie, Vespasien fit refaire ces tables, au nombre de trois mille. Des escaliers reliaient le *Tabularium* au Forum. A gauche, dans les entrailles du mont *Capitolin* [1], était la *prison Mamertine;* je passe par une petite chapelle et descends l'escalier moderne des *Gémonies,* qui a remplacé l'antique *Scalæ gemoniæ;* elle tirait son nom des gémissements des suppliciés. Cet escalier était extérieur : on y déposait les cadavres après l'exécution; on les trainait ensuite à travers le Forum et le Vélabre pour épouvanter le peuple; puis on les précipitait dans le Tibre du haut du pont *Sublicius.* Je pénètre dans un premier cachot transformé en crypte où est un autel en argent; des pierres de taille recouvrent aujourd'hui les parois primitives formées par le roc et que l'on aperçoit encore près de l'autel. Le jour arrivait par une étroite fenêtre au nord-est; la marque en est visible. La porte par laquelle on entre dans ce premier cachot n'existait pas dans l'antiquité. Les condamnés y étaient introduits par une ouverture percée dans la voûte: elle est close par une grille au-dessus de laquelle on lit encore une inscription latine portant le nom des deux consuls qui restaurèrent la *prison Mamertine :* au-dessous du premier cachot est la geôle inférieure nommée *Tullianum*, de douze pieds de profondeur. C'est là qu'on torturait et qu'on exécutait. L'escalier qui conduit au *Tullianum* est moderne; les condamnés à mort y étaient plongés, comme dans la prison supérieure, par un trou qu'on voit encore au milieu de la voûte : de sorte que les prisonniers de la première geôle entendaient les cris et apercevaient les supplices de ceux qui expiraient en bas. Cicéron y fit exécuter les complices de Catilina; Tibère y fit périr Séjan et ses enfants; Titus, après la prise

---

[1] Ce mont avait deux sommets : sur celui du levant était le temple de Jupiter Capitolin, aujourd'hui église d'*Ara Cœli*; sur le sommet du côté du Tibre, plus élevé que l'autre, était la citadelle *Arx*. Le mont Capitolin, environné de hautes murailles, n'était accessible, dans l'antiquité, que du côté du *Forum;* a ville proprement dite finissait à cette forteresse vers l'occident et le nord.

de Jérusalem, y fit mourir Siméon. Les rois, captifs des Romains, suivaient d'abord le char des triomphateurs au Temple de Jupiter Capitolin, puis étaient enfermés dans le *Tullianum* et souvent mis à mort. Je pénètre dans cet abîme, précédée du *custode* qui porte une torche. Il éclaire une colonne tronquée et une petite source qui jaillit du roc. Saint Pierre et saint Paul, dit la légende, furent enchaînés à cette colonne par ordre de Néron. La source surgissant par miracle leur servit à donner le baptême à leurs gardiens, qui subirent le martyre avec les deux apôtres. A cette tradition fabuleuse, l'irrécusable histoire oppose un drame véritable plus sinistre et plus émouvant. Pour quiconque a lu Tacite, ce ne sont pas les ombres de saint Pierre et de saint Paul qui peuplent cet antre sanglant, mais les spectres à jamais éplorés des deux derniers-nés de Séjan : « On résolut, dit l'auteur des *Annales*, de sévir contre les derniers enfants de Séjan ; on les porta donc à la prison. Le fils devinait son sort, mais la fille demanda plusieurs fois, tant elle était naïve encore, pour quelle faute et dans quel lieu on l'entraînait ; qu'elle ne le ferait plus et qu'on pouvait bien la punir du fouet comme les enfants. C'était chose inouïe, disent les écrivains du temps, qu'une vierge fût frappée d'un supplice capital ; et le bourreau la viola avant de lui passer le lacet. Quand les deux enfants furent étranglés, deux enfants de cet âge ! on jeta les cadavres aux gémonies. »

De la concision terrible de ce récit se dégagent une épouvante et un attendrissement éternels.

Je sors de la *prison Mamertine* poursuivie par le spectre de la vierge enfant ; il assombrit pour moi la beauté des monuments du Forum et la grandeur de l'antique Rome.

XXVII

Outre les jardins Farnèse que j'ai décrits, les rois de Naples possédaient à Rome trois palais : le *palais Farnèse*, la *Farnésine* et le petit palais *Farnesina*. Le premier est un des plus beaux de Rome ; il fut élevé par le cardinal Farnèse (depuis Paul III). La façade principale donne sur une place régulière et imposante ; elle est décorée de deux fontaines jaillissantes formées par deux immenses baignoires de marbre, dépouilles de thermes antiques. La porte d'entrée n'est pas assez vaste pour l'étendue et la hauteur de cette façade dont le couronnement est d'un faux goût; mais le péristyle ou plutôt le vestibule, soutenu par douze colonnes en granit et décoré de bas-reliefs, est d'un aspect majestueux; ce vestibule conduit à la magnifique cour intérieure entourée de trois galeries en arcades superposées et soutenues par des colonnes d'un grand style. Le premier rang, d'ordre dorique, forme un portique vraiment splendide; le second rang, d'ordre ionique, sépare les arcades de la galerie supérieure, et le troisième rang, d'ordre corinthien, encadre des fenêtres plus étroites. Cette cour monumentale était autrefois décorée du fameux *Hercule Farnèse*, du groupe du *Taureau Farnèse*, de la *Flore* et de plusieurs autres statues antiques qui sont aujourd'hui au musée de Naples. Le sarcophage de *Cæcilia Metella*, enlevé au tombeau de la voie Appia, est encore là couvert de poussière et d'ordures. Dans la cour dépeuplée des chefs-d'œuvre antiques gisent les voitures mal lavées des généraux de François II. Après avoir parcouru la cour principale et l'arrière-cour qui aboutit au Tibre, sur lequel a vue l'autre façade du palais, je monte à gauche le large escalier aux marches planes qui mène à la galerie supérieure. Je rencontre quelques soldats napolitains qui vont prendre des ordres chez le général Ulloa, logé dans le palais; des femmes de service, chargées de légumes et de viande, traversent les galeries construites par Michel-Ange; la galerie de face, qui donne entrée sur le grand salon, est décorée de fresques qui s'effacent, de débris de bas-reliefs antiques, d'une statue équestre de Caligula, encombrée de tas de plâtras et de balayures. Le *custode* fait la sieste; il arrive bâillant encore, à moitié vêtu et endossant une grosse redingote marron sur sa chemise sale. Il m'ouvre la porte du grand salon ou plutôt de la galerie célèbre qui a jour sur le Tibre; elle est peinte par Annibal Carrache et par le Dominiquin; je ne décrirai point ici ces fresques magnifiques que la gravure a reproduites; je m'arrête surtout émerveillée devant celle qui fait face à la porte d'entrée; elle représente l'*Aurore enlevant Céphale*; elle est restée intacte; son coloris est merveilleux; les figures semblent se mouvoir et représenter un drame vivant. Céphale est d'une beauté irrésistible; l'Aurore, ardente de désirs, l'entoure de ses bras dans le char qui s'élance; un chien, le museau tendu, prêt à aboyer, regarde tristement Céphale. Tithon, mari de l'Aurore, un vieillard qui dort, est placé au-dessous des deux coursiers superbes, blancs, divins, frémissants, qui hument l'espace, jambes élancées, crinières flottantes; un Amour plane en souriant et sème des roses sur les deux amants radieux. Le jour qui vient du côté du Tibre répand sa lumière éclatante sur ce tableau magnifique. Je vois la ligne jaune du fleuve bordé de l'autre côté par le jardin de la Farnésine qui s'élève en face du palais Farnèse; à droite sont les écuries monumentales, d'où un pont devait s'élancer pour relier les deux palais. Tout cela tombe en ruine; la galerie même que je parcours et dont les parois sont couvertes de chefs-d'œuvre, semble ne pas avoir été balayée depuis un siècle. Dans les niches, où étaient autrefois des statues antiques, sont aujourd'hui des figures en plâtre, tenant à la main des débris de cierges dans des bobèches de fer-blanc. Quelques chaises d'église s'étalent çà et là sur le plancher disjoint.

J'insiste en vain auprès du *custode* pour voir d'autres salons où sont aussi de magnifiques peintures. « *Impossibile!* me répond-il, le général Ulloa est en ce moment en conseil. » Je pense à un autre général de ce nom, frère de celui-ci, ami de Manin, défenseur de Venise en 1848; je l'avais connu durant son exil à Paris; et j'ai dit comment je le rencontrai triste et abattu dans les rues de Naples, courbé sous le poids d'un nom éclipsé que son frère faisait retentir dans le camp ennemi.

Je sors du palais Farnèse en secouant ma robe poudreuse et tachée aux bords par les décombres et les immondices que j'ai dû traverser dans la galerie supérieure. Un moment, je me suis crue dans un quartier infect de Naples. Je me repose sur un des bancs de marbre adossés à la façade; je fais le tour du monument carré, massif, grandiose et qui fut bâti avec les pierres du Colisée. Je traverse le pont *Sixte* et j'arrive à la *Farnésine*. Ce palais ou plutôt ce pavillon de plaisance fut construit par le riche banquier Chigi qui, pour l'inaugurer, y donna un dîner célèbre à Léon X et à douze cardinaux; Titien et d'autres artistes assistaient à ce banquet où fut ressuscité le luxe des Césars. J'entre dans la cour de la Farnésine par la *via della Lungara*. Le Tibre est en face; je monte à droite un perron de quelques marches, et je me trouve dans le pavillon décoré par Raphaël; dans la première salle sont les célèbres fresques de l'*Amour et Psyché*. Je contemple longtemps la figure de *Vénus penchée vers Jupiter*, et se plaignant à lui des chagrins que lui cause l'Amour; je regarde, ravie, le groupe des *trois Grâces*; celle vue de dos est d'une beauté ineffable; c'est pur et correct comme l'antique, mais c'est l'antique imité, et j'oserais dire copié. Par une petite porte à gauche, on entre dans la salle, autrefois portique ouvert (*loggia*) sur l'étroit jardin en terrasse de la Farnésine; aujourd'hui ce portique (qui servait de salle à manger et d'où le banquier Chigi faisait lancer sa vaisselle d'or dans des filets tendus sous l'eau du fleuve) est clos par un mur percé de petites fenêtres à hauteur d'appui; les plantes et les ronces du jardin inculte, mêlées à quelques orangers aux branches pliantes, obstruent la lumière et ne laissent pénétrer qu'un jour voilé sur le *Triomphe de Galatée*. Raphaël a mis là toute sa puissance. En peignant cette fresque qui fait resplendir la beauté de la femme, il regardait, dit-on, de l'autre côté du Tibre, une fenêtre de la petite maison de la Fornarina, où se tenait accoudée celle qu'il appelait sa *lumière* et son *ciel*. Galatée est superbe dans sa draperie rouge; le triton embrassant une nymphe, les dauphins menant le char, les Amours voltigeant au-dessus, tout cela forme un groupe qu'on ne saurait oublier. Dans cette même salle *della loggia* sont des fresques de Daniel de Volterre, de Sébastien del Piombo et de Gaspard Poussin; puis la célèbre tête en grisaille par Michel-Ange, dite *carte de visite*. Elle se détache en relief, vous regarde, vous interroge; elle est vivante et énergique comme une improvisation du génie; elle fut, dit-on, dessinée au charbon par l'artiste fougueux un jour où il atttendait son élève Daniel de Volterre. Quoique cette tête ne fît point partie de l'ensemble des décorations et coupât leur symétrie, elle fut conservée avec respect comme un accessoire sublime : telle qu'une de ces strophes des chœurs antiques qui tranchent le développement des scènes, mais ajoutent pourtant à leur beauté.

De même qu'au palais Farnèse je fais jaillir la poussière en marchant dans les deux salles de la Farnésine; je reviens dans la première où sont les fresques de l'*Amour et Psyché*, et, passant au fond une porte, je me trouve dans une autre pièce du rez-de-chaussée prête à crouler; elle est étayée par des poutres et des échafaudages qui dérobent les fresques des murs, œuvres secondaires. De cette salle, je monte un escalier qui conduit aux salles supérieures. J'entends deux pianos discordants que touchent des jeunes filles. Le premier étage de la Farnésine est occupé aujourd'hui par une école; j'entre dans la salle où sont les magnifiques fresques de Sodoma représentant la *Famille de Darius* et les *Noces d'Alexandre et de Roxane*; la première fresque est bien supérieure au tableau sur le même sujet peint par notre Lebrun; une des femmes de Darius, debout, a la beauté de la plus belle des filles de Niobé. Dans la seconde fresque, la figure d'Alexandre est un chef-d'œuvre. C'est l'idéal d'un triomphateur amoureux, sûr d'être aimé pour sa gloire et pour lui-même; le corps et la tête du héros ont la splendeur d'un dieu.

De l'autre côté de la *via della Lungara*, en face de la *Farnésine*, est le *palais Corsini*, qu'habita et où mourut Christine de Suède. Les jardins s'étagent sur le versant du Janicule et forment une délicieuse perspective entre les deux escaliers s'élançant d'un majestueux vestibule; ces deux escaliers se réunissent en un seul qui conduit à la salle ronde des Gardes, où s'ouvre la galerie de peinture. Saluons d'abord une *Madone* de Carlo Dolce, une *Pietà* de Louis Carrache, une *Vierge* de van Dyck, d'une délicatesse exquise; puis arrêtons-nous devant deux magnifiques Téniers d'une réalité merveilleuse : l'un représente l'*Intérieur d'une boucherie* dans laquelle est suspendu un mouton écorché; une femme debout tient dans sa main calleuse le foie de l'animal. L'autre tableau reproduit l'*Intérieur d'une grange :* une belle vache vient d'être traite par une paysanne qui porte un vase plein d'un lait écumant; le mari fait entrer dans l'étable un troupeau de moutons; une autre femme apparaît sur la porte, chargée d'un fardeau de bois. C'est une scène calme et douce comme la vie champêtre. Le *custode*, en me montrant le *Prométhée enchaîné*, de Salvator Rosa, ajoute que toutes les femmes se détournent de ce tableau sinistre; il m'attire et m'émeut comme un emblème des âmes tourmentées, la tête de *Prométhée* frémit de l'angoisse suprême de l'esprit qui lutte contre la douleur ; l'aigle bestial fouille le sein déchiré d'où le sang jaillit. Le *custode* intervient encore pour me faire remarquer deux figures mystérieuses peintes à mi-corps : un homme, dont la tête impérieuse est couverte d'une cape, attire à lui une jeune femme ; celle-ci, pâle et navrée, le repousse de la main ; son regard, plein de terreur, semble dire : Sacrilége ! Le *Guide italien de Rome* ne fait aucune mention de ce tableau, le *Guide français* le désigne seulement sous ce titre : *Deux personnages mystérieux qui s'embrassent*. Le vieux *custode* m'assure que les princes Corsini ont seuls connu, de père en fils, l'histoire et le nom de ces deux personnages : *Arcano di famiglia*, ajoute-t-il. Selon lui, l'homme à la cape est un prêtre.

En quittant le palais Corsini j'allai voir, ce même jour, le petit palais *Farnesina*, construit sur les dessins de Raphaël et qui faisait aussi partie de l'héritage des Farnèse. Je passe devant le fameux palais de la Chancellerie, bâti par Bramante. C'est dans ce palais qu'en 1848 l'Assemblée constituante romaine tenait ses séances. Je regarde un instant la belle cour à portiques et l'escalier au bas duquel fut assassiné Rossi : j'entre dans l'église *SS. Laurent-et-Damas* où il est enseveli ; je tourne à droite, dans une étroite rue obscure, défoncée, jonchée d'ordures qui me forcent à relever ma robe jusqu'aux genoux, et tout à coup m'apparaît le petit palais *Farnesina*, un vrai bijou d'architecture : la porte d'entrée est surmontée d'un blason fleurdelisé. Oh! les belles colonnes ; les jolies frises, les élégants entablements! et la cour intérieure, quelle merveille! Malgré la fétide odeur qui s'en exhale, on s'y oublie à regarder curieusement le portique aérien, les fenêtres à arcades et l'escalier qui s'épanouit des deux côtés sous les volutes. On voudrait à soi cette demeure exquise. Comme on enlèverait vite la crasse qui l'insulte, comme on l'enlacerait, avec un amour jaloux, de la double ceinture d'arbres et de grilles dont j'ai parlé à propos du Panthéon, comme on remeublerait soigneusement les chambres avec tous les beaux meubles de la Renaissance qui les ont autrefois décorées! Je regarde, envieuse, cette habitation raphaëlesque, comme je faisais toujours du petit palais Contarini-Fasan, quand je passais à Venise sur le Grand Canal.

XXVIII

Une belle journée de mars me convia à l'excursion du mont Mario, où sont situées la *villa Madame* et la *villa Millini*. La première appartient à l'ex-roi de Naples. Je partis en calèche découverte avec quelques amis; nous franchîmes la place et la porte *del Popolo*, longeâmes l'antique *voie Flaminia* et passâmes le *ponte Molle*. La voiture s'arrêta au pied du mont Mario, et nous gravîmes, en nous promenant, la route défoncée qui mène à la *villa Madame*; les ronces et les pierres l'encombrent; on pressent la ruine et l'abandon de cette poétique demeure de Marguerite d'Autriche, fille de Charles-Quint, construite d'après les dessins de Raphaël et décorée de fresques par Jules Romain. Sur l'esplanade où la villa s'élève, nous trouvons un cheval blanc des écuries de François II, couché sur le flanc et poussant des hennissements sourds : le pauvre animal agonise en plein soleil; une petite fille de huit ans, pieds nus, en guenilles, sale, fort laide, la mine effarée, les cheveux en broussailles, regarde mourir *il bel cavallo del re*; en voyant venir des étrangers elle court avertir sa mère, une paysanne passive, qui nous conduit dans les chambres du rez-de-chaussée, où sont les peintures de *Jules Romain*; ces belles fresques se dégradent tous les jours. Les arabesques et les stucs qui recouvrent le grand arc du vestibule sont imités des ornementations du Palais d'or de Néron. Nous nous arrêtons sur une longue terrasse où gisent quelques statues brisées. La fontaine décorative est à sec; les plantes et les arbustes des jardins étagés ont disparu sous la végétation sauvage des mauves et des chardons. Nous revenons sur l'esplanade; le cheval est mort, les mouches bourdonnent déjà sur son cadavre. Rome se déroule à nos pieds, on la dirait morte aussi et couchée comme dans un linceul, à travers les plis de sa campagne inculte; partout le désert et les landes; pas un paysan qui passe en chantant près de nous, par ce jour de fête du dimanche; dans cette somptueuse villa qui croule, deux pauvresses mornes et enfiévrées par la *mal'aria*. Je pense au triple axiome qui depuis des siècles sert de règle au gouvernement papal : — *Peu de sujets,* — *pas d'argent dans leur poche,* — *rien dans leur tête.* — La théocratie engourdit cette terre élue de la nature ; elle en fait un sépulcre dont les habitants ne sont plus que des ombres. Nous remontons en voiture et gagnons les hauteurs de la *villa Millini*, qui couronne le mont Mario ; de beaux pins-parasols étalent leurs aigrettes sur le bleu du ciel ; l'horizon s'étend ; les montagnes de la Sabine se découpent en nettes saillies ; au delà se dressent les crêtes des Apennins couvertes de neige. Nous descendons par la route qui tourne derrière le Vatican, dont les constructions diverses se massent au pied des vieux remparts de Rome, que dominent de distance en distance des tours effondrées. Dans les cours intérieures du palais papal gisent des caissons d'artillerie.

C'était le dimanche de la Passion, nous entrâmes dans Saint-Pierre pour entendre le chant des *mutilés* qui retentissait mélancolique et aigu, dans une chapelle à gauche. Le général de Goyon était là, escortant toujours la *regina madre* de Naples, forte, trapue, à l'œil dur. Nous visitâmes quelques chapelles. Sous une des petites coupoles (toujours à gauche) on voit rangés en cercle des confessionnaux pour toutes les nations catholiques ; des prêtres, parlant les divers idiomes de la chrétienté, y sont de faction durant le temps pascal ; ils exigent, pour la rémission des péchés mortels, une confession orale ; quant aux péchés véniels ils les absolvent d'une façon plus cavalière. Armés d'une longue baguette de deux ou trois mètres de longueur, ils en touchent la tête de tous ceux qui s'agenouillent à distance, en face des confessionnaux, et voilà la conscience des pécheurs déchargée.

« Monseigneur le cardinal saint Sixte, dit Montaigne, estoit assis à un couin, et donoit sur la teste de une baguette longue, qu'il avoit en la main, aus passans, et aus dames aussi, mais d'un visage sousriant et plus courtois, selon leur grandur et leur beauté. »

Les amis qui m'accompagnaient ce jour-là voulurent me donner l'amusement de ce spectacle ; je repugnai à m'y associer. Une pauvre mendiante s'agenouilla à ma place pour quelques baïoques ; elle prit goût au salaire et se fit absoudre une douzaine de fois. Je reprochai à mes amis de participer à cette mise en scène qu'ils censuraient. « Je serais moins accommodant, me répliqua l'un d'eux en riant, s'il s'agissait de péchés mortels; ceux-là on les garde, ce sont les seuls qu'on commet avec plaisir. »

En sortant de Saint-Pierre, nous trouvâmes quelques badauds attroupés devant les colonnes du péristyle sur lesquelles on avait affiché un sonnet en l'honneur du pape, écrit à la main en gros caractères. C'était l'œuvre d'un élève du collége des jésuites : Pie IX y était comparé au Christ et Victor-Emmanuel à *Barabbas*; « mais de même que Jésus ressuscita, disaient ces vers de sacristie, le pouvoir temporel se relèvera de sa ruine et le Saint-Père terrassera le démon, c'est-à-dire la liberté italienne. » Un jeune Romain déchira cet éloquent échantillon de poésie sacrée, et tous les assistants éclatèrent de rire.

Je ne pus aller le soir à la réception de l'ambassade de France, je dînais à la villa Médicis où M. Schnetz exerce la plus cordiale hospitalité envers les artistes et les littérateurs. L'élément militaire dominait ce jour-là dans son salon; je trouvai au nombre des convives quatre colonels. J'avoue que j'aurais préféré toute autre compagnie. A l'exemple du général D...., dont j'ai raconté la boutade, ces messieurs, connaissant ma sympathie pour l'Italie indépendante, devinrent aussitôt agressifs; ils traitèrent Victor-Emmanuel et Garibaldi de *flibustiers* (le mot fut prononcé et je le notai le soir même).

« Nous ne leur donnerons jamais Rome pour capitale, s'écria le plus ardent des quatre; nous en ferons un département du Tibre.

— Vieillerie! m'écriai-je; vous parlez comme sous le premier empire; le second empire a des visées plus prudentes sur le droit des peuples, et je doute qu'il approuvât vos injures contre un allié dont la fille a épousé un prince impérial.

— Je ne veux pas parler politique, dit le bon M. Schnetz, mais comme artiste, je ne saurais aimer Victor-Emmanuel et Garibaldi.

— Et pourquoi donc? demandai-je.

— Ils sont trop laids, répliqua le directeur de l'Académie de France, jamais je ne pourrais les faire figurer dans un tableau d'histoire.

— Je vous assure, repris-je, que si van Dyck vivait il ferait, d'après la figure martiale du roi d'Italie, un superbe portrait du genre de ceux qu'il a faits de ses ancêtres. Quant à la tête de Garibaldi, c'est bien la plus noble et la plus inspirée que j'aie jamais vue; lui préféreriez-vous par hasard la tête mi-partie de moine et mi-partie de gendarme de François II?

— N'insultez pas ce martyr, répliqua un des quatre colonels, très-assidu au Quirinal; nous voudrions le remettre sur son trône, la *gentillesse* de la reine nous ensorcelle. »

Comme il prononçait ces mots, nous rentrions dans le grand salon où l'on servait le café.

« Vous oubliez un peu trop *Solferino*, repartis-je, et la dynastie qui règne en France. »

Puis j'ajoutai, en désignant le portrait en pied de l'Empereur qui était là en face de nous :

« A vous entendre, messieurs, on croirait presque que vous êtes les serviteurs d'Henri V et non ceux d'un Bonaparte. »

Ils furent interdits de mon apostrophe. M. Schneiz jugea sage de clore la discussion.

« Plus de ces questions brûlantes! » s'écria-t-il.

Et il ordonna à un musicien de se mettre au piano; les invités du soir arrivèrent; le pacifique directeur se hâta d'organiser une contredanse.

« Quoi, en carême! lui dis-je.

— J'ai une dispense, répliqua-t-il.

— Combien de *paoli* vous coûte-t-elle?

— Vous êtes une impie, reprit-il en riant, et vous vous ferez chasser de Rome! »

XXIX

Un des monuments antiques qui frappent le plus à Rome est le *mausolée d'Adrien*; il s'élève majestueusement sur les bords du Tibre, en face du pont Saint-Ange, non loin du Vatican. J'allai visiter un matin ce superbe tombeau des empereurs romains[1] de-

---

[1] Après Adrien ce mausolée devint la sépulture des Antonins jusqu'à Septime Sévère.

venu une forteresse qu'occupent aujourd'hui des soldats français. La porte primitive en bronze s'ouvrait en face du pont. Une large montée en spirale, qui existe encore et par laquelle on pouvait aller à cheval, conduisait jusqu'à la première plate-forme dont l'entablement était couronné par des statues magnifiques, telles que le *Faune Barberino* (actuellement à Munich) et le *Faune dansant*, de la galerie de Florence. Des escaliers intérieurs montaient aux divers étages du monument, qui était entièrement revêtu de marbre de Paros; sur le soubassement, décoré de festons, se lisaient les inscriptions en l'honneur des empereurs inhumés dans le somptueux mausolée. Des groupes d'hommes et de chevaux en bronze doré, et d'une grandeur colossale, se dressaient aux angles de ce soubassement carré au-dessus duquel s'élevait la rotonde ornée de pilastres et surmontée des statues dont je viens de parler. La figure gigantesque d'Adrien [1] se détachait dans l'azur au sommet de l'édifice. Une balustrade formée par des colonnes de bronze entourait l'enceinte du mausolée; sur ces colonnes reposaient des paons en bronze doré [2]. Un taureau de bronze était placé du côté de la porte. Tout en reconstruisant en pensée ce splendide monument, je traverse le pont Saint-Ange et passe à gauche sous la poterne du mur d'enceinte près de laquelle est un bas-relief en marbre représentant je ne sais plus quel pape; du même côté, près d'une redoute, un saule pleureur, planté par un officier français, en 1849, pousse vigoureux sur les bords du Tibre. Le *custode* actuel du fort Saint-Ange est le sergent Marcellin Dufour, du 17e de ligne; il me dit son nom et m'amuse par sa faconde. Il n'a pas voulu être en reste d'érudition avec les Romains : il a lu, prétend-il, toutes les chroniques de la forteresse, et il me les débite, par lambeaux, avec des anachronismes de dates et de noms qui me font sourire. Nous traversons d'abord une salle (dite salle des Gardes) où est une vaste cheminée; puis nous montons aux constructions superposées au mausolée d'Adrien. Nous arrivons dans la chambre de Paul III, où le cardinal Caraffa fut étranglé; elle est ornée de fresques de *Pierin del Vaga*.

---

[1] La tête de cette statue est dans la salle ronde du musée du Vatican.
[2] Deux de ces paons se voient encore dans les jardins du Vatican.

« Voilà l'histoire romaine peinte par Raphaël et Jules Romain, » me dit le sergent.

A l'étage au-dessus, nous trouvons la vieille chapelle, dédiée par Boniface IV à saint Michel archange, qui était apparu à Grégoire Ier sur le pont Saint-Ange lors de la peste de Rome; à côté sont d'autres chambres décorées de stucs et de peintures murales dans le style antique des maisons de Pompéi. Ces chambres sont devenues le dortoir des soldats français; je les trouve là dînant, chantant et jouant au loto, assis sur leurs lits; ils ont cette bonne humeur caractéristique qui les accompagne dans tous les pays; je leur dis, en souriant, qu'ils me semblent mal disposés à célébrer le temps pascal. « Plus souvent, me répond l'un des plus joyeux, que nous nous agenouillerons devant ces robes crasseuses; nous sommes ici leurs protecteurs et non leurs serviteurs. »

C'est dans une des chambres où nos soldats causent gaiement que le prince Pierre-Napoléon-Bonaparte (fils de Lucien) subit une longue prison pour avoir repoussé vingt-huit carabiniers qui, un jour (3 mai 1836), l'assaillirent à l'improviste sur la place de *Canino*. Le prince n'avait sur lui que des armes de chasse. Il se défendit vaillamment avec un couteau. Il tua un des sbires assassins, et fit reculer à lui seul tous les autres. Il allait sortir victorieux de la lutte inégale, lorsqu'une balle l'atteignit à la tête. Terrassé, sanglant, on le garrotta et on le jeta dans une grange, les menottes aux mains. C'est en cet état qu'il fut conduit à Rome le lendemain et enfermé au château Saint-Ange[1]. Il y attendit pendant dix mois son jugement. Enfin on le fit comparaître devant une commission extraordinaire, présidée par le sanguinaire lieutenant de police Clavari. Le prince fut condamné à mort, mais Grégoire XVI cédant à une intervention diplomatique, commua la peine en exil. Étrange rapprochement! un

---

[1] La littérature et la poésie, qui dès lors distrayaient le prince, l'aidèrent à supporter cette captivité arbitraire qui émut le peuple romain. Dans les *Maremmes* où le prince avait fait souvent de longues chasses, un chant populaire fut composé en son honneur. Les paysans et les pâtres en répétaient en chœur ce couplet :

> Longamente in ogni parte
> Ridirassi il gran corraggio,
> Di don Piedro Bonaparte
> Nella sera del tre Maggio.

autre Bonaparte tient aujourd'hui garnison au château Saint-Ange, et ses soldats sont à Rome la seule sauvegarde du pape, dont ils deviendraient au besoin les geôliers.

Nous continuons à visiter la partie supérieure de la forteresse. Dans chaque petite cour que nous traversons, en gravissant jusqu'à la plate-forme, sont amoncelés des boulets de marbre blanc faits avec les fragments des statues antiques. Le *mausolée d'Adrien* subsistait encore intact en 537, où il fut assiégé par Vitigès. Les Grecs, qui le défendaient, brisèrent les figures antiques et les lancèrent contre les assaillants. Les mânes de Phidias et de Praxitèle durent tressaillir, indignés de ce vandalisme des Grecs dégénérés. Parvenue sur la plate-forme je contemple le panorama de Rome : à mes pieds se groupent le Tibre, qui fait un coude autour de la *cité Léonine*, Saint-Pierre, le Vatican et le passage en arcades qui relie le palais au château Saint-Ange. Ce passage se déploie dans l'air comme un bras tendu; aucun pape ne le franchira plus pour chercher un refuge dans la forteresse; le drapeau français qui flotte au-dessus de ma tête ne sera remplacé que par le drapeau italien. Du côté du mont Mario, je remarque, dans les cours du Vatican et dans celles du fort Saint-Ange, un grand nombre de caissons d'artillerie; ce sont les canons des onze mille soldats bourbonniens qui, après la prise de Gaëte se livrèrent prisonniers aux Français, près de Terracine. Les jardins et le cirque d'Adrien remplissaient dans l'antiquité le terrain qu'occupent ces cours. Placée au milieu de la plate-forme, j'ai pour ainsi dire sur ma tête les pieds de la statue colossale de l'Archange en bronze dont la trompette et les ailes se découpent dans le bleu du ciel. Nous descendons la rampe, en pente douce, conduisant jusqu'à la chambre sépulcrale; arrivés à la partie sombre qui plonge dans un corridor souterrain, le sergent Dufour allume deux torches et me fait remarquer d'imperceptibles fragments des mosaïques qui formaient le pavé, et des marbres précieux qui revêtaient les parois. Le caveau funéraire se divise en quatre niches, où étaient les sarcophages des Antonins; celui d'Adrien s'élevait au milieu; à la place même qu'il occupait gisent, dans le sol boueux, quelques-uns des boulets de marbre dont j'ai parlé et que nos soldats s'amusent à lancer d'en haut par l'ouverture, décrivant un puits, jusqu'au fond du souterrain. En levant la tête j'aperçois, par cette ouverture, le plafond à fresque d'une salle. Il n'y a plus trace des bas-reliefs, des statues, des candélabres et des mosaïques qui décoraient la chambre sépulcrale. Toutes ces magnificences, que les maîtres du monde croyaient éternelles, se sont mêlées à leurs cendres. Pas une ville au monde ne nous rappelle autant que Rome à notre néant; que de débris, que de poussière de monuments et d'hommes! Que de siècles engloutis! Quel vide de toutes les gloires! Tandis que je rêve à cette *désespérance* de la grandeur humaine, le sergent Dufour ramasse, dans la vase où nous glissons, un des boulets de marbre; il l'essuie avec son mouchoir et me l'offre galamment comme il eût fait d'une orange. Je l'ai conservé; je le fais chauffer l'hiver au feu de ma chambre et j'y appuie mes pieds en écrivant ces pages.

Le caveau et les couloirs sombres qui y aboutissent furent transformés en cachots, au moyen âge. Benvenuto Cellini y fut enfermé. L'érudit sergent s'obstine à me répéter que Béatrix Cenci y gémit longtemps, la chaîne aux pieds. C'est dans la chambre supérieure qu'on emprisonna la jeune fille avec sa belle-mère et ses frères. « Ils y passèrent plusieurs mois fort tranquillement, dit la chronique contemporaine; mais bientôt les soupçons et même les indices se ranimèrent contre les Cenci; ils furent extraits du château Saint-Ange et menés à la prison *Savella;* on fit subir la question à Béatrix; un juge barbare eut le courage de *tourmenter* sans pitié un si beau corps *ad torturam capillorum,* » c'est-à-dire qu'on la suspendit par les cheveux. Le pape Clément VIII était indigné de ce qu'on eût tué le père sans lui donner le temps de faire absoudre son âme et de la présenter à Dieu; Dieu n'avait que faire d'une âme si noire, mais l'avoir envoyée au diable sans confession était un crime contre l'Église. Cinquante ans plus tard, Christine de Suède, avant de tuer Monaldeschi, lui dépêcha un confesseur. Cela suffit à la faire absoudre de son homicide par Alexandre VII. « Béatrix Cenci a demandé un notaire pour faire son testament, continue la chronique; elle a prescrit que son corps fût porté à Saint-Pierre *in Montorio;* elle a laissé trois cent mille francs aux *Stimate* (religieuses des Stigmates de saint

François); cette somme doit servir à doter cinquante pauvres filles. A huit heures du matin la signora Béatrix et sa belle-mère se confessèrent; mais, avant d'aller à la messe, la signora Béatrix considéra qu'il n'était pas convenable de paraître sur l'échafaud, aux yeux de tout le peuple, avec les riches habillements qu'elles portaient; elle ordonna deux robes, l'une pour elle, l'autre pour sa mère; ces deux robes furent faites comme celles des religieuses, sans ornements à la poitrine et aux épaules, et seulement plissées, avec des manches larges. La robe de la belle-mère fut de toile de coton noir, celle de la jeune fille de taffetas bleu avec une grosse corde qui ceignait la ceinture. On avait dressé sur la place Saint-Ange un grand échafaud avec un ceps et une *mannaja* (sorte de guillotine). Sur les treize heures (à huit heures du matin), la compagnie de la Miséricorde apporta son grand crucifix à la porte de la prison; les chants, les psaumes commencèrent et la procession s'achemina lentement, par la place Navone, vers la prison Savella. Arrivée à la porte de la prison, la bannière s'arrêta; les deux femmes sortirent, firent leur adoration au pied du saint crucifix et ensuite s'acheminèrent à pied, l'une à la suite de l'autre; elles étaient vêtues ainsi qu'il a été dit, la tête couverte d'un grand voile de taffetas bleu qui arrivait presque jusqu'à la ceinture. Béatrix avait de plus un grand voile de drap d'argent sur les épaules, une jupe de drap violet et des mules de velours blanc lacées avec élégance et retenues par des cordons cramoisis; elle avait une grâce singulière en marchant dans ce costume, et les larmes venaient à tous les yeux à mesure qu'on l'apercevait s'avançant lentement dans les rangs de la procession. Les pauvres femmes avaient toutes les deux les mains libres, mais les bras liés au corps, de façon que chacune d'elles pouvait porter un crucifix. La jeune Béatrix montrait un grand courage et, tournant les yeux vers chacune des églises devant lesquelles la procession passait, se mettait à genoux pour un instant et disait d'une voix ferme : *Adoramus te, Christe!* La procession put à peine traverser le bas de la place du pont Saint-Ange, tant était grand le nombre des carrosses et la foule du peuple. On conduisit sur-le-champ les femmes dans la chapelle qui avait été préparée.

« On exécuta d'abord la belle-mère, Lucrèce Petroni, puis Jacques

Cenci ; les détails de ces deux premières exécutions sont horribles. Quand Béatrix vit la bannière revenir à la chapelle ; elle dit avec vivacité : « Madame ma mère est-elle bien morte ? » On lui répondit que oui ; elle se jeta à genoux devant le crucifix et pria avec ferveur pour son âme. Quand le bourreau Alexandre parut devant elle avec une corde, elle dit : « Lie ce corps qui doit être châtié; » puis, s'adressant au crucifix :

« Délie cette âme qui doit arriver à l'immortalité et à une gloire éternelle. »

« Elle laissa ses mules au bas de l'escalier (de l'échafaud), et montée sur l'échafaud, elle passa lestement la jambe sur la planche, posa le cou sous la *mannaja* et s'arrangea parfaitement bien elle-même pour éviter d'être touchée par le bourreau. Par la rapidité de ses mouvements elle évita qu'au moment où son voile de taffetas lui fut ôté, le public aperçût ses épaules et sa poitrine. Le coup fut longtemps à être donné, parce qu'il survint un embarras (on verra lequel). Pendant ce temps elle invoquait à haute voix le nom de Jésus-Christ et de la très-sainte Vierge. Le corps fit un grand mouvement au moment fatal. Chacune des pauvres femmes fut accommodée dans sa bière et déposée à quelques pas de l'échafaud auprès de la statue de saint Paul, qui est la première à droite du pont Saint-Ange. Elles restèrent là jusqu'à quatre heures et un quart après midi. Autour de chaque bière brûlaient quatre cierges de cire blanche. »

L'*embarras* qui retarda la mort de Béatrix couchée sous le couteau est raconté comme il suit par un contemporain : « Clément VIII était fort inquiet pour le salut de l'âme de Béatrix; comme il savait qu'elle se trouvait injustement condamnée, il craignait qu'elle n'eût un mouvement d'impatience au moment où elle eût posé la tête sous la *mannaja*; le fort Saint-Ange, d'où la *mannaja* se voyait fort bien, tira un coup de canon. Le pape qui était en prière à *monte Cavallo*, attendant le signal, donna aussitôt à la jeune fille l'absolution majeure, *in articulo mortis*. » Quelle barbarie dans cet *acte de foi* par lequel le dévot pontife déchargea sa conscience! Il voulait sauver l'âme, et frappait le corps de la pauvre fille, après lui avoir fait subir sans pitié mille tortures. La logique d'une telle croyance fut d'anéantir en tout temps le sentiment humain. On arrache des enfants à leur mère pour les rallier violemment au catholicisme, mais on sauve leur âme! Qui donc oserait opposer le droit de l'humanité au droit divin? On brûle les juifs et les hérétiques dans les *auto-da-fé*, mais on les exorcise et on les baptise en bloc avant de les tuer, et l'on sauve leur âme! On massacre les peuplades du nouveau monde un crucifix à la main, qu'on les force à baiser en les poignardant, et l'on sauve leur âme! Le bienfait est évident! Si avant d'assassiner son père, Béatrix Cenci eût trouvé le moyen de faire confesser et absoudre cet homme abominable, elle eût été graciée par le pape.

XXX

J'allai le lendemain au palais Barberini voir le célèbre portrait de *Béatrix Cenci*; tout a été dit sur ce jeune visage au regard navré. Son teint a la pâleur de la mort, ses lèvres n'ont plus de sourire, ses yeux pleurent éternellement. Le turban dont Guido Reni a coiffé la vierge outragée gâte sa tête charmante : elle eût été bien plus belle les cheveux épars et avec les vêtements qu'elle portait pour marcher au supplice. Contrastant avec cette figure néfaste, on remarque dans la même galerie la Fornarina, peinte à mi-corps par Raphaël; la tête est séduisante et coquette; une des mains superbes repose entre les deux seins, l'autre à la naissance des cuisses. Un voile transparent est jeté sur le ventre, du modèle le plus pur et du coloris le plus frais.

Je parcours le même jour les ruines du *mausolée d'Auguste*, près du port *Ripeta* ; il n'en reste plus que les murs du soubassement et les vestiges de treize chambres sépulcrales. Cette vaste rotonde est devenue une arène pour les courses de taureaux et de chevaux. Les souvenirs de l'histoire planent sur le monument détruit. Auguste mourut à Nole, tandis qu'il revenait de Naples à Rome. « Son corps, dit Suétone, fut porté de Nole à Bovilles, par les magistrats municipaux des villes et des colonies, pendant la nuit, à cause de la chaleur de la saison; pendant le jour, on le déposait dans les édifices publics ou dans les temples les plus beaux. A Bovilles, l'ordre des chevaliers vint le prendre, le porta à Rome et le plaça dans le vestibule de sa maison. Il fut porté sur les épaules des sénateurs jusqu'au Champ de Mars, où il fut mis sur le bûcher. Un homme qui avait été préteur assura qu'il l'avait vu enlever dans le ciel. Les principaux des chevaliers recueillirent ses restes, pieds nus, sans toge et sans ceinture, et les déposèrent dans un mausolée qu'il avait fait élever, pendant son premier consulat, entre les bords du Tibre et la voie Flaminia. Il y avait même planté un bois dont il avait fait une promenade publique. »

Quand mourut Germanicus, ses cendres furent enfermées dans le tombeau d'Auguste. « Pendant les funérailles du héros, dit Tacite, Rome fut tantôt muette comme une solitude, tantôt agitée et gémissante : les rues étaient remplies ; des torches brillaient dans le Champ de Mars. Là, les soldats en armes, les magistrats sans insignes, le peuple, assemblé par tribus, criaient que c'en était fait de la République ! »

Ayant visité presque tous les monuments antiques dans l'intérieur de Rome, je commençai mes courses hors les murs. Je passai un matin la porte S. Giovanni et me rendis aux tombeaux découverts en 1858 sur la *voie Latine*. Je regardai d'abord la *basilique de S. Stefano*, des premiers siècles du christianisme ; puis les mosaïques qui formaient le pavé du portique de deux sépultures romaines, dont la conservation est parfaite. Je fus émerveillée de la voûte d'un de ces caveaux divisée en compartiments, les uns couverts d'exquises moulures en stuc représentant des dieux et des héros, les autres peints à fresque : ce sont de jolis paysages, des paons mignons, des moineaux, des chouettes, des chardonnerets, des serins, des huppes, des hirondelles, de petites perruches dites *inséparables*. Des fleurs d'un fini parfait s'enlacent aux oiseaux ; des verres pleins de roses-pompon forment le milieu de ces décorations délicates ; deux coupes d'où débordent des raisins noirs et blancs sont d'un coloris aussi frais que si on les avait peintes la veille. Sous cette voûte d'une beauté inouïe est un sarcophage en marbre sans sculpture. Ce caveau est précédé d'un *columbarium* au pavé de mosaïque. Je visite ensuite une autre sépulture beaucoup plus spacieuse, qui était d'une grande magnificence : l'arc de la porte, la voûte et les parois sont encore couverts de stucs précieux. Ce sont des nymphes chevauchant sur des monstres marins, des néréides, des satyres, des Amours aux poses les plus gracieuses. Des plaques de vert antique revêtaient le soubassement du caveau. Trois superbes sarcophages en albâtre oriental étaient décorés de bas-reliefs représentant une Chasse au sanglier et des guerriers combattant. Deux bagues d'un grand prix se retrouvèrent parmi les ossements; marbres et figures furent vendus à l'étranger. Ce magnifique tombeau était précédé d'un portique conduisant à un *atrium* d'où partait le double escalier qui existe encore, et qui aboutit à la chambre sépulcrale que je viens de décrire. Je m'assieds, en remontant, sur la base d'une des colonnes brisées du portique : les terres incultes s'étendent autour de moi revêtues de gazon; on dirait un tapis de velours vert sur lequel se détachent l'arc énorme dit arc *Tavertino*, la ligne majestueuse de l'aqueduc de Claude, et plus près de moi une grande tour appelée *Torre fiscale*; des fragments de tombes, des débris d'un temple et des pans de murs de diverses constructions antiques qui bordaient la voie Latine. Le jour décline, le soleil incendie l'Occident et projette des lambeaux de pourpre sur les monuments en ruine. Je suis frappée d'un subit attendrissement; ce n'est point sur notre néant que je pleure, mais sur le néant de nos affections mortes avant nous. L'image de ces tombes qui tout à coup rendirent intactes à la lumière leurs vives peintures et leurs bas-reliefs si purs me fait monter aux lèvres les vers suivants :

> Ainsi le cœur humain garde dans ses ruines
> Ses plus doux sentiments brisés, ensevelis;
> La foi, l'enthousiasme, et les amours divines
> Qui semblaient submergés aux flots des longs oublis.
> Un choc inattendu ranime dans notre âme
> Tous les spectres si chers que l'on croyait dissous.
> Tendres, beaux, souriants, émus, l'œil plein de flamme,
>   Ils revivent en nous.

Je suis arrachée à ma rêverie par le guide qui m'apporte des morceaux de jaune antique, et par un des ouvriers des fouilles de S. Stefano qui me vend une médaille de Caracalla; tous deux me racontent qu'ils ont servi sous Garibaldi; ils veulent rejoindre *il prode Guiseppe*, et me prient de les recommander au consul de Sardaigne.

En revenant à Rome, je rencontre des attelages de bœufs noirs à l'allure sauvage; les maraîchers qui les mènent rappellent la beauté antique. Quelques femmes de la campagne, assises dans de petites charrettes, sont coiffées du capulet en drap rouge. Tous ces *contadini* ont un air grave et triste; il est rare de les entendre parler et chanter. En approchant de la porte S. Giovanni, la façade de Saint-Jean de Latran produit un très-bel effet décoratif dans le cadre du ciel bleu. Je tourne sur la place et franchis la rue qui mène à *Sainte-Marie-Majeure*. En face de moi la grande lune blanche est posée en ce moment sur la tête de la Vierge qui couronne la gigantesque colonne antique. Du côté de l'autre façade de *Sainte-Marie-Majeure* un jeune paysan est assis sur les marches de l'église; il est là pensif et immobile dans une attitude superbe. Ce n'est guère qu'en Italie, et principalement à Rome, qu'on trouve des rêveurs parmi les gens du peuple; l'absence de vie politique et d'activité industrielle les fait, pour ainsi dire, se replier en eux-mêmes : de là le sens artiste plus développé chez ce peuple que chez aucun autre.

Laissant derrière moi l'obélisque de *Sainte-Marie-Majeure*, je gravis la rue qui monte au *Quadrivio delle Quattro Fontane*, petite place qui tire son nom de quatre fontaines surmontées de niches où sont couchées des statues d'un gracieux effet. A gauche est la rue qui mène au Quirinal, et à droite, à l'un des angles du *Quadrivio* est le palais *Albani* acheté par la reine Marie-Christine. Lorsque la reine régente, chassée d'Espagne, vint s'établir à Rome, le pape décida qu'elle y recevrait les honneurs royaux. Le supérieur général des franciscains, grand d'Espagne, fut tenu d'aller lui rendre hommage. Il en voulait à Marie-Christine d'avoir signé, comme régente, la loi qui supprimait quelques couvents et diminuait les prérogatives de tous. Un ordre du pape le contraignit pourtant à se rendre au palais *Albani* et à s'agenouiller, selon l'usage, devant la reine. Le jour où Marie-Christine le reçut elle avait auprès d'elle une de ses femmes, jeune et belle; le supérieur général, feignant de se tromper se prosterna aux pieds de la dame d'honneur; celle-ci se recula, et d'un geste désigna la reine au moine. Le *frate* s'inclina jusqu'à terre, baisa la main de Sa Majesté, puis lui dit avec une componction apparente : « Pardonnez, mais tant de douleurs et de tribulations ont passé sur votre tête auguste que je n'ai pas reconnu les traits de ma souveraine qui m'accueillit à Madrid il y a quelques années. » Le coup porta d'autant plus que Marie-Christine, comme la plupart des Italiennes, *n'a fait* (selon l'expression de madame de Staël) *que passer à travers la beauté*.

« O malheureux, qu'avez-vous fait? dit au supérieur, en sortant du palais, un de ses religieux qui l'accompagnait; la reine ne vous pardonnera jamais votre méprise.

— J'ai cherché pour nous venger, répliqua-t-il, ce qui pouvait blesser le plus la vanité d'une femme, et je l'ai trouvé. »

Souriant au souvenir de cette anecdote, que m'avait racontée la veille un noble romain, chercheur actif de petits scandales, je franchis le *Quirinal* : tout à coup je vis venir en face de moi une admirable jeune fille portant sur sa tête une corbeille ronde d'où pendaient deux robes de mousseline qui encadraient de leur blancheur sa tête brune et fière : quel feu dans ses yeux, quelle pureté grecque dans le modelé de ses lèvres, de son cou et de son front! quelle démarche de déesse! Il était impossible de ne pas s'arrêter pour la regarder. Elle avait la beauté que les reines envient; cette humble repasseuse se couronnait de son travail mieux que d'un diadème.

XXXI

M. le duc de Gramont ayant bien voulu m'envoyer mes entrées dans les tribunes de Saint-Pierre pour les cérémonies de la semaine sainte, je me rendis à la basilique le dimanche des Rameaux à dix heures du matin. Le pont Saint-Ange était gardé par les carabiniers du pape. Il y avait fort peu de monde sur la place du Vatican, et l'église était déserte, excepté dans ses parties réservées. Espérant l'arrivée prochaine de Victor-Emmanuel et de Garibaldi, le peuple s'écartait du pape et des cardinaux; et allait prier de préférence dans les paroisses. Les soldats pontificaux, reste de l'armée vaincue de Lamoricière, formaient la haie jusqu'au maître-autel de Bernini. J'arrivai sous la grande coupole et montai à gauche dans la *Tribune de Saint-André*. Au fond de la nef, devant le second maître-autel qui est dans le chœur, se dressait un grand baldaquin en velours et en damas rouges orné de crépines d'or sous lequel étaient abrités le dais et le fauteuil du pape. De chaque côté, des tentures également en velours et en damas rouges décrivaient une chapelle provisoire. A droite et à gauche étaient disposés des gradins revêtus de drap pourpre, divisés en compartiments. Les places les plus rapprochées du trône du pape étaient occupées par les cardinaux, les évêques, les *monsignori*, les curés, les prieurs et les moines de divers ordres. De chaque côté se tenaient les *gardes nobles* qui se recrutent parmi les vauriens de l'aristocratie romaine; un des priviléges de leur charge est de ne pouvoir être poursuivis pour dettes, sans compter d'autres méfaits qu'ils commettent impunément. Sur les autres gradins parallèles étaient le corps diplomatique, les généraux de Goyon et Denoue, les officiers supérieurs de l'armée française et les femmes munies de billets, toutes vêtues de noir et la tête couverte d'un voile. Je portais moi-même ce costume. J'avais préféré à toute autre une place dans la *Tribune de Saint-André*, d'où je dominais l'assemblée entière; je voyais en face le trône du pape, à la droite duquel étaient trois faisceaux énormes de rameaux, ou plutôt de hautes palmes ouvragées faites avec des branches et des feuilles sèches de palmier enjolivées de fleurs artificielles d'un travail grossier. Mieux vaudrait des palmes naturelles.

Le pape arriva, assis dans un fauteuil couvert d'un dais et porté par quatorze *camerieri* en soutane rouge et en camail blanc. La bénédiction des rameaux commença; un diacre les détachait des faisceaux et les présentait un par un au pape, qui restait assis, la tête couverte de sa mitre. Tous les assistants (excepté les femmes) venaient l'un après l'autre, suivant l'ordre où ils étaient placés, se prosterner aux pieds du pontife. Celui-ci tendait sur ses genoux la palme au-dessous de laquelle l'*agenouillé* passait la tête;

le pape alors levait la main et bénissait à la fois l'homme et le rameau, puis chacun regagnait sa place en portant sa palme droite comme un cierge. Quelques officiers français, l'air ennuyé et peu recueilli, tenaient la palme du haut en bas. Après la bénédiction des rameaux, le pape fut de nouveau porté sur sa chaise à bras tout le long de la nef jusqu'à la grande porte de la basilique, qu'il ouvrit comme pour appeler le peuple ; mais l'église resta déserte. Quelques laquais en livrée se promenaient et causaient dans les chapelles latérales, attendant la sortie de leurs maîtres. Je quittai l'église au moment où le pape était reporté à sa place ; je touchai sa chaise, et vis mieux encore que dans la *chapelle Sixtine* l'affaissement et le coloris sanguinolent de ses joues et de son cou renflé sur son camail. Comme je m'éloignais, un prêtre commençait à dire la messe au grand autel de Bernini brillamment éclairé : la lueur des cierges faisait resplendir la voûte de la coupole.

Cette cérémonie, qui passe pour la plus belle de la semaine sainte, me parut moins imposante que théâtrale. Il s'exhale à Rome un parfum d'incrédulité : odeur cadavéreuse d'une religion qui se dissout. On sent que ces âpres possesseurs des biens de la terre qui vous coudoient dans les églises, dans les rues, dans les salons, dans l'intimité, ne croient pas aux choses de l'âme, et il faut y avoir intérêt pour croire aux préceptes réputés divins et à la morale d'apparat qu'ils enseignent ou plutôt qu'ils débitent avec l'indifférence du métier et de l'habitude. J'éprouvai comme un élan de délivrance et de foi en me retrouvant sur la place inondée de lumière. Je sentais mieux Dieu dans l'espace éclatant qu'à travers la pompe de la basilique.

Je passai en voiture la *via della Lungara* et le *pont Sixte*, gardé, comme le pont *Saint-Ange*, par les carabiniers du pape ; sur les autres places que je traversai stationnaient des soldats français. La foule avait déserté Saint-Pierre pour faire une promenade hors les murs, sur l'emplacement de l'antique Rome. C'était toujours la même protestation pacifique, la seule que ces bons Romains osent et peuvent tenter. Je suivis le flot et remarquai en souriant deux bourgeoises endimanchées qui portaient des robes d'un bleu d'indigo, des mantelets de velours vert et des chapeaux roses !

Le pittoresque costume de quelques belles paysannes de Frascati raillait cette toilette prétendue parisienne.

Je m'arrêtai place *Barberine* pour prendre madame Loiseau d'Entraigues, qui m'accompagna le long des remparts de Rome.

Nous sortimes par la porte *S. Lorenzo*, nous passâmes ensuite devant la porte *Maggiore*, puis devant le tombeau antique du Boulanger, et les portes *S. Giovanni* et *S. Sebastiano*. Nous voilà sur la *voie Appia*; la beauté du jour nous entraîne bien au delà du tombeau de *Cæcilia Metella*. Du même côté de cette sépulture célèbre est la tombe de Sénèque dont un fort beau bas-relief subsiste encore. Plus loin nous trouvons (toujours à gauche) l'énorme rotonde du sépulcre *Cotta* érigé sous la république au consul Aurelius Cotta ; au-dessus de cette base circulaire se groupe une ferme entourée d'un petit verger d'oliviers. Voilà une habitation qui me fait envie! on y vivrait en paix en attendant la mort au milieu de ce vaste ossuaire de Rome où surgissent les fragments de tombes et de temples, où les arceaux des aqueducs se déroulent, où le soleil scintille sur la poussière des siècles. Les regrets qui nous suivent pas à pas dans la vie doivent nous rendre insensibles à sa courte durée et nous affermir contre le mystère qui nous enveloppe. Hélas! Nous durons encore plus que notre bonheur, que nos illusions, que l'amour qu'un souffle détruit; nous portons le deuil de tout ce qui se décompose autour de nous; notre néant nous écrase, mais nous avons la grandeur de le sentir. Tout en parlant avec mon aimable compagne de cette tristesse résignée qu'éveille à chaque pas la nécropole de Rome, nous atteignîmes la *Torre Selse*, construite au moyen âge sur la rotonde d'un grand sépulcre transformé en forteresse. Des lueurs rouges embrasaient l'horizon ; l'air était d'une tiédeur caressante, j'aurais voulu poursuivre notre excursion jusqu'à Bovilles, où se sont arrêtées les fouilles des tombeaux de la *voie Appia*.

Je trouvai le soir, à l'ambassade de France, une assemblée mi-partie dévote et mi-partie légitimiste, comme il convenait au temps pascal. Les fêtes de la semaine sainte et la petite cour de François II attiraient à Rome les *codini* de toutes les régions du globe. Le duc de Gramont, qui n'excluait pas les libéraux, aurait jugé de mauvais goût d'exclure les réactionnaires. La fermeté sereine de son esprit le faisait planer au-dessus des partis. Je vis en entrant le général de Goyon causant avec le général Ulloa, intime conseiller de François II, et le général Denoue avec un vieux sénateur français qui portait autour du cou le grand cordon de Saint-Grégoire le Grand, dont le pape l'avait décoré la veille. C'était la récompense d'un long discours dans lequel cet obscur orateur avait défendu le pouvoir temporel contre l'éloquence incisive du prince Napoléon.

Parmi les femmes, j'en remarquai une vêtue de noir avec un fichu blanc croisé sur la poitrine et coiffée d'un bonnet presque monastique : c'était madame de Cabarrus[1] (femme du docteur Cabarrus) que j'avais vue autrefois fort jolie et coquettement parée. Elle recevait à Rome beaucoup de cardinaux et de *monsignori*, et leur promettait les plus hautes et les plus puissantes protections ; un jeune homme, son parent, ne la quittait pas ; ils écrivaient ensemble je ne sais quelle utopie sur la renaissance de la papauté. Un groupe de trois femmes, dont la mise était plus mondaine, causaient entre elles : l'une avait fait visite le matin à la reine mère de Naples et l'avait trouvée, avec ses huit enfants, en prière : « Il est impossible que Dieu ne relève pas le trône de Naples! » ajoutait la dame en manière de commentaire. Une autre s'extasiait de la sagacité d'un certain abbé urlet, auteur d'une ordonnance sur le maigre qui mettait d'accord la règle de l'Église et la gourmandise des fidèles. Ces dames me rappelaient la jubilation des filles de Louis XV lorsque leur confesseur décréta qu'un oiseau de la famille des bécasses pouvait figurer sur leur table un jour d'abstinence ; les princesses s'en donnèrent à cœur joie avec ce succulent volatile ; ce qui n'empêchait pas les robustes mangeuses de se faire apporter chaque samedi, au coup de minuit, une poularde grasse qu'on leur servait au lit. L'anecdote est dans les *Mémoires* de madame Campan.

La troisième interlocutrice disait : « J'ai vu le cardinal-ministre (Antonelli) il y a trois jours ; on n'est pas plus aimable que Son Éminence. » Puis elle ajouta, en ôtant son gant et en tendant sa main blanche : « Il m'a donné cette bague dont la pierre est antique.

[1] Madame Cabarrus est cousine germaine de l'Impératrice.

— Moi, j'en ai reçu un beau chapelet de jaspe monté en or.
— Et moi ce superbe camée que je porte en épingle. »

J'avais une oreille tendue à l'éloge que les trois dames faisaient du généreux cardinal, et j'écoutais de l'autre la vive causerie du duc de Grammont qui venait de s'asseoir près de moi ; je lui dis que, désespérant de rencontrer le cardinal Antonelli à l'ambassade, j'étais résolue à lui faire visite avant de quitter Rome.

« Soyez modérée dans votre amour pour l'Italie, me répondit le duc en souriant, et vous recevrez aussi du cardinal quelque bijou rare.

Je répondis par le proverbe banal : *Timeo Danaos et dona ferentes.*

XXXII

Je passai, pour ainsi dire, des salons de l'ambassade de France à la vaste plaine qui mène à Frascati, et du caquetage des dévotes mondaines à la grande voix de l'éternité retentissante dans la campagne de Rome plus qu'en aucun autre lieu du monde. Nous partimes le lendemain à sept heures du matin avec madame Loiseau d'Entraigues, son cousin le prince Henri Santa-Croce[1], M. Testa, patriote génois dont j'ai parlé, et quelques artistes français, pour *Grotta Ferrata*. C'était le jour de la foire annuelle de ce petit village, célèbre par son abbaye de moines grecs de l'ordre de Saint-Basile. Quand nous sortimes de la porte S. Giovanni, nous vîmes se dessiner à l'horizon les collines vertes du Latium et de Tusculum, et à gauche les groupes bleuâtres de la chaîne des Apennins. Nous trouvons d'abord, le long de la route, de grands fragments de murs antiques et de murs du moyen âge ; puis la porte *Furba* (moderne) perçant une muraille dressée au milieu des terres ; à côté est une fontaine et un courant d'eau vive. La campagne est uniformément couverte d'une herbe fine où de toutes parts surgissent les ruines s'alternant avec les tertres

[1] Mort depuis.

gazonnés qui recèlent des sépultures. Durant trois milles se déroule l'aqueduc qui apporte à Rome l'*acqua felice*, serpent mythologique ondoyant au soleil. Des troupeaux de moutons paissent çà et là : on dirait des insectes sur le cadavre de Rome. Enfin la végétation commence, des ravins pleins d'oliviers, auxquels se mêlent quelques amandiers en fleur, ombragent la nudité de la morne étendue. En approchant du coteau de *Grotta Ferrata*, notre voiture se croise avec des charrettes traînées par des bœufs. Au bord de la route marchent des paysans sveltes, aux visages charmants et rêveurs ; toujours la veste ronde, le chapeau pointu, la démarche indolente. Les paysannes à l'œil noir, la tête couverte du capulet de drap rouge, s'avancent lentement balançant leur taille massive. Quelques calèches chargées d'Anglais s'arrêtent devant l'auberge entourée de fumier près de laquelle nous descendons. Des soldats français, venus de *Frascati*, chantent, rient et gesticulent au milieu de la foule des *contadini* qui se meuvent silencieux. La foire est tenue sur une pente gazonnée, ombragée de quelques vieux arbres, et s'étend jusqu'à la porte monumentale du village. Sur le haut de l'esplanade se pressent pêle-mêle des petites tentes, des établis et des boutiques en plein air où s'étalent des quartiers de porc rôti au fenouil, des gimblettes, des fichus, des cotonnades pour jupon, des tabliers en tulle à larges réseaux ; puis tous les habits de rebut des fripiers de Rome. Les pâtres choisissent là de vieilles culottes, les abbés de vieilles soutanes, les moines de vieux frocs. Si ces vêtements parlaient, que de turpitudes ils révéleraient ! — Comme objets de luxe, ce sont des roses, des tulipes en papier au feuillage d'un vert criard. Chaque paysan en achète une pour la femme qui l'accompagne : mieux vaudrait un brin de l'aubépine en fleur qui forme une haie au bas de l'esplanade. Là les ânes, les chevaux et les bœufs broutent en liberté, et complètent le tableau rustique. Poussés par la foule, où se mêlent beaucoup de mendiants et de *frati*, nous passons sous l'arc de la porte et traversons trois places qui mènent à l'église. C'est ici que se tient le marché aux bestiaux et que sont les étalages de livres enluminés, d'images de saints et des médailles bénites. Nous entrons dans une grande étable où le jour pénètre à peine. Les marchands de bestiaux y sont attablés, graves et pensifs, supputant le gain du jour. Ils mangent leur pain, leur fromage et leur charcuterie en buvant à peine quelques gorgées de vin dans des verres énormes. Durant deux ans que j'ai passés en Italie, je n'y ai pas vu un homme ivre. Aucun éclat de voix, aucun rire bruyant ne se fait entendre parmi tous ces convives circonspects. On dirait des Romains antiques délibérant taciturnes sur l'Aventin. Au nom de Garibaldi et de Victor-Emmanuel, que je m'amuse à leur répéter, ils soulèvent la tête avec méfiance, et regardent, comme effrayés, les gendarmes pontificaux et les moines qui passent devant la porte.

L'église de l'abbaye de *Saint-Basile*, dédiée à la Madone, renferme de belles fresques du Dominiquin sur les miracles de saint Barthélemi et de saint Nil, fondateurs du couvent. Une des fresques représente un possédé d'une angoisse lamentable, une autre l'architecture primitive du couvent; dans la plus importante on voit l'empereur Othon III faisant visite aux deux saints; il y a dans cette dernière composition un cheval blanc superbe qui se cabre. Les grands peintres de la Renaissance eurent tous la transmission de l'art grec. La fresque la plus émouvante est celle qui nous montre le bienheureux saint Nil agenouillé aux pieds du Christ en croix dont la main saignante se détache du clou et s'agite pour bénir le saint. Les fonts baptismaux en marbre sont des premiers siècles du christianisme. Dans la sacristie se trouvent quelques peintures byzantines sur fond d'or.

Nous reprenons la route de Frascati et apercevons bientôt, groupées sur la montagne, la *villa Aldobrandini* et la *villa Conti*; du haut de leurs terrasses, nous voyons s'étendre la plaine jusqu'à Rome, et à gauche jusqu'à la mer. Nous dînons sur l'herbe au bord de la cascade de la *villa Conti*; les pervenches, les lauriers en fleurs, les chênes verts nous entourent. Le murmure de l'eau accompagne notre causerie. Sur la place de *Frascati* nous rencontrons deux paysannes d'une éblouissante beauté; leurs têtes brunes se détachent sur la pourpre d'un fichu et d'un corset rouge; leur cou bronzé est ceint d'un collier de corail, leurs pendeloques frôlent les cheveux follets de la nuque. Aux paroles d'admiration qu'elles nous inspirent, elles rient naïves et nous montrent leurs dents de jeunes chevreuils. Le temps nous manque ce jour-là pour visiter les ruines de *Tusculum* et les villas célèbres qui couronnent ces hauteurs.

En arrivant à Rome vers six heures, nous rencontrons une grande foule qui se promène le long des aqueducs de Claude. Ce sont les libéraux de Rome. Ils ont fui le *Corso*, que le pape a traversé ce jour-là pour se rendre au *Pincio*; cette apparition de Pie IX dans la promenade mondaine était un événement inusité. Il avait voulu, disait-on, raviver sa popularité, mais il avait trouvé le Pincio désert. Quelques enfants des séminaires, envoyés sur son passage, avaient seuls acclamé le pontife.

XXXIII

Pour satisfaire à la piété des fidèles, il faut que le temps se voile durant la semaine sainte. La nature fut cette année-là d'accord avec la foi : le soleil disparut du ciel noir et pluvieux qui semblait pleurer sur la passion du Christ ; à peine quelques lueurs blafardes percèrent-elles les nuages comme pour railler la pompe surannée de l'Église. Le jour de la résurrection du Christ fut le plus sombre de tous. On eût dit que le pur Crucifié, resté couché dans son suaire, murmurait à tous ses ministres infidèles : « Je ne ressusciterai plus pour vous ! »

Je continuai à visiter les villas et les palais romains tout en assistant aux cérémonies de la basilique de Saint-Pierre. Après les musées du Vatican et du Capitole, la *villa Albani* renferme la galerie la plus riche de Rome en marbres antiques. On passe la vieille porte *Salara*[1] (ou Salaria) flanquée de deux tours rondes ; elle fut construite par Honorius en remplacement de l'antique porte *Collina*, par laquelle les Gaulois, nos pères, entrèrent à Rome : c'est par là aussi qu'Alaric pénétra dans la ville éternelle. C'est le côté le plus faible du mur d'enceinte ; lors du siège de 1849, le triumvirat républicain qui gouvernait Rome fit démolir

---

[1] Par laquelle les Sabins emportaient leur sel. Elle est située entre la porte du *Peuple* et la porte *Pia*.

beaucoup de maisons voisines pour fortifier les remparts. Les ronces et la végétation poussent entre ces murs brisés où l'histoire palpite. Rien de mélancolique, par cette journée brumeuse d'automne, comme cette partie de Rome. En dehors de la porte *Salara*, je remarque dans un champ une ligne d'arceaux comblés et à moitié ensevelis tout revêtus de lierres robustes. Je voudrais avoir là une maisonnette; ces ruines en composeraient l'imposante terrasse. A leur pied s'étendent aujourd'hui d'opulents carrés de légumes. Il n'est pas de sol plus fertile que ce vieux sol romain que la papauté laisse inculte. La route fait un coude, et après une montée on arrive sur le plateau où est située la *villa Albani*, au milieu d'un vaste jardin qui renferme moins d'arbres que de colonnes. La profusion des portiques, des galeries et des vestibules ouverts, soutenus uniformément par des colonnades, fait que le blanc du marbre l'emporte sur le vert du feuillage. Par un jour lumineux d'été, c'est d'un éclat et d'un scintillement à faire baisser les paupières. Chaque jet de fontaine retombe dans une coupe ou une baignoire antique; chaque bosquet renferme un buste ou une statue, chaque parterre un sarcophage ou un bas-relief; les figures de toutes dimensions y fourmillent plus nombreuses que les fleurs. Un horizon immense, borné seulement par les montagnes bleues et dorées, forme la perspective. C'est d'une intensité de lumière qui fait penser à la Grèce. Ce jour-là, le ciel bas et noir, couvre d'un crêpe la villa radieuse. Avant de parcourir ses blanches galeries j'erre un moment dans les labyrinthes de chênes verts. Je trouve à gauche, en retour de l'habitation, une rotonde de cyprès où se cache le buste colossal de Winckelmann; de grosses touffes de pervenches se massent alentour sur le sol gazonné. Le doux archéologue allemand me sourit tristement; j'ai écrit un récit ému de sa pauvre et studieuse enfance[1] et je ne sais quoi de son âme palpite en ce moment pour moi sur ce marbre. Son horreur pour ce qu'il appelait la barbarie allemande et son amour de la forme et de l'euphonie furent si grands qu'il changea son nom de Joachim contre celui de Giovanni, et qu'il se mettait en colère lorsqu'on le nommait autrement. Pour voir Rome, pour être entouré

---

[1] Dans les *Enfances célèbres*, 5ᵉ édition, librairie Hachette.

de l'éblouissement de l'art païen, il embrassa avec indifférence le catholicisme. Prise à mon tour de ce délicieux vertige de l'antiquité, je regarde avec attendrissement son mélancolique visage sur lequel la pluie, qui commence à tomber, projette une ombre de deuil. Je m'imagine que les controverses qui depuis quelques années battent en brèche son esthétique et relèguent au second rang les plus adorés de ses dieux et de ses déesses, affligent, dans l'autre monde, l'enthousiaste savant. Son corps fut frappé par un assassin cupide : sa gloire aussi périra-t-elle? Voilà ce qu'il semble se demander dans cette enceinte de noirs cyprès où on l'a relégué. Des gouttes de l'ondée glaciale glissent sur ses joues de marbre, on dirait son spectre qui pleure.

J'entre dans la villa où les soins et le goût de Winckelmann aidèrent le cardinal Alexandre Albani[1] à réunir les statues et les bas-reliefs trouvés chaque jour dans les fouilles de Rome. Une partie en fut vendue à la Bavière (en 1815) par le prince Albani, mais le nombre des marbres antiques, qui décoraient les péristyles et les salles, était si grand qu'aucune place vide n'y apparaît. La nomenclature de cette immense galerie est partout; comme toujours, je ne parlerai que des figures qui me charment le plus : sous le portique (dont plusieurs colonnes sont antiques) se trouvent quatre canéphores; deux sont des œuvres grecques d'une ravissante beauté par *Criton* et *Nicolaos*, sculpteurs athéniens du temps d'Auguste. Gardiennes souriantes du vestibule, deux jolies Muses y font compagnie à Jules César. Dans la galerie du rez-de-chaussée je remarque les bustes d'Alexandre le Grand, de Thémistocle, de Scipion l'Africain, d'Homère et d'Épicure, et, parmi les statues, celle désignée sous le nom de Brutus qui tient un poignard dans sa main droite. Cette figure saisissante représente un acteur tragique. Deux bas-reliefs grecs, du plus beau style, sont incrustés dans les parois de l'escalier qui conduit au premier étage; sur l'un palpitent *les Fils de Niobé poursuivis par Diane*, sur l'autre *Philoctète dans l'île de Lemnos*. J'entre d'abord dans une salle ovale, au centre de laquelle est une vaste coupe à trois pieds, en

[1] La *villa Albani* est aujourd'hui la propriété du comte Castelbarco dont j'ai décrit le palais à Milan dans le tome I*er* de *l'Italie des Italiens*.

marbre de Paros, décorée de bas-reliefs représentant une Bacchanale. La statue d'un Ptolémée, qui se trouve dans la même salle est signée du nom *Stephanos*, élève de Praxitèle. Un bel Amour tendant son arc passe aussi pour une œuvre grecque. Le cabinet voisin me retient longtemps : il renferme des figurines exquises ; une petite Pallas, en bronze, porte en tête un casque orné de trois dragons. La figure d'Apollon (également en bronze), un peu plus grande (demi-nature), est d'une pureté incomparable. Je remarque encore plusieurs statuettes ; une, en bronze, de Diogène, à mine narquoise et cynique, et une autre, en émeraude [1], d'*Osiris assis*; une *Diane* en albâtre avec la tête, les mains et les pieds de bronze ; un *Hercule au repos*, bas-relief grec et surtout le buste d'Ésope et le médaillon de Perse. Le fabuliste grec ressemble d'une façon frappante à M. Villemain, c'est le même sourire sardonique et amer ; le front a plus d'idéal et de majesté. Ésope est affublé de sa bosse, l'art grec osait être réaliste ; la tête du satirique romain respire l'ironie et la tristesse. Le chef-d'œuvre de la villa Albani est un bas-relief grec, en marbre de Paros, représentant *Pollux à cheval tuant Linceus* pour venger la mort de son frère Castor. Le cheval est divin. Ce bas-relief est attribué à Phidias et passe pour une des métopes du Parthénon, enlevée à Athènes par les Romains. Un autre bas-relief, trouvé dans la *villa Adriana*, est d'une séduction éternelle : c'est toujours le *favori* d'Adrien, mais ici admirablement beau et comme transfiguré. Il tient des fleurs dans sa main superbe et semble dire aux femmes qui passent : « Je suis le rival de Vénus ! » Sans doute madame Roland avait vu quelque gravure de ce bas-relief lorsqu'elle parle d'Antinoüs comme du type le plus émouvant de la beauté de l'homme. La contemplation du bas-relief de Pollux transporte l'âme dans les régions héroïques, l'autre la fait flotter dans de molles langueurs. La grande galerie est décorée d'une série de statues remarquables, parmi lesquelles un Jupiter grec et une Pallas, copie, dit-on, de celle de Phidias ; les parois sont revêtues de bas-reliefs et de fines mosaïques trouvées à la *villa Adriana*; des camées antiques y

---

[1] On a contesté la qualité de ces énormes émeraudes, si célèbres en Orient, taillées en statuettes et en coupes. Je laisse à de plus experts à se prononcer.

étaient primitivement incrustés. La plafond représente la célèbre fresque du *Parnasse*, par Raphaël Mengs, ami de Winckelmann. Quelques éclaircies de lumière percent en ce moment le ciel gris, et zèbrent de lames d'or la perspective lointaine des montagnes; les nuées orageuses s'abaissent et font saillir en relief tout l'horizon. Au-dessous de la fenêtre de la galerie, où je suis accoudée, les eaux murmurent dans les vasques antiques; les parfums pénétrants du réséda, des giroflées et des cassies embaument l'air humide. Les jardins sont déserts, la campagne muette, l'espace immobile. Je tressaille tout à coup et repousse la léthargie qui m'envahit comme si quelque magicien tentait de me changer en marbre dans ce palais magnifique. L'air de Rome est chargé de torpeurs accablantes; on dirait parfois que tous les miasmes des siècles s'en exhalent, nous enveloppent et nous étouffent.

Je me hâte de descendre et me mets à courir dans les jardins pour échapper à cet engourdissement, qui bien souvent m'a terrifiée pendant que j'étais à Rome. A la fraîcheur de la pluie a succédé instantanément une température plus orageuse, plus lourde et comme chargée d'électricité. Je vais respirer dans les grottes peuplées de dieux-fleuves et de naïades, formant les angles du grand carré de fleurs ; je reviens ensuite aux galeries qui bordent le jardin. Je contemple tour à tour une majestueuse statue de *Junon*, un buste fort beau de *Marc Aurèle*, un autre de *Numa*, un charmant de *Corinna*, la poëtesse grecque. Je remarque un singulier bas-relief où l'on voit Diogène dans son tonneau disputant avec Alexandre le Grand. Puis un autre bas-relief en rouge antique représentant Dédale qui fabrique des ailes pour Icare. Dans une salle à côté est une immense coupe antique en marbre de Paros trouvée sur la voie Appia, près du temple d'Hercule ; les travaux de ce dieu sont sculptés alentour. L'original de la *Léda* du Capitole se trouve dans la même salle. Je regarde encore avec admiration un bas-relief grec d'*Iphigénie en Tauride*, prête à immoler Pilade et Oreste sur l'autel de Diane ; une mosaïque où est figurée l'inondation du Nil et un très-précieux fragment de la corniche du Temple de Trajan découvert près de la colonne Trajane. Sous le portique du grand hémicycle demi-circulaire nommé *Cafe-house*, qui fait face à la villa, les statues se pressent en foule : la tête d'un Bacchus est superbe ; chaque colonne de ce portique se couronne d'une figure antique. J'entre dans la *Galerie de l'hémicycle* et je suis éblouie par l'assemblage radieux de toutes ces figures augustes et sereines ; un buste de *Bérénice* en porphyre avec la tête en basalte est le plus précieux qui existe de l'héroïne de Racine. Un grand buste de *Jupiter Sérapis* impose par sa majesté ; la tête est aussi en basalte ; à côté est une figure d'*Atlas* qui soutient les douze signes du zodiaque, sur lesquels trône Jupiter ; puis c'est la statue étrange d'une *Satiressa* (satyre femme) ; ensuite une belle *Diane éphésienne* avec la tête, les mains et les pieds en bronze. Tandis que je m'oublie en compagnie de tous ces dieux de la force, de la grâce et de la lumière, l'atmosphère s'assombrit ; une forte averse tombe au dehors ; lasse d'en attendre la fin, je relève ma robe sur ma tête et cours à travers les plates-bandes jusqu'à ma voiture.

XXXIV

C'est ce même jour que j'appris dans la soirée, par le consul de Sardaigne, l'exil du docteur Pantaleoni. Le pape avait signé cet arrêt le matin, et il devait être exécuté dans les vingt-quatre heures. Ainsi, dans cette semaine de la passion du Christ, si bien faite pour inspirer à son apôtre la clémence et la mansuétude, les rigueurs politiques redoublaient ; les préoccupations du pouvoir temporel remplissaient tout entière l'âme du pontife que les fidèles de la chrétienté croyaient absorbée par la prière et le redoutable mystère qui, depuis saint Pierre, a fait à la papauté l'intervention exclusive entre Dieu et l'humanité. Il s'agit bien d'affermir la foi et de combattre le doute, vraiment ! Avant tout il faut défendre par tous les moyens, par la prison, par la proscription et même par la mort ce qui reste à la papauté de son royaume de ce monde. Le docteur Pantaleoni était depuis des années en correspondance et en relations d'amitié avec les libéraux illustres de l'Italie : on l'accusa de propager à Rome leurs doctrines ; d'être l'émissaire de M. de Cavour, l'inspirateur du comit patriotique, et, à l'abri de sa profession, de répandre dans chaque famille la peste révolutionnaire. C'eût été là un procès de tendance et de suspicion, auquel les preuves auraient manqué; on n'eût pas osé le plaider. De par le bon plaisir, seule loi des gouvernements despotiques, on décréta purement et simplement l'exil immédiat d'un homme qui avait son franc parler avec les cardinaux, avec le pape même, et dont le caractère résolu, la fortune indépendante et l'autorité scientifique embarrassaient la cour de Rome. La nouvelle de cet exil avait ému toute la journée la population bourgeoise; les libéraux se réunissaient dans les rues par petits groupes ; ils se disaient philosophiquement : notre tour viendra! Quelques ambassadeurs, clients ou amis du docteur, se rendirent auprès du cardinal Antonelli pour le faire revenir sur une détermination qu'on lui imputait. « Je n'y peux rien, » répliqua le cardinal-ministre ; et l'on prétend même qu'il ajouta : « Je n'aurais pas fait ce coup de maladresse. » Les Anglais qui résidaient à Rome s'indignèrent qu'on leur enlevât le seul médecin qui eût leur confiance; ils menaçaient de le suivre; ils parlaient de légalité, mythe inconnu à Rome; les plus considérables d'entre eux, en apprenant la réponse faite par le cardinal Antonelli, demandèrent une audience au pape, qui les reçut aussitôt. Sa Sainteté était en joyeuse humeur, comme cela lui arrive parfois ; et voyant la députation anglaise approcher :

« Je sais ce qui vous amène, dit-il en riant et en se frottant les mains; vous venez me parler de votre cher docteur; mais croyez-moi, messieurs, c'est pour votre plus grand bien que je l'exile.

— Comment donc, Saint-Père? répliquèrent quelques voix.

— Il vous droguait trop ; vous mourrez beaucoup moins quand il ne sera plus là. »

L'un des Anglais, le plus autorisé, tenta quelques paroles sérieuses.

« Je vous recommanderai à mon premier médecin, reprit le pape, et vous verrez la différence. » Puis, de la meilleure grâce du monde, il congédia ces messieurs.

« Je ne croyais pas le pape si gai, dis-je à la personne, fort bien renseignée, qui me racontait ce qu'on vient de lire.

— Ses rancunes éclatent toujours par des boutades ironiques, répliqua un prince romain en visite chez moi.

— En France et dans toutes les villes de l'Italie où j'ai demeuré, repartis-je, on croit que les injustices et les abus du gouvernement romain sont tous du fait du cardinal Antonelli, que le pape les ignore et n'en saurait avoir la responsabilité; et que, Louis XIII nouveau, en tutelle de ce petit Richelieu, Pie IX est au fond très-bon homme.

— Faux bonhomme, riposta vivement le prince romain ; Antonelli est le bouc émissaire de tout le mal qui se commet ici, mais il en est rarement l'auteur, et encore moins l'instigateur ; il y concourt en restant au pouvoir, en couvrant tout de son nom; mais plus éclairé que Pie IX et sa camarilla, que Wiseman et Mérode, que le pape lui préfère, il n'a ni fanatisme ni morgue : il tient au pouvoir pour la fortune et le luxe qu'il donne. C'est un parvenu, et comme tous les parvenus, il se cramponne à sa grandeur d'emprunt; mais ce qui est rare dans un parvenu, il reste bon enfant et familier. Doué de moins de capacité qu'on ne lui en prête, il est loin aussi d'avoir l'astuce et les rouereies dont on l'accuse; il se traîne à la remorque des événements, et s'il n'en sait prévoir aucun, il ne prend en rien l'initiative d'une décision. On l'a traité de grand politique au retour de Gaëte, en 1849, et il s'est attelé par vanité, ou plutôt on l'a attelé à ce rouage disloqué du gouvernement clérical qui ressemble fort à votre vieille machine de Marly, ne fonctionnant plus, mais attirant toujours les regards des badauds. Antonelli n'ose faire un mouvement trop vif, de peur de voir craquer la mécanique usée et d'être broyé par elle; tant que la place est tenable, elle lui semble bonne : il s'y est fait un lit de roses; il est trop sybarite et trop indolent pour être persécuteur, pas plus que réformateur. Le jour où l'on abattra le pouvoir temporel, pourvu qu'il puisse sauver ses richesses, ses bijoux, et surtout sa tête, il rira le premier en voyant s'échapper les nuées de rats de cet antre de Sérapis. Quant au pape, c'est autre chose : on lui a persuadé qu'il importait à la gloire de Dieu, à sa dignité d'apôtre et à celle de ses successeurs d'être intraitable, tout d'une pièce, immobile dans la vie comme une idole indienne, et sitôt qu'on veut l'engager à faire un pas pour se rallier à l'humanité qui marche, pense et s'éclaire, il devient rogue et méchant; il se complairait aux expédients du fanatisme, si la hardiesse et la puissance ne lui manquaient à la fois.

— Vos deux portraits ne sont-ils pas un peu fantastiques? dis-je en riant au prince.

— J'en accepte la responsabilité, répliqua-t-il, mais vous pouvez les écrire avec la certitude qu'ils sont ressemblants. J'ai vécu longtemps dans la familiarité de Pie IX et d'Antonelli; je n'ai personnellement ni à m'en plaindre ni à m'en louer; j'ai pénétré leur caractère, et j'en parle sans y avoir intérêt; tenez mon jugement pour la vérité.

— Vous me rappelez un mot de Gioberti, dit M. T... présent à cet entretien. En 1848, quand le pape eut des velléités de patriotisme, Gioberti, fils respectueux de l'Église, vint à Rome pour conférer avec Pie IX et pour juger des espérances que pouvait fonder sur lui le christianisme uni à l'indépendance italienne. Nous l'accompagnâmes au Vatican le jour où il obtint une audience du pape. Pleins d'anxiété sur le résultat de l'entretien du philosophe et du pontife, nous attendions dans la cour S. Damaso. L'entrevue dura plus d'une heure; enfin Gioberti revint le visage pâle et comme empreint du reflet d'une émotion vive. « — Eh « bien, qu'espérez-vous? lui demandâmes-nous impatients. — « Rien, absolument rien, » répliqua Gioberti presque irrité. J'ai trouvé la conscience d'une religieuse et le courage d'un sacristain. »

Malgré le vif intérêt que je prenais à la causerie de ces messieurs, je dus abréger leur visite pour tenter de revoir une dernière fois le docteur Pantaleoni. Il avait reçu l'ordre de quitter Rome dès le lendemain matin. On ne lui accorda pas même un délai de quelques jours indispensables à sa jeune femme souffrante et nourrissant un enfant nouveau-né. Elle désirait suivre son mari, mais ce brusque départ y mettait obstacle.

Accompagnée du vice-consul Doria, j'arrivai rue *Babuino*, où demeurait le docteur. Des agents de la police papale se promenaient devant la maison, épiant et prenant des notes sur ceux qui y entraient. Je dois dire, à l'honneur des Romains, que les visiteurs étaient nombreux. Je trouvai l'antichambre pleine d'amis qui attendaient le docteur. Préoccupé jusqu'à la fin de son ministère, il était allé une dernière fois voir ses malades les plus chers et ceux qui étaient le plus en danger. Je craignis d'être importune en demeurant jusqu'à son retour, et je chargeai le ministre italien de lui exprimer ma sympathie.

Je lus en rentrant dans *les Débats* que Liborio Romano n'était plus ministre. La chute de la passagère dignité, à laquelle il tenait tant, suggérait au journal un commentaire rétrospectif; il citait une lettre très-humble de l'avocat beau parleur à Ferdinand II. Voilà donc mon fallacieux chevalier tombé de son petit piédestal. Je me dis en souriant : « Il eût mieux fait d'aller à Pompéi [1]. »

Le fameux *Miserere* d'Allegri devait être chanté le lendemain, mardi, à trois heures, à la chapelle Sixtine; je me joignis pour aller l'entendre à M. et madame Vavin (de Paris), dont j'ai parlé et qui, après une courte excursion à Naples, étaient redevenus mes aimables voisins de table à l'hôtel d'Angleterre. Les privilégiés, munis de billets, avaient à subir quatre heures d'attente s'ils voulaient être placés. La rafale mêlée d'une pluie glacée continuait, et cette perspective de rester quatre heures debout sur le pavé de marbre de la galerie ouverte du Vatican me paraissait un supplice que les chants les plus séraphiques ne pouvaient compenser. Madame Vavin, voyant mon hésitation, se dévoua avec bonté :

« Je tâcherai, me dit-elle, de vous garder une petite place dans le rang que j'occuperai ; vous parviendrez, j'espère, à vous glisser jusqu'à moi; de cette façon il vous suffira d'arriver à une heure.

— A deux, » repartit M. Vavin qui partageait mon effroi d'une trop longue faction et me proposa d'aller chez Castellani voir les bijoux antiques.

Le premier étage du palais du célèbre orfèvre est occupé par la poste française et par le payeur de notre armée. Nos soldats de planton à la porte et les officiers accoudés aux fenêtres donnent à

---

[1] Voir tome III, page 154 et suivantes de *l'Italie des Italiens*, les détails sur Liborio Romano.

cette demeure particulière l'aspect d'un édifice public. La cour intérieure est charmante ; aux beaux arbres et aux fleurs se marient de grands fragments d'architecture antique. Des débris de bas-reliefs décorent les parois de la cage de l'escalier. Chaque porte se couronne de quelque marbre précieux. La salle de vente des bijoux est au second étage ; le fond brun des tentures fait ressortir l'éclat de l'or, des pierreries et des mosaïques, et découpe pour ainsi dire toutes les délicatesses de cette merveilleuse orfévrerie. Un buste antique colorié et une statue (moulée d'après l'antique) sont parés de diadèmes, de colliers et de pendants d'oreilles d'un travail exquis, trouvés dans les tombes romaines et étrusques. Nous sommes reçus par M. Castellani avec cette affabilité particulière aux artistes italiens ; il s'empresse d'étaler devant moi ses parures les plus précieuses, quoiqu'il sache que la pauvre bourse du poëte n'en saurait payer la plus humble. Passionné pour son art, Castellani préfère les visiteurs qui l'apprécient à ceux qui l'enrichissent. On sait avec quelle perfection lui et ses deux fils sont parvenus à imiter les incomparables bijoux trouvés dans les nécropoles de la Grèce et de l'Étrurie. Aussi bien que dans les figures de Phidias et que dans l'architecture du Parthénon, la beauté de l'art antique se révèle dans ces bijoux, dignes de parer les déesses créées par les statuaires. Opposer cet art inspiré à la fabrication vulgaire des joyaux modernes, tel fut le but de tous les travaux des Castellani ; leurs efforts furent dirigés par la science et le goût du duc Caëtani, prince de Sermoneta, dont je reparlerai. M. Castellani commence par nous montrer la vitrine où sont renfermés les véritables joyaux antiques, modèles de ses études ; il en possède une des collections les plus complètes qui existent ; il nous fait voir ensuite avec modestie les bijoux sortis de ses mains : des parures en médailles antiques, en scarabées, en pierres dures, en perles, en pierres gravées et en gemmes ; des bijoux byzantins où les plus rares mosaïques du vieux Saint-Paul, de Saint-Marc de Venise et des églises de Ravennes se trouvent reproduites en miniature ; puis divers objets d'orfévrerie d'un travail exquis faits d'après des dessins du duc Caëtani. A côté de la salle des joyaux est celle des estampes ; toutes les gravures des fresques antiques de la Maison d'or de Néron, des tombeaux de la *voie Latine* et de Pompéi s'y trouvent réunies ; nous regardons aussi avec intérêt les dessins des épées récemment offertes par les libéraux de Rome à Victor-Emmanuel et à l'Empereur des Français ; le fils cadet de M. Castellani nous explique les amalgames des ors, des émaux et des pierreries qui en composent des ornements d'une rare magnificence. Le fils aîné fut exilé pour avoir exécuté ces deux épées qui symbolisaient la délivrance de Rome. Il a résidé longtemps à Paris, où il publia un mémoire sur les joyaux antiques adressé à l'Institut de France.

Il était près de deux heures lorsque nous arrivâmes au Vatican ; la pluie tombait toujours, et le vent du nord s'engouffrait sous les colonnades de Bernini et sous les galeries aux fenêtres sans vitres qui les continuent. Nous montâmes du côté droit et trouvâmes au pied du grand escalier une foule compacte attendant l'ouverture de la porte devant laquelle étaient rangés les gardes nobles et les gardes suisses. J'aperçus madame Vavin frissonnante sous son voile de dentelle noire. Je parvins à me glisser jusqu'à elle à travers un bataillon serré de deux ou trois cents Anglaises qui protestaient par des : « Oh ! *médême !* » et murmuraient : « Ce n'est pas votre droit !... » Parler de droit et de légalité à Rome me paraissait puéril ; je le leur dis en riant, ce qui les rendit plus accommodantes. J'étais là depuis trois quarts d'heure, les pieds glacés par les dalles humides, la tête transie sous le voile de rigueur ; je commençais à parlementer avec les soldats du pape pour qu'ils nous ouvrissent la porte sacrée, qui me paraissait plus rude à franchir que celle de l'enfer du Dante. En ce moment une voix perça la foule et cria en français au commandant des gardes nobles : « Monsieur, j'ai un *laissez-passer*, je puis entrer sans attendre ! » Je me retournai du côté d'où venait la voix, j'aperçus un jeune homme en uniforme, et sans l'examiner autrement, m'imaginant avoir affaire à un officier de notre armée :

« Puisque vous êtes Français, lui dis-je, intercédez donc pour que cette porte nous soit ouverte aussi.

— Je ne suis pas au service de votre Empereur, répliqua-t-il, mais au service du roi de Naples.

— Quoi ! repartis-je, un Français au service de l'étranger ?

— Oui, cria-t-il plus fort, je sers un roi légitime que moi et vingt-cinq mille Français iront rétablir sur son trône.

— Oh! oh! lui dis-je, vous oubliez la déconfiture de Lamoricière.

— Cette fois, reprit-il, nous serons en force et nous saurons chasser Victor-Emmanuel, un voleur de trônes, et son lieutenant Garibaldi, un sacripant ; dussions-nous mettre tout à feu et à sang, et massacrer femmes et enfants, nous étoufferons la révolution!

— Oh! fi donc, monsieur! murmurèrent en chœur les Anglaises qui m'entouraient, ce que vous dites là n'est ni libéral ni constitutionnel. »

Je ne pus m'empêcher de rire de la calme réflexion des blondes et flegmatiques insulaires. Il faut dire à l'honneur de leurs pères, de leurs maris ou de leurs frères qu'ils protestèrent plus énergiquement par leurs huées contre les paroles du défenseur de François II; si bien que celui-ci, effrayé de ce concert de réprobation, s'esquiva et disparut à travers la foule. Enfin la porte s'ouvrit, le flot se précipita dans l'escalier d'honneur et alla s'engouffrer dans la chapelle Sixtine. Là, durant une nouvelle attente, les causeries commencèrent sur les bancs, où l'on se pressait à s'étouffer. Il y avait près de moi trois femmes d'officiers français qui arrivaient de Paris, d'où elles avaient ramené leurs filles élevées aux couvents des *Oiseaux* et du *Sacré-Cœur*; elles leur montraient avec componction chaque cardinal qui entrait et avec attendrissement l'*illustre* famille royale de Naples réunie au complet dans la tribune des princes. Quand le pape parut, les paroles béates redoublèrent : « Quelle figure de martyr! disaient les mères. — Il ressemble au Christ! s'écriaient les filles. — Nous empêcherons bien qu'il soit crucifié, poursuivaient deux dames de la Nouvelle-Orléans venues à Rome pour assister à la semaine sainte; nous enverrons, s'il le faut, une armée pour le défendre; chez nous nous sommes toutes papelines. — C'est pour cela, répliquai-je, que vous maintenez l'esclavage. — Cette dame est sans doute protestante, » murmura l'une d'elles en me toisant d'un air de pitié.

J'avais les nerfs irrités par tous ces propos bêtes et plus encore par la pression de toutes ces femmes qui montaient sur les bancs pour mieux y voir. Une écolière suspendue sur mon épaule aperçut le cardinal Antonelli : « Qu'il est beau, maman ! s'écria-t-elle. Ses yeux flamboient comme ceux de l'archange Michel, c'est lui qui terrassera le démon. » J'avisai au col de la jeune fanatique une broche où était un portrait d'officier aux longues moustaches : « Vous avez là, lui dis-je, mademoiselle, un portrait de Victor-Emmanuel fort ressemblant. — Fi donc ! madame, exclama la mère, comment pensez-vous que ma fille portât le portrait de cet homme, de ce débauché qui a fait son entrée à Naples suivi d'un sérail. » Un Piémontais de ma connaissance, appuyé à la balustrade, entendit ces paroles et y répondit fort lestement en italien : *Casta signora era almeno un seraglio di donne; in Roma si nascondono le Veneri ma sono publichi gli Antinoï.*

Quelques assistants éclatèrent de rire.

C'est au milieu de ces propos édifiants que commença le *Miserere*. Je fus fort désagréablement déçue; en place du vieux chant religieux d'*Allegri*, on exécuta un *Miserere* composé par un protégé du cardinal Antonelli. Toutes les dévotes s'y méprirent ; elles s'extasiaient sur la pâle mélodie et sur les voix d'anges qui la faisaient monter jusqu'au ciel.

Je rentrai transie et malade, regrettant ces heures perdues que j'aurais pu donner à quelque excursion à travers la campagne de Rome. J'assistai pourtant encore le lendemain à la cérémonie de la *Cène*, qui avait lieu dans une longue salle du Vatican drapée, pour la circonstance, de calicot blanc ; au milieu se dressait la table des apôtres ; sur la nappe étaient symétriquement rangés des surtouts et des vases en cuivre doré, du style du premier empire, pleins de fleurs artificielles. Les femmes toutes couvertes du voile noir, comme à la cérémonie de la veille, occupaient des gradins séparés par une travée du reste de la galerie où les hommes circulaient ; au fond était une tribune remplie par la famille royale de Naples. Le pape passa devant nous, suivi des cardinaux. Je vis ce jour-là mieux que jamais la figure sanguinolente et bouffie du pontife. Il fit le tour de la table et servit à manger aux treize moines-mendiants qui représentaient les disciples du Christ. Ils laissèrent tous sur leurs assiettes leurs portions intactes. Mais à peine le pape et son cortége furent-ils sortis de la salle que les moines tirèrent de dessous la table de gros paniers où ils entassèrent les mets, le pain et les bouteilles de vin de la Cène symbolique. Ce partage dura plus longtemps que la cérémonie commémorative des dernières agapes de Jésus. Rien de burlesque comme ces simulacres d'apôtres s'en retournant le panier au bras, ainsi que des cuisinières qui reviennent du marché ; leurs faces réjouies n'étaient pas celles de futurs martyrs. Je suivis la foule qui s'écoulait par la *sala Regia*, où s'ouvrent la *chapelle Sixtine* et la *chapelle Pauline*. Cette dernière chapelle, éclairée de mille cierges, formait un foyer éblouissant. La sublime fresque du crucifiement de saint Pierre, par Michel-Ange, se ranimait sous ces vives lueurs. Comme je sortais de la chapelle, quelques *camerieri* écartaient la foule du geste pour laisser passer les Bourbons de Naples. « Quelle satisfaction, disait un *codino* à un *monsignore*, de posséder à Rome toute cette auguste famille ! »

Un libéral romain qui se trouvait là repartit en riant :

« Oui, la satisfaction est immense pour le peuple de Naples qui en est débarrassé. »

Toutes les galeries du Vatican sont ouvertes le jeudi saint ; je les visitai de nouveau en passant par la *salle Ducale*, décorée par Bernini et qui, de la *sala Regia*, conduit aux chambres de Raphaël. En sortant des galeries de sculpture, j'entrai dans Saint-Pierre et m'assis en face du reposoir : sur un fond d'imitation d'hermine se groupaient des cierges allumés. Cette décoration en fourrure du tombeau du Christ me parut tout à fait théâtrale ; je me souvenais des beaux reposoirs de ma vieille église de Saint-Sauveur [1], où je priais dans mon enfance Jésus endormi sous une pyramide de fleurs. L'esprit de l'homme-Dieu semblait monter vers moi à travers les parfums des corolles. Rome a dépoétisé le culte chrétien, elle a affublé des pompes des rois terrestres le Rédempteur qui naquit dans une étable.

[1] A Aix en Provence.

XXXV

Le temps devint si froid et si sombre à la fin de la semaine sainte, j'éprouvai d'ailleurs un tel malaise, que j'attendis le jour de Pâques pour retourner à Saint-Pierre et pour continuer mes promenades. J'eus beaucoup de visites. M. Louis Delâtre m'apporta une aimable invitation de son amie la baronne Schwart; l'avocat Gnoli et son aimable fille vinrent me proposer d'aller le lundi de Pâques visiter les catacombes de *Saint-Calixte* avec le chevalier Rossi, directeur des fouilles chrétiennes. L'heure matinale fixée pour cette attrayante excursion m'empêcha d'en faire partie. J'employai les heures où j'étais seule à écrire une longue lettre à un haut personnage français renfermant la plupart des observations critiques que je publie aujourd'hui. Comme je portais le samedi matin cette lettre à la chancellerie de France, je rencontrai le vice-consul de Sardaigne qui m'offrit son bras. Au tournant d'une ruelle, nous aperçûmes huit à dix hommes qui marchaient devant nous et dont la moitié étaient des prêtres; mais des manteaux uniformes, et surtout leurs physionomies également basses et vulgaires, les confondaient avec le reste de la bande. Ces hommes, sous leurs chapeaux gras, suintaient pour ainsi dire la corruption morale et faisaient monter aux lèvres les fameux vers du Dante :

> Tant d'excréments infects couvraient leurs chefs cyniques,
> Qu'on ne distinguait plus tonsurés ni laïques.

Un seul parmi les laïques, pérorant et paraissant le lieutenant de la petite troupe, était vêtu d'habits neufs : il tendait son gros ventre dans un pantalon quadrillé et dans un gilet vert tout éclatant de breloques. Son cou rouge débordait sur sa cravate lilas, des bagues à pierreries s'étalaient à ses mains canailles et une décoration napolitaine sur sa poitrine de lâche.

« Regardez bien celui-là, me dit le vice-consul, tantôt je vous le nommerai. » Lorsque nous eûmes dépassé la bande étrange, le marquis Doria reprit : « Vous venez de voir le fameux Merenda, l'un des chefs de la police des Bourbons de Naples. Il a fait des razzias de patriotes à Palerme et à Naples ; pour les attirer dans ses filets tous les expédients lui étaient bons ; il eût livré père et mère moyennant salaire ; il a suivi la dynastie déchue à Rome où il stimule et dirige la police papale ; il étend sur nous tous, Italiens et Français libéraux, ses serres de vautour.

— Dites, sans figure, ses grosses mains de saltimbanque, qui, en vérité, me semblent peu redoutables pour vous et pour moi, répliquai-je en riant. Attaché à la légation d'Italie, vos opinions et vos vœux sont constatés par vos fonctions mêmes et se lisent sur votre front ; de même que ce que je pense peut se lire dans mes écrits. La surveillance occulte du sieur Merenda serait donc temps perdu avec nous.

— Oui, mais elle tracasse et persécute tous ceux qui n'ont pas comme vous et moi cette sauvegarde de la publicité ; elle suscite autour de chaque famille l'espionnage et la délation ; il n'est pas jusqu'à l'ambassadeur de France qui, sans s'en douter, ne soit surveillé par les agents d'Antonelli et de François II.

— Surveillance puérile et risible, repartis-je, la taupe ne peut rien contre le lion. La France représente ici la force, elle tient dans ses mains la papauté qui tombe.

— Et dont les débris obstruent les vivants, répliqua le vice-consul ; la poussière de certaines institutions aveugle longtemps le monde.

— Le souffle de la liberté balayera bientôt cette poussière-là, » repris-je avec une confiance que je garde encore.

Par une singulière coïncidence, le soir même de cette rencontre d'une des bandes de Merenda, un libraire français de mes amis, qui était depuis quelque temps à Rome, m'avertit en riant que dès mon arrivée j'avais été mise sous la surveillance de la police ; il l'avait appris le matin même d'un employé de l'ambassade française qui lui en avait parlé fort gaiement comme d'un usage presque général envers les étrangers et dont je n'avais pas lieu de me formaliser. « J'ai répliqué, continua le libraire, qu'avec vous, les agents de police perdaient leur temps et volaient leur argent ; vos journées, ai-je ajouté, se passaient en plein soleil, dans les ruines, dans les musées et en compagnie de personnes connues ; chercher là un mystère, une affiliation secrète avec les libéraux était une duperie.

— Ces duperies-là, toutes les polices du monde les font commettre aux pouvoirs qui se servent d'elles, et moi seule, poursuivis-je, je puis attester ma culpabilité, qui certes sera évidente quand je publierai les anecdotes et les traits de mœurs que je recueille ici. Voir clair à Rome, c'est conspirer contre le pouvoir ; c'est sentir la réprobation de l'hypocrisie et de la fausse morale, et partant désirer de les anéantir.

— Les désirs ne sont pas des actions, reprit un Français qui habite Rome depuis longues années, on ne peut vous renvoyer de Rome sous prétexte de tendances tacites ; mais gardez-vous d'agir, de correspondre avec Garibaldi et de distribuer ses lettres aux patriotes romains.

— Je n'en ai jamais eu l'idée, repartis-je, et l'illustre général, retiré à Caprera, ne songe pas à agiter Rome par des conjurations secrètes ; c'est l'épée à la main, en pleine lumière, qu'il combat ses ennemis.

— Je n'avais pas voulu vous le dire, continua mon dernier interlocuteur, mais un agent subalterne de la police, que j'ai tiré autrefois d'un mauvais pas, m'a prévenu, il y a quelques jours, que vous étiez surveillée. Vous êtes venue à Rome immédiatement après la prise de Gaëte, cela a donné l'éveil ; on vous croit chargée de quelque mission verbale, sinon écrite. Sous le moindre prétexte on vous ferait partir ; méfiez-vous de ceux qui vous recherchent ; à Rome comme en Russie la police s'exerce dans les salons.

— Mais non pas, j'espère, dans l'intimité et sous le couvert des sympathies.

— *Chi lo sa?* » répliqua le prudent Français.

Je ris d'abord de l'espèce d'importance qu'on me prêtait en croyant qu'une mission de propagande patriotique m'avait été confiée. Cette propagande occulte n'existait pas, à mon avis. La contagion du patriotisme se produisait au grand jour, elle éclatait dans les cœurs convaincus ; lui prêter l'aide des ténèbres, ç'eût été l'amoindrir et l'éteindre.

Lorsque je fus seule, un peu de tristesse se dégagea du souvenir de cette conversation. Je ne redoutais aucun péril, et en général je suis presque insensible aux préjudices matériels, mais ce doute malfaisant qu'on venait de faire naître tout à coup, cette idée que quelqu'un autour de moi, n'importe qui, un domestique ou une de ces relations aimables qui me distrayaient, était affilié à la tourbe des Merenda! ce doute me fut odieux, je le repoussai du cœur comme on repousse des lèvres une eau infectée. Non, ces mains qui pressaient chaque jour les miennes n'étaient pas des mains de traître, ces yeux qui me regardaient avec sympathie ne pouvaient pas m'épier; ces bouches qui me souriaient ne cachaient pas le mensonge; leurs paroles d'adhésion à mes doctrines n'étaient pas une lâche provocation pour obtenir ma confiance entière et la livrer ensuite honteusement! Le fait en lui-même m'importait peu, un rapport sur mon compte eût désappointé à coup sûr les instigateurs de cette action vile. Rien dans ma vie d'artiste ne prêtait même à la curiosité: labeur incessant de l'esprit, logement humble, frugalité, renoncement de chaque jour, allant jusqu'au stoïcisme de tout ce qui charme la vanité des autres femmes; mais privations compensées par la joie d'un voyage qui avait été le rêve de ma vie, par le spectacle de l'art antique et par le spectacle non moins beau du fier réveil de l'Italie moderne; voilà pour l'action; quant à l'esprit, il était rempli de croyances ardentes, inébranlables, mais exemptes d'intrigues et d'agitations. Donc, je le répète, le résultat de l'espionnage qu'on me signalait m'importait peu; l'idée seule me bouleversait. Quiconque eût accepté ce rôle infâme était un être dont le contact possible m'eût épouvantée au premier soupçon. Chose étrange, qui fera sourire les gens pratiques, je ne pus ajouter foi à ce qui m'avait été dit; tous mes instincts se refusaient d'y croire, et d'ailleurs aucun indice ne vint troubler ma tranquillité jusqu'à mon départ de Rome.

D'une préoccupation particulière ressort toujours pour moi une préoccupation générale. Toutes les fois qu'un malheur m'a frappée j'ai songé au milliers d'êtres frappés à l'heure même d'une affliction semblable. Cette sensation, loin d'affaiblir mes douleurs, les répercute et les rend immenses. C'est ainsi que ce fait d'espionnage personnel attira ma réflexion sur cet abject auxiliaire des institutions despotiques. — Comme sa sœur la prostitution, l'espionnage s'exerce dans les ténèbres, l'un et l'autre procèdent avec mystère; mais l'action de leurs œuvres de mort s'infiltre pour ainsi dire dans la partie vivante d'un peuple; beauté des corps, fierté des âmes sont également détruites par ces deux lèpres que les sociétés de l'avenir repousseront avec horreur. Telle est la solidarité humaine, qu'il est impossible d'admettre légalement le mal sans y coopérer et sans en être atteint. Pour ne parler ici que de l'espionnage, tout pouvoir qui s'en sert s'avilit lui-même. — Quand la bête rampante et venimeuse ne flaire qu'un seul homme, la clairvoyance et le courage suffisent pour le soustraire au péril; mais de parti à parti, de nation à nation, comme fait la Russie envers la Pologne, comme faisait l'Autriche envers l'Italie, l'espionnage devient un jeu d'assassin et de bourreau; il dépiste les sentiments, les croyances, les opinions; il les interprète, les suscite et parfois même les invente; il grossit le nombre des suspects pour augmenter son salaire; il bat monnaie avec les douleurs de l'exil, les gémissements des cachots et le sang des suppliciés; tout pouvoir qui paye un espion participe à sa lâcheté et à son crime; sans le corrupteur, le corrompu n'existerait pas. Dans un pays libre la police ne sert qu'à la sauvegarde publique des individus, elle ne descend pas à l'investigation des foyers et à l'inquisition des âmes.

XXXVI

Un peu de fièvre et la pluie qui tombait par averses me firent hésiter à aller à Saint-Pierre le jour de Pâques. Au moment où j'arrivais sur la place la cérémonie de l'église était terminée, Pie IX arrivait sur le balcon placé au centre de la façade; à ses côtés était le cardinal Antonelli qui portait un camail tout éclatant de pierreries; les gardes nobles du pape et la garnison française se massaient sur la place; les voitures des princes romains et des ambassadeurs, ressemblant aux lourds et pompeux carrosses de la cour de Louis XIV, stationnaient de chaque côté des galeries de Bernini ; le coup d'œil était très-curieux, presque imposant. Cent coups de canon furent tirés au fort Saint-Ange au moment où le pontife bénit le peuple. Le peuple, ce jour-là, se composait seulement d'une centaine de curieux qui s'abritaient frissonnants sous les colonnades. Le défilé des voitures fut magnifique. Je remarquai plusieurs livrées somptueuses et telles qu'on n'en exhibe plus qu'à Rome. Celle du duc de Gramont était orange et or; les beaux serviteurs albanais de la princesse de Montenegro étaient vêtus en blanc et rouge; la livrée de la cour d'Espagne était bleu et argent ; celle des Colonna d'un bleu plus clair avec des blasons et des broderies en relief. L'équipage des Borghèse se distinguait par un très-grand nombre de laquais.

La pluie empêcha le soir l'illumination de la coupole de Saint-Pierre. Le lundi de Pâques, je lus à mon réveil, dans le journal des *Débats*, l'allocution prononcée par Pie IX dans le consistoire du 18 mars. Toujours le même langage, toujours le *non possumus!* La papauté se réfugie dans l'immobilité et les ténèbres. Quel contraste avec le patriotique et lumineux discours du comte de Cavour publié ce jour-là dans le même journal.

Le soir, le temps s'éclaircit, et, à la grande satisfaction de la foule d'Anglais qui étaient à Rome, on annonça que l'illumination aurait lieu. J'allai à la villa Médicis avec M. et madame Loiseau d'Entraigues et M. et madame Vavin, pour voir ce spectacle. Tout à coup l'énorme coupole, éclairée par des lueurs pâles, rayonna sur un fond noir comme si des flammes intérieures eussent lentement pénétré les pierres du monument : puis, instantanément encore l'orbe immense s'embrasa; durant quelques secondes, il éclaira Rome de lueurs sanglantes; bientôt tout rentra dans la nuit. Il y avait peu de monde sur le Pincio et sur les autres hauteurs de Rome. Le peuple ne manifestait aucune joie et ne faisait entendre aucun vivat. Je songeai au grand *Luminare* de Pise, où j'avais vu, comme dans une apothéose, Victor-Emmanuel passer au milieu de la foule qui l'acclamait de ses cris d'amour.

Le soleil brilla le mardi de Pâques ; j'en profitai pour aller visiter les catacombes de *Saint-Caliste*. Madame Loiseau m'accompagna. Sa piquante causerie égaya presque pour moi la tristesse qu'inspirent ces *noires cavernes de la mort*, comme disait l'abbé Delille. On sait que les catacombes sont des carrières immenses creusées à l'entour de Rome, d'où l'on extrayait dans l'antiquité le *travertin*, où l'on taillait les moellons et d'où l'on tirait aussi la *pouzzolane* qui servait aux Romains à composer leur excellent ciment. Durant des siècles, ces carrières fournirent à Rome les matériaux de ses vastes constructions. Les chrétiens persécutés s'y réfugièrent pour prier, et y ensevelirent leurs morts. Avant eux, ces mêmes cryptes avaient servi de sépulture au bas peuple romain. Les pierres de plusieurs tombeaux portent des inscriptions païennes; un certain nombre de ces pierres ont été retournées par les chrétiens, de sorte que les inscriptions païennes se trouvent au dedans et les inscriptions chrétiennes au dehors. Les plus intéressantes des catacombes de Rome sont celles de *Saint-Caliste*; selon les auteurs ecclésiastiques, quatorze papes et deux cent mille chrétiens y furent ensevelis. Nous pénétrons dans les galeries sombres par une nouvelle entrée qui s'ouvre au bord de la route au delà de l'église de Saint-Sébastien. Un custode joyeux allume ses torches et nous précède en chantant dans les couloirs encombrés d'ossements. Les crânes, les fémurs, les vertèbres disjointes s'amoncellent en tas dans des compartiments. Ces carrières, transformées en nécropoles, ont plusieurs étages superposés; une partie a disparu sous les éboulements, mais le plus grand nombre demeure encore intact. A mesure que nous avançons nous trouvons quelques tombes décorées de fresques du deuxième siècle d'un dessin très-pur; les emblèmes païens s'y confondent aux emblèmes chrétiens. Au troisième siècle les emblèmes païens disparaissent, le dessin des fresques s'altère; l'art chrétien, l'art barbare, fait éruption. Cependant on n'a pas trouvé une seule image du Christ en croix dans les catacombes; en revanche, on y a découvert un Orphée jouant de la lyre. Nous nous arrêtons dans les petites chapelles où sont les sépultures des premiers papes; la torche du custode s'abaisse sur deux squelettes couchés; une lueur soudaine remplit les orbites vides, glisse à travers les côtes et semble agiter les bras et les doigts décharnés. Saint Jérôme aimait à prier et à méditer dans les catacombes de Rome. On y respire un parfum de mort qui étouffe; un souffle mystérieux y saisit les vivants; le néant éternel les enveloppe. Les pieds qui marchent se heurtent à des os brisés; les mains qui se tendent à des crânes et à des mâchoires qui tombent. En m'appuyant à la paroi d'une galerie, je saisis ainsi dans leur chute une poignée d'ossements, restes de quelques martyrs peut-être? reliques chères aux croyants. Je songeai à une de mes parentes dévote, et j'eus l'idée de garder pour elle ces vestiges d'un être. Mais je les rejetai bien vite dans l'ossuaire, car en faire un hochet pieux me parut sacrilége. Le meilleur respect à rendre aux morts est de n'y pas toucher.

Je rentrai à l'hôtel à l'heure du dîner, et je pensais encore à ces deux squelettes de papes qui reposaient saintement dans les catacombes, lorsqu'un voisin de table me raconta que le matin, dans la chapelle Sixtine, il avait vu Pie IX s'évanouir en officiant; sa mitre était tombée de sa tête; les cardinaux présents l'avaient entouré et l'avaient fait emporter aussitôt pour dérober au public la vue d'une de ces attaques auxquelles le pontife est sujet. Tout Rome croyait le pape mourant.

Pour calmer l'agitation que produisit cette nouvelle, on décida de ne pas supprimer le feu d'artifice annuel qui, le mardi de Pâques, est tiré sur le *Pincio*. La place du Peuple fut décorée de deux grandes tribunes qui s'élevaient en regard des terrasses et des rampes de la promenade; l'une de ces tribunes était réservée au corps diplomatique, l'autre à la famille royale de Naples. Au pied de cette dernière tribune, le général de Goyon mit un peloton de soldats français. Un bataillon se massait près de l'obélisque à l'entour duquel étaient rangées des chaises qu'on louait au public pour quelques baïoques; j'y pris place avec mes amis. La fontaine, les statues, les colonnes et les arbres qui s'échelonnent sur le versant du Pincio brillent tout à coup en relief sur les teintes fluides des feux de bengale : tantôt ce fond magique a la couleur du rubis, tantôt celle de l'émeraude, tantôt celle de l'améthyste, puis celle de la topaze ; les jets plus vifs du feu d'artifice jaillissent bientôt en vives clartés. Au centre de la décoration, le groupe de Minerve se détache éclatant; une architecture éphémère de rayons et de paillettes monte jusqu'au ciel. Aux portiques et aux temples antiques succèdent les donjons et les tours du moyen âge; les artificiers italiens sont les plus habiles du monde. Le peuple qui remplit la place est ravi du spectacle; on le devine à tous ces yeux noirs qui petillent, car pas une exclamation ne se fait entendre; sans la causerie bruyante des soldats français, on se croirait dans une compagnie d'ombres. Des effets subits de lumière électrique illuminent et embrassent toute l'étendue; des groupes expressifs se détachent sous cette vive clarté: des montagnards de la Sabine découpent sur ce fond lumineux leurs profils bronzés; les gamins de Rome, comme ceux de Paris, se hissent sur les épaules les uns des autres; des mères tiennent assis de tout petits enfants sur leur tête; d'une main elles les soutiennent aux reins, de l'autre elles serrent leurs jambes mignonnes, pendantes sur leur sein; elles ont naturellement des attitudes sculpturales pleines de grâce et de noblesse. Quelques jeunes filles d'Albano et de Frascati tendent leur cou comme un fût de colonne au-dessus de la pourpre de leur corset; elles rient des lèvres et du regard aux flammes qui les éclairent; leurs dents éclatent comme des perles, leurs yeux chatoient comme des pierreries. Vers neuf heures la foule s'écoule silencieuse par les trois rues qui de la place *del Popolo* rayonnent au centre de Rome.

XXXVII

A peine les jours saints écoulés les théâtres se rouvrirent; l'ordonnance qui en avertissait le public, et qu'on lisait placardée sur tous les murs de Rome, était signée par un cardinal. C'est aussi un cardinal qui préside à la police, etc., etc. Ainsi toutes les choses réputées coupables ou infâmes par l'Église sont dirigées et sanctionnées par des prêtres! En cela comme en tout la papauté fait passer les intérêts terrestres avant les intérêts divins. Les soldats français, qui compatissaient à toutes les misères de ce peuple rêveur et doux qu'un long séjour à Rome leur avait fait aimer, organisèrent en faveur des pauvres une représentation au *théâtre d'Apollon*. Mêlés aux familles les plus indigentes, nos soldats, je l'ai déjà dit, y introduisent l'activité, l'exemple d'un gai labeur, l'humeur vive, et le franc parler qui précèdent la liberté de penser et le courage d'agir. Instituteurs familiers, ils élèvent et forment pour l'avenir cette population endormie. Autant les officiers, courtisans des cardinaux et des *monsignori*, se montrent rogues et dédaigneux pour les pacifiques Romains, autant les soldats les traitent en frères, leur donnant l'exemple de la raillerie envers les moines dont ils conquièrent joyeusement la place dans tous les foyers. Ils organisèrent cette représentation théâtrale avec cet entrain militaire qui caractérise l'armée française dans les plaisirs comme dans les batailles. Chaque régiment fournit son loustic, son mime, son bel esprit et ses musiciens. Les plus imberbes et les plus mignons d'un bataillon de ligne furent chargés des rôles de femmes. On se disputa, ce soir-là, les billets d'entrée au *théâtre d'Apollon* dans la plus haute société de Rome. J'eus grand'peine, avec M. Ferdinand Gaillard, d'obtenir deux places de parterre. J'y trouvai quelques femmes. Les plus privilégiées, en toilette de bal, occupaient les loges de premières, où était aussi le corps diplomatique, au grand complet, et le général de Goyon entouré de son état-major Les pièces qu'on représenta semblaient railler la roideur d'une si pompeuse assemblée. L'esprit facétieux de nos soldats leur avait fait choisir deux grosses farces du Palais-Royal et le vaudeville des *Deux-Aveugles*. Le cardinal-directeur des théâtres, devenu censeur de circonstance, avait relu et expurgé les pièces; il fut très-coulant sur les propos lestes, mais éplucheur rigoureux des allusions politiques les plus imperceptibles. Cependant un mot lui échappa ou peut-être, à la représentation, fut-il malicieusement introduit par l'acteur : ce mot perturbateur était *Adriatique*; à peine eut-il été prononcé qu'une salve d'applaudissements, saluant Venise et l'unité italienne, éclata dans tout le parterre et dans les galeries supérieures; quelques gardes nobles eurent beau chuter ces *bravi* frénétiques, ils retentirent par trois fois plus formidables et plus unanimes. Tous les acteurs furent d'un comique excellent. Dans les entr'actes un sergent joua du violoncelle avec un talent d'artiste. Un fourrier se fit entendre sur la clarinette; ils étaient tous deux d'une laideur *remarquable*. Les nez épatés et les larges bouches, qui caractérisent le type populaire français, choquaient surtout dans ceux qui remplissaient les rôles d'amoureux ; c'était de la bouffonnerie la plus saugrenue ; on eût dit des chats miaulant leurs langueurs amoureuses sur les gouttières. En regard de ces visages déformés, la beauté des Romains, qui remplissaient la salle, paraissait encore plus correcte et plus noble ; mais la malice du sourire, le petillement du regard, la verve et l'esprit du jeu de tous les muscles concentraient l'attrait des spectateurs sur nos sapajous intelligents ; ceci dit, je ne concéderai jamais que la beauté italienne ait l'*air bête* pas plus que la beauté des statues antiques. C'est une étrange aberration du goût que de préférer la grimace à la sérénité et de trouver plus d'agrément dans la discordance des lignes que dans leur harmonie. Ceux qui professent cette hérésie l'étendent presque toujours du physique au moral ; la bizarrerie d'humeur, la mièvrerie de l'esprit leur paraissent plus séduisantes que le cœur et le génie. Ce sont là les séductions malsaines des héros et des héroïnes de nos romans contemporains. Comme l'a dit excellemment Tertullien : « Quand on ne sait plus peindre les corps on ne sait plus peindre les âmes. »

La recette de cette représentation théâtrale donnée par nos soldats au profit des pauvres fut énorme ; nous verrons par quel pieux subterfuge on la détourna de sa bienfaisante destination.

XXXVIII

Je consacrai quelques jours à la visite de plusieurs palais et de plusieurs églises intéressantes que je ne connaissais pas encore. Le *Palais de Venise*, couronné de créneaux, m'attirait par sa façade monumentale ; il fut construit au quinzième siècle, habité par le roi de France Charles VIII, et donné par Clément VIII à la République de Venise pour servir de résidence à ses ambassadeurs ; ceux de l'Autriche y demeurent aujourd'hui. Je frappe à la porte cintrée ; le portier, un Tudesque d'un blond fade, répond à ma demande de parcourir le palais, qu'il n'est pas public et ne renferme d'ailleurs ni marbres ni peintures. Je tourne la *place de Venise* et arrive par une ruelle devant l'église de *Saint-Marc* contiguë au palais ; c'est une des églises les plus anciennes de Rome ; elle fut érigée au quatrième siècle, puis réédifiée au neuvième, et finalement reconstruite telle qu'on la voit aujourd'hui ; le chœur revêtu de curieuses mosaïques faisait partie de l'église primitive : vingt colonnes de jaspe soutiennent la nef. J'aime cette belle petite église recueillie et presque toujours solitaire ; ses entours du côté de la principale façade ont un aspect de vétusté tranquille qui me ravit. C'est un des coins les plus silencieux et les plus attrayants de Rome. Je passe à gauche l'étroite rue de *Saint-Marc* et me trouve bientôt devant la ruine antique du *tombeau de C. Publicius Bibulus*, édile du peuple sous la république. L'inscription subsiste encore. Le mur d'enceinte en travertin est décoré de quatre pilastres couronnés d'une corniche ; par une singulière fantaisie d'architecture, ces pilastres vont en s'amoindrissant vers le haut. Ce monument avait deux étages : le premier a été envahi par le sol.

Revenant sur la place de Venise, j'y prends une voiture et me fais conduire *via de' Cerchi*[1] à l'église *Santa Anastasia* construite (au quatrième siècle) au pied du Palatin, au-dessous des ruines d'une partie du Palais des Césars. Les restaurations successives ont fait perdre à cette église tout caractère ; des douze colonnes qui soutiennent la nef, deux en granit et deux en rouge antique firent partie d'un portique de la demeure impériale. Ce qui m'attire à Sainte-Anastasie, c'est la collection de petits fragments de marbres réunis par le custode dans une cour étroite qui s'étend entre le mur de l'église et la base du Palatin. J'achète pour quelques *paoli* des morceaux de jaspe, de porphyre et d'albâtre oriental trouvés dans les décombres du Palais des Césars. Rome est tellement jonchée de ces débris qu'ils défrayent depuis des siècles les jouets artistiques : obélisques, colonnes Trajane et Antonine, coupes, baignoires et sarcophages lilliputiens que tous les étrangers achètent *via Condotti*, ou se font confectionner eux-mêmes par de pauvres sculpteurs. Je cède à cette fantaisie puérile, ces

---

[1] Rue des Cirques ; elle tire son nom du cirque Maximus qui était à côté.

restes de marbres précieux, que les maîtres du monde ont foulé deviendront pour moi deux petits monolithes où l'ouvrier gravera en secret les noms du roi d'Italie et de Garibaldi. Je remonte en voiture avec mon fardeau, puis je me fais conduire à la *prison de Sainte-Balbine* en traversant la vallée qu'occupait le *cirque Maximus* entre l'Aventin et le Palatin. Une partie des gradins de l'amphithéâtre s'adossait jusqu'au Cœlius. Néron à table dans son Palais d'Or faisait jeter sa serviette dans le cirque pour donner le signal des jeux [1]. Ce cirque immense me fait toujours rêver : successivement agrandi, il pouvait contenir au temps de Constantin près de quatre cent mille spectateurs. Il était de forme ovale, entouré de portiques, de barrières, de bornes-pyramides et décoré d'obélisques, de colonnes et de statues. C'est dans cette arène que se passa, selon Aulu-Gelle, la scène de l'esclave Androclès et du lion d'Afrique. Ma voiture franchit le petit pont jeté sur le torrent à sec de la *Marrana* et suit à droite le chemin qui mène aux *thermes de Caracalla*; des nuées de corneilles tourbillonnent en ce moment au-dessus de ces grandes ruines. Ce cadavre de monument les attire. La route monte encaissée dans de vieux murs revêtus de lierre et de végétation en fleur. J'entre dans la cour de la prison où l'on enferme les jeunes vagabonds de Rome sous la surveillance des moines. Une vingtaine de prisonniers sont en ce moment occupés aux fouilles; ils ont déjà mis à découvert une dépendance des *thermes de Caracalla*; ils travaillent gaiement; ils viennent me saluer et m'offrir de petits débris de marbre, en me demandant l'aumône. Un moine me conduit dans l'église des SS. *Nérée et Achile* qui communique avec la prison. Cette église du sixième siècle, malheureusement restaurée à la fin du seizième, possède le siège pontifical où s'asseyait saint Grégoire le Grand pour réciter ses homélies, ainsi que deux beaux pupitres en marbre blanc où l'on lisait les épîtres et les évangiles. En descendant l'Aventin, je rencontre dans l'étroit chemin six jeunes vauriens que des gendarmes conduisent à la prison; ils marchent en riant, insoucieux de leur sort.

[1] La topographie actuelle de Rome me déroute un peu sur cette assertion de Cassiodore.

Des nuages noirs enveloppent Rome ; la pluie qui commence à tomber me menace d'une douche importune dans ma voiture découverte. Je fais une halte chez madame Loiseau, place Barberine.

« Puisque vous voulez en finir avec les églises, me dit-elle, allez donc voir le fameux *saint Michel de Guido Reni* dont une jeune princesse romaine s'est éprise tellement qu'il a fallu lui chercher un mari qui ressemblât à l'Archange : ce tableau est dans l'église des Capucins que vous apercevez d'ici à gauche de mon balcon. »

En sortant de chez l'aimable femme, je marche le long des arbres qui bordent la partie de la place où est situé le couvent des Capucins. Je ne trouve dans l'église qu'une vieille femme en prière. Les tableaux à voir sont invisibles ; des rideaux les dérobent aux visiteurs dans des chapelles aux grilles fermées ; la vieille femme, qui roule son chapelet, me dit qu'en sonnant une cloche, qu'elle me désigne, un moine accourra me montrer l'*Archangelo divino*. Je carillonne, et aussitôt le capucin-custode se présente. La tête de l'*Archangelo divino* devant lequel se pâment les jeunes Romaines est superbe : les yeux expressifs et flamboyants font penser à un amoureux qui triomphe plus qu'à un saint domptant le démon ; le bel Archange est presque vêtu comme un tragédien du premier Empire jouant le rôle d'Hippolyte. Une tunique bleu de ciel flotte sur ses jambes nues ; des bandelettes de même couleur s'entre-croisent sur ses pieds et ses chevilles. Je préfère de beaucoup à ce ravissant archange deux peintures sévères du Dominiquin : un tableau qui représente *saint François d'Assise en extase*, et surtout une magnifique fresque sur la mort du même saint ; le corps étendu s'affaisse et révèle l'accablement de l'agonie ; la tête tournée vers le ciel resplendit d'espérance et comme d'une vie nouvelle. Plus encore que ces œuvres du Dominiquin, un grand carton de Giotto représentant la *barque de Saint-Pierre*[1] est empreint de l'inspiration chrétienne ; ce carton est relégué dans l'ombre au-dessus de la porte. Le moine qui me sert de cicerone s'étonne de l'admira-

---

[1] La mosaïque faite d'après ce carton est dans la basilique de Saint-Pierre.

tion que m'inspire cette fresque magistrale. L'archange en brodequins bleus lui paraît bien supérieur. Je sors de l'église; la pluie qui avait cessé recommence; les soldats français, casernés dans le couvent, vont et viennent en chantant à travers l'orage. Une dame qui entre à l'église, accompagnée de sa servante, me prête un moment son parapluie. J'envoie un pauvre vieillard à cheveux blancs, qui se tient debout près de la porte, me chercher une voiture; il revient avec *la carossa*, en me disant : *Ecco, signora*; puis il monte l'escalier de l'église sans me rien demander; je lui donne cinq baïoques; il se confond en remerciements; le capucin en avait fait autant pour la même somme.

XXXIX

Un matin je vais visiter les palais Chigi et Sciarra situés dans la rue *del Corso*, tout près de mon hôtel. L'architecture du palais Chigi est fort belle, mais sa galerie de marbres et de tableaux est d'une importance secondaire. J'y remarque trois statues antiques, quelques fougueux Salvator Rosa et quelques Poussin harmonieux. Je parcours ensuite la galerie du palais Sciarra dont un des tableaux le plus attrayants est la *Modestie*, de Léonard de Vinci : deux belles jeunes filles, deux sœurs peintes à mi-corps, se regardent; la Modestie arrête sur l'autre ses grands yeux pleins de calme et de douceur; elle semble murmurer : « Réfléchis! ce qui nous séduit nous navre un jour. » Mais la *Vanité*, riante et presque naïve, dans la joie de sa beauté, aspire la vie de ses lèvres roses un peu charnues; elle tient à la main une fleur mignonne ressemblant à la marguerite des champs, qu'elle consulte sur l'avenir; sans jouer sur les mots, à propos de cette fleur, cette figure rayonnante avec son amas de belles tresses blondes constellées d'étoiles de perles, fait penser à la Marguerite de Faust qui vient de se parer; elle a l'air de dire : « Je suis née pour plaire et pour être aimée! » Ses beaux yeux sont moites d'un fluide qui sera la volupté. La Modestie lui répète avec la sévérité d'une sainte : « Les joies que tu espères ne sont pas de ce monde; elles y sont mêlées de tant de fange et de déchirements que ce n'est pas la peine de s'y attacher. » — Dans le second salon de la galerie Sciarra se trouve un magnifique paysage du Poussin : saint Mathieu est assis au bord d'un lac ; il médite et écrit ; debout près de lui un ange vêtu de blanc et dont l'ample chevelure blonde est gonflée par le souffle du vent et celui de l'esprit, semble dicter à l'apôtre ce qu'il écrit ; à l'entour des deux figures gisent épars des tronçons de colonnes et des fragments d'autels païens ; les rives du lac sont vertes ; de belles montagnes composent le fond du tableau.

Dans le troisième salon se trouve le *Joueur de violon*, de Raphaël, et un autre tableau célèbre, *les Joueurs de cartes*, de Carrache. Cette dernière composition est vivante comme la réalité : que d'expression dans ces trois visages passionnés ! Le plus jeune des joueurs, beau, confiant, semble sûr de ses coups et jette les cartes avec assurance ; son partner est plus circonspect ; il réfléchit, il espère dompter la fortune par sa prudence. Le plus vieux des trois les regarde avec absorption ; on le dirait en tiers dans la partie ; ses doigts, dont le bout passe à travers ses gants déchirés, paraissent avides de palper l'or qui sert d'enjeu ; la pauvreté que ses habits révèlent redouble sa convoitise ; ses yeux parlent.

En quittant le palais Sciarra, je passai au palais de la poste ; comme j'en traversais la cour, une calèche découverte y entra. Je fis un mouvement de surprise en reconnaissant dans cette voiture *le mari à breloques* qui, on s'en souvient, fit scandale aux fêtes de Palerme[1] ; à ses côtés était assise sa jolie moitié, parée et l'air fort las : le couple étrange parut contrarié en me reconnaissant. Je me demandai ce que pouvait venir faire à Rome le prétendu favori de Victor-Emmanuel. Sa mine effrontée était de plus en plus cynique.

J'allai revoir ce jour-là le Panthéon, et me trouvant à côté de la *place de la Minerve*, j'entrai dans l'église de *S. Maria sopra Minerva*, bâtie sur l'emplacement d'un temple de Minerve. Je fus agréablement surprise en pénétrant dans cette superbe église gothique, la seule de ce style qui existe à Rome. Elle fut construite au quatorzième siècle ; les peintures, l'or, l'azur et les or-

[1] Voir tome III, page 181 et suiv. de *l'Italie des Italiens*.

nements dont on l'a surchargée, dans des réparations successives, ont altéré la simplicité harmonieuse de son architecture. N'importe ; après tant de basiliques et d'églises imitées des temples païens, ces ogives et ces arceaux me charment comme un souvenir de la France absente. Je parcours les chapelles, et m'arrête longtemps dans le chœur où se trouve à gauche la magnifique figure du *Christ debout tenant sa croix*, par Michel-Ange. Le tombeau de Léon X et sa statue sont du même côté. Une simple pierre tumulaire recouvre les restes du grand peintre *Beato Angelico*, de Florence. Je remarque encore le merveilleux tombeau gothique, décoré de mosaïques, de Guillaume Durand. Les dalles de marbre du chœur sont revêtues de riches tapis ; aux piliers pendent des tentures de drap d'or et de pourpre ; sur une estrade un fauteuil surmonté d'un dais est disposé pour le pape qui doit officier le lendemain à *S. Maria sopra Minerva*[1]. Un escalier près de la sacristie me conduit à la *bibliothèque de la Minerva*, la plus considérable de Rome après celle du Vatican ; elle fut léguée aux Dominicains par un cardinal napolitain. Au bout de l'immense salle, renfermant cent vingt mille volumes, est la statue en marbre du donateur. Je descends dans le cloître peint à fresque qui me rappelle ceux de Florence ; près du portique sont deux tombes de cardinaux du seizième siècle. Ce somptueux couvent de Dominicains est habité à moitié par des soldats français ; j'en rencontre plusieurs qui me guident sous les galeries. En ce moment, des ouvriers posent des tapisseries sur la partie du cloître qui communique avec l'église ; quelques moines les regardent debout au milieu du cloître, immobiles, les bras croisés sur la poitrine ; leurs têtes brunes se détachent sculpturales sur la robe blanche qui drape leur corps vigoureux. Mes joyeux compatriotes font des quolibets sur tous ces flâneurs efféminés, qu'il faudrait soumettre à la conscription.

En courant ce jour-là à travers Rome, je fis arrêter ma voiture place *di Pietra* (près de la place Colonna), devant la *Dogana di terra*. Dans la façade de ce monument sont enclavées douze

---

[1] L'indisposition du pape, qui fut très-grave, retarda de quelques jours cette cérémonie.

grandes colonnes corinthiennes qui faisaient partie du temple d'*Antonin le Pieux*; partout quelques vestiges de la cité antique surgissent de terre et arrêtent les passants; on dirait des ossements d'un héros perçant sa sépulture et disant aux vivants : « Inclinez-vous ! » La journée est brûlante, et les Romains font la sieste. Je me fais conduire en plein soleil à la promenade du *Pincio*; je la trouve absolument déserte : les marbres des statues scintillent, les feuilles des arbres sont revêtues d'une poussière argentée. J'aime Rome, incandescente, blanchie par de chauds rayons. La *villa Borghèse* et les champs qui lui succèdent, surgissent en relief; les pins parasols et les ruines semblent adhérer au bleu vif du ciel.

Après le dîner, je monte sur la terrasse de la *Trinità de'Monti*; la soirée a toute la limpidité du jour; les constellations illuminent l'éther; la *via Condotti* éclairée au gaz décrit à travers Rome deux longs sillons de lumière.

J'ai le soir mes visiteurs habituels; je m'enquiers auprès du consul de Sardaigne de ce que peut être venu faire à Rome *le mari à breloques* que j'ai rencontré dans la journée.

« Serait-il chargé de quelque mission, lui dis-je; ou ce qui est plus probable, éconduit par le gouvernement italien, vient-il offrir ses services à la cour de Rome et promener sa femme dans les antichambres des *monsignori?*

— En effet, il s'est prétendu chargé d'une mission confidentielle, me répond le consul; dès son arrivée ici, il a tenu table ouverte. Quelques princes italiens patriotes, le croyant envoyé par M. de Cavour, ont répondu à ses invitations; le quidam a poussé l'outrecuidance jusqu'à tenter de s'installer à la *Rufinella*, villa du roi d'Italie [1]. A ce trait d'audace j'ai fait jouer le télégraphe pour savoir de M. de Cavour si cet homme était autorisé; le premier ministre m'a répondu par un *non* très-sec, et m'a engagé à surveiller l'intrigant. Il s'est présenté chez Antonelli, se disant porteur de propositions secrètes du roi; le cardinal l'a fait mettre à la porte, ajoutant qu'il ne parlementait point avec les agents officiels du roi de Sardaigne, et à plus forte raison avec ses agents occultes.

[1] Propriété léguée à Victor-Emmanuel par la duchesse de Chablais, sa parente.

— Le fier cardinal joue du reste de sa puissance, dit un jeune Romain qui tourna la causerie sur les espérances du moment; les journaux de Paris arrivés ce matin annoncent tous qu'avant six mois, la garnison française sera remplacée par une garnison italienne. M. de Cavour en a la promesse de l'Empereur. Le grand et prudent ministre couronnera sa carrière en donnant à l'Italie sa capitale. »

Telle était la conviction générale à Rome; les patriotes ne dissimulaient pas l'espoir de leur triomphe certain, et les *codini* l'effroi de leur défaite imminente.

XL

L'aimable baronne Schwart avec qui j'avais échangé plusieurs visites et dont la haute intelligence m'avait charmée dès notre première entrevue, devait venir me chercher le dimanche suivant pour faire une promenade hors des murs. En l'attendant, j'errais de la petite rue *Bocca Leone* à la *via Condotti*; je regardais tour à tour les groupes de belles mendiantes endimanchées et les jolies *cameriere* de donna Francesca [1], veuve du second fils de don Marino, duc de Torlonia [2]. Ce fils était poëte; je l'avais connu à Paris, où il me fut présenté par le comte Rasponi. Donna Francesca m'avait envoyé la veille plusieurs volumes de vers de son mari; j'eus le plaisir de la voir les jours suivants, ainsi que cet excellent don Marino, consolé par cette gracieuse belle-fille, de la hauteur dédaigneuse que lui témoignait la femme de son fils aîné : cette dernière, née princesse Chigi, se croyait mésalliée d'avoir épousé un Torlonia. « Les parvenus, disait-elle, achètent notre alliance à force d'argent; nous devons la leur faire payer de toute façon. » Elle oubliait que les Chigi n'avaient été aussi que des banquiers parvenus. Les deux belles-sœurs, fort dissemblables d'esprit et de goût, habitaient le même palais en face de

---

[1] Née princesse Ruspoli.
[2] Giovanni Torlonia.

l'*hôtel d'Angleterre*; les nombreux domestiques, hommes et femmes, du palais Torlonia, semblaient passer le temps à bayer aux corneilles; les valets en riche livrée fumaient et causaient sur la porte après avoir fait, et fort bien, leur besogne matinale; les suivantes, toutes jolies et élégantes, s'accoudaient, durant des heures, aux fenêtres, lissant de la main leurs cheveux noirs disposés avec art, et regardant les passants et les voisins. A Rome, comme à Naples, il faut aux serviteurs, pour les satisfaire, quelques heures de flânerie et de *far niente* par jour; on dirait qu'ils ont mis dans les conditions de leur service cette halte récréative. Pour l'obtenir, les garçons de l'*hôtel d'Angleterre* et des autres hôtels en vogue redoublent chaque matin d'activité. Leur travail achevé, ils revêtent l'habit noir, mettent à leur doigt la bague à pierre gravée; à leur cravate l'épingle en mosaïque, et à leur boutonnière une fleur; alors ils se sentent *signori*, se pavanent dans la rue, écoutent la musique et sourient à quelque rêve qui les rend heureux. Les jeux publics, le luxe et les arts étaient la poésie du peuple romain dans l'antiquité. Quelque chose de cette poésie a survécu dans les descendants; ils ont encore l'amour des spectacles et du chant; ils aiment les couleurs vives et les bijoux; il y a place dans leur vie pour l'imagination; ils se préoccupent et s'entretiennent volontiers de ce qui est du domaine de l'idéal. C'est ce qui en fait un peuple plus poétique et plus doux que le peuple français, et surtout que le peuple anglais, chez qui un labeur manuel sans trêve endurcit le cœur et finit par supprimer tout sentiment artistique. Qu'importent à des ouvriers ensevelis dans les mines ou dans les usines, attelés aux chantiers, rivés aux filatures, l'harmonie qui traverse l'air, la belle fille qui passe, la majesté d'une statue, la splendeur du firmament! Pour obtenir le pain du corps, si rude à gagner, on s'interdit le pain de l'esprit; et l'esprit, devenu l'esclave de la matière, traite de puéril et d'efféminé tout ce qui n'est pas d'une utilité pratique. Nous nous regardons comme des races fortes; encore un pas, et nous redeviendrons des races barbares.

Tout en songeant à cette excessive activité des corps, où périt la sérénité des âmes, où le cerveau se vide et se dessèche, je considère le jeune paysan qui dresse chaque matin son étalage de fleurs à l'angle du palais Torlonia : il compose avec art de gros bouquets où les nuances s'harmonient, comme dans les rosaces des mosaïques ou dans les palmes des cachemires ; dans de petits paniers ronds et ovales les fleurs mignonnes des champs, bluets, marguerites et bruyères forment des dessins riants ; les tubéreuses, les cactus, les iris lilas et bleus, les arums et les roses énormes se pressent en touffes superbes ; il y a des roses d'une splendeur que je n'ai vue qu'à Rome, toujours trois sur la même tige, ainsi que les trois Grâces qui s'enlacent ; d'une fraîche couleur de chair elles ont la suavité du teint des blondes. Je ne sais quelle sympathie secrète devina mon attrait pour ces beaux groupes de roses ; mais, durant la dernière semaine de mon séjour, je trouvai chaque après-midi, dans ma chambre, les trois fleurs embaumées dont la mythologie eût fait un symbole. C'est là un de mes plus doux et de mes plus poétiques souvenirs de la ville éternelle. Au moment où j'achetais ce jour-là un bouquet de violettes, une des petites mendiantes de la *via Condotti* s'approcha du jeune marchand, et lui demanda pour un baloque de renoncules rouges. Elle les mit à sa ceinture, puis se regarda en souriant ; ces fleurs du même ton que son collier et ses pendants d'oreilles en corail la rendaient charmante : la baronne Schwart me surprit admirant l'heureuse enfant.

« A Paris, lui dis-je, une mendiante de cet âge se fût acheté un sou de pommes de terre frites, et à Londres un sou de gin.

— Ce qui me charme ici, répliqua la baronne, c'est qu'à chaque pas, même parmi les pauvres, on retrouve un parfum de la grâce antique ; grâce ineffable dont le luxe de la civilisation moderne n'a pas retrouvé le mystère. Où voulez-vous que je vous conduise ? ajouta-t-elle.

— Toujours à travers les vestiges de Rome païenne, repartis-je ; je suis rassasiée d'églises et de tableaux.

— Nous irons, reprit-elle, voir la *nymphée d'Égérie* et les ruines de quelques temples voisins, que vous m'avez dit ne pas connaître. »

La voiture suivit la *voie Appia* jusqu'à la hauteur du *cirque de Romulus* (fils de Maxence), et passa à gauche sous les arceaux couverts de lierre de ce cirque déjà décrit à mes lecteurs. Le soleil dorait les deux tours où s'élevaient les tribunes impériales; nous trouvons à côté la ruine du *temple de Romulus* (fils de Maxence). Ce temple était entouré d'une cour carrée fermée par un mur percé d'une porte qui communiquait avec le cirque; à l'intérieur de la cour se déroulait un portique en arcades orné de pilastres. Le temple qui s'élevait au milieu, et auquel on montait par des gradins, dominait cette double enceinte, de sorte qu'on le voyait de la *voie Appia*, comme détaché sur l'azur du ciel. Il ressemblait au Panthéon pour la forme; la *Cella* aussi était ronde. *Palladio* nous a laissé la description détaillée de ce temple aujourd'hui détruit; le temple souterrain qui subsiste encore, a les mêmes proportions qu'avait le monument supérieur; nous pénétrons dans la crypte païenne par une ouverture moderne pratiquée à travers l'épaisseur des murailles; le portique est fort bien conservé; la *Cella* souterraine est ronde, avec des niches percées de petites fenêtres, par lesquelles l'air et le jour pénétraient; au centre est un gros pilastre octogone qui soutient la voûte. Nous sentons une fraîcheur bienfaisante dans ce souterrain qui fut un temple. Notre pensée le repeuple des statues des dieux qu'abritaient ces niches vides. En sortant du *temple de Romulus*, l'atmosphère nous paraît brûlante; à peu de distance, à droite, nous gravissons un petit tertre où s'élève le *temple de Bacchus*. Le style de cet édifice révèle une époque de décadence; mais les colonnes qui soutiennent le portique sont fort belles : elles avaient été empruntées à quelque autre monument du temps des Antonins. Quatre de ces colonnes cannelées et d'ordre corinthien sont encore debout, enclavées dans les murs de l'église érigée à saint Urbain au douzième siècle. Dans l'enceinte du temple on trouve, en entrant, sur une pierre du portique, une inscription à Bacchus et un serpent sculpté. L'intérieur de l'église, formant un carré long, est revêtu de fresques naïves peintes par un moine nommé Bonizzo, et représentant la *Vie de saint Urbain et de sainte Cécile*. Cette chapelle, située dans la campagne déserte, est aujourd'hui abandonnée; elle est sous la garde d'une pauvre famille de *contadini* composée du mari, de la femme et de plusieurs enfants qui habitent une petite ferme à côté. Un *bambino* de deux ou trois ans, blond et souriant comme Jésus, nous offre des bouquets de roses et de violettes. Le ciel est d'un bleu limpide où se découpent en nettes saillies tous les monuments d'alentour : à droite est le tombeau de *Cæcilia Metella*; du même côté se déroulent les aqueducs rompus; puis, fermant au loin l'horizon, les admirables montagnes azurées d'Albano et de Frascati. Nous leur tournons le dos et descendons le monticule qui sert de base au Temple de Bacchus. En quelques minutes, nous arrivons dans la petite vallée *Caffarella*[1], où se trouve, au-dessous du temple, sur une pelouse verte, la *Nymphée d'Égérie*. Suivant la tradition, c'est là qu'était la grotte de la nymphe qui inspirait Numa. « Tatia, femme de Numa, était morte, dit Plutarque, après treize ans de mariage. Numa, depuis sa mort, avait quitté le séjour de la ville, et d'ordinaire il habitait la campagne. Son plaisir était de se promener solitaire dans les bocages des dieux, dans les prairies consacrées et dans les lieux déserts. C'est ce genre de vie qui donna, je pense, l'occasion au bruit de son commerce avec une déesse : on imagina que ce n'était ni la mélancolie ni la douleur qui portaient Numa à fuir le commerce des hommes; qu'il avait trouvé une société plus auguste; qu'une déesse l'avait jugé digne de son alliance, et qu'époux de la déesse Égérie, comblé des dons de son amour, il était devenu, en passant ses jours auprès d'elle, un homme heureux, savant dans la connaissance des choses divines. Il y a là, comme il est aisé de voir, quelque chose qui ressemble fort à plus d'une de ces anciennes fables transmises de père en fils, et où se sont complu les conteurs : par exemple, celle des Phrygiens au sujet d'Attis, des Bithyniens sur Herodotus, des Arcadiens sur Endymion, et tant d'autres récits de mortels qui ont passé pour des hommes heureux, pour des amis des déesses. Il est naturel, j'en conviens, de croire que Dieu, qui aime non les chevaux ni les oiseaux, mais les hommes, se communique volontiers à ceux qui excellent en vertu, et ne dédaigne pas de converser avec un homme religieux et saint; mais qu'un dieu, un être divin s'unisse à un corps mortel, qu'il soit épris de sa beauté, c'est ce qui est difficile à croire. Les Égyptiens, cependant, font à ce sujet une distinction assez spécieuse : ils disent qu'il n'est pas impossible que l'esprit d'un dieu s'ap-

---

[1] Du nom des ducs Caffarelli à qui elle appartenait.

proche d'une femme et lui communique des principes de fécondation, mais qu'un homme ne peut jamais avoir aucun commerce, aucune union corporelle avec une divinité. Mais ce n'est pas tenir compte du principe que ce qui s'unit à une substance lui transmet une partie de son être, comme il reçoit lui-même une portion de cette substance. Il n'en est pas moins vrai que les dieux ont de l'amitié pour les hommes : c'est de cette amitié que naît en eux ce qu'on appelle l'amour, et qui n'est de leur part qu'un soin plus particulier de former les mœurs de ceux qu'ils affectionnent, et de les rendre vertueux. »

La tradition veut donc que la déesse ou la nymphe Égérie ait visité Numa dans la vallée où nous sommes, bien qu'il soit fort probable que la construction que je vais décrire n'ait été qu'une de ces *Nymphées*, décors habituels des villas des anciens. La *Nymphée d'Égérie* se compose d'une sorte de chambre ouverte d'un côté comme les grottes de la Renaissance qu'on voit au jardin Baboli. Au fond est une niche où repose une statue mutilée du petit fleuve *Almone*, croit-on, qui coule à quelque distance, grossi par la source qui surgit sous la *Nymphée* dans un bassin servant aujourd'hui de lavoir. Trois niches sont de chaque côté dans les débris des murs ; elles renfermaient aussi des statues couchées. Nous marchons sur un sol boueux exhaussé de deux pieds au-dessus du pavé antique qui était en marbre serpentin ; les murs et les niches ont perdu leurs revêtements de vert antique et de marbre de Paros ; des plantes grimpantes, quelques arbustes et des lierres vigoureux les recouvrent aujourd'hui. Cet édifice plein de grâce est, dit-on, du temps de Vespasien ; sa ruine charme par la solitude qui l'entoure. C'est un abri délectable durant les jours brûlants. En face, les hautes ondulations du sol gazonné bornent le vallon circonscrit ; à droite, en retour de la Nymphée, s'étend un grand mur où est une niche et une porte murée ; ce mur aboutit à un petit bois de beaux chênes verts qui couronne un monticule. Ces chênes, selon la même tradition, remontent au temps de Numa : c'est le bois de la nymphe Égérie.

Dans le même vallon, à un demi-mille de la *Nymphée*, plus du côté de Rome, est la ruine du petit *temple du dieu Radicolo* (dieu du retour). Ce temple est improprement désigné, comme celui consacré par les Romains à célébrer la levée du siége de Rome par Annibal; il fut construit au temps de Néron. On suppose qu'il était dédié au fleuve *Almone* qui coule presque à ses pieds; les colonnes du portique sont entièrement détruites; l'enceinte est entourée de pilastres percés de petites fenêtres, et de demi-colonnes en regard du chemin transversal qui relie la *via Appia* et la *voie Latine*.

Nous errons plusieurs heures dans la *vallata della Caffarella*. L'aménité de cette journée printanière nous enlace et nous charme.

« J'envie l'habitation de la paysanne qui garde le Temple de Bacchus, dis-je à la baronne; j'en ferais bien vite un nid ravissant pour le poëte.

— Rome attire et retient tous ceux qui vivent de la vie de l'esprit, reprit la baronne; j'y suis venue pour un mois, et voilà plusieurs années que j'y demeure. Je n'en sors que pour aller voir mes amis, et, entre tous, Garibaldi, à qui le séjour de Rome est interdit. En attendant qu'il y rentre en triomphateur, je suis pour lui comme un écho de la ville éternelle.

— Le récit que vous avez publié d'une visite à Caprera m'a fort intéressée, répliquai-je; j'ai passé la nuit à le lire.

— J'ai omis dans ces pages quelques détails familiers qui vous auraient plu, me dit la baronne; quand nous parlons au public, nous craignons d'être trop intimes, et nous sommes guindés. Je souffrais de la poitrine à Caprera. Le grand général m'y soigna comme eût fait le frère le plus tendre : chaque matin il allait traire sa vache, et m'en apportait le lait fumant. La vache qui paissait en liberté dans l'îlot était devenue rétive et presque sauvage; un jour elle échappa au héros et courut furieuse le long du rivage; Garibaldi, une tasse à la main, s'élança après elle, oubliant ses douleurs rhumatismales comme s'il se fût agi de poursuivre l'ennemi: enfin il l'atteignit, la saisit par la queue, la dompta de son poignet d'acier, et passant sa tasse sous elle, se mit à la traire. Lorsqu'il revint vers moi le visage pourpre comme la chemise de ses soldats, il me dit en riant :

« Voilà une tasse de lait qui m'a coûté plus d'efforts que ma
« campagne des Alpes. »

« Je l'avais vu au moment de cette campagne ; il montait à l'aventure le premier cheval venu de ses compagnons d'armes. Vous savez ma passion pour les chevaux ; j'en avais un anglais à cette époque, très-sûr et infatigable ; je priai Garibaldi de l'accepter.

« Voulez-vous faire de moi, me dit-il, un général de parade
« soucieux de ses armes et de sa monture ?

« — Je veux, repartis-je, vous mettre à l'abri des accidents ; vous aurez un ami dans cet animal. Il ne m'a pas quittée depuis plusieurs années, et à la façon dont il vous regarde je sens qu'il comprend mon dévouement pour vous.

« — Allons soit, répliqua-t-il, il me mènera à Rome où je vous
« trouverai. »

« Le général n'avait pas de montre ; il me fallut mille supplications pour lui en faire accepter une à répétition que je fis venir de Genève.

« Qu'ai-je besoin de savoir l'heure, m'objectait-il ; le soleil me
« la dit, et chaque étape la sonne pour moi.

« — Mais général, vous avez des ordres ponctuels à donner ; vous
« avez à fixer le moment précis des marches et des attaques.

« — Mes volontaires devinent mes ordres, me répondit-il ; on
« ne réglemente pas le patriotisme : il est toujours en éveil et en
« avance. »

« Il finit pourtant par accepter mon souvenir, et me donna en échange une chaîne et son portrait.

« Après la paix de Villafranca, Garibaldi alla dans les Romagnes ; sa marche à travers les villes et les campagnes fut un long triomphe. La municipalité de Bologne voulut qu'il logeât dans un des plus beaux palais de la ville. J'arrivai un matin dans ce palais ouvert à tous ; je traversai les enfilades des galeries et des salons peints à fresques ; je trouvai le général couché sur un lit de camp dans une toute petite chambre.

« J'espère que vous êtes contente ; me voilà installé comme un
« prince, me dit-il gaiement. J'ai de quoi loger dans ce palais une
« élégante, une raffinée comme vous ; quant à moi, je m'y sens tout
« dépaysé ; je ne suis pas né pour le luxe, et n'en peux souffrir la
« contrainte ; asseyez-vous donc sur cette chaise en attendant

« qu'on vous apporte un bon fauteuil. Vous me permettrez de
« rester étendu; je dorlotte quelques jours mon rhumatisme,
« pour pouvoir recommencer la guerre. »

« Tandis qu'il me témoignait sa joie de me revoir, sa fille, la
belle et robuste Thérésa [1], entra en secouant, comme une crinière
d'or, son exubérante chevelure; elle était suivie de sa gouvernante, une de ces énormes et cordiales Italiennes qui aiment à se
vêtir de couleurs un peu trop vives. Sa robe légère en organdi
rose, justifiée par la chaleur du jour, laissait à découvert ses bras
vigoureux; ses cheveux grisonnants et bouclés étaient serrés vers
la nuque par de grosses épingles d'or. Elle tenait à la main une
tabatière ornée du portrait du général; elle me sauta au cou et
m'embrassa à m'étouffer; puis gourmandant Garibaldi :

« N'avez-vous pas honte, lui dit-elle, de faire asseoir madame
« de la sorte; il y a pourtant des ganaches et des bergères à re-
« vendre dans ces salons où vous ne voulez pas vous tenir.

« — Ils sont pour vous, *mia cara*, répondit le général en riant
« aux éclats; soyez bien gentille. Remplacez-moi ici, et allégez-
« moi le fardeau de toute la pompe dont on m'accable. »

« En ce moment une grande foule rassemblée sous les fenêtres
du palais cria : *Viva Garibaldi !* Le peuple voulait voir le héros,
et pendant dix minutes il répéta en plein soleil ses hourras frénétiques.

« Levez-vous donc, paresseux; mettez votre habit de général,
« et montrez-vous, exclamait la gouvernante.

« — Je suis trop las, *mia cara*, » repartit le général qui continuait à causer tranquillement avec moi.

« — Vous perdez votre popularité, » s'écria la bonne femme
exaspérée.

« — Voilà le moment de me venir en aide; paraissez à ma
« place, répliqua Garibaldi, et dites à tout ce peuple qui m'aime
« que je souffre un peu.

« — Y pensez-vous, reprit la gouvernante en se rengorgeant;
« mais il faut au moins qu'on voie votre fille. »

---

[1] Quelques jours après cette conversation, les journaux annoncèrent son mariage avec M. Canzio, un des lieutenants de son père.

« Thérésa fit une moue sauvage et révoltée qui embellissait encore sa tête expressive. Les cris enthousiastes de la foule redoublaient.

« Il n'y a pas à s'en dédire, petite, » dit la gouvernante avec autorité, et, saisissant Thérésa par sa robe fort simple en jaconas bleu, elle l'entraîna après elle sur le grand balcon du palais. « Maintenant parle au peuple, Thérésa; remplace ton père. »

« Thérésa riait et saluait, mais restait muette; la gouvernante s'éventait d'une main, et de l'autre se bourrait le nez de tabac pour se donner une contenance. Placée derrière sa masse splendide, je regardais la scène. Enfin, raffermie, résolue, l'heureuse femme leva la tête : elle promena ses regards radieux sur la foule, et dit d'une voix ferme :

« Le général est un peu malade, laissez-le dormir, *illustrissimi* « *signori*, vous le verrez demain; » puis à bout d'éloquence, elle fit volte-face; et s'adressant à moi : « Je ne m'en suis pas trop mal « tirée, me dit-elle; une autre fois je n'aurai plus peur. »

« Elle prenait goût aux ovations. La foule s'éloigna comme par enchantement, en murmurant soumise : « A demain ! »

« Dès ce temps, Garibaldi méditait son expédition en Sicile. Il n'attendait que des circonstances favorables pour s'y déterminer; il m'en parla en confidence; il cherchait quelqu'un de dévoué qui pût porter ses instructions aux libéraux de Messine et de Palerme; je m'offris aussitôt. Indépendante en Italie, où je voyageais sans cesse de ville en ville, comme femme et comme étrangère, je n'éveillais aucun soupçon; j'étais sous la protection des consuls de mon pays, qui tous me traitaient avec déférence, quoique je fusse comptée parmi les libres penseurs de la jeune Allemagne.

« La mission est grave, peut-être périlleuse, » me dit avec attendrissement Garibaldi.

« — Je ne crains rien, repartis-je; et d'ailleurs je vous ai voué « ma vie. »

« Je partis, j'eus à subir une violente tempête qui me rendit fort malade. A peine débarquée à Messine, je fus arrêtée; je portais sur moi des instructions écrites, signées par Garibaldi. On me fouilla, mais j'avais si bien caché ce papier dans une doublure invisible de ma robe qu'on ne le découvrit pas. Les preuves manquant, on dut me mettre en liberté. Cependant, le soupçon entrava mes démarches et m'empêcha de faire tout ce que j'aurais voulu pour la cause de notre héros. Il triompha sans mon concours. Je voulus le voir après son entrée à Naples; j'allai un soir à Caserte pendant le siége de Capoue; je le trouvai dans la chambre d'entresol où vous êtes allée vous-même; il était entouré d'une trentaine de ses officiers à qui il dictait des ordres. En entendant prononcer mon nom il accourut tenant sa montre à la main et la faisant sonner :

« Elle ne m'a jamais quitté, *mia cara*, me dit-il en m'embras-
« sant, j'aime son tintement qui me parle de vous. »

« C'est la dernière fois que j'ai revu le général, poursuivit la baronne, mais bientôt j'irai à Caprera pour me raviver le cœur; je puise toujours une inspiration bienfaisante auprès du plus honnête homme de la terre; chaque fois qu'un événement triste ou glorieux s'accomplit dans sa vie il est bien sûr de me voir paraître[1]. »

Ces confidences de la baronne Schwart, au milieu de la vallée *Caffarella*, firent de cette journée une des plus attrayantes que je passai à Rome.

J'allai le soir à la réception de l'ambassade de France, où je trouvai une compagnie presque exclusivement composée de légitimistes et de dévots; j'eusse été mal venue d'y porter un écho de cette vie si grande et si naïve, dont quelques traits nouveaux venaient de m'être révélés. Le duc de Gramont m'attirait chaque dimanche à ses réceptions par son esprit et son exquise affabilité. Je me retirai vite ce soir-là, me sentant comme dépaysée. J'allai à l'Académie de France où j'eus le plaisir d'apercevoir en entrant dans le salon, M. Louis Curmer, le libraire parisien, aimé de toute une génération d'écrivains; je ne l'avais pas vu depuis bien des années; mais je me souvenais qu'il m'avait fait faire mes premières armes littéraires dans ses *Français peints par eux-mêmes*; il marquait pour moi le début d'une lutte ardente et tourmentée, poursuivie sans trêve et chère par ses douleurs

[1] Après la catastrophe d'Aspromonte, la baronne Schwart est accourue auprès du héros blessé et lui a prodigué les soins d'une sœur.

mêmes. « Au jugement dernier, dit un proverbe mahométan, l'encre des écrivains sera estimée au même prix que le sang des martyrs. » — M. Curmer était venu à Rome pour faire copier les belles miniatures des Bibles et des Psautiers de la bibliothèque du Vatican, de la bibliothèque de la *Minerva*, et de la bibliothèque *Barberina*. Le pape, les cardinaux Antonelli et Barberini facilitèrent son entreprise, qui devait propager les patients chefs-d'œuvre de l'art chrétien ; M. Curmer causait avec son ami M. Delâtre comme j'arrivai ; nous eûmes tous les trois, le reste de la soirée, une conversation très-vive et très-gaie sur le gouvernement papal. M. Curmer le voyait sous les plus riantes couleurs et me reprochait de le juger en critique.

« Vous voilà déjà *enguirlandé* comme mes six colonels de l'autre soir, » lui dis-je en lui désignant ces messieurs, assis à des tables de jeu.

XLI

Je passais chaque lundi trois ou quatre heures dans les galeries du Vatican, ne me lassant pas de la sereine compagnie des dieux et des déesses. Ce lundi (8 avril 1861), je m'y oubliai plus longtemps, contemplant attentive et notant toutes les statues dont j'ai parlé à mes lecteurs. Quand je revins sur la place Saint-Pierre, mes jambes ne me portaient plus ; je montai en voiture et dis au cocher d'aller à S. *Onofrio*, où le souvenir du Tasse m'attirait. Arrivés au bas de la *salita* qui mène au couvent, le cocher m'avertit qu'il fallait la gravir à pied ; ma lassitude y mit obstacle ; je renvoyai l'excursion à un autre jour : ainsi l'on part pour voir un ami et l'on revient sans l'avoir vu. Les amis des poëtes sont les ombres des grands génies qui chantèrent et souffrirent avant eux. Je me fis conduire au *Ghetto*, situé dans le quartier S. *Angelo*, le plus sale et le plus petit des quatorze *rioni* (régions) de Rome[1].

[1] Sous Auguste, Rome et ses faubourgs étaient aussi divisés en quatorze *régions*.

Ma voiture se croise avec une grande charrette débordante de paille blonde; un superbe adolescent est couché au sommet; sa tête renversée dessine sur l'azur son profil grec; ses cheveux bouclés que l'air soulève ont le ton doré de son lit de chaume; c'est un type rare parmi les bruns Romains, sa beauté est olympienne : on dirait le fils de Cérès.

Nous traversons le pont Sixte et tournons à droite; nous passons devant les ruines du *portique d'Octavie;* ses quatre colonnes cannelées, ses deux pilastres et son arc brisé abritent aujourd'hui un infect marché aux poissons. Ce monument, dédié par Auguste à sa sœur Octavie, était un des plus élégants de Rome. Un double rang de colonnes entourait une cour où étaient les Temples de Jupiter et de Junon; les plus belles statues grecques décoraient ce magnifique portique.

Me voilà aux abords du *Ghetto*, gardé par des soldats pontificaux. Il y a à peine quelques années que des chaînes de fer cadenassaient le Ghetto dès le soleil couchant et empêchaient les parias qui l'habitent de sortir la nuit de leur quartier infect. Les juifs sont encore régis, à Rome, par des lois exceptionnelles; ils y sont en butte aux plus iniques vexations. Je traverse la rue marchande du Ghetto, couloir étroit comme les ruelles de Gênes et de Venise; une puanteur horrible s'en exhale. Vêtus de loques crasseuses, les hommes et les femmes, assis sur des escabeaux, travaillent sur les portes de petites échoppes sales et accroupies comme les êtres qui les habitent; des nuées d'enfants déguenillés grouillent sur le pavé; toutes les faces sont jaunes et maladives; tous les corps déformés. Cette population misérable forme comme une lèpre incrustée aux murs. La voiture avance à grand' peine; les roues heurtent les pieds et les jambes; l'air est obstrué par une âpre vapeur d'haleines. Les nuages noirs qui s'enroulent dans le ciel rendent ce tableau encore plus funèbre; le tonnerre gronde : de larges gouttes de pluie maculent le sol et les vêtements comme des insectes qu'on écrase. J'arrive devant la synagogue, monument sans caractère dont je trouve la porte fermée; je suis la *via Cenci*, je m'arrête devant le palais *del Padre infame;* en ce moment, un orage formidable éclate; l'eau inonde ma voiture; je veux chercher un abri, attendre et me renseigner. La rue

Cenci et celles qui y aboutissent sont désertes, tous les juifs se sont précipités dans leurs bouges. En traversant de nouveau le Ghetto, je ne vois plus que des maisons closes ; je sors du quartier maudit (qui finit au pont des *Quattro Capi*). A gauche, les arcades du théâtre Marcellus, assombries par la pluie, ressemblent à des blocs de basalte.

XLII

La jolie place *della Bocca della Verità*, où sourit dans sa grâce pudique le *Temple de Vesta*, était un des coins de Rome où je revenais sans cesse. Je la traversai le surlendemain pour voir sur le *mont Aventin* les églises qui ont remplacé les temples antiques. Cette colline, la plus basse des sept collines de Rome, en est aujourd'hui la plus déserte. Elle était autrefois couronnée par les Temples de Diane, de Minerve et de Junon, par le Temple de la *Bonne Déesse*, dont parle sans cesse Cicéron, par l'*Armilustro*[1], le *portique de la Liberté*, le *Palais privé de Trajan*, les *Thermes de Varus et de Decius*, et par l'*aqueduc de Trajan*[2]. Plusieurs autres monuments moins célèbres décoraient encore l'Aventin. De tous ces édifices il reste à peine quelques vestiges. Je gravis un des versants de l'Aventin, en suivant la *via Santa Sabina*. J'entre d'abord dans l'église de *Santa Maria Aventinense*, construite à la fin du douzième siècle, restaurée au dix-huitième, par *Piranèse*, qui la surchargea d'ornements. Je trouve dans la nef un beau sarcophage antique, où sont sculptées les muses, et qui sert de sépulture à l'évêque Spinelli. Le joli jardin du prieuré des chevaliers de Malte sourit à côté de l'église ; puis se déroule la place bizarrement décorée par *Piranèse*. Un chemin, à droite, conduit au *bastion de Paul III*, fortifications inachevées, construites par ce pontife pour défendre ce côté de Rome. Me voilà sur le sommet de l'Aventin, les églises et les couvents y ont remplacé les temples. L'église de

[1] Temple où l'on purifiait les armes.
[2] Qui reliait l'aqueduc de Claude et conduisait une partie de ses eaux sur l'Aventin.

S. Alexis s'élève à l'endroit même où, suivant la légende, fut le palais du père de ce saint, qui était sénateur romain. Saint Alexis vécut dix-sept ans dans la maison paternelle, inconnu et mendiant; il se nourrissait des restes de la table et couchait sous la voûte humide d'un escalier où on lui avait permis de s'abriter. On se demande en quoi cette longue pénitence inactive pouvait être agréable à Dieu? Tout près de l'église S. Alexis est l'église de *Sainte-Sabine*, bâtie au cinquième siècle, comme l'atteste encore une inscription en mosaïque qu'on voit sur la porte principale. L'église est divisée en trois nefs par vingt-quatre colonnes cannelées, d'ordre corinthien, en marbre blanc. Dans la chapelle du fond de la nef de droite se trouve la *Madone du Rosaire*, toile célèbre de *Sasso Ferrato*; la Vierge et l'enfant sont au centre du tableau. Saint Dominique, agenouillé à gauche, reçoit un chapelet que lui tend Marie; sainte Catherine de Sienne, agenouillée à droite, en reçoit un autre que lui tend Jésus, dont la main mignonne effleure la couronne d'épines, surmontée d'une auréole, qui perce le front de la sainte; trois anges souriants (et trois têtes d'anges) planent au-dessus de la Vierge; à ses pieds est une couronne de fleurs. L'expression céleste de chaque figure et le fini de chaque détail font de cette composition une œuvre rare. En sortant de l'église, on voit à gauche les ruines du château que le pape Honorius III fit construire et habita sur l'Aventin au treizième siècle. Poursuivant mon excursion, je rencontre bientôt l'église de *Santa Prisca*, une de plus anciennes de Rome. La sainte avait là sa maison, où elle fut baptisée par saint Pierre, ainsi que plusieurs autres païens; l'église fut érigée au troisième siècle et restaurée plus tard par le cardinal Benedetto Giustiniani. Quatorze colonnes antiques la divisent en trois nefs. Ces colonnes appartenaient sans doute aux Temples de Diane et de *Minerva Aventinensis*, situés sur cette partie de l'Aventin. Dans un champ à gauche de l'église sont les débris de l'*aqueduc de Trajan*. On s'oublierait volontiers des journées entières sur cette colline mémorable où les souvenirs de l'antique Rome se heurtent à chaque pas aux souvenirs des premiers siècles chrétiens. Sainte Sabina, sainte Prisca, sainte Cecilia, sainte Prasseda et sainte Pudenziana, quels doux noms de jeunes martyres romaines! Belles comme les plus chastes des déesses de l'Olympe, leur robe blanche et droite flottant jusqu'à leurs pieds nus, une palme à la main et le front ceint d'étoiles, l'esprit les voit errer autour des temples qui leur furent élevés.

Nous venons de parcourir les églises de Sainte-Sabina et de Sainte-Prisca, sur l'Aventin; celles des deux sœurs sainte Prasseda et sainte Pudenziana sont sur l'Esquilin, dans le voisinage de Sainte-Marie-Majeure; Sainte-Cecilia est dans le Transtévère. Toutes ces églises des vierges sacrées sont les plus anciennes de Rome. A Sainte-Prasseda se trouvent des mosaïques du neuvième siècle et de magnifiques degrés en rouge antique montant de la nef au chœur. A Sainte-Pudenziana, douze colonnes antiques en marbre noir et le puits où la sainte recueillit le sang de trois mille martyrs; à Sainte-Cecilia, la chapelle de la sainte est construite sur un bain antique. Ces cinq églises des jeunes martyres eurent pour fondement les maisons mêmes qu'elles habitèrent. Après les demeures passagères de leur vie les demeures plus durables de leur apothéose.

Je reviens par une route abrupte sur la place *della Bocca della Verità* où je retrouve ma voiture; je traverse le *ponte Rotto* relié au pont de fer. Je parcours plusieurs rues du Transtevère et j'arrive devant la basilique de *Santa Maria in Trastevere*. Cette basilique s'élève sur l'emplacement du *Taberna Meritoria*, asile des invalides de l'antique Rome où résidaient les vieux soldats qui avaient bien mérité de la patrie. *S. Maria in Trastevere* fut bâtie au commencement du troisième siècle et reconstruite en 1139; les belles mosaïques qui décorent la façade sont de cette dernière époque. Je les considère avant de pénétrer dans l'église; elles représentent Marie ayant d'un côté les cinq vierges sages, et de l'autre les cinq vierges folles; ces figures sont expressives et naïves. Le portique, du dix-huitième siècle, fut érigé par Clément XII; il est formé par quatre colonnes de porphyre et contient de précieuses inscriptions antiques. En entrant, on est frappé par la majesté des trois nefs soutenues par vingt et une colonnes énormes en granit; deux autres colonnes soutiennent le grand arceau; sur plusieurs de ces colonnes, provenant du *Temple d'Isis et de Sérapis*, sont sculptées les figures de ces divinités. Au centre du plafond à caissons dorés est une belle Assomption, du Dominiquin ; le chœur est revêtu d'une mosaïque du douzième siècle qui représente Jésus-Christ et la Madone entourés de saints. Sur d'autres mosaïques du treizième siècle se déroulent plusieurs traits de la vie de Jésus. Deux belles mosaïques antiques, l'une représentant des oiseaux et l'autre un port de mer, se voient sur le dernier pilastre, à gauche du maître-autel.

Du *Transtévère* je reviens au *Ghetto* pour voir le *palais Cenci*, où l'orage de la veille m'a empêché de pénétrer. Ce palais immense, aujourd'hui habité par des juifs, est divisé en deux corps de logis communiquant l'un à l'autre par une grande porte cintrée et un escalier qui aboutit dans une cour intérieure. Un des deux palais était sans doute réservé à la vie mystérieuse de ce père monstrueux qui notait ses crimes et ses débauches comme d'autres feraient d'actes glorieux. La fortune énorme du misérable défrayait ses plus effroyables turpitudes et achetait le silence des cardinaux. On trouva dans les livres de compte de *Cenci* ces lignes significatives : « Pour les aventures et *peripezie* de *Toscanella*, trois mille cinq cents piastres (soixante mille francs) *e non fu caro*, » ajoute l'infâme ! Il était d'une sordide avarice ; il refusait le nécessaire à ses enfants, mais il prodiguait l'or pour assurer la réussite de quelque jouissance abominable longtemps méditée. Le forfait commis, il s'en repaissait, le savourait et en prenait note avec un sourire de Néron. Il se répétait satisfait : *e non fu caro !*

J'entre, à droite, dans le plus grand des deux palais et le mieux conservé, que quelques vieux juifs déguenillés, accroupis sur leur porte, me désignent comme celui où la *bella Cenci* fut tenue prisonnière par son père. *Figlia infelice !* ajoute l'un d'eux, qui paraît mieux connaître la sinistre histoire.

Je traverse une vaste cour intérieure à colonnes et monte l'escalier qui conduit au premier étage. Je sonne en vain à toutes les portes. Le *palais Cenci* est habité par des commerçants juifs qui sans doute sortent chaque jour de leur quartier infect pour aller traiter d'affaires dans le centre de la cité. J'erre quelques instants dans les corridors et la cour déserte, je passe de nouveau sous la grande arcade de la porte sombre, aux pierres noircies, qui forme un saisissant décor. Je crois voir Beatrice, frêle et charmante, s'avancer épouvantée sous cette voûte, entrée d'un enfer aux supplices honteux. Pauvre enfant dont la vie et la mort ne pouvaient avoir pour théâtre que Rome papale! car la chasteté absolue, décrétée comme une loi divine, a pour corollaire l'hypocrisie, et pour antithèse secrète des atrocités et des débordements qui surpassent ceux du monde antique.

XLIII

Le jour suivant, j'allai visiter avec M. Louis Curmer la *villa Ludovisi*, située sur une partie des jardins antiques de Salluste. L'historien romain, à son retour d'Afrique, où il avait gouverné au nom de César, se fit bâtir un palais au milieu de jardins magnifiques qui s'étendaient dans la vallée comprise entre le Quirinal et le Pincio et sur un plateau de cette dernière colline. — Après la mort du neveu et de l'héritier de Salluste, ces jardins devinrent une propriété impériale ; Néron y résidait parfois ; Vespasien aimait à s'y recueillir ; Nerva y mourut et Aurélien, le vainqueur de Palmyre, s'y retira. Ce dernier prenait plaisir à faire courir ses chevaux sous le portique voisin, *Miliarensis*, ainsi nommé des milles colonnes qui le décoraient. Palais, statues, obélisque [1], cirque, temple de Vénus abrités sous ces ombrages, furent saccagés et incendiés par Alaric. Il reste encore des vestiges de plusieurs des édifices que renfermaient les jardins de Salluste et une partie des murailles majestueuses creusées en forme de niches, qui étayaient le versant du Quirinal. Tout près, dans la *vigna Barberini*, on distingue l'emplacement de l'*Aggere* de Servius Tullius. Au-dessous, du côté de Rome, était le *Champ scélérat* où l'on ensevelissait vivantes les vestales impudiques. « La vestale qui a violé ses vœux de virginité, dit Plutarque, est enterrée vivante près de la porte Collino. Il y a dans cet endroit, en dedans de la ville, un tertre d'une assez longue étendue, qu'en langue latine on appelle une levée. On y a construit un petit caveau, où

[1] Il décore aujourd'hui la place de la *Trinità de' Monti*.

l'on descend par une ouverture pratiquée à la surface du terrain, on a placé dans le caveau un lit, une lampe allumée et une petite provision des choses nécessaires à la vie; du pain, de l'eau, un pot de lait et un peu d'huile, comme pour dissimuler qu'on force à mourir de faim une personne consacrée pour les plus augustes cérémonies. Celle qui a été condamnée est mise dans une litière, qu'on ferme exactement et qu'on serre avec des courrois de manière que sa voix ne puisse pas même être entendue, et on lui fait traverser les places publiques. Alors tout le monde se range, et suit d'un air morne et dans un profond silence. Il n'est point de spectacle plus effrayant à Rome, point de jour où la ville présente un aspect plus lugubre. Quand la litière est arrivée au lieu du supplice, les licteurs délient les courroies. Le grand pontife, avant l'exécution, fait certaines prières secrètes et lève les mains au ciel. Il tire ensuite de la litière la patiente, couverte d'un voile, la met sur l'échelle par où l'on descend dans le caveau, et puis s'en retourne avec les autres prêtres. Elle arrivée au bas, on remonte l'échelle et l'on recouvre le caveau en y amoncelant de la terre jusqu'à ce que le terrain soit de niveau avec le reste de la levée. Tel est le châtiment des vestales qui ont violé le vœu sacré de virginité. »

Les fondements des murs qui enceignaient l'*Aggere*, sont formés par de grands blocs carrés en tuf noir. A côté de ces murs est la *villa Ludovisi*, élevée au dix-septième siècle, par le cardinal de ce nom, neveu de Grégoire XV. Le parc et le jardin de la villa Ludovisi touchent à la *villa Médicis* et se groupent sur le *Pincio* depuis la porte *Pinciana* jusqu'à la porte *Salara* (ou *Colline*). Un vent effroyable mugissait dans la campagne au moment où nous arrivâmes à la *villa Ludovisi*; les branches des arbres se brisaient en se tordant; les feuilles et les fleurs jonchaient les allées que nous traversions; on eût dit les gémissements des Vestales enterrées vivantes et les clameurs des spectres des Césars qui habitèrent les jardins de Salluste. Qui sait si les voix de la nature n'expriment pas les plaintes des morts?

Trois palais séparés composent la *villa Ludovisi*. Le plus grand des trois, bâti sur un plan du Dominiquin, et dont la façade est ornée de quatre statues antiques, sert d'habitation et ne renferme aucun objet d'art. Dans un second palais, ou plutôt dans une galerie à un seul étage, à droite en entrant dans les jardins, se trouve la collection des marbres grecs et romains. Une première salle où nous pénétrons renferme une *Cléopâtre nue* d'une beauté troublante. A côté est le buste superbe de *Matidia Augusta*, nièce de Trajan. Voici un sénateur dans sa chaise curule qui revit dans le marbre avec sa fierté de vieux Romain ; c'est l'œuvre du sculpteur grec Zénon. Une tête colossale de Junon est aussi une œuvre grecque d'une imposante majesté. Les statues colossales de Vespasien et d'Auguste en habits sacerdotaux, sont surtout admirables par la beauté des draperies. Un buste grec de *Minerva Medica* est sorti à coup sûr du cerveau d'un émule de Phidias. Le groupe d'*Oreste reconnaissant Electre*, traduit en marbre la magnifique scène de *Sophocle*. Quelle grâce dans ce satyre enfant ! c'est bien là la puberté voluptueuse et riante. *Mars au repos* semble combattre encore, tant son visage altier respire la victoire. Le groupe de *Bacchus et Ampelus* (marbre grec trouvé sur le Quirinal) anime une page d'églogue antique ; c'est le paganisme dans toute sa hardiesse ; le dieu du vin regarde tendrement l'éphèbe qui lui sourit d'un sourire de femme. Une grave figure d'Antonin le Pieux contraste avec ce groupe. Un second buste colossal de Junon vaut le premier que j'ai signalé. *Mercure* et *Apollon-berger* sont deux superbes statues grecques. Au milieu de tous ces marbres antiques, le groupe de *Pluton ravissant Proserpine*, de Bernini, attire par le mouvement et l'audace.

Le troisième petit palais de la *villa Ludovisi* renferme deux plafonds du Guerchin : l'un représente l'*Aurore*, fresque mille fois décrite ; l'autre, *une Renommée sonnant de la trompe*. Je préfère à ces œuvres célèbres quatre petits paysages, deux du Dominiquin et deux du Guerchin. Ce sont de suaves et poétiques fragments de la campagne romaine : dans l'un est une belle ruine ; dans le second une barque et des paysans d'une vérité inouïe ; dans le troisième une cascade qui semble répandre la fraîcheur à l'entour ; dans le quatrième de merveilleuses montagnes tout rayonnantes de soleil. Ces quatre tableaux tranquilles ravissent le regard.

La bourrasque qui s'apaise nous permet de parcourir les jardins. Du côté qui touche à la villa Médicis nous dominons Rome entière. Nous marchons à l'ombre de belles allées de citronniers et d'orangers. Des statues, des bustes, des urnes et des bas-reliefs alternent avec les arbres et les massifs de fleurs. Parmi ces marbres un superbe satyre attribué à Michel-Ange trône radieux. Près de l'entrée de la villa est le bloc énorme de granit égyptien qui formait la base de l'obélisque du cirque de Salluste. Tout près, deux grands platanes d'Orient qui bruissent comme des harpes éoliennes, découpent leurs feuilles dans l'azur.

Nous passons la *porte Salara* et suivons le mur extérieur de Rome jusqu'à la *porte Pia*. La voiture suit la voie *Nomentana* et s'arrête à l'église de *Sainte-Agnès*; elle fut érigée par Constantin le Grand, à l'inspiration de sa fille Constance. Sainte Agnès, une de ces jeunes et touchantes martyres romaines qu'il faut ajouter à celles que j'ai citées, avait été inhumée dans un cimetière où s'éleva l'église. Sous le maître-autel repose aujourd'hui le corps de la sainte, qui fut retrouvé intact. Une galerie supérieure de plain pied à la voie *Nomentana*, se trouve au-dessus de l'église. L'ancien niveau du sol s'étant successivement exhaussé, il fallut construire un escalier pour descendre dans la basilique. Cet escalier a quarante-cinq degrés de marbre; sur les parois qui l'encadrent on voit le même nombre d'inscriptions sépulcrales et l'épitaphe faite par S. Damas pour la sépulture de sainte Agnès. A l'entrée est un vestibule intérieur soutenu par des colonnes rappelant le portique de Sainte-Sophie à Constantinople. Seize colonnes antiques, dépouilles du Palais d'Or de Néron et du Portique d'Octavie, divisent l'église en trois nefs. Le baldaquin du maître-autel repose sur quatre colonnes de porphyre. Sous cet autel en marbre précieux est le corps de sainte Agnès, et au-dessus une statue de la sainte, dont le torse, en albâtre oriental, est celui d'une statue antique; on a complété cette figure par des additions modernes en bronze doré. La belle mosaïque du chœur date du pape Honorius Ier, qui réédifia l'église au septième siècle. Sainte Agnès y est représentée vêtue en impératrice d'Orient; à ses côtés sont les papes saint Honorius et saint Adrien. Un magnifique candélabre antique à feuilles d'acanthe en marbre de Paros, se dresse près du pupitre du maître-autel. Sur un des autels de la nef de droite, se trouve une tête de Christ sculptée par Michel-

Ange. La construction intérieure de Sainte-Agnès rappelle celle des basiliques civiles de l'antique Rome qui, voisines des Forum, servaient à la fois de cours de justice et de bazars aux marchands. Pie IX a fait récemment restaurer et enluminer de peintures criardes l'église primitive. Un nommé *Gagliardi* a exécuté le martyre de sainte Agnès sur l'arc du chœur. Je prie le lecteur de retenir le nom de ce manœuvre à qui j'applique en le paraphrasant le mot de Tertullien que j'ai cité plus haut : quand on n'a plus la foi des âmes on ne sait plus peindre les corps. — Nous remontons l'escalier de marbre et visitons dans la cour, au-dessus de l'église, la salle *Canonica* dans laquelle Pie IX s'arrêta le 12 avril 1855, en revenant de visiter dans les Catacombes l'oratoire de Saint-Alexandre nouvellement découvert. Au moment où le pape, entouré de sa cour, admettait au *baisement de pied* les membres du collège de *la Propagande de la foi*, la voûte de la salle s'écroula. Pie IX s'enfuit du milieu des décombres, et pour récompenser la sainte de l'avoir miraculeusement sauvé, il lui gâta son vieux temple majestueux en le repeignant et en le redorant à neuf. Dans la salle même, une fresque détestable rappelle cet événement tragico-burlesque; le sauve-qui-peut général reproduit par le peintre est des plus bouffons.

De l'autre côté de la cour, dans un champ inculte, se trouve la *Rotonde de Sainte-Constance*; un jeune custode aux grands yeux noirs et à la chevelure frisée, nous ouvre les portes de cette curieuse église. La tête expressive de ce magnifique adolescent ressemble si peu à celle d'un bedeau, que je lui conseille de se faire soldat de Garibaldi. — « *Lo farò!* me répondit-il; déjà deux de mes frères sont auprès *di questo santo uomo.* » Le nom de saint, longtemps donné à Rome aux martyrs de la foi, l'est aujourd'hui à celui qui confesse la patrie et la relève par son héroïsme.

L'église de Sainte-Constance fut primitivement le baptistère de l'église de Sainte-Agnès. Constance, sœur de Constantin et Constance sa fille y furent baptisées; il servit ensuite de sépulture à la famille de cet empereur. Au centre était le grand tombeau en porphyre rouge qu'on voit au Vatican et dont les bas-reliefs représentent des génies cueillant des raisins; des génies tout semblables figurent sur la mosaïque qui revêt la voûte circulaire de la *Rotonde de Sainte-Constance.* Ces décorations, empruntées au paganisme, firent croire que l'édifice que nous visitions avait été un temple à Bacchus; mais des décorations du même genre se retrouvent dans plusieurs églises byzantines et sur les tombeaux des Catacombes; l'art chrétien naissant empruntait à l'art antique ses symboles; la théogonie nouvelle ne s'était pas encore entièrement dégagée du ciel de l'Olympe. Un autel renfermant les corps de sainte Constance et de sainte Emerenziana s'élève aujourd'hui au milieu de la rotonde. Vingt-quatre colonnes doubles en granit forment le péristyle intérieur. Un corridor extérieur entourait autrefois l'édifice; il est presque entièrement détruit. L'architecture de *Sainte-Constance* rappelle celle des Baptistères byzantins de Ravenne que j'ai décrits.

XLIV

Le palais Borghèse est, parmi les palais à voir à Rome, le plus rapproché de l'hôtel que j'habitais; je remettais toujours au lendemain la visite de sa superbe galerie de tableaux; enfin, le vendredi (12 avril 1861) j'allai passer l'après-midi dans cette glorieuse compagnie des œuvres des grands maîtres. Je note ce jour parce qu'il régnait à Rome, depuis le matin, une certaine émotion. Les pulsations publiques sont rares dans la cité papale. Le réveil a commencé dans les âmes, mais la léthargie continue à engourdir les corps. On devait célébrer le soir, par des illuminations, l'anniversaire du retour de Pie IX de Gaëte. Gaëte, réunie désormais à l'Italie indépendante, restait dans le souvenir du pape le donjon sacré de la tyrannie où il s'était enfui en reniant la liberté. On annonçait que la fête des *codini* serait troublée par des protestations patriotiques. Une petite émeute en expectative ne me déplaisait pas. En attendant ce spectacle, j'en savourais un plus calme au palais Borghèse, construit au seizième siècle par l'architecte Martino Longhi. Avant d'entrer dans la galerie, je m'arrêtai dans la cour majestueuse entourée de portiques soutenus par quatre-vingt-seize colonnes en granit d'ordre corinthien. Quatre statues colossales de Julia, de Sabina, de Cérès et d'Apollon sont les gardiennes silencieuses de ce beau péristyle. Au fond sourit un joli petit jardin, une sorte de *Nymphée* de la Renaissance où un jet d'eau retombe à travers des rocailles. Sous le portique de gauche s'ouvre la petite porte de la galerie située au rez-de-chaussée ; sous celui de droite monte l'escalier qui conduit aux appartements privés du prince Borghèse et de sa famille. Au moment où j'arrive, une voiture aux armes de Naples s'arrête dans la cour ; j'en vois descendre les deux sœurs de François II accompagnées d'une gouvernante ; elles vont faire visite à la princesse Borghèse ; leur tournure est élégante et leur visage gracieux. Le prince Borghèse est le plus réactionnaire des princes romains ; il professe un culte exclusif pour les rois légitimes et pour le pouvoir temporel ; il semble renier l'alliance récente qui unit son nom au nom des Bonaparte.

Le premier tableau qui me frappe en entrant dans la galerie est un petit portrait de Raphaël très-jeune peint par lui-même ; la bouche est fraîche et naïve. A côté est le portrait de Savonarole, par Filippo Lippi : cet œil éclatant, ce profil sévère, me causent un saisissement d'apparition ; c'est Lamennais qui se ranime et va me parler. Tout près est le portrait de la Laure de Pétrarque, blonde, svelte et jolie ; son sein se meut en deux ondulations de neige ; elle est coiffée d'une résille de satin blanc brodé de perles. La deuxième salle, où deux petits jets d'eau murmurent dans des coupes de porphyre, est remplie par l'étrange splendeur du portrait de César Borgia ; il est là, triomphant, à deux pas de la rive du Tibre qui a vu son crime. Assassin fratricide, il sourit et séduit ; tout-puissant, il défie la justice ; ironique, il méprise l'histoire ; impie, il n'a pas peur de Dieu. Tous ceux qui passent s'arrêtent éblouis devant ce scélérat prestigieux. Il est vivant, ranimé, éternisé par le génie de Raphaël ; sa taille cambrée se dessine élégante dans un justaucorps de velours noir à crevets de satin blanc. Des manchettes brodées de rouge, et comme aspergées de gouttelettes de sang, encadrent ses mains fines et superbes ; la gauche s'appuie sur sa taille, la droite sur la poignée d'une dague ; sa barbe, ses moustaches et ses cheveux sont roux ; une longue plume du même ton fauve flotte sur sa toque de velours noir aux ornements d'or déliés. Quel grand air aristocratique! quel œil profond et terrible! les narines ouvertes aspirent les joies sinistres! la bouche est insolente et sensuelle. Dans la même salle se trouve la *Descente de Croix* peinte par Raphaël à vingt-quatre ans, et que la gravure a mille fois reproduite.

Au milieu de la troisième salle se dresse une magnifique table en vert antique. J'admire tour à tour la gracieuse *Vénus au bain*, de Jules Romain, deux *Saintes familles* ineffables, d'André del Sarto; la *Danaé*, du Corrége, toile classique connue de tous. Un portrait superbe de Cosme Ier de Médicis, par *Bronzino*, et le *Christ à la colonne*, de Sébastien del Piombo : la tête du Rédempteur fléchit sous les angoisses de l'humanité tout entière. Dans le quatrième salon, la *Sibylle de Cumes*, du Dominiquin, tressaille et prophétise comme aux temps antiques; à côté de la sibylle, la chaste *Lucrèce*, dans sa draperie blanche, regarde et sent la mort venir. Cette Lucrèce est l'œuvre inspirée d'Elisabeth Sirani, qui semble avoir exprimé dans cette figure le pressentiment de sa fin hâtive [1]. Je m'arrête ravie dans la cinquième salle, devant la *Chasse de Diane*, du Dominiquin : une des nymphes assises est belle comme un marbre grec; son dos splendide frissonne; ses cheveux, d'un blond ardent, sont massés en nattes nombreuses; un groupe adorable de chasseresses sourit à la déesse qui les conduit. *La Vénus du Pandavino*, prête à se vêtir, fait dire à chacun : ne te vêts pas! le même salon renferme un saisissant portrait d'*Orazio Giustianini*, prêtre de l'Oratoire et bibliothécaire du Vatican, par Andrea Sacchi; sa tête méditative, son œil noir qui interroge rappellent le portrait du doge de ce nom, qui fut sans doute un de ses ancêtres. Une merveilleuse copie des *Trois Ages*, du Titien, égale la beauté du tableau original. Sur le premier plan, à droite, au milieu d'un paysage tranquille, trois enfants nus et radieux jouent au pied d'un arbre; à gauche est le groupe heureux d'un homme et d'une femme qui s'aiment; un vieillard morne et triste les regarde sur le second plan; au fond, un berger fait paître ses moutons. J'arrive dans la petite galerie, dont les parois sont couvertes de gracieuses peintures sur glace aux encadrements de stuc et d'or;

---

[1] Voir, page 366, tome II de *l'Italie des Italiens*.

rien de charmant comme ces Amours et ces fleurs se groupant sur ce fond lumineux. Le pavé est en marbres rares. On respire là, par les jours brûlants, une fraîcheur délectable. Une table en marqueterie de rouge antique et d'albâtre oriental y convie à savourer des sorbets. Je pénètre dans la *chambre ovale* qui est au fond de la galerie ; on la voudrait à soi cette chambre olympienne toute d'or et d'azur ; elle n'a pour décoration divine que trois fresques de Raphaël[1] ! Sur l'une est un groupe ailé de sagittaires antiques tirant de l'arc ; le but est un hermès couvert d'un grand bouclier déjà percé de plusieurs flèches. Sur l'autre, Alexandre et Roxane vont s'unir ; les femmes qui les accompagnent sont plus attrayantes encore que l'épousée ; la troisième fresque représente l'hymen accompli ; une nichée d'Amours s'y enlace comme dans un bas-relief grec. Quel gynécée clos et discret que cette *chambre ovale* au jour voilé, au plafond bas et voluptueux ; le scintillement des étoiles s'y infiltre à peine la nuit ; y berçant le repos ou l'amour, le Tibre murmure à côté. A-t-elle dormi là, la païenne Pauline, la Vénus Borghèse dont Canova tenta l'apothéose ? Son frère fut dieu par la gloire, elle fut déesse par la beauté. Un petit escalier conduit de la chambre au balcon qui couronne la fontaine en regard du *port Ripetta* où chaque nuit errent les deux spectres des frères Borgia : l'assassiné et l'assassin. Les morts faits par la main violente des hommes ou par la main inévitable du temps, se confondent dans le même néant. En sortant de la *chambre ovale*, on traverse un joli boudoir rond, revêtu de moulures en stuc ; on y rêve une baignoire d'albâtre.

Une nouvelle série de salons continue à gauche la galerie de tableaux : dans le premier sont les *Trois Grâces*, du Titien ; un ravissant Amour s'appuie sur l'épaule de l'une d'elles. *L'Amour sacré et l'Amour profane*, tableau célèbre du même maître, me frappe plus par le coloris que par le charme des figures. Le *Saint Jean-Baptiste prêchant dans le désert*, de Paul Véronèse, a bien la rudesse d'un précurseur. Tout précurseur, mineur et pionnier, frayant la voie, doit battre en brèche les contradicteurs. Le *Samson enchaîné*, du Titien, est d'une réalité puissante. Cha-

---

[1] Ces trois fresques furent transportées là du Casino détruit de la villa Borghèse.

que muscle du corps nu exprime la force. *Vénus, un Satyre et l'Amour*, par Paul Véronèse, est un tableau traité à la manière antique ; le satyre convoite la déesse de ses yeux lascifs et lui offre une corbeille de fruits qu'il porte sur sa tête. Sans croire à sa divinité, on s'incline devant le Christ crucifié de van Dyck ; c'est un bienfaiteur des âmes qui expire avec la mansuétude du dévouement et l'angoisse d'une doctrine nouvelle ; cette tête navrée murmure en expirant : « Ne doutez pas de moi, je meurs pour vous. » Un petit cadre de Rembrandt est d'un effet immense : la caravane fuit dans le désert, on voudrait la suivre ; on parcourt en esprit l'Orient. Ce placide paysage où se groupent des vaches, est un des meilleurs ouvrages de Paul Potter. Teniers est représenté dans la galerie Borghèse, par une petite toile exquise. L'insignifiante femme de notre Henri IV, Marie de Médicis, a inspiré à van Dyck un de ses plus beaux portraits : la reine est en habits de veuve ; sa main très-belle tient des roses, qui se détachent sur le vêtement noir, sa tête a gardé de fins contours ; le corps, trop gras, a perdu toute élégance ; les chairs, les étoffes et tous les accessoires sont traités avec la patience du génie.

En sortant du palais Borghèse, je trouvai dans le Corso une foule assez compacte ; on se parlait par groupes des préparatifs de la fête du soir : les pauvres avaient reçu l'ordre d'illuminer et d'employer en chandelles et en lampions l'argent de la représentation théâtrale donnée à leur profit par les soldats français ; la distribution de cet argent ne fut faite qu'à cette condition. On avait multiplié les transparents allégoriques ; chaque palais public et chaque monument en portait un sur sa façade. La nuit vint, Rome s'éclaira de mille feux.

Je parcourus en voiture, avec des amis, les principaux quartiers. Sur l'obélisque de la place du Peuple était suspendu le portrait de Pie IX, éclairé *a giorno*, avec cette inscription en grosses lettres : *Pontife et roi*. — *Non re*, murmure la foule qui passe.

Au Corso, au-dessus de la porte du club des *Zouaves du pape et des légitimistes*, rayonne un transparent représentant la *barque de saint Pierre* soulevée par la tempête, symbole de la révolution italienne ; un ange intervient et calme les flots. Cette œuvre de circonstance est sortie du pinceau dévot du trop fameux *Gagliardi*, peintre officiel du Saint-Père, auteur du grotesque *Martyre de sainte Agnès* et d'une foule d'autres détestables tableaux d'église; le peintre a reçu cinq cents écus pour ce barbouillage de circonstance que le peuple salue à coups de pierres. La place du Panthéon est encombrée de curieux. Vis-à-vis du portique du temple antique se dresse un transparent énorme : Pie IX, transformé en archange Michel, terrasse le démon ou l'hydre de l'anarchie. La tête du monstre est celle de Victor-Emmanuel. Un rassemblement compacte proteste contre cette allégorie avec indignation; les bras se démènent, les voix mugissent, quelques Romains courageux crient : *Viva il re d'Italia*; les gendarmes pontificaux débouchent sur la place et menacent de charger la foule. Une scène plus vive se passe devant la grande Université de Rome (près de l'église Saint-Eustache), les ordonnateurs de la fête ont eu la malencontreuse idée de couvrir la façade du palais de deux transparents adulateurs; dans l'un figure Pie IX, acclamé par Rome entière à son retour de Gaëte; dans l'autre, les étudiants assurent de leur dévouement le *pontife-roi*. Or, depuis l'annexion du royaume de Naples à l'Italie libre, pas un jour ne s'est passé sans que les élèves de l'Université n'aient protesté contre le pouvoir temporel; irrités de l'impudente flagornerie de ces décors lumineux, deux cents étudiants se sont juré de les mettre en pièces; le moment venu, vingt-cinq seulement tiennent parole; ils escaladent l'échafaudage et éventrent les toiles à coups de poing; ils sont cernés par les soldats du pape qui en blessent plusieurs avec leurs sabres; huit sont arrêtés et conduits en prison. Quelques jours après, on les juge et on les condamne aux galères. Les deux plus hardis qui avaient donné le signal se nommaient *Oreli* et *Delfrati*. Tous les élèves de l'Université s'émurent de la sentence qui frappait leurs camarades et publièrent un manifeste qui la déclarait inique. Le cardinal Altieri, directeur de l'Université, y répondit en engageant ceux qui n'étaient pas compromis à continuer leurs études; mais les élèves ripostèrent par une protestation nouvelle. Ils hissèrent un grand drapeau aux couleurs italiennes sur la toiture du palais de l'Université, et lancèrent en même temps dans l'air des cocardes nationales et des milliers de petits papiers où était écrit :

Vive Victor-Emmanuel ! puis ils firent parvenir au cardinal l'adresse suivante :

« Monseigneur,

« Les mesures de rigueur annoncées par Votre Éminence dans la notification que nous avons déjà signalée à l'opinion publique comme inopportune et insensée, n'ont que trop frappé plusieurs de nos collègues. Que Votre Éminence sache donc qu'en présence de tant de violence nous nous sentons encouragés et plus prompts que jamais à affronter le jour de l'épreuve avec calme et avec l'assurance de gens qui sont sûrs de la victoire. Non, les aspirations des hommes ne s'anéantissent pas sous le poignard des sbires. Contre la conviction des idées, la prison et même l'échafaud ont toujours été impuissants; Votre Éminence devrait être convaincue de cette vérité, si elle tenait compte de l'exemple frappant que lui offre le gouvernement auquel elle appartient. Ce gouvernement est appelé à une ruine irréparable, justement à cause de la guerre qu'il fait à l'aspiration universelle, à la liberté et à l'indépendance de la patrie. Comme catholiques nous respectons le pontife, mais nous abhorrons le honteux gouvernement qui émane de sa personne, et dont nous avons souffert trop longtemps les cruautés et les injustices. Nous ne dissimulerons jamais nos vœux et nous serons toujours prêts à recommencer ce que nous avons fait pour démasquer l'imposture du 12 avril. Nous jurons de ne jamais supporter le moindre outrage à notre dignité et à nos convictions intimes. Nous ne nous apaiserons que lorsque Rome occupera dans le glorieux royaume d'Italie cette place que pour sa grandeur passée et pour ses malheurs présents la nation entière lui a décernée.

« Rome, 20 avril 1861.

« LES ÉTUDIANTS DE L'UNIVERSITÉ ROMAINE. »

Cette noble adresse, imprimée en secret, fut distribuée à plus de cent mille exemplaires. Les princes romains libéraux protestèrent aussi à leur manière contre les réjouissances papales, ils s'abstinrent d'illuminer leurs palais. Plusieurs de ces vastes demeures patriciennes offraient un assez singulier spectacle : les appartements du premier étage occupés par les aînés restèrent dans l'obscurité, tandis que quelques lampions honteux fumaient au-dessus aux fenêtres des appartements des cadets. Ceux-ci rejetèrent sur la nécessité leur couardise ; à la solde du pape et familiers de ses antichambres, ils ne pouvaient, disaient-ils, le braver. Le lâche seul dépend de la nécessité ; l'homme d'honneur ne relève que de sa conscience.

Une promenade hors des murs m'était toujours nécessaire après ces tentatives d'agitations patriotiques qui n'aboutissaient qu'au découragement, car le peuple comprenait vite que derrière la petite armée papale, impuissante et raillée, était la redoutable garnison française par qui toute révolte sérieuse serait aussitôt réprimée. Les habitants de Rome ressemblaient à des prisonniers sur parole d'autant plus empêchés d'aspirer à la liberté que leur geôlier avait été le bienfaiteur de leurs frères Italiens; s'armer contre lui au bout de douze ans de patience et d'attente, c'était combattre la fortune de l'Italie dont dépendait leur délivrance. Je ne sache pas de situation plus honteuse et plus triste que celle que le gouvernement français fait aux Romains. Je fuyais souvent la vue de ces descendants humiliés des plus glorieux ancêtres, ainsi qu'on évite le spectacle d'un malheur et d'une injustice qu'on ne saurait empêcher. Comme si elle eût deviné ma tristesse, l'aimable baronne Schwart vint me chercher le lendemain de la petite émeute universitaire du 12 avril, pour me conduire à la villa Walkonski. L'atmosphère était voilée ; la pluie commençait à tomber au moment où nous arrivâmes à la porte de la villa, sur le plateau que couronnent les aqueducs de Claude ; une forte ondée nous empêcha de descendre de voiture ; nous revînmes sur nos pas par la porte *S. Giovanni*, admirant le bel effet que produisent sur la montagne de Rome les nuages zébrés de lignes sombres. Saint-Jean de Latran nous apparut à travers une éclaircie de soleil. Le ciel pleurait et souriait à la fois sur la cité auguste, symbolisant ses douleurs et ses espérances. Nous allâmes sur le Pincio, Rome entière se groupait devant nous magnifiquement éclairée par les lueurs de l'orage.

XLV

Le peintre allemand Overbeck réside à Rome depuis bientôt quarante ans, il y a abjuré le protestantisme, et un mysticisme, inconnu à la cour papale, a envahi son talent en envahissant son âme. En face des chefs-d'œuvre de l'art grec, c'est de l'art gothique qu'il s'est inspiré. M. Curmer, en relation avec l'artiste allemand, dont il avait publié plusieurs dessins, me conduisit à son atelier, situé au premier étage d'un vieux palais (près de Sainte-Marie-Majeure) dont l'escalier est gardé par une image de la Madone devant laquelle brûle une lampe. Overbeck est un grand vieillard de soixante-deux ans, maigre, pâle, à la physionomie ascétique. Il nous reçoit dans les salons où sont exposés les cartons de ses principaux ouvrages. La chair manque à toutes ces figures éthérées comme elle manque à leur créateur ; le coloris même ne doit pas faire circuler le sang dans ces corps aux contours indécis ; l'expression religieuse d'un charme triste et doux y supplée. C'est du Giotto affaibli et peut-être un peu maniéré. Les plus grandes compositions d'Overbeck représentent les *Sacrements chrétiens*. La *Pénitence* et l'*Eucharistie* sont remplies de détails d'une grâce infinie. La force et le mouvement se révèlent dans la *Résurrection de Lazare*. Quatre médaillons, qu'Overbeck a dessinés pour sa fille, attirent tous les regards féminins. Dans trois de ces médaillons sont reproduites les vierges saintes et les vierges folles. Ce sont autant de corps charmants fondus pour ainsi dire sous les plis des vêtements. Les têtes aux profils purs ne varient guère d'expression. Les attitudes sont toutes les mêmes. Les vierges saintes s'alignent en procession ; elles portent un flambeau à la main dont la flamme décrit une petite auréole. Cette théorie chrétienne me fait songer au défilé des vierges de la grande mosaïque de *Saint-Apollinaire in città*, de Ravenne ; le sentiment est le même, mais la puissance d'exécution et la sève de l'art grec, qui animent la mosaïque byzantine, font défaut à l'œuvre d'Owerbeck. Dans le quatrième médaillon, un peu plus grand que les autres, l'artiste a personnifié l'*Art chrétien*: la *Poésie*, la *Musique*, la

Peinture, la *Sculpture* et l'*Architecture* y sont figurées par de jeunes et belles femmes groupées au bord d'une source.

Dans un autre salon se trouve un carton du plafond peint par Overbeck au palais du Quirinal, le sujet est tiré de cette phrase de l'Évangile : « Les Juifs le poursuivaient et il leur échappa. » On voit les prêtres et les pharisiens sur un grand roc surplombé au-dessus des maisons et du temple de Jérusalem ; ils se précipitent vers le Christ comme pour l'arrêter ; mais lui, léger, calme, ailé, leur échappe. Un de ses pieds touche encore au bord du rocher, l'autre effleure un petit nuage qui flotte sur la cité. Trois têtes d'anges apparaissant dans le ciel contemplent la placidité du Nazaréen et la fureur des Juifs. J'admire cette composition hardie, énergique, et dont chaque figure concourt par le mouvement et l'expression au grand effet de l'ensemble. Un élève d'Overbeck me gâte ce tableau en me disant : « Ceci est une allégorie ; le Christ représente Pie IX sauvé des forfaits des philosophes et des révolutionnaires. » Je lui réplique en riant que je me serais plutôt imaginée que le Christ figurait la Liberté traquée par les cardinaux et les réactionnaires de Rome.

L'élève fait un mouvement effaré et s'éloigne de moi. Je regarde un tableau à l'huile qui me ravit aussitôt ; ici pas de symbole politique, mais une scène vraiment belle, inspirée de l'Évangile : saint Joseph expire soutenu par Jésus. La Vierge est agenouillée aux pieds de son époux terrestre, les trois visages sont empreints d'une tristesse immense. Par une fenêtre ouverte se répand dans la chambre la pourpre du soir qui colore d'une lueur de vie la tête du mort.

Au rez-de-chaussée de la maison d'Overbeck est l'atelier du sculpteur allemand Hoffmann. Venu à Rome pour quelques années, il y a élu domicile comme Overbeck, comme le grand peintre Cornelius et le sculpteur anglais Gibson. Les chefs-d'œuvre de l'antiquité et de la Renaissance attirent et enchaînent ici les artistes. Ils empruntent à ces modèles inimitables la pureté de la forme, la noblesse de l'inspiration, mais leurs œuvres manquent d'originalité. La fougue créatrice des grands maîtres, la source où doit se régénérer et se renouveler l'art, n'est pas encore découverte ; elle jaillira de la foi nouvelle dont le monde est en travail. Je regarde dans l'atelier d'Hoffmann un buste très-vivant d'Overbeck d'une ressemblance parfaite. Un autre portrait, un grand médaillon en marbre, me frappe et m'émeut tout à coup; il fait revivre un sculpteur de Weimar nommé Woltrek, que je rencontrai il y a bien des années chez la duchesse d'Orléans; je venais d'obtenir un prix de poésie à l'Académie française; la jeune princesse allemande, si intelligente et si bonne, voulut me connaître. Tout talent qui se révélait, si faible fût-il, l'intéressait. Insoucieuse de la parure et de l'éclat royal; son luxe à elle, c'était l'esprit; elle le recherchait, l'encourageait, et l'aimait, d'autant plus qu'il était indépendant et fier. Enfant, elle s'était assise sur les genoux de Goethe, le grand vieillard olympien. De l'universelle intelligence de ce puissant génie avait passé en elle cette lueur qui la rattacha affable et sympathique à tous les poëtes, et qui ne cessa d'éclairer sa vie si courte. « Elle est nôtre, disaient aussi les penseurs et les vrais philosophes. » Nourrie par les doctrines de Schelling, de Kant et d'Hegel, elle n'eût jamais protégé, en France, les intrigues et le joug de Rome. La première fois que j'eus l'honneur de voir la duchesse d'Orléans aux Tuileries, je trouvai près d'elle ses deux fils enfants; ils posaient, gracieux et riants, devant le statuaire Woltrek qui modelait leur médaillon; la bonne face d'Allemand du statuaire s'épanouissait radieuse, tandis que nous causions, avec la princesse, d'art et de poésie. Quelques jours après, je fus agréablement surprise de le voir paraître chez moi; il m'apportait les deux plâtres des jeunes têtes des princes, et venait m'offrir de faire mon portrait et celui de ma fille. Durant trois mois qu'il passa à Paris, je le voyais presque chaque jour; il partit pour Rome, où il devait exécuter divers travaux pour le duc de Weimar et le roi Louis de Bavière. Il m'écrivit quelquefois, puis je perdis sa trace. « Il est mort, me dit le sculpteur Hoffmann, mort bien malheureusement dans un hôpital de fous. » Pauvre Yorik, si bon et si gai !...

Une autre tristesse fit écho pour moi, en ce moment, à cette tristesse inattendue. Pauvre princesse, si vraiment noble et éclairée ! elle est morte aussi, morte en exil ! elle s'est endormie avec la sérénité des forts dans les bras éperdus de ses deux fils qui ont hérité de son âme.

L'atmosphère était sombre et une pluie fine tombait sur Rome quand nous sortîmes de la maison d'Overbeck. « Allons sur la voie Appia, me dit M. Curmer, elle doit être superbe par ce temps sombre. » Il disait vrai, jamais cette nécropole antique ne me parut plus majestueuse. Nous la parcourûmes jusqu'au mausolée de *Cæcilia Metella*. Les sculptures des tombes, fouillées par les éclaircies de lumière, avaient un relief plus saillant et plus net. La teinte noire des marbres mouillés doublait l'effet des sépultures; la campagne mélancolique, entièrement déserte, leur formait un cadre désolé; on eût dit que le ciel pleurait sur tous ces morts évanouis. L'âme de la duchesse Hélène et celle du pauvre Woltrek semblaient me sourire dans un rayon qui perçait les nuées. Au retour, l'orage éclata avec une telle violence près du *tombeau des Scipions*, que nous dûmes rentrer dans Rome au grand galop des chevaux.

XLVI

M. Louis Delâtre me parlait souvent, depuis que j'étais à Rome, du prince Michel Caetani, duc de Sermoneta[1], plus illustre encore par ses qualités personnelles que par sa longue lignée d'ancêtres. La famille Caetani a donné deux papes à l'Église : Gélase II au douzième siècle et Boniface VIII au quatorzième. La mère de Paul III (un Farnése) était une Caetani. Le prince actuel ne pouvant consacrer ses hautes facultés aux fonctions politiques, réservées exclusivement aux prêtres, occupe son intelligence à la littérature et aux beaux-arts. Commentateur de Dante qu'il sait par cœur et sur lequel son érudition a projeté des lumières, il a dessiné une cosmographie dantesque qui est un excellent guide pour la lecture de la Divine comédie. Archéologue et connaisseur pratique de l'art antique et de l'art de la Renaissance, il sculpte et

[1] La petite ville de Sermoneta forme le fief des aînés de la famille. Les Caetani tirent leur nom de la ville de Caeta dont ils sont originaires; ils possédèrent autrefois Caserte qu'ils rendirent au roi de Naples. Le peuple de Rome les appelle encore princes de Caserte.

peint, ajoutant la forme des figures à ses savantes investigations. Castellani lui doit les modèles de ses plus beaux bijoux. La simplicité, la grandeur des manières, la noblesse des traits, reflétant celle de l'esprit, quelque chose de grave et d'ému dans la physionomie, qui révèle la tristesse de l'homme dont les ancêtres commandèrent et guerroyèrent, et qui n'a plus même voix délibérative dans une théocratie, libéral autant que peut l'être un prince romain résidant à Rome, et étouffé par la double compression du gouvernement papal et de l'occupation française, n'abdiquant aucune théorie fière, mais réduit à chercher dans l'art l'exercice de ses facultés, tel est le prince Michel Caetani, que M. Delâtre m'avait fait connaître à l'avance par son affectueuse admiration.

Il me l'amena un matin, et je me sentis aussitôt prise d'un vif attrait pour cette âme romaine humiliée qui trouvait dans les vers vengeurs du Dante la résignation, mais aussi l'espérance du citoyen. De quels stigmates anticipés le chantre de l'Enfer n'a-t-il pas marqué le pouvoir temporel :

> La chiesa di Roma
> Per confondere in sé dui reggementi
> Cade nel fango e sé brutta e la soma.

Le prince me parla de tout ce qui pouvait m'intéresser à Rome, et dès cette première visite m'exprima le désir qu'avait de me connaître la duchesse de Sermoneta, Anglaise enthousiaste, mais d'un enthousiasme contenu ; délicate et frêle, pour ainsi dire consumée par l'ardeur intérieure de l'esprit, vivant, à l'ombre de son palais, parmi les livres, les marbres et les tableaux.

« Depuis des siècles, me dit avec grâce le duc de Sermoneta, pour nous Romains, la liberté n'est que là ; le commerce des intelligences immortelles nous affranchit chez nous des entraves du dehors. Il se dégage toujours des œuvres de la pensée une indépendance idéale...

— Que l'heure est venue de réaliser, répliquai-je en souriant, car cette longue durée d'un amour platonique de l'indépendance donne trop beau jeu à la sécurité des tyrannies. »

Le lendemain je reçus la carte de la duchesse de Sermoneta et une aimable invitation à ses réceptions du soir.

Je devais une visite à l'ombre du Tasse. Je la lui fis en compagnie de M. Louis Delâtre, qui ranimait pour moi le grand génie martyr, en me citant ses plus beaux vers et quelques particularités de sa vie, cherchées et recueillies, avec la passion de l'érudit doublé de poëte, dans les archives de Ferrare et de Rome, et aussi dans les traditions locales de Sorrente. Les esprits flottant de monde en monde doivent tressaillir quand des êtres sympathiques les évoquent ainsi sur la terre. J'écoutais ravie mon guide inspiré; il me semblait qu'en arrivant à S. Onofrio, Torquato vivant allait m'apparaître.

Le couvent où mourut le Tasse est situé sur un versant du Janicule. Nous descendons de voiture sur la place Saint-Pierre; le temps est à l'orage comme la veille; les deux fontaines jettent dans l'air leurs jets d'eau colorés des couleurs du prisme; le soleil est éclatant en face de nous, mais derrière, du côté du Vatican, le ciel est tout noir. Nous passons devant le grand hôpital S. *Spirito*, franchissons la porte du même nom qui aboutit à la montée défoncée et boueuse, au haut de laquelle est le couvent de Saint-Onufre. Nous faisons une halte à mi-côte, près d'un poste de carabiniers du pape; deux d'entre eux portent l'étrange médaille militaire récemment distribuée aux défenseurs vaincus du pouvoir temporel : l'un nous avoue avoir reçu ce signe d'infamie et de lèse-patrie pour ses prouesses à Pérouse, durant le massacre de Schmidt; l'autre pour avoir combattu à *Castelfidardo* sous les ordres de Lamoricière. Cette décoration représente la croix de saint Pierre, une croix renversée entourée d'un serpent qui se mord la queue, symbole d'immortalité. Les libéraux de Rome ont beaucoup ri de cette croix renversée et du serpent qui l'entoure. Les Pharisiens, disent-ils, ont renversé la croix et la laissent mordre par le tentateur; cette croix ressemble à une guimbarde; elle porte pour exergue :

> Victoria qua vincit
> Mundum fides nostra.

Nous continuons à monter, tandis que l'orage s'amoncelle derrière nous. Nous hâtons le pas; l'orage nous pousse et semble nous pourchasser. Quelques secondes avant qu'il n'éclate nous sommes sur la terrasse et embrassons d'un regard la beauté inouïe de l'horizon. Le ciel semble coupé en deux: il est entièrement sombre du côté du mont Mario et lumineux sur toute la rive du Tibre qui s'étend du Janicule à Ostie. Nous faisons volte-face vers la partie obscure; Saint-Pierre nous est caché, mais les divers bâtiments qui composent le palais du Vatican nous apparaissent massés dans une échancrure formée par deux rues montueuses. Au nord-est, l'horizon est borné par la chaîne de montagnes de la Sabine que domine la crête neigeuse du Soracte chanté par Horace. Le mausolée d'Adrien forme un groupe magnifique; les statues du pont sont, à distance, d'un bizarre effet : tous ces anges en tunique montrant leurs jambes nues ressemblent à des acrobates sur la corde tendue. En retour, au loin, dominant le Pincio, la *villa Médicis* découpe le feuillage de ses arbres sur le fond clair d'une nuée d'or. Au-dessous de la terrasse, se regardent d'un bord à l'autre du Tibre, le palais Farnèse taciturne murmure à la Farnésine attristée : « Notre royal possesseur ne peut rien pour nous! Il ne fera plus refleurir tes jardins, il ne repeuplera plus mes galeries, il ne sera que le spectre passager de nos tombes; nous ne retentirons plus des chants du plaisir; plus de festins, plus de fêtes païennes, plus de cardinaux la coupe en main buvant à Bacchus et raillant le Christ! plus de poëtes, plus d'artistes célébrant chez nous la gloire et l'amour! plus de financier[1] jetant au vieux fleuve les flacons de cristal et la vaisselle d'or! Le descendant de notre amphitryon somptueux végète aujourd'hui chez le suzerain du pape. Glorifions-nous d'être encore debout! les pierres survivent aux hommes et les raillent; la main du génie les fait immortelles. Nous abritons cinq hôtes impérissables : Raphaël, Michel-Ange, Sodoma, Carrache et le Dominiquin! »

A nos pieds, plus près de la terrasse de Saint-Onufre, s'étagent le palais Corsini et ses jardins. L'ombre arrogante de Christine de Suède semble y planer à travers la vapeur que la pluie soulève du sol embrasé. Tombant d'abord par larges gouttes, cette pluie d'été est superbe à voir; bientôt elle se précipite en déluge des nuages qui s'éclairent en se déchargeant. Nous sommes forcés de

---

[1] Chigi.

nous réfugier sous le portique où sont de belles fresques du Dominiquin représentant des traits de la vie de S. Girolamo. Une madone du même peintre est au-dessus de la porte de l'église.

Nous sonnons à la porte du couvent : un jeune frère crasseux, joufflu, à moitié idiot, se présente et nous ouvre l'église. Il ne sait pas même le nom du Tasse, ni ceux des peintres des fresques du chœur [1]. *Ecco la tomba del Poeta*, nous dit le frère ignare en nous désignant à gauche la première chapelle. L'or, le marbre et les enluminures y fourmillent, et le premier mouvement est de fermer les yeux pour ne pas voir la grotesque statue du Tasse juchée sur sa tombe : il est vêtu, comme un troubadour de pendule en cuivre doré, d'un justaucorps serré à la taille à manches bouffantes; la tête a une expression de bêtise satisfaite qui raille le génie du poëte et atteste la stupidité du sculpteur.

« Ce monument, me dit M. Louis Delâtre, est un dernier affront fait au Tasse, et comme une suprême ironie de sa destinée. L'auteur de ce marbre grotesque est un certain Joseph Fabris, qui eut la bonne chance de naître à Bellune, où naquit aussi Grégoire XVI. Ce pape s'en engoua, le fit chevalier, puis commandeur et directeur des musées de Rome. Tous les travaux exécutés par Fabris sont une honte pour l'art chrétien. Il employa les règnes de deux papes à parfaire ce mausolée; les enjolivements de la chapelle ont été finis sous Pie IX. Enfin, comme une inscription le rappelle, le 25 avril 1857, jour anniversaire de la mort du poëte, on enleva ses os en grande pompe de dessous la simple pierre que nous allons voir près de la porte, et on leur infligea le supplice d'être broyés sous le poids de ce lourd monument. »

Nous sortîmes bien vite de cette chapelle éclatante comme un boudoir de parvenu, et trouvâmes à côté la dalle noircie qui abrita si longtemps les restes du Tasse. Nous lûmes cette simple inscription faite par les moines, compagnons attendris des derniers jours du poëte : *Torquati Tassi ossa hic jacent*. Au-dessus de la pierre tumulaire, un peu dans l'ombre, placé trop haut pour

---

[1] Ces fresques sont de Baltazar Peruzzi et du Pinturicchio. La **Madona di Loretto** du maître-autel est d'Annibal Carrache.

qu'on puisse en distinguer les traits, est un portrait du Tasse, fait, assure-t-on, d'après nature.

« Maintenant, tâchons de séduire le *frate* qui nous conduit, me dit M. Delâtre, et de nous faire ouvrir le couvent pour voir la cellule du Tasse. »

Le moine fut inflexible; la vue de deux ou trois *paoli* tentateurs ne le fit pas démordre de sa consigne : *con una donna impossibile*, répétait-il; je me mis à sourire, me rappelant le *soltanto la notte* du custode de l'abbaye de Montréal. Le moine de Saint-Onufre n'avait pas cette naïveté joyeuse. Roide et inerte, il serrait son trousseau de clefs comme le saint Pierre de bronze perché sur la colonne Trajane. C'était une borne qui nous interdisait l'entrée du couvent; je me dépitais en vain, il fallut bien se soumettre.

« La cellule où est mort le Tasse, me dit M. Delâtre, renferma longtemps un petit cahier à couverture de parchemin dans lequel le poëte écrivit ses derniers vers. Ce cahier est maintenant à Florence à la bibliothèque Pitti. Une ceinture, un miroir, une écritoire, une lampe et le masque en cire, moulé sur la tête du Tasse comme il venait d'expirer, ont été conservés. Ces objets se voyaient très-facilement autrefois, mais les moines les dérobent aujourd'hui au public sous prétexte que ce ne sont pas des reliques et qu'ils ne peuvent avoir aucune efficacité pour ceux qui les touchent. « Le Tasse, disent-ils, n'était qu'un homme et il est « impie de l'honorer comme un saint. » Ce beau scrupule vient de Léon XII qui interdit d'admettre dans les lieux sacrés les images et les vestiges des grands hommes. Ce pape, d'un esprit sarcastique, était fort laid, il humiliait les Romains qui tenaient à voir un beau vieillard sous la tiare. Quand il mourut, Pasquino se réjouit et fit cette épigramme :

>   Al chirurgo s'appone [1]
>   La morte di Leone,
>   Roma pero sostiene
>   Ch'egli à operato bene!

— C'est surtout, repris-je, le jardin où se promenait le Tasse mourant, que je regrette de ne pas voir.

---

[1] On reproche au chirurgien la mort de Léon, mais Rome affirme que le chirurgien a fort bien opéré.

— Il s'y asseyait au pied d'un chêne [1] qui lui a survécu trois siècles; il se ranimait au soleil, il dominait Rome tout entière, il apercevait au loin le Capitole, où son triomphe se préparait. »

Non, non, pensais-je pendant que M. Delâtre parlait, ce n'est pas la gloire qui fut son dernier mirage. Ce n'était pas ce vain orgueil qui le faisait sourire et rêver! En voyant à ses pieds la Rome des Césars ensevelie, et découronnée de toutes ses grandeurs, il sentait l'inanité du triomphe et de la renommée! Mais le ciel répandait de chauds rayons, l'azur incommensurable révélait la création infinie; l'éternité de ses sentiments s'affirmait pour lui par l'éternité des mondes. Rien ne périt de notre âme, pensait-il, l'amour se retrouve et se complète ailleurs; la vision entrevue devient réalité; l'image perdue se recompose. Les oiseaux chantaient sur les branches des arbres qui l'abritaient, la sève d'avril montait et circulait dans les plantes et dans les fleurs; les herbes poussaient souriantes pleines d'éclosions et de murmures; les insectes planaient et confondaient leurs ailes aux calices qui s'ouvraient en mêlant leurs parfums. Tout germait, revivait et s'unissait dans la chaude expansion du souffle créateur. Plus de déchirements, plus de tempêtes, une sérénité

---

[1] Ce chêne fut renversé par un ouragan en 1842; il ne reste plus qu'un fragment du tronc. Était-ce un chêne ou des orangers? Chateaubriand, qui visita Saint-Onufre bien avant que l'arbre n'eût été foudroyé, écrivait à madame Récamier:

« Rome, ce 21 mars 1829.

« Eh bien! belle dame, j'ai raison contre vous! Je suis allé hier entre deux scrutins, et en attendant un pape, à Saint-Onufre; ce sont bien deux *orangers* qui sont dans le *cloître* et point un *chêne-vert*; je suis tout fier de cette fidélité de ma mémoire. J'ai couru, presque les yeux fermés, à la petite pierre qui couvre votre ami; je l'aime bien mieux que le grand tombeau qu'on va lui élever. Quelle charmante solitude! quelle admirable vue! quel bonheur de reposer là entre les fresques du Dominiquin et celles de Léonard de Vinci! Je voudrais y être; je n'ai jamais été plus tenté. Vous a-t-on fait entrer dans l'intérieur du couvent? Avez-vous vu dans un long corridor cette tête ravissante, quoique à moitié effacée, d'une *Madone* de Léonard de Vinci? Avez-vous vu dans la bibliothèque le masque du Tasse, la couronne de laurier flétrie, un miroir dont il se servait, et la lettre écrite de sa main, collée sur une planche qui pend au bas de son buste? Dans cette lettre, d'une petite écriture raturée, mais facile à lire, il parle d'amitié et du *vent de la fortune*; celui-là n'avait guère soufflé pour lui, et l'autre lui avait souvent manqué. »

23.

douce emplissait l'air. Un apaisement universel se répandait sur la terre. C'était comme une atmosphère nouvelle chargée d'espérance et de paix. Les éléments cessaient de se combattre et de se lamenter; les cœurs cessaient de souffrir et de se plaindre. L'Élue de son âme flottait dans ces journées clémentes; il la voyait venir à lui; la lueur de ses yeux brillait dans les rayons; son haleine courait dans les flots de la source; ses bras se tendaient dans les tiges flexibles; la scène harmonieuse se peuplait d'elle seule; dans tout ce qui renaissait, renaissait son amour. Beau, jeune, glorieux, il la trouvait soumise, anxieuse d'aimer le fou devenu dieu! Le triomphe pour lui, c'était cette étreinte attendue si longtemps! C'est à cette vision qu'il souriait encore. Résurrection du cœur qui précédait la mort.

Tout en rêvant ainsi, je descendais la rude *Salita di S. Onofrio*. L'orage avait cessé, laissant après lui deux ruisseaux qui s'écoulaient de chaque côté de la rue dont le pavé boueux me faisait glisser à chaque pas. Je m'appuyai sur le bras de M. Delâtre.

« Connaissez-vous, me dit-il, le beau sonnet qu'Alfieri a fait sur le Tasse?

— Je l'ai lu autrefois, répliquai-je, mais je serai charmée de l'entendre *della vostra bocca romana*. » M. Delâtre me récita aussitôt avec cet accent harmonieux et pénétrant des Romains, qui met en relief chaque mot, ces vers où Alfieri demande un tombeau pour le Tasse:

ALLA TOMBA DI TORQUATO TASSO.

Del sublime cantore, epico solo,
Che in moderno sermon l'antica tromba
Fea risuonar dall' uno all' altro polo
Qui giaccion l'ossa in sì negletta tomba?

Ahi Roma! e un' urna a chi spiegò tal volo
Nieghi, mentre il gran nome al ciel rimbomba;
Mentre il tuo maggior Tempio al vile stuolo
De' tuoi Vescovi Re fai catacomba?

Turba di morti che non fur mai vivi,
Esci sù dunque, e sia di te purgato
Il Vatican; cui di fetore empivi!

Là nel bel centro d'esso ei sia locato:
Degno d'entrambi il monumento quivi
Michel Angelo ergeva al gran Torquato.

XLVII

J'avais dû me rencontrer plusieurs fois, chez sa cousine madame Loiseau d'Entraigues, avec le prince Antonio Santa Croce, duc de Corchiano, chef actuel de cette illustre famille patricienne dont les ancêtres remontent à Publius Valerius Publicola, qui fonda, avec le premier Brutus, la république romaine. Voilà, j'espère, une imposante ascendance! Je ne sais comment cette entrevue fut de jour en jour retardée; un matin, le prince arriva chez moi en compagnie de M. Louis Delâtre.

« Je veux, me dit-il avec amabilité, rompre le guignon qui jusqu'ici m'a empêché de vous connaître, et j'arrive sous la protection de votre savant compatriote qui est mon ami.

— Vous étiez attendu, et j'ajouterai désiré depuis longtemps, repartis-je, pour vous même, prince...

— Mais plus encore, interrompit-il, pour mon pauvre frère Prospero dont l'histoire vous intéresse.

— Il est très-vrai, répondis-je, que je suis impatiente d'apprendre par vous les détails de ce drame inouï dont on a tant parlé.

— Faites-moi l'honneur de venir voir mon palais un de ces jours, répliqua le prince, et je vous raconterai ce drame dans l'appartement même où il s'est accompli. Ma femme est une Anglaise fort libérale qui vit dans la retraite et s'occupe elle-même de l'éducation de ses enfants; elle sera charmée de vous connaître; je vous montrerai quelques bons tableaux, d'antiques archives, presque fabuleuses, et je vous dirai, puisque vous le voulez, le triste roman de mon cher Prospero.

— Ma visite, prince, ne se fera pas attendre. »

Nous causâmes ensuite du gouvernement papal, qu'il connaissait à fond, y ayant été attaché autrefois. Esprit vif et primesautier, le prince Santa Croce caractérisait d'un trait toujours vif et mordant les *monsignori*, les cardinaux et les nonces qu'il me nommait. Il avait été garde-noble dans sa jeunesse avec monseigneur Chigi[1], sur lequel il savait de joyeuses anecdotes. Il avait aussi connu familièrement le cardinal Antonelli dont il aimait, en dehors de la politique, l'esprit facile et les manières cordiales. Depuis longtemps rallié au parti libéral, le prince Antonio comprenait que désormais le devoir de l'aristocratie romaine était de donner à Rome les exemples de patriotisme que l'aristocratie italienne avait donnés à toute la Péninsule. A bon droit, las et irrité d'un gouvernement vexatoire dont il avait pénétré tous les arcanes, il le combattait à coups d'épigrammes; entendant un jour M. Thiers défendre le pouvoir temporel : « Ah ! vous croyez, lui répliqua-t-il, que le gouvernement du pape est tolérable? Eh bien, je vous souhaite d'être citoyen romain pendant huit jours, et vous verrez si vous n'êtes pas tenté de mettre le feu à cette vieille baraque. »

Le prince me quitta ce jour-là en me disant qu'il reviendrait le lendemain; il tint parole, et durant mon séjour à Rome j'eus le plaisir de le voir souvent.

XLVIII

Les environs de Rome, aussi mémorables que la cité même, m'attiraient désormais chaque jour. Les villes longtemps en guerre avec la ville éternelle, puis vaincues et soumises par elle, avaient possédé des monuments d'un style aussi pur que ceux de la métropole et dont les ruines sont d'un égal intérêt. Parmi les villes voisines que Rome s'assimila, les villes de l'Étrurie, situées entre le Tibre et l'Arno, eurent une architecture particulière et antérieure à l'architecture romaine; l'art étrusque était contemporain de l'art grec, et il s'en inspira en y amalgamant l'art persan et assyrien. Les antiques cités étrusques, surtout celles appartenant aux États de l'Église, n'ont jamais été qu'imparfaitement explorées; elles sont là pourtant aux portes de Rome, gisantes dans la campagne déserte qui les recouvre d'un linceul gazonné.

[1] Aujourd'hui nonce à Paris.

Que de trésors archéologiques en statuaire, en peinture, en céramique et en joaillerie, des fouilles intelligentes et continues pourraient en faire sortir encore !

Par une belle après-midi, je passai la porte *del Popolo*, et suivant la route parallèle à l'antique voie *Flaminia*, j'arrivai au *ponte Molle* (autrefois Milvius); une partie de ce pont, plusieurs fois restauré, est antique; il est aujourd'hui décoré du côté qui regarde Rome de deux mauvaises statues de la Madone et de saint Jean Népomucène. La tour antique qui le défendait fut percée et transformée en arc de triomphe pour célébrer la rentrée de Pie VII dans la ville éternelle; à l'autre bout du pont sont deux figures détestables de saint Jean-Baptiste et du Christ recevant le baptême. Au lieu de prendre à gauche le chemin que nous avions suivi un jour pour aller à la *villa Madame* et au *monte Mario*, la voiture gravit, en face du pont, la route qui mène à Viterbe et en Toscane. Des tertres gazonnés ondulent à droite à perte de vue sur le sol inculte. Quelques arbres poussent çà et là. Toujours du même côté, les Apennins et les montagnes de la Sabine s'éclairent en ce moment comme des groupes de nuées où le soleil se joue. Je suis accompagnée dans ma promenade par un noble italien, momentanément à Rome, à la recherche des titres d'une succession énorme laissée par un cardinal issu d'une des plus illustres familles de Venise qui donna des doges et des patriarches à la république. Cette famille émigra et se dispersa après le traité de Campo-Formio. Rejeton de cette forte race, mon compagnon porte en lui l'incurable tristesse des grandeurs évanouies; il est absorbé par l'âpre désir de recouvrer une partie de l'héritage et des titres de ses ancêtres; il oublie que la fortune et la renommée des princes et des nobles italiens résident désormais dans la grandeur de la patrie commune; que chaque citoyen, même obscur, peut contribuer par son concours énergique et fidèle à la formation de l'Italie nouvelle, que c'est là un but qui doit tenter l'intelligence, bien plus que la poursuite d'une réhabilitation personnelle et vaine.

« Obscur, on ne peut rien, m'objecte-t-il, et pauvre, on n'a pas d'action sur ses semblables.

— Ce n'est pas, lui dis-je, la prépondérance et l'éclat personnel qu'il faut chercher, mais la fière satisfaction de participer à l'effort collectif.

— Participation puérile, me répond-il ; dans la chose publique qui ne peut beaucoup ne peut rien. »

Une sorte d'orgueil de caste se trahit dans cette réponse ; cet orgueil inquiet, sombre, soupçonneux, réduisait à l'inaction un des hommes les mieux doués que j'aie connus ; familier à toutes les littératures, parlant toutes les langues modernes, possédant l'antiquité et la Renaissance en érudit, mais dérobant comme à plaisir ses hautes et séduisantes facultés sous les dehors mornes d'un découragement invincible. Quelque immense douleur, quelque mystère inavouable, se cache sans doute dans ces âmes abattues que rien ne relève, pas même le grand souffle de la patrie. Les interroger, c'est les faire souffrir.

« Je suis, me disait-il ce jour-là à mesure que nous avancions dans la solitude sublime et désolée de la campagne romaine, comme ce sol ravagé, tranquille à la surface : les plantes n'y fleurissent plus, les habitants s'en exilent, la *mal'aria* les chasse ou les tue. Il y eut là pourtant des villes puissantes et superbes, et toutes ces vagues de terrain, revêtues d'herbes fines, se gonflant et se succédant à droite jusqu'à la chaîne des monts, dominés par le Soracte, renfermaient des monuments qui attesteraient une splendeur évanouie s'ils pouvaient secouer leur suaire. Ce champ immense est la grande nécropole où gisent les antiques cités étrusques de *Savona*, de *Saturnia*, de *Toscanella*, de *Vulci*, de *Castel d'Asso*, de *Bieda*, de *Norchia*, de *Corneto*, de *Sutri*, de *Cervetri*, de *Falerium* et de *Veïes*. Il a fallu le travail archéologique de plusieurs siècles pour retrouver l'emplacement de ces cités oubliées par l'histoire ; il en est ainsi des familles illustres qui autrefois brillèrent dans le monde, à peine leurs descendants peuvent-ils s'affirmer à eux-mêmes, par des généalogies obscures et vaines, que ces ancêtres glorieux ont existé ! A quoi bon remuer les poussières des êtres et des monuments ? Elles étouffent par anticipation les vivants, et font sentir aux hommes heureux et aux villes florissantes leur inévitable destruction future. »

Tandis qu'il parlait, nous étions arrivés au point de la route où se dresse à gauche le sarcophage antique de *Publius Vicius Ma-*

rianus, improprement nommé *tombe de Néron*. Du même côté, un peu au delà, une tour du moyen âge (*torre del Bosco*) découpe dans l'air ses créneaux brisés. Sur un mamelon à droite est la *Tenuta Giustiniani*, vaste ferme qui faisait partie des fiefs et des domaines du prince-cardinal Giustiniani, évêque d'Imola. Ce cardinal (sans doute un des descendants des doges de Venise) fut célèbre à Rome sous la Restauration. Après la mort de Léon XII, il représenta au conclave le parti ultra que l'Autriche et l'Espagne s'efforcèrent de faire triompher; précédemment nonce à Madrid, le cardinal Giustiniani était devenu l'ami particulier de Ferdinand VII dont il singea la *furia* réactionnaire. Il portait toujours un grand cordon espagnol par-dessus son habit de cardinal; il agita le conclave, il suscita dans son évêché d'Imola des scènes folles et tyranniques à propos d'une relique. Ce prince-cardinal était puissant par sa royale fortune, il avait à Rome un magnifique palais renfermant une galerie des plus beaux marbres antiques, puis une villa somptueuse et des fiefs nombreux disséminés dans tous les États de l'Église; à sa mort, presque tous ses biens retournèrent à l'État qui se fit la part du lion et ne laissa aux branches collatérales que des lambeaux de l'immense héritage.

Nous arrivons à la *Storta*, petit hameau composé de plusieurs maisons et de deux *bottele* délabrées; sur la porte de la plus grande est suspendu un agneau fraîchement écorché qui semble bêler encore; le sang qui s'échappe de sa tête tombe en gouttelettes sur les dalles; le doux animal avertit les voyageurs qu'il défrayera le dîner *della osteria della Posta*. En effet, une grosse hôtelière, debout sur le seuil et peignant en plein air ses cheveux grisonnants, nous offre au passage de nous préparer un *pranzo* composé de côtelettes d'agneau et d'une omelette; la *cuoca* est repoussante, les mets accommodés par elle seront probablement exécrables, mais l'air vif nous a affamés; nous acceptons en stoïciens.

Tandis que la vieille quitte son peigne pour ses fourneaux, nous descendons de voiture et continuons à suivre à pied, quelques minutes, la route de Florence, puis nous gravissons un monticule à droite d'où nous découvrons un joli ravin bordé d'arbres et serpentant à travers les terres incultes; des arbres l'abritent, des églantiers en fleurs se massent dans ses anfractuosités; au loin, sur ses bords, au-dessus d'un tertre élevé se groupent deux hameaux n'en formant qu'un à distance; un château à tourelles les couronne. Je suis arrivée la première au bord du ravin, laissant mon compagnon à sa méditation silencieuse. Je rencontre un berger faisant paître un troupeau de moutons exténués, et je lui demande les noms des villages qui forment une si riante décoration dans le paysage désert; il me nomme *Castello* et *Isola*. Je dis aussitôt au rêveur qui m'a rejointe :

« Allons jusque-là, je ne sais pourquoi ce lieu m'attire; nous y trouverons peut-être quelque belle ruine.

— Sans doute, repart-il, mais je connais la distance ; nous en avons pour plus d'une heure de marche, et la nuit va venir; pourquoi d'ailleurs vous intéressez-vous tant aux ruines? l'Italie en est couverte, la terre entière en contient des couches superposées, et cette exploration du passé est aussi triste que celle d'une destinée perdue; un corps survivant à l'âme! Quel spectacle!

— Toujours la même idée, repartis-je, vous parlez comme un héros de Byron, type usé aujourd'hui autant qu'une vieille médaille, à force d'avoir fourni des empreintes aux romanciers imitateurs.

— Il est vrai que je suis monotone et banal, répliqua-t-il; criblez-moi d'épigrammes françaises, j'y consens, mais pour vous rappeler, suivant la méthode de vos auteurs réalistes, au positif de la situation, je vous dirai que vos pieds ne vous porteront pas jusqu'à ce village; que le dîner de la *Storta* nous attend; qu'il ne cuit pas en ce moment, qu'il recuit, qu'il brûle et se calcine selon l'habituelle incurie de la cuisine italienne. »

En le voyant si indifférent à ce qui m'intéressait, ma curiosité s'émoussa. La lassitude se communique; le contact de l'immobilité nous paralyse. Je subissais d'ailleurs l'influence d'une sorte de somnolence dont l'air est chargé à Rome au déclin du jour. La morne étendue, muette et solitaire, absorba peu à peu l'activité de ma pensée. Je m'étais assise au bord du ravin et cueillais, sans y songer, les étoiles bleues des plantes grimpantes.

« Allez-vous dormir? me dit-il ; la couche est dure, ces buissons cachent des vipères, et la mal'aria plane sur vous.

— Vous ne voyez, répliquai-je, que le côté malfaisant des choses ; ces plantes répandent des parfums suaves, l'air est d'une douceur pénétrante ; ce vaste *campo santo*, où dorment des cités, se déroule avec une majesté sublime ; le chant du berger qui s'éloigne remplit l'espace d'harmonie ; au ciel, où le soleil brille encore, éclosent déjà quelques étoiles : cette soirée, loin d'assombrir l'âme, l'emporte radieuse dans l'infini.

— Voilà une strophe lyrique qui vous coûtera un accès de fièvre, » s'écria-t-il.

Il tentait de s'égayer par un peu de raillerie, mais je ne sais quoi de convulsif et d'amer était dans son sourire. Je ne puis qu'indiquer ici cette figure qui resta mystérieuse pour moi et pour tous ceux qui l'entrevirent à Rome.

Il m'offrit son bras et nous revînmes à la *Storta*. J'allais à pas traînants, regardant sans cesse derrière moi le vieux château qui couronnait les deux villages. L'hôtelière nous attendait sur sa porte, savourant des prises de tabac qu'elle puisait dans une boîte énorme. Nous fûmes bientôt rassasiés par une grillade calcinée servie sur une nappe sale. Mieux nourris que nous, nos chevaux nous emportèrent sur la route avec la vélocité des coursiers antiques. Leur élan aiguillonnait l'esprit de mon compagnon ; comme s'il eût tenu à l'honneur de m'en prouver la flexibilité, il se transforma en causeur parisien, sardonique et brillant ; il fit la satire de la société humaine, la même partout, avec des nuances qu'il indiquait d'un trait toujours précis. Il avait habité toutes les capitales du globe ; il en connaissait les hommes célèbres dans la politique et dans l'art ; il savait les intrigues des cours et les anecdotes des salons. Cette causerie légère m'attristait ; j'y sentais l'effort d'un esprit sombre et comme un jeu pénible pour m'intéresser. Les lieux que nous traversions étaient un théâtre trop grand pour les marionnettes contemporaines qu'il évoquait. La tranquillité de la campagne, sous les larges lueurs du firmament, se remplissait de spectres aux rumeurs éternelles raillant les échos du monde vivant. L'enthousiasme d'un amour attendri aurait pu seul suggérer des paroles en harmonie avec un tel décor. Du haut d'un mamelon Rome nous apparut tout à coup comme une masse de vapeur blanche, mouchetée çà et là de points lumineux. Une longue nuée rouge, suspendue de l'orient à l'occident, flottait telle qu'une ceinture de pourpre sur la cité des Césars.

Le soir, je racontai à mes visiteurs habituels mon excursion de la journée, et M. Delâtre sourit à bon droit de mon ignorance quand je lui demandai si *Castello* et *Isola*, les deux hameaux aux bords du ravin, ne renfermaient pas quelque ruine romaine.

« Eh quoi! me dit-il avec l'étonnement d'un archéologue consommé, vous ne savez pas qu'*Isola* est sur l'emplacement de l'antique *Veies*, la plus célèbre des villes étrusques?

— Hélas! non, répliquais-je, mais je ne sais quel attrait me poussait vers la petite colline boisée où se groupe *Isola*; parlez-moi de ce que je n'ai pas vu; des ruines et des monuments de la ville étrusque.

— Veies, reprit M. Delâtre, la plus considérable des villes de l'Étrurie, fut pour ainsi dire leur gardienne et comme la sentinelle avancée qui veillait sur toutes; Veies était située à douze milles de Rome dont elle excitait la jalousie par sa splendeur; elle fut cent ans en guerre avec les Romains. Elle ne fut prise par Camille qu'après un siége de dix ans. Toutes les tentatives d'assaut et d'escalade avaient été repoussées par la cité invincible. Pour s'en emparer, les Romains imaginèrent un de ces travaux gigantesques que le monde moderne n'a pas égalés; ils creusèrent une galerie souterraine par laquelle ils s'introduisirent au centre de la ville assiégée. A peine tombée au pouvoir des Romains, Veies fut rapidement déchue de sa grandeur; elle disparut tout à coup de l'histoire, et quatre siècles après sa reddition, le souvenir même de son emplacement s'était entièrement perdu. Dès le quinzième siècle, on commença à discuter sur l'antique Veies sans pouvoir décider où elle était située; enfin des monuments, des inscriptions, le tracé des murailles étrusques et les fondations de l'Arx[1], successivement découverts, ont permis de fixer l'emplacement de Veies au petit village d'Isola; la cité antique s'étendait jusqu'au bas de la colline. En 1829, le commandeur Visconti (directeur des musées de Rome), que j'aurai le plaisir de

---

[1] Citadelle.

vous faire connaître, dirigea de ce côté les fouilles intéressantes qu'entreprit Chateaubriand. Le marquis Campana découvrit, en 1842, un tombeau orné de peintures d'un style égyptien représentant des panthères, des chevaux et un sphinx ailé ; ce tombeau est un des plus anciens des cités de l'Étrurie, il renfermait encore des squelettes que l'air fit tomber en poussière. On n'a pas découvert à Veïes la galerie souterraine creusée par Camille. Les deux têtes colossales d'Auguste et de Tibère, et la magnifique statue de Tibère assis, que vous avez vues au Vatican, viennent des fouilles de Veïes. Le Musée étrusque, poursuivit M. Delâtre, a été formé avec toutes les antiquités trouvées à *Veïes*, à *Falarium*, à *Cervertri*, à *Sutri*, à *Corneto*, enfin dans toutes les villes étrusques. *Sutri* mêle l'intérêt des traditions à l'intérêt de l'art : son immense amphithéâtre est creusé dans le roc, les habitants tiennent à l'honneur singulier d'être les compatriotes de Ponce Pilate, et ils ont donné le nom de notre paladin Roland qui suivit Charlemagne en Italie, à une grotte voisine où *Orlande* abrita ses amours avec une dame italienne ; l'Arioste sans doute s'inspira de cette tradition. *Corneto*, longtemps exploré par le prince de Canino, a défrayé non-seulement le musée du Vatican, mais tous les musées de l'Europe. Je ne connais pas de contrée de l'Italie plus intéressante que l'antique Étrurie, c'est une excursion à faire pour laquelle quelques jours suffiraient.

— Comme vous me tentez, lui dis-je, mais au moins je veux retourner à Veïes, que j'ai si sottement manqué de visiter aujourd'hui. »

Il en est malheureusement des excursions manquées en voyage comme des sympathies brisées, je ne sais quel démon contraire nous empêche de les renouer. L'*occasion*, dont les anciens faisaient un dieu, s'irrite quand nous l'avons négligée ; elle nous fuit et devient insaisissable.

Tandis que nous causions d'art avec M. Delâtre, survient un avocat romain qui nous apprend la mort du comte de Lincinghe, un Belge, cousin de M. de Mérode et capitaine des zouaves pontificaux. Il a été frappé la veille d'un coup de couteau ; le meurtrier est en fuite. Tout Rome affirme que la politique est étrangère à ce crime et que la vengeance d'un de ces amours inavouables (avoués pourtant dans les États de l'Église) a armé l'assassin; mais comme avant tout il faut sauver du scandale l'honneur posthume du noble comte, quelques patriotes, accusés de complicité avec l'assassin, ont été arrêtés et jetés en prison; les voilà à la merci du bon plaisir.

Le lendemain de cette promenade à la *Storta*, je trouvai dans Plutarque ces curieux détails sur le siége et la prise de Veïes : « Veïes était le boulevard de l'Étrurie, une ville qui ne le cédait à Rome ni pour la quantité des munitions de guerre, ni pour le nombre des combattants; enflée de ses richesses, de son luxe, de sa magnificence et de ses délices ; les Romains avaient trouvé en elle une rivale de gloire et de puissance ; et plus d'une fois, dans les combats, ils avaient éprouvé sa valeur. Mais aujourd'hui elle était affaiblie par la perte de plusieurs batailles; elle avait renoncé à son ambition. Les Veïens, contents de s'être entourés de fortes murailles, d'avoir rempli la ville d'armes, de traits, de vivres et de toutes les autres provisions nécessaires, soutenaient tranquillement le siége. Il durait depuis longtemps, non moins pénible et non moins fâcheux pour les assiégeants que pour les assiégés. En effet, les Romains, accoutumés à ne faire que des campagnes d'été et fort courtes, et à hiverner dans leurs foyers, s'étaient vus forcés alors, pour la première fois, par les tribuns, de construire des forts, de retrancher leur camp, de passer les étés et les hivers dans le pays ennemi. Il y avait près de sept ans que durait la guerre. Camille fut chargé de poursuivre le siége de Veïes. Il reconnut bien vite la difficulté et les périls d'un assaut, et, comme le terrain des environs pouvait être creusé si profondément qu'on déroberait à l'ennemi la connaissance de ce travail, il fit ouvrir des mines. L'ouvrage réussit; et tandis que Camille assaillait extérieurement la ville, afin d'attirer les Veïens sur les murailles, un autre corps de troupes entrait par les mines, et pénétrait, sans être découvert, jusque sous la citadelle, à l'endroit même où était le temple de Junon, le plus grand de tous ceux de la ville et le plus honoré. On dit que dans ce moment le général des Étrusques faisait un sacrifice, et que le devin, après avoir considéré les entrailles de la victime, s'était écrié : « La divi-
« nité promet la victoire à qui achèvera ce sacrifice. » Les Ro-

mains qui étaient dans la mine avaient entendu ces paroles: ils ouvrent la terre, sortent en jetant de grands cris et en faisant retentir leurs armes. Les Veïens, épouvantés, prennent la fuite; les Romains enlèvent les entrailles de la victime, et les vont porter à Camille. Mais peut-être ne verra-t-on dans ce récit qu'un conte fait à plaisir. Quoi qu'il en soit, Veïes fut prise de force, et Camille, qui, du haut de la citadelle, contemplait le pillage de ces richesses immenses, ne put retenir ses larmes; et, comme ceux qui étaient autour de lui le félicitaient de sa victoire, il leva les mains au ciel et fit cette prière : « Grand Jupiter, et vous, dieux « qui voyez les bonnes et mauvaises actions des hommes, vous « savez que ce n'est pas injustement, mais par la nécessité d'une « juste défense que les Romains ont pris les armes contre des « ennemis, implacables et contempteurs de toute loi. Si, en re- « tour de cette prospérité, nous devons éprouver quelque mal- « heur, épargnez, je vous en conjure, et Rome et l'armée des « Romains; faites retomber sur moi le coup, seulement ne m'é- « crasez pas. » Cette prière achevée, il voulut se tourner à droite, comme c'est la coutume des Romains, après qu'ils ont invoqué les dieux; et en faisant ce mouvement il se laissa tomber. Cet accident troubla les assistants; mais Camille, se relevant de sa chute : « Voilà, dit-il, ce mal léger que j'avais demandé aux dieux « pour contre-balancer un si grand bonheur! »

« Après le sac de la ville il s'occupa, pour accomplir son vœu, de transporter à Rome la statue de Junon. Il rassembla des ouvriers dans ce dessein, fit un sacrifice à la déesse, et la pria d'avoir pour agréables les hommages empressés des Romains et de consentir à habiter avec les dieux protecteurs de Rome. La statue, dit-on, répondit qu'elle le voulait bien et que la proposition lui souriait. Tite Live écrit que Camille fit sa prière à la déesse, la main sur la statue, et que, lorsqu'il l'invita à le suivre, quelques-uns des assistants répondirent : « Elle le veut bien, la proposition « lui sourit; elle nous suit avec plaisir. » Du reste, un argument imposant que font valoir les partisans de la réponse miraculeuse en faveur de leur opinion, c'est la fortune de Rome. Une ville sortie d'une si faible et si méprisable origine se fût-elle jamais élevée à un tel degré de gloire et de puissance, si quelque divi-

(avoués pourtant dans les États de l'Église) a armé l'assassin; mais comme avant tout il faut sauver du scandale l'honneur posthume du noble comte, quelques patriotes, accusés de complicité avec l'assassin, ont été arrêtés et jetés en prison; les voilà à la merci du bon plaisir.

Le lendemain de cette promenade à la *Storta*, je trouvai dans Plutarque ces curieux détails sur le siége et la prise de Veïes: « Veïes était le boulevard de l'Étrurie, une ville qui ne le cédait à Rome ni pour la quantité des munitions de guerre, ni pour le nombre des combattants; enflée de ses richesses, de son luxe, de sa magnificence et de ses délices; les Romains avaient trouvé en elle une rivale de gloire et de puissance; et plus d'une fois, dans les combats, ils avaient éprouvé sa valeur. Mais aujourd'hui elle était affaiblie par la perte de plusieurs batailles; elle avait renoncé à son ambition. Les Veïens, contents de s'être entourés de fortes murailles, d'avoir rempli la ville d'armes, de traits, de vivres et de toutes les autres provisions nécessaires, soutenaient tranquillement le siège. Il durait depuis longtemps, non moins pénible et non moins fâcheux pour les assiégeants que pour les assiégés. En effet, les Romains, accoutumés à ne faire que des campagnes d'été et fort courtes, et à hiverner dans leurs foyers, s'étaient vus forcés alors, pour la première fois, par les tribuns, de construire des forts, de retrancher leur camp, de passer les étés et les hivers dans le pays ennemi. Il y avait près de sept ans que durait la guerre. Camille fut chargé de poursuivre le siége de Veïes. Il reconnut bien vite la difficulté et les périls d'un assaut, et, comme le terrain des environs pouvait être creusé si profondément qu'on déroberait à l'ennemi la connaissance de ce travail, il fit ouvrir des mines. L'ouvrage réussit; et tandis que Camille assaillait extérieurement la ville, afin d'attirer les Veïens sur les murailles, un autre corps de troupes entrait par les mines, et pénétrait, sans être découvert, jusque sous la citadelle, à l'endroit même où était le temple de Junon, le plus grand de tous ceux de la ville et le plus honoré. On dit que dans ce moment le général des Étrusques faisait un sacrifice, et que le devin, après avoir considéré les entrailles de la victime, s'était écrié : « La divi« nité promet la victoire à qui achèvera ce sacrifice. » Les Ro-

L'atmosphère italienne conserve les hommes comme les œuvres d'art ; elle est moins favorable à la beauté des femmes : l'action du soleil et le vent tempétueux les ravagent avant l'heure ; mais on ne trouve vraiment de superbes vieillards qu'en Italie ; le mot vieillard ne saurait s'appliquer à M. Visconti qui touche à peine au déclin. Il était fort jeune lorsqu'il fit avec Chateaubriand les fouilles de *Torre Vergata*, et cette jeunesse éclatait toujours dans son esprit plein de verve et dans son enthousiasme d'archéologue et de poëte. Nous parlâmes aussitôt de l'auteur des *Martyrs* qu'il avait connu dans l'intimité durant son ambassade à Rome.

« Ses lettres à madame Récamier, où votre nom revient souvent, dis-je au commandeur, sont remplies de cet incurable ennui qu'il promenait à travers le monde et des plaintes un peu monotones qu'il exhale à tous propos.

— Cette mélancolie était dans ses écrits plus que dans sa vie, répliqua M. Visconti ; je l'ai connu ici aussi gai que nous tous, agissant, vivant, mondain et de plus fort amoureux d'une très-belle et très-intelligente personne, madame Hortense Allard.

— Eh quoi ! interrompis-je, à l'heure même où il écrivait à madame Récamier des lettres si tendres !

— Vous autres femmes, reprit le commandeur en riant, vous n'admettez pas cette dualité dans l'amour ou plutôt vous ne souffrez pas qu'on en parle. Madame Hortense Allard était de cette opinion et nous l'avons vue longtemps réduire ce pauvre Chateaubriand à l'état de *patito*. Il avait beau mettre à ses pieds son grand nom d'écrivain, ses honneurs et son luxe d'ambassadeur de France, il ne triomphait pas de la jeune femme. Son équipage stationnait deux ou trois fois par jour devant le modeste logement qu'elle occupait à Rome, mais jamais la belle orgueilleuse ne consentit à y monter. Quand nous tentions de la rendre plus compatissante pour la fièvre amoureuse de René, elle nous disait bravement : « J'aime ailleurs ! » Elle allaitait un bel enfant qu'elle aimait encore plus que l'amour. Le soir, quand nous faisions cercle autour d'elle et que son nourrisson était dans ses bras, elle nous montrait, sans y songer, sa beauté complète ; les peintres s'écriaient : « Il faudrait être un Raphaël pour la peindre ainsi ! » René la regardait véritablement ému, et nous tous, jeunes Romains plus ou moins poëtes, nous la comparions dans nos sonnets à la Clorinde du Tasse. Je n'ai pas connu d'âme plus vaillante et plus noble dans les sentiments ; tout sacrifice la tentait ; dans les siècles guerriers, elle eût été une héroïne ; aux premiers âges chrétiens, elle eût été une martyre. Elle paraissait dédaigneuse et comme ignorante de tout ce qui n'était pas l'enthousiasme et l'amour. Sans fortune, elle acceptait les privations en stoïcienne, les traitant d'indifférentes au bonheur ; elle plaisait beaucoup à Rome par sa simplicité touchante et sa droiture audacieuse. Nous l'aimions pour cette couronne idéale d'imagination et de beauté ; je m'étonne qu'elle n'ait pas été en France entourée de plus d'éclat.

— En France, repartis-je, la pauvreté amène l'éclipse ; l'étoile attire peu par son propre foyer si d'autres rayons ne lui font cortége : la richesse, un salon, des intrigues, des amis puissants sont les satellites obligés pour qu'un astre s'atteste. Mais ainsi éclairés de lueurs étrangères, ces astres d'un jour sont des étoiles filantes ; une fois passées, qui s'en souvient ? Les astres plus fiers acceptent l'obscurité, quelques yeux attendris les cherchent et les voient dans la nuit où ils se dérobent. Dans la vie ce ne sont pas les sympathies banales et les rumeurs confuses qui nous glorifient, mais un petit nombre d'affections d'élite et de voix souveraines. Ce que vous venez de me dire de madame Hortense Allard, Béranger me l'a dit souvent, ajoutai-je ; à vingt ans de distance, elle n'avait rien perdu de la beauté de son cœur. »

Nous causâmes ensuite de Léopold Robert, de M. de Tocqueville et de mon ami Antoni Deschamps.

« J'ai assisté avec eux, me dit le commandeur Visconti, au couronnement de Delphine Gay [1] à l'académie *Tiberina* où sa beauté blonde et ses yeux bleus furent encore plus acclamés que sa poésie.

— J'ai en vain cherché s   buste dans la Protomothèque du Capitole, et je vous en veu   -partis-je, de cet oubli.

— Nos maîtres l'ont sa.. doute trouvée trop libre penseur, et quant à vous, je vous avertis qu'ils vous proscriront à jamais de cette cave où frissonnent les immortels.

— Je me soucie peu de ce Panthéon glacé, repartis-je, je lui

[1] Madame Émile de Girardin.

préfère vos ruines en plein soleil; une promenade à Veïes est tout le triomphe auquel j'aspire.

— J'ai mieux que cela pour vous fêter, me dit-il: nous irons à *Ostie*, où je suis autocrate et où j'ordonnerai une fouille en votre honneur. »

XLIX

Le jeudi (18 avril 1861), je devais passer la soirée chez la princesse Caetani; M. Curmer et M. Delâtre vinrent me chercher de bonne heure et me proposèrent avant d'aller chez la princesse de visiter le Colisée au clair de lune. La soirée était fraîche, mais radieuse; une si grande quantité d'étoiles brillaient au ciel que l'éther en était submergé. J'avais le matin même, pour la vingtième fois depuis que j'étais à Rome, fait le tour de l'immense *Colosseum*, puis je m'étais assise à l'entrée du jardin botanique pour contempler longtemps le géant accroupi; il dormait au soleil, gonflant sous sa courtine d'azur ses flancs dorés; les arbres flexibles, aux pousses printanières, l'éventaient et l'encensaient de leurs fraîches senteurs; on eût dit des branches de lotus ou des éventails de plume se balançant sur la couche d'un roi asiatique. La chaleur faisait la solitude autour de moi; aucun bruit de pas ne troublait le repos de ce Témoin majestueux des siècles; j'étais seule à le regarder, perdue dans sa grandeur et dans les souvenirs sanglants et formidables de ses fastes révolus. Désormais il n'était plus qu'un décor sublime et tranquille, une tombe aux ombres des gladiateurs qu'il avait vus mourir; jamais il ne redeviendrait redoutable; jamais son arène sèche et blanchie ne bouillonnerait dans l'avenir, rouge de sang humain! Je souriais de le voir si placide et si beau, et n'ayant plus la puissance de nuire. Les oiseaux du ciel s'ébattaient joyeux sur son front, et becquetaient les graminées qui forment sa chevelure. On eût dit le squelette d'un titan désarmé, apaisé par la mort, et gardant la majesté de sa force; sa splendeur muette et son énergie immobile saisissent de respect ceux qu'il épouvanta.

Le soir, l'aspect changea; le géant se redressa, la tête couronnée d'astres, il semblait s'agrandir et se dilater à travers la nuit. La lueur des étoiles, qui glissait de part en part dans ses membres ouverts, y répandait comme un fluide de vie.

Quand nous arrivâmes à l'entrée du cirque, une abondante rosée tombait du ciel; les grands arcs mouillés paraissaient noirs, tandis qu'une teinte nacrée et lumineuse en emplissait les vides et flottait dans l'espace. A l'entour de l'amphithéâtre le vert du feuillage des arbres se distinguait sur ce fond clair. Un guide, portant des torches, nous précédait dans les galeries sonores que notre marche faisait retentir; à mesure que nous montions, le monument paraissait s'élargir de plus en plus et devenir incommensurable; arrivés à la troisième galerie, nos regards plongèrent dans l'arène; la lune brillait perpendiculairement au-dessus, projetant ses rayons jusqu'au fond de l'immense et sombre entonnoir que décrivent les gradins. Par le côté brisé du cirque s'engouffrait une plus large partie du firmament étoilé; l'éther avait des profondeurs d'azur où les constellations s'enroulaient comme les vagues d'un fleuve. A nos pieds, tous ces reflets multipliés luttaient avec l'obscurité de l'enceinte énorme; c'était comme l'emblème du monde antique, ténébreux et borné. Les clartés qui le traversèrent ne pénétrèrent pas ses entrailles; les élans qui le soulevèrent n'atteignirent pas l'infini; ses horizons ne dépassaient pas la terre sur laquelle les autres planètes ne luisaient que comme des lampadaires; ses théogonies étroites et violentes, ainsi que ses sociétés parquées et ennemies, habitaient un ciel circonscrit. Rome a continué et continue encore à river les esprits à ces chaînes primitives; mais la Science est venue abattre ces entraves, et des ailes ont poussé à l'homme qui rampait. Il voit! il voit! Les tourbillons des mondes, la création sans limite, le sollicitent à planer! Il sent la fin des tyrannies et des religions passagères; des brutes royales immolant les corps; des thaumaturges iniques aveuglant les âmes; aimant et juste, il veut vivre avec ses frères dans l'attente pacifique de sa destinée. Dans la pondération des mondes il découvre celle des êtres. Par l'infini, il s'affirme son immortalité.

« C'est assez de contemplation et d'extase, » me dirent ces messieurs, qui dissertaient sur les dimensions du cirque.

Glacés et frissonnants, nous descendîmes lentement des galeries. Nos vêtements étaient mouillés par l'humidité qui tombait des astres comme s'ils avaient pleuré sur nous. Ils savent sans doute, ces grands corps lumineux, ce que nous ignorons encore. Ils compatissent aux agitations barbares et vaines de notre globe effaré.

Toute méditation trop forte nous écrase; le vertige y précède le ravissement. Je sentis un délectable bien-être en me trouvant transportée dans la chaude atmosphère du beau palais Caetani. La princesse me reçut avec cette grâce cordiale et cette aménité sans phrase que le regard, le sourire et le geste attestent bien mieux que beaucoup de paroles. Faible et souffrante, la princesse Caetani cache une âme forte et active dans un corps délicat; elle a la solidité d'esprit d'une Anglaise et la bonté affable d'une Italienne. Son instruction est telle qu'elle déroute parfois les plus érudits; elle me révéla une fois de plus le grand charme de quelques femmes du monde qui n'ont jamais écrit, et dont l'intelligence fait envie à celles qui font métier d'intelligence.

J'ai dit ce qu'était son mari, le duc de Sermoneta. Je remarquai dans la galerie et dans les salons de réception, décorés de magnifiques tableaux, quelques délicieuses statuettes, ouvrages du prince, entre autres un Amour en marbre de Paros que Pradier eût été fier de signer. Le prince m'offrit un de ces couteaux à papier d'un travail exquis, aux longues ailes d'anges, dont il a fait le modelé pour Castellani. Tandis que nous causions, un des portraits, suspendus aux parois, fixait sur nous ses yeux noirs pleins d'éclat; la fermeté de ce regard était doublée par l'expression du front, sillonné d'un pli profond; l'ensemble de la physionomie révélait la résolution la plus énergique; je me levai pour voir de près cette tête qui semblait s'animer et me parler.

« Voilà un personnage que vous connaissez et dont vous avez écrit la vie, me dit le duc avec courtoisie, c'est le portrait de Campanella, portrait contemporain, qu'un de mes aïeux, prince de Caserte, rapporta de Naples, où peut-être il vit Campanella dans sa prison. »

Plus attentive, j'examine ce fier visage; le nez charnu, les lèvres épaisses, le teint rugueux, l'encolure robuste attestent la force : et certes, il lui en fallut pour survivre à douze ans de geôle souterraine et à la torture, qu'il subit quarante-sept fois ! Hardiment réaliste, le peintre inconnu de ce beau portrait n'a pas hésité à reproduire les deux grosses verrues que Campanella avait sur la joue.

Des savants, des artistes, des littérateurs, des avocats et quelques représentants de familles illustres me sont tour à tour nommés et présentés par le duc Caetani; tous expriment avec mesure mais fermeté leur désir de voir Rome capitale de l'Italie libre. Tous sentent que la tête ne peut sans honte rester caduque quand le corps, rajeuni, a retrouvé sa vigueur. Leur espérance est vive, car les triomphes de Garibaldi sont récents; les brigands de François II n'ont pas encore ensanglanté la frontière, et tous les journaux français annoncent qu'avant peu l'armée italienne tiendra garnison à Rome avec la nôtre. Deux années d'attente ont attristé et endormi le patriotisme des pauvres Romains. Le découragement engendre la crainte chez des hommes déshabitués de la vie publique, et plus d'un peut-être que j'entendis ce soir-là proclamer sa foi patriotique me démentirait aujourd'hui si je répétais ses paroles.

La fille du prince Caetani répandait l'éblouissement de sa beauté sur cette assemblée un peu sérieuse, et son fils y soufflait l'enthousiasme qui relevait toutes les jeunes têtes.

L

En sortant du palais Caetani, M. Curmer me proposa de me conduire le lendemain matin à la *Sacristie de Saint-Pierre*; il avait une permission pour voir les vieux psautiers ornés de vignettes qu'il désirait reproduire; il espérait aussi qu'on nous montrerait le *Trésor* renfermant les vases sacrés, les chandeliers, les reliquaires, les coffrets pour les huiles saintes, les croix pastorales, etc., etc., précieux ouvrages d'orfévrerie de plusieurs siècles.

On entre dans la sacristie par une porte percée à gauche de la basilique, près du tombeau de Pie VII; on traverse d'abord un élégant vestibule soutenu par quatre colonnes de granit rouge; au milieu est la statue colossale en marbre de saint André et les deux statues de saint Pierre et saint Paul. Ces figures, dont les deux dernières sont de *Mino di Fiesole*, se trouvaient dans la primitive basilique; elles valent mieux à elles seules (si l'on en excepte la *Pietà* de Michel-Ange) que toutes les statues qui décorent le Saint-Pierre moderne. Ce vestibule conduit à trois galeries bordées de colonnes en marbre noir et en vert africain; entre leurs interstices sont des bustes de papes et des inscriptions antiques. Nous traversons plusieurs chambres somptueuses composant les diverses sacristies des prêtres (suivant leur hiérarchie) qui desservent Saint-Pierre. La *Sacristia comune* est de forme octogone; elle est surmontée d'une coupole qui repose sur des pilastres et des colonnes en marbres précieux. Deux autres sacristies parallèles, celle *de' Canonici* et celle *de' Benefiziati*, sont d'une architecture absolument semblable. Au centre se dressent deux demi-colonnes en albâtre oriental servant de piédestal aux bustes de bronze doré de saint Pierre et de saint Paul; ces têtes, d'un métal éclatant, me rappellent le buste du czar Nicolas de la *villa Demidoff*, à Florence. Que diraient les pauvres apôtres de se voir traités en empereurs de Russie? Une magnifique *Sainte Famille*, de Jules Romain, est dans la *Sacristia de' Canonici*. Quelle expression dans la mère et dans l'enfant! Quelle énergie de pinceau! Le sang circule dans les chairs d'un ton chaud qu'on croirait colorées par le beau nuage de pourpre qui flottait l'autre soir dans le ciel à mon retour de la Storta. Le peintre, sans doute, avait vu ces effets de lumière, et s'en était inspiré. La *Sacristia de' Benefiziati* renferme une vieille image longtemps vénérée de la Madone dite *della febbre* [1] (de la fièvre). Les pauvres fiévreux de la campagne de Rome venaient l'implorer dans l'ancienne sacristie de la basilique primitive. La *Sala Capitolare* est la plus intéressante. Au milieu trône une statue antique de sénateur romain transformé en saint Pierre; sur les parois sont d'admirables fragments de fresques du quinzième siècle, par *Malozzo di Forli*, représentant les figures ineffables des célestes

[1] Dans l'antiquité, les Romains avaient élevé un temple à la fièvre. *Febris fanum.*

phalanges : les Dominations, les Vertus, les Archanges ; toutes ces figures expressives gonflent au vent du ciel leurs chevelures blondes ; les unes chantent, les autres jouent du tambour et de la viole d'amour ; toutes regardent en extase le Rédempteur, auquel elles faisaient cortége dans la grande fresque de l'abside de l'église *dei Santi Apostoli.* Quand cette fresque fut enlevée, on la coupa en morceaux. Le fragment où se trouve la belle figure du Christ est aujourd'hui dans l'escalier du Quirinal. Quelques-uns de ces anges peints en raccourci ont inspiré le Corrége ; il n'en a pas surpassé le mouvement et la grâce. Nous entrons dans la vaste *Sala del vestiario;* c'est là qu'est l'immense armoire, faite sous Clément XI, qui contient le Trésor ; le sacristain qui nous conduit, nous déclare que le Trésor n'est plus dans cette armoire, qu'il est caché et désormais invisible ; que par ces temps de tribulations de l'Église il y aurait imprudence à le montrer à n'importe qui ; qu'il suffirait d'une indiscrétion pour le signaler aux ennemis du Saint-Père, et que si les garibaldiens entraient à Rome, c'en serait fait des vases sacrés !

Je combats en riant ce saint effroi ; je m'adresse pour faire lever l'interdit à quelques prêtres qui déposent ou revêtent autour de nous leur surplis et leur chasuble ; ils me répondent tous par un *non possumus;* je sors fort dépitée du *Vestiario.* M. Curmer me dit en riant que mes airs révolutionnaires et mon allure garibaldienne ont épouvanté les sacristains à qui j'ai donné l'éveil par l'écharpe rouge que je porte autour du cou ; il ajoute qu'il reviendra seul, et que certainement le Trésor lui sera montré. Il se présenta le lendemain ; mais il eut beau faire tinter les trois *paoli* sacramentels équivalant à Rome au *Sésame ouvretoi* du conte oriental, la fameuse armoire resta fermée. On prétendait à Rome qu'elle était vide. Si Pasquino avait osé répéter tout haut ce qu'on murmurait tout bas, il eût fait savoir au public que le Trésor de Saint-Pierre était emballé, et que pour le mettre à l'abri des impies révolutionnaires, il grossirait le bagage du pape et des cardinaux le jour où ils partiraient de Rome.

M. Curmer se consola de cette mésaventure en compulsant, dans la *Libraria,* de la Sacristie, des bibles, des évangiles et des psautiers aux vignettes exquises.

Très-las et très-affamés par cette longue visite à la *Sacristia di San Pietro*, dont la grandeur est proportionnée à l'immensité de la basilique, nous allons déjeuner au *restaurant du Lion d'Or*, situé dans une masure, en face de Saint-Pierre. Nous montons un escalier en pierre aux degrés roides et malpropres, aboutissant à une salle dallée blanchie à la chaux; une vingtaine de convives y sont assis sur des bancs et des chaises d'église, autour de tables massives. Nous trouvons là plusieurs prêtres en manteaux courts et en petits collets déjeunant en compagnie de gardes nobles; deux prix de Rome en redingote de velours noir et trois fermiers des environs de Tivoli portant des vareuses de drap marron. Ces costumes distinctifs et la variété des physionomies composent un de ces curieux assemblages qui disparaissent de Rome comme de toutes les villes du monde. Avant cinquante ans, les derniers des abbés et des gardes nobles auront revêtu le frac anglais, et le pape, me dit le soir un plaisant, se promènera dans la cité *Léonine* en paletot. Un garçon en veste ronde chevronnée de taches de graisse, dépose devant nous, sur une nappe qui a déjà servi, des côtelettes, des œufs et du *budello di latte* (boudin de lait) *che piace tanto alle donne*, ajoute-t-il en me désignant le plat sucré.

Au sortir du restaurant du *Leone d'Oro*, nous traversons la *via Lungara* ; la *Farnesina* nous sourit et nous retient une heure ; une heure de ravissement en compagnie des figures immortelles créés par Raphaël et Sodoma. Nous faisons une nouvelle halte au palais *Corsini* (en face de la Farnesina), dont je parcours la belle bibliothèque; j'y laisse M. Curmer achever la journée dans l'attrayante exploration des magnifiques collection d'estampes.

« Assez d'églises et de palais, » dis-je le lendemain à M. Delâtre, qui vint vers midi m'offrir son bras pour faire une promenade à travers Rome, et je lui énumérai toutes les *chiese* et tous les *palazzi* que j'avais vus. « Ma liste est close, ajoutai-je, les colonnes des portiques m'enchevêtrent et m'écrasent; les tableaux des galeries m'enveloppent et m'étouffent; allons respirer hors les murs.

— Je ne vous tiens pas quitte, repartit M. Delâtre; il faut voir le palais *Spada*, et quelques autres que vous avez oubliés; Saint-André de Laval, *Santa Maria della Pace*, où sont les Sibylles de

Raphaël; Saint-François de Paule, où la Vierge apparut à M. Ratisbonne, et deux ou trois églises du *Forum* occupant l'enceinte des temples antiques. »

Nous voilà partis; nous passons devant le *Mont-de-Piété* et arrivons au palais *Spada*, situé dans le voisinage du *Ghetto*. La façade et la cour carrée, ceinte de portiques, sont décorées de statues. Au fond d'un grand arc du portique, faisant face à la porte d'entrée, se groupent comme dans un cadre, le mont Janicule, *San Pietro in Montorio*, et, sur le premier plan, des arbres au bord du Tibre. Cette perspective fait de la cour du palais *Spada* une des plus belles des palais de Rome. Nous montons au premier étage et trouvons, dans une vaste salle fort délabrée, la fameuse statue de Pompée. La tête de cette statue colossale frappe par sa noblesse; une draperie est jetée sur l'épaule gauche; la main gauche tient le globe du monde. Le bras droit fut brisé par les soldats français qui, sous la République[1], transportèrent cette figure antique au Colisée, où ils représentèrent la *Mort de César*, de Voltaire.

« Ce spectacle dut être autrement imposant, dis-je à M. Delâtre, que la représentation des farces jouées l'autre soir par nos soldats au théâtre de *Tordinona*. Il se dégage toujours d'une ère de liberté quelque chose de grandiose et de fier qui élève les âmes et les ouvre à la poésie. « La république, il nous faut ce mot-là, et « quand ce ne serait qu'un mot, c'est quelque chose, puisque les « peuples se lèvent quand il traverse l'air[2]. »

Dans les salons qui suivent sont des tableaux de l'école de Jules Romain. La seule toile vraiment rare est une *Visitation d'Andrea del Sarto*. En sortant du palais *Spada*, nous tentons d'aller voir les beaux tableaux qui sont au *Mont-de-Piété*; la galerie est fermée; un des gardiens, en costume de *Georges Dandin*, la tête couverte d'un bonnet carré, pourchasse d'un air grave, un balai à la main, de gros rats qui courent sous le portique. Nous traversons la place *Campo di Fiori*, où est une fontaine en forme de soupière. C'est sur cette place (voisine de la place Farnèse) que fut brûlé Giordano Bruno. Nous voilà sur la *place Navone*; nous

---

[1] Pendant que le général Miollis occupait Rome.
[2] Alfred de Musset, *Lorenzaccio*.

fuyons sa puanteur au pas de course. Je me demande si au temps d'Olympia Panfili les mêmes exhalaisons montaient le soir vers le balcon de la favorite? Nous saluons en passant la morne statue de *Pasquino*. Nous entrons dans le palais *Braschi* pour voir le bel escalier de marbre encadré dans une sorte de galerie en spirale. Ce palais fut bâti pour un neveu de Pie VI. Le descendant ruiné de ce Braschi a vendu, il y a quelques années, son palais au fils d'un garçon boulanger qui était arrivé à Rome avec trois *paoli* dans sa poche. Il épousa la fille de son maître boulanger, et devint fournisseur de farine. L'héritier de l'heureux mitron fut nommé duc de Grazioli, et se maria avec la fille du duc Lante. C'est un bon homme, mais un des plus *codini* de Rome; il cherche à conquérir des quartiers à sa récente noblesse par ses opinions surannées. Pasquino a raillé, dans maintes épigrammes, ce parvenu qui est son voisin. On voyait encore à Rome, il y a quelques années, de ces fortunes rapides et colossales; elles deviennent de plus en plus rares. La révolution coupe l'herbe sous le pied au népotisme et à l'agiotage. Est-elle assez mal apprise et brutale cette révolution qui fait le tour du globe! — Nous entrons dans *San Andrea della Valle*, pour voir la belle coupole de Lanfranc et les Quatre évangélistes du Dominiquin. Ce sont là de vraies peintures religieuses et magistrales, dont le sieur Gugliardi ne s'est guère souvenu en décorant *Sainte-Agnès*.

« Un seul peintre contemporain a gardé le grand souffle de la Renaissance, c'est Cornélius; il est encore à Rome pour quelques jours, voulez-vous visiter son atelier? » me dit M. Delâtre.

J'acceptai, et nous nous rendîmes au palais *Poli*, qu'habitait le vieux peintre allemand. En traversant la place de Venise, nous fîmes une halte au joli palais Bonaparte (situé à l'angle du Corso), où mourut madame Lætitia; sa chambre était petite, close et tranquille; elle n'avait pour luxe et pour décoration que les portraits superbes de ses fils, souverains dépossédés par l'Europe rendormie. Ils étaient tous là ces fils prédestinés conçus par ses entrailles : Napoléon en tête, Joseph, Louis, Jérôme et Lucien le républicain[1] lettré, dédaigneux des grandeurs royales. Jeunes,

---

[1] Lucien Bonaparte a toujours affirmé qu'en faisant le 18 brumaire il en-

ardents, ils semblaient regarder avec surprise leur vieille mère infirme et seule, et lui murmurer : « Souviens-toi! tu es la mère des Césars! » Sans doute, elle se souvenait des splendeurs évanouies; leurs visions passaient dans ses jours solitaires et dans ses nuits d'insomnie, mais elle avait dépouillé la pompe impériale. Rigide et comme cloîtrée dans son deuil, elle prêchait aux siens la simplicité et même la parcimonie; la ménagère corse avait remplacé la reine; l'épargne lui semblait la dignité de l'exil :

« C'est assez d'être tombée du trône, disait-elle noblement à ses enfants proscrits, ne tombez pas dans la misère; que jamais un Bonaparte ne soit réduit à mendier les secours de la Sainte-Alliance. » Dans une économie méticuleuse, elle voyait l'indépendance de sa famille entière ; elle thésaurisait et liardait avec l'âpreté d'une humble bourgeoise. Sa maison se composait d'une vieille servante corse, de quelques anciens domestiques, et de sa fidèle demoiselle de compagnie, mademoiselle Milline, qui l'avait suivie en exil, exécutait le règlement de ses dépenses, et suppléait à la surveillance que ses infirmités lui empêchaient d'exercer autour d'elle. La vieille fille avait pris à cœur sa tâche monotone; elle s'en acquittait avec une conscience scrupuleuse. Ces fonctions d'intendante lui donnaient une sorte d'autorité dont elle se glorifiait; elle se trouvait récompensée de ses soins et de ses peines par l'importance qu'en acquérait toute sa personne. Profondément attachée à la mère de Napoléon, elle était l'écho de ses volontés et la distributrice des dons que faisait l'aïeule aux enfants de ses fils résidant à Rome. Lucien et Jérôme habitaient dans la ville papale des palais voisins de celui de leur

---

tendait fonder une république consulaire ; nous trouvons le passage suivant dans une de ses lettres écrite, en 1852, à son fils Pierre Bonaparte qui servait à cette époque dans l'armée de la république de la Nouvelle-Grenade : « J'estime beaucoup le général-président de cette république, et je ne crois pas que tu puisses mieux faire que de t'attacher à lui et à la Colombie jusqu'à ce que la Providence redonne à notre belle France un gouvernement républicain. Cet avenir est loin d'être impossible; les vestiges de l'empire et de la monarchie se dissipent ; et les idées de brumaire reprennent leur éclat dans notre patrie. On sent que la *république* consulaire, que j'avais fondée était la véritable, la seule ancre de salut pour la France; on y revient à grands pas tous les jours. Dans ce cas, et dans ce cas seul, je te conseillerais de quitter la Colombie. »

mère. Madame Lœtitia avait une estime et une affection particulière pour la reine de Westphalie (femme de Jérôme) : « Celle-là, disait-elle, a un grand cœur; elle a voulu rester des nôtres; elle n'a pas renié son mari et ses enfants pour reprendre son rang dans sa famille royale; nous devons l'honorer toujours comme une souveraine. » Pour elle seule la bourse et les écrins de la vieille stoïque se dénouait et s'ouvraient; elle donnait sans compter à celle qu'elle traitait comme une Majesté. Elle témoignait aussi, dans les dernières années de sa vie, une vraie tendresse d'aïeule à deux fils de Lucien : le prince Pierre et le prince Antoine; leur beauté, leur esprit vif et les excellentes études qu'ils faisaient dans un collége de Rome l'intéressaient, mais sans la faire se départir de sa lésine habituelle.

Les jours de sortie, les écoliers allaient déjeuner chez leur grand'mère; on leur servait habituellement du veau froid et de la mortadelle; la mourante avait toujours soin de crier de son lit, qu'elle ne quittait plus, à mademoiselle Milline, président au repas des enfants dans une pièce voisine : « Ne coupe que ce qu'ils peuvent manger! » Une année, au jour de l'an, madame Lœtitia fit ouvrir une armoire par sa demoiselle de compagnie qui en tira deux gros rouleaux fort lourds; la grand'mère les remit aux deux petits princes en leur disant : « Je vous traite en hommes, je ne vous donne plus de jouets : voilà de quoi acheter des livres et des armes. » Les enfants, tout joyeux, rêvaient déjà de doublons d'Espagne; à coup sûr les pièces qu'ils palpaient étaient d'or. En descendant l'escalier du palais, ils se hâtèrent de déchirer le papier des rouleaux; ils trouvèrent une vingtaine de ces énormes *scudi* romains pesants et ternes.

« Les doublons sont pour la reine de Westphalie, s'écria le jeune Pierre, dont l'esprit juste et caustique se montrait déjà; notre père est pourtant l'aîné de notre oncle, ajouta-t-il, mais notre père n'a pas été roi. »

Avec mademoiselle Milline, la compagnie assidue des dernières années de madame Lœtitia était son frère le cardinal Fesch et un vieux chevalier Colonna qui lui apportait régulièrement les nouvelles de l'Europe. Chaque matin il lisait les gazettes, puis venait redire à la mère de l'Empereur ce qui pouvait l'intéresser et la distraire. Le cardinal Fesch s'efforçait de soumettre à lui seul la direction de l'esprit de sa sœur; suivant l'expression vulgaire, il tirait d'elle tout ce qu'il pouvait, il lui prêchait l'oubli des grandeurs passées et presque l'oubli de ses fils et de ses neveux, qui n'étaient bons qu'à troubler son repos, lui disait-il, et qui finiraient par indisposer le gouvernement papal. Il était devenu franchement prince de l'Église et prince romain, et ne tenait plus à sa famille que pour la forme. L'esprit de famille et de patriotisme, presque toujours inconnu au clergé, était annihilé en lui. Il voulait vieillir en paix riche et sybarite, honoré à la cour de Rome; il préférait à la parenté du grand Empereur la gouvernante qui menait sa maison, et dont il eut un jour la belle idée de vouloir marier la fille à un fils de Lucien. Les passions déviées dans le cœur des prêtres ont de ces aberrations-là. Il régnait un sourd antagonisme entre mademoiselle Milline, l'honnête gouvernante dévouée aux Bonaparte, et le vieux cardinal rapace. Le jour de la mort de madame Lœtitia, tous ses bijoux, à l'exception d'un magnifique collier destiné à la reine de Westphalie, furent emportés par son frère qui venait de recevoir son dernier soupir. Mademoiselle Milline voulut en vain protester; le cardinal Fesch la menaça des foudres de l'Église [1].

Tout en causant de ces souvenirs, nous étions arrivés au palais *Poli* [2], dont le peintre Cornélius occupe depuis plusieurs années le second étage. Nous sonnons à une porte cintrée; un élève de Cornélius vient nous ouvrir; il nous dit que son maître part dans huit jours, et qu'il est douteux qu'il puisse nous recevoir; l'élève nous propose de nous montrer les cartons des fresques religieuses que le grand artiste va faire exécuter au *campo santo* de Berlin. Ces cartons ont été exposés à Paris. Je suis très-frappée par la figure de *Dieu le Père* apparaissant dans les nuées. A l'exemple des peintres de la Renaissance, Cornélius a reproduit Jéhova plein de force et de splendeur. Une autre figure de la *Charité* est superbe.

---

[1] Tous ces détails sont authentiques; je les tiens d'une source certaine, et je n'ai pas hésité à les publier, parce qu'à mon avis on doit introduire le réalisme dans l'histoire et cesser de nous présenter des figures idéales qui sont du domaine de l'imagination.

[2] Dans une des façades de ce palais est enclavée la fontaine de *Trevi*.

L'*ensevelissement du Christ* respire un ineffable sentiment religieux; la *Résurrection des pauvres* est une des compositions les plus saisissantes, d'une beauté originale et émue : tous ces corps qui se soulèvent en dépouillant leurs haillons, leurs misères et leurs angoisses, tous ces déshérités des biens d'ici-bas qui ressuscitent et tournent vers le ciel leurs faces radieuses, forment un tableau sublime. Un autre carton vraiment magistral est celui qui représente la *Femme de l'Évangile malade d'un flux de sang*. Elle touche prosternée les vêtements du Christ; ses yeux rayonnent de foi. Jésus penche vers elle sa belle tête compatissante, et lui murmure : « Soyez guérie! »

Je remarque dans un des salons que nous traversons un buste en marbre très-vivant et très-expressif de la seconde femme de Cornélius, morte à peine il y a quelques mois. Une *terza sposa* lui a succédé. L'inflammable vieillard espérant se rajeunir à la manière des rois de la Bible, vient d'épouser à soixante-dix-huit ans, il y a trois jours à peine, une jeune fille du peuple de vingt-deux ans[1]. L'élève a fait passer ma carte à son maître; tout à coup, au fond du dernier salon, une porte s'ouvre, et Cornélius m'apparaît. C'est un petit vieux au corps grêle et frétillant dans une redingote de gros drap poilu; la face est rouge, l'œil lascif, le nez recourbé, les cheveux grisonnants. Il sort de table : le vin qu'il a bu mouille encore ses lèvres; quelques gouttes en sont tombées sur les plis de sa chemise.

« Je n'ai pas voulu quitter Rome sans vous voir, lui dis-je, car vous êtes une de ses grandeurs.

— Rien n'est grand à Rome que Rome elle-même, me répond-il; mais j'ai tenté de maintenir l'art sur ses hauteurs, et peut-être si Michel-Ange et Raphaël vivaient, ils seraient contents de mes efforts et ne refuseraient pas de me donner la main. »

En parlant ainsi, la physionomie du vieillard s'était empreinte d'une noblesse subite.

« Michel-Ange et Raphaël vous traiteraient en frère, » lui dis-je.

Tandis que nous causons de l'école française, d'Ingres et d'Eugène Delacroix, sa jeune femme survient; elle n'a rien de la beauté des filles d'Albano et de Frascati : grasse, blanche, aux

[1] Femme de chambre de la fille de Cornélius.

cheveux châtains, aux yeux sans flamme, à l'air avenant et doux, aux larges pieds. On dirait une Lyonnaise médiocrement séduisante.

« Je vous présente *mon épouse*, me dit sans embarras Cornélius ; nous allons partir pour Berlin ; nous voyagerons à petites journées dans notre voiture ; nous passerons par Ravenne, Ferrare, Venise, et nous gagnerons l'Allemagne par les Alpes du Tyrol. »

Il semble se délecter dans ce projet, et il regarde tendrement la nouvelle mariée fort à l'aise dans sa dignité inespérée.

J'offre à Cornélius une lettre pour le comte Cappi, conservateur de la bibliothèque de Ravenne ; il l'accepte, et je quitte les deux époux en leur disant au revoir.

Le soir j'ai chez moi mes amis et mes habitués. Je leur parle de ma visite à Cornélius.

« Voilà une jeune femme qui sera fort riche et qui pourra épouser un jour quelque prince romain, dit en riant le commandeur Visconti, car outre l'héritage de Cornélius, elle aura une pension énorme assurée à sa veuve par le roi de Prusse. Bien entendu que ce n'était pas à cette jeune veuve en expectative que Sa Majesté destinait la pension, mais à la seconde femme du peintre morte récemment. Quand l'ambassadeur de Prusse à Rome apprit que l'ardent vieillard se déterminait à d'autres épousailles, il en écrivit à son gouvernement qui aussitôt lui donna ordre d'empêcher le mariage. Mais les mariages se font si expéditivement à Rome, que celui-ci était déjà bâclé quand l'interdit du roi est arrivé. La pension allouée à la *veuve de Cornélius*, sans autre clause ou formule, reste donc à la nouvelle épouse qui ne peut tarder à devenir une veuve opulente. A l'âge de Cornélius, de pareilles folies sont mortelles. »

Quelques jours après, je portais à Cornélius la lettre que je lui avais promise. Je le trouvai vieilli de dix ans : ses yeux étaient injectés de sang, sa lèvre pendante ; je ne lui en donnai pas pour deux mois de vie. Cependant, s'il faut en croire une lettre que je reçus de Rome six mois après mon départ, ce ne fut pas lui qui mourut en arrivant à Berlin, ce fut elle. La caducité avait été mortelle à la jeunesse ; le souffle expirant et délétère avait éteint le souffle robuste et vivifiant.

Mon petit cercle du soir s'augmenta dans les derniers jours d'avril (1861) de la cordiale compagnie de don Marino, duc Torlonia (frère du banquier) qui était mon voisin [1]; l'excellent homme, fort timoré en politique, finissait par se galvaniser en nous écoutant. Notre espérance de voir Rome affranchie capitale de l'Italie était si forte, nous présentions à don Marino cet événement certain à une si courte échéance, qu'il finissait par avouer qu'au fond il n'en serait pas fâché. « Ce que je déplore, ajoutait le bonhomme, ce sont les brouilles que toutes ces idées libérales suscitent entre nous et les plus aimables prélats; ma chère femme qui ne sort jamais le soir, avait pour unique distraction sa partie de whist avec Mgr Pacca, mais tout à coup le grand chambellan du pape nous a fui comme des pestiférés, parce que nous recevions M. de Kisseleff, ambassadeur de Russie; il ne pouvait, nous a-t-il fait dire, s'exposer à se trouver en contact avec un libéral et un schismatique. » Un ambassadeur de Russie traité de *révolutionnaire!* ceci donne la mesure de l'esprit de la cour de Rome. Don Marino m'amena un soir sa gracieuse belle-fille donna Francesca, née princesse Ruspoli, veuve du poète Giovanni Torlonia dont j'ai parlé.

Ce fut vers le même temps que parvint à Rome la lettre du duc d'Aumale au prince Napoléon. Elle y fit grand bruit. Tout le parti libéral blâma hautement le passage où le prince rend hommage au pape et censure l'unité italienne : « C'est plus qu'une faute, me disait un patriote romain, c'est une maladresse; le duc d'Aumale se souvient trop qu'il est le petit-fils de Caroline de Naples et le mari d'une princesse de Salerne, proche parente de François II, et il ne se souvient pas assez que sans la Révolution française son père n'aurait jamais régné. Il convient d'être plus audacieux quand on défend une dynastie nouvelle, qu'on pourrait appeler *révolutionnaire.* Toute concession est inutile pour désarmer le mauvais vouloir de la papauté contre les branches royales qui ne représentent pas le droit divin. En dehors de ce droit, tous les souverains sont pour l'Église des usurpateurs. Donc, en flattant le Saint-Siége, le prince outrage la liberté sans aucun profit [2].

---

[1] J'ai dit que le palais du duc Torlonia est en face de l'hôtel d'Angleterre.
[2] On verra bientôt que mon interlocuteur disait vrai.

— Les deux neveux du duc d'Aumale, repartis-je, n'ont pas commis de ces non-sens ; fils d'une mère protestante et d'un père vraiment libéral, ils n'ont pas renié leur origine. »

LI

Le prince Santa-Croce m'avait fait plusieurs visites depuis la première dont j'ai parlé. Le 1ᵉʳ mai (1861), je me rendis à son palais situé dans le voisinage du Ghetto, sur une place dont les abords sont fort sales. Je traverse une cour monumentale ; un large escalier me conduit aux appartements immenses et somptueux. Le prince Santa-Croce n'occupe qu'un tiers de son vaste palais. La série des salons, des galeries et des chambres du premier étage est divisée en deux parties : dans l'une réside un cardinal allemand ; dans l'autre le prince et sa famille. C'est au second étage qu'habitait le jeune Prospero Publicola Santa-Croce dont j'allais enfin apprendre l'histoire et le mariage *in extremis* ; tout Rome parlait encore de ce drame. Le prince Antonio vint me recevoir et me fit traverser une magnifique enfilade de salons rappelant les demeures souveraines. Je remarquai en entrant dans la salle des gardes un grand buste du fameux cardinal Prospero Santa-Croce qui assista au concile de Trente. C'est le même cardinal qui conseilla la Saint-Barthélemy à Catherine de Médicis et fut présent au massacre. Dans un autre salon est un magnifique portrait de Georges Santa-Croce, beau, jeune, l'air martial, la main superbe appuyée sur la garde de son épée. Ce prince Santa-Croce mourut sous les murs de Florence assiégée par Charles-Quint et par le pape Clément VII. Sa renommée guerrière vaut mieux que celle du cardinal Prospero de sanglante mémoire. Dans la belle *Galerie de musique*, dont le plafond splendide est de *Francesco Grimaldi*, se trouve une grande pendule d'un travail exquis ; sur le cadran folâtrent des Amours riants d'Albane. Je remarque le riche clavecin en laque de la belle princesse Santa-Croce, grand'mère du prince actuel ; elle fut une des grâces et des séductions du dix-huitième siècle; elle tourna la tête du cardinal de Bernis et de bien d'autres.

Les portes-fenêtres de cette galerie s'ouvrent sur une jolie terrasse, sorte de jardin suspendu; des bustes et des figurines mythologiques y sont abrités sous des orangers en fleurs; des bancs de marbre couverts de berceaux de roses y invitent au repos. C'est là que s'asseyaient vers le soir la belle princesse et le galant cardinal, ami de Voltaire. Leurs portraits, aux cadres ovales, placés dans un salon voisin les font revivre souriants, heureux, lèvres roses, cheveux poudrés, œil vif. Ils furent ce qu'étaient le clergé et la noblesse dans ce siècle de décomposition : cynisme aimable, insouciance au bord de l'abîme; légèreté funèbre, avant-courrière d'une révolution formidable. Continuer ces temps évanouis, sur lesquels soufflèrent les grandes vengeances populaires, on l'espère encore, mais on l'espère en vain à Rome.

Après avoir causé avec la princesse Antonio Santa-Croce, femme instruite, sérieuse, et qui a implanté dans ce palais peuplé de souvenirs frivoles la tenue des mœurs anglaises, je visite les archives de la noble famille où, à l'ombre des vieilles bannières des Santa-Croce, repose leur généalogie remontant jusqu'à l'antiquité romaine. Je parcours des diplômes et des chartes d'honneur accordés par une foule de souverains (depuis Charlemagne jusqu'à Napoléon) à la longue lignée des princes Santa-Croce. J'avoue que mon attention était distraite durant l'examen rapide de tous ces titres du passé; c'était la chronique contemporaine d'un Santa-Croce, c'était l'histoire romanesque et sinistre du jeune Prospero Publicola qui me préoccupait; je rappelai à son frère sa promesse.

« Soit, me répondit le prince, puisque vous l'exigez, malgré la tristesse et la colère que cela me cause toujours, montons dans cet appartement vide; vous n'y trouverez pas même une chaise pour vous asseoir; *elles* ont tout emporté. »

Sans bien comprendre le sens de ces derniers mots, je suivis le prince; nous montâmes au second étage du palais; son majordome nous précédait en portant un gros trousseau de clefs; il ouvrit plusieurs portes et nous laissa seuls dans de grands salons déserts. Le prince les traversa sans parler. Il s'arrêta dans une chambre à tentures riantes.

« C'est là qu'il est mort, me dit-il, c'est là que je vais vous conter son histoire aussi rapidement que possible :

« Il y a au moins vingt-cinq ans qu'une très-belle jeune fille de Venise parut à Rome et y fit sensation; elle y eut plusieurs aventures galantes; elle était fille naturelle, disait-on, d'une des familles patriciennes inscrites au livre d'or de Venise. Elle sut se faire bien venir des *monsignori* et des cardinaux, et finit par épouser un comte Lovati, fils de l'ancien bouffon de Grégoire XVI, que ce pape avait anobli dans un jour de belle humeur. Elle eut une fille dans les premières années de son mariage. Ses mœurs étaient fort libres. On citait plusieurs princes de l'Église parmi ses adorateurs; cela suffisait pour l'absoudre et changeait ses fautes en péchés bénis. Mais cette comtesse Almaviva aimait les Chérubins et se dédommageait avec eux de l'ennui que lui causaient les vieux Basiles! Elle jeta les yeux sur mon frère, bel adolescent d'une ravissante figure, d'une taille noble, svelte, élancée. Sa santé délicate augmentait encore le charme et la distinction de sa personne. Son éducation avait été superficielle et molle, comme l'est, hélas! celle de tous les jeunes Romains. Il était naturellement brave, mais son cœur s'affaiblit dans le *far niente*, et s'énerva bientôt complètement dans l'amour. Comme un enfant qui se grise d'un vin trop fort, il aima passionnément cette beauté mûre; il devint son esclave; une chose aveugle qu'elle faisait mouvoir et agir à son gré. C'est durant cette liaison que tout Rome connaissait, que la comtesse mit au monde une seconde fille. Le mari et les cardinaux qu'elle recevait couvrirent d'un voile sacré la naissance de l'enfant. Parmi les cardinaux les plus assidus auprès de la comtesse, on citait le cardinal A....

« Ce cardinal, demandai-je, est bien le même qui a été légat à Ravenne?

— Oui, répliqua le prince, il n'y a qu'un cardinal de ce nom.

— J'en ai beaucoup entendu parler dernièrement à Ravenne: il y a laissé des souvenirs de galanterie qui ne sont point effacés. Une grande dame de la ville me disait de lui : « Nous nous félici-

« tions qu'il fût galant, parce que cela le rendait moins despote
« et moins Autrichien. »

« Le cardinal A..., continua le prince, était l'ami de ma famille. Hélas! il n'est pas à Rome une maison ou un palais qui ne soit obligé, ou plutôt forcé, d'avoir pour familier un prêtre ou un dignitaire de l'Église; l'élément théocratique s'infiltre dans tous nos intérieurs; il y pénètre par les femmes. Le cardinal A... me voyait souvent, mais ne m'aimait pas. Il tenta de m'enlever l'amitié de mon jeune frère, qui ne vivait plus en famille et passait ses jours chez la comtesse tantôt à Rome, tantôt à la campagne. Les plus belles années de sa jeunesse se traînèrent ainsi faisant l'amour, allant à la chasse, au théâtre, à l'église, et se montrant chaque jour à cheval au *Corso*. Ce sont là les occupations uniques des nobles Romains. Quelle énergie, quel ressort moral peuvent-ils acquérir en menant une telle vie? Mon frère était un charmant cavalier, doux, tristement gai, qui plaisait beaucoup aux femmes. Une des filles de la reine Christine, quand elle le voyait passer au *Corso*, lui jetait de longs regards; lui n'avait qu'un seul amour, il abandonnait toute sa frêle existence à cette forte femme, une vraie nature de Médicis. Je le voyais dépérir; mais toutes les remontrances étaient vaines; il n'y avait pas de prise sur ce caractère indolent et flexible. Que mettre d'ailleurs pour les fortifier et les élever dans ces vies oisives que la papauté nous a faites? Quelle ambition éveiller dans ces existences auxquelles les carrières politiques sont interdites? A Rome, tous les emplois sont réservés aux prêtres. Qu'offrir comme stimulant à la jeunesse? Quelle occupation active lui imposer pour l'arracher à ces intrigues amoureuses qui charment son imagination et se changent en habitude somnolente? Chaque adolescent s'y abandonne, s'y plonge, s'y annihile; le reste du monde disparaît pour lui dans ce cercle où s'enferment ses jours monotones. C'est une sorte de doux vertige où la passion finit par s'éteindre, mais sans se déraciner.

« Les années s'écoulèrent sans rien changer dans la destinée de mon frère; son amour était à l'état chronique. La belle comtesse devint veuve, et Prospero, toujours épris et chevaleresque, lui proposa de l'épouser. Elle lui répondit en riant que ce serait confirmer les *bruits* que le public *avait fait courir* sur leur liaison. Le cardinal A..., consulté, fut d'avis qu'une telle union était un fait immoral, une consécration irréligieuse d'un scandale. Pour que ce scandale fût à jamais effacé et traité de calomnie mondaine, il fallait, dit-il, que le jeune homme offrît une autre réparation à la famille de la comtesse : Marietta, sa fille aînée, était en âge d'être mariée; c'était elle que devait épouser Prospero.

« Mon frère repoussa d'abord cette idée avec épouvante. On l'*enguirlanda*, suivant l'expression russe; on le conduisit à la villa de la comtesse. Il y restait des mois entiers. Durant les belles nuits d'été, si enivrantes dans la campagne romaine, on le laissait seul avec la jeune fille. Je ne le voyais plus, je savais seulement qu'il dépérissait. Une fièvre lente le minait. Bientôt les crachements de sang annoncèrent la phthisie; l'affaiblissement de l'âme suivit celui du corps. Quand l'hiver le ramena dans le palais paternel, je crus voir un spectre. Tant qu'il put sortir, il continua à aller chez la comtesse; bientôt il fut forcé de s'aliter ici, dans cette chambre; alors ce furent la comtesse et sa fille qui vinrent chez lui. Je cessai de le voir pour ne pas rencontrer ces deux femmes. Je savais par mes sœurs qu'il s'éteignait de jour en jour. Le cardinal A... lui faisait de fréquentes visites; il s'était emparé de la conscience du mourant et l'avait pliée à tous ses desseins. Un matin, huit jours avant sa mort, il lui dit : « Votre « fin approche; pour la sanctifier et aller en paix à Dieu il faut « m'obéir aveuglément. » Le pauvre enfant, répondit : « Je ferai « votre volonté. — Je vais vous amener un prêtre, reprit le car-« dinal, il vous donnera l'absolution de tous vos péchés, puis il « consacrera votre mariage avec Marietta. » Prospero consentit. La veille j'avais passé la soirée avec le cardinal qui s'était montré pour moi plus cordial et plus caressant que de coutume. Craignant que j'eusse quelque soupçon de ses projets, il fit venir au point du jour six carabiniers du pape; ils gardèrent la porte d'entrée de l'appartement de mon frère; le curé de la paroisse arriva. Tout se fit sans bruit : je ne me doutais de rien; je dormais encore à cette heure matinale. Une de mes sœurs, qui, la veille au soir, avait jugé Prospero fort mal, était venue le lendemain matin pour savoir de ses nouvelles; elle trouva les six gardes à la porte; elle força l'entrée et protesta contre la violence qu'on faisait à un mourant. Le cardinal A... la menaça de l'excommunication si elle m'avertissait. La pauvre femme, âme timorée, n'osa rien dire ; le mariage était accompli. Je l'appris quelques jours après par un domestique ; je résolus de ne plus paraître chez mon frère. Mais la mort s'avançait à grands pas pour lui ; il me fit appeler quelques instants avant d'expirer. Je trouvai près de son lit la mère et la fille. J'étais tenté de les jeter par les fenêtres ; mon regard leur fit peur ; elles se retirèrent. Le moribond me serra la main sans pouvoir parler. Le lendemain, les deux femmes devinrent par la loi maîtresses du corps de mon frère et de ses dépouilles. Je voulais chasser cette veuve improvisée ; elle ne partit d'ici que lorsqu'elle eut reçu sa part des meubles, des bijoux, des dentelles de famille, et les titres de la fortune qui avait appartenu à mon frère. Je vis sous ses habits de veuve sortir de mon palais l'épouse effrontée d'un lit mortuaire ; sa mère aussi avait pris le deuil !

« En traversant, vers le soir, la place *del Popolo*, vous pourrez les apercevoir toutes deux dans leurs vêtements noirs, souriantes au balcon de leurs palais. Il y a aujourd'hui quatre mois que cette tragédie s'est passée. Marietta n'attend que la fin de son deuil pour se remarier ; le cardinal A..., que je n'ai jamais revu, lui cherche, dit-on, un nouveau mari. Voilà, madame, ce qui a pu s'accomplir à Rome en plein dix-neuvième siècle, et sous l'occupation de l'armée française ! »

Le prince Santa-Croce cessa de parler. La chambre aux tentures riantes se transforma pour moi en caveau sépulcral plus sinistre et plus sombre que les catacombes de Rome. Autour du lit où se mourait ce beau jeune homme, je voyais errer les spectres malfaisants de la Luxure, de l'Hypocrisie et de la Vénalité.

Je sortis le cœur serré du palais de Santa-Croce, je montai en voiture et me fis conduire sur la voie Appia et sur la voie Latine ; je respirai librement dans cette partie de la campagne de Rome toute jonchée de ruines antiques ; j'évoquai les ombres des Lucrèce, des Cornélie, des Numa, des Brutus, des Publicola, des Marc Aurèle, je m'imaginai voir passer les blanches et pures vestales, et songeant au drame ténébreux du pauvre Prospero, je m'écriai : « Ames héroïques du monde païen, vous n'aviez pas de ces turpitudes-là ! »

LII

Le lendemain de cette visite au palais Santa-Croce, je partis pour Frascati, en compagnie d'un avocat romain, ami de l'avocat Tommaso Gnoli, et qui m'avait été présenté par lui. Si je ne nomme pas ici mon compagnon de route, lettré et beau parleur, c'est qu'on m'assure que depuis cette époque il a fait pénitence de ses velléités libérales, et qu'il nierait aujourd'hui avec un saint effroi, avoir pu me connaître. Laissons dormir ceux qui n'ont pas la fierté du patriotisme et n'affirment la liberté qu'à l'heure de son triomphe.

La matinée est froide et pluvieuse; un voile funèbre couvre la campagne de Rome. Nous passons la porte *San Giovanni* et suivons la route que j'ai décrite dans ma première excursion à Frascati et à *Grotta Ferrata*. A gauche, la *porta Furba*, s'élançant d'une espèce de cour monumentale formée par les aqueducs, m'apparaît encore plus belle et plus grande que la première fois. L'aqueduc qui apporte l'*aqua felice* [1] à Rome se déroule le long de la route durant trois milles. Du même côté est le tertre nommé *Monte del Grano*, sur lequel on sema longtemps du blé sans se douter que ce monticule était un tombeau immense. On y pénétra par la voûte au seizième siècle, et on y découvrit un magnifique sarcophage [2] dans lequel était le fameux vase de Portland [3] renfermant les cendres de deux époux, ombres inconnues.

Nous laissons à droite la route de *Grotta Ferrata* et arrivons bientôt à Frascati. Nous donnons un coup d'œil à la belle *villa Conti*, où j'ai déjà conduit mes lecteurs, puis franchissons la porte fortifiée de Frascati, qui s'ouvre sur une place où jaillit une élégante fontaine; à droite s'élève la cathédrale sans caractère. Tandis qu'on nous procure des ânes pour monter jusqu'à Tusculum, nous dé-

---

[1] Ancienne eau Marcus Claudia et Alessandrina qui entre à *Rome* par le plateau de la porte *Maggiore*.
[2] Il est au *Musée du Capitole*.
[3] Vendu par les Barberini au duc de Portland qui le donna au *Musée britannique*.

jeûnons chez une vieille épicière enrichie pour laquelle a plaidé autrefois l'avocat qui m'accompagne.

La petite ville moderne de Frascati est bâtie sur le versant d'un des monts Albains, dont le sommet se couronne des ruines de *Tusculum*. Une tradition légendaire attribue la fondation de Tusculum à Télégone, fils d'Ulysse et de Circé. Nos ânes arrivent et nous portent sur la route abrupte qui mène aux restes de la cité pélasgique. Nous laissons à gauche la *villa Piccolomini*, qui fut habitée au dix-septième siècle par le cardinal Piccolomini, auteur des *Annales ecclésiastiques*. Presque en face, à droite, est la petite entrée de la *villa Aldobrandini*, que nous visiterons au retour. Plus haut, à gauche de la route, se groupe le beau couvent des Capucins, avec ses terrasses et ses parterres qui nous convient au panorama de la campagne de Rome.

« La vue, me dit l'avocat, sera encore plus belle des jardins de la *Ruffinella*. »

Nous franchissons la porte à grillage de fer qui conduit à cette villa célèbre. La *Ruffinella* a appartenu à Lucien Bonaparte, qui la décora et l'habita longtemps avec sa famille, puis la vendit aux jésuites; à leur tour les jésuites la vendirent à la duchesse de Chablais, parente de la maison royale de Sardaigne, et la duchesse, en mourant, légua la *Ruffinella* à Victor-Emmanuel. « Nous voici sur une terre libre, dis-je à mon compagnon d'excursion, sur un des domaines privés du roi d'Italie qui lui appartient bel et bien légalement. S'il plaisait à l'élu de la Péninsule d'arriver ici en ballon avec Garibaldi, et de s'y installer, nul n'aurait le droit de l'en déloger.

— Ce serait un voisinage qui embarrasserait un peu le pape, les cardinaux, voire même l'armée française, répliqua l'avocat.

— D'autant plus, repris-je, que Rome entière accourrait bientôt acclamer son roi et son cher héros de 1849. Devançons Rome, ajoutai-je en riant, saluons ce sol affranchi, » et je criai d'une voix vibrante : « Vive Victor-Emmanuel! vive Garibaldi! » Quelques soldats français en garnison à Frascati se promenaient en fumant dans une allée voisine, l'un d'eux me dit : « Ma foi ce sont deux gaillards qui gouverneraient mieux le pays qu'un tas de moines rapaces et fainéants. »

Nous arrivons sur la terrasse de la *Ruffinella*, et la splendeur du paysage qui se déploie devant nous absorbe aussitôt toute mon attention. En face s'étend la vaste plaine de la campagne romaine. Rome se groupe au fond du tableau. A gauche la Méditerranée se confond avec le ciel bas et voilé où des nuages s'enroulent comme des vagues; du même côté, nous suivons les sinuosités du *Tibre*, qui se meut ainsi qu'un reptile et s'allonge jusqu'à la mer. A droite, au pied de la terrasse, et par de là les jardins du couvent des Capucins, trois villas se massent distinctes : la *villa Falconieri*, ombragée de platanes séculaires; la *villa Taverna*, voisine d'un petit bois de grands pins parasols, et la curieuse *villa Mandragone*, avec ses hauts tuyaux de cheminées de cuisines en forme de colonnes qui se détachent dans l'air, ses terrasses, son arc énorme s'ouvrant sur le beau portique construit par Vignole, et ses quatre cents fenêtres. Sur un tertre, près de la Mandragone, est assis le joli village de *Monteporcio*; puis à l'horizon, toujours à droite, s'étagent les chaînes successives de montagnes qui découpent leurs croupes et leurs sommets dans le clair-obscur de l'atmosphère. Le mont *Genaro* (le *Lucretile* d'Horace) s'élance des collines de Tivoli; plus loin, au-dessus des Apennins bleuâtres, monte la cime blanche du Soracte; les nuages qui s'amoncèlent et se pelotonnent, en courant, enveloppent les monts gigantesques et la plaine immense; le ciel agité semble assaillir la terre immobile et tranquille.

« Ces nuées furieuses sont l'emblème de votre gouvernement, dis-je à l'avocat; il a fouetté et châtié durant des siècles ce grand sol antique; il en a chassé la sérénité et le bien-être.

— L'orage ne tardera pas à éclater, me répond l'avocat, déclinant les allusions politiques même dans un désert, hâtons-nous d'aller voir les ruines de *Tusculum*. »

Nous faisons le tour de l'élégante habitation de la *Ruffinella*, bâtie sur l'emplacement de l'*Académie de Cicéron*, ou gymnase de sa villa. L'orateur composa dans cette villa ses *Tusculanes*, qui reçurent leur nom du lieu où elles furent écrites. Nous parcourons les allées incultes de la *Ruffinella*; des statues, copies de l'antique, frissonnent sous les chênes verts; elles appellent le soleil absent qui les réchauffe et les dore. Nous remarquons en passant la pente d'un parterre où des buis taillés en forme de lettres composaient des phrases lisibles. Les sentences et les noms sont coupés aujourd'hui et envahis par les ronces et les cailloux comme les inscriptions tronquées des tombes de la voie Appia. Remontés sur nos ânes, nous nous arrêtons pour contempler derrière la *Ruffinella* une étroite et délicieuse vallée ; elle s'étend entre le versant des montagnes de Tusculum (ou monts Albains), que domine le *Monte Cavo*, boisé et verdoyant, et dont le sommet se couronne du couvent des Passionnistes. Ce couvent a remplacé le temple de *Jupiter Latialis*[1], érigé par Tarquin le Superbe, et auquel aboutissait la Voie Triomphale. C'est sur le sommet du *Monte Cavo*, d'où l'on embrasse le théâtre des derniers chants de l'*Énéide*, que Junon posa ses pieds divins et s'inclina sur la vallée pour voir les deux armées prêtes à se combattre :

 At Juno e summo, qui nunc Albanus habetur
 Tunc neque nomen erat, nec honos aut gloria monti.

Une route tracée à travers une forêt sombre conduit de la vallée à *Grotta Ferrata*. Le village étrange de *Rocca di Papa* (*ancien fief des Colonna*) est juché sur un monticule ; non loin se groupent les deux petites villes de *Marino* et de *Castel Gandolfo* ; au delà Albano, à l'horizon, la mer. Une végétation robuste, des arbres, des sources et des lacs font de cette vallée une vallée suisse. Ajoutez à ces beautés de la nature la poésie des figures mythologiques et les grandes ombres des vieux Romains qui planent sur le paysage, comme l'âme flotte sur le visage humain, et vous comprendrez l'attrait éternel de cette contrée où les villas modernes s'élèvent sur les fondations des temples et des palais antiques. Comme dans tous les lieux enchantés de l'Italie, les moines se sont fait ici la part du lion.

Après cette halte, nous continuons à gravir la route abrupte et défoncée qui mène aux ruines de Tusculum. Nous découvrons d'abord à gauche, sur une vaste esplanade gazonnée, les débris du petit cirque ovale d'où les spectateurs embrassaient la perspective de Rome. Je remarque une fois de plus avec quel art exquis les

---

[1] Les restes de ce temple existaient encore en 1785 ; ils furent détruits par le cardinal d'York pour rebâtir l'église du couvent.

anciens choisissaient l'emplacement de tous leurs édifices; ils en centuplaient les proportions par l'étendue des horizons; ils en harmoniaient la force ou l'élégance à la sublimité ou aux grâces des paysages. Au centre de l'amphithéâtre, sur le sol de l'arène, est un magnifique noyer qui s'élance dans l'air en trois troncs robustes.

Nous continuons à gravir la montagne où trônait la cité pélasgique. La pluie éclate avec violence et nous force à nous réfugier un moment dans la maisonnette du gardien située à gauche, sur un plateau voisin du théâtre. Quel attrayant logis pour un artiste! Que d'espace, de lumière et de silence pendant les soirs d'été! Les murs de la maisonnette sont incrustés de fragments de chapiteaux et de statues. Une blanche main de déesse se tend vers vous comme pour vous souhaiter la bienvenue. L'orage obscurcit le ciel et la campagne. Quelques jeunes Anglaises en robes légères défilent à cheval devant nous. L'eau ruisselle de leurs boucles blondes et jaillit sur leur visage; elles n'ont pour s'abriter que des ombrelles-marquises aussi petites que leurs chapeaux ronds. Quatre moines passent sur des baudets; leur face joufflue rit sous de larges parapluies, composant à chacun une tente qui nous fait envie. Comment suivre leur cavalcade et arriver aux ruines qui nous restent à voir?

Le gardien nous vient en aide; il nous loue pour quelques baïoques son parasol rouge des jours de fêtes; il le tient ouvert sur ma tête et guide mon âne jusqu'à l'entrée du théâtre. Ce théâtre est petit, mais c'est une ruine exquise. Les degrés de l'hémicycle sont intacts ainsi que les marches latérales qui montaient à la scène, dont on voit encore la base des constructions. On devine la beauté du monument primitif, auquel furent employés les marbres les plus rares. Le théâtre de Tusculum était décoré de statues, de bustes et de bas-reliefs dont une partie a été retrouvée dans les fouilles. Malgré une forte ondée, nous errons une heure dans les restes déblayés de l'antique Tusculum. On nous montre les murs écroulés d'une villa de Tibère bâtie sur la villa de Cicéron, des bains, le fragment d'un aqueduc et l'emplacement de la citadelle.

Nous descendons la colline noircie et attristée par la pluie. Notre guide nous quitte emportant son parapluie pourpre; je le remplace en rejetant sur ma tête la jupe de ma robe. Mon compagnon brave le temps en stoïque et me cite des vers de Virgile et des phrases de Cicéron sur le lieu même qui les inspira. Nous nous arrêtons mouillés et frissonnants à la *villa Aldobrandini*. L'orage a cessé. Le soleil, qui perce les nuages, nous ranime et sèche nos vêtements. Les jardins et la terrasse de la villa sont pleins d'abris charmants qui nous convient. La chapelle moderne est surchargée de marbres et de dorures. J'admire la belle Nymphée du seizième siècle décorée de statues : des serpents enlacés à des colonnes y vomissent l'eau en cascade d'une grande hauteur; l'écume bondit et scintille diaprée de toutes les couleurs du prisme. Au-dessus de ces flots perpendiculaires, des arbres dessinent une zone verte surmontée de la zone bleue de l'éther. Dans l'habitation spacieuse et princière se trouve la *Judith* du Dominiquin, peinte au plafond d'un petit salon. Elle est blonde, effarée, superbe; elle serre encore dans sa main le couteau sanglant; la tête qu'elle vient de couper est enveloppée d'un linge; une de ses femmes la tient suspendue à la hauteur du genou et, terrifiée, regarde sa maîtresse. Sa figure juive, brune, expressive, contraste avec celle de Judith, dont les yeux plongent dans le ciel comme pour chercher le Dieu qui l'a poussée au meurtre. Ses beaux pieds nus sont d'un modelé antique; elle est vêtue d'une tunique jaune sur laquelle flotte une draperie rouge.

D'un salon qui s'ouvre sur des jardins étagés, nous découvrons toute l'étendue de la plaine où Rome, en face, s'estompe dans la brume. Ainsi s'estompe dans l'histoire et disparaît à travers la nuit des siècles, la cité antique dont nul n'a pu décrire avec certitude la circonférence et les monuments : son gisement même est incertain et ses limites indécises. Montaigne disait « qu'on ne voyait rien de Rome que le ciel sous lequel elle avait été assise, et le plan de son gîte, que cette science qu'il en avait était une science abstraite et contemplative de laquelle il n'y avait rien qui tombât sous les sens; que ceux qui disaient qu'on y voyait au moins les ruines de Rome en disaient trop; car les ruines d'une si épouvantable machine rapporteraient plus d'honneur et de révérence à sa mémoire; ce n'était rien que son sépulcre. Le monde, ennemi de sa longue domination, avait premièrement brisé et fracassé toutes les pièces de ce corps admirable, et parce qu'encore tout mort, renversé et défiguré, il lui faisait horreur, il en avait enseveli la ruine même. Que ces petites montres de sa ruine qui paraissent encore au-dessus de sa bière, c'était la fortune qui les avait conservées pour le témoignage de cette grandeur infinie que tant de siècles, tant de feux, la conjuration du monde réitérée autant de fois à sa ruine, n'avaient pu universellement éteindre. Mais il était vraisemblable que ces membres dévisagés qui en restaient, c'étaient les moins dignes, et que la furie des ennemis de cette gloire immortelle, les avait portés premièrement à ruiner ce qu'il y avait de plus beau et de plus digne ; il craignait, à voir l'espace qu'occupe ce tombeau, qu'on ne le reconnût partout, et que la sépulture se fût elle-même pour la plupart ensevelie. Il croyait qu'un ancien Romain ne saurait reconnaître l'assiette de la ville [1]. »

L'avocat m'avertit que le soleil décline et qu'il faut rentrer à Rome avant que les portes n'en soient fermées. Tandis qu'il va faire atteler la voiture, il me laisse un moment chez la vieille épicière, où nous avons déjeuné le matin. Elle est assise dans sa boutique, située sur la place *Fracasti*; elle abandonne le soin de la vente à une jeune servante : « J'ai assez travaillé, *cara signora*, me dit-elle, maintenant, je prends mon plaisir et je m'amuse de ce qui me plaît. » Je demande à la vieille taciturne en quoi consistent ses distractions.

« J'ai pour passer le temps la loterie, *cara signora*; il n'y a que cela pour ranimer le cœur, ça vaut mieux que l'amour, la danse et la toilette. Les chances vous agitent la nuit et vous poursuivent le jour comme un amoureux dans la jeunesse. On fait des neuvaines, on prie tous les saints, et l'on finit tôt ou tard par gagner un terne. » En parlant ainsi, elle étale sur son comptoir une cinquantaine de billets crasseux qu'elle palpe et regarde avec passion. « Ils ont tous été choisis, poursuit-elle, par un frère capucin du couvent de Frascati, voisin de la *Ruffinella*; les *frati* ont la main sûre, ils domptent le sort ; j'espère un quine au premier tirage. » Tout en discourant, elle sort de sa poche une ma-

---

[1] *Voyage en Italie*, de Montaigne, partie écrite par son secrétaire.

gnifique boîte en lapis-lazuli sertie d'or, où elle puise une énorme prise de tabac.

« Vous avez là, lui dis-je, une tabatière royale.

— Le Saint-Père, réplique-t-elle, n'en a pas de plus belles : elle vaut plus de mille *scudi*[1]. Je n'ai jamais voulu la vendre ; elle me vient d'un cardinal qui avait loué pendant deux ans, pour sa maîtresse, le premier étage de ma maison où vous avez déjeuné ; quand il fut nommé nonce et partit avec la *ragazza*, il était à court d'argent ; j'avais eu des complaisances pour lui, il me donna sa tabatière. D'abord je ne la portais que les dimanches et les jours de fête pour aller à l'église, ou quand je m'asseyais en toilette sur le banc de ma porte, devant laquelle passent les princes qui ont des villas ici ; ils regardent tous ma tabatière avec envie. Il est certain que ni eux ni leurs femmes n'en ont une aussi superbe. Le bon don Marino, duc Torlonia, m'a fait l'honneur d'y prendre plus d'une prise quand il vient à sa *villa Conti*. Je n'ai qu'un neveu et qu'une nièce : ils auront assez de mon héritage ; la boîte n'est pas pour eux ; je la laisserai en mourant à la Madone des Capucins, pour qu'on la place dans ses mains, où brillent vingt anneaux en pierres fines ; cela fera plus d'effet que les babouches brodées de perles que la princesse B... a données à la Vierge. »

J'écoutais la vieille sans l'interrompre, et je souriais à l'idée de la mère de Dieu tenant une tabatière dans ses mains. A qui a vu le divin Jésus de l'*Ara cœli* emmailloté de drap d'or et ruisselant de bijoux, le legs de la vieille paraîtra tout simple.

« C'est pour la Madone, reprit-elle, que je fis restaurer ma boîte, il y a trois ans, après un malheur ; vous voyez bien la plaque plus pâle de lapis-lazuli, qui est au-dessous ? Ce maudit chat roux, qui nous regarde en ce moment, fut la cause de l'accident. Un jour où j'avais laissé la boîte ouverte sur mon comptoir, il voulut aussi y prendre une prise ; la boîte tomba, et la plaque de dessous fut cassée en cinq morceaux. Je voulais tuer le chat et vendre la boîte ; le matou fit le gros dos et me caressa ; la tabatière pouvait se raccommoder et les morceaux en étaient bons. La plaque nou-

---

[1] Plus de cinq mille francs.

velle m'a coûté un an des bénéfices de ma boutique. Ma nièce prétendait que c'était une folie ruineuse, et elle voulait mettre la boîte sous clef. Pas de ça, pensai-je, la vie est courte; je vieillis et je suis libre de faire ce qui m'agrée. Au lieu de ne la porter que les jours saints, je ne quitte plus ma tabatière. J'ai fait faire avec les morceaux de la plaque brisée les trois bagues que vous voyez et les pendeloques que j'ai aux oreilles. » En parlant ainsi, la vieille me tendit sa main gauche parcheminée où brillaient trois anneaux semblables.

« Ils sont fort bien montés, » lui dis-je.

Sa figure terne s'éclaira d'un bon sourire.

« *Se le piace uno, mi farà onore di accettarlo.* »

Elle parut surprise et un peu mortifiée de mon refus.

« *Era di buon cuore*, » murmura-t-elle.

L'avocat était revenu au moment de l'offre de la vieille.

« Vous l'auriez ravie en acceptant, me dit-il quand nous fûmes en voiture, elle eût été très-fière de penser que la *signora Francese, una musa*, portait sa bague; vous lui auriez envoyé en échange un de vos livres, qu'elle n'aurait pas lu, mais dont elle eût parlé à tous comme d'un grand bonheur.

« Votre peuple m'enchante, repartis-je, j'aime vos mendiantes aux colliers de corail et vos épicières aux tabatières de lapis-lazuli. En France les mendiantes enfouissent sous et centimes dans leur paillasse, et nous n'avons pas une épicière qui n'eût vendu la boîte et placé les *mille scudi* à la caisse d'épargne; elle fut restée maussade et triste avec son pécule, tandis que votre vieille se tient en joie et se glorifie avec la tabatière du galant cardinal. »

Il faisait nuit quand nous rentrâmes à Rome; l'avocat, en traversant le *Forum*, me fit un *speech* patriotique sur les grands citoyens de l'antiquité: Caton, Brutus, voire même Cicéron et Sénèque. « Quelles nobles figures! » s'écriait-il avec un peu d'emphase.

« Imitez-les, repartis-je en riant; sachez mourir pour que Rome soit libre!

— Nous ne sommes plus aux temps héroïques, » murmura l'avocat, qui resta pensif et silencieux jusqu'à mon hôtel

LIII

Je dormis à peine quelques heures, après cette excursion à Frascati; le commandeur Visconti avait eu l'amabilité d'organiser pour moi une partie à Ostie à laquelle il avait engagé madame Loiseau d'Entraigues et M. Louis Delâtre.

A sept heures du matin les voitures qui doivent nous conduire sont à ma porte; nous partons aussitôt. La pluie de la veille a dégagé les nuages, le ciel est d'un bleu limpide où s'irradie le soleil; ses chauds rayons dorent les tours de la *porte Saint-Paul* (antique porte *Ostiensis*), reconstruite par Bélisaire; de larges lames de lumière miroitent sur les marbres polis de la pyramide de *Caius Cestius*. A droite, dépassant le mur d'enceinte de Rome, les grands cyprès du cimetière protestant se découpent sur l'azur comme des obélisques de basalte. Nous voilà sur la route d'Ostie, sur l'ancienne route *Ostiense* qui a vu passer tant de grandeurs et tant de crimes. C'est la voie que suivaient les légions romaines qui s'embarquaient à Ostie pour aller conquérir le monde. Le port d'Ostie fut creusé par Ancus Martius, quatrième roi de Rome. Claude mit à la voile à Ostie pour son expédition d'Angleterre, seule expédition militaire faite sous son règne; depuis César, l'Angleterre n'avait pas été attaquée par les Romains. Claude faillit périr dans un naufrage avant d'aborder à Marseille. « Il revint à Rome six mois après son départ et triompha, dit Suétone, avec le plus grand appareil; il plaça sur le Palais des Césars une couronne navale, à côté de la couronne civique, comme un monument de sa victoire sur l'Océan. Son char triomphal était suivi par un autre char qui portait sa femme Messaline. » C'est sans doute en souvenir de cette victoire, rayonnement unique projeté sur la vie de ce crapuleux César, qu'il fit agrandir et acheva magnifiquement le port d'Ostie où abordaient tous les approvisionnements de Rome.

Claude se plaisait à Ostie; il s'y rendait souvent pour sacrifier à Neptune, qui l'avait sauvé des fureurs de la tempête. Il y accomplissait un sacrifice alors qu'il apprit la plus audacieuse des débauches de Messaline. Laissons parler Tacite; le récit est saisissant et vif comme une chronique contemporaine :

« Messaline brûlait pour Silius (futur consul), le plus beau des jeunes Romains, d'une passion telle, que, pour le posséder sans partage, elle chassa de son lit sa femme Junia Silana, d'une famille noble. Silius voyait le crime et le danger, mais un refus rendait sa perte certaine. Il espérait tromper Claude, et, séduit par de grandes largesses, il se consolait des périls de l'avenir par le présent. Quant à Messaline, loin de chercher le mystère, elle se rendait fréquemment, avec une suite nombreuse, chez Silius, s'attachait à ses pas, lui prodiguait les richesses et les honneurs, et bientôt, comme si la puissance de Claude était passée en d'autres mains, ses esclaves, ses affranchis, ses meubles, servirent dans la maison de l'amant de sa femme.

« Messaline attendit le départ de Claude, qui devait se rendre à Ostie pour un sacrifice, et elle célébra toutes les solennités du mariage avec Silius. Il paraîtrait fabuleux, je ne l'ignore pas, que dans une ville où tout se sait, où tout se dit, un homme même obscur, à plus forte raison un consul désigné, ait eu l'audace de s'unir avec la femme du prince, à un jour annoncé d'avance, en présence de témoins qui scellèrent l'acte du mariage, comme pour légitimer les enfants; que la femme ait entendu les paroles des aruspices, reçu le voile, sacrifié aux dieux; qu'elle ait pris place à un festin au milieu de nombreux convives, prodiguant les baisers, les étreintes, et donnant la nuit tout entière aux libertés de l'hymen. Mais je n'invente rien, par amour de l'extraordinaire; je raconte ce que les vieillards ont dit ou écrit. C'est Narcisse qui apprit à Claude le mariage de Messaline. Sais-tu, César, lui dit-il, que tu es répudié? Silius a eu pour témoins le peuple, le sénat et l'armée : si tu tardes, Rome est à cet époux.

« Claude fait appeler ses principaux amis, et il interroge d'abord Turanius, préfet des vivres, ensuite Géta, commandant du prétoire, qui confirment le fait. Les autres lui crient à l'envi de marcher au camp, de s'assurer des cohortes prétoriennes, de pourvoir à sa sûreté avant de songer à sa vengeance. Claude, et ce fait est certain, fut tellement bouleversé par la peur, qu'il demandait de temps en temps : « Est-ce moi qui suis maître de l'empire ? « Silius n'est-il qu'un simple citoyen ? » Pendant ce temps, Messaline, plus débordée que jamais, représentait dans son palais le spectacle d'une vendange au milieu de l'automne. Les pressoirs foulaient les raisins ; le vin coulait dans les cuves : tout autour sautaient des femmes vêtues de peaux, imitant les sacrifices ou plutôt la fureur des bacchantes. Messaline, les cheveux épars, secouait un thyrse ; près d'elle Silius, couronné de lierre et chaussé du cothurne, balançait la tête au chant criard d'un chœur lascif, On dit que, dans un accès de folle gaieté, Vettius Valens, étant monté sur un arbre très-élevé, on lui demanda ce qu'il voyait : « Je vois, répondit-il, un orage furieux du côté d'Ostie. » Peut-être y avait-il apparence d'orage, peut-être aussi le mot, échappé par hasard, fut-il interprété comme un présage.

« Ce n'était plus cependant une vaine rumeur, mais des messagers qui venaient de toutes parts annoncer que Claude savait tout, et qu'il arrivait prêt à se venger.

« Aussitôt Messaline se retire dans les jardins de Lucullus ; Silius, pour dissimuler sa frayeur, va au Forum remplir ses fonctions. Les autres se dispersent de tous côtés, des centurions les mettent aux fers partout où ils les trouvent, dans les rues ou dans leurs retraites. Malgré le trouble du danger qui ôte la réflexion, Messaline, sans hésiter, se décide à aller au-devant de Claude, à s'en faire voir, car de pareilles démarches lui avaient souvent réussi. Elle ordonne à Britannicus et à Octavie de courir se jeter dans les bras de leur père ; elle conjure Vibidie, la plus ancienne des vestales, d'aller trouver le souverain pontife, de solliciter sa clémence. Elle-même, pendant ce temps, traverse toute la ville à pied, accompagnée seulement de trois personnes, tant était grande la solitude qu'un instant avait faite autour d'elle, et, montant sur un de ces chariots qui servent à enlever les immondices des jardins, elle prend la route d'Ostie. Personne ne la plaignait ; l'horreur de ses crimes faisait taire la pitié. »

Narcisse empêcha Claude de revoir Messaline ; il chargea l'affranchi Evode de la surveiller et d'en finir. « Cet affranchi se rend à la hâte dans les jardins de Lucullus, y pénètre le premier et trouve Messaline étendue par terre. Lépida, sa mère, était au-

27.

près d'elle ; car la mésintelligence qui la séparait de sa fille, quand elle était toute-puissante, avait fait place, dans ce moment suprême, à la pitié. Lépida lui conseillait de ne point attendre le bourreau. « C'en était fait de sa vie ; il ne lui restait plus qu'à « chercher une mort honorable. » Mais dans cette âme corrompue par le vice, les derniers instincts de l'honneur étaient effacés. Messaline pleurait et poussait d'inutiles gémissements, lorsque les portes furent forcées avec impétuosité; le tribun se présenta sans dire un mot, et l'affranchi se mit à railler avec la grossière insolence d'un esclave. Messaline alors, pour la première fois, pénétra toute l'étendue de son malheur. Elle prit un poignard, et, comme elle l'approchait, en tremblant et sans frapper, de sa gorge, ou de son sein, le tribun la perça d'un seul coup. On laissa le cadavre à sa mère. »

Avant Claude, Tibère jeune, Tibère victorieux en Germanie, en Hongrie, en Dalmatie, Tibère, au sortir du grand triomphe que lui fit décerner Auguste[1], las de la cour, irrité des débauches de sa femme Julie, « qu'il n'osait ni accuser ni répudier, dit Suétone, et que pourtant il ne pouvait plus souffrir, » quitte Rome malgré les instances de sa mère Livie et les plaintes d'Auguste; sans répondre une seule parole à ceux qui l'accompagnent, il suit taciturne la route d'Ostie où il s'embarque pour l'île de Rhodes[2].

Nous n'imitons pas le silence de Tibère, tout en suivant la voie antique[3] qu'avait suivie son char. Les anecdotes contemporaines et les souvenirs de l'histoire doublant l'attrait de la route rapide défrayent notre causerie. Nous remarquâmes d'abord à gauche, sur des tertres gazonnés, des tentes où sont parqués deux ou trois cents hommes de la cavalerie papale.

« Voilà le *camp de Châlons* de Monseigneur de Mérode, nous dit M. Delâtre : chaque jour ce fougueux ministre de la guerre vient assister aux évolutions de la petite troupe, dernier débris des soldats battus de Lamoricière ; il compte sur les légitimistes et

[1] Doublement beau-père de Tibère par sa mère Livie qu'Auguste avait épousée et par Julie, fille d'Auguste et femme de Tibère.
[2] Il y vécut huit ans.
[3] La voie *Ostiense* suit la direction du Tibre.

les ultramontains du monde entier pour grossir ses cadres. Le cardinal Wisemann lui promet cinquante mille Irlandais nouveaux qui viendront défendre le Saint-Siége.

— Wisemann promet encore plus au pape, ajouta un autre interlocuteur, il est parvenu à persuader à Pie IX qu'il fera rentrer dans le giron de l'Église romaine toute l'hérétique Angleterre. L'hommage des couvents[1] et des congrégations catholiques des deux sexes que l'évêque anglais est parvenu à fonder en terre protestante fait illusion au pontife ; il croit à cette promesse chimérique ; il savoure cette vision de l'Angleterre repentante et soumise de nouveau à son autorité. De tous les cardinaux aucun ne lui est aussi cher que Wisemann, il se méfie d'Antonelli et ne compte que faiblement sur les cardinaux français qui font partie du sénat. Wisemann seul lui paraît la colonne inébranlable de l'Église menacée : « Celui-là est zélé et militant, » répète-t-il aux autres pour les stimuler. On assure qu'il a désigné le cardinal anglais pour son successeur et l'a chargé de ses dernières volontés.

— Tenez ceci pour certain, ajouta le commandeur Visconti, le cardinal Wisemann est non-seulement l'élu de Pie IX, mais aussi celui de tous les légitimistes ; il préside à tous les conciliabules du Quirinal et ranime les espérances de François II[2], qui à son tour

---

[1] Le cardinal Wisemann construit en ce moment un couvent de franciscains à Liverpool.

[2] Quelques mois après cette conversation on lisait dans tous les journaux : « S. M. François II a reçu au Quirinal l'épée d'honneur que le cardinal Wisemann, assisté de deux évêques d'Angleterre, a remise à l'auguste exilé au nom d'une notable portion de l'aristocratie anglaise. Le fourreau de cette épée est en velours bleu semé de fleurs de lis d'or. La lame, superbement damasquinée, porte aussi à travers ses riches dessins le signe héraldique de la maison de Bourbon. La *trinacria* et le cheval fougueux, emblèmes allégoriques du pays napolitain, figurent au haut de la lame avec cet exergue : *Il diritto non può non trionfare* (le droit ne peut pas ne pas triompher). La poignée est en or massif incrusté de pierres précieuses. Sur les deux faces de la garde l'artiste a fort heureusement reproduit en relief l'image de saint Janvier. L'antique écusson des Bourbons brille à la sous-garde. L'extrémité de la poignée est un ravissant sujet représentant la Vierge immaculée dans un temple.

« A cette épée d'honneur, d'une valeur inestimable, était joint un magnifique livre de prières que le cardinal Wisemann a eu l'honneur de remettre à la reine Marie-Sophie. »

dispose à l'élection de ce pape futur tous les évêques de son ex-royaume.

— Donc il sera pape, s'écria gaiement M. Delâtre : « des prestreyaux naissant les évesgaux, d'iceulx les beaulx cardingaux, et les cardingaux, si par mort n'estoyent preuenuz, finissoyent en papegaut et n'en est ordinairement qu'ung, comme par les ruches des abeilles n'y ha qu'ung roy, et, au monde n'est qu'ung soleil. Icelluy décédé, en naist ung aultre, en son lieu, de toute la race des cardingaux, entendez tousiours sans copulation charnelle. De sorte qu'il y ha en ceste espèce unité individuale, auecques perpétuité de succession, ne plus ne moins qu'au phénix d'Arabie. »

M. Delâtre nous dit cette citation de Rabelais avec un accent lyrique des plus comiques. Il savait par cœur tout le chapitre de l'*Ile sonnante* et en appliquait les railleries aux abus invétérés de la papauté.

« Il ne nous serait plus permis, disait-il, d'écrire sur la cour de Rome ce qu'en écrivirent Rabelais, Montaigne, Dante, Pétrarque, l'Arioste, Alfieri et tant d'autres; citons-les donc, puisque leur véracité, tour à tour indignée ou narquoise, nous est interdite. »

Tandis que la langue colorée du curé philosophe de Meudon tinte à nos oreilles nous avons dépassé le camp de cavalerie lilliputien de monseigneur de Mérode; nous trouvons bientôt, du même côté, une pittoresque auberge devant laquelle sont groupés quelques bergers; ce sont les gardiens inactifs des taureaux gris et des chevaux sauvages paissant en liberté dans les pâturages qui bordent la route; ils accourent au bruit de notre voiture comme pour nous voir passer. Les taureaux nous regardent avec une fixité menaçante, muffles tendus au dessus de la claire-voie qui sépare les prairies du chemin. Les chevaux fringants et joyeux s'élançant et rasant la frêle barrière, nous suivent parallèlement à la course. Nous croisons sur la route de jolis paysans en culotte courte, en veste de velours et en chapeau pointu, ils mènent pensifs leur petite charrette, ou poussent devant eux leur âne chargé de grosses bottes d'herbe qui traînent jusqu'à terre. Bientôt la voie moderne fait un coude à gauche, le pont sur lequel passait à droite la voie antique est ruiné. Les terres deviennent de plus en plus marécageuses, mais çà et là encore fertiles. Nous traversons une belle avenue dans un petit bois où foisonnent d'épais fourrés d'asphodèles, aux tiges hautes de plusieurs pieds couronnées de grappes de calices blancs. L'asphodèle était la fleur des tombeaux chez les anciens, les poëtes la plaçaient au séjour des ombres. « L'ombre d'Achille aux Champs Élysées, dit Homère, foule d'un pied superbe les champs d'asphodèle, en apprenant que son fils (Pyrrhus) était à la tête des héros de la Grèce. »

« Les mêmes taillis d'asphodèles, nous dit le commandeur Visconti, recouvrent en entier l'*Ile sacrée* sur le bras droit du Tibre. L'*Ile* avait reçu le nom de *sacrée* parce qu'elle était dédiée à *Castor et Pollux*, protecteurs des marins. Plusieurs temples s'élevaient dans l'*Ile sacrée*; les deux plus célèbres étaient celui de *Neptune* et celui d'*Apollon et des Muses*. Dans les premiers jours de mai (mois consacré à *Maia* mère de *Castor* et *Pollux*, on célébrait dans l'île de grandes fêtes en l'honneur des Dioscures. C'était l'époque où la flotte romaine arrivait d'Égypte rapportant les approvisionnements de blés. Quand les navires étaient en retard on suppliait les divins jumeaux de leur être propices. Ostie qui avait choisi Neptune pour divinité tutélaire lui offrait des sacrifices dans un temple magnifique. Consuls, magistrats, sénateurs, chevaliers, prêtres et prêtresses, citoyens de toutes conditions quittaient Rome et se rendaient dans l'*Ile sacrée* à l'époque des *fêtes des Dioscures*; il ne restait dans la ville que les petits enfants, les vieillards et les infirmes. Ces fêtes consistaient, comme toutes celles de l'antiquité, en sacrifices, en jeux, joutes de trirèmes, courses de chevaux et repas faits en commun, tantôt sur les prairies, tantôt dans les bois ou bien au bord des ruisseaux. L'*Ile sacrée* et les rivages voisins étaient le théâtre des réjouissances. Les fêtes patronales ont continué en Italie et dans le midi de la France, ces jours d'allégresse champêtre où les villes affluent dans les villages. Ce sont encore à peu près les mêmes jeux; moins la majesté et la poésie antiques. Au lieu des prêtres païens au robes majestueuses, beaux, soigneux de leur corps et coutumiers des thermes et des parfums, des moines aux robes crasseuses, ayant peur d'un bain comme du diable, appellent sur les campagnes les bénédictions célestes; au lieu des chevaux superbes choisis pour les courses, les ânes et les mulets rétifs luttent de gambades; au lieu de trirèmes d'ivoire aux voiles de pourpre, les pauvres barques des pêcheurs de Fiumicino [1] joutant à l'embouchure du Tibre boueux. Les grands travaux des Romains avaient empêché les sables de la mer de remonter le courant du fleuve et d'envahir ses rivages. On trouve à *Porto* (le *portus Trajani*) [2] les ruines des digues énormes du port et des magasins dus à Claude, à Néron et à Trajan. Des constructions plus grandioses encore furent faites à Ostie à l'embouchure du bras gauche du Tibre [3]. Sous l'empire romain la mer baignait les murs de la ville ; aujourd'hui la vase a tout envahi, le port antique est devenu un immense pâturage coupé çà et là de flaques d'eau salée. Dans l'antiquité il y avait déjà des lagunes à l'est du port d'Ostie, les Romains les transformèrent en salines qui existent toujours et que nous allons voir. Mais qu'importent ces vestiges où rien de ce qui touche à l'art ne survit ! Tout est décombres, bouleversements, poussière fangeuse et *mal' aria* sur cette plage autrefois si magnifique, l'*Ile sacrée* n'est qu'un cimetière sur lequel s'étend l'uniforme linceul d'asphodèles dont j'ai parlé. Jamais plus la *fête aimable*, la *solemnitas jucunda*, qui couronnait les jeux des *Dioscures* ne réjouira ces bords attristés. A une heure dite, tiède et douce, on célébrait la *solemnitas jucunda* : la foule où se mêlaient les plus illustres Romains se rassemblait sur la plage. Aussitôt, à un signal donné, on se poussait les uns les autres dans le fleuve où l'on tombait en riant ; les peplums, les toges, les laticlaves soutenaient les nageurs au-dessus des flots ; les bras et les têtes saluaient les spectateurs des rives voisines ; les cris, qui montaient et se confondaient dans l'air, formaient une immense clameur joyeuse. »

Tandis que le commandeur Visconti ranime cette scène antique, les rayons du soleil font fumer les salines qui sont devant nous et projettent de blanches vapeurs sur toute l'étendue des marais, comme si la mer montait en grandes vagues d'écume et baignait encore l'antique Ostie disparue. De curieux effets de nuages simulent par intervalle à l'horizon de grands édifices lu-

---

[1] On chasse encore le sanglier comme au temps d'Auguste dans les bois qui sont près de Fiumicino.
[2] Deux milles avant *Fiumicino* et l'*Ile sacrée*.
[3] Ostie veut dire embouchure.

mineux. Les chevaux qui nous emportent flairent sans doute l'écurie de l'*osteria*, car ils redoublent de vitesse. Nous arrivons à dix heures au petit village d'Ostie, bâti au commencement du neuvième siècle par le pape Grégoire IV. En hiver et au printemps, ce village compte cinquante habitants qui, en été et en automne, en sont exilés par la fièvre. Un mur d'enceinte, un château fort magnifique avec tourelles, créneaux et fossés, élevé par Jules II, une chapelle, du dix-septième siècle, dédiée à saint Sébastien, la grande maison de l'auberge et le magasin des fouilles forment un groupe monumental qui dissimule au premier aspect la misère de ce hameau. Ces constructions, d'un ton blanc, coupées par les massifs d'un vert sombre des pins parasols déployés dans l'azur, composent la moderne Ostie; elle a l'honneur de donner son nom à un évêque-cardinal dont elle partage la possession avec Velletri[1].

La population de cinquante habitants, grossie de quelques ouvriers des salines, accourt au complet pour saluer le commandeur Visconti. Directeur des fouilles de la ville antique, il est le bienfaiteur du petit village; il s'y arrête plusieurs fois par semaine, en allant inspecter les travaux. Le *cuoco padrone di casa* de l'auberge vient recevoir *il commendatore* et sa compagnie, serviette en main, couteau à la ceinture; il se met à *nostro commando* avec force génuflexions. Je dois dire que la serviette était fort sale et que le couteau rouillé attestait le chômage. Dans la cuisine ouverte, au fond de la porte, pas un quartier de viande qui fît présager une grillade. M. Visconti y avait pourvu, les caissons de la voiture renfermaient un copieux et exquis déjeuner préparé par le cadet des frères Spilmann. La recherche des mets et la

---

[1] L'évêque d'Ostie est le doyen du sacré-collège, le premier des six cardinaux-évêques suffragants du pape; il a l'usage du *pallium*[2] et le droit de sacrer le pape.

[2] Ornement ecclésiastique, qui, selon quelques auteurs, était dans son origine un manteau impérial. Les empereurs en accordèrent l'usage aux patriarches et aux papes, qui dans la suite s'attribuèrent le droit d'en honorer d'autres prélats. Le *pallium* est aujourd'hui un ornement en laine blanche couvert de quatre croix, c'est le signe par lequel les papes accordent leur consentement à une installation épiscopale. La laine qui sert à le fabriquer est prise sur deux agneaux offerts tous les ans, le jour de Sainte-Agnès, par les religieuses de cette église, pendant l'*Agnus Dei*. Ces deux agneaux, reçus par deux chanoines de Saint-Jean de Latran, sont mis par eux entre les mains des sous-diacres apostoliques, qui en prennent soin, les tondent et fabriquent les palliums, qu'ils portent ensuite sur les corps de saint Pierre et saint Paul dans leur église.

vieillesse des vins auraient satisfait Lucullus. Pendant que l'on dresse la table dans une grande pièce d'où l'on découvre de profil la majesté du fort, nous allons au magasin des fouilles voir les objets récemment découverts; ce sont un très-grand nombre d'énormes jarres alignées et d'amphores, puis une foule de ces petites lampes d'argile avec un bec, d'où sortait la mèche, à l'usage de la plèbe romaine et des soldats. A peine la blancheur de quelques débris en marbre tranche-t-elle sur le ton de brique de toutes ces poteries.

« On ne trouve pas tous les jours des *Cérès*[1], nous dit le commandeur Visconti en nous offrant à madame Loiseau et à moi une de ces petites lampes d'un si gracieux contour. J'ai à peine à ma disposition quinze ouvriers, quinze jeunes galériens qui me nomment *leur père*; ce qui me flatte beaucoup, ajoute-t-il gaiement; je voudrais bien voir se multiplier ma famille; il me faudrait au moins deux ou trois cents de ces gars énergiques pour fouiller fructueusement le port de Claude. »

L'intermède du déjeuner qui nous attendait fut aussi délectable à l'esprit qu'à la bête. Un pâté de poissons, inspiration de l'abstinence romaine, et des grives désossées qui auraient fait succomber Pompée, préservèrent d'un assaut immodéré un énorme foie gras sillonné de *tartufi* comme une redoute incrustée de boulets. Aux parfums confondus des ananas, des mandarines et d'une crème *vanillée*, dite *Olympia*, inventée à coup sûr pour la *Panfili*[2], et aux gazouillements des vins doux qui emplissaient nos verres d'un or fluide, notre hôte, à la manière antique, ajouta la suavité des plus beaux vers de Pétrarque et de Leopardi. Je n'ai jamais entendu réciter la poésie italienne d'une façon plus entraînante que par le commandeur Visconti; auteur lui-même

---

[1] La statue de Cérès qui est dans le *Bras neuf* au musée du Vatican fut découverte à Ostie par le commandeur Visconti.

[2] On trouve dans les *Fragments historiques*, de Racine, cette piquante anecdote sur la favorite papale. « *Alexandre VIII*, né à Venise, n'étant encore que *Monsignor Ottoboni*, et ayant grande envie d'être cardinal sans qu'il lui en coûtât rien, avait un jardin près duquel la *donna Olympia*[*] venait souvent. Il avait à la cour de cette dame un ami, par le moyen duquel il obtint d'elle

[*] *Olympia Maidalchini Panfili*, belle-sœur d'*Innocent X*, et qui gouvernait le Pontificat. (Note de Racine.)

des vers les plus rares, il sent ceux d'autrui comme un initié ; le génie le fait tressaillir et l'inspire. Il nous dit la *canzone* à Rienzi avec un accent à faire palpiter Rome entière.

Ne croirait-on pas que ces derniers vers du fier dithyrambe sont adressés à Garibaldi ?

> — Sopra 'l monte Tarpeo, canzon, vedrai
> Un cavalier ch' Italia tutta onora,
> Pensoso più d'altrui che di se stesso.
> Digli : un, che non ti vide ancor da presso,
> Se non come per fama uom s'innamora,
> Dice, che Roma ogni ora
> Con gli occhi di dolor bagnati e molli
> Ti chier mercè da tutti sette i colli.

« Buvons au tribun romain, s'écria M. Delâtre. Pétrarque a eu bien raison de le chanter ; malgré l'éclipse totale de la fin de sa vie, il reste une noble figure dans cette époque trouble et sanglante du moyen âge d'où pas un être logique ne se dégage. Les débris de la barbarie d'un côté, le fanatisme et la superstition de l'autre, étouffaient à cette époque la manifestation de tout grand caractère. Il n'a été donné à l'homme de se développer d'une façon absolue et conséquente que dans l'antiquité et, dans les temps modernes, depuis la Révolution française. La base solide des principes est indispensable à la fermeté et à l'éclat durables d'une vie publique ; quand tout oscille et s'obscurcit autour de lui, le plus énergique et le plus clairvoyant participe des vertiges de la foule. Je ne vois rien d'aussi beau et d'aussi touchant, dans cette cohue frénétique du quatorzième siècle, que la jeunesse de ce pauvre Nicolo Rienzi Gabrini : enfant du *Transtévère*, né d'un cabaretier et d'une blanchisseuse, à peine vêtu, réduit à l'aumône

---

qu'elle viendrait un jour faire collation dans son jardin. Il l'attendit en effet avec une collation fort propre et un très-beau buffet tout aux armes d'*Olympia*. Elle s'aperçut bientôt de la chose et compta déjà que le buffet était à elle ; car c'était la mode de lui envoyer des fleurs ou des fruits dans des bassins de vermeil doré qui lui demeuraient aussi. Au sortir de chez *Ottoboni*, l'ami commun dit à ce prélat qu'*Olympia* était charmée, et qu'elle avait bien compris son dessein galant. Celui-ci mena son ami dans son cabinet, et lui montra un très-beau collier de perles, en disant : *Ceci ira encore avec la credenza*, c'est-à-dire avec le buffet. Quinze jours après il y eut une promotion dans laquelle *Ottoboni* fut nommé ; et il renvoya aussitôt le collier de perles chez le marchand, et fit ôter de sa vaisselle les armes d'*Olympia*. »

d'un hôpital, comme l'aiglon sur les sommets, fier et seul, il s'exerce à planer sur les hauteurs de l'art, de l'éloquence et de l'histoire. L'âpre labeur ne l'arrête point, il étudie avec une ardeur égale les manuscrits et les marbres antiques : « Oh ! le véloce lecteur, dit la chronique contemporaine, comme il se délectait, dès son adolescence, dans la fréquentation de Tite Live, de Cicéron, de Sénèque, de Valerius Maxime et dans les magnificences de Jules César ! » Il redemandait Rome à ce passé glorieux. « Que ne suis-je « né quand il y avait des Romains ! » s'écriait-il, et, sans autre force que l'entraînement de sa parole inspirée et l'exemple de son intégrité, il entreprit de ressusciter Rome.

— Il ne fit que la galvaniser, interrompis-je.

— C'est que la foi aveugle de son époque, répliqua M. Delâtre, n'était pas la foi lucide de la science qui dispute et arrache la vie à la mort.

— A ce penseur incomplet que l'action fait trébucher dans la démence, dit le commandeur Visconti, je préfère mon cher et doux Leopardi, dont je veux vous faire entendre un chant sublime. Je l'ai beaucoup connu, ajouta-t-il; il souffrait de deux douleurs incurables : la déchéance de l'Italie et l'impossibilité de l'amour; il sentait qu'il ne pouvait plaire. La nature avait fait chétif et laid ce corps où brûlait une âme si puissante et si belle. Il consolait son patriotisme par l'espérance et son amour inassouvi en aimant quand même,

— O patria mia vedo le mura e gli archi,

poursuivit M. Visconti, qui nous récita jusqu'au bout les strophes magnifiques de Leopardi dont j'ai parlé ailleurs[1].

— Nous devons aux poëtes et aux historiens, dit à son tour M. Delâtre, de disputer au temps ce qu'il ensevelit. Ils sont le souffle vivant des ruines; sans eux, que nous dirait Rome, que nous dirait Ostie et ses monuments brisés? » Et avec une connaissance complète de la littérature antique il cita tous les passages des écrivains grecs et latins où il est parlé d'Ostie. Le commandeur Visconti joutait d'érudition, si bien que, lorsque nous par-

[1] Voir tome II, page 129 de *l'Italie des Italiens.*

times pour aller visiter les ruines, nous emportâmes dans notre esprit l'image de la ville maritime debout et ranimée.

En regard du fort de Jules II que nous laissons à gauche, nous trouvons la voie antique qui mène à la cité détruite ; les lézards frétillent sur les dalles éparses, les insectes bourdonnent dans les broussailles en fleurs ; les terres planes qui s'étendent autour de nous sont couleur de cendre ; je ne sais si c'est le voisinage des salines qui, les brûlant sans les dessécher, leur donne ce ton grisâtre comme aux rivages voisins du Vésuve. Pas une ombre dans l'étendue. Le ciel d'un bleu vif tend sur nous son dôme uniforme : le soleil qui se répercute sans obstacle sur l'horizon entier, dont la mer forme la limite, rend cette journée d'avril étouffante. Nous faisons une première halte aux ruines informes appelées la *Maison d'Hercule*. Comme nous en approchons trois cavaliers superbes, montés sur de beaux chevaux et drapés à l'antique dans des manteaux bruns, viennent en face de nous sur la route.

« Ce sont de riches fermiers de campagne, propriétaires de la plupart des troupeaux de la plaine d'Ostie, » nous dit M. Visconti, qui échange avec eux quelques paroles.

J'aurai occasion de reparler à mes lecteurs de cette classe des fermiers, très-importante parmi la population champêtre des États de l'Église.

Nous continuons à marcher sur la voie antique. Bientôt le grand débris du *Temple de Jupiter* se dresse à gauche comme le fragment énorme d'une tour décapitée. Nous allons à travers terres pour visiter la ruine : les figuiers sauvages étendent à sa base leurs branches tordues. Dernier encens du Dieu anéanti, un riant semis d'*amorino* (réséda) embaume l'air et couvre le sol alentour. Un troupeau de bœufs noirs erre à travers les pierres éboulées ; le plus beau et le plus fier d'entre eux est posé à l'entrée de la ruine : on dirait Jupiter prêt à ravir Europe. Debout sur un pan de frise brisée, deux bergers aux traits et au teint d'Arabes nous regardent passer taciturnes et comme dédaigneux.

L'intérieur de ce reste d'enceinte est encombré de ronces et n'a aucun vestige de sculpture ; je me demande en l'examinant si c'est le même temple que le *Pogge*, visitant Ostie (au commencement du quinzième siècle) avec Cosme de Médécis[1], vit démolir par les habitants du lieu qui en brûlaient les pierres pour en faire de la chaux. Le *Pogge* avait vu périr à Rome de la même façon le *temple de la Concorde* et beaucoup d'autres édifices antiques. Nous devons à ce docte lettré toscan[2] une description détaillée pleine de mélancolie et de grandeur du Capitole, du Forum, du Colisée et des principaux monuments romains à cette époque. Combien ont été détruits depuis pour bâtir des églises et des maisons banales !

Nous revenons sur la voie antique et nous voyons devant nous, béante dans l'azur, la *Porte romaine* par laquelle nous pénétrons dans les fouilles d'Ostie. Cette porte est flanquée de pilastres rompus. Après l'avoir dépassée, nous trouvons au milieu de la voie un tombeau sans ornement et une petite place au centre de laquelle s'élève une colonne ; à droite est la partie du sol exploré la plus considérable. Nous parcourons des thermes, des chambres remplies de jarres, d'autres au pavé de mosaïque ; rien d'aussi important ni d'aussi conservé qu'à Pompéi. On sent qu'Ostie a été saccagée[3] avant d'être ensevelie. Les objets précieux qu'on y a successivement exhumés ont été transportés à Rome. Malgré la valeur de ces découvertes, le gouvernement papal a toujours lésiné pour les fouilles d'Ostie comme pour toutes celles qui sont à sa charge. Les anciens papes ont renversé les plus beaux monuments du paganisme et les nouveaux sont peu soucieux de l'art antique ; ils se contentent de ne plus détruire. Comme nous gravissons à droite une partie élevée des décombres, au delà des thermes, nous découvrons le Tibre et le rivage de l'*Ile sacrée*.

« Devant nous, jusqu'aux sables poussés par les vagues, sont encore enfouis, j'en suis certain, nous dit le commandeur Visconti, des statues, des bas-reliefs, des portiques. C'est là qu'étaient les plus précieux monuments de la cité : le grand port de Claude

---

[1] Le premier Cosme, surnommé *le père de la patrie*.
[2] Le Pogge a dû sa célébrité à la publication de plusieurs auteurs latins qu'il découvrit dans des manuscrits des couvents de l'Italie et de la Suisse. Il est aussi l'auteur d'un recueil de contes satiriques intitulé *Facéties*, où les prêtres et les moines ne sont pas épargnés.
[3] Elle le fut au cinquième siècle par les Sarrasins.

et le temple de Neptune ; l'importance d'Ostie est attestée par tous les historiens. Ostie avait quatre-vingt mille habitants, plusieurs temples, des palais, des casernes pour les gardes prétoriennes. C'était une cité commerçante et riche. Après l'incendie de Rome, Néron en fit venir des meubles pour apaiser les murmures du peuple ; il fit charger les navires d'Ostie, qui redescendaient le Tibre après avoir apporté des grains à Rome, de tous les décombres des monuments et des maisons brûlées qu'on déposa dans les marais d'Ostie. Le même Néron, dans son vertige de splendeur personnelle, « voulut, dit Suétone, lorsqu'il eut réédifié son Palais d'Or, se construire un bain couvert depuis Misène jusqu'au lac d'Averne, l'entourer de portiques et y faire entrer toutes les eaux de Baïa, et depuis le lac d'Averne jusqu'à Ostie, il voulut creuser un canal de cent soixante milles de long pour se dispenser d'aller par mer ; il voulut que ce canal fût assez large pour que deux galères à cinq rangs de rames pussent s'y rencontrer ; pour achever de pareils ouvrages, il fit ouvrir toutes les prisons de l'empire, et ordonna que les criminels en tous genres ne fussent condamnés qu'aux travaux. » Que le pape, poursuivit M. Visconti, me donne seulement les deux ou trois cents galériens de Rome, et je me charge de faire sortir de cette plage morne déroulée devant nous de nouvelles merveilles de l'art antique.

« Les fouilles du dernier mois ont été fructueuses, ajouta-t-il ; nous avons découvert une maison étrange où se réunissaient les initiés du culte de *Mithras ;* vous savez que *Mithras* était une divinité persane, confondue par les Grecs et les Romains avec le *Soleil*, mais qui, selon Hérodote, n'était autre que l'*Amour*, le principe de la génération, de la fécondité, de la perpétuité du monde. Les Perses font naître *Mithras* d'une pierre ; il est le feu qui jaillit des éclats de la pierre quand on la brise. Le culte de *Mithras*, avant de s'introduire en Grèce et à Rome, avait passé de la Perse en Cappadoce, où Strabon dit avoir vu un grand nombre de ses prêtres et de ses prêtresses : *patres, matres sacrorum*. Il était tout simple que le dieu qui symbolisait l'union des deux sexes voulût pour ministres des hommes et des femmes. Pardonnez ma dissertation pédantesque, nous dit M. Visconti, mais si le dieu *Mithras* vous était inconnu, le lieu que nous allons visiter ne vous intéresserait point.

— Poursuivez, répliquai-je, mon ignorance est avide de votre savoir.

— Donc voilà *Mithras, feu* ou *amour*, ce qui, vous en conviendrez, est identique, admis au nombre des dieux de la Grèce, et partant assuré d'avance d'être reçu *dieu romain* : il le fut sans trop d'éclat sept siècles environ après la fondation de Rome. Bien lui prit d'avoir cet honneur, car sans les Romains l'image du dieu et de ses attributs ne serait pas arrivée jusqu'à nous. Les bas-reliefs où les Romains ont représenté *Mithras* sont fort nombreux. Vous en avez plusieurs à Paris, au musée du Louvre. Dans tous, ce dieu, ou son sacrificateur, est coiffé d'un bonnet phrygien, vêtu d'une tunique et d'un manteau flottant sur l'épaule; son genou s'appuie sur un taureau qu'il terrasse; il lui tient le mufle de la main gauche et lui plonge de la droite un poignard dans le cou. *Mithras, amour* et *feu*, pour les Persans, symbolisa décidément le soleil pour les Grecs et les Romains ; Apollon et ses cinq coursiers montant à l'un des angles de ces bas-reliefs et descendant à l'autre, l'attestent assez. Sans compter les signes du zodiaque, reproduits sur plusieurs de ces marbres : *Amour! Feu! Soleil!* Voilà une trinité qui ne pouvait avoir que les plus ardents et les plus violents mystères, et dont le culte inspirait plus d'un genre de fureur. Ce qui est très-certain, c'est qu'on immolait à ce dieu inassouvible des victimes humaines. Son culte, aboli par Adrien, fut rétabli par Commode; la maison mystérieuse que nous allons voir prouve que les habitants de ma chère ville d'Ostie s'y adonnaient en secret. »

C'est avec ce tour aimable que le commandeur Visconti mettait sa science à notre portée, comme fait un général d'armée qui condescend à démontrer la guerre à des enfants en s'aidant de leurs jouets. Nous étions arrivés aux débris d'un portique conduisant à la *maison de Mithras*. Deux gardiens des ruines qui nous précédaient nous aidèrent à descendre dans les excavations, au milieu desquelles étaient des chambres et des couloirs déblayés. Au-dessus, commençant une fouille, les quinze galériens de M. Visconti, bêche en main, debout sur un tertre, vêtus d'habits en laine fauve, formaient un groupe sculptural sur le bleu profond du ciel; tous jeunes et d'une beauté frappante, ils chantaient en travaillant; aussitôt qu'ils aperçurent le commandeur, ils agitèrent dans l'air leur bonnet phrygien en criant : « *Evviva nostro padre!* »

« Vous entendez, nous dit M. Visconti, ils n'en démordent pas, ils se proclament publiquement mes fils.

— Ma foi, lui dis-je, votre famille est superbe! La statuaire antique vous l'aurait dérobée pour la reproduire en dieux ou en héros : pas un corps difforme, pas un front déprimé, pas un œil faux; aucune de ces physionomies ne porte l'empreinte de la dégradation.

— C'est que tous ceux que vous voyez là, répliqua-t-il, sont des condamnés pour la *cortellàta*[1] d'amour, de jalousie ou de vengeance. Je n'en veux pas d'autres parmi mes travailleurs; les assassins pour vol sont d'ailleurs extrêmement rares dans les galères romaines; la violence entraîne ces hommes plus que la corruption; je n'ai pas trouvé une âme avilie dans ceux que j'emploie; ils acceptent leur destinée avec une insouciance qui m'ébahit toujours. Quand j'essaye de pénétrer dans leur conscience, en les interrogeant, ils me répondent tous qu'il fallait bien qu'ils se vengeassent eux-mêmes; car attendre la justice aurait été trop long; que d'avance ils savaient leur sort, et que le prendre gaiement est ce qu'ils ont de mieux à faire. Ce qui les soutient dans cette philosophie, c'est qu'ils ne sont jamais abandonnés et reniés par leur famille ni méprisés par leurs amis. Ceux qui sont mariés sont visités par leurs femmes, ceux qui ne le sont pas par leurs amoureuses qui les épousent, quand leur peine est finie et même pendant sa durée. Être employé aux fouilles est pour eux une perspective de délivrance; comme une rupture légale de ban à laquelle ils aspirent tous. Le travail en plein soleil, les bergers qui passent et leur parlent, l'intérêt de ce qu'ils exhument, les voyageurs qui viennent aux fouilles, tout cela leur compose une atmosphère attrayante qui équivaut, disent-ils, à la liberté.

— Votre paternelle bonté, comme leur cri de tantôt le prouve, est pour beaucoup, dis-je, dans leur résignation.

[1] En idiome romain : coup de couteau.

— Je n'ai pas grand mérite à les bien traiter, reprit le commandeur, leurs secrètes vertus et leur naïve douceur, qui contrastent si fort avec l'action forcenée pour laquelle ils sont punis, me fait souvent réfléchir. Si vous étiez venue à Ostie il y a un mois, je vous aurais montré un condamné à vie que j'ai été tenté de présenter à votre *Académie française* pour *le prix Montyon*. Dans un accès de jalousie, il avait tué sa fiancée; après sa condamnation il reporta sur sa mère à lui et sur la mère de la morte tout son amour désespéré. Secourir du fond du bagne leur double misère devint son anxieux souci. Les galériens qui travaillent aux fouilles touchent chaque dimanche une petite gratification. Pendant trois ans, sans en distraire un baïoque ni pour du tabac l'hiver, ni pour un peu de fruit l'été, le condamné envoya sa paye aux deux mères. Ne sachant pas ce qu'il faisait de son argent, ses compagnons l'avaient surnommé le *spilorcio*. Ni leur raillerie, ni la longue durée des privations les plus cruelles ne lassèrent son courage. Un hasard me fit découvrir l'expiation qu'il s'était imposée. A la dernière visite que le pape fit aux fouilles d'Ostie, je lui montrai mon pauvre galérien, pâle, exténué, les muscles tendus par son héroïque ténacité, la physionomie extatique comme celle d'un saint. Pie IX m'accorda aussitôt sa grâce entière. Mon pauvre galérien, à peine libre, n'a vu dans la liberté que la possibilité d'un plus grand labeur. Ce n'est plus seulement du pain qu'il veut donner aux deux femmes, mais un peu de bien-être. Il est maintenant dans une usine où il fait le travail de plusieurs ouvriers; il supplie chaque jour qu'on augmente sa tâche comme d'autres demandent qu'on diminue la leur. Un peu plus de salaire donnera des vêtements aux pauvres mères, un matelas meilleur à leur lit, et qui sait? peut-être un jour deux bons fauteuils achetés chez les fripiers. Voilà l'histoire de mon galérien. Ne dirait-on pas une légende de bienheureux?

— Non, repartis-je; sa purification est plutôt celle d'un stoïque; on y reconnaît la fibre des vieux et fiers Romains. »

L'impression de ce récit l'emporte dans mon souvenir sur celle que m'a laissée la *maison des initiés de Mithras*. En marchant

---

¹ Ladre.

dans l'enceinte déblayée, je songeais à cette misère de notre nature qui ne nous rend propre à la poursuite persévérante du bien et du beau que lorsque quelque grande douleur nous a frappés. Dans la pratique d'un long dévouement, ou dans l'accomplissement d'un long travail, se réfugient nos joies trahies. Rien d'extérieur ne contenant plus pour nous l'espérance, nous cherchons dans le perfectionnement de notre âme une mâle consolation.

Je regarde, un peu distraite, l'atrium et les chambres que nous traversons. Au fond est une pièce plus étroite, sorte de tabernacle de *Mithras*. Son image est reproduite comme sur les bas-reliefs décrits plus haut. Le dieu de la fécondation universelle est entouré des signes qui la symbolisent; un autel, resté intact à travers les siècles, semble attendre encore l'holocauste; on voit la rigole de pierre où coula le sang des victimes; le *sang humain peut-être ?* Cette rigole, si je ne me trompe, va se décharger dans des trous percés au centre de l'atrium, sous lequel est un réservoir souterrain.

Nous errâmes longtemps de ruine en ruine, trouvant un attrait dans chaque décombre que l'esprit du commandeur Visconti réédifiait pour nous. Quand nous repassâmes la *porte romaine*, nous fîmes volte-face, et toute la plaine d'Ostie nous apparut incendiée par les feux du couchant. On eût dit que la cité antique périssait en ce moment dans les flammes.

Le retour se fit à la lueur des étoiles, sans souci de la *mal'aria*. Nos savants compagnons d'excursion nous parlaient de l'antiquité grecque et latine avec un sentiment exquis; ils nous montraient ces deux civilisations merveilleuses se succédant, puis se confondant et n'en formant plus qu'une où, dans le domaine de la religion, de l'art et de la littérature, tout concourait à la beauté et à l'harmonie. La langue même, instrument voulu de la poésie et de l'éloquence, les inspirait sans efforts, comme la lumière de ces contrées suscitait l'éclosion de la statuaire et de la peinture.

Ces messieurs nous répétaient, en nous en disant le sens, les plus beaux vers de ces deux langues, aïeule et mère de la nôtre, qui n'avaient subi aucune addition étrangère incompatible avec leur génie. Depuis ce soir j'eus le désir d'étudier le grec et le latin. Les langues sont les clefs qui nous ouvrent les différents esprits des peuples ; nous n'entrons vraiment en familiarité avec eux que si nous conversons ensemble sans interprète.

LIV

Très-lasse le lendemain et devant aller le jour suivant à Tivoli, je ne fis qu'une promenade de deux heures à travers Rome pour voir trois églises : *Saint-François de Paule, Saints-Cosme-et-Damien* et *Santa Maria della Pace*. Aucune œuvre d'art ne m'attirait à Saint-François de Paule, mais j'étais fort curieuse de connaître un détestable tableau aux vives couleurs représentant le miracle qui opéra la conversion de M. Alphonse Ratisbonne (le 20 janvier 1840). Ce monsieur, en bottes à l'écuyère, vêtu d'une redingote serrée à la taille, est agenouillé en prière, en extase, en hallucination ; la face renversée, les yeux tendus vers le ciel où lui apparaît, entourée de têtes d'anges, une jolie Vierge qui sourit coquette à l'élégant Français ; celui-ci, foudroyé par cette vision, se convertit le jour même au catholicisme. Il fit son abjuration à l'église *del Gesù* et voilà comment ce juif devint chrétien. Les moines de Saint-François de Paule, comprenant l'importance et le lustre nouveau qu'allait ajouter à leur église un miracle aussi évident (accompli en plein dix-neuvième siècle), commandèrent aussitôt à un peintre romain (au sieur Gagliardi, je crois) un tableau qui atteste la vérité de l'événement. Une jeune fille de Frascati, servant à cette époque de modèle aux artistes de toutes les nations, posa pour la Vierge ; elle était si fière de cet honneur inattendu que tant que dura sa beauté elle se rendait à l'église, à chaque cérémonie religieuse, se plaçait souriante au-dessous du tableau et murmurait aux passants : « *Son io la regina del Paradiso !* » Grâce à ce miracle, elle devint le modèle d'atelier le plus recherché et on lui donna le surnom *de la Madone*. Tout en contemplant M. Ratisbonne dans son apothéose, je me souviens qu'il a figuré d'une façon moins céleste dans le procès du *chanoine Mallet*, dont le compte rendu a été apporté à Rome les jours précédents par les journaux français. Nos tribunaux, sévissant en matière de mœurs, contre les prêtres, étonnent et indignent toujours le clergé romain. « Nous ne dépendons pas des laïques, s'écrient-ils ; un ministre de l'Église ne peut être jugé que par ses pairs. »

« S'il fallait juger à Rome tous les *chanoines Mallet*, me dit à ce propos M. Delâtre qui m'accompagnait, la plus vaste salle du Vatican transformée en tribunal ne suffirait pas à les contenir.

— Cette préoccupation permanente des vierges terrestres, fruit défendu aux prêtres, explique les miracles du genre de celui-ci, repartis-je ; quoi de surprenant que la vision qui les tourmente incessamment sur la terre finisse par leur apparaître en chair et en os dans le ciel ?

— Vous en faites des ascétiques, et ce n'est pas là le fait des prêtres romains, répliqua en riant M. Delâtre ; j'ai connu le fameux père H... Avant qu'il n'endossât le froc, c'était un viveur robuste et joyeux ; son habit nouveau ne l'a pas dépouillé du vieil homme : il a semé en Italie ses rejetons en semant ses doctrines, Milan en sait quelque chose. Mon interlocuteur fit suivre cette réflexion d'un récit tragico-burlesque.

— Quelle histoire de Boccace me contez-vous là ? lui dis-je ; je n'admettrai jamais que le blond et séraphique adolescent des *Lettres d'un Voyageur* ait pu devenir un moine impudique et dur.

— Croyez-moi, riposta gaiement M. Delâtre, pour les moines c'est toujours comme au temps de Rabelais : *Paradis en ceste vie et en l'autre. O gens heureux! O semy dieux!* »

Nous étions sortis de l'église tandis que les frères de Saint-François de Paule psalmodiaient dans le chœur.

« Allons voir les Sibylles de Raphaël, me dit M. Delâtre.

— Oh! de grand cœur, repartis-je ; il s'en dégagera pour moi plus de foi et plus d'idéal que de l'édifiante image de M. Ratisbonne en bottes à l'écuyère. »

L'église de *Santa Maria della Pace*, située au nord de la place Navone, fut construite au quinzième siècle par le pape Sixte IV ; mais comme le plus grand nombre des églises de Rome, elle a été gâtée par des réparations successives. L'arc de la première chapelle, à droite en entrant, est couronné par les trois sibylles de Raphaël, *Persica*, *Frigia*, *Tiburtina*. Les trois inspirées vous regardent radieuses et fières comme la Prescience ; belles et correctes comme des marbres grecs ; on ne voit qu'elles, elles remplissent l'église de leur immortelle majesté. Au fond de la petite chapelle est une fort belle tombe en marbre couverte de bas-reliefs devant laquelle je remarque un confessionnal découvert se composant d'un fauteuil pour le prêtre et d'un prie-Dieu pour le pénitent. Une vieille femme prosternée, et dont la tête affaissée touche aux genoux du *frate* assis, lui marmotte en ce moment ses péchés. Je me dis que si la pénitente était jeune et jolie, elle serait un peu trop à la portée de l'homme qui va l'absoudre. Le *frate* distrait laisse tomber quelques mots de rémission sur la pauvre infirme, tandis que sa main gauche tient une tabatière ouverte où sa main droite puise d'énormes prises ; il en bourre son nez, en inonde son surplis et en asperge le chef branlant de la vieille en l'absolvant d'un geste rapide. La nef de *Santa Maria della Pace* est aussi malpropre que son desservant ; de son pavé, souillé de boue, s'exhale comme l'arrière-odeur de la place Navone, voisine.

« Allons respirer au Forum, dis-je à M. Delâtre ; je veux le parcourir chaque jour durant le peu de temps qui me reste à passer à Rome ; de cet amas de décombres superbes jaillit sans cesse pour le poëte quelque aspect nouveau empreint de grandeur et de mystère. »

Nous arrivons au Forum par la rampe du Capitole. Nous nous plaçons sous l'arc de Septime Sévère et regardons les ruines confuses imparfaitement déblayées au pied du Capitole ; nous examinons le beau portique *degli Dei Consenti*, c'est-à-dire des douze grands dieux du Conseil de l'Olympe : Jupiter, Apollon, Mars, Neptune, Vulcain, Mercure, Junon, Vesta, Minerve, Cérès, Diane, Vénus. Ce portique conduisait aux douze chambres des dieux ; sept de ces chambres ont été découvertes en 1858 ; il y a là un tel amas de constructions superposées qu'il faut tout le savoir archéologique de mon érudit conducteur pour s'y reconnaître. Comme toujours j'aime mieux regarder l'ensemble de ces fiers débris, y associer le présent, l'oiseau qui vole dans le ciel bleu, les herbes, les plantes qui poussent parmi les marbres, les enfants en haillons qui s'ébattent au soleil. Sur la voie Sacrée où passèrent les triomphateurs, des prêtres en petit collet entrent dans les temples transformés en églises. A gauche du *Campo Vaccino* où poussent quelques arbres, gisent çà et là les charrettes boueuses de maraîchers.

« Voilà les chars antiques ; me dit M. Delâtre ! *Campo Vaccino*, marché aux bœufs ; ce nom est le dernier outrage infligé au noble Forum romain qui au onzième siècle resplendissait encore comme au temps des Césars. Ce furent les Normands, descendants des barbares, nos pères, qui, conduits par Robert Guiscard, en 1084, ravagèrent les temples, les cirques, les palais, les théâtres et les arcs de triomphe. Le Forum primitif au temps de la république de Rome, poursuivit M. Delâtre, était entouré d'un portique à deux étages, où étaient les boutiques des principaux marchands de Rome ; ce portique fut remplacé par les temples et les basiliques dont nous voyons encore les vestiges. César et Auguste agrandirent le Forum ; ses monuments, en partie détruits par l'incendie de Néron, furent reconstruits par Domitien et successivement augmentés par les Antonins. Sans le pouvoir temporel des papes, le Forum subsisterait encore. Robert Guiscard fut appelé à Rome par Grégoire VII, assiégé dans le fort Saint-Ange, et ce fut pour délivrer cet Hildebrand, traité de grand et de saint, que Guiscard saccagea Rome ; il brisa et incendia les monuments antiques qui s'étendaient depuis Saint-Jean de Latran jusqu'au Capitole. Ce stupide vainqueur ravagea l'Italie entière[1] et se tailla un royaume dans la Grande-Grèce et dans la Sicile. Fi de ce barbare du Nord qui, pour châtier les Sarrasins, détruisit Pœstum et qui, pour défendre un pape, brûla le Forum romain ! A toutes les églises qu'il a fondées je préférerais *le temple de Vénus et Rome*. Ce Robert Guiscard fut le bras fort et armé de la papauté, il défendit par la violence ce pouvoir temporel que la comtesse Mathilde avait enrichi par le don de son patrimoine. Que nous

[1] Grégoire VII, dit Gibbon, abandonnant une ville qui le détestait et ne le craignait plus, alla finir ses jours à Salerne. Le jésuite Donat, après avoir parlé de cette dévastation, ajoute avec enjouement. « Aujourd'hui encore, sur le mont Cœlius et dans tout l'intervalle de ce mont au Capitole, persisterait ce lamentable aspect de la ville saccagée, si par l'agrément des jardins et des vignobles, qui ont voilé ces dévastations, Rome ne s'était rajeunie et n'avait caché ses blessures et ses ruines sous une éternelle verdure. »

importe qu'Hildebrand ait fait des rois et défaits des empereurs! mieux vaudrait pour sa renommée qu'il fût resté un simple moine, et n'eût pas suscité la destruction du Forum. En définitive, rien ne survit que les monuments de l'art, de la littérature et de la science. Ce sont les seules assises pacifiques et durables de la civilisation. »

Tout en causant, nous marchons à gauche du Forum, saluons en passant les dix colonnes du portique du *temple d'Antonin et de Faustine*, et nous trouvons à l'entrée du *temple de Romulus et Rémus*. Au commencement du sixième siècle, ce temple fut transformé en église et dédié à *saints Cosme et Damien* par le pape Félix IV. La *cella* circulaire de l'ancien temple sert aujourd'hui de vestibule à l'église. Le pavé primitif se composait de plaques de marbre où était gravé le plan de l'antique Rome [1]. Une inscription découverte au seizième siècle, et dont on conserve la copie à la bibliothèque du Vatican, atteste que ce temple a été bâti du temps de Constantin : l'exhaussement du terrain du Forum nécessita (au septième siècle) la reconstruction du pavé de l'église et du vestibule antique, pour les mettre au niveau du sol extérieur. La *cella* du temple se trouva ainsi coupée en deux parties : la partie inférieure devint une crypte, la partie supérieure, surmontée de sa coupole antique que dépasse en hauteur le vaisseau de l'église, continua de servir de vestibule. On pratiqua deux ouvertures dans l'imposante rotonde et l'on plaça, à celle qui sert aujourd'hui d'entrée, une porte de bronze antique trouvée à Pérouse. Avant de pénétrer dans la *cella*, nous regardons deux magnifiques colonnes en marbre cipolin, fragments du portique qui entourait le temple. Ces deux colonnes encadrent un oratoire. Nous faisons le tour de la *cella*; les murs et la coupole sont dépouillés de tout ornement. L'église n'a d'intéressant que la vieille et superbe mosaïque (de 527) qui revêt le chœur. Un escalier aux marches planes, partant du chœur, aboutit à la crypte, au milieu de laquelle est un autel où sont enfermés les corps de saint Cosme et saint Damien. Au-dessous de cette crypte en est une autre où surgit une source, dite de saint Félix.

[1] Dont j'ai parlé dans la description du musée du Capitole.

En sortant du *temple de Romulus et Rémus*, nous errons sous les trois arcs gigantesques, restes de la *Basilique de Constantin*[1], dorés par le soleil qui baigne en ce moment toute l'étendue du Forum. Nous nous asseyons ensuite sur les débris des colonnes colossales qui composaient le double portique du grand *temple de Vénus et Rome*; ces fûts énormes, gisant autour de nous comme les vieux troncs d'une forêt abattue par la foudre, sont avec quelques vestiges des deux *cella* antiques, consacrées aux deux déesses *Roma* et *Vénus*[2], tout ce qui reste de ce temple somptueux dont l'empereur Adrien fut l'architecte. Le portique ouvert du côté du Colisée, et auquel on montait par des degrés de marbre, aboutissait à la *cella de Vénus*; l'autre portique de la *cella di Roma* donnait sur le Forum et avait en face le *mont Palatin*. Les voûtes des deux chambres des déesses étaient ornées de stucs dorés; le pavé se composait des marbres les plus précieux. Apollodore, célèbre architecte grec, osa critiquer cet édifice dont le plan avait été tracé par des mains impériales. Adrien, le grand bâtisseur, qui avait élevé en Angleterre une muraille formidable (rempart entre les Bretons et les Calédoniens), construit les arènes de Nîmes et le pont du Gard, et érigé en Palestine une ville romaine sur les ruines de Jérusalem, n'entendait pas plus raillerie sur les monuments qu'il dessinait lui-même que sur son favori Antinoüs, auquel il dédia des temples; la critique d'Apollodore lui coûta la vie. Dieu nous garde des souverains artistes ou écrivains, rivaux et juges des génies créateurs; ils voudraient les supprimer, ne pouvant les atteindre. Tandis que nous ranimons l'histoire sur ce lieu qui en fut un des plus grands théâtres, le jour décline et le ciel s'assombrit; à gauche, tout près de nous, l'immense *Colosseum* s'enveloppe d'ombre. A l'autre extrémité du Forum, sur les hauteurs du Capitole, le soleil couchant projette encore des lueurs empourprées.

[1] Ces trois grands arcs occupaient toute la longueur de la nef à droite de l'entrée; la voûte de la nef était soutenue par huit colonnes semblables à celles qu'on voit sur la place Sainte-Marie-Majeure servant de piédestal à une statue de la Vierge. Le pavé de la basilique, en partie déblayé, est en jaune antique, en marbre violet et en marbre cipolin. La basilique avait deux entrées : l'une regardait le Colisée, l'autre s'ouvrait sur le Forum.

[2] Ces vestiges sont cachés dans une cour intérieure du couvent de *Santa Francesca Romana* élevé sur l'emplacement du temple.

LV

Le lendemain (dimanche 28 avril) je pars pour Tivoli, à huit heures du matin, avec M. et madame Loiseau d'Entraigues. Une voiture rapide nous fait franchir la porte *San Lorenzo* (porte *Tiburtine*), déjà franchie avec mes lecteurs. Nous laissons à droite de la route la vieille basilique de Saint-Laurent. A quatre milles de Rome, nous passons le *ponte Mammolo sur l'Anio* ou *Teverone*. Cette rivière, qui a sa source près de *Felettino*, divise la Sabine du Latium ; elle forme les belles cascades de Tivoli, puis va se jeter dans le Tibre, à trois milles de Rome, un peu au delà du pont *Salario*. Au tiers du chemin nous découvrons, à gauche, le *lac de' Tartari*, ainsi nommé de ses eaux qui déposent sur les herbes, les plantes et les arbustes un enduit calcaire qui les pétrifie. Sur le sommet des collines qui se groupent du même côté se dresse, comme un décor de théâtre, un château démantelé du moyen âge appelé *Castell' Arcione*. Au delà une forte odeur de soufre se répand dans l'air et nous annonce le canal de la *Solfatara*, déversoir d'un lac de ce nom situé à un mille de distance, toujours à gauche de la route. Les Romains appelaient *albula* ces eaux sulfureuses qui, en se répandant hors de leur lit dans la campagne, empestaient l'air et ravageaient les cultures. Le cardinal Hippolyte d'Este, heureux possesseur de la *villa d'Este*, que nous visiterons tantôt, fit construire le canal de la *Solfatara* où se déchargent aujourd'hui les eaux du lac, qui s'écoulent ensuite dans l'Anio. Les matières bitumineuses et les herbes qui flottent sur le lac de la *Solfatara* y ont formé à sa surface de petites îles que le vent agite ; de là leur nom d'*isole natanti*. Deux lacs plus petits : *il lago delle Colonnelle* et *il lago di San Giovanni*, communiquent avec celui de la *Solfatara*, près duquel étaient des thermes magnifiques érigés par Marius Agrippa. Auguste les fréquentait et se sentait très-allègre après s'être plongé dans ces eaux sulfureuses. On a découvert de belles colonnes du portique de ces thermes et des fragments du conduit en plomb qui y apportait les eaux ; il subsiste aussi au bord de ces lacs des débris des bains *della regina*, qui furent construits pour Zénobie, reine de Palmyre.

A deux milles du pont de la Solfatare, nous passons de nouveau l'*Anio* sur le pont *Lucano*, au milieu d'un paysage pittoresque ; ce pont et la campagne qui l'entoure ont été reproduits par le Poussin dans un de ses plus beaux tableaux [1]. Au delà du pont *Lucano*, qui doit son nom à *Plautius Lucanus*, patricien de l'antique Rome, surgit, à gauche de la route, le grand tombeau de la famille Plautus, érigé par ce même Plautius Lucanus, pour lui et ses descendants. Ce vaste tombeau, en forme de rotonde, rappelle celui de *Cæcilia Metella* ; Paul II le transforma en forteresse et construisit, au-dessus de la rotonde, une sorte de tour. Nous quittons la voie antique et prenons, à droite, le chemin qui mène à la *villa Adriana* ; il est bordé de haies en fleurs, de lentisques et de lierre. Nous pénétrons par une grille moderne dans le dédale des ruines.

Adrien, après avoir parcouru les provinces de l'empire romain, voulut réunir dans cette résidence, de six milles de tour, tout ce qui l'avait frappé en Grèce et en Égypte ; quelle occupation attrayante et active pour cet architecte passionné ! Il reproduisit le *Lycée*, l'*Académie*, le *Prytanée*, le *Pœcile d'Athènes*, le *Sérapéon de Canope*, le *Tartare* et les *Champs Élysées* ; il dessina et planta une *vallée de Tempée*, imité de celle de la Thessalie ; il construisit des thermes, des théâtres, des temples, et au centre de ces monuments il éleva son magnifique palais [2] et les vastes casernes des gardes prétoriennes. Les plus belles statues grecques, tous les objets d'art et d'ameublement déjà décrits, décoraient la résidence impériale ; les marbres, les bas-reliefs, les mosaïques, les baignoires et les siéges antiques trouvés dans les ruines de la *villa Adriana* en attestent encore la splendeur primitive. Parcourons les grands vestiges de cette demeure olympienne d'un César. Une végétation exubérante et fleurie les revêt de l'éclat nouveau de sa fraîche parure [3].

---

[1] Il est dans la galerie du palais Doria.
[2] C'est dans cette résidence d'un dieu qu'il fut attaqué de la maladie dont il mourut à Baïa.
[3] C'est Totila qui accomplit la destruction de la *villa Adriana*.

Après avoir franchi la grille qui ferme aujourd'hui l'enceinte des ruines, nous trouvons la maison du gardien qu'il s'est construite lui-même au-dessus d'une voûte (devenue une cave), appartenant aux chambres où logeaient les peintres qu'employait Adrien. Le paisible successeur de César s'est composé une étable avec la coupole de la *Palestre couverte*, dérobée à la nature, et abandonnée aux bestiaux. Cette belle ruine aux courbes harmonieuses, est revêtue tout entière de toiles d'araignées. Un sale hangar se prélasse sur la voûte insultée ; on dirait un malotru profanant une femme superbe que lui livrent les abois de la misère.

Nous laissons sous la sauvegarde de notre cocher, moins avide que la famille du gardien, les provisions que nous avons apportées. A son tour, le corps demandera pâture quand nous aurons rassasié l'esprit.

La première ruine qui nous frappe, en entrant dans ce labyrinthe d'édifices écroulés, est le *Théâtre grec*; des branches mortes et des débris de marbres jonchent la scène, où retentissaient les vers d'Euripide et d'Aristophane, les mouches bourdonnent, les lézards frétillent. Des figuiers et des pruniers sauvages poussent entre les gradins disjoints. De grands oliviers échevelés bruissent dans l'air au-dessus du monument ravagé ; un noyer gigantesque surgit à droite de l'hémicycle. Un portique triangulaire précédait le *Théâtre grec* du côté de l'Occident. Des cyprès ont remplacé les colonnes dont les tronçons épars gisent çà et là sur le sol gazonné. Plus loin est une *Nymphée* aux niches vides de leurs statues divines ; en guise de flots jaillissent des rameaux d'oliviers qui retombent sur ces murs brisés. Le seul reste du *Pœcile* est un des quatre grands murs, primitivement décorés de peintures héroïques, comme le *Pœcile* d'Athènes. Du côté du sud, au delà du *Pœcile*, nous trouvons une élégante demi-voûte, autrefois revêtue de porphyre ; c'est le *temple des Stoïciens*. Sept niches, encore visibles, renfermaient les statues des sept sages de la Grèce.

Nous explorons ensuite un vaste bassin circulaire, au centre duquel est une ruine. Une mosaïque, représentant des monstres marins, revêtait le fond de cette vasque immense, désignée sous le nom de *Théâtre maritime*, et qui servait d'école de natation ; la construction du milieu renfermait sans doute une *stufa*, chambre pleine de vapeurs chaudes et parfumées, où s'habillaient les nageurs. Nous trouvons plus loin quelques vestiges de la *Bibliothèque*; un grand pin-parasol bruit sur ces chambres, dont les murs éventrés gardent encore des traces de peintures à fresque. Où l'on lisait les vers de Catulle et d'Horace, un rossignol chante en ce moment ; il répand dans l'air des modulations si vives et si tendres qu'il fait songer aux métamorphoses de la Fable : n'est-ce pas là quelque âme errante de poëte qui s'exalte et s'épanouit dans l'amour ?

Nous passons sous une galerie voûtée ; on croit qu'elle faisait partie d'un hôpital militaire ; des fragments de colonnes y gisent épars sur le sol. Une perspective imprévue s'ouvre tout à coup devant nous : sur une montagne couverte d'oliviers est assis le château moderne des princes *Braschi*. Nous nous reposons un moment sur des chapiteaux brisés, autour desquels croissent en abondance des cyclamens amarantes ; au-dessus de ces fleurs s'allonge en ce moment un beau lézard vert : on le dirait sculpté en malachite sur une plaque de rouge antique. La nature a, dans les pays chauds, de ces fantaisies vivantes qui expliquent tous les caprices exquis de l'art antique. À gauche se masse un bouquet de chênes verts sur le penchant d'un ravin, au fond duquel est la *Vallée de Tempé*; on voit encore à l'entour de cette vallée les ruines de plusieurs grottes, et, au milieu, le mur effondré d'une terrasse qui dominait ce val riant, traversé par un cours d'eau nommé *Epomeo*, en souvenir d'un fleuve de la Thessalie.

Nous parcourons les débris du *Temple de Vénus et de Diane*, puis la ruine immense du *Temple de Bacchus*; dans l'épaisseur des murs sont les niches qui abritaient les statues. Ici commence l'aspect grandiose et vraiment enchanté de la *Villa Adriana*. Les portiques, les salles, les arcs des monuments sont rompus, mais la magnificence de la nature leur rend une splendeur inouïe; les fleurs sauvages, sur le fond des herbes et des mousses, recomposent les mosaïques des parvis; les guirlandes de vignes vierges et de plantes grimpantes rejoignent les frises ; les fourrés d'arbustes réunissent les arceaux. Les *Champs Élysées*, tout jonchés de fragments sculptés, sont ceints d'une colonnade de cyprès. Aux parois des quatre corridors souterrains, sombres avenues du *Tartare*, pendent des graminées[1]. Aux voûtes énormes des galeries du palais impérial et aux pans de murs déchirés de son immense salle, soutenue jadis par des colonnes de porphyre, les grappes roses des arbres de Judée et les tiges vigoureuses des palma-christi revêtent de leurs vifs reliefs les peintures effacées. Ce qu'était la magnificence de cette demeure d'Adrien, les statues, les bas-reliefs, les mosaïques, les baignoires, les siéges de marbres et de bronze incrustés de pierres fines réunis aujourd'hui dans le musée du Vatican, l'attestent encore.

Nous passons, pour arriver aux *Thermes*, à travers un verger d'oliviers superbes, sous l'ombre bleuâtre desquels de grands bœufs noirs paissent une herbe fine, tapis vert émaillé de brisures de marbre blanc et de brique rouge. La ruine des *Thermes* est une des plus majestueuses de la villa : les arcades, les voûtes, les murailles colossales sont envahies et comme submergées par des cascades de végétation. On voudrait être dryade pour se plonger dans ces flots de feuillage aux teintes variées : le lierre d'un vert sombre y ondule sur la vigne vierge d'un vert clair, les ronces rouges et jaunes y jaillissent sur les églantiers à fleurs roses ; les clochettes des volubilis blancs semblent tinter sur les étoiles lilas des pervenches ; les aigrettes bleues de la bourrache velue s'attachent aux lèvres d'or du genêt épineux ; les bouquets d'ache verdâtre se confondent aux touffes de la blonde ciguë; les frêles découpures du fenouil retombent sur les volutes de l'acanthe. Abîme de plantes, d'arbustes et de mousses qui recèle les mystères du printemps, les hymens des insectes, les accouplements des corolles, exhalant leur allégresse par des murmures et des parfums. Un bois d'oliviers, de grands chênes verts et les pyramides noires de cyprès gigantesques, pointant sur l'azur du ciel, composent un fond merveilleux à cette ruine des *Thermes*. A droite se trouvent les restes des *bains privés* de l'empereur ; la même parure printanière revêt le squelette de cet édifice. Tout près sont les décombres des *Logements des esclaves* ; c'est là qu'é-

---

[1] *Les Champs Élysées* et le *Tartare* aboutissaient à la *vallée de Tempé*.

taient parqués quarante mille déshérités, travaillant sans trêve à réaliser les rêves d'Adrien. Un corridor souterrain, qui partait du palais impérial, aboutissait aux *Logements des esclaves*, comme le bras tendu du maître tenant jour et nuit la chaîne qui les liait. Plus heureuses que les esclaves antiques, quelques vaches tranquilles ruminent en ce moment dans ces ruines ; leurs gros yeux ronds, qu'Homère prête à Junon, s'arrêtent sur nous avec une fixité interrogative.

Une prairie couverte d'érables, que nous traversons ensuite, est l'emplacement du *Canope*, qui empruntait son nom à la ville de ce nom située près d'Alexandrie ; le *Canope* de la *villa Adriana* avait son *temple de Sérapis*, comme celui de la cité égyptienne. Le temple surgissait au centre d'un immense bassin alimenté par des canaux et qui était entouré d'un portique, abritant des boutiques ainsi que les portiques primitifs du Forum romain. On arrivait au temple au moyen de barques somptueuses, aux ornements d'ivoire et d'or, aux voiles de pourpre. Il ne reste de ce superbe édifice que la voûte du temple, les chambres des prêtres et un corridor ; mais la splendeur étrange du monument entier nous est révélée par les deux grandes statues du *Nil assis* et d'*Antinoüs*, transformé en divinité égyptienne, que l'on voit au Vatican.

On trouve à droite de l'emplacement de *Canope* un champ de fèves renfermant les débris des *Thermes des femmes* ; plus bas, à gauche, sont les ruines du *Lycée*, d'où l'on a exhumé d'admirables mosaïques.

Nous longeons une partie des *Bains privés de l'empereur*, qui gardent encore quelques fragments de mosaïques. C'est là que fut découvert le *Gladiateur mourant*. Plus bas est l'emplacement du *Stade*. En face sur un plan plus élevé, se déroule le grand mur de *la Place d'Armes* qui nous apparaît tout à coup doré et reluisant au soleil comme s'il était couvert de plaques d'or ; un cyprès colossal et un pin-parasol se dressent un peu en avant. On dirait les gardiens taciturnes de ce rempart splendide ; ces deux beaux arbres massifs et sombres, détachés sur le ciel clair, figurent deux monuments en porphyre noir de la vieille Égypte. Avant de monter à la place d'Armes nous regardons à gauche les ruines des *cent Chambres des gardes prétoriennes* disposées en trois étages ; ces constructions ressemblent, avec des dimensions plus vastes, aux casernes découvertes à Pompéi. Deux galeries, soutenues par des pilastres et des colonnes, précédaient les *cento camerelle*. Dans l'intérieur chaque chambre était séparée de l'autre ; on ne pouvait y entrer que par la porte qui s'ouvrait sur un long corridor, comme cela se pratique encore pour les cellules d'un couvent. Les communications intérieures entre une chambre et l'autre, qu'on voit aujourd'hui, furent faites dans les temps modernes.

Nous arrivons sur la magnifique esplanade de la *place d'Armes* : un gazon ras d'un beau vert d'émeraude en recouvre le pavé dans toute son étendue ; des colonnes brisées, des fragments de frises et des morceaux de brique jonchent ce tapis riant comme de grandes fleurs blanches et rouges effeuillées par le temps. Au-dessus la limpide uniformité du ciel étend son velarium d'une splendeur de saphir. Les champs alentour semblent endormis, au loin les montagnes ont des postures sculpturales : on dirait de titaniques cariatides soutenant la tente d'azur qui nous couvre. A droite de la *Salle d'Armes* s'élevait le trône en marbre d'Adrien ; nous nous asseyons sur ses degrés brisés. Je suis prise d'une de ces mélancolies subites que la quiétude du paysage et l'éblouissement de l'atmosphère me causaient souvent dans la campagne de Rome. Regrets des jours écoulés sous les brumes du Nord ; désirs tardifs d'une vie moins âpre ; amour d'une nature clémente, qui suffit presque au bonheur, aspiration réfléchie de s'y réfugier et d'y accomplir le passage du déclin à la mort, impérieux attrait d'azur, d'air et d'espace faisant pour moi de cette terre comme une patrie retrouvée. Enveloppée par cette atmosphère palingénésique, dont la force et la sérénité nous pénètrent et nous renouvellent, je restai immobile et muette, oubliant quelques instants mes amis.

« Faites-vous une ode sur la *Villa Adriana*? me dit en souriant mon aimable compagne d'excursion.

— Dieu m'en garde ! mieux vaut sentir ce que ces lieux inspirent que d'essayer d'en exprimer la sensation.

— A quoi rêvez-vous donc? reprit-elle.

— A la douceur de finir ici.

— Dites d'y vivre, répliqua-t-elle gaiement, d'y vivre les belles heures de la jeunesse alors qu'on aime et qu'on est aimé.

— Qu'on croit être aimé, repartis-je, qu'on a la fausse sécurité de l'illusion, la trompeuse confiance du mirage, le vertige d'une ivresse éphémère! L'amour, hélas! n'est qu'un point lumineux, aussitôt éclipsé, dans la vie de deux êtres variables ; tout concourt à glacer, à assombrir, à éteindre ce chaud rayonnement. Dans notre société aux émotions factices, la convoitise des vanités et des richesses tue fatalement l'amour. Cherchez avec la lanterne de Diogène, vous ne trouverez pas un homme de ce siècle qui n'ait sacrifié le plus bel amour à la fortune et au bruit, je ne dirai pas à la gloire. Les femmes sont plus indépendantes de ce qui n'est pas l'amour, plus résolues à la passion, plus soucieuses de sa durée. Elles portent le deuil d'un bonheur qui finit, elles sentent l'abaissement d'un cœur qui se déjuge; la rupture d'un lien si puissant leur paraît une déchéance. Pour elles un sentiment qui périt leur est comme une anticipation de la mort. Mais que peut leur âme immuable lorsque l'âme qui la complétait s'en détache et flotte ailleurs? La foi meurt en celles qui survivent à ces déchirements; le Dieu qui tombe rend le croyant athée. Toutes répètent ce cri de l'une d'elles :

> Ce qu'on donne à l'amour est à jamais perdu[1]!

La nature calme des blessures toujours saignantes, la nature et l'art relèvent les fronts abattus. De la nature émane une permanente tendresse, de l'art un inaltérable enthousiasme.

— La solitude est mauvaise et amère, repartit madame Loiseau d'Entraigues; l'art, n'importe ses splendeurs, est froid comme un glacier des Alpes; le sentiment seul vivifie ; il contient un ferment immortel qui se perpétue par le souvenir. Ces belles ruines nous paraîtraient plus belles encore si nous pouvions les peupler de poétiques amours; je regrette ici les ombres de deux amants chantés par les poëtes et revivant dans leurs vers.

— La *Villa Adriana* a les ombres que vous souhaitez, lui dis-je, et je me mis à lui réciter ce fragment d'une épître connue:

> Parmi ces hauts cyprès, ces pins à sombres cônes
> Que le couchant coupait d'éblouissantes zones,

[1] Madame Desbordes-Valmore.

Devant ces fiers débris de l'art humain trompé
Devenus les rochers d'une verte Tempé,
Que la seule nature avait recomposée,
Errant, silencieux, comme en un Élysée,
Du passé d'Adrien, sans trop nous souvenir,
Nous repassions le nôtre, et tout venait s'unir.

A quoi donc pensions-nous? Dans leurs mélancolies
A quoi pensaient, ami, nos âmes recueillies,
Vous, celle qu'enchaînait à votre bras aimé
La haute émotion de ce soir enflammé,
Et dont j'entrevoyais par instants la prunelle
Levée au ciel, en pleurs et rendant l'étincelle?
A quoi pensais-je, moi, discret, qui vous suivais
Et qui sur vous et moi, tout ce soir-là, rêvais?
. . . .
. . . .

Écloses là pour vous tant de chères idées
D'art et de sentiment, tant d'heures fécondées,
Ce bonheur attristé, mais surtout ennobli,
Qu'ont goûté dans son ombre et sur son sein d'oubli
Deux cœurs ensemble épris de la muse sévère,
Et conviés au beau dans sa plus calme sphère.
Tout cela vous parlait. . . . .
. . . .
. . . .

Pourtant l'on se montrait quelque auguste décombre,
Quelque jeu du soleil échauffant un pin sombre,
Par places le rayon, comme un poudreux essaim,
Lumière du Lorrain et cadre de Poussin.
Et la voix que j'entends, entre nos longues pauses,
Disait : « Adrien donc n'a fait toutes ces choses
Et fourni tant de marbre à ces débris si nus
Que pour qu'un soir ainsi nous y fussions émus! »

Et le soleil, rasant de plus en plus l'arène,
Y versait à pleins flots sa course souveraine;
L'horizon n'était plus qu'un Océan sans fond
Qu'au loin Saint-Pierre en noir rompait seul de son front.
Près de vous votre Hermann, si fier de vous, ô Maître,
Le Puzzi d'autrefois et de ce soir peut-être
S'égayait, bondissait, et d'un zèle charmant
Mêlait aux questions : fleur, médaille, ossement[1].

— Qui donc étaient les personnages de ce tableau suave? me demandèrent mes amis.

— L'homme était un instrumentiste célèbre, captivant le pu-

[1] Sainte-Beuve.

blic comme fait un habile chanteur. Des génies plus hauts le traitèrent en frère ; il fut l'ami de Lamennais et des grands poëtes contemporains. Une femme fière, intelligente et belle le vit à travers ce prestige et l'aima. Elle le transfigura dans la gloire ; elle le déifia dans l'amour ; elle eut dans sa passion cette audace décisive que les hommes ont pour la guerre et les femmes pour l'amour ; elle repoussa l'entrave du monde comme le vaillant repousse la lâcheté. Vous la voyez ici passer confiante, savourant la fierté du bonheur qui la défend. Elle pose une couronne idéale sur le front adoré ; elle prête aux facultés éphémères de l'acteur la force créatrice des intelligences souveraines ; elle prend l'éclat pour la gloire, la lueur pour le foyer ; elle rêve, dans les applaudissements d'un soir, l'écho qui se répercute à travers les siècles ; elle se fait humble et le voit majestueux ; elle se croit la muse d'un artiste immortel, et s'appuie à son bras en défiant l'oubli. L'enfant qui les suit, si *fier de son maître*, est comme ces beaux pages des châtelaines éprises d'un trouvère, il prélude à l'amour en les regardant.

— Le tableau est charmant, me dit madame Loiseau d'Entraigues, il me ravit dans ce cadre superbe des ruines. Que nous fait le plus ou moins de renommée de l'artiste ! qu'importe, ils ont aimé ! ils ont laissé l'émotion de leur tendresse et quelque chose de leur passage à travers ces marbres épars.

— Oui, oui, repartis-je, ils y ont laissé une attestation nouvelle du néant de l'amour. Les troupeaux sèment sur les marbres du palais d'Adrien leurs flocons de laine ; les oiseaux y répandent leurs plumes, les serpents s'y dépouillent de leur robe d'écailles transparentes ; ainsi flotte au vent des ruines cette idylle évanouie et profanée. Le *maître harmonieux* est devenu la proie d'une princesse russe millionnaire qu'il veut épouser ; cette princesse, convertie par l'amour au catholicisme, est en ce moment en instance à Rome pour obtenir le divorce au prix de fondations dévotes. Le beau page de la pensive Allemagne s'est changé en moine obèse et fanatique ; la blonde abandonnée porte noblement son deuil : son âme a, dans le domaine de l'intelligence, l'allure altière et libre qu'elle avait dans l'amour.

— Je devine les noms que vous ne prononcez point, me répond

en souriant M. Loiseau d'Entraigues; j'ai connu et j'aime le maître harmonieux à qui vous faites allusion [1], et je vous trouve sévère envers lui. L'homme est ondoyant et divers, comme a dit Montaigne; la femme l'est tout autant. Quoi d'étonnant qu'il y ait deux amours dans une vie et parfois deux doctrines!

— D'accord, pourvu que le second amour soit le plus beau et que la seconde doctrine soit la vraie. En religion et en politique, les conversions de Lamennais et d'Hugo sont de celles qui agrandissent et élèvent un homme : c'est passer des ténèbres à la lumière; mais la conversion du musicien dont nous parlons est de celles qui diminuent et abaissent. Ceci me prouve une fois de plus qu'il n'y a que les génies créateurs, philosophes ou poëtes, qui aient conscience de la dignité humaine. On peut tirer d'un clavier sonore des chants qui rendent l'enthousiasme de la liberté et de l'amour; on peut tailler dans le

---

[1] L'allusion ne serait ici qu'une lâcheté puérile. Pendant que les évêques étaient rassemblés à Rome sous prétexte de la béatification des martyrs japonais, et en réalité pour y tenir un concile politique, tous les journaux libéraux publièrent les détails suivants : « Un soir, les évêques se sont rendus au Colisée pour y faire en masse le chemin de la croix. Il y avait foule de sanfédistes, de prêtres, de soldats et de Napolitains; l'évêque de Tulle a prêché contre l'antiquité païenne et contre la civilisation moderne qui nous ramène, dit-il, au paganisme. Le sermon a été suivi d'un chœur de circonstance exécuté par les zouaves du pape et par quelques militaires français. On disait que ce chœur était l'œuvre du célèbre pianiste Litz. Litz lui-même se trouvait parmi les auditeurs dans un groupe où l'on remarquait son ancien élève le père Hermann et la princesse russe Wittgenst qu'on assure que Litz va prochainement épouser, avec les dispenses du pape. »

Un mois après le concile des évêques, je reçus la lettre qu'on va lire d'un de mes amis remplissant à Rome d'importantes fonctions officielles, qui le mettent à même d'être renseigné d'une manière irrécusable :

« Vous me demandez, chère madame, ce qui s'est passé à Rome pendant le séjour de nos 56 évêques et de nos 2,463 curés, etc. (chiffres officiels.) C'est déjà de l'histoire ancienne, et les journaux ont été bien contradictoires à ce sujet; ce que je vais vous dire est *positif*. L'invasion cléricolégitimiste, partie de tous les points de l'Europe, a été réellement considérable. Rome ne s'appartenait plus, et comme il s'agissait, en somme, d'une grande manifestation en faveur du droit divin, on peut dire que chacun a fait son *devoir* et que la manifestation a été des plus bruyantes : voilà pour l'ensemble. Il va sans dire que les Romains, pour ne pas paraître s'y associer, ont dû se renfermer chez eux et laisser passer l'avalanche.

« Mgr Dupanloup a prêché dans plusieurs églises aux grands applaudissements de son auditoire cosmopolite; il est même allé prêcher pour les zouaves à Marino, où ils sont cantonnés. J'étais au prêche de Mgr. de Tulle

marbre les figures qui les symbolisent ou les formuler dans la couleur sans sentir la foi de ce qu'on exprime. »

Mes amis, doux et conciliants, comme il convient aux gens du monde, restèrent silencieux et sans doute un peu déroutés par ma franchise de misanthrope.

Nous quittâmes la *place d'Armes*,

Où le soleil rasait de plus en plus l'arène,

et bientôt nous nous retrouvâmes dans les ruines du *Pœcile*. Sur un grand mur blanc, percé de portes énormes, se découpaient les rameaux bleuâtres d'une rangée d'oliviers splendides; on eût dit des dessins au crayon noir représentant, sur un fond clair, un bois sacré de Minerve qui remplaçait les peintures des parois du monument primitif. Nous passâmes la porte du milieu et regagnâmes la maison du gardien. Assis sur le seuil, tout jonché de débris, nous dévorâmes en affamés un excellent déjeuner. Les oiseaux chantaient dans l'ombre touffue des chênes verts; des senteurs salubres montaient des plantes vigoureuses. Sur nos têtes, le ciel, d'un bleu éclatant, doublait, par sa limpidité et son élévation, la beauté des ruines comme ces fonds radieux de Léonard de Vinci, où l'espace déployé avec art accroît l'effet des figures.

au Colisée; ses allusions politiques étaient encore plus transparentes que celles de son collègue d'Orléans, et certes il ne répéterait pas dans une chaire de France les énormités qui ont échappé à sa fougueuse éloquence. Le sermon fini, un zouave a crié : *Vive le pape-roi!* et un groupe de soldats a riposté sur-le-champ par *Vive l'Empereur!* Voilà ce que j'ai vu et entendu. Je n'ai point vu Litz, mais je sais qu'il était là; il suit fort assidûment et avec de grandes démonstrations approbatives toutes les conférences épiscopales, voici pourquoi : Litz est en instance à Rome auprès du Saint-Père pour faire casser le mariage de la princesse Willgenst qui, un beau jour, abandonna son mari pour suivre le célèbre pianiste. Elle n'est ni jeune ni belle. Le gouvernement russe s'oppose à la rupture de son premier mariage. Il paraît que les obstacles ont été vaincus un instant ici, car l'an dernier son mariage avec Litz fut annoncé, et même le jour désigné. J'ignore pourquoi il n'a point abouti; les démarches continuent *sur nouveaux frais*, peut-on dire, sans jeu de mots, car ces faveurs-là coûtent fort cher à Rome.

« Ceci vous explique la conduite et les liaisons nouvelles de Litz, connu jusqu'ici pour ses sentiments libéraux et trop intelligent pour en avoir d'autres. J'ai fait une traversée avec le père H..., que je ne connaissais nullement, mais sous le froc qui le couvre, j'ai parfaitement deviné l'ancien libertin. »

« Quand le roi d'Italie, dis-je à mes amis, aura Rome pour capitale, je lui demanderai de me nommer gardienne de la *villa Adriana*; j'assainirai et j'embellirai cette maisonnette si fièrement juchée sur une voûte antique, et j'y mourrai avec sérénité en regardant ce beau ciel qui nous force à croire. »

Nous butinâmes pendant quelques instants des morceaux de marbres rares et de petits carrés de mosaïques si nombreux parmi ces ruines qu'on en emporte depuis des siècles et qu'il en reste toujours. On dirait qu'ils germent de terre comme les herbes et les fleurs. Il fallut quitter l'enchantement de ce lieu et reprendre la route de Tivoli :

> Udum Tibur
> Tibur supinum [1].

LVI

Tivoli (l'antique Tibur) fut fondé près de cinq siècles avant Rome, par une colonie d'Argos, dont les chefs étaient trois frères : l'aîné s'appelait Tibur, et donna son nom à la ville naissante. Sous la république romaine Tibur, indépendante et guerrière, fut souvent en lutte avec Rome et, après être tombée en son pouvoir, elle resta une cité municipale. Sous César, elle devint un lieu de délices pour les patriciens, une retraite aimée des poëtes : Mécène, Salluste, Quintilius Varus, Properce, Catulle, Tibulle et Horace s'y construisirent de somptueuses villas. Horace, rappelant la fondation de Tibur, a dit :

> Tibur Argæo positum colono
> Sit meæ sedes utinam senectæ,
> Sit modus lasso maris et viarum
>   Militiæque [2].

[1] Horace.
[2] « Que Tibur, fondé par une colonie d'Argos, soit, plaise aux dieux, un asile de repos pour ma vieillesse, qu'il soit un terme, pour un homme lassé de la mer, des voyages et de la guerre [3]. »
[3] On sait qu'Horace combattit à la bataille de Philippes.

Plus tard, Zénobie (*Septima Zenobia*), reine de Palmyre, habita à Tibur une villa magnifique, que lui accorda Aurélien, qui d'abord l'avait traînée après son char de triomphe. Soldat sanguinaire, Aurélien tua de sa main plus d'un millier d'hommes dans les batailles, et se fit un jeu barbare d'humilier Zénobie vaincue. Quelle vie émouvante, quel sujet de drame pour un grand poëte que cette reine altière, fille d'un chef arabe, contrainte d'épouser Odénat, proconsul romain [1]! Odénat meurt, de la main de Zénobie peut-être? elle intéresse malgré ce doute; car l'assassinat dans l'antiquité fut souvent forcé par la défense. C'était un duel sous une forme odieuse. Vraiment reine après son veuvage, elle embellit Palmyre de monuments somptueux; elle y décrète l'étude des lettres grecques que lui avait enseignées Longin [2]; elle fait son ministre de son maître, et ils défendent héroïquement ensemble Palmyre assiégée par Aurélien. La force de César est victorieuse; Palmyre tombe aux mains d'Aurélien, qui la dépouille de ses colonnades et de ses marbres précieux [3]; il saccage les monuments qu'il ne peut pas emporter, et dont les ruines sont restées de siècle en siècle l'admiration du monde; il fait périr Longin, c'est-à-dire l'esprit, la science, la puissance morale, qui irrite toujours la puissance soldatesque des despotes; il réserve à son triomphe la reine vaincue. Quelle parure! quel éclat inusité qu'une telle femme enchaînée au char du vainqueur qui monte au Capitole! Quelle joie délectable pour ce tueur farouche de courber devant la statue de Jupiter Capitolin le front de cette belle guerrière qui savait les vers d'Homère et la philosophie de Platon! Le spectacle achevé, César la traita comme un décor désormais inutile, et la laissa languir et mourir en paix dans sa solitude de Tibur. Son souvenir s'y est perpétué vague et glorieux à travers les siècles. Les paysans de Tivoli appellent encore les ruines de son palais *villa della Gran' Regina*. Tout en ranimant cette noble figure épique de Zénobie, qui est avec Hypatie une des plus frappantes

---

[1] Il fut fait César par Gallien qui l'associa à l'empire.
[2] Philosophe d'Athènes auteur du *Traité du sublime*, traduit par Boileau.
[3] J'ai dit qu'il en décora les jardins de Salluste devenus la propriété des empereurs romains.

du monde païen, nous montons un coteau couvert d'oliviers centenaires, et nous entrons dans la moderne Tivoli[1] par la vieille porte *Santa Croce*, qui se dresse près de l'emplacement de la *villa de Salluste*. Cette porte doit son nom à l'illustre famille des Santa-Croce, dont la villa héréditaire se trouve à droite de la route, sur une esplanade qui domine toute la campagne de Rome. A côté de cette villa est l'immense bâtiment du collège des jésuites. Les soldats de la petite garnison française de Tivoli sont logés chez les révérends pères, et se soucient peu des trames secrètes qui s'ourdissent là chaque jour. Quelques groupes de soldats flânant en ce moment sur le seuil du collége semblent en garder l'entrée, comme s'ils tenaient désormais prisonnière la redoutable Compagnie. Mais la force se rit imprudemment de la ruse, qui se fait humble, tout en redoublant d'embûches et d'occulte énergie. Les peuples émancipés par la grande Révolution française avaient revomi de leur sein l'esprit des jésuites ; il s'y infiltre de plus belle par des pores impurs. Le fanatisme s'en inspire et la tyrannie le sollicite ou l'accepte pour auxiliaire.

En entrant dans Tivoli, nous sommes assaillis par une troupe de mendiants beaucoup moins fiers et beaucoup moins discrets que ceux de Rome. Sur une petite place pittoresque, à côté du pont jeté sur l'*Anio*, de belles paysannes de Tivoli, en habits des dimanches, regardent des hussards français qui abreuvent leurs chevaux à la vasque d'une jolie fontaine. Le bruit voisin de la cataracte de l'*Anio* nous appelle ainsi qu'une fanfare. Nous mettons pied à terre à *l'auberge* délabrée *de la Sibylle*, qu'on pourrait métamorphoser en éblouissante villa ; elle touche aux deux temples de *Vesta* et de *la Sibylle*. Comme eux elle est placée au-dessus de l'abîme qui tonne ; aussi bien que les deux temples antiques, l'humble masure a pour éblouissant piédestal le roc caverneux renfermant la *grotte des Sirènes*, où s'engouffre un des courants rapides de l'*Anio*. Si l'auberge m'appartenait, si j'en pouvais faire un gîte à moi, je me contenterais de l'embellir au dedans ; au dehors je revêtirais seulement de lierre ses murs nus ; je me garderais bien de les orner de bas-reliefs et de les

---

[1] Population d'environ sept mille âmes.

entourer d'une colonnade. Quel portique plus merveilleux pourrait avoir ma villa que ce temple circulaire de *Vesta*, un des plus beaux et des plus purs édifices de l'architecture antique! Selon Plutarque, quand Numa Pompilius érigea à Rome un temple à *Vesta*, il lui donna la forme ronde, pour représenter l'univers. Cette assertion a fait penser que le temple sphérique de Tivoli était dédié à la même déesse : dix-huit colonnes cannelées, d'ordre corinthien, en *travertin*, revêtues de stuc, dont dix sont encore debout, ceignaient cet édifice d'un beau ton doré; la base de ces colonnes repose sur un soubassement, ce qui les fait paraître plus hautes et plus sveltes, et comme touchant au ciel, dont l'azur s'étend entre leurs interstices. Les chapiteaux à feuilles d'acanthe soutiennent une élégante corniche formée par des festons et des têtes de bœufs ou métopes. La *cella* est construite avec de petits carrés de tuf et de travertin ; elle a deux fenêtres comme le temple de *Vesta* à Rome. Le temple de la *Sibylle Tiburtine* s'élève à gauche, à côté du *temple de Vesta*; il est de forme oblongue et également en travertin ; sa façade est ornée de quatre colonnes. On a transformé ce temple en église de *San Giorgio*. Un malencontreux clocher se dresse sur la toiture moderne. Il simule une lourde mitre papale et, vu à distance, il semble coiffer à la fois le temple de la Sibylle et celui de Vesta, au-dessus, du côté effondré où manquent les colonnes. Ce clocher appelle le peuple aux bouffonnes prédications des moines italiens, dont Satan est l'éternel comparse. Ce pauvre diable figure aujourd'hui la révolution italienne, à qui sont prédites les plus épouvantables vengeances célestes. Les thaumaturges romains n'en sont pas encore à la lassitude de leurs propres oracles, comme il paraît qu'en était arrivée la sibylle de Cumes. Trimalcion raconte que, dans sa jeunesse, il a vu à Cumes la fameuse sibylle recoquillée dans un petit bocal. On lui disait : *Sibulla, ti theléis* (Sibylle, que désires tu?); elle répondait : *Apothnêskein thélô!* (Je voudrais bien mourir!)

Le gouffre plein de végétation et d'eaux bondissantes, au bord duquel ils s'élèvent, ajoute à la beauté des deux temples antiques qui, à leur tour, composent aux rocs surplombés qu'ils dominent un magnifique décor.

Du haut de la plate-forme des deux temples nous regardons ce vaste et magique entonnoir, cône refroidi d'un ancien cratère où l'onde mugit comme autrefois la lave. L'abîme est enserré sur le bord opposé par le mont *Catillo* aux croupes arrondies (*Tibur supinum*). Quelques maigres oliviers poussent çà et là sur la montagne; ils y laissent à découvert les ruines d'une des villas d'Horace[1] transformée en ermitage de *San Antonio*; au-dessus, les restes de la villa de Tibulle sont devenus une ferme. Nous trouverons bientôt les vestiges d'autres villas célèbres en suivant la route qui côtoie la base du mont *Catillo* et mène aux *Cascatelles*. Avant ces jets riants de l'Anio, s'étalant sur des pelouses, nous allons voir la *Grande cascade*, qui, fougueuse et courroucée, mugit encore invisible à nos pieds. Des soldats gravissent en ce moment la roche à pic d'où la cataracte s'échappe.

Pour visiter les parois et le fond du gouffre on descend aujourd'hui un sentier[2] bordé de mousses, de violettes et d'églantiers, qui part de la *villa Volpisco*. C'est du temple même de la Sibylle qu'on pénétrait autrefois dans la fameuse grotte de *Neptune*, dont le couronnement s'écroula en 1834. Cette grotte dut être primitivement l'antre de la *Sibylle Tiburtine*. Les eaux qui minaient le roc, où reposent les deux temples, menaçaient aussi de les faire choir; on en détourna le cours au moyen d'un canal creusé dans les flancs du mont *Catillo*; de ce tunnel débouche aujourd'hui, avec une clameur formidable, la masse énorme de la *Grande cascade*. Cependant, en changeant le courant de l'Anio on n'a pas tari entièrement son lit naturel; il suffit d'un jour de pluie pour que les eaux jaillissent du rocher décapité de la grotte de *Neptune* et retombent en nappes transparentes sur sa paroi perpendiculaire. Nous vîmes cette cataracte intermittente d'un si splendide effet, sur laquelle la lumière se jouait irisée: les eaux en touchant terre rebondissaient à travers les grands débris du sommet écroulé, qui gisent çà et là à la base du roc, puis elles s'éparpillaient en fils d'argent ou s'arrondissaient en petites flaques,

---

[1] Il en avait une autre plus authentique; sa fameuse maison d'*Utique*, au-dessus de Tivoli, dans les montagnes de la Sabine.

[2] Sentier creusé par nos soldats au temps de la République, quand le général Miollis commandait à Rome.

comme des diamants sertis d'émeraudes, entre les blocs épars qu'ont revêtus la mousse et le lierre. Nous suivons la pente facile du sentier en zigzag qui plonge et s'élève alternativement. Nous sommes éblouis par des aspects à la fois terribles et charmants. A gauche, dans la paroi du gouffre (au-dessus de laquelle l'auberge de *la Sibylle* et les deux temples sont assis), nous remarquons une série de petites fenêtres où s'enlacent en treillis les plantes grimpantes; on dirait à distance les niches évidées d'un *colombarium*; nous pénétrerons bientôt dans cette aérienne galerie dont la vue étonne et ravit. Nous continuons le tour du cercle vertigineux; il est impossible de décrire l'ensemble de ce puits immense, plein de végétation et de flots qui se précipitent, tantôt rugissants et indomptables comme l'irruption d'un volcan, tantôt jaseurs et souriants comme les sources où se jouaient les naïades antiques. Les arbres, les plantes, les rocs amoncelés, les détours du sentier et les aspérités saillantes au dedans du cratère bouleversé, n'en laissent voir qu'un à un les accidents merveilleux et divers. Le sentier se tord en méandres à travers les brisures du roc, lui formant des assises, par-dessus les chutes d'eau qui tourbillonnent, poudroient et s'engloutissent au fond du vaste entonnoir. Avant d'approcher de la *Grande cascade*, dont la voix de Titan nous appelle, nous visitons la grotte latérale des *Sirènes*. On parvient à son entrée, inaperçue à distance, après avoir descendu les deux tiers du sentier. L'ouverture de cette grotte se dissimule parmi les saillies arrondies, ondulant aux parois de l'abîme. Nous entrons en rampant dans cette gorge, qui nous semblait close et qui s'ouvre tout à coup devant nous. Nos pieds, nos mains glissent sur les soulèvements des rochers, décrivant des vagues durcies enroulées et luisantes comme des vagues fluides. La *Grotte des Sirènes* surplombe une des cascades qui tourbillonnent avec un fracas sublime. Un des bras de l'Anio rencontre en fuyant une bouche de l'ancien cratère, aux lèvres gonflées d'un ton roux, il s'y engouffre furieux et indomptable, heurtant la grotte comme une trombe qui passe; il la remplit d'une vapeur azurée, puis s'élance au dehors en deux jets superbes sur la surface perpendiculaire de la roche extérieure. Défiant le vertige, nous arrivons dans la *Grotte des Sirènes*. On dirait la chambre ovale d'un harem, au parquet jonché d'ottomanes et de coussins. Ici les siéges sont formés par des coulées de lave figée et pétrifiée depuis des siècles. A la voûte et aux contours de la grotte les mêmes coulées volcaniques se gonflent et se suspendent comme des nuages qui vont s'entr'ouvrir et déposer dans la fraîche alcôve quelque déesse de l'Olympe, amoureuse de l'Anio rugissant. A moitié couchés sur les divans fantastiques, nous nous penchons pour humer l'haleine du dieu qui bondit : il bat de ses flancs l'antre qui le cache, il écume, il surgit des ondes déchirées, rasant au vol la grotte, tel qu'un coursier olympique aux nasaux fumants, et lui lançant des nuées de vapeurs qui nous enveloppent du prisme de la poussière des eaux. On dirait le miroitement des écailles du dieu marin. Nous levons la tête et voyons au-dessus du gouffre, encadré de ronces flottantes, le ciel d'un bleu limpide formant pavillon. L'oreille s'habitue au bruit, d'abord étourdissant comme un son de clairon dans une bataille; on est saisi d'une ivresse salubre et fière; la nature vous reprend et vous enlace; on voudrait vivre là de la vie primitive et sauvage; avoir à soi cet horizon circonscrit où se concentrent toutes les beautés d'un immense horizon : majesté et voix des grands fleuves; vigueur et enchevêtrement des bois; parfums des fleurs; velarium éblouissant tendu sur ce cirque de délices; le jour, l'éther inondé de soleil; la nuit, le firmament semé d'étoiles; enfin la splendeur de l'art antique (art seul harmonieux, humain et profond) planant à la blanche lueur de la lune sur la frise dorée du temple de *Vesta*. Voilà le domaine qu'il faudrait aux poëtes pour rêver, chanter et mourir avec la sérénité des anciens.

Mes amis m'arrachent à ce mirage en me rappelant que les heures nous sont mesurées et qu'il nous reste au moins six milles de circuit à faire pour terminer notre exploration de l'antique Tibur.

Nous sortons de la *Grotte des Sirènes* et le sentier nous conduit tout à coup dans un corridor suivi de deux étroites chambres qu'éclairent les petites fenêtres dont j'ai parlé. Quel nid délectable! il a la vue des cascades, retombant alentour, et il échappe à leur humidité. Cet ermitage a été construit par un pape qui y passait des journées de *far niente* et de plaisir. Nous descendons dans la partie réservée de l'entonnoir, où les blocs du roc, les bouquets d'arbres et les eaux s'entre-croisent, comme si un tremblement de terre les avait confondus. Nous trouvons une dernière grotte, qu'on appelle la *Grotte nouvelle de Neptune*; elle s'arrondit semblable à la moitié d'une arène, à la base d'une des parois de l'abîme; elle est jonchée, ainsi que la *Grotte des Sirènes*, de canapés et de coussins formés par les coulées volcaniques. A son ouverture large et facile et aux anfractuosités des rocs où l'eau de la *Grande cascade* tourbillonne en grondant comme une décharge d'artillerie, se suspendent de grandes herbes, des lierres, des genêts et des sureaux en fleur. Nous arrivons devant la cataracte qui se précipite de la bouche sombre du tunnel du mont *Catillo* avec une impétuosité effrayante; on dirait d'une inondation soudaine prête à tout submerger; on a la sensation d'un péril; mais des réservoirs souterrains reçoivent et absorbent, avec un bruit caverneux, cette masse énorme de flots neigeux et phosphorescents sur laquelle un arc-en-ciel merveilleux projette en ce moment sa courbe comme un pont de lumière. Un vol de corneilles plane dans l'air, perpendiculairement à l'abîme, et semble en humer la fraîcheur et les aromes.

Avant d'aller voir sur les pentes gazonnées des collines de Tivoli les riantes *Cascatelles*, nous voulons remonter le cours de l'Anio jusqu'à la poétique vallée *de' Arci*[1].

Trois baudets s'amusaient à braire en nous attendant devant la porte de l'*auberge de la Sibylle*; à peine les eûmes-nous montés qu'ils se cabrèrent irrités. Aux coups de gaule de leurs maîtres ils répondirent par des ruades furibondes, et, contraints de marcher enfin, au lieu de prendre la route *del val de' Arci*, ils s'obstinèrent à tourner sur la place de Tivoli.

« Ce sont sans doute les ânes d'un moulin, me dit en riant madame Loiseau d'Entraigues, pris de l'hallucination de leur métier, ils se figurent mettre encore en mouvement leur meule qui chôme le dimanche. »

Cependant nos trois ânes tournaient toujours, à la grande hilarité des soldats français et des *contadini* groupés près de la fon-

---

[1] Des arceaux.

taine. Une des allégresses des voyages est de retrancher de la vie toute étiquette et toute contrainte; on rit les premiers des accidents burlesques qui prêtent à rire à nos dépens. On passe inconnu; le ridicule ou le blâme ne peuvent nous atteindre; on les secoue derrière soi avec la poussière du chemin. Cette scène bouffonne nous mit en liesse, et quand les guides déguenillés de nos trois ânes furent parvenus à leur faire franchir le pont jeté sur l'*Anio*, à côté de la place, nous étions d'un gaieté folle. Nous avions passé la porte de Tivoli et chevauchions sur un délicieux chemin borné d'un côté par le versant du mont *Catillo* et de l'autre par l'Anio, dont nous remontions le cours désormais tranquille. Ici plus de cataractes aux clameurs altières, mais des flots limpides et murmurants faisant tourner des moulins et des usines et ne se doutant pas qu'ils vont former des décorations sublimes aux temples de la *Sibylle* et de *Vesta*. Ainsi il advient à de bonnes pâtes de pères, générateurs inconscients de héros et de poëtes. Rassasiés d'eau miroitant au soleil et jasant avec les ombrages, sachant d'ailleurs que nous retrouverons tantôt aux *Cascatelles* toutes les grâces de l'*Anio*, nous l'oublions un peu pour considérer les promeneurs qui passent. Les soldats français s'en vont par bandes joyeuses à travers champs en quête des ruines antiques et plus encore d'amours nouvelles. Ils lutinent les brunes Tivoliennes aux yeux de diamant; ils turlupinent les jolis paysans endimanchés, aux culottes courtes de velours bleu, aux guêtres ou aux bas chinés, fixés aux genoux par un ruban rouge comme leur ceinture large et flottante, à la veste jetée sur l'épaule, laissant à découvert leur chemise en toile blanche. Sveltes et souples à l'égal des lutteurs antiques, ils marchent indolents comme s'ils n'avaient ni vigueur ni jeunesse; beaux à faire rêver d'églogues de Théocrite, avec leurs longs yeux noirs, leurs cheveux bouclés et leur profil grec, ils sourient à peine, pleins de défiance. On croirait qu'ils tremblent de vivre et d'agir.

« *Corpo di Bacco!* êtes-vous de marbre comme vos statues, dit en gesticulant un de nos soldats à l'un de ces éphèbes champêtres, qui salue et passe en murmurant : « *Si signor!* »

« *Sangue di frate!* exclame un second soldat, chancelant de libations récentes, sommes-nous des vampires, sommes-nous des tyrans, sommes-nous des mangeurs d'hommes, allons-nous vous avaler comme des hosties, que vous ne nous répondez jamais!

— Plus souvent, ajouta un troisième, qu'ils parlent et bougent. Tiens! Voilà leurs pères qui défilent; ils se mettraient volontiers sous leur robe pour baiser leurs pieds. »

En ce moment une douzaine de moines dominicains s'avançaient sur la route; leurs têtes à la forte encolure, aussi correctes et plus expressives que celles des jeunes *contadini*, se détachaient sur la blancheur de leur robe; leurs mains robustes caressaient leur barbe flottante.

« Voilà les maîtres qui les endorment et en font des femmes depuis longtemps, me dit un autre soldat français, plus sérieux que les autres, qui, cheminant seul auprès de mon âne, m'avait renseignée sur le paysage.

— Essayez d'un cri de patriotisme, lui répondis-je, et peut-être trouverez-vous leur fibre vivante.

— J'aurais beau leur crier: *Vive l'Empereur!* riposta le soldat en lançant ces deux mots d'une voix vibrante, ils ne saisiront pas un fusil.

— Leur empereur à eux c'est Victor-Emmanuel, repartis-je, et le clairon qui les fera tressaillir c'est Garibaldi. »

Le soldat resta muet. — Ce fut moi et madame Loiseau d'Entraigues qui, à la barbe des dominicains et de trois chanoines montés sur des mules, jetâmes dans l'air ces deux vivat. Les chanoines firent un bond d'épouvante et faillirent choir au delà du parapet qui séparait la route de l'Anio. Au même instant un grand gars de vingt-cinq ans, debout sur une petite charrette de maraîcher qu'il ramenait aux champs, mit pied à terre, salua les *due signore* avec respect, puis, nous baisant le dessus de la main (signe de vénération de serviteur à maître, qui est encore en usage chez les paysans italiens), il s'écria de l'air martial et superbe du Pollux de la villa Albani: « *Eccellenze, è vero! non siamo tanto codardi; si vedrà al giorno della battaglia!* » Aussitôt, remontant sur sa charrette qu'il menait à l'antique, il fit siffler son fouet sur la tête des moines, lança son cheval et disparut dans la campagne. Nous entendions au loin le pas de sa bête qu'il accompagnait d'un refrain sonore où éclatait le mot *patria*. Tandis qu'il s'éloignait, deux autres trots de montures, l'un devant nous, l'autre derrière, se rapprochaient simultanément. M. Loiseau d'Entraigues, étant parvenu à dompter son baudet, avait essayé d'un temps de galop et courait sur la route en éclaireur; mais à notre double cri séditieux, le chancelier de l'ambassade de France fit volte-face et, nous ayant rejointes, il nous dit avec un sérieux tragi-comique :

« Comme fonctionnaire public, je vous interdis, mesdames, de troubler l'ordre, et comme mari, ajouta-t-il en s'adressant à sa femme, je vous défends de faire scandale.

— Je m'insurge, répliquai-je, contre votre titre officiel ; hors des murs de Rome votre autorité cesse.

— Dans les murs, hors les murs, je reste chancelier,

riposta M. Loiseau d'Entraigues en étendant vers nous la longue branche de peuplier qui lui servait à émoustiller son âne.

— Voici du renfort qui nous arrive, » me dit madame Loiseau d'Entraigues, qui venait d'échanger quelques paroles avec le cavalier monté sur un fort mulet dont le trot avait retenti derrière nous. C'était un homme d'une cinquantaine d'années, robuste, ferme en selle, à la physionomie ouverte, aux traits réguliers; il était vêtu d'une vareuse en drap marron et coiffé d'un chapeau à larges bords de même couleur. Ses vêtements neufs, son linge fin et la belle bête qui le portait annonçaient un campagnard opulent. C'était, en effet, un de ces riches fermiers de la campagne de Rome qui afferment à long bail les terres des princes romains et les domaines ecclésiastiques. Ces fermiers composent une des classes les plus éclairées des États de l'Église. Libéraux par conviction et par l'intérêt qu'ils ont à ce que l'agriculture et le commerce renaissent, ils répandent sur les marchés de Rome et sur ceux des villes circonvoisines, où la vente des bestiaux les amène, les nouvelles parmi les paysans ; ils leur parlent de l'Italie affranchie, du bien-être et de l'honneur qu'il y aurait pour eux à faire partie de la patrie commune, à voir leur vieille Rome enfin, délivrée du joug des moines, devenir la tête d'une nation libre; ils propagent ainsi de village en village et jusque dans les cabanes des bergers la grande idée de l'unité italienne.

« Tandis que mon mari rebroussait chemin pour nous réprimander, reprit madame Loiseau d'Entraigues, M. Luigi V., fermier du prince ***, charmé de nos deux vivat audacieux, accourait vers nous pour nous exprimer sa sympathie.

— *Si, signora, questo mi ha fatto piacere a sentire* (oui, madame, cela m'a fait plaisir à entendre), » me dit le fermier en me saluant, puis, mettant sa robuste monture au pas de nos ânes énervés, il nous raconta qu'il revenait de Rome, où il était allé signer le jour même l'adresse que les Romains devaient envoyer à l'Empereur des Français pour lui demander de cesser l'occupation de Rome.

« Les signatures sont-elles nombreuses? lui demandai-je.

— Déjà vingt mille, me répondit le signor Luigi V.; toute la bourgeoisie, tous les fermiers de campagne, les artistes et la compagnie libérale des cochers ont signé en masse; les Transtévérins ont suivi l'exemple; ceux qui ne savent pas écrire nous ont dicté leur nom; les princes romains sont en petit nombre; on cite seulement Piombino, Santa-Croce, Gaetani et les deux Torlonia; d'autres, il est vrai, ont déjà déserté Rome pour devenir citoyens de l'Italie libre. »

Pendant que le fermier parlait, nous avancions dans la campagne déserte, laissant derrière nous ou dans les chemins latéraux, les *contadini*, les soldats français, les chanoines et les dominicains; tout à coup la route fit un coude, nous passâmes une porte percée dans un mur assez bas, qui paraissait toute petite en face d'un gigantesque arceau d'aqueduc antique figurant une autre porte parallèle. La ruine est couronnée de plantes et de ronces d'où s'élance, à droite, une tour carrée du moyen âge à moitié écroulée. Ce majestueux débris, sorte d'arc triomphal, s'ouvre sur la vallée *de' Arci*, éclatante de lumière; le soleil se répercute et poudroie sur les terres incultes d'un blanc de marbre; les magnifiques fragments à doubles rangs d'arceaux superposés des deux aqueducs, l'un d'Ancus Martius, l'autre de Caligula et de Claude[1], se dressent çà et là devant nous. A travers le vide des arceaux harmonieux, le ciel projette des tentures d'azur : l'hori-

---

[1] Ils apportaient à Rome les eaux de l'Anio.

zon est borné en tous sens par les montagnes bleues du Latium et d'Albane, entourant la vallée comme un cirque immense.

« Nous voici en plein monde antique, dis-je à mes amis ; prenons possession pour l'Italie affranchie de la libre étendue, » et je m'amusai à pousser de nouveau le cri retentissant de : « Vive Garibaldi ! »

Madame Loiseau d'Entraigues et le fermier m'imitèrent ; le chancelier de l'ambassade exclama, avec la pose d'un héros vaincu de tragédie classique :

— Que puis-je faire, hélas ! contre trois ?
— Vous soumettre.
L'esclave en ce désert cesse d'avoir un maître.

— *Brava !* s'écria le fermier, qui prenait au sérieux ma plaisanterie.

— *Questa donna è una poetessa*, lui dit madame Loiseau d'Entraigues.

— *Capisco*, reprit-il, *è dotta onorabile e savia*[1] *come il marchese di Custina.*

— *No, no,* » repartis-je, prise d'un fou rire à l'idée d'être comparée en sagesse et en honorabilité à l'impudent marquis, dont je ne m'expliquais pas le nom dans la bouche du fermier.

Le signor Luigi V., s'apercevant qu'il avait commis envers moi quelque irrévérence involontaire, se renseigna auprès de mes amis.

« Serait-il possible, disait-il, que *questo tanto nobile et gentile signor* se fût rendu coupable de quelque infraction aux lois de son pays ? »

M. Loiseau d'Entraigues lui répondit par la phrase de Cicéron :

Non omne quod licet honestum est[2].

Puis, par une autre phrase tirée de Suétone, il édifia le fermier, qui entendait le latin, sur *il signor di Custina*.

---

[1] Instruite, honorable et éclairée. *Savia* veut dire à la fois : éclairée et sage.

[2] « Tout ce que la loi ne punit point n'est pas pour cela honnête. »

« *È dunque per questo che stava sempre ne' conventi,* » s'écria naïvement notre homme, puis il ajouta : « N'allez pas croire, *cari signori*, que je fusse de ses amis. Un jour, sur cette route que nous suivons, là, devant nous, à droite, près de cette grande ruine romaine, comme je revenais chez moi, ainsi qu'aujourd'hui, je vis une calèche arrêtée, dont la roue venait de se briser; deux voyageurs en étaient descendus : *il marchese di Custina e il suo segretario Santa Barba*; j'aidai le cocher à corder la roue, et je l'engageai à conduire sa voiture au petit pas jusqu'à Castel-Madama, où je demeure. On aperçoit le village d'ici, là-haut, à gauche, dans un pli de la montagne. J'offris au *marchese* de venir se reposer, tandis qu'on raccommoderait sa voiture. Il lui fallut marcher trois quarts d'heure pour gagner Castel-Madama; il refusa de monter sur ma mule; je le vois encore se traînant, blême et affaissé, soutenu par le bras de son secrétaire plus robuste. Les deux *signori* dînèrent chez moi et s'en retournèrent à Rome le même jour. Le lendemain, le *marchese di Custina* m'envoya comme *regalo*[1] son livre sur la Russie et un joli nécessaire de voyage. Il m'avait paru un *signor* aux belles manières, *molto cortese, ma un poco troppo bacchettone.* »

Tandis que le fermier parlait, nous nous souvenions du scandaleux procès qu'avait récemment suscité le testament du fameux marquis. Il était mort à Rome en écrivant en tête de ses dernières volontés : « Au nom de la très-sainte Trinité, je donne et lègue... » Suivaient quelques gratifications à des couvents de moines, puis le don de sa fortune entière au *segretario Santa Barba*, fortune réversible sur un certain baron mal famé. Ce qui fit dire aux plaisants qui se trouvaient au tribunal que la Trinité invoquée par le testateur était celle qu'il formait lui-même avec ses deux héritiers. Les gens sérieux et honnêtes s'indignèrent que deux quidams ténébreux eussent dérobé à une famille illustre un héritage auquel ils n'avaient droit que par la honte et le mépris.

J'en voulais presque à l'innocent fermier patriote d'avoir troublé la splendide sérénité de la vallée que nous traversions en y faisant errer ces ombres aviliés. Les solitudes n'attirent et n'a-

---

[1] Cadeau.

paisent l'âme que parce qu'elles la dégagent des vapeurs souillées qui s'exhalent de toutes les cités du monde. La durée tranquille du firmament, des monts, des fleuves, de la nature qui nous voient mourir, nous élève au désir des choses éternelles. A cette sensation qui moralise, la campagne de Rome ajoute l'enseignement d'une civilisation formidable évanouie. Les excès de puissance souveraine et de force guerrière n'ont rien pu contre le néant humain ; le monde écroulé des Césars n'a laissé que poussière ; poussière de chair, de fange et de sang dont la sécheresse stérile encombre le lit du grand fleuve antique à jamais tari. Sans les chants des poëtes, les écrits des moralistes et des historiens, sans les figures éternellement vivantes des statuaires, rien n'éclairerait ces détritus informes de la décomposition des empires. Planons donc, séparés des crimes et des vices qui de siècle en siècle s'agglomèrent en boue terrestre ; aspirons, même obscurs, à jeter, ne fût-ce qu'une étincelle, dans le rayonnement des esprits, seule clarté triomphant du temps.

Succédant à ma bruyante gaieté, le silence que m'inspiraient ces réflexions fit penser au *signor* Luigi V... que ce malencontreux épisode nous avait déplu ; il redoubla de cordialité courtoise et nous engagea à aller finir la journée chez lui.

« Ma femme et mes enfants vous feront fête ; je vous promets de bons lits, une chère abondante et du vin qu'Horace pourrait chanter encore. Le pays est curieux, ajouta-t-il ; nous y ferions quelques promenades à dos de mulet. Cette haute montagne qui se dresse là-bas par-dessus toutes au delà de *Castel-Madama* est le mont *Genaro*. Dans le voisinage se trouve le mont *Gargnaleto*, l'ancien *Lucretilis* d'Horace. C'est au pied de cette montagne qu'Horace avait sa villa d'Utique [1]. Ces ruines, couvertes de belles cultures, vous intéresseront. Il y a auprès une fontaine qu'a célébrée le poëte. Nous déjeunerons au bord de la source qui inspirera *la signora*, ajouta l'érudit fermier en s'inclinant vers moi. Nous pourrons, dans la même journée, nous rendre à *Subiaco*, bâti sur un des penchants boisés du *Monte Cavo* ; nous nous arrêterons en route à *Sarasenesco*, tirant son nom de Sarra-

---

[1] Les paysans du pays appellent la colline où sont ces ruines *colle del Portello*.

sins qui l'habitèrent voilà plus de mille ans. Ce dernier village est suspendu au sommet d'un pic incliné comme un larron à une potence. A *Subiaco*, vous verrez les restes d'une villa de Néron, célèbre par ses lacs artificiels; mais ce qui vous ravira surtout, vous autres Français, c'est un couvent de bénédictines construit au douzième siècle, avec ses fins piliers, ses ogives fleuries, ses feuillages de pierre et ses statuettes de moines encapuchonnés. Ceci prouve bien que les Romains ont su tailler autre chose que des colonnades droites et lisses comme des mortadelles. »

Tout en parlant, l'excellent homme nous désignait du geste la direction des lieux où il voulait nous conduire.

« Succombons à la tentation, dis-je à mes amis; allons toujours de l'avant tant que nos ânes nous porteront.

— Ils doivent nous ramener vers mes paperasses, répliqua en riant le chancelier, triste roue de moulin que je tourne toute la semaine. »

Nous étions arrivés devant une masse carrée de ruines antiques qui nous fut désignée par le signor Luigi V... comme un *castel d'aqua* ; sans doute quelque grand réservoir communiquant avec les aqueducs aujourd'hui rompus et épars autour de nous. C'est au point de la vallée où sont ces pans de murs gigantesques, que nous nous séparâmes du fermier. Nous lui promîmes de venir boire de son vin d'Albane quand Rome serait capitale de l'Italie. Il serra nos mains à cette espérance, et cria à pleins poumons : « *Viva la patria!* » Le cri se répercuta dans les montagnes circonvoisines, et bientôt mule et cavalier disparurent par un chemin encaissé.

Nos ânes, dégourdis par l'air vif, et plus encore par le flair du retour, prirent un trot déterminé; en moins d'une heure nous nous retrouvâmes sur les bords de l'Anio et en vue de Tivoli. L'antique Tibur, juché devant nous, par-dessus le cours limpide du fleuve, y formait un groupe admirable, couronnant l'échancrure de la montagne, au-dessous de laquelle les *cascades* s'engouffrent dans le vide de l'entonnoir. Le donjon de Tivoli, avec ses quatre tours crénelées, son grand hospice et son clocher, les couvents de San Angelo et de San Francesco, le campanile de San

Biagio [1] jaillissaient encadrés d'arbres verts et montaient en saillies sur un fond de nuages d'or et d'opale; les ondulations de la lumière, qui semblaient dilater ces édifices, leur prêtaient des proportions fantastiques.

Sans donner à nos ânes le temps de reprendre haleine, nous les lançons le long du mont *Cotillo* pour aller voir les *cascatelles*; nous trouvons, à droite, au pied de la montagne, une demi-voûte et une petite fontaine désignées comme étant les ruines de la *villa de Catulle*. Nous côtoyons le lit inférieur de l'Anio, où se déversent les eaux des *cascatelles*, qui s'échappent de deux tunnels creusés dans les flancs des collines dont le versant borne à droite le sentier. La gorge que nous suivons fourmille d'une végétation exubérante; toute la floraison du printemps y épanche ses corolles ouvertes. L'harmonie argentine des deux premières *cascatelles* nous avertit de leur approche avant que nous les ayons aperçues; comme la musique d'un orchestre précède l'apparition de la scène. Tout à coup deux larges nappes scintillantes, coulant avec une majestueuse lenteur, s'étalent sur la croupe des collines telles que des cuirasses d'acier. Ces eaux glissent sur un tapis de mousse verte qui leur prête vers le bord des lueurs d'aigues-marines, tandis qu'au milieu les reflets du ciel les azurent. Les villas, les ruines, les usines, les arbres et les rocs couverts de plantes, toutes ces magnificences de la campagne de Tivoli sont réunis là pour le plaisir des yeux :

> Et præceps Anio, ac Tiburni lucus et uda
> Mobilibus pomaria rivis [2].

De ces mêmes hauteurs d'où descendent les deux premières *cascatelles*, bientôt trois autres *cascatelles* s'élancent; elles partent des ruines de la *villa de Mécène*. Tous ces flots clairs, tranquilles au regard et comme silencieux dans leur course, jettent en tombant des clameurs retentissantes.

Nous trouvons à droite, sur le versant du mont, la chapelle de la Madone *di Quintiliano*, construite sur les ruines de la *villa de*

---

[1] Église du couvent des dominicains.
[2] « Et le rapide Anio et le bois sacré de Tibur, et les vergers arrosés par des courants d'eaux vives. » (Horace.)

Quintilius Varus. Les colonnes, les statues, les bas-reliefs et les mosaïques successivement découverts ont attesté la splendeur de cette demeure patricienne. Nous arrivons à un pont antique sous lequel passe le ruisseau d'*Aquaria* (*acqua d'oro*), puis nous traversons l'Anio, sur un pont en bois, et nous voilà sur la *voie Tiburtine*. Après y avoir marché une demi-heure, nous parvenons sous l'immense voûte (jetée sur la voie antique), qui reliait les constructions de la *villa de Mécène*. Le grand arc de cette voûte, éclairée par en haut, est encore d'une majesté inouïe. Nous parcourons les débris d'un grand portique, soutenu autrefois par des arcades et des colonnes, et suivi d'un second portique plus petit au fond duquel jaillit une jolie cascade. Derrière ce dernier portique sont deux séries de chambres qui regardent la vallée de l'Anio. Les atriums de ces chambres s'élevaient au-dessus d'une immense salle souterraine appelée les *écuries de Mécène*, mais qui, croit-on, était plutôt un grand réservoir. Cette salle est restée intacte; on y a creusé d'un côté un canal d'où les eaux rapides s'échappent par une arcade et vont tomber au pied de la montagne sur laquelle elles décrivent des *cascatelles*. Du haut de ces ruines, nous dominons la plaine déserte et muette qui se déroule jusqu'à Rome.

On forge et on travaille le fer dans les restes profanés de la *villa de Mécène*. C'est Lucien Bonaparte qui en fit une usine; nous lui en voulons d'avoir méconnu la poésie de ces ruines. Dieu nous garde d'un prince ou d'un industriel qui transforme la *villa Adriana* en quelque gigantesque manufacture! On a prétendu que les ruines de la *villa de Mécène* étaient les restes du grand temple d'*Hercule Tibérin*; mais la disposition des chambres et l'absence même de l'emplacement du temple portent à douter de cette assertion. Il est vrai que ces chambres pourraient être celles des prêtres d'Hercule, comme nous avons vu à Pompéi les chambres des prêtres d'Isis voisines du temple de cette divinité. Dans le doute, la tradition fait autorité; nous croyons à la *villa de Mécène*; les marbres trouvés dans ces ruines et dans celles de la *villa de Quintilius Varus* attestent la somptuosité des demeures des patriciens romains. Les consuls, les sénateurs et les chevaliers luttaient de splendeur avec les Césars ; parfois même ils mettaient leur gloire à surpasser le luxe fabuleux des maîtres du monde.

« La vie de Lucullus, dit Plutarque, ressemble à ces pièces de l'ancienne comédie, où on voit au début des hommes d'État, des généraux en action, et, au dénoûment, des festins, des débauches, que dis-je? des mascarades, des courses aux flambeaux, des jeux de toute espèce. Car je mets au nombre de ces bagatelles les édifices somptueux, les vastes promenades, les salles de bains et, encore plus, ces tableaux, ces statues, ces chefs-d'œuvre de l'art que Lucullus rassembla de toutes parts à grands frais, abusant à profusion, pour y parvenir, des richesses immenses qu'il avait amassées dans ses campagnes. Aussi, aujourd'hui même que le luxe a fait tant de progrès, les jardins de Lucullus sont encore comptés parmi les plus magnifiques que possédaient les empereurs ; Tubéron [1], le philosophe stoïcien, après avoir contemplé les prodigieux ouvrages qu'il faisait exécuter sur le rivage de la mer, près de Naples, les montagnes percées et suspendues par de grandes voûtes, les canaux creusés autour de ses maisons pour y faire entrer les eaux de la mer et ouvrir aux plus gros poissons de vastes réservoirs, les palais bâtis dans la mer même, Tubéron, dis-je, appelait Lucullus un Xerxès en toge [2].

« Il avait aussi, à Tusculum, des maisons de plaisance, dont les vues étaient superbes ; des salons ouverts à tous les aspects et de belles promenades. Pompée l'y alla voir un jour : « La de« meure, dit-il d'un air de critique, est parfaitement disposée pour « l'été ; elle serait inhabitable l'hiver. — Crois-tu donc, dit Lu« cullus en riant, que j'aie moins de sens que les grues et les « cigognes, et que je ne sache pas changer de demeure selon les « saisons? » Une autre fois, un préteur voulait donner au peuple des jeux magnifiques, il pria Lucullus de lui prêter des manteaux de pourpre pour un chœur : Lucullus lui dit qu'il ferait chercher et que, s'il en avait, il les lui prêterait avec plaisir. Le lendemain, il lui demanda combien il lui en fallait. « J'en aurai assez de « cent, répondit le préteur. — Tu peux, reprit Lucullus, en faire

---

[1] Quintus Ælius Tubéron, petit-fils de Paul Émile.
[2] Par allusion aux travaux que Xerxès avait fait exécuter au mont Athos.

« prendre le double [1]. » C'est à cette occasion que le poëte Flaccus s'écrie que ce n'est point richesse à ses yeux, si le superflu, si ce qui est inconnu au maître n'est pas plus considérable que ce qui paraît.

« Lucullus se comportait, pour la dépense journalière de sa table, en homme nouvellement enrichi. Couché sur des lits de pourpre, on le servait en vaisselle ornée de pierreries, il avait, pendant ses repas, des chœurs de danse et de musique, et faisait servir sur sa table les mets les plus rares et les plus exquis, les pâtisseries les plus recherchées.

« Cicéron et Pompée l'abordèrent un jour qu'il se promenait tranquillement sur la place publique. Cicéron salua Lucullus, et lui demanda s'il avait le temps de s'entretenir avec eux. « Par« faitement, répondit Lucullus; » et il les pria de venir chez lui. « Nous voulons, reprit Cicéron, souper chez toi aujourd'hui, mais « à condition qu'on n'ajoutera rien à ton ordinaire. » Lucullus s'en défendit longtemps, et les pria de remettre au lendemain; ils refusèrent et ne lui permirent même pas de parler à aucun des domestiques de peur qu'il ne commandât d'apprêter des mets de surcroît. Ils lui accordèrent seulement de dire devant eux, à un de ses gens, qu'il souperait ce jour-là dans l'*Apollon*. C'était le nom d'une des salles les plus magnifiques de sa maison; et, par ce moyen, il trompa ses convives sans qu'ils s'en doutassent, car il avait, à ce qu'il paraît, pour chaque salle une dépense réglée, des meubles et un service particulier, et il suffisait à ses esclaves d'entendre le nom de celle où il voulait souper, pour savoir quelle dépense il fallait faire, quel ameublement et quel service on devait employer. Le souper dans l'*Apollon* était habi-

---

[1] Horace a célébré ce trait de la vie de Lucullus :

> Chlamides Lucullus, ut aiunt,
> Si posset centum scenæ præbere rogatus :
> Qui possum tot, ait? Tamen et quæram et quot habebo
> Mittam. Post paulo scribit sibi millia quinque
> Esse domi chlamydum, partem vel tolleret omnes.

« Lucullus, interrogé s'il pouvait prêter cent chlamides pour une représentation théâtrale : « Comment pourrais-je en fournir tant? dit-il. Cependant je chercherai, et ce que j'aurai je l'enverrai. » Peu après il écrit qu'il y avait chez lui cinq milliers de chlamides, et qu'on pouvait les prendre toutes ou seulement une partie. »

tuellement de cinquante mille drachmes. Ce fut la somme qu'on dépensa ce soir-là, et Pompée fut émerveillé autant par la magnificence du festin que par la promptitude avec laquelle il avait été préparé. »

« Othon [1], dit encore Plutarque dans la vie de Galba, s'était rendu agréable à Néron à cause de sa prodigalité, et Néron écoutait souvent avec plaisir les railleries qu'Othon faisait sur son excessive économie. On raconte à ce propos, qu'un jour Néron, se parfumant d'une essence précieuse, en arrosa légèrement Othon; le lendemain, Othon lui donna à souper; et dès que Néron fut entré dans la salle, on vit de tous côtés des tuyaux d'or et d'argent qui répandaient des essences de grand prix, avec autant de profusion que si c'eût été de l'eau, et dont les convives furent tout aspergés. »

En sortant de la *villa de Mécène*, nous faisons une courte halte dans un champ voisin pour voir le petit temple circulaire *della Tossa* (de la Toux). Cet édifice n'est point antique; construit au cinquième ou sixième siècle, on pense qu'il fut primitivement un tombeau et devint une église chrétienne durant le moyen âge.

Harassés de fatigue, nous rentrons à Tivoli par la *porte Romaine*. Nous trouvons là notre voiture qui nous attend devant la *villa d'Este*. C'est le cardinal Hippolyte d'Este qui fit bâtir cette villa grandiose, amoindrie par un tas de mièvreries aquatiques et sculpturales. La tradition populaire, qui s'éprend toujours du souvenir des poëtes, veut que l'Arioste ait habité la *villa d'Este*, quoiqu'il fût mort avant sa construction. Une vaste cour, entourée d'arcades, précède le palais et les terrasses. Nous ne pouvons visiter les salles et les galeries où loge en ce moment un cardinal en *villeggiatura*. Nous descendons un escalier superbe aux marches planes, qui nous conduit sous un corridor voûté peint à fresque, aboutissant aux terrasses et aux jeux hydrauliques. A droite est une Nymphée close où mille petits monstres marins, esturgeons, grenouilles, dauphins et crabes en pierre vomissent de leurs gueules brisées des filets d'eaux qui clapotent dans des rigoles tapissées de traînées de mousse. Sur les terrasses les eaux jouent

---

[1] Depuis empereur, successeur de Galba.

avec plus d'abondance et jaillissent de toutes parts en mille fantaisies bizarres, puis alimentent de belles fontaines qui se déchargent dans un large bassin. A gauche, à l'angle des terrasses, dans un espace de vingt pieds carrés, sont réunis les simulacres en miniatures de tous les grands monuments antiques de Rome; on dirait des spécimens de pâtisserie et de confiserie; la *colonne Trajane* ressemble à un sucre de pomme, le *Colisée* à une croûte de pâté, le *Panthéon* à une pièce montée en amidon, la *Pyramide de Caïus Cestius* à une croquante et le *château Saint-Ange* à un gâteau de Savoie. Il n'a rien moins fallu que la puissance et les trésors d'Adrien pour tenter de reproduire, sans ridicule, les monuments d'Athènes et de la vieille Égypte. Détournant nos regards de ces bouffonnes décorations, nous revenons au milieu de la grande terrasse au-dessous de laquelle s'étagent les jardins abandonnés. La nature les a embellis en les resaisissant. Les plates-bandes sont remplies d'herbes folles; les bosquets n'ont plus d'entrée; les branches, en s'y enlaçant, les ont rendus impénétrables; les vieux arbres, sans effroi du ciseau des émondeurs, poussent dans l'air leurs branches vigoureuses ou les courbent en cerceaux vers la terre. A l'entour se déploie l'horizon magnifique où tous les lieux que nous venons d'explorer nous composent à distance un immense décor : d'un côté la citadelle, la villa Santa-Croce et celle des jésuites, le temple *della Tossa*, les ruines de la *villa de Mécène* et le cours de l'Anio; de l'autre : Tivoli, les montagnes et la plaine uniforme s'étendant jusqu'à Rome; tout cela inondé de la pourpre du couchant coupée de zones violettes où s'éclairent déjà quelques étoiles. Le tableau s'assombrit, la nuit se précipite et clôt pour nous cette longue journée.

Une fois en voiture nous tombons dans une sorte de stupeur muette, la fatigue triomphe et nous écrase. Nous ne rompons le silence que par soubresauts, puis retombons dans notre léthargie.

Il était minuit quand nous arrivâmes devant les murs de Rome. Il ne fallut rien moins que l'intervention et le nom du chancelier de l'ambassade de France pour nous faire ouvrir la porte *San Lorenzo*.

LVII

Je ne me suis jamais mieux attesté à moi-même que pendant la dernière semaine de mon séjour à Rome combien l'esprit nous porte : son essence distincte, impérieuse, immortelle s'agite en nous, maîtrise la matière, la châtie, la dompte jusqu'à l'heure où elle se décompose et nous délivre de ses obsessions d'esclave. J'avais à lutter depuis un mois contre une torture abrutissante; matin et soir j'étais terrassée par une horrible crise de douleurs névralgiques qui me broyaient la tête à me faire crier. « Crie, disais-je à la bête, mais obéis et sers-moi jusqu'à ce que tu tombes. » La volonté, ce ressort humain qui ne doit fléchir qu'à la mort, parvenait à me mettre debout : d'abord chancelante, m'appuyant aux murs et n'ayant conscience de la vie que par la persistance de ma pensée. Mais peu à peu, affaibli, vaincu par l'obstination du combat, le mal cessait de mordre et d'irriter l'intelligence; on eût dit qu'il s'évanouissait sous l'autorité de mon propre exorcisme comme le démon s'échappait du corps des possédés du moyen âge.

Le lendemain de cette excursion à Tivoli, l'affreux duel fut plus terrible et plus long. Par moment l'angoisse était telle qu'elle m'inclinait à céder à mon stupide ennemi. A quoi bon tenter d'en faire un serviteur ou un auxiliaire? il n'obéirait plus. Force donc que l'esprit reste rivé à cette chair qui se lamente. C'est en vain qu'altéré d'infini, il veut voir chaque jour quelque horizon nouveau, élargir à toute heure le cercle radieux où il plane, s'ouvrir à plus de clarté, s'élever à des hauteurs plus pures; l'espace, même limité, lui est interdit; le voilà cloué dans l'alcôve mortuaire; les murs autour de lui montent comme un sépulcre. Au dehors, pourtant l'étendue rayonne; l'azur inonde les vallées et les monts; les ruines qui se revêtent de fleurs et les marbres d'étincelles le convient aux souvenirs de l'histoire, à l'évocation de l'art. Combien encore de paysages autour de Rome qu'il veut aller explorer. Lorsque Paris le tiendra dans ses brumes visqueuses, suaire qui pèse à l'esprit comme au corps, une geôle vaudra la campagne, un lit de douleur, la rue boueuse et noire; alors tu pourras languir, geindre et te dorloter, matière envieuse qui m'entraves!

Ne pas voir *Albano*, dont le vieux Corneille fit bégayer le nom à mes lèvres d'enfant! *Castel Fusano* avec sa mer tranquille et sa forêt de pins où passent encore les ombres des deux Pline [1]. *Antium* avec ses môles et son port d'où partit Agrippine quand Néron l'attendait à Baïa pour la faire mourir. *Bracciano*, donjon gothique chanté par Walter Scott; *Palestrina*, ceinte de murs pélasgiques et couronnée du temple de la Fortune [2]. Plus loin, laissant derrière soi Palestrina, traversant les grands bois odorants de sapins sonores, saluant en passant les belles paysannes de *Frosinone*, plus loin encore est assise sur sa colline riante *Alatri*, la fille éternelle des Pélasges. Elle compte trente siècles d'annales. Ses murs cyclopéens lui forment une triple ceinture; sa porte est la sœur jumelle de celle de Mycènes; sa citadelle attend que le monde s'écroule pour tomber avec lui. Le dieu qui la garde est sauvage et puissant; il symbolise la nature entière et la fécondité; c'est le vieux Pan, fondateur des *Lupercales*, ayant pour sceptre un phallus énorme. L'indestructible Alatri rit, du haut de sa montagne, quand Rome nous parle de son antiquité!

Tous ces lieux m'attiraient à leur mirage; leurs noms flamboyaient devant moi : « Meurs ou vis! dis-je à la bête malade, je méprise le poids de ton fardeau. » Les adolescents robustes et joyeux railleront cette page; ils diront : « Quelle démence! Est-ce que les pieds fléchissent? est-ce que les yeux se voilent? est-ce que le bras retombe et ne peut s'affermir? » Il faut avoir passé par ce conflit funeste, s'être arraché meurtri au néant qui nous submerge, pour savoir comment on sort de ces affres avant-courrières qui font pressentir la dernière et y habituent notre âme.

Il était quatre heures quand j'eus vaincu la bête; le front pâle, mais éclairé pourtant par le mystérieux triomphe de l'esprit qui se retrouvait debout.

---

[1] Pline le jeune avait là une magnifique villa qu'il a décrite lui-même.

[2] C'était un des plus grands temples de l'antiquité. — C'est à Palestrina (l'antique Præneste) que Marius se fit donner la mort par un de ses esclaves pour échapper à Sylla.

J'erre au hasard à travers Rome, et j'arrive sur la place *del Popolo*, ranimée par la marche; je me dispose à monter en voiture pour aller jusqu'au *ponte Molle* m'asseoir au bord du Tibre. J'aperçois tout à coup, lisant appuyé contre une des rampes qui montent à la promenade du *Pincio*, le compagnon taciturne de mon excursion à la Storta.

« Me permettez-vous de vous conduire, me dit-il en m'abordant, je tiens à honneur de vous dédommager des ruines de Veïes, et de vous montrer quelque autre ruine antique où se soit passée une scène mémorable de l'histoire.

— J'allais au *ponte Molle*, repartis-je, et là, comme dans tous les environs de Rome, fourmillent les souvenirs historiques.

— Voire même les anecdotes, reprit mon interlocuteur, car Tite Live, Tacite, Plutarque, Suétone ne dédaignaient pas les grands et petits scandales; ils sont souvent les Brantôme de l'histoire romaine.

— Ce qui ne me déplaît pas, repartis-je, ils éteignent ainsi la fausse auréole des méchants illustres et les remettent au niveau de la plèbe obscure.

— A la bonne heure, reprit-il avec un peu d'ironie; mais ce niveau-là n'est ni poétique ni même moralisant; il convient qu'une sorte de prestige se dégage de ceux qui mènent les peuples.

— Non, ce prestige malfaisant devient le vertige de ceux qui succèdent; je concéderai à la rigueur le prestige de la force si la force absolue n'enfantait le vice et le crime.

— Toute splendeur, me dit-il, a ses taches sombres et sanglantes.

— Vous parlez de la splendeur des Césars, de la splendeur de la matière; mais celle qui sort de l'esprit, celle que répandent les poètes et les artistes, cette splendeur qui domine l'ombre, l'absorbe tôt ou tard et lui survit radieuse, n'a point de lueurs troublées.

— Ce n'est qu'une force latente, répliqua-t-il; l'admiration qu'elle inspire aux hommes est trop platonique pour devenir jamais une influence.

— Je crois au contraire que cette influence existe inavouée, mais invincible, elle s'impose à l'humanité par ses bienfaits comme l'autre force ennemie et barbare s'impose par ses désastres.

— Le monde reste encore livré à la force que vous appelez brutale, reprit-il.

— Encore! ce mot me suffit, m'écriai-je, vous avouez donc que cette force aveugle chancèle, qu'elle est méprisée, niée, citée à comparaître devant la logique et la justice? Qui donc a introduit ce droit nouveau dans le monde, l'a fait grandir, triompher, et l'a rendu assez fort pour annuler l'autre, sinon l'autorité impalpable des penseurs de tous les siècles? Les Césars n'y sont pour rien; ils ont pu lever des armées formidables, partager les nations comme des troupeaux, tailler des montagnes de marbre pour s'en faire des monuments, épuiser l'or et les pierreries pour s'entourer d'un firmament terrestre; trancher par millions la vie des brutes et des êtres pour rassasier leurs plaisirs et leurs voluptés; ils n'ont pas ajouté une lueur à la flamme du bien qui réchauffe l'humanité ni à la flamme du beau qui l'éclaire. »

Nous avions passé la porte *del Popolo*.

« Allons-nous au *ponte Molle?* lui demandai-je.

— Aimez-vous à Paris le récit des soirées de *Mabille?* » me répondit-il.

Cette abrupte et étrange réplique m'arracha une exclamation.

« Ne vous effarouchez point ; j'allais vous dire que le *pont Milvius* était le *Mabille* de l'antique Rome, un lieu de débauche recherché des patriciens. Tacite raconte que Néron s'y rendait souvent la nuit.

— Les habitués du *Mabille* parisien s'indigneraient de la comparaison, lui dis-je; ils se targuent d'être modérés dans le vice.

— Comme s'il y avait des mesures dans la licence et des attermoiements dans l'impudeur! Ce sont bien plutôt, continua-t-il, les ombres des débauchés antiques qui auraient le droit de se révolter qu'on les comparât à vos boursiers en goguette. Sans avoir pénétré dans l'entrepôt de leurs harems vous en aurez vu du dehors les odalisques étriquées éclairées par des lampions fumants? Vous aurez saisi au vol quelques notes aiguës de l'orchestre de danse qui fait sauter ces corps malades couverts de robes fripées? Vous aurez aperçu les brodequins noirs et les gants salis de ces Vénus de pacotille? Vous aurez surpris quelques silhouettes de leurs poursuivants crottés, aussi grotesques d'habits que de structure ? Sans inspecter ces lieux de délices, vous aurez pu deviner à distance l'ameublement d'auberge qui les décore, flairer l'odeur des mets et les vins frelatés de ces orgies funèbres ? Ajoutez à cela pour cadre et fond du tableau, un brouillard d'automne grisâtre et glacé, et vous conviendrez que c'est à faire sauver d'épouvante les mânes des Grecs et des Romains. Le Mabille du *pont Milvius* avait un autre aspect. On y arrivait en char, par la *voie Flaminienne*, bordée d'édifices magnifiques ; d'autres s'y rendaient sur des trirèmes qui remontaient le Tibre, et qui voguaient en musique. L'air tiède des nuits étoilées disposait aux molles ivresses ; l'enceinte où l'on oubliait les deuils et la mort avait tour à tour l'aspect d'un temple ou d'un théâtre ; des courses aux flambeaux, des danses, des mascarades, des joueurs de harpes chantant l'amour, remplissaient les portiques ouverts et les corridors mystérieux. Chaque sens était flatté, caressé, glorifié comme autant de dieux distincts de l'Olympe. Couché sur des lits de pourpre où tombaient des corolles et des parfums, on se délectait de la beauté humaine sous ses formes les plus parfaites, que nous adorons encore dans les marbres qui les ont reproduites.

— Et toute cette matière, m'écriai-je, repue, féroce, se consumant sans éclairer, rampait, vieillissait, s'acharnait à vivre, et devenait cendres, ne laissant rien de sa monstrueuse énergie que ce que l'art en dégage : les récits des historiens, les ruines des palais où palpitèrent ces chairs périssables et les statues dont la calme sérénité raille encore ces agitations éteintes. S'il restait au *pont Milvius*, des débris d'architecture de ce lupanar, un peu fantastique peut-être, je les parcourrais curieuse comme j'ai fait des ruines du *palais d'Or*, des *Thermes de Caracalla* et du *Colisée*. La splendeur de ces monuments ne consistait que dans leur beauté même. Elle n'empruntait rien à la présence des Césars, et partant on ne saurait faire rejaillir sur ceux-ci leur magnificence. L'âme des artistes qui les conçurent et des milliers d'esclaves qui les exécutèrent s'y agite encore pour moi, tandis que l'âme des maîtres du monde en a disparu pour jamais.

— Je ne tenterai pas, me dit-il, avec la pointe de sarcasme habituelle à son esprit, de lutter avec vous de raffinements philosophiques et moraux, et pour me faire pardonner mon intempestive évocation du *Mabille du pont Milvius*, je vous propose d'aller voir le théâtre d'une de ces idées abstraites qui selon vous mènent le monde.

— Est-ce une ruine, un champ, une colline?

— Qu'importe, répliqua-t-il, si un de ces symboles auxquels vous croyez s'en dégage? le lieu est indifférent; il s'empreint et s'éclaire du rayonnement de ce symbole qu'il est impuissant à restreindre ou à agrandir. Me voilà, je crois, en plein courant de vos pensées. »

Je ne trouvai rien à lui répondre; les êtres qui doutent des aspirations qui nous passionnent les troublent, les glacent, et nous empêchent de les exprimer. La voiture quitta la *voie Flaminia*; nous tournâmes la partie des murs de Rome qui sert de ceinture au *Pincio*, à la *villa Médicis* et à la *villa Ludovisi*; après avoir passé la porte *Pia*, nous suivimes la *voie Nomentane*, laissant à gauche Sainte-Constance et Sainte-Agnès. Un mille plus loin nous traversâmes l'Anio, sur le pont antique *Nomentano*[1], détruit par les Goths, réédifié par Narsès et reconstruit au quinzième siècle par le pape Nicolas V, qui bâtit sur l'arche antique, hardiment jetée d'un bord à l'autre, un petit fort dont les créneaux brisés se découpent dans l'azur. Cette construction est soutenue par une voûte percée de quatre portes : une à chaque bout du pont et deux autres se faisant face, béantes sur le cours boueux du fleuve. Des arbres violemment courbés par les grands vents qui soufflent à Rome, dressent leurs racines sur les rives et plongent dans les eaux leurs branches éparses : on dirait les naïades des claires *cascatelles* pleurant sur la déchéance de leurs flots troublés.

Devant nous la campagne inculte est inondée de lumière; les sinuosités du sol ressemblent à des vagues d'or. Au sortir du pont, nous trouvons à gauche une grande tombe antique servant de cabane à des bergers; l'un d'eux est couché au soleil au-dessus de la voûte de la sépulture; ses moutons blancs et noirs paissent à l'entour. A droite du pont une misérable *osteria* regarde la

---

[1] Vulgairement *Lamentano*.

tombe profanée. Des pâtres en manteaux fauves prennent là leur repas du soir; leurs profils pensifs ressortent comme des médailles grecques sur le fond bleu du ciel.

« Voilà, me dit mon compagnon sarcastique, des descendants de la fière plèbe romaine qui n'ont guère souci des mânes de leur bienfaiteur. Si vous leur demandez le nom de ce tombeau, ils vous répondront : *Chi lo sa?*

— Je suis aussi ignorante qu'eux, répliquai-je, et j'attends que vous me nommiez l'ombre illustre qui peuple pour vous cette solitude?

— Voyez-vous ce tertre là-bas, devant nous, me répondit-il, c'est un des monts les plus célèbres de Rome; le sol, en s'exhaussant de siècle en siècle, a fait de ces fameuses collines historiques d'humbles monticules. Mais comme vous diriez vous-même, la grandeur des souvenirs les relève et les fait toucher au ciel. Vous avez devant vous le *mont Sacré*. La plèbe romaine, opprimée par l'avarice des patriciens, s'y retira et s'y fortifia; vous connaissez le récit de Tite Live; il groupe sur ce mont un tableau majestueux. L'aristocratie privée du peuple, c'était la tête privée des bras. Le sénat dépêcha au *mont Sacré* les vestales et les prêtres; mais ni la chasteté des premières, ni la sainteté des seconds ne purent rien sur la plèbe obstinée; il fallut l'ingénieux apologue du consul Ménénius Agrippa, qui était plébéien d'origine, pour vaincre le juste entêtement du peuple romain. Les patriciens avaient accaparé jusque-là tous les pouvoirs et tous les honneurs civils, guerriers et même sacerdotaux. Le peuple, écrasé par l'usure, sentant sa force, voulut participer à se gouverner; on lui concéda des tribuns, et l'élément populaire envahit ainsi l'oligarchie romaine. Voilà l'idée qui plane sur le *mont Sacré*.

— Elle était logique comme la justice, repartis-je, mais elle ne triompha pas sans conteste. Un demi-siècle ne s'était pas écoulé que le sang de Virginie ramena le peuple sur le *mont Sacré*. Femme, il me plaît de voir la mort de deux femmes, Lucrèce et Virginie, affermir la liberté romaine. A cette seconde retraite sur le *mont Sacré*, le peuple obtint des tribuns inviolables.

— Qui plus tard s'avilirent eux-mêmes et se vendirent aux Césars, riposta mon sceptique interlocuteur.

— Vous ne m'avez pas dit le nom de cette tombe, ne serait-ce pas celle de Virginie? lui demandai-je.

— Assurément la poésie du lieu y gagnerait, répliqua-t-il en souriant, mais la tradition et les archéologues assurent que cette tombe est celle du facétieux Ménénius[1], qui sans coup férir triompha de la révolte du peuple par un apologue digne d'Ésope. »

Tout en causant, nous étions arrivés au pied du *mont Sacré*; nous descendîmes de voiture et nous assîmes sur le versant de cette petite colline en pente douce couverte de grandes herbes et de plantes touffues; la plaine silencieuse et déserte étendait autour de nous sa majestueuse tranquillité.

« C'est par un soir pareil qu'il mourut, me dit tout à coup mon guide étrange, de plus en plus pensif; comme aujourd'hui, ajouta-t-il, la campagne était pleine de sérénité; mais Rome au loin jetait des clameurs menaçantes.

— De qui parlez-vous donc? lui demandais-je.

— D'un acteur titanique qui a joué le drame le plus varié dont la terre ait été le théâtre, de celui qui de l'empire du monde se fit le pourvoyeur de ses émotions. Vous voyez là-bas ce champ fermé où quelques débris de murs font saillie entre la *voie Nomentana* et la *voie Salaria* : c'est là que s'accomplit l'agonie de Néron.

— Allons voir, lui dis-je, ce qui reste de la villa de l'affranchi de ce César.

— Il en reste à peine quelques fragments du mur d'enceinte. Ce n'était d'ailleurs qu'une pauvre maison de paysan que cette prétendue villa de l'affranchi *Phaon*; l'eau et le pain sale qu'on y offrit à Néron et le vieux matelas sur lequel il dut s'étendre pour mourir ne révèlent pas le luxe d'un serviteur enrichi.

— Comme tous les détails vous sont présents! lui dis-je.

— Au moment où vous m'avez rencontré je lisais Suétone, » répliqua-t-il.

Quand nous fûmes remontés en voiture pour atteindre les *Vigne Nuove*[2], il tira de sa poche l'*Histoire des Douze Césars* : c'était une édition latine.

---

[1] Ménénius Agrippa mourut très-vieux sans laisser de quoi payer ses funérailles; pour y pourvoir, le peuple s'imposa une taxe de deux onces par tête.

[2] C'est le nom du champ où se trouvent les débris de la villa de Phaon.

« A Baïa, lui dis-je, Tacite m'a fait voir Néron tuant sa mère; ici Suétone nous montrera l'assassin expirant. Regardez, on dirait que le théâtre dispose pour nous ses décors. Jamais le soleil couchant n'a jeté sur l'étendue du ciel des nuées d'une intensité plus sanglante; elles se gonflent et se dilatent comme si le sang de toutes les victimes de Néron y affluait.

— Ce fut là la dernière pourpre qui couvrit César, reprit-il; ces rayons qui percent les nues comme des lances figurent les grands jets de flammes qui montaient dans sa Rome incendiée. »

Il m'aida à franchir un sentier couvert de ronces et de quelques maigres cultures, puis à gravir un débris de mur informe où je restai debout pour embrasser l'horizon.

Assis à mes pieds, il lut ce qui suit d'une voix sonore et grave qui remplissait l'espace; il traduisait à mesure, dans un français correct et concis [1] :

« Néron apprit que toutes les armées entraient dans la révolte de Vindex. A cette nouvelle, il déchira la lettre qu'on lui avait apportée pendant son dîner, renversa la table, brisa contre terre deux vases dont il faisait grand cas, et qu'il appelait homériques, parce qu'on y avait sculpté des sujets tirés d'Homère; il se fit donner du poison par Locuste, le mit dans une boîte d'or, et passa dans les jardins de Servilius. Tandis que les plus fidèles de ses affranchis allaient par ses ordres à Ostie faire préparer des vaisseaux, il voulut engager les tribuns et les centurions des gardes prétoriennes à accompagner sa fuite; mais les uns s'en excusèrent, les autres refusèrent ouvertement; l'un d'eux même s'écria : « Est-il donc si difficile de mourir? » Alors, il délibéra s'il se retirerait chez les Parthes, s'il irait se jeter aux pieds de Galba ou s'il paraîtrait en deuil dans la tribune aux harangues, demandant son pardon du passé avec les plus humbles prières, et se restreignant, si l'on ne voulait pas lui laisser l'empire, à obtenir le gouvernement d'Égypte; on trouva même dans ses papiers un discours sur ce sujet, mais on le détourna, dit-on, de ce dessein, en lui faisant entendre qu'il pourrait bien être mis en

---

[1] Je donne ici la traduction de la Harpe.

pièces avant que d'arriver à la place publique. Il remit donc au lendemain à prendre un parti, et, s'étant réveillé vers le milieu de la nuit, il apprit que ses gardes l'avaient quitté. Il sauta de son lit et envoya chez tous ses amis ; mais, n'en recevant aucune réponse, lui-même, avec peu de suite, alla en visiter plusieurs. Il trouva toutes les portes fermées, et personne ne lui répondit. Il revint dans sa chambre : les sentinelles avaient pris la fuite, après avoir pillé jusqu'à ses couvertures et la boîte d'or où était le poison. Il demanda le gladiateur Spicillus, ou quelque autre qui voulût l'égorger ; mais, ne trouvant personne, il s'écria : « Je n'ai « donc ni amis ni ennemis ! » Et il courut pour se précipiter dans le Tibre. Il s'arrêta pourtant, et parut désirer une retraite, pour s'y recueillir à ses derniers moments. Phaon, son affranchi, lui offrit une petite campagne entre la voie Salaria et la voie Nomentana, à quatre milles de Rome. Il monta à cheval, pieds nus comme il était, et en tunique, enveloppé d'un manteau usé, et un voile sur le visage, suivi de quatre personnes, parmi lesquelles était Sporus. Il crut sentir la terre trembler, et ses yeux furent frappés d'un éclair. En passant auprès du camp des prétoriens, il entendit les soldats qui faisaient des imprécations contre lui et des vœux pour Galba. Un passant dit : « Voilà des gens qui pour-« suivent Néron ! » Un autre : « Que dit-on de Néron ? » L'odeur d'un cadavre fit reculer son cheval dans la route, et son voile était tombé. Un soldat prétorien, nommé Nissicius, le reconnut et le salua par son nom. Arrivé au détour qui conduisait à la maison de campagne, il renvoya les chevaux, et parvint jusque derrière les murs de la ferme, au travers des ronces, et en faisant mettre des habits sous ses pieds. Phaon voulut lui persuader d'entrer dans une caverne remplie de sable ; mais il répondit qu'il ne voulait pas s'enterrer tout vivant : et, en attendant qu'on trouvât le moyen de le faire entrer dans la maison sans qu'on l'aperçût, il prit dans sa main de l'eau d'un ruisseau, et la but en disant : « Voilà donc le rafraîchissement de Néron ! » Ensuite il arracha les ronces qui s'étaient attachées à ses vêtements et les avaient déchirés, et passa en rampant par un trou qu'on creusa sous le mur, qui le conduisit jusqu'à une petite salle, où il se coucha sur un mauvais matelas couvert d'un vieux manteau. La faim et la soif se firent encore sentir; on lui offrit du pain fort sale, qu'il refusa, et de l'eau tiède, dont il but un peu.

« Tous ceux qui étaient avec lui le pressaient de se dérober au plus tôt aux affronts qui le menaçaient. Il fit creuser sa fosse devant lui, sur la mesure de son corps, demanda qu'on arrangeât autour quelques morceaux de marbre s'il s'en trouvait, et qu'on apportât de l'eau et du bois pour rendre les derniers soins à son cadavre, pleurant à chaque circonstance, et répétant souvent : « Quel grand artiste perd l'univers ! » Au milieu de tous ces délais, un coureur remit un billet à Phaon. Néron s'en saisit, et y lut que le sénat l'avait déclaré ennemi de la patrie, et le faisait chercher pour le punir du dernier supplice, suivant les usages de l'ancienne république. Il demanda quel était ce supplice ; on lui dit qu'on dépouillait le criminel, qu'on passait son cou entre les pointes d'une fourche, et qu'on le battait de verges jusqu'à la mort. Épouvanté, il saisit deux poignards qu'il avait sur lui, essaya la pointe et les mit à côté de lui, disant que son heure fatale n'était pas encore venue. Tantôt il exhortait Sporus à pleurer et à se lamenter ; tantôt il voulait que quelqu'un lui donnât l'exemple de se tuer. Quelquefois il se reprochait sa lâcheté ; il se disait : « Ma vie est honteuse et infâme ; ce que je fais n'est pas digne de « Néron ; il faut prendre son parti dans de pareils moments. Al- « lons, Néron, anime-toi ! » Déjà s'approchaient les cavaliers qui avaient ordre de le prendre vivant. Il les entendit, et prononça en tremblant un vers grec qui signifiait :

D'un grand bruit de chevaux mon oreille est frappée.

« Aussitôt il s'enfonça le fer dans la gorge, aidé par son secrétaire Epaphrodite. Il respirait encore lorsqu'un centurion entra et voulut bander sa plaie, comme s'il était venu pour le secourir. Néron lui dit : « Il est trop tard ; et voilà donc la fidélité ! » Il expira en prononçant ce mot, les yeux ouverts et fixes, faisant horreur à ceux qui le voyaient. Il avait recommandé surtout qu'on ne laissât pas sa tête au pouvoir de ses ennemis ; mais, que, de quelque manière que ce fût, on le brûlât tout entier. Cette permission fut accordée par Icellus, affranchi de

Galba, tout récemment délivré de la prison où on l'avait mis aux premières nouvelles de la révolution.

« Ses funérailles coûtèrent deux cent mille sesterces ; on y employa une étoffe blanche brochée d'or qu'il avait le jour des calendes de janvier. Ses nourrices, Éklogé et Alexandra, et sa concubine, Acté, renfermèrent ses cendres dans le tombeau de Domitius, que l'on aperçoit du Champ de Mars placé dans des jardins sur une hauteur. On voit, dans son monument, un siège de porphyre sur lequel est élevé un autel de marbre espagnol et qui est entouré d'une balustrade de marbre thasien. »

Tandis que j'écoutais lire l'agonie de Néron, je regardais à mes pieds les vestiges de la *maison de Phaon*. A quelques pas de nous, le cocher qui nous attendait écartait du bout de son fouet les tiges épineuses des mûres sauvages qui couvraient un ruisseau vers lequel il se penchait pour puiser de l'eau dans sa main. N'était-ce pas le même ruisseau où, la gorge desséchée par l'épouvante, César, éperdu, s'était abreuvé ? Il n'avait plus ses coupes homériques, pas même la tasse en bois de Diogène !

Un petit paysan accroupi aux pied d'un débris du mur antique voisin du fragment où nous étions, creusait la terre avec un couteau, puis la tamisait entre ses doigts pour y chercher des médailles. En soulevant une pierre, il en fit sortir un gros ver gluant qui s'allongea, s'aplatit, et disparut sous le mur.

« Voilà César qui entre en rampant dans la *Villa de Phaon*, dis-je à mon compagnon qui venait d'achever la lecture du récit de Suétone. Je ne connais pas de moralité plus effroyable et plus saisissante, poursuivis-je, que celle qui ressort de ce récit sans phrase, sans banalité de rhéteur, sans conclusion dogmatique. Ici chaque détail châtie, chaque objet flagelle le misérable. Son torse d'empereur frissonne sous un manteau déchiré ; ses pieds de voluptueux s'ensanglantent aux broussailles ; son ventre importun et glouton [1] s'écorche et s'enduit de terre au trou où il s'enfonce comme un cloporte. Son dernier lit de pourpre est un matelas de bouvier ; le pain souillé qu'on lui offre révolte ses lèvres sensuelles, semblable aux mets empoisonnés qu'il offrait à ses con-

---

[1] Il restait à table depuis la moitié du jour jusqu'à la moitié de la nuit.

vives. Les fantômes de ses innombrables victimes remplissent le vide de sa chambre délabrée : Britannicus, Claude, Agrippine, Octavie et même Poppée l'impudique, la seule qu'il aimait et qu'il tua comme les autres. Toutes ces ombres navrées des siens accourent pour le voir mourir. Dressés au-dessus des autres fantômes, les doctes, les sages, les inspirés, défilent à leur tour un rayon au front : « *Ego me bene habeo*[1], » lui dit Burrhus sévère et calme ; Thraséas l'effleure de sa barbe blanche ; Sénèque, pensif, détourne sa tête humiliée ; Lucain, superbe, s'écrie :

>Nec, sicut vulnere, sanguis
>Emicuit lentus ; ruptis cadit undique venis [2].

« Pétrone le raille et lui crache au visage ses vers vengeurs. Tous ces spectres lui soufflent en passant l'haleine de la tombe. Il les voit, il les palpe, il les compte ; il pressent qu'ils l'attendent en des lieux inconnus ; il entend leurs clameurs comme l'écho sinistre du sourd rugissement que Rome pousse vers lui. Dans la vie, dans la mort le châtiment le traque ; l'épouvante arrache ce cri à l'âme de César : « *Vivo deformiter ac turpiter !* »

« L'histrion, torturé, voit son théâtre écroulé sous lui.

— N'importe, il fut un éblouissant acteur, répliqua l'être mystérieux qui m'écoutait. Dans ce drame inouï de la vie de Néron, les vices, les crimes, les somptuosités ont des proportions telles qu'une sorte d'attrait violent s'en échappe ; il est le tentateur de la matière ; il revêt de beauté les choses hideuses et de poésie les choses barbares.

— Non, non, m'écriai-je, je nie ce prestige monstrueux ; dans cette figure, rien n'est éblouissant que le cadre que lui forme l'empire, épuisant les trésors du monde pour gorger les appétits d'un seul homme. Comme les divinités hideuses de l'Égypte et de l'Inde, ici le dieu déshonore le temple ; il fait rire et frémir ses propres adorateurs ; il est bafoué par ceux qu'il terrifie ; dépouillez-le de son lustre d'emprunt, voyez-le nu sur ce grabat où il râle ; jugez César tel que la nature l'a fait ! Il n'avait pas même la

---

[1] « *Je suis bien*, » c'est le mot de Burrhus, expirant, à Néron qui, pensait-on, dit Tacite, l'avait empoisonné.

[2] « Son sang ne coule pas lentement comme d'une blessure, il jaillit de toutes parts des veines rompues. »

beauté typique des races antiques; sale et abjecte, je ne sais quelle lèpre couvrait sa peau; son ventre, s'il eût vécu, eût atteint les proportions des ventres de Claude et de Vitellius; il portait d'une façon vulgaire des vêtements splendides; il avilissait la pourpre et n'en était pas ennobli; ses pieds, mal faits, répugnaient aux chaussures, et quand il s'y contraignait, les courroies d'or et d'argent des cothurnes bâillaient sur ses jambes grêles comme celles d'un bouc. Les couronnes des triomphateurs étaient ternies par ses cheveux gras et frisés; les colliers les plus éclatants s'éteignaient dans l'épaisseur de son cou. Sa vue, très-basse, obscurcissait ses regards. Son chant faux et voilé devenait rauque quand il voulait le forcer. Il déshonorait la poésie par la médiocrité de ses vers et la pure et fière plastique de l'art dramatique des anciens par les contorsions de sa pantomime. Dans la lutte et dans la conduite d'un char, il ne dépassa jamais la force ni l'adresse du dernier gladiateur et du plus obscur cocher. Voilà les mérites de ce bateleur qui ne garde pas même dans la postérité le vernis d'une gloire de tréteaux.

— Du moins vous ne sauriez nier, repartit mon obstiné contradicteur, qu'il n'ait le prestige des passions? Il y apportait une énergie, une ampleur et une insatiabilité qui font penser à ces individualités fabuleuses que les Grecs ne soumettaient pas à la répression des lois humaines attribuant à la fatalité des ardeurs irréfrénables dont la cause est aussi mystérieuse que celle de la fureur des éléments: N'y avait-il pas une sorte de justice à amnistier l'homme des emportements inconscients auxquels l'entraînait la nature aveugle?

— Cette fatalité antique, repartis-je, nous avilissait; elle affaiblissait la conscience, ou pour mieux dire l'annihilait. Le christianisme a admis le libre arbitre, base de toute morale et de toute philosophie, mais le catholicisme, en décrétant le rachat facile par l'absolution d'homme à homme de tous les crimes et de toutes les souillures, a trop déchargé les âmes de la responsabilité que, pour ne pas déchoir, on doit se faire inexorable à soi-même. Vous figurez-vous Néron absous par un pape? Cela s'est vu pourtant pour d'autres monstres qui avaient reçu le baptême.

— Prenez garde, reprit-il, votre morale implacable ne peut

convenir à l'humanité, car il n'est pas d'être assez bon et assez pur pour ne pas avoir eu ses heures de défaillance, et pour ne pas être tombé dans la nécessité fatale d'être pardonné.

— Pardonné, oui, répliquais-je, mais non absous, innocenté, réhabilité. L'être qui déchoit sciemment et se détermine au mal avec liberté ne peut redevenir l'égal du bon et du juste : ce serait admettre l'assimilation possible du mal et du bien, confondre les ténèbres et la lumière; cette confusion s'est faite longtemps : c'est d'elle que naquirent les tyrannies diverses qui s'appuyaient sur la force brute et fatale dont vous faisiez tantôt un moteur humain. L'incertitude du droit des deux principes en lutte produisit la puissance des mauvais; mais du jour où la puissance des bons s'affirma, la clarté se fit; la moralité et la justice se constituèrent, l'homme se sentit esprit et ne voulut plus dépendre de la matière aveugle, rester gouverné par elle et rivé à son néant.

— A quel temps de l'humanité faites-vous remonter, me dit-il, cette nette perception du *bien* combattant le *mal?* pour parler votre langage.

— Je la crois innée, repartis-je, car elle éclate dans les premiers verbes qu'a retenus l'histoire de la terre, et sitôt qu'elle se manifeste, elle procède avec une logique irréfragable contre les perturbations et les violences. Aux temps primitifs, elle s'atteste par la bouche des dieux qu'on entend parler dans les éléments, par la voix des rapsodes et des prophètes; par les cris des opprimés, par les gémissements des victimes; la perception devient peu à peu certitude, la lueur devient flamme et bientôt foyer, masse lumineuse grossissant de plus en plus et s'augmentant indéfiniment de ce qu'elle enlève à la partie sombre de l'humanité; la transmission de cette clarté est la seule autorité impérissable défiant toutes les autorités temporaires. C'est la seule puissance dont la perpétuité est assurée, la seule aimée, respectée, toujours debout, toujours militante. Les générations qui passent s'y rallient comme à la conductrice des âges, comme au levier de nos incessants efforts; puissance idéale sans moyens tangibles, elle a battu en brèche toutes les barbaries, éclairci toutes les obscurités; il lui a suffi de la parole pour dompter la matière, de la lumière pour dissoudre la nuit! Elle a fait voir si ardue la possibilité du triomphe du mal et le triomphe lui-même, menacé du présent, châtié du futur, qu'elle a ôté aux plus intéressés à le poursuivre la hardiesse de s'y décider. Elle s'est faite à ce point la dominatrice sereine et visible des âmes, qu'elle a forcé les plus dégradés à s'incliner devant elle; elle est désormais tellement sacrée, qu'il lui devient inutile d'invoquer l'origine divine des mythes et du merveilleux, elle s'en dégage comme un enfant de ses langes; virile et sûre d'elle, elle marche en tête des religions dénombrant les lignées augustes des intelligences qui l'ont confessée.

— Si j'ai bien compris, reprit-il, ce ne sont que les *manifestateurs* de l'esprit que vous faites contribuer à cette puissance idéale, selon vous destinée à régir l'humanité. Vous en excluez les conquérants que l'histoire admet pourtant comme les pionniers de la barbarie.

— J'en exclus toute participation qui ne vient pas de l'esprit, car le concours ne peut se produire par une force divergente. Pour converger vers un centre il faut en sentir l'attraction. Je ne crois pas à l'aide de ceux qui nous retardent. Je répudie l'alliance des personnalités monstrueuses qui voudraient réduire l'humanité à leur profit ou à leur glorification. Le point de départ de la justice et du droit furent les moralisations individuelles qui en s'agglomérant produisirent la moralisation de tous. Quiconque satisfait ses passions au préjudice d'autrui devient un perturbateur impuissant à coopérer au bien général, et abdiquant par là son admission au droit commun. Se mettre au-dessus de ce droit c'est s'en exclure fatalement; voilà ce qui frappe de déchéance et de honte les tyrannies. Le même principe inflexible est applicable au bonheur; le chercher dans les douleurs d'autrui c'est le tarir en rêvant qu'on l'accroît. C'est, suivant la belle expression de Juvénal, vouloir vivre en perdant l'essence même de la vie [1]. Il en est ainsi de la fortune, de la gloire, de tout ce qui nous attire. L'activité de nos facultés n'est possible, l'épanouissement de nos passions n'est certain qu'en communion harmonieuse et libre avec les êtres qui les développent et les satisfont. Qu'ils soient des Césars ou des malfaiteurs obscurs, les hommes se suicident par l'égoïsme; la perversité de leurs actes tourne à la

---

[1] « Et propter vitam vivendi perdere causas. »

destruction d'eux-mêmes; leur réussite temporaire sombrera, à coup sûr, dans le néant. Je ne vois d'enviable et d'assuré, à travers les temps, que la splendeur de l'homme intérieur. Regardez cette pourpre qui flotte en ce moment sur nos têtes, elle est inhérente au ciel; il en est ainsi de la vertu et du génie; ils tiennent à l'essence même de l'âme. La pourpre impériale et tous les c inquants jetés sur le dénûment moral, ne sont qu'un vêtement d'emprunt; l'heure vient où ils se déchirent, où la nudité hideuse apparaît au-dessous. Celui qui se sentait superbe à l'abri de cette cuirasse se voit et se juge à découvert; il comprend que de lui rien n'émane, que son lustre trompeur va mourir. Il n'en est pas ainsi des philosophes et des poëtes, sans fanfares et sans foudres de guerre, ils s'entourent de légions innombrables, et conquièrent tous les empires du monde. Qu'est Alexandre auprès de Platon et d'Homère? César et Auguste auprès de Virgile et de Tacite? Napoléon auprès de Shakespeare et de Newton, et tous les rois de l'Europe moderne auprès de Gœthe et d'Hegel? L'évidence de la *divinité humaine* nous est révélée par ces génies radieux; il existe dans leurs idées une durée indépendante des forces matérielles, des tyrannies, des chutes des empires, et je dirai même des cataclysmes du globe, car j'ai la conviction que si le nôtre périssait, les épaves de l'esprit seraient recueillies dans une autre sphère.

— Je vois trop d'exclus et trop de réprouvés dans votre code d'une omnipotence idéale, me dit-il, vous partez d'une morale absolue dont vous élisez dépositaires et révélateurs quelques rares intelligences, c'est soumettre l'humanité à une oligarchie, dédaigneuse des déshérités de l'esprit et de ceux que des penchants invincibles égarent. Comment tenteraient-ils de se relever après avoir failli si vous placez la réhabilitation sur des hauteurs inaccessibles.

— Voulez-vous donc que ce soient les astres qui descendent et se ternissent dans les vapeurs? C'est aux brumes à se dissoudre et à tenter de devenir rayons.

— Quand le rayon est éteint ou seulement éclipsé, s'écria-t-il, vous ne permettez pas qu'il se rallume. Par votre orgueil du bien, vous suscitez les violences et les conjurations secrètes du mal. Vous découragez les désirs de purification, vous ne rouvrez jamais à ceux qui en sont chassés la porte étroite de votre labernacle. Votre pardon les humilie et leur rappelle à tout moment leur chute; plus d'égalité entre vous et eux; plus d'espérances solidaires, plus de liens qui vous confondent, plus de partage d'honneur et de renommée. Certains de vos mépris et de votre ostracisme, que leur fait votre stérile pitié? Ils maudissent les lieux saints d'où vous les rejetez.

— Si l'orgueil préside au repentir du coupable, repartis-je, s'il rêve sa part de sacerdoce et d'exemple, s'il ne revient pas au bien par l'amour renaissant et par l'inextinguible et impérieux attrait du bien même, si par cela seul qu'il cesse ses crimes, Néron, survivant, se croit de nouveaux droits à l'empire, si la douceur, l'émotion, le calme qui se fait dans l'âme qui s'améliore, ne suffit pas à substituer la persuasion du bien à l'emportement du mal, c'est que le pervers n'a senti l'horreur de sa déchéance que par l'épouvante de son châtiment! Supputer le profit de la vertu, le lustre de la purification, c'est méconnaître l'essence du *bien* même. On ne s'impose pas à la puissance idéale dont nous parlons; elle se recrute elle-même dans ce qui l'honore; elle s'assimile ce qui la complète et la continue. Elle élève son monument éternel comme ces édifices merveilleux construits aux sons de la lyre. Les pierres mouvantes ne s'y superposent que si elles concourent à son harmonie. Tous nos tressaillements doivent y aspirer, tous nos actes doivent en être dignes, mais les plus anxieux calculs ne nous y portent point.

— Et vous voulez, reprit-il ironiquement, que sans l'espérance d'être de ceux qu'on aime, de ceux qu'on respecte et de ceux qu'on acclame, on leur fasse cortége comme des vaincus aux chars des triomphateurs antiques?

— Non comme des vaincus, lui dis-je, mais comme des révoltés qui mettent bas les armes après avoir combattu contre la patrie. Le bien est le pays natal de l'âme; on ne peut le trahir et s'en exiler sans déchirement; y rentrer est une allégresse assez grande sans s'inquiéter de ce qui nous attend. Confions-nous à la mansuétude et à la fraternité des bons; quoique inexorables sur la doctrine, ils s'attendrissent sur les égarés.

— J'entends, l'orgueil du vertueux condescend à l'humiliation du coupable.

— Non, le valide assiste l'infirme, l'aveugle se confie au voyant. L'instinct des misères et des joies communes a d'abord inspiré à l'homme la charité; à mesure que l'exemple des bons et des justes, qui nous précédèrent, s'est étendu dans le monde, la charité agrandie est devenue la Fraternité. Dans la mort, dans la vie, dans les régénérations à naître, elle réchauffe, elle embrasse, elle abrite tout ce qui ne la combat point.

Et quali cursores vital lampada tradunt [1].

Ceux qui portent sans vaciller le flambeau illuminent les autres, ceux que l'on éteint ne renaissent joyeux qu'en le rallumant.

— Toujours, reprit-il, cette blanche phalange des élus marchant à travers le monde côte à côte avec la tourbe noire des réprouvés. Toujours le vieux mythe du Satan fatal que vos philosophies ont en vain combattu, et qui se dresse au bout de tous leurs arguments! Ne sachant qu'en faire, vous en composez une masse ambiante de crimes amoncelés qui assombrit le monde parallèlement à votre masse de vertus qui l'éclaire. Maudit pour maudit, continua-t-il, je préfère à votre Satan panthéiste le Satan individuel et superbe de la Genèse; il combat, il s'indigne, il brave Dieu; il le terrifie, j'imagine, par sa logique. Ce seul mot : Pourquoi l'as-tu permis? rallie à son orgueil tous les révoltés de la terre.

— Non, non, repartis-je, car Satan n'est pas! De quel nom que vous l'appeliez, Mal ou Lucifer, nuisible à l'organisme du monde il lui est partant étranger. Il n'est qu'une superfétation violente. L'excès de la volonté humaine librement égarée l'a introduit pour se satisfaire, mais la même volonté en repousse tôt ou tard l'horreur inutile; de là le remords, cette abjuration partielle du mal, de là les sociétés de plus en plus justes et clémentes se fondant sur l'évidence que toute infraction au bien amène l'échec de notre volonté fourvoyée.

— Pourquoi et par qui l'est-elle? me dit-il.

— Par nous-mêmes, répliquai-je.

— Alors, si la réhabilitation est impossible, le châtiment est inévitable.

[1] Lucrèce.

— Le châtiment est en nous et non en dehors de nous; il est l'éclosion même du mal que nous pouvions éviter et que nous avons choisi.

— Et la destinée future des châtiés, qu'en faites-vous?

— Elle participe du grand mystère de la mort. Notre ignorance est absolue pour tout ce qui ne tient pas à la vie; mais elle s'est changée en science mathématique pour tout ce qui règle l'existence terrestre. Ici plus d'ambages et plus de ténèbres, plus de question douteuse sur ce qui est bon ou mauvais. Cela nous suffit pour régler dignement nos jours passagers. Imitons la tranquillité de la nature, lui dis-je en lui montrant l'horizon qui se voilait; chaque soir elle s'endort confiante dans la nuit et se réveille éblouie par l'aurore. Les tempêtes qui battent ses rivages, les volcans qui brûlent et déchirent ses flancs ne l'empêchent pas de sourire aux fleurs qui l'embaument, aux brises qui la caressent, aux quiétudes rêveuses et sympathiques des vallées. Malgré les désespoirs et les blessures de notre âme, accueillons ainsi avec mansuétude et espoir tous les sentiments qui nous apaisent, tous les enthousiasmes qui nous font planer. »

Sans me répondre, morne et presque sinistre, il me parla de la *mal'aria*, dangereuse à cette heure et dans ce lieu, ajouta-t-il sarcastiquement, que le souffle de Néron empoisonne encore. Nous regagnâmes Rome. Lorsque nous passâmes le pont *Nomentano*, il vit dans les quatre portes de la voûte où s'engouffrait la nuit quatre bouches noires qui lui parlaient des châtiments monstrueux des théogonies mortes.

LVIII

« Rien n'est grand à Rome que Rome elle-même! » Cette parole prononcée par Cornelius est profondément vraie, me dit le lendemain matin M. Delâtre en venant m'arracher aux obsessions de la bête malade; pourtant, ajouta-t-il, vous ne pouvez partir sans voir les deux ateliers de Tenerani et de Gibson; à défaut de la splendeur inspirée de l'art antique, vous trouverez dans les figures de ces statuaires une correction imitative qui ne blesse jamais le regard si elle n'excite pas l'enthousiasme. Les œuvres réunies de Tenerani, composent une assemblée curieuse des rois, des princes contemporains et des personnages célèbres qui sont venus à Rome.

— Allons, lui dis-je, d'autant que mes jambes ne sauraient me porter bien loin. » — Nous arrivons *place Barberine*, où est situé l'atelier de Tenerani, par un orage effroyable; le tonnerre gronde sur Rome avec des détonations telles qu'on pourrait croire la ville assiégée ; toutes les cataractes du ciel l'inondent comme si elle allait périr par le déluge. C'est avec un sentiment de bien-être que nous nous voyons à l'abri dans les vastes salles de rez-de-chaussée qui composent l'atelier de Tenerani. Cet artiste, né à Modène, fut le meilleur élève de Thorwaldsen ; c'est aujourd'hui un grand vieillard sec, à mine imposante, portant le poids des années sans se courber. Il travaillait quand nous entrâmes à la statue de Rossi commandée par le duc Massimi ; il nous montra d'abord sa Vénus et sa Psyché qui sont ses deux figures les plus admirées. Tenerani rend le nu avec un certain reflet antique, son dessin est pur, son exécution habile ; il est moins maniéré que Canova. Mais sitôt qu'il veut vêtir ses figures il les alourdit ; ses draperies sont sans grâce et sans majesté. Je remarque pourtant une fort belle statue de la grande-duchesse Marie de Russie, dans laquelle l'artiste a creusé les plis et a rendu la souplesse des tissus avec un rare bonheur. Il y a dans le même salon un bas-relief de tombeau très-émouvant dont l'exécution est vraiment magistrale ; il représente une jeune fille expirante déjà transfigurée : debout, la main appuyée sur la main de son père éperdu, elle part pour la mort ; la mère effarée, les cheveux épars, la regarde avec une douleur navrante.

Parmi les statues et les bustes historiques que nous regardons sont deux ou trois exemplaires du buste de Pie IX. Ce buste est fameux à Rome par une anecdote qui s'y rattache. Le pape posa longtemps avec complaisance pour ce portrait ; à une des dernières séances, quand le modèle en terre fut presque terminé, le pontife loua l'artiste d'avoir réussi à faire passer sur ses traits son caractère.

Tenerani répliqua qu'ayant eu souvent l'honneur de voir Sa Sainteté, il avait pu se pénétrer de sa physionomie.

« Toute ma physionomie est dans mon front, repartit le Saint-Père ; c'est là que ma pensée se révèle » en disant ces mots le pape prit le *stecco* (ébauchoir) des mains de Tenerani et traça à la craie sur le support du buste ces paroles d'Ézéchiel :

— *Dedi tibi frontem duriorem frontibus eorum.* (Je t'ai donné un front plus dur et plus fier que les fronts de tes ennemis.)

Tenerani a coulé en plâtre et veut fondre en bronze ce commentaire un peu fastueux du sempiternel : *non possumus!* l'inscription porte la date de juin 1859 ; dix ans s'étaient écoulés et le rayonnement de la liberté sur l'Italie entière n'avait pas fait jaillir une clarté du front biblique du Saint-Père.

De l'atelier de Tenerani nous allons à celui de Gibson, situé dans une petite rue tranquille, voisine de la *place del Popolo*. Les figures et les bas-reliefs remplissent plusieurs salles qui s'ouvrent sur un joli jardin tout embaumé de citronniers en fleurs ruisselants de l'orage à peine apaisé ; à chaque feuille tremble une perle. En regard de cette riante perspective une *Pandore polychrome* est debout sur un socle antique. C'est la dernière figure sculptée par Gibson. Les Anglaises en ce moment à Rome raffolent de cette *Pandore* et donneraient pour elle toutes les Vénus antiques. Elle est vraiment jolie, svelte, pudique, habillée à ravir ; les plis de sa robe sont ombrés d'or et son front pensif est ceint d'une couronne de roses coloriées ; sa boîte est un coffret digne de la devanture de Tahan, tant les ciselures en sont fines et brillantes. Quel chef-d'œuvre plus enviable? Vingt ladies ont mis cette Pandore à l'enchère. Elle mérite à coup sûr pour tabernacle une de ces serres de Londres où les fleurs des tropiques bravent les brouillards et où, assise sous un berceau de rhododendrons, une jeune miss lit un roman modèle, un de ces romans moraux faits pour les heureux et dans lesquels on aurait horreur de peindre les crimes, les turpitudes et les désespoirs humains. L'aristocratie anglaise a des délicatesses d'hermine et des nerfs de sensitive ; gardez-vous qu'une tache des boues du dehors jaillisse sur elle et qu'un cri strident du gouffre des misérables passe à travers la mélodie banale des pianos.

N'importe, bien qu'un peu enjolivée, et quel que soit le lieu où on la mette, la Pandore de Gibson restera séduisante. Élève de Canova, Gibson a la main plus ferme que son maître, la Grèce eût salué son *Amour qui tient un papillon* et l'eût placé dans le temple de Gnide. Son groupe d'*un chasseur lançant un chien*, ne serait pas déplacé dans la *salle des animaux du Vatican*.

En sortant de l'atelier de Gibson nous traversons la place pour aller visiter l'église de *Santa Maria del Popolo* (à droite de la porte du peuple). Nous parcourons d'abord le beau vestibule attenant qui conduit au *couvent des Augustins*. C'est une sorte de cloître couvert peuplé de tombes du quinzième et du seizième siècle. Malheureusement comme dans tous les monuments chrétiens de Rome le badigeon et les réparations disparates ont altéré l'harmonie de cette élégante galerie.

L'église et le couvent de *Santa Maria del Popolo*, me dit M. Delâtre furent érigés au onzième siècle par le pape Pascal II pour conjurer les terreurs du peuple qui, chaque nuit croyait voir errer des fantômes sur cette partie du Pincio (*Collis hortorum*), où fut la sépulture de Néron. L'épouvantement de ce César monstrueux poursuivait encore les Romains à travers les âges ; ils s'imaginaient que son ombre, entourée des spectres de ses victimes, revenait jeter des maléfices sur Rome. Les arbres que la *tramontana* tordait en gémissant figuraient des apparitions effroyables. L'église et le couvent bâtis les revenants disparurent. Deux fantômes plus redoutables pour la papauté que celui de Néron errent sous les arceaux où nous sommes : Luther et Lamennais, à trois siècles de distance habitèrent le *couvent des Augustins*; tous deux venus à Rome croyants et fils soumis de l'Église s'en retournèrent indignés, en jetant aux papes l'anathème que Dante met dans la bouche du Christ :

> Quegli ch'usurpa in terra il luogo mio,
> Il luogo mio, il luogo mio che vaca
> Nella presenza del figliuol di Dio,
> Fatto ha del cimiterio mio cloaca
> Del sangue e della puzza, onde 'l perverso,
> Che cadde di quassù, laggiù si placa.
> . . . .

In veste di pastor lupi rapaci
Si veggion di quassù per tutti i paschi,
O difesa di Dio, perchè pur giaci [1] !

Nous pénétrons dans l'église par le vestibule qui mène au couvent et nous nous trouvons ainsi du côté du chœur. Une des fameuses madones peintes par Saint-Luc, est placée sur le maître-autel. L'apôtre artiste a multiplié ces portraits autant qu'un peintre officiel multiplie l'effigie d'un souverain. La voûte du chœur est revêtue de fresques par *Pinturicchio*. Les deux tombeaux du cardinal Basso et du cardinal Ascanio Sforza, érigés par Jules II, sont deux chefs-d'œuvre de *Sansovino* qui a fouillé ces marbres à l'égal des portes de bronze du Campanile de Venise. Ces beaux bas-reliefs fourmillent de figurines, de fleurs et d'oiseaux du plus exquis travail. Il y a là un ange, d'une grâce adorable, qui porte un sablier; il est vêtu d'une tunique transparente qui laisse entrevoir son corps charmant. Dans une chapelle à côté du chœur est une magnifique Assomption d'Annibal Carrache. Nous nous arrêtons dans plusieurs chapelles renfermant les sépultures des *della Rovere* et des *Pallavicini*; à ces belles tombes du quinzième et du seizième siècle se mêlent disgracieusement le mausolée fastueux de *Ludovico Podocatharo*, cardinal de Chypre, et le monument surchargé de sculptures modernes des *Cibo*. Nous avons réservé pour la fin la chapelle des Chigi qui est la plus rare de toutes; Raphaël en a fait le dessin et c'est aussi d'après lui que furent exécutées les mosaïques de la coupole. Les peintures de la frise et le beau tableau placé au-dessus de l'autel représentant l'adoration des Mages, sont de *Sébastien del Piombo*. Le magnifique bas-relief en bronze qui forme le devant de l'autel est l'œuvre de *Lorenzetto*. Quatre sta-

---

[1] Celui qui sur terre usurpe ma place, ma place, ma place, qui est vacante devant le fils de Dieu,

A fait de mon église un cloaque de sang et de pourriture, qui pour Satan tombé d'ici est un soulagement là-bas.

. . . .

Sous les habits du pasteur on voit ces loups rapaces dans tous nos pâturages : O justice de Dieu, pourquoi sommeilles-tu ?

. . . .

(Dante, *Paradis*.)

tues décorent les angles de la chapelle : *Daniel dans la fosse aux lions*; le *prophète Habacuc*, le *prophète Élie*, et *Jonas délivré de la baleine*. Les deux premières statues pleines de mouvement sont de *Bernini*; les deux autres ont été sculptées par *Lorenzetto*, mais on reconnaît dans le *Jonas* une inspiration supérieure à celle de ce statuaire. En pénétrant dans la chapelle on est tout d'abord frappé de la beauté de cette figure de *Jonas* qui fut modelée par Raphaël et exécutée sous sa direction par *Lorenzetto*; le profil est grec, la chevelure frisée forme une couronne sur le pur contour du front; le corps est celui d'un superbe éphèbe; tout le torse nu est digne de l'antique. Le pied droit s'appuie sur la gueule écartelée de la baleine vaincue ; le gauche voltige en arrière; du même côté le bras soutient une draperie qui flotte entre les jambes et dont les plis sont ressaisis par la main droite.

Du centre de la voûte en mosaïque de cette chapelle pend une lampe admirable en bronze; trois anges, trois vrais Amours païens, s'y enlacent; ces *divini bambini* furent aussi modelés par Raphaël et coulés en bronze par Lorenzetto. Les deux tombeaux d'Augustin et de Sigismond Chigi sont de Bernini.

Le soir mon petit cercle était au complet. Le prince Santa-Croce nous raconta que l'adresse à l'*Empereur des Français* circulait dans tous les théâtres où on la signait en la faisant passer de main en main. La veille elle avait failli être saisie par un gendarme pontifical au théâtre di *Tordinona*; mais au moment où le gendarme atteignait le dernier signataire, assis à l'orchestre, un chanteur enleva l'adresse et la plongea comme un bouquet dans le creux du corset d'une danseuse. Celle-ci fit une pirouette en répétant le vers d'Alfieri :

Siam' servi, si, ma servi ognor frementi.[1]

On parla ensuite des récents scandales des nonnes de *Saint-Ambroise*; les exploits amoureux du chanoine Patrizzi et de ses six carmes déchaussés s'étaient renouvelés.

« Les couvents sont les harems des moines, dit un interlocuteur.

— L'accès ou plutôt la sortie en est moins facile, repartit un avocat, depuis que les égouts de Rome ont été rétrécis. Il existait encore, il y a trois ans, un égout antique large comme un corridor qui aboutissait au couvent Saint-Sylvestre ; on pouvait y marcher debout ; les nonnes s'y aventuraient pour aller faire en ville des promenades nocturnes ; on en surprit plusieurs sortant de l'orifice : elles furent traduites devant le Saint-Office qui ordonna d'élever un mur qui coupât les égouts en deux. L'arrêt s'ébruita et fit dire à *Pasquino* que les couvents étaient des égouts romains. »

Une vraie journée de printemps me permit le lendemain d'aller à la villa Walkonsky avec le baronne Schwart. Les frais jardins de cette villa ont pour décor splendide *les aqueducs de Claude*. À peine avons-nous passé la grille, qui s'ouvre sur une avenue de lauriers, que nous trouvons à droite ces gigantesques arceaux indestructibles ; ils sont recouverts de la base au sommet par des lierres enlacés à de grands rosiers de bengale éclatants de fleurs. Le vide de chaque cintre forme un cadre à quelque fragment magnifique de la campagne de Rome. Nous tournons à droite dans les parterres et voyons groupée sur un plan intérieur la *villa Altieri* appartenant au cardinal de ce nom. Un pin-parasol colossal la domine et l'abrite comme un dais. À côté est la *villa Giustiniani*, aujourd'hui *villa Massimi*, qui renferme de belles fresques d'Overbeck représentant des scènes de la *Jérusalem délivrée*. La suavité de l'atmosphère nous retient longtemps dans les allées ombreuses de la *villa Walkonsky*. L'habitation n'est qu'un pavillon élégant.

Nous allons finir la journée à la *villa Médicis*. Nous trouvons le portique, qui s'ouvre sur les jardins, transformé en salle d'exposition des ouvrages des *prix de Rome*. Sur le fond brun des tentures éclate, entre tous les tableaux, une *Madeleine* adorable. Ce jeune corps respire la fraîcheur et la virginité. Ce n'est pas la courtisane lassée de la Judée, c'est plutôt une Hébé radieuse. M. Charles Sellier, l'auteur de cette belle étude, n'a pu se décider, et nous l'en félicitons, à vieillir et à faner son modèle ; il a copié d'après nature une jeune Romaine du peuple. L'art n'a que faire d'imaginer quand la réalité lui offre d'aussi splendides créatures.

Le jour suivant, je ne sortis qu'à trois heures pour tenter de voir au Vatican le cardinal Antonelli, que je désespérais de rencontrer à l'ambassade de France. On m'avait dit que Son Éminence était fort accessible à l'issue de son dîner, et qu'il me suffirait de lui faire passer ma carte pour être reçue aussitôt. Enhardie par cette perspective, j'arrivai dans la *cour San Damaso*, et m'adressai à un *cameriere*, qui sommeillait sur un banc. Il me répondit que le cardinal-ministre assistait, à l'heure même, à un grand dîner donné par le pape à l'état-major de son armée et à l'état-major français; il m'engagea à revenir le lendemain, ajoutant que Son Éminence recevait *sempre le donne*. Malgré cette courtoise espérance, je m'éloignai désappointée. Le lendemain était pris en entier par le voyage de *Bracciano*; quelques autres excursions me tentaient, et je n'avais plus que cinq jours à passer à Rome. Je portais déjà le deuil de la lumière, des paysages, des monuments et des chefs-d'œuvre de l'art antique que j'allais quitter. Perdre une heure des heures qui m'étaient désormais mesurées, ne pas être tout entière à ce qui m'avait causé des émotions bien autrement puissantes, je l'avoue, que le patriotisme enchaîné des Romains, et que les intrigues de la cour papale : avoir dans ces derniers instants d'attendrissement et d'adieu à me préoccuper d'une visite politique, m'inspirait, malgré ma curiosité très-vive de connaître le fameux cardinal, une sorte d'irritation contre ma curiosité même. Rome a cela de fier et de salutaire, c'est qu'elle arrache l'âme aux agitations du présent; qu'il s'agisse des affaires publiques ou des intérêts et des vanités privées, tout y paraît petit et dérisoire; la scène est trop grande pour les acteurs; leur jeu puéril disparaît dans la majesté du théâtre. Le trouble et le mouvement des vivants sont comme paralysés par la paix éternelle de ce fantôme formidable. L'art seul, flamme intérieure, royauté du rêveur, religion du génie, stimule à ses conquêtes pacifiques; ayant seul survécu, il alimente l'espérance des artistes. Poëtes, statuaires, peintres, musiciens, qui sont allés à Rome, savent la vérité du sentiment que j'exprime; beaucoup n'ont pu la quitter et y ont élu domicile; ceux qui furent contraints de s'en exiler l'ont élue la patrie de leurs inspirations. Rome est à eux comme ils sont à elle. Ce qu'elle leur donne d'enthousiasme ils le lui rendent en adoration; elle leur murmure à tous, de siècle en siècle : « Je suis votre légitime patrimoine, je n'appartiens qu'à vous, car vous seuls m'aimez, m'honorez et glorifiez ma beauté! Vous êtes mes dignes possesseurs, ceux que j'accueille toujours avec allégresse comme l'épouse tressaille en voyant l'époux. Les conquérants, les rois et les papes se sont dits mes maîtres et m'ont profanée! Ils se sont enrichis de mes dépouilles ; ils m'ont insultée de leur barbarie, ils ont éclaboussé de sang et de fange ma splendeur muette, et fait trôner leur vulgarité sur mon cercueil! Pas un n'a compris ce qu'on doit de respect à Rome morte, et sans vous ils m'auraient anéantie! Mais toujours comme une lampe dans un sépulcre, l'un de vous a veillé sur moi pour me ranimer. Lorsqu'ils faisaient des armes de guerre de mes statues, des bivacs de mes temples et un donjon de mon Colisée, Pétrarque pleurait et sentait mon affront! Lorsqu'ils forçaient mes divins portiques à s'accroupir sous leurs églises ou sous leurs palais, Poussin et Claude Lorrain, amoureux de mes vestiges, les contemplaient émus et les éternisaient! Lorsque, me voulant banale et galante, ainsi qu'une ville moderne qui n'eût pas des dieux pour ancêtres, les Bernis étalaient leurs amours et leurs mascarades au *Corso*, Gœthe pensif y cherchait du regard l'arc triomphal de Marc Aurèle [1] ; et fier de moi comme si j'étais toujours la reine du monde, il s'écriait, s'enivrant de mes souvenirs et de mes débris : « Par« lez-moi, pierres! Répondez-moi, ruines sublimes! Je comprends « le marbre! Quelle volupté pour moi, qui ne suis qu'un mortel! « Est-ce un rêve, ô Jupiter! Ton Olympe s'ouvre-t-il à ton hôte? Je « me prosterne ici et tends vers tes genoux mes mains sup« pliantes! O Jupiter! entends-moi! Par quel bonheur je me « trouve ici? Je ne saurais le dire. Hébé m'a saisi en passant pour « m'emporter dans l'enceinte sacrée. Tu lui avais ordonné sans « doute de t'amener quelque héros, et la déesse s'est trompée. « Laisse-moi, laisse-moi le profit de l'erreur [2]! » C'est avec cette

---

[1] Il fut détruit en plein dix-septième siècle par Alexandre VII (un Chigi), le même qui fit décorer, par Bernini, la façade de la *porte del Popolo* pour recevoir en grande pompe Christine de Suède. Ce pape ignare se glorifia, dans une inscription placée au *Corso*, d'avoir débarrassé la promenade des Romains de l'arc de triomphe de Marc Aurèle.

[2] Gœthe, *Élégies romaines*.

vénération de ma gloire que ce génie immortel saluait ma tombe, tandis que mes tyrans d'un jour l'avilissaient. Shakespeare et Corneille m'ont chantée sans m'avoir vue, car tous ceux qu'a nourris l'art sacré, tous sentent une âme sous ma poussière; agenouillés devant mes décombres, ils les interrogent et les reconstituent : on dirait des fils pieux recueillant les ossements de leur mère, comme s'ils espéraient la ranimer ! »

Ainsi me parlait la grande voix de Rome, dont chaque vibration disait à mon cœur : « Ne pars pas ! » Je marchais triste et la tête affaissée, redoutant de la regarder encore, comme l'on craint à l'heure des adieux d'arrêter sa vue sur l'être aimé. Trop poignant est l'attrait qui retient quand la séparation commence.

Arrivée à l'issue du *Borgo*, une sorte d'éblouissement me fit lever les yeux. Le tombeau d'Adrien m'apparut comme flottant dans la lumière. Je m'arrêtai sur le pont Saint-Ange. J'avais goûté au philtre : il me possédait. Je restai longtemps penchée sur le courant du Tibre, où mes larmes tombaient.

LIX

Pendant que je m'oubliais dans la tristesse de mes adieux à Rome, mes amis m'attendaient à l'hôtel d'Angleterre. L'excellent don Marino, duc Torlonia, que je voyais presque chaque jour, m'avait proposé de m'accompagner au château de *Bracciano*, majestueux et redoutable donjon gothique, construit au quinzième siècle par les Orsini, qui furent près de deux siècles en guerre avec les papes. Pie IV érigea *Bracciano* en duché, en 1660, et trente ans plus tard, Livio Odescalchi, neveu d'Innocent XI, acheta le duché de Bracciano aux Orsini ; enfin, en 1803, don Giovanni Torlonia, banquier, père de don Marino et du prince Torlonia actuel, devint possesseur du même duché, de tous ses titres et de tous ses droits qu'il paya cinq cent mille écus romains au prince Odescalchi, qui était ruiné. Mais une clause du contrat portait que si la fortune de celui-ci se rétablissait, il pourrait revendiquer Bracciano après un laps de cinquante ans. Le banquier Torlonia, devenu duc de Bracciano, seigneur suzerain rendant la justice, Altesse, etc., etc., transmit en mourant tous ses titres et toutes ses prérogatives à son fils aîné le bon don Marino, qui comptait que lui et ses descendants ne seraient jamais dépossédés de cette paisible et facile royauté; mais il comptait sans une héritière polonaise, la comtesse Braniska, qui s'éprit du prince Odescalchi, et lui apporta assez de millions en dot pour qu'il pût racheter son duché; il en reprit possession en 1847. Ce fut un grand deuil pour don Marino; il ressentit la même douleur qu'un roi exilé de son royaume ou un mari à qui on enlève sa femme. Il avait embelli Bracciano et agrandi son fief; il était connu et aimé de tous ses sujets, qui le proclamaient un prince débonnaire. Les portraits des Torlonia avaient remplacé dans les grandes salles gothiques ceux des Orsini et des Odescalchi; à l'abri de ses créneaux, dispensateur absolu des punitions et des grâces, il se figurait avoir acquis une longue lignée d'ancêtres et des titres légitimes inviolables, transmissibles à sa descendance. Le métier de régner s'improvise. Tel roi d'hier s'intitule : *par la grâce de Dieu*; nous le savons en France, où trois dynasties se sont succédé en moins de temps que les trois branches des ducs de Bracciano.

Le jour où don Marino fut contraint de sortir de son vieux donjon, il pleura comme Boabdil chassé de Grenade. L'image de Bracciano l'enflammait ainsi qu'un amour de jeunesse, ou quelque épisode héroïque dans une vie bourgeoise. Quand je lui exprimai le désir de visiter ce château gothique, il s'offrit avec élan de me servir de cicerone.

« Personne mieux que moi, me dit-il, ne peut vous montrer tous les replis secrets du manoir; ses pierres me connaissent. Le village, qui vaut une ville, me regrette et m'aime toujours. »

Il imagina d'organiser une partie en pique-nique dans mon petit cercle du soir, et d'arriver en voiture de louage dans les domaines où il avait régné. Les princes romains qui se trouvaient chez moi sourirent en écoutant son programme économique; ils le trouvaient dénué de magnificence pour un ex-suzerain feudataire, et refusèrent de s'y associer. Quant à moi, peu m'importait le mode de l'excursion, le but suffisait à son attrait. M. Loiseau d'Entraigues se mit de la partie avec sa cordialité ordinaire; sa femme, souffrante, dut renoncer au voyage. Don Marino proposait de le retarder un peu pour grossir nos rangs.

« Mais, duc, vous me suffisez, lui dis-je avec mon regard le plus aimable; c'est chose arrêtée que nous allons à Bracciano demain, et j'y suis tellement déterminée que si mon cher chancelier nous fausse compagnie, nous partirons en tête à tête.

— Je m'interpose, s'écria M. Loiseau; je serai là pour vous empêcher d'entrainer M. le duc dans quelque incartade politique comme celle de Tivoli.

— Il faut songer à emporter des vivres, reprit don Marino, nous ne trouverions rien à manger à Bracciano.

— Oui, chacun notre plat, » répliquai-je en riant de ces petites prévisions réglementaires d'un ancien souverain.

Il fut convenu que je me chargerais de la venaison, M. Loiseau des fruits et des *confetti* et don Marino du vin. Toutes les conditions de notre pique-nique à trois ainsi arrêtées, à l'hilarité générale, je ne songeai plus qu'à aller dormir. J'avais compté sans l'ennemi qui m'assaillait à heure fixe et m'infligeait des tortures de plus en plus intenses. Tous les exorcismes de ma volonté n'y pouvant rien, je respirai à pleins poumons une fiole de chloroforme et je métamorphosai ma souffrance aiguë en lourd cauchemar. A sept heures du matin mes deux compagnons de route me firent monter en voiture comme une somnambule.

Nous franchîmes la *place del Popolo* et trouvâmes bientôt à droite la villa *di papa Giulio*. Michel-Ange et Vasari en fournirent les dessins et Vignole en fut l'architecte. On y voit encore une belle galerie circulaire peinte à fresque par *Zucchero*. Ce lieu de délices, qu'habita le pape Jules III, est aujourd'hui abandonné.

L'air froid du matin dissipe l'influence mystérieuse du soporifique qui m'engourdit, mais à mesure que mon vertige cesse ma souffrance revient insurmontable. J'engage ces messieurs à causer ensemble, à m'oublier sous le manteau dont je m'enveloppe la tête. Nous passons le *ponte Molle* et suivons jusqu'à la *Storta* la route déjà suivie avec mes lecteurs. Avant d'arriver à ce village, je lève la tête pour regarder la haute tour *del Bosco* se dressant comme un phare dans la campagne déserte; les pâtres romains appellent aussi cette tour carrée tour des *Pepistrelli* à cause des vols de corneilles qui planent presque toujours sur ses créneaux brisés; en ce moment même, accourant comme un nuage noir, elles se réunissent sur ce point du ciel. Ces oiseaux abondent dans la campagne de Rome. Nous trouvons l'énorme hôtelière de *la Storta* attendant sur sa porte les hôtes qui passent. Elle nous offre à déjeuner. M. Loiseau lui demande du vinaigre, qu'il me fait respirer avec force.

« Allons, reprenez vos belles couleurs; vous êtes verte, me dit-il, comme si vous aviez bu le poison des Borgia; mais Dieu merci, il n'y a plus de poison à Rome.

— Je crois à celui de l'atmosphère, repartis-je, car je ne saurais m'expliquer autrement ces brusques suspensions de toutes les facultés.

— Je ne dis pas, si nous étions en été ou en automne, répliqua-t-il, mais au printemps la *mal'aria* est inusitée.

— Détrompez-vous, il y a des localités où la *mal'aria* est permanente, lui répondit don Marino, et nous traverserons bientôt une de ces terres maudites.

— N'importe, allons toujours, repartis-je; la *mal'aria* ne tue pas d'un coup, elle nous laissera le temps de voir Bracciano.

— Mon cher, mon beau Bracciano! » murmura don Marino qui exprimait sa rêverie du moment dans ce nom prononcé avec tendresse.

La voiture se remit en marche et j'aperçus, en sortant de la *Storta,* à droite de la route, la colline où se groupaient les deux hameaux construits sur l'emplacement de Veïes. Le désir de parcourir ces ruines me ranime un moment; j'insiste pour y faire une halte. Don Marino déclare que nous avons juste le temps de bien voir Bracciano; M. Loiseau juge avec raison que je serais hors d'état de gravir la colline.

« Vous avez d'ailleurs admiré au Vatican, ajouta-t-il, tous les objets précieux sortis des fouilles de Veïes; outre les tombeaux, les bustes et les statues, on y découvrit aussi vingt-quatre superbes colonnes de marbre qui ont été emportées; douze décorent la façade du *cercle des officiers français* sur la place *Colonna* et les douze autres une des chapelles de Saint-Paul. »

Nous laissons à droite la route qui conduit à Florence, et prenons à gauche celle qui suit l'antique *voie Claudia*. Les terres que nous traversons sont incultes ; quelques ravins et des monticules couverts de broussailles sont les seuls accidents du sol. Nous nous arrêtons pour faire manger l'avoine à nos chevaux à l'*Osteria nuova*, vieille petite auberge fort sale, unique habitation de ce désert. Quelques pâtres, dont les troupeaux paissent tout près, sont sur le seuil de l'*Osteria*, achetant du pain et remplissant leurs gourdes ; deux femmes au teint jaune, maigres et ridées, tendent leurs mains osseuses aux baïoques que leur comptent les bergers. Un vieux, qui paraît centenaire, tant sa peau est parcheminée, *tremble* la fièvre dans la cuisine ; assis sous une cheminée sans flamme, ses pieds sont enfouis dans la cendre chaude, un manteau de peau de mouton l'enveloppe en entier ; il lève la tête en nous voyant entrer, puis nous demande l'*elemosina*. Je me regarde dans une petite glace et me trouve aussi livide que lui. Je l'imite ; je m'accroupis dans l'âtre pour me ranimer ; les femmes, averties que je suis souffrante, viennent m'asperger d'un vinaigre trouble. Cet intérieur funèbre me fait tressaillir ; je me représente un voyageur y tombant malade et y mourant en compagnie de ces trois spectres silencieux et résignés. La vue des deux femmes, la mère et la fille, et du vieillard, qui est le grand-père, m'inspire une profonde pitié. La fille répond à mon conseil d'aller chercher ailleurs un air plus salubre :

« *Eccellenza, l'Osteria nuova ci da il pane.* »

Nous remontons en voiture.

« Nous voici dans les terres empestées, nous dit aussitôt don Marino ; garez-vous de l'air, serrez vos manteaux. »

Et il nous donne l'exemple en boutonnant son surtout et en entourant son visage d'un cache-nez.

« J'aperçois pourtant, répliquai-je, une bien jolie ruine groupée au milieu des arbres. »

A gauche de la route quelques toitures brisées et surmontées d'un clocher s'élevaient au-dessus d'un petit bois.

« Ceci, repartit don Marino, est justement *ponte di Galera*, un foyer de *mal'aria*; ce village fut déserté en masse, il y a cinquante ans, par tous ses habitants. »

Au delà de *ponte di Galera* les sabots de nos chevaux retentissent sur de grands fragments intacts de la *voie Claudia*.

« Ce pauvre Claude, observe M. Loiseau, me semble trop maltraité par l'histoire. Son nom s'attache pourtant à des travaux utiles et magnifiques; il agrandit le port d'Ostie, fit bâtir les plus beaux aqueducs de Rome et construire la voie superbe où nous marchons, sans compter qu'il était fort lettré, savait Homère par cœur, et écrivit en grec une histoire de Tyr et une de Carthage fort regrettables, car elles renfermaient sans doute de curieux détails sur deux peuples presque perdus pour nous dans la nuit des temps. »

Nous gravissons au pas une longue *salita* du haut de laquelle nous apparaît tout à coup un magnifique tableau; le grand lac de Bracciano[1], remplissant un ancien cratère, entouré de collines boisées, se développe limpide comme un saphir incommensurable. Son nom antique de *Sabatinus* provient de la ville de *Sabate* engloutie dans le lac par un tremblement de terre. Sur la rive sud, le bourg d'*Anguillara* recouvre un promontoire qui décrit un angle. Sur la rive ouest, à droite de la route, se dresse dans l'azur le donjon formidable avec ses six tours; la petite ville de Bracciano s'éparpille à ses pieds.

« Que c'est beau! dis-je à don Marino radieux et ressaisissant du regard son ancien royaume.

— Il n'y a pas deux châteaux comme celui-là, réplique-t-il; Walter Scott en est convenu quand mon père le reçut pour hôte voilà bientôt trente ans. »

Nos chevaux se précipitent sur une pente rapide et nous déposent en quelques minutes dans la grande rue qui traverse Bracciano puis s'échelonne jusqu'au château. Les habitants accourent sur leurs portes, saluent et entourent le duc Torlonia. Nous montons à pied la rampe du château dont la masse, aux murailles indestructibles, trône sur de larges assises, entourée de remparts du côté de la ville. Ces remparts, à meurtrières autrefois

---

[1] Il a vingt-deux milles de tour.

armées de couleurines et où veillaient toujours des hommes de guerre, ont aujourd'hui pour gardiens pacifiques quelques bustes antiques et pour décor un jardin potager. Les faisceaux de petites tourelles, les créneaux qui se découpent dans l'air, les parapets aux fortes nervures donnent à cette façade le plus bel aspect monumental. La rampe fait un coude et continue à monter jusqu'au portail du château. A gauche, la rampe est flanquée d'immenses chantiers de bois que défrayent les forêts de Bracciano ; du même côté sont des écuries qui pouvaient contenir six cents chevaux. Nous passons la porte aux armes des Orsini et des Odescalchi, à côté de laquelle est une tour percée d'une poterne. Après une première cour ceinte de grands arceaux murés, nous traversons une salle voûtée suivie d'une seconde cour ayant au milieu une citerne sculptée aux armes des Orsini. Cette salle s'ouvre sur un arceau gigantesque où commence l'escalier qui conduit à la cour supérieure ; au pied de l'escalier sont les ouvertures des souterrains. On se croit en plein moyen âge à mesure qu'on avance à travers ce donjon colossal. L'ancien régisseur de don Marino, devenu celui du prince Odescalchi, nous reçoit dans la cour intérieure ; il nous fait parcourir une série de salles voûtées aux murs énormes, à travers lesquels s'ouvrent de petites fenêtres. L'ameublement moderne est mesquin, les meubles gothiques et les boiseries sculptées ont été enlevés et renouvelés par les maîtres successifs du château ; chaque pièce badigeonnée a perdu ce beau caractère de vétusté que gardent les murs extérieurs. La galerie des portraits des ancêtres du prince actuel n'a de majestueux que son enceinte même. On restaure une magnifique salle d'armes où est une jolie chapelle gothique, et l'on gâtera, à coup sûr, les vieilles sculptures qui la décorent encore. Les chambres les plus curieuses sont celles qu'a habitées Clément VIII[1] et où coucha Walter Scott (en mai 1832) ; un merveilleux escalier en spirale y conduit : j'ai hâte de visiter les tourelles et de monter sur leur plate-forme, d'où l'on embrasse toute la circonférence du lac.

« C'est miracle, comme vous voilà ressuscitée ! me disent ces messieurs.

[1] Le pape qui fit mourir Béatrix Cenci.

— La curiosité me porte.

— Sauf à vous laisser choir au haut des créneaux, repart M. Loiseau ; j'opine pour une heure de halte et pour le réconfort du déjeuner. Voici un canapé de la princesse Odescalchi qui vous tend ses bras. Reposez-vous et mangez à l'antique ; je vais vous servir. »

Un peu de vin vieux apporté par don Marino et un peu de bouillon offert par le régisseur apaisèrent la bête rétive ; elle s'assoupit quelques instants pendant que ces messieurs achevaient de déjeuner.

Le soleil, voilé le matin, brillait dans toute sa splendeur quand nous fîmes l'ascension des tours.

« Commençons par la *tour des Supplices*, nous dit don Marino, nous sommes des hommes de paix et d'humanité auprès de nos aïeux féroces. Les tortures qu'infligeaient les Orsini révolteraient les Torlonia.

— Et ne seraient plus souffertes par leurs vassaux, répondis-je en riant. Les droits féodaux dont vous jouissez encore à Rome sont contrôlés par les nations affranchies. Un prince romain jetant un de ses sujets dans les oubliettes ou le faisant pendre au haut de ces tours aurait maille à partir avec nos soldats. »

Nous descendîmes dans le cachot sombre des condamnés à mort ; à côté était une sorte d'alcôve appelée le *cabinet du confessionnal* ; elle renfermait trois siéges de pierre : l'un pour le patient, les deux autres pour les *confortatori*, chargés de le préparer à la mort. Dans une autre pièce étaient les trous béants des *trabochetti*[1], par où on précipitait les condamnés. Les *trabochetti* aboutissaient à un cachot muré qui existe encore dans les souterrains du château. Nous montons sur les plates-formes aux constructions enchevêtrées, vrais labyrinthes de créneaux, de mâchicoulis, de meurtrières, de murs de défense. Ce donjon de guerre, si complet, est un monde : il a pour ainsi dire quatre zones superposées : les souterrains, mystères et douleurs ; les remparts, résistance et sécurité ; les cours intérieures, domesticité et surveillance ; les salles d'armes, les chambres, la chapelle, puissance, quiétude et religion ; au-dessus, le couronnement

[1] Oubliettes.

armé : orgueil et défi du géant qui brave l'attaque. Certaine que ses membres robustes ne fléchiront pas, cette tête altière faisait vomir de tous côtés sur les assaillants l'huile bouillante, les fascines embrasées, les pierres et les boulets, les assiégés y étaient à l'abri comme dans une chevelure immense formée de murailles crénelées et hérissées de machines de guerre. A moins que l'attaque ne vînt du ciel, Bracciano l'invulnérable n'avait rien à craindre; aussi ne fut-il jamais pris. Les Orsini, derrière ses murailles, faisaient trembler les papes à Rome. Ils étaient maîtres de la vieille Étrurie, jusqu'au *ponte Molle*, ils traitaient de puissance à puissance avec les souverains étrangers. Ils appelèrent en Italie le roi de France Charles VIII, qui traversa Rome dans une pompe triomphale; ils firent trembler au Vatican le pape Borgia, Alexandre VI. Indigné de leur insolence, quand le roi de France eut quitté Rome, Borgia envoya une armée, commandée par son fils, le duc de Candia, assiéger Bracciano. Le donjon broya les soldats du pape. Vainement ils revinrent plus nombreux un an après (1497); enfin, pour la troisième fois, le pape Borgia lui-même voulut tenter l'héroïque aventure : il se fit le capitaine général de son armée, et vint cerner Bracciano. Le Titan riait dans les nuages, sachant bien que ses pieds ne vacilleraient point. Borgia dut s'en retourner comme il était venu, sans avoir touché à la citadelle vierge. Aujourd'hui, plus de bruit d'armes et de fanfares, plus de soldats gardant ses tours, plus de bannière flottant dans l'azur. La masse énorme du donjon est muette et nue comme une tombe. Mais à l'entour, quelle splendeur dans la nature toujours triomphante! Le grand lac s'arrondit à nos pieds, mollement gonflé dans sa ceinture de collines et de forêts. Au midi, le joli hameau de *Mongiano* rit au pied du mont *Virgurio*, dont le sommet porte comme un nid d'aigle le couvent des moines *Thérésins*. Est-il dédié à sainte Thérèse? L'ardeur de ses *frati* le donne à penser. Un grand bois relie le couvent à *Trevignano*, qu'un autre bois à son tour relie à *Anguillara*. En suivant toujours le rivage, on trouve les bains de *Vicarello*; on est dans l'antique Étrurie, dont Bracciano faisait partie; les ruines de Véies s'étendent jusque-là. Les bords de cette ceinture sont formés par des prairies d'un vert d'émeraude et par des oliviers aux longues branches bleuâtres qui retombent ployantes dans les eaux.

Du sommet de la tour orientale, la vue s'étend sur un autre horizon : on plane sur la ville de Bracciano, qui étale au pied du donjon son église dédiée à *san Stefano*, sa place ornée d'une fontaine, ses forges et ses fabriques de papiers. Bracciano eut, au dix-septième siècle, une imprimerie renommée ; la Chronique de Nicolo Rienzi[1], écrite en dialecte populaire, y fut imprimée. Le fameux Alde Manuce était originaire de Bracciano. En dehors de la ville se dessine une belle allée conduisant au grand *couvent des Capucins*. A l'horizon, la chaîne des Apennins se déroule. Don Marino nous montre du geste chaque accident du paysage ; il nous dit les noms des villages et des montagnes ; les richesses et les délices de ces terres qu'il a possédées ; il sait les bois, les clairières et les sources ; les grottes et les défilés des monts ; il en a pratiqué chaque sentier, chaque méandre ; il a vécu ses beaux jours dans cet Éden regretté. Je me dis que si jamais le vertueux don Marino a failli aux tendresses conjugales, c'est à coup sûr, comme le chaste Numa, pour quelque nymphe des forêts de Bracciano.

Tandis qu'attendri il se repaissait de ses chers souvenirs, je regardais le lac, dont l'aspect avait changé comme par enchantement ; ses flots, d'un bleu vif, étaient maintenant d'un rose tendre, que la lumière argentait ; les nuées de pourpre, qui commençaient à s'allumer dans le ciel, s'atténuaient en se reflétant dans les eaux tranquilles.

Nous descendîmes à regret. Si j'avais été châtelaine du donjon, je me serais fait dresser une tente sur sa plate-forme, et j'y aurais vécu. Sans don Marino, il nous eût été impossible de nous retrouver dans le dédale des salles, des corridors et des escaliers ; mais pas un détour de la forteresse ne lui était inconnu. Revenus sous le grand arc voûté dont j'ai parlé, don Marino nous fit descendre une rampe en pente douce conduisant du château à l'église de Bracciano. Cette église, fort ancienne, dédiée à san Stefano, est dégradée, comme toutes celles de l'Italie, par le badigeon qui revêt la nef et par le clinquant des décorations. Au moment où nous

---

[1] J'en ai parlé page 325.

en sortions, le curé vint saluer don Marino, bienfaiteur *della sua chiesa*, et voulut l'escorter jusque *alla sua carrossa*. Je laissai le saint homme à ses épanchements et marchai un peu en avant avec M. Loiseau à travers la large rue coupée d'une place qui traverse Bracciano. A l'angle de la place, nous avisâmes une boutique d'épiceries au fond de laquelle brûlait un feu clair; je fus d'avis de nous y arrêter. Une jeune femme à la figure douce et maladive nous offrit aussitôt deux chaises auprès du foyer : « *Il fuoco è buono per la mal'aria*, » nous dit-elle. Apprenant que j'étais Française, elle me demanda si j'avais entendu chanter Tamberlick à Paris. Un peu surprise, je m'informai en quoi cela l'intéressait.

« Il est de Bracciano, me dit-elle; il est le fils de la sœur de ma mère.

— Le k qui termine son nom, repartis-je, m'empêchait de le croire Italien.

— *Il suo padre è Ungarese*, » répliqua-t-elle.

Toujours accompagné du curé, auquel s'étaient adjoints le médecin et le procureur de Bracciano, don Marino vint interrompre cet épisode; il me présenta ces trois dignitaires. Le curé nous engagea à aller visiter la *stupenda chiesa* du couvent des Capucins, qui nous apparaissait en perspective au bout d'une allée. Cette église avait aussi reçu une foule de dons des Torlonia. Le curé ajouta qu'il se rendait au couvent, et que le prieur serait très-heureux de nous offrir un *rifresco*, après nous avoir montré son cloître et ses riches jardins.

« En effet, repartis-je, ce couvent, groupé à travers les arbres, ressemble à une somptueuse villa; à quoi s'occupent, demandai-je au curé, tous ces heureux moines qui l'habitent?

— Ils prient Dieu, répliqua-t-il, et je crois, *cara signora*, que c'est là le plus important labeur de ce monde.

— Assurément, si ce pauvre monde était un lieu de quiétude et de félicité, la rêverie, la prière et l'extase aideraient puissamment à la moralisation de l'âme; mais nous vivons au milieu de tant de luttes, de tribulations et de misères communes, qu'un travail militant nous est imposé à tous.

— *È una liberale*, » dit en riant don Marino au curé.

Celui-ci n'en continua pas moins à causer avec moi *con molto piacere*, m'assura-t-il. J'étais de la compagnie de son ancien suzerain, ce qui me donnait à ses yeux quelque importance. Puis je dois dire que les prêtres italiens, même les hauts dignitaires (exceptés ceux qui, étant nonces, ont fréquenté les cours étrangères), n'ont aucune morgue, et n'affectent aucune sévérité. Ils ont une telle indifférence pour les doctrines que, lorsqu'on ne touche pas à leurs intérêts terrestres, ils sont les plus conciliants des hommes.

« Je cherche à quoi on pourrait utiliser mes chers capucins, *gentile signora*, reprit le curé avec la plus douce urbanité.

— Eux comme les trente ou quarante mille moines qui sont à Rome feraient, repartis-je, après un an d'exercice, de robustes soldats pour l'armée italienne.

— *Bravissima !* » murmurent à la fois le médecin et le procureur, avec qui je n'avais pas encore échangé une parole.

Je les regardai, surprise de leur adhésion, et vis deux physionomies ouvertes et résolues.

Nous étions arrivés devant le péristyle du couvent.

« Entrons, me dit le curé, toujours aimable, vous proposerez au prieur de laisser enrôler ses moines. »

Le jour déclinait ; don Marino objecta qu'il était trop tard pour voir la *stupenda chiesa* et que la rosée de la nuit nous donnerait la fièvre en traversant *Galera*.

« *È vero !* s'écria le curé, *l'aria cattiva !* »

Il n'insista pas, car il savait tous les maléfices de cet ennemi invisible.

A peine nous eut-il quitté, que le signor Montanari, docteur de Bracciano, s'approcha de moi :

« Je vois, me dit-il, que vous aimez l'Italie et notre Garibaldi ! j'ai servi sous lui à Rome dans la légion Melara. Je suis le beau-frère d'Audinot, député au parlement de Turin, qui a fait dernièrement des interpellations sur la question romaine ; permettez-moi, madame, de vous serrer la main.

— Et moi, me dit le jeune procureur, je me suis battu à Vicence pour l'indépendance italienne ; je me nomme Cerasari ; je suis dès ce jour un de vos amis, madame, puisque vous honorez ma patrie. »

35.

Tout en causant, nous rejoignons par un sentier de traverse notre voiture qui stationne sur la route. La campagne est déserte autour de nous.

« Allons, mon cher duc, dis-je à don Marino, avant de quitter ces messieurs, saluons-les par un cri de ralliement qui nous mette en communion de principes.

— Vous êtes trop exaltée, me dit don Marino; moi je ne veux pas de révolution.

— Rassurez-vous, mon cher duc, je ne veux pour vous qu'une restauration; vous avez perdu votre duché de Bracciano, l'Italie libre vous fera sénateur; donc, *vive l'Italie et Rome pour capitale!* »

Le médecin et le procureur répétèrent ce cri à ébranler les tours du vieux donjon.

Don Marino, entraîné par l'exemple et par la forme de ma proposition, se tourna vers M. Loiseau d'Entraigues :

« Qu'en dites-vous, monsieur le chancelier, ne pensez-vous pas que ceci est extra-légal?

— La moitié du vivat n'a rien pour moi de séditieux, repartit M. Loiseau avec son fin sourire, puisque le roi d'Italie est l'allié de l'Empereur des Français.

— Alors nous crierons ensemble? demanda don Marino.

— *Vive l'Italie!* » dit M. Loiseau avec un accent modéré.

Don Marino lui fit écho.

« Et *Rome pour capitale!* exclama la voix des deux Italiens réunie à la mienne.

— *Basta, basta, questo è pericoloso!* s'écria le duc.

— On m'a dit pourtant, repartis-je, que vous aviez signé ces jours-ci la fameuse adresse à l'Empereur.

— Voilà un soupçon à me faire exiler, répliqua don Marino, *per Dio!* n'allez pas répandre ce bruit.

— Ayez l'audace de vos doctrines et de vos millions, monsieur le duc; la papauté a besoin de la caisse des Torlonia, et les Torlonia n'ont que faire des faveurs papales. Si vous étiez prince de Bracciano, je vous proposerais une action superbe pour vous illustrer.

— *De che questo, Gesù Maria!* riposta don Marino.

— Vous auriez offert à dix mille Italiens garnison dans votre forteresse, et les Torlonia auraient tenu en échec Pie IX, comme jadis les Orsini le pape Borgia.

— Vous oubliez les Français, répliqua gaiement M. Loiseau; une douzaine de nos artilleurs ne feraient qu'une bouchée de ce donjon.

— Péripétie héroïque, repartis-je; don Marino, enseveli dans les décombres de la forteresse vivrait éternellement dans l'histoire de la patrie! »

A cette petite scène bruyante succéda un silence assez morne lorsque après avoir pris congé du médecin et du procureur, nous nous retrouvâmes en voiture. Les chevaux, qui galopaient sur la route, imitaient par leur vitesse les sifflements de la bise glacée. Nos trois têtes se plongèrent dans nos manteaux, nous restions muets pour nous réchauffer. Nous dépassâmes ainsi *ponte di Galera*, point pestilentiel de la campagne, redouté surtout la nuit. Aux approches de la *Storta*, don Marino, me croyant endormie, trahit ses réflexions prudentes en disant à demi-voix à M. Loiseau:

« Votre chère compatriote est très-*dangereuse*, elle entraîne les plus modérés à des incartades politiques que Rome ne tolère point; je vous ai eu pour témoin, monsieur le chancelier, et vous savez que je n'ai pris en tout ceci aucune initiative.

— Je le jurerai au besoin, monsieur le duc, vous pouvez donc rassurer votre esprit; quant à madame, il faut la traiter en *poetessa* et comme si c'était un dithyrambe qu'elle vous eût déclamé. Mettons que la Malibran vous eût chanté à Bracciano un air patriotique, ou bien encore qu'on vous surprît au musée du Capitole admirant le buste de Brutus. Sitôt que la politique se revêt d'imagination, elle échappe à la rigueur de la loi, car elle lui paraît peu redoutable. » Il dit cela d'une façon charmante avec une pointe d'ironie qui sans doute me fut appliquée par l'excellent duc et dont pourtant je ne me sentis pas atteinte.

Je fis un léger bâillement comme si je sortais d'un somme profond.

« Mais à propos, dis-je à don Marino, vous m'avez promis les vers que Walter Scott a écrits sur Bracciano.

— Vous les aurez, *cara poetessa*, répliqua don Marino retrouvant sa cordiale humeur; ils sont entre les mains du prince, mon frère, qui me les donnera pour vous. Tous deux, à l'exemple de notre père, nous aimons et nous honorons les écrivains, et les artistes de toute nation et de toute opinion. »

Il me tint parole et m'apporta le lendemain matin l'album où Walter Scott, à son retour de Bracciano, écrivit les vers dont je donne ici la traduction littérale :

« Fragment d'une tragédie anglaise qui a pour titre : *La duchesse d'Amalfi*.

« A la duchesse Torlonia, joint aux souhaits de bonheur et de respect pour elle et pour toute sa famille.

« Le lieu dont il est ici question est censé rappeler le château du duc de Bracciano, château dont le duc porte le nom.

« Scène. — Cimetière d'une chapelle abandonnée et déserte. »

« Entrent deux personnages du drame.

« Premier personnage. — J'aime ces anciennes ruines, nous ne marchons jamais sur elles sans mettre le pied sur quelque histoire évanouie. Sans nul doute, ici, dans la rude enceinte de ces murs dégradés, qui maintenant sont exposés aux tempêtes de l'hiver, des hommes demeurent ensevelis qui aimèrent beaucoup l'Église et lui donnèrent beaucoup ; ils crurent que l'Église conserverait toujours leurs dépouilles ; mais les temples et les tabernacles périssables comme les hommes doivent avoir la fin que nous avons nous-mêmes.

« Walter Scott. »

« Rome, 8 mai 1832. »

Ce fragment n'a d'un peu saillant que les deux derniers vers : « Les temples et les tabernacles, périssables comme les hommes, doivent avoir la fin que nous avons nous-mêmes. » A coup sûr cette réflexion philosophique, qui semble renfermer un présage, eût été mise à l'*index* si j'avais tenté de la publier à Rome.

La fin de notre excursion s'était accomplie gaiement. En approchant de *ponte Molle*, la route descend et monte à travers des monticules qui décrivent des creux profonds. Dans l'un est une ferme à côté du petit pont d'*Acqua traversa* jeté sur un ravin. Il faisait nuit close quand nous traversâmes ces défilés mal famés. Les troncs noirs des arbres figuraient çà et là des hommes embusqués sur le chemin.

« C'est sur ce point de la route que tous les voleurs de Rome se donnaient encore rendez-vous il y a à peine douze ans, nous dit don Marino ; redoutés et impunis, ils exerçaient leur métier comme une fonction légale ; ils ne reculaient que devant une forte escorte de gendarmes pontificaux rarement accordée aux voyageurs. C'étaient d'ailleurs des vauriens peu sanguinaires ; ne tuant que ceux qui leur résistaient. Leur payer rançon était devenu une habitude. C'est ce que je fis moi-même lorsqu'ils m'arrêtèrent un soir sur le pont d'*Acqua traversa*. Ces guet-apens n'ont cessé que depuis l'occupation française.

— Décidément, pensai-je, les abords du *ponte Molle* sont des lieux maudits ; rendez-vous de débauche sous les Césars et coupe-gorge de brigandage sous les papes. »

LX

Deux heures après, j'étais étendue sur une bergère du petit salon où je réunissais chaque soir quelques personnes. L'excès de ma lassitude me rendait une sorte de repos qui me permit de recevoir mes visiteurs accoutumés. L'un d'entre eux, esprit fin, mordant et bref, qu'on pourrait comparer à Rivarol ou à Chamfort (on trouve encore de ces esprits du dix-huitième siècle dans la haute société étrangère), me railla sur mon admiration pour le vieux donjon de Bracciano.

« Vous aimez trop les pierres et les monuments, ajouta-t-il, une anecdote, où les mœurs se reflètent, en dit plus à l'imagination que tous les édifices ; si vous aviez pu recueillir dans les archives de Bracciano quelque aventure galante sur les *Orsini* ou les *Borgia*, je comprendrais la fatigue que vous vous êtes donnée ; ce qui amuse vaut toujours la peine qu'on se fatigue.

— Je retourne l'axiome, lui repartis-je : ce qui instruit est toujours digne d'un effort.

— Eh bien, quoi ! répliqua-t-il ; pensez-vous être en état, à l'heure qu'il est, d'écrire une description bien claire des remparts, des voûtes, des souterrains, des tourelles, des mâchicoulis et des *trabochetti* qui s'enchevêtrent à Bracciano ?

— Qui croirait, lui dis-je, que c'est un archéologue qui parle ? Vous raillez tout, même votre métier.

— C'est que j'en ai la lassitude et ne trouve rien de moins égayant que les dissertations qu'il m'impose. Vous même n'êtes-vous pas souvent lasse d'écrire, de vous faire imprimer et de vous guinder en public ? Le public est un autocrate à la Louis XIV, qui ne permet qu'on se présente à lui qu'en habit de cour. Vive le laisser-aller d'une ariette du *Barbiere*, ou quelque récit vif et hardi qui se déroule sans pompe, au naturel, comme fait la vie. Vous allez écrire un livre sur Rome, j'en suis à l'avance écrasé pour vous. Nos ruines, nos musées, nos sept collines, Saint-Pierre, le Vatican et Bracciano par-dessus !... sera-ce assez lourd ? Ah ! si j'avais l'esprit délié d'une femme, comme j'aurais glané dans un champ moins vieux ! Rome est la terre fertile des scandales charmants ; la France les a tués par sa Révolution ; l'Angleterre les broie sous la roideur de son *cant* ; à Rome ils survivent, ils s'étalent encore en talons rouges, en poudre à la maréchale ; ils se targuent de leurs quartiers ; ils chancellent un peu, j'en conviens, au choc brutal de l'égalité menaçante ; raison de plus pour recueillir les derniers, pour mettre leur saveur en flacon, comme ces vins sortis d'une vigne morte qui deviennent introuvables aux gourmets.

— Mais ces jolis contes véridiques, où voulez-vous que je les prenne ? lui répondis-je ; vous, qui les goûtez si bien, vous devez les savoir tous. Dites-m'en donc un pour échantillon, et je verrai s'il peut être répété en public.

— Votre réflexion morale m'arrête tout court, vous falsifierez ma naïve histoire ; vous l'escorterez de maximes philosophiques et humanitaires ; vous auriez peur de sa pimpante crudité.

— Ou je ne reproduirai pas votre récit, ou j'en serai l'écho exact, sans variation et sans ritournelle ; je voudrais ici, ajoutai-je, un sténographe qui nous écoutât. »

M. Delâtre s'offrit à noter par signes ce que voudrait bien nous dire le gai conteur.

« Je me transforme, reprit-il, en vieille gazette, car tous les salons et tous les couvents de Rome ont ressassé l'histoire que je vais vous dire. De ces hauts lieux elle est tombée aux boutiques et des boutiques dans la rue; la famille même de l'héroïne en parle sans pruderie; ce qui, soit dit en passant, est une des modernes *vertus romaines;* pourquoi renier les siens pour des peccadilles? En France vous marchez sur les échasses du respect humain; vous êtes superbes et secs pour tout ce qui choit; les cœurs et les sens sont soumis chez vous à une assemblée de grands juges qui s'octroient des brevets de pudeur par leurs arrêts. Vos mœurs en acquièrent un lustre de parade, mais vos romans sont devenus des traités de morale et des homélies.

— J'ai noté l'exorde, dit M. Delâtre; passons au récit, que nous savons tous, il est vrai, mais madame est Française et l'histoire est nouvelle pour elle.

— Soit, répliqua le résolu conteur, je commence : De toutes les belles filles de Rome, la brune Gertrude était la plus belle il y a soixante ans; son père était un petit expéditionnaire de Rome rédigeant des brefs pour les évêchés; il gagnait à peine le pain et le gîte de ses nombreux enfants, et Gertrude n'avait qu'une robe. Les princes romains prétendaient qu'elle était de trop et que, comme la *Venere* du Capitole, sa jeunesse suffisait pour la bien vêtir. Nous sommes la terre des *concetti;* ampoulés ailleurs, ils sont ici naturels. J'ai connu Gertrude lorsqu'elle avait quarante ans; elle était encore tellement splendide que je me figurai ce qu'elle fut dans sa fleur. Quels yeux! quelle chevelure! quelles narines frémissantes! Le mieux tourné, le plus riche et le plus logique de nos ducs se fit ce raisonnement à la turque : « Je « pourrais l'avoir pour maîtresse, mais d'autres l'auront aussi « et je la veux seul; je la veux comme un marbre rare, comme « un joyau de prix dont je ne céderais pas la moitié; elle me « plaît, m'agite et m'est délectable; c'est une superfluité, une « merveille qui complétera le luxe dont je suis héritier. » Vingt de ses pareils la convoitaient; lui l'épousa à la barbe de l'aristocratie romaine comme Messaline épousa Silius à la barbe de Claude. Nous avons gardé dans nos passions du ferment antique; l'amour est encore pour nous cet éblouissement charnel que la

beauté produit: flamme d'un sang qu'a chauffé le soleil. C'est, j'en conviens, un âpre égoïsme, une convoitise où le *moi* absolu demande à jouir. Dans ces ardeurs qui entraînent tout et qui font tout braver, la tendresse, le dévouement n'entrent pour rien; *l'autre* n'existe que parce qu'il nous attire, nous possède, et que nous souffririons s'il n'était pas à nous. Du jour où il nous laisse calmes nous le rejetons comme un frac usé. Si Messaline eût vécu, elle eût répudié Silius. Le duc ne répudia pas Gertrude, mais, après un premier héritier, il brûla pour des femmes nouvelles, feux rapides dont Jupiter a donné l'exemple. Gertrude restait la plus belle des Romaines; son éclat de duchesse était bien le cadre qu'elle méritait, elle portait le brocart et les diamants comme une reine, habitait un palais comme si elle y était née et brillait dans sa loge d'Opéra plus que le lustre aux girandoles de cristal. Voilà un écho des *concetti* du temps dont on se servait pour parler d'elle. Elle bondit comme une cavale en se sachant délaissée; elle s'indigna d'être quittée la première, elle plus jeune et plus attrayante que lui! De quel droit l'abandonnait-il après l'avoir disputée à tant d'autres qui l'aimaient? Son sang plébéien, sang aussi de la Rome païenne, bouillonna du désir fougueux des représailles. De tels désirs sont comme des fleurs en serre chaude, leur éclosion est immédiate. Elle pouvait choisir, elle ne choisit pas; elle s'égara au hasard parmi la noblesse romaine, les princes étrangers et les officiers français. Car vous étiez alors, comme aujourd'hui, maîtres de Rome; c'était le temps où Monti publiait sa *Basviliana*[1], où Miollis nous gouvernait et faisait fouiller le *Forum*. Le duc tenait table ouverte pour les *conquérants des trônes et des cœurs!* Autre *concetti* du temps que le duc employait lui-même. Il savait Gertrude consolée et se disait que c'était justice; mais la jugeant sans discernement et sans frein, il eut des inquiétudes de caste. Il lui tint un matin ce bref discours : « Je vous ai mis la bride sur le cou, mais je n'entends
« pas pourtant que vos ruades entraînent ma maison; je veux la
« sauvegarder pour mon fils, qui doit hériter de mes titres et de

---

[1] Poëme sur la mort d'Ugo Basville, ambassadeur de la République française à Rome, assassiné dans le Corso pour les *San-Fédistes*.

« ma fortune ; si vous lui donnez des sœurs, fort bien, je les do-
« terai sans m'en effaroucher ; mais si vous veniez à lui donner
« un frère, il est entendu que je n'en saurai rien : Rome a prévu
« ces éventualités en fondant l'*hospice Saint-Michel*. Ceci dit, ma
« chère, amusez-vous, mais ne me mésalliez pas ; souvenez-vous
« que si vous preniez un amant en dehors du monde où je vous
« ai transplantée, je le jetterais par la fenêtre. »

« Gertrude trouva ces conditions acceptables et vécut gaiement,
sauf les perplexités que lui causèrent deux grossesses ; elle fit
pendant leur durée des neuvaines à la Madone ; elle lui offrit des
colliers de perles fines et des voiles brodés d'or ; grâce à sa céleste protectrice, elle mit au monde deux filles qui grandirent en
paix sous les yeux du duc. Il était vraiment majestueux dans sa
tolérance ; il avait le calme de Marc Aurèle dédaignant les débordements de Faustine ! Gertrude se lassa des princes romains, elle
les trouvait laids, impertinents et volages ; les officiers français,
voire les généraux, lui semblaient un peu soldatesques. Elle rêvait
un *patito* plus humble, doux, soumis, bien fait de sa personne,
toujours prêt à aimer. Cette image passa un matin dans son esprit et le soir même lui apparut sous une forme vivante. Elle
était dans sa loge d'Opéra, prenant un sorbet durant un entr'acte ;
elle avisa à l'orchestre un homme superbe dont Adrien eût
fait un Antinoüs ; c'était un pauvre violon nommé Lorenzo, mal
vêtu, mais trahissant sa beauté sous ses guenilles. La duchesse
s'en affola, et quand il exécuta un petit solo d'une mélodie tendre,
elle lui cria : *Bravo !* et se dit : « C'est une belle âme ! »

« C'était par le fait un bon et vaillant cœur, un de ces êtres à
part, comme la nature en sait faire. Avant Gertrude, il n'avait
aimé que la musique, et quand il se vit l'élu d'une duchesse, il
rêva de devenir pour elle un Cimarosa. Elle fut jalouse de cette
ambition inutile ; elle le voulait à toute heure, elle le forçait à se
vêtir d'habits de gala ; et ni plus ni moins qu'une impératrice romaine, étalant son favori dans son char, elle menait au Corso
l'humble violon dans son carrosse.

« A la première rencontre le duc fronça le sourcil, et il eut une
colère de Vulcain lorsqu'un jour, arrivé à l'improviste de *villeggiatura*, il apprit d'un serviteur que sa Vénus populaire venait

d'introduire Adonis dans l'Olympe de sa chambre. La duchesse, sans défiance, les yeux tendus vers le plafond mythologique de l'alcôve, montrait du regard au pauvre être en extase un Apollon qui caressait Daphné.

« Sa porte brisée par les coups du maître trancha violemment leur contemplation. Elle poussa Lorenzo dans son boudoir, puis se rua vers l'ennemi comme une panthère; elle s'arrêta en voyant le duc armé; il ne la regarda pas même et marcha droit au boudoir un pistolet au poing:

« — Vous allez sortir par cette fenêtre, dit-il au violon qui ne tremblait pas.

« — Mais c'est sa mort, s'écriait Gertrude, la cour est dallée, y pensez-vous?

« — Je ne veux pas vous tuer chez moi, reprit le duc s'adressant toujours à Lorenzo, je ne veux pas de votre cadavre dans mon palais; en bas mes palefreniers le ramasseront comme celui d'un voleur qui tombe en faisant une escalade.

« Lorenzo comprit le dilemme inexorable; le duc le poussait avec son pistolet vers la fenêtre ouverte; il sauta sans hésiter; ses mains s'écorchèrent un peu, mais le soir même il tenait son violon à l'orchestre.

« Gertrude se lamentait sur son lit.

« — Fort bien, dit le duc arrangeant les courtines, endormez-vous et ne parlez pas.

« Il appela le serviteur qui l'avait averti : — Vous avez insulté la duchesse, et je vous chasse; il n'y a pas d'homme ici ! s'écriat-il en parcourant la chambre et le boudoir.

« Le valet ébahi furetait dans les coins pour convaincre son maître; mais, n'ayant rien trouvé, il sortit la tête basse en disant: *Questa è opera del Diavolo?*

« Gertrude souleva son visage et pleura; elle s'imaginait qu'elle allait mourir de la main du duc.

« — J'ai horreur de toutes ces convulsions, ma chère, lui dit-il en lui faisant respirer des sels; souvenez-vous que vous êtes duchesse, et ne me commettez plus avec la canaille. Mort ou vivant, si vous revoyez ce drôle, je vous fais enfermer dans un couvent.

« Cette tragédie, malgré son dénoûment placide, épouvanta

Gertrude. Elle aimait la vie plus que son amant. Elle l'eût oublié pour quelque autre aventure, sans la terreur d'une syncope subite qui la frappa un soir au milieu d'un bal.

« — Serait-il possible! Oh! sainte Madone, veillez sur moi cette fois encore!

« Mais la Madone était lasse sans doute de protéger ces païennes amours; tous les *ex-voto* n'y purent rien : Gertrude accoucha d'un fils.

« Le duc était allé passer vingt-quatre heures dans ses terres; l'enfant fut porté sans bruit aux *Enfants trouvés*; Lorenzo sut tout et veilla sur lui; il le recommanda aux moines, qu'il intéressa par ses cadeaux. Tout ce que gagnait le pauvre père passait dans leurs mains pour le nourrisson.

« L'enfant grandit, intelligent et beau, franc comme son père. Ce pauvre diable de joueur de violon me semble un héros dans sa tendresse énergique. Un jour il enleva son fils à l'hospice Saint-Michel et le confia pour le faire instruire aux révérends pères jésuites. Ceux-ci, apprenant de qui l'enfant était né, le caressent, le choient et le dorlotent comme une poule aux œufs d'or.

« Les années passent, le duc meurt; Gertrude devient duchesse douairière; son fils aîné duc et prince; ses deux filles duchesses. La mère sait bien que l'autre enfant vit, mais c'est comme un fruit mort tombé de ses entrailles : — Il a, se dit-elle, la maternité de l'Église et la paternité des bons pères jésuites. Il porte leur robe, vraie robe de Nessus qu'on ne peut jamais dépouiller; le voilà à l'abri des tentations mondaines, impuissant à troubler le repos maternel.

« Gertrude vieillit dans sa quiétude, sans avouer l'enfant, mais sans le renier; elle comblait de dons la Compagnie bénévole qui protégeait sa sécurité.

« Un beau jour la jubilation éclate parmi les pères. Le duc, le fils aîné, est mort sans rejeton! Les maris des deux sœurs croient tenir l'héritage; le supérieur général lui-même les a félicités; ils savent l'aventure de la duchesse, mais qui donc pourra l'attester? Princes débonnaires, émus par la charité chrétienne, ils songent à la parabole de l'Évangile et se disent que des miettes de leur table ils doivent faire une aumône à l'enfant! Ils présentent leur offrande aux bons pères, qui, se dressant alors redoutables, s'écrient : — Fort bien ! Vous le connaissez donc? En ce cas, c'est à lui de se faire sa part! c'est à nous de saisir ce que vous croyiez vôtre !...

« Le *c'est à vous d'en sortir !* de Tartuffe produisit moins d'effroi dans la maison d'Orgon.

« On peut résister au pape même à Rome ; on pouvait résister au doge même à Venise ; mais on ne résiste pas plus aux jésuites qu'on ne résistait au *conseil des Dix*. A l'encontre de ses habitudes mystérieuses, la puissante Compagnie commença ouvertement et résolûment l'attaque. Par de précédentes investigations, mises en réserve, elle avait en main les preuves que l'enfant était né de la duchesse ; cela suffit pour le gain du procès. La loi romaine est trop pudique pour admettre, en aucun cas, l'adultère ; l'enfant de l'épouse est toujours celui de l'époux. La duchesse eut beau faire l'aveu d'un péché de jeunesse, conseillée par ses gendres qui lui disaient : « Avant tout « sauvons les millions ! » elle eut beau, reniant le pauvre instrumentiste, désigner comme son tentateur un général du temps de la République ; celui-ci, devenu pair de France, déclara dans vos journaux qu'on calomniait sa moralité ! Il avait été l'ami intime du duc, mais seulement l'admirateur platonique de la duchesse. — Oui, la duchesse est digne de tous les respects, s'écrièrent les révérends pères, pourquoi dire que nous voulons son déshonneur? Nous la réhabilitons, au contraire! Le duc reste le seul père authentique de ce fils qui nous fut remis au berceau pour que nous élevions son âme en vue du ciel !

« Secondant par tendresse les bons pères, le pauvre violon se cachait et les laissait faire. Un arrêt solennel fut rendu, qui accordait à l'enfant abandonné tous les titres de famille du duc et son patrimoine énorme. Les jésuites palpèrent parchemins et domaines, sans soupçon du pupille soumis. Brutus est resté pour les jeunes Romains un instituteur de prudence qui leur enseigne à feindre et à se contenir. Tremper son esprit dans le silence, accroître sa force par l'inaction, enflammer son ardeur dans la froideur de la règle et de l'obéissance, puis se révéler tout à coup : intelligent, résolu, ardent dans une éclosion tonnante d'aloès, c'est le fait d'un grand nombre qui sont restés obscurs ; car cette énergie occulte n'ayant pas pour but le patriotisme n'éclate que dans les passions personnelles.

« Le nouveau duc avait eu la dissimulation de Brutus; la revendication de sa fortune au père général fut son coup de poignard à César. Le révérend père poussa le cri du dictateur mourant en se voyant dépouillé par ce fils ingrat. Comme Brutus, le duc eut l'amour de la liberté pour excuse; de sa liberté à lui, violentée et non éteinte; de sa robe de servitude, rejetée pour une robe virile; de sa jeunesse demandant à vivre, de son cœur demandant à aimer. Il espéra apaiser Cerbère en lui laissant une part du gâteau; Cerbère, avide, voulait le gâteau tout entier et tenta de broyer sa proie qui fuyait.

« Les vaincus, que la vengeance n'a pas consolés, ruminent encore leur défaite. Leur transfuge, triomphant et heureux, s'est fait citoyen de l'Italie libre. Le Brutus bourgeois a choisi pour femme une Porcia protestante dont la conscience échappe à la direction des casuistes.

— Voilà mon histoire finie, je m'en veux qu'elle soit si longue. »

Et le conteur, prenant son chapeau, me salua et gagna la porte.

« Et le pauvre violon? lui demandai-je en l'arrêtant.

— Mort ou disparu, répliqua-t-il, pour ne pas jeter une ombre sur la vie de son fils. »

Puis il s'échappa précipitamment; il avait la terreur des commentaires.

Ayant rencontré deux jours après, comme je passais devant le couvent des jésuites, le duc ***, un des gendres de Gertrude, que je connaissais depuis quelque temps, il me dit spontanément : « Voilà une maison qui m'a fait perdre plusieurs millions. » Et sans se faire prier, il me confirma toute l'histoire, qu'il termina par cette moralité : « La duchesse était cependant une bonne pâte de femme; mais, que voulez-vous, elle suivait un peu trop la nature! »

LXI

Mes amis de France et d'Italie m'avaient écrit si souvent : « Vous ne pouvez quitter Rome sans voir le cardinal Antonelli, » que le lendemain de mon excursion à Bracciano (samedi 4 mai 1861), je me déterminai à me rendre de nouveau au Vatican vers trois heures pour tenter d'être reçue par Son Éminence. Les *camerieri* qui flânaient dans la cour *San Damaso* m'assurèrent que le cardinal était chez lui.

Je montai à droite l'escalier (en face de l'entrée du Musée) qui conduit aux appartements privés du pape. Cet escalier moderne, tout nouveau, est très-beau et très-doux. A l'entresol loge monseigneur Pacca [1], au premier étage le pape et au-dessus le cardinal Antonelli [2] dans un vaste appartement assez bas de plafond.

Arrivée au bout de l'escalier de marbre, je franchis une petite antichambre où se trouvent une dizaine de laquais. Je remets ma carte à l'un d'eux ; il me fait traverser plusieurs salons qui communiquent les uns aux autres par des portes ouvertes ou plutôt sans battants. Empressé et poli, comme la plupart des serviteurs italiens, le domestique m'introduit et me prie d'attendre dans un joli salon décoré de beaux tableaux, de marbres et de bronzes rares [3], d'un meuble en damas et de riches tapis ; on se croirait chez une élégante du faubourg Saint-Honoré, et non chez un cardinal. Sur les fauteuils et les canapés sont épars un grand nombre de coussins brodés avec des perles de nacre, de jais ou d'acier et enjolivés de passementeries et de chenilles. Ce sont autant de dons féminins faits par les dévotes du monde entier au galant

---

[1] Neveu du célèbre cardinal de ce nom, *maestro di Camera* de Pie IX, ce qui équivaut à premier chambellan.

[2] A ses fonctions de ministre d'État le cardinal Antonelli réunit celles de grand-maître du palais.

[3] On prétend que le cardinal Antonelli a une fortune énorme tant en capitaux qu'en collections d'objets d'art et de pierres précieuses, antiques et modernes, toutes montées en bagues.

cardinal. Les salons qui suivent celui-ci sont encore plus somptueux ; toutes les fenêtres dominent le panorama de Rome ; mes yeux s'arrêtent en face sur le château Saint-Ange, gardé par les soldats français.

Après quelques minutes d'attente, je vois venir le cardinal ; il est vêtu d'une soutane et d'un camail noir liséré de rouge. Il porte à l'un des doigts de la main droite une superbe émeraude carrée et gravée. Son aspect me surprend ; il est assez frêle et sa démarche est incertaine : ses portraits le représentent beaucoup plus fort qu'il ne l'est ; il y a quelque chose d'indécis et de flasque dans toute sa personne ; ses traits et son teint sont d'un Hindou, ou plutôt d'un Chinois ; sa bouche, large et grimaçante, est horriblement déplaisante ; ses dents sont longues et jaunes ; ses yeux pleins de flamme sont caressants, mais par éclairs très-durs et presque féroces. C'est un regard animal plus qu'intellectuel.

Je le remercie d'avoir bien voulu me recevoir si vite. Il me fait asseoir sur une étroite causeuse et s'assied à côté de moi, de façon que ma robe ample touche sa soutane. Je lui dis que j'avais pensé le rencontrer aux réceptions de l'ambassade de France. Il me répond que la goutte dont il est atteint depuis quelque temps l'empêche d'aller dans le monde. La vérité, c'est qu'il en veut au duc de Gramont depuis la publication des fameuses dépêches.

« L'air de Rome me paraît malsain, dis-je au cardinal reliant cette réflexion à ce qu'il vient de dire de sa santé ; je souffre toujours depuis que j'y suis.

— Ah ! vous croyez à la *mal'aria*, réplique-t-il en riant ; c'est encore une de ces calomnies imaginées contre Rome. On ne prend la fièvre ici que par imprudence.

— Mais, monseigneur, j'ai vu hier sur la route de Bracciano un village nommé *Galera*, abandonné par tous ses habitants à cause du mauvais air ; les marais d'Ostie, que j'ai traversés il y a quelques jours en allant visiter les fouilles, ne me semblent pas non plus très-sains. Ne pourrait-on pas les dessécher ?

— Que voulez-vous qu'on entreprenne en temps de révolution ! » me répond-il.

Je me dis tout bas que bien des siècles se sont écoulés sans qu'on fît rien ni pour le bien-être du peuple ni pour sa vraie moralité. Mais je ne veux pas le heurter en commençant, afin de pouvoir lui dire avec liberté tout ce que je pense sur les grandes questions du moment. Il est d'ailleurs si bienveillant qu'il ne donne pas prise à une parole vive; il me parle avec cette douceur, cette familiarité aimable et cette absence de morgue qui frappent et charment dans tous les Italiens. Depuis les hommes d'État jusqu'aux serviteurs, l'Italien est toujours naturel où le Français *pose* toujours et se pavane dans ses fonctions. Le son de voix et les manières du cardinal me rappellent Liborio Romano; il joue, en me parlant, avec une tabatière, mais il s'abstient de l'ouvrir et de priser tout le temps que dure notre entrevue; il m'appelle sans cesse : *Ma chère*, et prend parfois ma main en gesticulant. Le *mia cara* italien forme une nuance avec la même expression en français; c'est plus doux, plus caressant et moins protecteur.

« Qu'êtes-vous venue faire en Italie, me dit-il, ma chère? C'est un mauvais moment.

— J'y suis depuis dix-huit mois, monseigneur, et j'y ai vu s'accomplir de bien grands événements; je parlerai franchement et librement à Votre Éminence de mon amour pour l'Italie qui renaît et de mes vœux pour son unité; car mes sympathies pour votre beau pays tiennent à des convictions de cœur et d'esprit, et n'ont rien à démêler avec les intérêts humains; quand l'opinion est désintéressée, elle peut être hardie, monseigneur, c'est pourquoi j'oserai vous exprimer la mienne tout entière.

— Parlez, parlez, ma chère, je vous écoute avec beaucoup de plaisir.

— Tout enfant, je me suis nourrie de vos poëtes, j'ai pleuré sur les martyrs du Spielberg; les premiers vers que j'ai faits ont été inspirés par Silvio Pellico.

— Oh! celui-là, dit-il, était un doux martyr, un révolutionnaire comme il n'y en a plus; il ne s'est pas détourné de nous, et l'Église l'a reçu en paix dans son sein. »

Tandis qu'il prononce ces paroles, je me dis que la tyrannie trouve son compte dans ces résignations surhumaines qui ne dénoncent pas ses crimes; mais il y a même dans le silence des victimes une protestation tacite qu'enregistre l'histoire.

Je reprends :

« Je suis née en Provence; je suis donc presque Italienne par le sang. Beaucoup de familles de la noblesse provençale, dont ma mère est sortie, furent alliées aux familles patriciennes de Gênes et de Venise; je me sens plus de confraternité avec les Italiens qu'avec les Normands, par exemple, race anglaise et froide.

— Et moi aussi, ma chère, réplique le cardinal, je suis Italien et bon Italien; je veux la grandeur de mon pays, si elle est possible, mais nous avons l'esprit municipal; on ne déracine pas les institutions d'un peuple après tant de siècles. C'est une confédération qui nous convient et non l'unité. Comment, d'ailleurs, essaye-t-on de la fonder, cette unité? Par tous les procédés violents et par tous les crimes; on dépouille les possesseurs de leurs droits consacrés, *sacrés*, dois-je dire; on les spolie injustement. Au moyen de cette invention nouvelle du *suffrage universel*, on exalte le peuple ignorant et aveugle; grâce à cette fiction, on le mène par des mots.

— Je vous avoue, monseigneur, que l'esprit municipal et l'idée d'une confédération me semblent la politique du passé; elle a fait son temps et ne saurait convenir à notre siècle, ni fonder une grande nation. Voyez ce qui arrive à l'heure qu'il est dans les États-Unis d'Amérique! Cela ne démontre-t-il pas jusqu'à l'évidence les vices d'une confédération? Il suffit d'un intérêt relatif et matériel pour défaire la patrie et pour substituer à sa puissance et à son honneur le morcellement et la défection. Pour ce qui est du suffrage universel, je le trouve juste dans son essence, sinon toujours dans son application. Je ne puis regarder un peuple comme la propriété inaliénable d'un souverain. Cette propriété est conditionnelle, et doit être consentie de part et d'autre. Je vous concède que le suffrage universel peut être très-souvent une fiction; un levier qui fait mouvoir les masses, très-ignorantes presque toujours de leurs vrais intérêts et du mode de gouvernement dont on les appelle à décider; j'ajouterai qu'au point de vue de l'intelligence, je n'admire guère dans l'histoire que les minorités écrasées par le fait, mais superbes par l'idéal, et contenant les individualités les plus glorieuses et les plus fières. Mais, monseigneur, dans la situation actuelle de l'Italie, le suffrage universel (qui dans d'autres circonstances n'est trop souvent que l'exercice de la force numérique et matérielle contre le droit limité mais sacré de l'intelligence), le suffrage universel, dis-je, me paraît être pour le peuple italien un acte d'universelle justice; car, remarquez bien, monseigneur, que la question posée au peuple italien, et dont il est appelé à décider par ce suffrage, est élémentaire. On lui demande s'il veut être une grande et seule nation ou rester morcelé en petits États? Cette question est accessible à tous, et peut être, par conséquent, résolue par tous avec sincérité et justice.

— Je n'admets pas, je vous l'ai déjà dit, répliqua le cardinal, que ce prétendu droit du peuple puisse s'exercer contre le droit sacré et inaliénable des souverains; ce serait faire du peuple une troupe de voleurs s'introduisant chez moi soit par la force, soit par la ruse, et m'en chassant parce que je suis le plus faible. D'ailleurs, le suffrage universel fût-il accepté comme un droit, je nie qu'en aucune circonstance le peuple l'exerce avec connaissance de cause. On l'entraîne toujours ou par la violence, ou par ces grands mots vides de sens pour lui: le *patriotisme* et la *liberté*.

— Je vous jure, monseigneur, que j'ai vu à Milan, à Florence, à Naples et à Palerme le suffrage universel appliqué avec vérité et unanimité par le peuple, qui comprenait ce droit comme une protestation de la conscience attestant la justice et la dignité, et désavouant la tyrannie et le joug de l'étranger. A Palerme, j'ai vu le peuple unanime, conduit par le clergé, saluer Victor-Emmanuel comme la personnification de ce droit rationnel que vous traitez de chimérique. Trois évêques, celui de Palerme, celui de Monréal et celui de la *monarchia* faisaient cortége au roi et le bénissaient.

— Je sais bien, ma chère, qu'il y a dans l'Église quelques dissidents, mais ils sont peu nombreux. D'ailleurs ils ne peuvent rien contre le droit sacré et inattaquable dont je vous ai parlé. Ce droit éternel reste même aux souverains dépouillés; c'est une sanction divine, indépendante de la fortune. De là la grandeur et la beauté des principes que l'Église défend. Mais, ajouta-t-il en souriant de son mauvais sourire, si le peuple est si satisfait et si heureux du gouvernement nouveau que le suffrage universel lui a donné, comment expliquez-vous les soulèvements qui éclatent dans le royaume de Naples?

— Les troubles dont parle Votre Éminence, en les grossissant un peu, je le crois, ne viennent pas du cœur de la nation, mais du mécontentement de quelques-uns, dont la fortune et la vanité ont été lésées par la chute des petites dynasties[1]. Qui oserait contester, monseigneur, que la nation italienne se forme aujourd'hui comme s'est formée la nation française; c'est-à-dire par la force du tiers état, par ses lumières, ses instincts, son amour de l'égalité, sa fierté longtemps comprimée? A l'heure qu'il est, en Italie, ce glorieux et robuste tiers état a son armée dans la garde nationale, si heureuse de son importance. C'est une idée excellemment pratique de M. de Cavour d'avoir décrété la mobilisation des différents corps de la garde nationale. » J'ajoute en riant : « Envoyer les gardes nationales de Naples à Milan, et réciproquement, c'est s'exposer à brouiller les ménages; mais, à coup sûr, monseigneur, c'est unir et constituer la patrie.

— C'est aussi sur le tiers état et sur la garde nationale que reposait le gouvernement de Louis-Philippe, repartit le cardinal, cette force que vous croyez si grande n'a pas empêché la chute de la dynastie d'Orléans.

— La noblesse et le clergé, répliquai-je, n'ont pas empêché non plus celle de la dynastie des Bourbons. Votre propre réflexion, monseigneur, est comme une affirmation du droit populaire, plus fort, plus latent, plus étendu que celui des castes.

— Que gagneront, s'écria-t-il, les sociétés modernes à supprimer ce qui formait la tête des nations, à les décapiter de leur gloire et de leur prestige, qu'y gagnez-vous, vous surtout, artistes et poètes?

— Oh! sans doute, monseigneur, dans ce naufrage du passé l'art et l'intelligence, que j'appellerai volontiers l'élément idéal d'un peuple, seront momentanément éclipsés; mais il ne s'agit pas, dans les rénovations qui agitent le monde, de la recherche de ce qui plaît et convient aux individualités, même aux plus grandes,

---

[1] A l'époque où eut lieu cette conversation, le brigandage, suscité par François II avec le concours du gouvernement papal, commençait à se produire dans les provinces napolitaines.

il s'agit de la justice absolue. Les aristocraties blessaient cette justice ; elles s'imposaient par l'arbitraire, le dédain, la suprématie et les prérogatives de quelques-uns contre tous.

— L'injustice et la tyrannie, reprit vivement le cardinal, sont aujourd'hui du côté des masses de l'aveuglement desquelles on se sert pour commettre tous les crimes. On les entraîne par l'orgueil à la spoliation, au sacrilége, au vol ; oui, au vol flagrant ; je vous répète qu'au point de vue de la morale et de la religion, je ne fais pas de différence entre dépouiller un souverain de ses États ou dépouiller un particulier de son patrimoine. L'Église ne saurait reconnaître ce droit nouveau de l'émancipation des peuples, qui n'est évidemment que le droit de la rapine et du meurtre.

— Admis ou non par l'Église, ce droit subsiste, monseigneur, et il est devenu la base de la plupart des gouvernements européens ; divorcer avec ce droit nouveau, c'est s'annihiler ; est-ce bien là la mission militante de l'Église ? Le crime, le sang, l'arbitraire n'ont pas souillé d'ailleurs la révolution italienne ; ce grand mouvement s'est accompli sans excès dans votre pays, et je dirai sans alliage. Les ambitions privées se sont effacées devant la poursuite du bien collectif. Voyez les hommes qui veulent l'unité de l'Italie : Cavour, Garibaldi, Ricasoli, Farini, d'Azeglio, Massimo, Ruggiero, Poerio, Manzoni, Gino Capponi et tant d'autres. Les généraux du roi et le roi même, tous sont mus et entraînés par une pensée unique, par le seul amour de la patrie et non par des passions personnelles. Vous disiez tantôt, monseigneur, qu'il fallait une tête à une nation. Eh bien, ces hommes, que vous méconnaissez, sont aujourd'hui la tête de l'Italie. Chez vous la révolution s'accomplit par en haut et non par en bas : elle est exempte des crimes qui ont souillé la Révolution française comme elle le sera, j'espère, de nos bouleversements successifs.

— Oh ! patience ! s'écria le cardinal, nous n'y échapperons pas [1] ; les révolutionnaires italiens ne font que commencer ; et,

---

[1] Trois ans se sont écoulés depuis cette conversation et les prévisions du cardinal ne se sont point accomplies ; la révolution italienne est restée pure de tout excès ; ceux qui l'aiment pourraient lui faire le reproche contraire, c'est d'avoir manqué de vigueur pour se compléter. Mais devant les obstacles qui l'entravent, l'accusation s'arrête ou plutôt se tourne ailleurs.

pour première preuve de leur modération, ils ont étendu leur main armée sur les biens de l'Église et insulté la religion.

— Mais on n'en veut qu'au pouvoir temporel, monseigneur ; je viens de parcourir l'Italie entière ; j'ai séjourné dans ses villes principales, et partout j'ai été frappée du respect qu'on garde envers le catholicisme. La foi catholique est beaucoup plus réelle en Italie qu'en France, et les sentiments romanesques, qui participent des sentiments religieux, n'y sont pas raillés comme chez nous. Le roi Victor-Emmanuel a la plus grande vénération pour la religion. A chaque entrée triomphale dans une ville italienne, il se rend à la cathédrale comme pour se mettre sous la protection de Dieu.

— Religion de parade, réplique le cardinal.

— Mais ses fils et ses filles pratiquent la foi que vous défendez.

— La princesse Clotilde est vraiment pieuse, reprit-il, aussi doit-elle souffrir et s'indigner.

— Je crois, monseigneur, que les enfants du roi font comme la nation et comme l'armée, ils séparent la religion du pouvoir temporel. J'ai vu à Bologne des soldats italiens entendre la messe la face prosternée, communier et baiser avec componction des reliques dans l'église de la Madone de Saint-Luc, à côté de laquelle ils bâtissaient un fort pour défendre l'indépendance italienne.

— Voilà ce que la révolution a fait d'un peuple doux et pieux, me dit-il.

— La foi catholique reste à ce peuple, repartis-je ; n'est-ce pas pour l'Église une grande consolation, un motif d'indulgence envers le patriotisme qui anime l'Italie ? En France, le sentiment religieux est bien autrement affaibli. J'ai vu à Milan nos soldats et nos officiers sortir du Dôme quand on venait leur annoncer que le maréchal Vaillant ne pouvait assister à la messe officielle ; tandis que j'ai entendu quatre aides de camp du général della Rocca déclarer un jour qu'ils n'épouseraient jamais une protestante. Ces mariages mixtes, par parenthèse, monseigneur, se font chaque jour à Naples et à Rome ; il est bien évident pour tout observateur impartial que le Piémont et les provinces du centre de l'Italie sont plus véritablement attachés au catholicisme que les provinces méridionales, j'ajouterai que la France, où la religion n'est qu'à la surface, et, à l'heure qu'il est, qu'un étendard d'opposition.

— Je n'en disconviens pas, répliqua le cardinal, l'Italie est encore foncièrement catholique : on ne déracine pas en un jour l'enseignement des siècles. Ce sentiment religieux qui subsiste parmi nous, et dont la sincérité vous a frappée, vient de l'éducation de l'Église. C'est sur ce sentiment que nous comptons pour avoir raison de l'esprit d'égarement et de perversité de la révolution.

— N'y comptez pas trop, monseigneur, car les âmes que j'ai trouvées si fermes et si convaincues dans leurs croyances religieuses sont tout aussi inébranlables dans leur foi politique ; ces mêmes soldats qui recevaient la communion dans une église de Bologne marcheraient avec enthousiasme, leur roi en tête, pour renverser le pouvoir temporel du pape qu'ils séparent très-nettement de son pouvoir spirituel. Être béni par lui leur paraît une grâce ; en être gouverné leur est une humiliation.

— Voilà bien la subtilité révolutionnaire, reprit le cardinal ; mais une fois Rome aux mains de la révolution que devient le respect pour la religion ? que deviennent les mœurs et la sauvegarde des familles ? Déjà l'indifférence et le dédain de toute discipline morale se produisent en Italie comme en France ; qu'aurez-vous fait quand vous aurez matérialisé les sociétés ? La vénération qu'on doit au père et à la mère s'altère partout : j'en suis d'autant plus alarmé et frappé, ajoute-t-il, que j'ai, moi, pour ceux à qui je dois la vie, un pieux respect ; je n'entre jamais chez ma mère que la tête découverte, en m'inclinant et en lui baisant la main[1].

— Oh! monseigneur, lui dis-je avec un peu d'ironie, pourquoi tous les prêtres français ne s'inspirent-ils pas de ce sentiment si beau? Pourquoi lorsque nous leur livrons, à l'époque de la première communion, nos enfants purs, aimants, respectueux, au lieu d'affermir l'amour qu'ils nous doivent le dissolvent-ils trop souvent par une contre-morale que j'oserai qualifier de pervertie, puisqu'elle change nos enfants en espions de nos actions, en juges de notre conduite, en censeurs de nos opinions ? Si la famille est

---

[1] Depuis cette époque le cardinal Antonelli a perdu sa mère.

libérale ou pratique la tolérance philosophique, le confesseur dispose l'enfant à la traiter en adversaire, parfois même en ennemi. L'âme ainsi repétrie, par une main qui se prétend divine, se montre rebelle à l'amour du père et de la mère, âpre aux intérêts, retranchée dans des pratiques sèches et vaines; elle abandonne la morale vivifiante du christianisme pour s'en tenir à la lettre morte d'une religion commode qui nous flagelle par ses sentences orthodoxes. Le mal dont je vous parle, monseigneur, je l'ai vu, j'en ai souffert, j'en ai mesuré l'étendue et la profondeur, et c'est un de mes griefs les plus amers contre le clergé français.

— Oh! ce mal ne vient pas des prêtres, répliqua le cardinal, et vous êtes bien injuste en le leur imputant; il vient, soyez-en sûre, du dissolvant de cet esprit philosophique que vous appelez tolérance. Vos enfants l'ont reçu avec le sang, l'ont sucé avec le lait et respiré dans l'air qui les entoure. Cet esprit a produit le positivisme des sociétés modernes, l'avidité des appétits dont vous vous plaignez, le flot de la matière qui monte toujours et menace de nous envahir comme il a envahi la France.

— Mais si vous redoutez pour votre pays ce danger, ce malheur, dirais-je, comment, monseigneur, le menacez-vous d'un divorce possible entre l'Église et l'État? Les craintes morales que vous m'exprimez doivent déterminer la papauté à s'entendre avec l'Italie. C'est une tâche digne du véritable esprit de l'Évangile de faire de la Religion le couronnement moral de l'unité italienne et de répandre d'en haut les lumières de l'esprit sur tous ces êtres matériellement affranchis. Permettez-moi de vous dire, monseigneur, que je ne comprendrais pas que la papauté, qui a successivement reconnu en France et ailleurs tous les gouvernements, quels que fussent leurs crimes et leurs excès, se montrât plus rigoureuse envers l'Italie qui la touche de plus près, et est en réalité plus fervente et plus respectueuse pour l'Église que les autres nations.

— Vous comprenez mal l'esprit de l'Église, repartit le cardinal, il n'a pas varié à travers les révolutions qui se sont produites dans le monde. Pour ne parler que des bouleversements contemporains, l'Église a blâmé les évêques français qui ont béni les arbres de la liberté pendant *la Révolution de Février* et ceux qui ont béni *le Deux Décembre* comme elle avait blâmé ceux qui avaient béni *la Révolution de Juillet*. Les d'Orléans sont aussi révolutionnaires pour nous que les bonapartistes; le duc d'Aumale en fait l'aveu dans la lettre qu'il vient d'adresser au prince Napoléon : il est resté le petit-fils de Philippe-Égalité. L'Église ne peut et ne veut pactiser en rien avec la révolution, car les actes violents et armés de la révolution sont réfractaires à l'esprit de l'Église. Pour que cet esprit, sauvegarde de toute morale ici-bas, puisse s'exercer sans contrainte, ajoute-t-il, il faut que l'Église soit assurée par le pouvoir temporel de son entière liberté d'action dans le pouvoir spirituel.

— Mais cela fût-il vrai, monseigneur, vous voyez bien que cela n'est plus possible; vous ne gardez sans doute pas l'illusion, que les Romagnes, et les autres États annexés rentreront jamais sous la domination du pape?

— Je crois fermement qu'ils y rentreront un jour, réplique le cardinal en s'animant; on a vu dans l'histoire, et pas très-loin de nous, de ces retours inespérés; Rome a été *le département du Tibre*; Pie VII fut prisonnier à Fontainebleau et ses successeurs ont trôné de nouveau au Vatican. Mais dussions-nous périr, l'Église gardera son attitude inflexible : d'ailleurs il est trop tard pour s'entendre avec le Piémont; je nie la sincérité religieuse des hommes qui ont décrété les violences commises par ce petit État; ils sont pour moi comme des voleurs armés qui assurent de leur dévouement ceux qu'ils dévalisent.

— Vous partez, monseigneur, d'une doctrine absolue que rien ne modifie et qui condamne d'avance toute interprétation de l'Évangile, différant de celle de l'Église, et vous empiétez, permettez-moi de le dire, sur le domaine laïque en lui interdisant toute variation. Les sociétés nouvelles sont plus généreuses; elles ne repoussent pas l'Église, mais elles veulent que l'Église s'identifie avec la patrie et n'en soit pas la négation; elles cherchent de bonne foi l'*emboîtement* possible, passez-moi l'expression, de la religion qui reste stationnaire et de l'humanité qui progresse. La solution d'un tel problème doit tenter votre ambition, monseigneur; que ne voyez-vous M. de Cavour? que n'essayez-vous de vous entendre avec lui? C'est un grand esprit et un politique pratique ; une entrevue entre vous deux peut aplanir bien des obstacles ; je vous parle avec conviction, avec une émotion sincère ; j'aime l'Italie et je déplore que votre résistance entrave ses destinées ; vous pensez sauver l'Église, vous verrez plus tard que vous la perdez.

— L'Église est impérissable! répliqua-t-il, en affectant une gravité qui n'est pas en lui; d'ailleurs le temps des compromis est passé, ma chère, j'apprécie votre sincérité, je vous en sais gré, et elle m'oblige à ne pas vous laisser d'illusion sur un pacte possible entre l'Église et la révolution. Si même après le rapt à main armée des États du pape, on avait voulu nous faire croire au respect qu'on prétend porter au pouvoir spirituel, il aurait fallu, ne fût-ce que par politique, ne toucher ni aux évêques, ni aux couvents, ni à rien de ce qui tenait à la constitution de l'Église ; il eût été habile de porter ce respect à l'excès, afin de convaincre les âmes pieuses qu'on n'en voulait pas à nos doctrines; M. de Cavour aurait dû le comprendre; il devait soumettre à l'Église les réformes et les suppressions de couvents qu'il jugeait nécessaires, et ne rien faire sans notre concours.

— Il y a une vérité relative dans ce que vous dites, monseigneur, mais vous oubliez que c'est dans les couvents mêmes que se trament chaque jour les conspirations qui agitent le royaume de Naples ; vous oubliez que ce sont les évêques de plusieurs villes des pays annexés qui ont commencé les hostilités contre le roi et contre l'Italie affranchie, et Rome, monseigneur, semble leur avoir donné le mot d'ordre par son bref d'excommunication; d'ailleurs, continuai-je, voyant qu'il gardait le silence, en s'emparant de quelques couvents le gouvernement italien ne s'en est point approprié les domaines; il les a donnés pour ainsi dire aux pauvres, aux mendiants, qui pullulaient à Naples et à Pérouse ; l'État a transformé ces couvents en écoles primaires, en hospices, en établissements de charité.

— Un voleur, s'écria le cardinal, dans la bouche duquel ce mot revenait sans cesse, ne se transforme pas en honnête homme, parce qu'il fait l'aumône avec ce qu'il dérobe. Ce prétendu désintéressement de la révolution italienne ne l'absout pas à mes yeux.

— Oh! monseigneur, vous êtes implacable envers l'Italie! vous calomniez votre patrie, votre mère, que vous devez aimer, car enfin vous êtes Italien ! La fibre patriotique doit vibrer en vous ! Comment n'êtes-vous pas fier de la renaissance de l'Italie et heureux de la voir délivrée de l'étranger, des Autrichiens !...

— Oui, je suis Italien, franchement Italien, le joug étranger me révolte autant qu'il révoltait Alfieri. »

Et il me cite un vers du poëte.

« Mais étrangers pour étrangers, j'aime autant les Autrichiens que les Français. Ne sais-je pas bien d'ailleurs que l'Empereur nous joue, que l'occupation de Rome par votre armée nous tient en tutelle; n'avons-nous pas été bafoués dans l'affaire des Marches ! L'Empereur devait refuser son consentement à Lamoricière et aux Français qui s'engagèrent au service du pape; il le devait plutôt que de les livrer à une boucherie. »

Sa haine éclate dans son regard en parlant de Napoléon III; le son de sa voix perd sa douceur ordinaire, je devine que c'est là l'ennemi qu'il déteste, et que cette force qu'il doit subir et même implorer, il voudrait la dissoudre par tous les moyens occultes dont dispose l'Église.

« Je prévois l'issue, poursuit-il, et l'issue prochaine de cette politique à double face : Cavour est certain du concours de l'Empereur, à une heure dite leur pacte secret éclatera au grand jour[1].

— Avec cette conviction, m'écriai-je, comment ne vous dégagez-vous pas de la protection étrangère que vous semblez détester.

— Deux ennemis nous étreignent, répliqua-t-il, au dehors la révolution, à l'intérieur l'étranger.

— Italien, jetez-vous dans les bras de l'Italie, lui dis-je avec élan; réconciliez-vous, elle vous tend les bras; n'attendez pas qu'il soit trop tard. Quelle tâche sainte et glorieuse vous pourriez accomplir là, monseigneur !

— Mais, ma chère, l'*emboîtement* n'est plus possible, pour me servir de votre expression; l'Église n'abaissera jamais son drapeau et restera debout sur les ruines ! »

Je vis bien que tout cri du cœur était inutile et ne trouvait en lui aucun écho. Je repris, après une pose :

[1] A l'époque où il me tint ce langage, le cardinal Antonelli était encore sous le coup de la récente défaite de Lamoricière et de la prise de Gaëte.

« Me permettez-vous, avant de vous quitter, de vous dire encore, monseigneur, que, comme mère, j'ai été profondément révoltée de la façon dont le mariage religieux (le seul reconnu par votre législation) se pratique à Rome.

— Je n'en disconviens pas, ma chère, il y a des améliorations à faire dans nos lois et dans notre administration, mais, je vous le répète, que pouvons-nous entreprendre quand la révolution est à nos portes.

— Quoi, pas même, répliquai-je, une réforme sur le mariage et sur les testaments[1]? A Rome, une jeune fille de douze ans et un garçon de quatorze entrent avec deux témoins dans une église, et si un prêtre acheté ou intimidé consent à les unir, ce mariage conclu, sans l'approbation et le consentement de la famille, est indissoluble.

— Quand ces mariages s'accomplissent, me répondit le cardinal, nous punissons les deux époux de quelques mois de prison.

— Faible châtiment, monseigneur, surtout si vous les enfermez ensemble, répliquai-je en riant; mais enfin un tel mariage reste valide; l'opposition des parents n'y peut rien, et en ceci je trouve que l'Église est impie et dissout les liens de famille.

— Mauvaise interprétation, repartit le cardinal : le mariage religieux que vous attaquez sauvegarde l'amour et la nature; il purifie leurs écarts.

— Dites, monseigneur, qu'il les encourage en les consacrant si facilement.

— Votre mariage civil français ne sauvegarde que les intérêts. Préférez-vous à ces unions de l'adolescence, chastes du moins, la loi qui autorise en France la prostitution à quinze ans?

---

[1] Le testament *fiduciaire* par lequel le testateur donne tout ou une partie de ses biens à un tiers appelé *héritier fiduciaire*, à charge par ce dernier d'exécuter les dispositions qu'il est censé lui avoir communiquées *verbalement*.

En pratique, ce testament doit être déposé chez un notaire et ouvert sur la demande de l'*héritier fiduciaire*. Celui-ci déclare ce qui lui plaît sur les intentions du défunt et dispose de sa fortune comme il l'entend.

On comprend ce qu'une telle institution peut engendrer d'abus dans un pays gouverné par le clergé agissant par la confession sur la conscience et l'esprit affaibli d'un mourant. C'est une des mille formes légales employées pour dépouiller les familles au profit des communautés religieuses.

(*Note rédigée par un avocat de Rome.*)

— Cette loi me fait horreur, je la trouve athée et barbare, monseigneur, mais une loi perverse n'est pas la justification d'une loi mauvaise.

— Elle en est quelquefois l'explication, » répliqua-t-il.

Comme il prononçait ces derniers mots un domestique entra et lui remit une carte.

Je me levai pour prendre congé, m'excusant sur la longueur de ma visite et le remerciant encore de sa cordiale réception.

« Voyons, ma chère, cherchez, me dit-il en se levant à son tour et en me prenant les mains, si je puis vous être utile ou agréable durant votre séjour à Rome.

— Je pars dans trois jours, monseigneur, et je n'ai rien à demander à Votre Éminence, si ce n'est de m'obtenir une audience du pape que je serais bien aise de voir et d'entendre.

— C'est fort difficile dans un aussi bref délai, » reprend le cardinal.

Et je devine à son regard qu'il ne se soucie point que je dise au pape ce que je viens de lui dire à lui-même.

Il me reconduit jusqu'au salon qui précède celui où nous avons causé. J'y trouve une femme élégante, toute vêtue de blanc et de bleu de ciel, qui regarde un tableau, de façon à me cacher son visage; mais lorsqu'elle m'entend dire : *Adieu, monsieur le cardinal!* ma voix féminine éveille sa curiosité, elle tourne la tête et nous nous trouvons face à face : elle est jeune, blonde, distinguée; son œil est vif et son nez très-arqué. — J'apprends le soir même que c'est une Française mariée à un prince romain.

« Eh! bonjour, ma chère, » lui dit le cardinal en lui prenant le bras qu'il enlace au sien. Et je les vois disparaître dans l'enfilade des appartements ouverts.

L'impression que j'emporte du trop célèbre cardinal est celle d'un esprit vif et fin, aux lumières bornées; circonscrit dans les questions du moment, dans les prérogatives de l'Église, dans les rouages de la diplomatie; mais ignorant des questions générales, manquant d'horizon, d'initiative et de la décision nécessaire pour sauver l'Église en la ralliant au mouvement irrésistible de rénovation qui entraîne les esprits. Rien de ce qu'aurait eu de nos jours un Richelieu ni même un Mazarin.

Le cardinal Antonelli se met à la remorque des événements sans tenter de les conjurer ou de les dominer; sa résistance n'est que de l'aveuglement ou tout au moins de l'impuissance; sa fermeté apparente n'est que l'entêtement de la faiblesse qui redoute le danger de l'action. Il ne gouverne pas sa destinée, il est entraîné par elle; dérouté par les révolutions qui se sont accomplies dans le monde, et qui se continuent, il traite la justice et la vérité comme des usurpatrices du droit divin. Son intelligence obscurcie par l'éducation cléricale a perdu toute intuition des besoins de l'humanité. L'étude de l'enchaînement philosophique, des faits de l'histoire (qui depuis des siècles battent en brèche le catholicisme) paraîtrait une fatigue trop grande à son esprit paresseux. Tout travail l'ennuie. Les dépêches et les documents politiques signés par lui sont rédigés, dans un latin barbare, par son secrétaire *Barlurci*; il suit les errements et les traditions de la cour de Rome, comme si le monde n'avait pas fait un pas. Signe effrayant! l'Église aujourd'hui n'a plus pour la défendre un seul homme de génie; les colonnes manquent au monument qui croule.

En sortant du Vatican je me fis conduire à *San Pietro in Montorio*, je m'assis à l'angle de la terrasse qui domine Rome et je notai sur mon carnet ma conversation avec le cardinal [1], puis je me mis à rêver aux causes et aux événements qui avaient fait de cet homme, sans valeur réelle, l'appui apparent de l'Église pour les uns, et pour les autres son mauvais génie. Un éclair généreux aussitôt éclipsé frappa l'âme de Pie IX, en 1848.

Ingens visa duci patriæ trepidentis imago [2].

L'Italie entière rejetant son suaire demandait à revivre et tendait ses bras au pontife pour qu'il bénît sa renaissance. Mais lui, oubliant le sacerdoce glorieux et saint qu'il prétend tenir de Jésus-Christ, repoussa Lazare dans son cercueil; il appela les pharisiens pour en sceller de nouveau la pierre, et, dans sa terreur d'une résurrection nouvelle, il se réfugia chez le tyran le plus exécrable de sa patrie. Là, se retrempant dans les tra-

---

[1] Je l'écrivis le soir même telle qu'on vient de la lire.
[2] « Le grand fantôme de la patrie frémissante apparut au chef. » (Lucain.)

ditions papales qui depuis des siècles ensanglantent l'Italie, parjure au cri de son cœur, il s'endurcit et s'enveloppa de ténèbres. Débile pourtant et comme écrasé par son pouvoir chancelant il n'aurait rien pu sans les forces qui l'ont étayé. A sa voix, écho d'un autre âge, appel d'un despote vaincu à tous les despotes menacés, les pharisiens accourent de toutes parts à son aide : l'Autriche lui dit : Voici mes cohortes ; elles formeront, ô César mitré ! tes gardes prétoriennes et régiront pour toi Pérouse et Bologne qui t'échappaient. La France elle-même, la France républicaine, reniant le droit des peuples, se suicida et releva de ses mains guerrières ce trône vermoulu qui s'était affaissé sous sa pourriture. Ainsi ramené par les étrangers, le fils rentra dans la maison où il avait violé sa mère :

Ingens visa duci patriæ trepidentis imago !

Mais le fantôme restait debout, la vie se réinfusait dans ses veines et bientôt éclata la résurrection définitive ! Alors cerné, comme dans une geôle, celui qui aurait pu être le *Dux* spirituel de la patrie ranimée devint à son tour un fantôme ; plus rien de vivifiant et de lumineux ne jaillit du spectre terni qui se décompose. Son autorité n'est qu'une fiction, son pouvoir qu'un mirage. Sa force apparente ne vient pas de lui, mais de ceux qui trouvent profit à la galvaniser. De lui rien n'émane ni la justice et la clémence ici-bas ni la foi des espérances éternelles ; il n'est pas redevenu souverain et il a cessé d'être apôtre. Les siens sans discernement et sans génie et comme effrayés de son triomphe, se dirent, au retour de Gaëte, qui donc soutiendra cette ombre ? Ils choisirent Antonelli comme le plus jeune, le plus souple et le compère aimé du *roi Bomba*. Il finira, pensaient-ils, par ronger les mailles du réseau qui nous garrotte ; il ourdira à son tour une trame occulte plus déliée, qui, se dilatant à l'infini, ressaisira le monde et le courbera à notre joug séculaire dont les nations se croyaient affranchies. Hélas ! la trame s'est ourdie d'elle-même ; le cardinal-ministre indolent et routinier y a peu aidé ; il a laissé faire à des auxiliaires intéressés, inattendus, ennemis les uns des autres et tout surpris d'épauler ensemble l'Église qui tombe.

Le cardinal a jugé, avec sa finesse de casuiste, que les forces perverses et désormais ébranlées qui mènent le monde avaient intérêt à le rendormir, il s'est dit : Nous sommes le philtre ! les royautés, les oligarchies, les fortunes, les appétits, les ambitions et les vanités ont besoin de notre ministère pour replonger dans le sommeil les âmes révoltées; tous ceux que la justice, la pitié et l'égalité importunent s'entendront facilement pour nous secourir. Par nous ils vivent en paix dans leur égoïsme et meurent sans remords dans leur endurcissement.

Comme une légion de mercenaires sans drapeau, sans patrie, sans cri de ralliement, sans point d'honneur commun, rassemblés par l'appât du gain, ainsi se forma la cohorte monstrueuse, gardienne obstinée de la papauté ; tous séparément l'ont reniée et raillée dans une heure sincère quand la liberté triomphe et force par sa fière audace les tergiversateurs à se prononcer. Mais sitôt que la liberté se voile, que les généreuses émotions collectives se glacent, le *moi* humain avide et barbare, pour consacrer ses usurpations, s'incline devant l'usurpatrice indiscutable qui fonde son droit sur Dieu même. C'est ainsi que la théocratie reste la chaine où se rattachent toutes les chaînes qui pèsent encore sur l'humanité.

Pour descendre de la généralité de cette question, qui embrasse les temps, au détail de l'heure présente, n'est-ce pas un effroyable spectacle pour la conscience que de voir aujourd'hui parmi les défenseurs de l'Église (ennemie des sociétés nouvelles et négatrice de toute science) les transfuges de la démocratie et de la philosophie? n'est-ce pas un spectacle plus déplorable encore que l'hésitation, l'incertitude, le désarroi de ceux qui prétendent la combattre? Au lieu de l'attaquer franchement comme l'ennemie du progrès humain et de la vraie morale, au lieu de se rendre inexpugnable par la netteté et l'uniformité des doctrines, l'orgueil futile des individualités les égare dans le vague flottant des systèmes ; on marche dans des sentiers obscurs et sans issues et l'on perd la route directe sur laquelle plane la lumière, hardiment tracée par les Encyclopédistes et la Révolution française. On renie Voltaire, on le trouve impie ! — On oppose un néo-christianisme indécis, au positivisme catholique ; on le menace avec des armes émoussées comme si l'on craignait de le transpercer. Fils énervés des éclaireurs de la Renaissance et des hardis pionniers de la Convention, on n'ose pas trancher ce qui entrave, on respecte encore ce qui humilie, on s'affaisse quand il faut se roidir ; la condescendance du doute a remplacé l'inflexibilité des convictions. On hésite, en temporise, on tâtonne ; à sa conscience on met pour contre-poids décisif sa fortune et sa réputation. Tel qui fait bon marché de sa foi est anxieux pour sa propriété et ses titres. On s'épouvante de rompre avec ceux qui règnent quoiqu'on sente que leur règne est néfaste ; on signe avec eux un armistice immoral pour se garder la quiétude du foyer. Le grand souci est de se faire un gîte commode dans ce labyrinthe de l'erreur, car en sortir hardiment est dangereux pour le vaillant qui s'y détermine. On recule devant les sacrifices et la rigidité de la foi nouvelle et l'on sert les retards de son avénement par de coupables mollesses. Ainsi, grâce au concours inespéré et à l'entente de ses contradicteurs la papauté s'est rassise.

Ausi omnes immane nefas ausoque potiti[1].

Mais derrière les intéressés de l'œuvre ténébreuse veille la vigueur des droits attestés. Vienne le souffle qui désobstrue et vivifie, le souffle flamboyant des clartés acquises, vienne un porte-drapeau sur l'étendard duquel soit ce mot : *Vérité !* Soudain les âmes se retrempent dans une morale évidente. *Vérité* pour tous et sur tout ! Vérité dans les institutions qui régissent les hommes ! Vérité dans la foi qui rallie les consciences à l'efficacité des actions et à l'espérance d'un Dieu juste ! plus de symboles qui laissent au despotisme et à la théocratie leurs franches coudées pour nuire. Le Bien n'est plus un mythe ; chacun sait et sent en quoi il consiste, les religions et les gouvernements sont désormais jugés sur leurs œuvres. Quand ils trahissent les aspirations de tous ils sont irrévocablement condamnés à périr.

Donc sans l'appui des tyrannies sociales ç'en était fait de la papauté ; elle n'avait pas en elle de résistance. Je dirai même pour être juste que les plus éclairés et les moins corrompus de ses fils l'ont senti et le sentent encore. — Contrainte d'abdiquer ses prétentions terrestres et de se réformer, l'Église eût recon-

---

[1] « Tous ont voulu le crime et tous en ont joui. » (Virgile.)

quis une sorte d'autorité morale ; voilà ce qu'espéraient ses enfants les plus purs et ce qu'ils lui ont en vain demandé humbles et suppliants[1]. Mais à ces cœurs naïfs qui croient toujours en elle, aussi bien qu'aux pharisiens qui la soutiennent, sans la respecter, et qu'aux voix résolues et incorruptibles qui lui crient : Tu dois te vivifier et t'absorber dans le code de la morale humaine plus universel et plus saint que ton prétendu code céleste ; la vieille papauté frappée de cécité complète répond par le même « *Non possumus !* » C'est le râle du mourant qui s'obstine à vivre ; le dernier pétillement de la mèche qui s'éteint, la suprême clameur du clairon dans la déroute irrévocable. L'humanité en revêtant sa robe virile a pris corps à corps les fantômes ; elle les terrassera sans se lasser un à un jusqu'au jour où dans sa plénitude de vie, de concorde et d'amour elle aura fait régner sur le monde la Vérité.

Le son clair et net d'une trompette rompit tout à coup ma rêverie ; je tournai la tête et vis les soldats français qui sonnaient le rappel devant le couvent de *San Pietro in Montorio*. Ces gardes indifférents de la papauté décrépite, Antonelli trônant au Vatican et au loin, dans le monde entier, la mêlée incrédule et confuse des souteneurs de l'Église, tout semblait contredire à cette heure l'avénement logique de la rénovation qui travaille les esprits. Mais la halte n'est pas la mort, les prémisses une fois posées enfantent des déductions irrémissibles, la marche de la Révolution a pu s'entraver dans les embûches, *ma pur si muove !*

LXII

La retraite militaire me rappela par son signal que j'étais attendue et qu'il me restait à peine le temps de rejoindre la compagnie avec laquelle je devais ce soir-là visiter les *galeries du Vati-*

---

[1] Voir entre autres documents sur cette question les articles remarquables publiés par le marquis de Villamarina, ancien ambassadeur et aujourd'hui préfet de Milan.

can éclairées *aux flambeaux*. On s'inscrit au nombre de douze chez le libraire Piali, place d'Espagne, et moyennant un *scudo* et demi chacun, on se procure cet admirable spectacle. C'est Canova qui en donna l'idée pendant son long séjour à Rome; il ne montrait guère ses médiocres statues que le soir, elles acquéraient aux flambeaux une sorte de vie. Que sera-ce, pensa-t-on, des figures antiques? la lumière en les fouillant en révélera toute la beauté.

A huit heures quelques minutes nous étions sur la place Saint-Pierre. Nous passâmes la porte du Vatican, gardée par des sentinelles suisses; plusieurs custodes du Musée nous précédaient portant des torches dont une seule était allumée. Nous franchîmes la cour San Damaso à cette clarté douteuse dont les faibles lueurs percèrent à peine les ténèbres de la longue *Galerie des inscriptions* que nous traversâmes sans nous y arrêter. Arrivés sur le seuil *del Braccio nuovo* tous les flambeaux s'allumèrent. Aussitôt les dieux, les déesses, les héros, les poëtes, les orateurs s'animent et semblent se mouvoir sur leurs piédestaux. On dirait que la *Minerva medica* gardienne austère de la galerie s'avance au-devant de nous pour nous conduire. La torche qui s'incline vers elle agite les ondulations de sa tunique comme si le corps frémissait; des ombres se creusent dans le vêtement magistral de la déesse, tandis que le cou et la tête superbes se détachent d'un ton plus clair. Quelle fierté sereine dans cette belle guerrière, un des chefs-d'œuvre de la statuaire antique! Le grand vieillard couché, représentant le Nil, nous apparaît radieux de sa fécondité, ses yeux caverneux s'éclairent; de chaque poil de sa barbe jaillit une étincelle; on croirait que le soleil d'Égypte le frappe de ses rayons. La lumière projetée avec art répand sur *Cérès* une teinte blonde et revêt d'un rose tendre le corps juvénile de la *Pudeur*. La tête navrée de *Sénèque* est comme celle d'un spectre qu'on évoquerait à l'éclat du jour. Les muscles, le front, les lèvres, les paupières vivement accusés par un flambeau incliné au-dessus de la chevelure, révèlent une anxieuse tristesse. Nous arrivons au fond de la galerie et soudain toutes les torches se massent d'un côté de la figure de Démosthène et lui composent un fond lumineux sur lequel l'orateur se dessine dans sa majesté tranquille; il écoute, il médite; on sent que l'éloquence palpite dans son sein ému. Son noble profil se détache en noir. Son front chauve reluit d'une splendeur sereine; les pensées germent à travers ses rides; des éclairs s'échappent de dessous ses sourcils épais. Les flambeaux tournent lentement pour nous montrer sous divers aspects l'imposante figure; on dirait que c'est elle qui se meut, que ses lèvres frémissent et vont faire tonner les *Philippiques*. C'est ainsi que Cicéron a dû voir ce marbre grec dans sa villa de Tusculum, où l'image de l'orateur athénien inspirait l'éloquence de l'orateur romain. Le *coureur de Lysippe* bondit à la lueur des torches comme sur une arène embrasée. L'inspiration tressaille sur les traits d'*Euripide*, elle y jaillit tout à coup comme si ce visage était vivant; le masque que le poëte tient à la main s'anime à son tour sous la clarté qui le sillonne. Nous comprenons à l'effet qu'il produit l'aspect saisissant de ces masques tragiques que les acteurs portaient dans l'antiquité. Je conseille à tout adolescent de ne pas voir aux flambeaux l'enivrante *Vénus Anadyomène*; quel Chérubin n'en perdrait la tête! Elle sort des flots, des flots bleus de la mer Égée; la fraîcheur du bain trempe encore sa chair rose; le sang circule à coup sûr sous ce marbre poli. Les yeux brillent, les lèvres humides murmurent un appel; les épaules et le sein surgissent d'une draperie flottante à mi-corps; le cercle que forment les bras attire et fascine. Coquette, elle tord de ses mains de déesse ses longs cheveux d'où l'eau ruisselle et qu'Adonis séchera de son souffle amoureux.

Moi qui ne suis pas Chérubin je préfère à cette Vénus vertigineuse, la chaste *Amazone blessée*; elle se transfigure sous les jets perçants des torches, javelots phosphorescents qui la font jaillir dans une aurore, elle n'est plus empreinte de la pâleur de la mort; elle renaît radieuse et triomphante.

Le *Faune* (attribué à Praxitèle) tel qu'un berger de Théocrite, rêve, flûte en main, appuyé contre un tronc d'arbre. Sa lèvre rit malicieuse d'un rire d'enfant qui trouble déjà; ne semble-t-il pas que derrière lui se déroule quelque ardent paysage de la Sicile? En sortant du *Braccio nuovo* nous suivons la galerie *Chiaramonti*, où nos guides tracent en marchant une longue traînée lumineuse; de chaque côté les marbres respirent et scintillent comme la pierre qui enfanta Mythras, dieu du feu. Éros, le bel

Éros de Praxitèle tend son arc d'or sur les clartés qui passent. La *Vestale* secoue son tamis ; ses yeux de vierge flamboient ; son cœur bat sous sa chaste tunique dont les plis s'embrasent.

Nous arrivons devant le *Torse d'Hercule*, sur lequel nos guides abaissent leurs flambeaux ; la flamme palpe et accentue en se mouvant ces contours énergiques qui laissaient deviner leur beauté aux mains de Michel-Ange aveugle. Dans la *Rotonde du Belvédère* nos *lampadistes* se rangent d'abord à l'entour de la figure de *Cléopâtre morte*. Soudain un souffle de vie agite ce corps merveilleux. C'est l'agonie de la beauté qu'aucune convulsion ne déforme ; elle s'alanguit, sans se roidir, dans une *morbidezza* voluptueuse. L'aspic dont la morsure la tue lui rappelle une dernière caresse d'Antoine. Quel contraste avec la mort désespérée du *Laocoon!* Les lueurs agitées des torches font tressaillir ce marbre tel qu'une chair vivante ; les serpents colorés par la flamme paraissent gorgés du sang de leurs victimes ; le père éperdu lutte pour ses fils et tord ses bras livides. Un reflet bleuâtre, savamment ménagé, se répand sur ces faces terrifiées comme une trace du venin des reptiles. L'expression des visages est navrante, mais les traits ne grimacent point. C'est l'idéale beauté de la souffrance. Le *Laocoon* fut créé pour être vu aux flambeaux ; leur éclat seul fait comprendre toute la sublimité de ce chef-d'œuvre. Chaque muscle saillit, chaque contour se gonfle. La salle du Palais d'Or de Néron, où le Laocoon fut trouvé, n'avait aucune ouverture par où passât le jour, elle s'éclairait le soir pour le banquet de César et ce marbre grec y apparaissait aux convives ainsi que nous le voyons en ce moment. C'est aux anciens que Canova emprunta l'idée de montrer les statues aux flambeaux ; cette idée lui fut favorable tant que ses ouvrages restèrent dans son atelier. Mais, orgueilleusement placées à côté des plus belles figures antiques, tous les défauts de ces faibles créations se révèlent par la comparaison. Qui donc peut regarder le *Persée*, guindé et flasque à la fois, sous les feux des torches après avoir vu l'*Apollon* radieux ? Nos porte-flambeaux montent sur des sièges et concentrent leurs faisceaux de rayons sur la tête de l'*Apollon*, aussitôt la statue se transfigure. C'est bien Apollon, dieu du jour ! la chevelure brille comme de l'or fluide, le front est inspiré, les lèvres et les narines frissonnent; la beauté du profil saisit comme une apparition; le torse et les bras se meuvent sous la lumière qui semble en émaner. « Qu'il est beau ! » est le cri qui s'échappe de toutes les bouches. Nous restons immobiles à le contempler et recueillis comme s'il allait parler.

Nos guides nous précèdent dans la *Salle des animaux* et au lieu d'y réunir leurs torches en un seul foyer ils les secouent çà et là ; on dirait d'une forêt incendiée où la mêlée des bêtes fauves s'effare. Les tigres mouchetés et les grands lions d'albâtre oriental s'embrasent : le feu jaillit de leur gueule ouverte; nos custodes en courant de groupe en groupe font courir la flamme et l'on croirait que ce sont les animaux qui s'élancent.

Il faudrait pouvoir peindre les effets divers de toutes les statues du Vatican vues aux flambeaux ; la description en serait monotone, quoique le spectacle en soit varié. Les *lampadistes* appliquent à chacun de ces marbres un procédé différent d'illumination suivant la passion ou le sentiment que les figures symbolisent. Sur l'*Ariane abandonnée*[1] ils projettent une lueur mourante ; ils répandent sur la *Diane nocturne* un reflet d'étoiles ; la déesse assoupie flotte dans une atmosphère laiteuse. Au *Faune*, en marbre rouge, de la villa Adriana, sied une aurore incandescente. Les flambeaux s'abaissent sur le piédestal où bondit cette figure joyeuse; les jambes et les reins assouplis éclatent d'énergique jeunesse; un sang pourpre y circule, soulève la poitrine et les bras et fait rire, cynique et comme avinée, la tête pantelante dans l'ombre. Dans la *Salle des Muses* ma chère Thalie sourit aux rayons qui la caressent. Les plis de sa tunique se meuvent comme des vagues; elle va danser, c'est certain, en faisant sonner son petit tambour.

La *Salle ronde* resplendit de la Majesté de *Junon*; l'illumination se masse derrière cette figure colossale. La reine de l'Olympe nous apparaît dominant du front toutes les déesses éclipsées par son éblouissement.

L'escalier monumental, qui se dresse comme deux bras tendus, dans la salle de la *Croix grecque*, est d'un effet inouï; les gracieux

---

[1] Désignée sous le nom de Cléopâtre.

ornements de son architecture se découpent en noir sur les deux murs parallèles. Nous gravissons ces marches fantastiques et arrivons dans la *Chambre de la Bigue*. Le char antique, attelé de deux chevaux frémissants, se transforme soudain en char d'Hélios. Groupés en gerbes, au-dessus, les flambeaux figurent le soleil; inondés de ces rayons, les flancs et le poitrail des coursiers superbes irradient au delà de leurs crinières des jets empourprés qui semblent sortir de leurs naseaux.

Le spectacle a cessé, les ténèbres envahissent le théâtre. Une seule de nos torches reste allumée pour nous guider à travers l'immensité des galeries sombres, y traçant à peine un sillon lumineux. De toutes parts les figures immobiles surgissent vaguement comme des fantômes. Vrais fantômes en effet d'une théogonie et d'une civilisation disparues, ils sont tous là les dieux et les déesses, les héros et les Césars du ciel et du monde païens; ils sont restés les hôtes éternels du Vatican chrétien. Leur majesté et leur grâce en sont désormais la plus sûre sauvegarde. Si le peuple romain, libre d'entraves, lassé de l'irritable *non possumus!* de ses papes-rois, se précipitait armé dans leur demeure et y exerçait ses représailles contre l'inflexibilité de l'injustice qui l'écrase depuis des siècles, ce ne sont point les gardes-nobles, les hallebardiers suisses et les gendarmes pontificaux qui défendraient le palais envahi et le sauveraient de la sape et des flammes; ce seraient vous, ô blanches et belles déesses, vous, dieux et héros des temps antiques, vous, que Rome a toujours respectés comme les témoins de sa gloire, comme les symboles de sa grandeur évanouie, comme les inspirateurs de sa renaissance certaine.

LXIII

« Nous irons en tête à tête à Albano, m'avait dit madame Loiseau d'Entraigues, vous y perdrez en renseignements d'art et d'archéologie...

— J'y gagnerai, interrompis-je, en sensations délicates; les femmes mêlent toujours un sentiment ému à l'appréciation de la nature et des ruines; elles les peuplent de fantômes romanesques qui répondent plus ou moins aux rêves de leur cœur.

— Moi, j'attacherai votre souvenir à cette dernière excursion à travers la campagne de Rome, » me dit avec une grâce amicale l'aimable femme.

Le lendemain matin (dimanche 5 mai 1861) elle vint me prendre à huit heures du matin. Nous partîmes dans un cabriolet, attelé d'un cheval fringant que conduisait un jeune cocher bel esprit, ravi, disait-il, d'aller comme le vent *per far onore a due gentile signore;* son agilité et son compliment formulaient l'espérance d'une forte *buona mano;* mieux vaut, on en conviendra, cette façon câline de solliciter que la brusquerie grossière des cochers français en demandant un pourboire.

Nous sortîmes par la *Porte Maggiore* flanquée à gauche du tombeau antique du *boulanger* et à droite de l'embarcadère du chemin de fer qui mène à Frascati. Nous longeâmes le mur de Rome où fut enclavé par Honorius le cirque *Castrense* qui, dans l'antiquité se trouvait en dehors des remparts. L'amphithéâtre *Castrense* fut ainsi nommé parce qu'il servait aux fêtes militaires et aux luttes des soldats contre les bêtes fauves (*ludi castrenses*). La mort n'était qu'un jeu pour les anciens, ils la bravaient en riant et en multipliaient les atteintes.

Au lieu de suivre la *voie Appia*, nous prenons la route moderne qui mène à Naples. Les grandes lignes d'aqueducs, dont la vue ne me lasse point, se déroulent bientôt dans la campagne assombrie par des nuées menaçantes. Notre cocher nous assure qu'il ne pleuvra que le soir et que jusque-là *il tempo sarà benedetto*. En approchant d'*Albano* nous voyons à gauche groupé sur un roc le village et le château de *Marino*, à droite sont les ruines antiques de *Boville*.

Nous avons repris la *Voie Appia* bordée par des tombeaux en ruines. Avant d'arriver à la porte d'Albane s'élève à gauche la sépulture de Pompée. Monument que le héros fit élever lui-même à sa première femme Julie (fille de César). Dans le récit de la mort de Pompée, Plutarque s'écrie : « Quelle humiliation pour le « grand Pompée de voir son sort entre les mains de Pothin, l'eu- « nuque, de Théodotus de Chio, maître de rhétorique à gages et

« l'Égyptien Achillas, car ces trois hommes pris entre les valets
« du roi (Ptolémée) étaient ses principaux ministres. » Ils tinrent
entre eux le conseil qui a inspiré la fameuse scène de Corneille et
dans laquelle Théodotus opina pour l'assassinat et conclut par ces
mots : « Un mort ne mord pas. » « Après le meurtre de Pom-
« pée, ajoute Plutarque, César ne tarda guère à se rendre en
« Égypte. On lui présenta la tête de Pompée, mais il ne put sou-
« tenir la vue du scélérat qui la portait et se détourna avec hor-
« reur ; il pleura quand on lui remit le cachet de Pompée qui
« avait pour empreinte un lion armé d'un glaive ; il fit mettre à
« mort Achillas et Pothin ; le roi Ptolémée défait dans un combat
« près du Nil ne reparut point. Théodotus le sophiste se déroba
« à la vengeance de César ; il s'enfuit d'Égypte et fut longtemps
« errant réduit à la dernière misère et détesté de tout le monde.
« Mais Marcus Brutus, après avoir tué César et s'être rendu le
« maître en Asie, y découvrit Théodotus et le fit expirer dans les
« tourments les plus cruels. Les cendres de Pompée furent por-
« tées à Cornélie (seconde femme de Pompée) qui les déposa dans
« un tombeau à sa maison d'Albe. »

Ce fragment de Plutarque ne laisse aucun doute sur l'emplacement de la sépulture de Pompée, car le grand mausolée vide et
dépouillé de tout ornement que nous regardons, touchait à la
somptueuse villa de Pompée[1] qui occupait tout l'emplacement de
la moderne Albane.

Au lieu de franchir la porte d'Albane ouverte devant nous et
sous l'arc de laquelle est en ce moment un groupe de soldats
français, nous tournons à gauche et suivons un merveilleux boulevard extérieur planté d'ormes et de chênes verts gigantesques,
aux troncs crevassés, étayés, çà et là, par des fûts de colonnes. Ces
arbres aux postures superbes, rêveurs comme de vieux sylvains,
remontent peut-être au temps de Pompée. Combien de générations ils ont vu passer ; combien de monuments s'écrouler ! C'est
à travers ces majestueux ombrages que nous arrivons au joli village de *Castel-Gandolfo* construit sur une hauteur.

---

[1] Cette villa et celle de Clodius devinrent domaines impériaux. Domitien
donna à leurs dépendances plus de six milles de tour.

Le palais qui domine *Castel-Gandolfo* sert de résidence d'été aux pontifes ; il fut bâti sous Urbain VIII et agrandi par Alexandre VII. Le palais a deux entrées, l'une sur la place du village, l'autre sur des jardins d'où l'on embrasse la campagne de Rome.

Des soldats français boivent et chantent dans un café voisin de la demeure papale ; d'autres se mêlent aux *contadini* qui entrent dans l'église pour y entendre la messe. Nous suivons le flot et donnons un coup d'œil à la nef insignifiante dont Bernini fut l'architecte. Un petit paysan nous offre de nous conduire au bord du lac ; il porte sur sa tête, comme une amphore, le panier qui contient notre déjeuner et nous précède en recrutant au passage toute une meute de petits mendiants. Le lac nous apparaît tout à coup au détour de la place, rond et lumineux ainsi qu'un diamant immense.

Le lac d'Albano remplit le cône d'un cratère éteint. Les crues subites de ses eaux occasionnaient dans l'antiquité des inondations fréquentes. Durant le long siège de Veïes, le Sénat romain envoya consulter l'oracle de Delphes qui déclara que la ville assiégée ne serait prise que lorsqu'on aurait fait rentrer dans leur lit les eaux du lac d'Albe ou qu'on en aurait changé la direction pour les empêcher d'aller se jeter dans la mer. Aussitôt le peuple romain se mit à l'œuvre et creusa en une année le fameux *Émissaire*. Ce canal, taillé à travers roc, a plus d'un mille de longueur ; il est resté intact et sert encore aujourd'hui. Il passe au-dessous de *Castel-Gandolfo* et va déboucher dans la plaine du côté d'Albano. Nous regardons surgir du fond du lac l'aqueduc indestructible qui brave les siècles. Les eaux tranquilles semblent dormir dans ce cratère aux parois verdoyantes sur lesquelles les bois, les hameaux, les couvents et les villas s'échelonnent jusqu'au ciel. Nous avons en face le *Monte-Cavo* couronné d'un couvent (de passionnistes) qui a remplacé le temple de Jupiter. Au pied du mont, au bord du lac est *Palazzuolo* (petit palais) riche couvent de franciscains. A gauche l'étrange village de *Rocca di Papa* suspendu sur les rochers. Au-dessus de *Rocca di Papa* est un terrain dénudé, improprement nommé *Camp d'Annibal*, puis la masse d'un vert sombre d'une forêt de châtaigniers tranchant sur le fond de l'éther.

Toujours à gauche le *monte Priore* étale son couvent de femmes ; en face de nous sur un plan plus rapproché sont trois habitations modernes. A droite se déroule sur le rivage enchanté les ombrages d'une superbe villa qui appartient aux jésuites ; plus loin est un somptueux couvent de capucins. On le voit, partout des biens de moines ! Ce paysage éblouissant qui forme un cercle magique à l'entour de ces eaux limpides appartient tout entier à ces *poverini frati* : capucins, franciscains, jésuites ou autres qui ont fait vœu de pauvreté : Rabelais a bien raison : *Paradis pour eux en ceste vie et en l'autre ! ô gens heureux, ô semy-dieux !*

La partie du rivage qui domine *Castel-Gandolfo* est étayée par des murs en ruines, réceptacle de toutes les ordures de la petite ville. Nous avons grand'peine à nous frayer un passage à travers ces sentiers empestés et ce n'est qu'en nous aventurant sur la pente du précipice que nous trouvons quelques dalles revêtues d'herbe fine qui nous servent à la fois de siéges et de table. Sur la plus large le gamin qui nous guide dépose notre déjeuner et court ensuite nous quérir une cruche d'eau que notre imagination remplit du vin dont parle Horace :

> Nonum superantis annum
> Plenus Albani Cadus.

La douce causerie de mon amie, l'aménité du rivage, la tiédeur de la température me font trouver délicieux ce repas en plein air. Des nuées, recélant l'orage, courent sur nos têtes et nous cachent le soleil qui les perce çà et là de quelques rayons répercutés dans le lac comme des flèches d'or. Je rêve au temple de *Jupiter latialis* diadème splendide du *Monte-Cavo* ; aux longues processions[1] se déroulant depuis Rome jusqu'au blanc portique posé sur la cime ombreuse du mont, dressé en ce moment devant nous comme une pyramide sombre. Le couvent qui le domine, ne lui forme plus une couronne ; les bois qui le revêtent, assombris par l'approche de l'orage, sont d'une teinte uniforme et noire ; on dirait un long drap mortuaire descendant du cloître jusqu'au rivage. Je pense à la vieille Albe long-

---

[1] La procession solennelle s'appelait *Pompa*.

temps rivale de Rome, à l'Albe du grand Corneille, à Camille, à Sabine, filles idéales de son génie qui errent pour moi sur ces bords. Le village moderne d'Albano ne fut pas construit sur l'emplacement de l'Albe antique; celle-ci s'élevait au bord sud-est du lac; à l'endroit même, selon quelques antiquaires, où est aujourd'hui *Palazzuolo*[1] et selon d'autres plus au nord[2]. « Néron, à
« son retour de Grèce, dit Suétone, fit son entrée à Albe, sur un
« char traîné par des chevaux blancs; il fit abattre un pan de
« muraille, comme cela se pratiquait pour les vainqueurs des jeux.
« Il était vêtu de pourpre et d'un manteau parsemé d'étoiles d'or;
« il portait sur la tête la couronne des jeux olympiques et dans
« la main droite celle des jeux pythiens. Les autres couronnes
« étaient portées en pompe devant lui avec l'explication du genre
« dans lequel il les avait méritées et des sujets qu'il avait chan-
« tés. La troupe de ses applaudisseurs suivait son char criant
« qu'ils étaient les compagnons des triomphes de César. » Néron fit la même entrée à Naples, à Antium et à Rome.

Tout à coup des airs français bien connus retentissent à travers les montagnes, c'est la musique militaire de notre petite garnison d'Albano qui joue des fanfares. Cet écho de la patrie nous épanouit le cœur.

« Cette marche nous avertit qu'il faut partir, me dit madame Loiseau d'Entraigues; plusieurs jours suffiraient à peine pour bien voir les beaux lieux que nous devons parcourir en quelques heures. Mais vous reviendrez et nous ferons alors le tour du lac. Nous nous arrêterons, par un soir d'été, dans les grottes ou *Nymphées* antiques qui étaient ornées de figures de nymphes comme la grotte d'Égérie. Nous ferons l'ascension du *Monte-Cavo* et de *Rocca di Papa*. Vous verrez chez eux les paysans italiens vivant pêle-mêle sur ce roc avec leurs chèvres et leurs porcs. Les maisons sont sales, mais pittoresques; les habitants comme à Albano ont gardé le type antique dans toute sa pureté et son énergie. »

---

[1] Couvent de franciscains dont je viens de parler.
[2] Selon ces derniers *Palazzuolo* occuperait l'emplacement d'une des citadelles de l'antique Albe.

Nous quittâmes les bords du lac en retournant souvent la tête pour en ressaisir encore l'aspect fuyant. Rompre avec une sensation attrayante, même éphémère, implique toujours une sorte d'effort.

Comme nous allions remonter en voiture sur la place de *Castel-Gandolfo* le custode de la villa des papes vint nous offrir de nous montrer le palais. Nous arrivâmes, par un escalier mal balayé, dans de grandes pièces en enfilade toutes également vulgaires; on eût dit une série de ces parloirs tels qu'on en voit dans les couvents modernes : des tableaux médiocres, des fauteuils salis, des crucifix en bois peint. L'inélégance des prêtres, l'incurie des moines, quelque chose de sordide qui frappe dans toutes les habitations cléricales, quand l'art n'y a pas empreint sa grandeur. Or, le palais de *Castel-Gandolfo* ne renferme ni un tableau, ni un marbre rare. La chambre de Pie IX est aussi banale que les autres. Le salon d'apparat est un salon chinois; les postures grotesques des mandarins divertissent la petite cour papale. Rien d'enviable dans cette fabrique de Bernini si ce n'est la vue : d'un côté les fenêtres s'ouvrent sur le lac, de l'autre sur la plaine immense qui se déploie jusqu'à Rome.

Nous donnons en passant un coup d'œil à la villa du prince Torlonia que doit venir habiter dans quelques jours la *regina madre* de Naples. Le temps nous manque pour visiter la *villa Barberini* où se trouvent des ruines de l'antique *villa de Domitien*. Je dis tristement au revoir à ces lieux à peine aperçus; la mélancolie du doute se mêle à tout projet et à tout désir humain qui n'ont pas de réalisation immédiate.

Nous revenons à Albano par la belle route qui nous a menées à *Castel-Gandolfo*, la rafale mugit dans l'air et tord les cimes des chênes séculaires; les nuées, de plus en plus sombres, se déchirent à travers les branches et semblent s'y engouffrer. Avant d'éclater en pluie l'orage éclate en détonations. Nous passons la *Porte d'Albano* et trouvons sur la place quelques jeunes *contadine* qui bravent la tempête en costume du dimanche; elles portent toutes le corset rouge fixé par des bretelles de soie lilas, bleues ou jaunes; un capulet blanc ou pourpre encadre leur belle tête sculpturale.

A droite de la place est la *villa Doria* dont les pittoresques jardins nous convient. La fureur des vents rend plus sauvages ces vieilles allées d'ormes, de chênes verts et de pins d'Italie. Des champs de hautes herbes fleuries et touffues font songer aux savanes d'Amérique. Au bout des jardins ondulent des vergers d'oliviers. L'horizon est borné par les montagnes que domine le *Monte-Cavo*. Une haute tour se détache à l'occident sur un des sommets des monts Albains. Au sud-ouest s'étend la mer.

Tandis que notre cheval se repose nous errons une heure sous ces ombrages sonores où l'orage gémit comme à travers des tuyaux d'orgue.

En sortant d'*Albano* pour aller à *Genzano* nous nous arrêtons devant le monument antique désigné sous le nom de *Tombeau des Horaces et des Curiaces* qui s'élève à droite de la route. Nous regrettons que la tradition ne soit pas d'accord avec l'archéologie qui a reconnu dans cette tombe celle d'Aronce, fils de Porsenna. Les ombres des héros de Corneille projetteraient une splendeur bien autrement héroïque sur ce monument d'une haute antiquité. Aux angles d'une base massive et carrée s'élevaient quatre pyramides dont deux seulement sont encore debout. Au centre est un piédestal rond qui devait soutenir un trophée ou une statue. Ce tombeau n'a pas de chambre sépulcrale.

Nous remontons en voiture, regrettant de ne pouvoir visiter les ruines de l'*Amphithéâtre de Domitien* et de l'enceinte d'un camp des *Gardes prétoriennes*. Nous laissons à gauche de la route la *villa Piombini* et en face la riante *Villa Feoli* que doit habiter François II durant la saison d'été. Tout à coup nous apparaît le pont merveilleux de l'*Aricia* formé par trois rangs d'arches superposées qui s'élancent du fond d'un ravin et relient la montagne d'Albe à la colline où est assis le joli village d'*Aricia*. C'est un monument digne de l'antique Rome que ce viaduc moderne découpant ses blanches arcades sur le vert sombre d'une gorge sauvage toute revêtue d'arbres et de végétation. Au bas de cet abime de verdure court un ruisseau presque invisible, tant les herbes, les ronces, les lierres et les chênes aux troncs renversés s'enchevêtrent sur ses eaux ; les deux escarpements se regardent également abrupts, également boisés et impénétrables. On dirait deux forêts vierges soulevées par un tremblement de terre, prêtes à s'abattre l'une sur l'autre et comme arrêtées par les courbes gracieuses des arceaux qui les séparent. On pense aux bras d'ivoire des Sabines tendus entre les deux armées des époux et des pères. Au bout du pont se groupe le pittoresque village d'*Aricia* situé sur l'emplacement de l'*Aricia* antique dont parle Horace :

> Egressum magna me accepit Aricia Roma
> Hospitio modico.

Ce village est un fief du prince Chigi dont le palais, construit par Bernini, s'élève à gauche de la route près du pont merveilleux. On envie le domaine de cet heureux prince. Le ravin lui compose un parc unique et ses terres sont jonchées de ruines antiques. Palais, viaduc et village forment un décor grandiose dans un paysage enchanteur.

Après *Aricia* nous voyons au sud-est du côté de la mer le *monte Giove* se dresser à travers les nuages de plus en plus noirs. En approchant de *Genzano* la route rayonne en trois magnifiques avenues bordées d'ormes géants qui furent plantés il y a plus de deux siècles par un duc Cesarini, Louis XIV au petit pied qui voulut avoir son Versailles.

L'allée du milieu conduit au *palais Cesarini*, celle de gauche à un *couvent de Capucins*, celle de droite au village de *Genzano*. Nous suivons l'avenue qui mène au palais ; cette vaste construction déserte est fermée ; le duc Cesarini actuel a quitté les États de l'Église pour se dérober à la haine des jésuites. Sénateur du royaume d'Italie et patriote convaincu, il ne reviendra à Rome que lorsque Victor-Emmanuel et Garibaldi y feront leur entrée triomphale.

Espérant chaque jour son maître, dont il nous fait un touchant éloge, le régisseur du duc Cesarini nous montre la poétique villa voisine du palais. Le parc anglais et les jardins nous causent un tel ravissement que nous les parcourons sans souci de la pluie qui mouille nos pieds. Je n'ai jamais vu tant de fleurs rares réunies ; elles décrivent en tous sens des dessins de mosaïques, grimpent à l'entour des chalets suisses et ceignent de vives bordures les vasques de marbre blanc. Les bois et les parterres encadrent un côté du petit lac de Nemi (*Lucus Nemorensis*) que les anciens surnommèrent *le Miroir de Diane*. La déesse avait sur ces bords un temple dont les ruines existent encore. Selon Strabon : « Il fallait pour devenir prêtre de ce temple avoir tué de « sa main celui qui l'était auparavant. Ce qui faisait que ces prê- « tres marchaient toujours armés d'une épée pour se défendre « les uns des autres. » Nous suivons l'allée coupée de berceaux et de cabinets de verdure qui côtoie et domine le lac. Comme celui d'Albano, le lac de Nemi occupe le fond d'un cratère. Nous nous abritons sous un belvédère couvert de lianes pour embrasser la circonférence de ce bassin merveilleux. A la rive opposée en face de nous, s'étale sur une hauteur boisée le joli village de Nemi, au-dessous duquel, plus près du rivage, est une chapelle et son campanile. A gauche le *Monte-Cavo*, chargé de vapeurs, comme un titan qui tonne, domine les collines verdoyantes. Sous les rochers qui soutiennent le parc et les jardins sont les grottes mythologiques du palais *Cesarini*. Si leurs nymphes étaient indiscrètes, que de mystères galants elles révéleraient ! *Les nuits d'été du lac de Nemi* furent célèbres à Rome au dix-huitième siècle : Monti à défaut de Boccace aurait pu les raconter. En ce moment sous la pluie qui tombe, ce lac a l'aspect mélancolique d'un lac d'Écosse. L'orage devient importun, il perce le feuillage touffu qui cesse de nous abriter. Nous regagnons en courant le logis du régisseur pour y attendre la fin de l'ondée ; mais elle redouble et se change en déluge. Notre jeune cocher nous engage à partir, afin d'arriver à Rome avant la fermeture des portes : il est sûr de son cheval, ajoute-il, tonnerre et pluie ne l'effrayent point ; familier avec tous les éléments, il franchirait au besoin la mer comme les coursiers de Neptune.

Nous voilà juchées dans notre cabriolet dont la capote ruisselle d'une nappe d'eau formant vasistas. C'est à travers ce voile que nous entrevoyons au retour les beaux paysages d'*Aricia* et d'*Albano*.

Notre *cocchiero*, inondé comme un dieu marin, nargue la tempête en chantant, il fouette en mesure son cheval qui, allègre à l'égal de son maître, bat de ses sabots les pierres humides du viaduc et y allume des étincelles ; le stoïque animal franchit *Albano* sans flairer l'écurie, puis s'élance vaillamment à travers la plaine qui s'étend jusqu'à Rome. Homme et cheval semblent 'aspirer au prix des courses antiques.

« *Ce ne endremo cosi fino a Roma,* » nous dit notre cocher orgueilleux de sa bête, en secouant son chapeau imbibé d'eau comme une éponge.

Cette imperturbable belle humeur, sous une douche qui menaçait de durer trois heures, dénotait un gars énergique digne de ce bataillon des *cocchieri* qui combattit sous Garibaldi et qui n'attend que sa venue pour échanger de nouveau le fouet contre le sabre. En général tout Italien a la terreur de la pluie, il préfère un volcan en éruption à un nuage qui crève. Ceci rendait notre jeune Romain d'autant plus méritoire. Nous nous efforçâmes d'atteindre à sa philosophie d'Anglais et de Parisien en faisant bon marché de notre toilette. Nous avions relevé nos jupes sur nos têtes et les tenions serrées en capuchons autour du visage de façon à ne laisser à découvert que les yeux et le nez. Le cocher s'était dépouillé de son manteau et l'avait assujetti sur nos jambes. Ainsi caparaçonnées, nous étions battues par la pluie qui venait de face, sans être mouillées jusqu'aux os. La campagne se déroulait sous nos yeux comme à travers des vitres ternies. Les ruines qui nous apparaissaient, çà et là, empruntaient une mélancolie plus intense à la submersion du sol d'où elles surgissaient telles que des récifs au-dessus de la mer.

La tristesse des adieux, l'incertitude des projets de retour, chaque sentiment exprimé par la parole ou le regard remplissaient nos cœurs d'émotion. Pour moi surtout le cataclysme qui bouleversait ma dernière contemplation de la campagne de Rome répondait au déchirement du départ. Lorsque nous arrivâmes près de la tombe de *Cæcilia Metella*, quelques lueurs, perçant l'orage, tombèrent du ciel sur les débris des sépultures. On eut dit des rayonnements d'âmes murmurant à toutes ces poussières : « Nous vous survivons ! » Devant saint Jean de Latran l'atmosphère s'éclaircit comme par enchantement. Notre cocher ne ralentit la marche de son cheval qu'à la montée qui mène de la place Sainte-Marie-Majeure, *al quadrivio delle Quattro Fontane* ; mettant alors pied à terre il caressa de la main les flancs fumants de la pauvre bête exténuée ; puis se tournant vers nous.

Permetta, Eccellenza, » dit-il en reprenant son manteau dont il couvrit l'animal en sueur.

— *Bene*, répliquai-je, *questo è un generoso cavallo.*

— *Questo*, répliqua-t-il avec un geste pompeux, *è un cavallo che merita il balsamo*[1]. »

La phrase me parut charmante d'euphonie ; je la lui fis répéter et l'écrivis sur mon carnet. Mes amis de Rome, à qui je la dis le soir, la trouvèrent parfaitement claire et correcte ; mais à ma grande surprise elle parut inintelligible à des Italiens du Nord et du Centre. Chaque province de la Péninsule a son idiome à part, les dictons populaires surtout diffèrent et gardent leurs frontières à travers l'Unité.

« Les proverbes et les épigrammes abondent dans les provinces romaines, napolitaines et siciliennes plus que dans toutes les autres parties de l'Italie, dit à ce propos un de mes visiteurs. Ces pensées brèves où se concentre une satire ou une coutume sont filles de la Grèce ; la France et l'Espagne s'inspirèrent en ce genre des Latins. Une foule de traits concis et vifs sont communs à ces deux nations et à la nôtre, tandis qu'ils restent étrangers à l'Angleterre, à l'Allemagne et à tous les peuples du Nord. A mon avis les épigrammes et les proverbes proprement dits n'existent pas chez eux ; leur esprit est d'une allure trop pesante pour jaillir en mots spontanés.

— Les épigrammes populaires de Pasquino, reprit un autre Romain, ressemblent souvent à des traductions de Martial ou de Pétrone ; ce ne sont que des transmissions, qui nous viennent de nos pères latins ; l'esprit a ses générateurs comme le corps. Quand Néron réunit le *Cælius* à l'*Esquilin* et au *Palatin*, pour y étendre les constructions du Palais des Césars, on fit contre lui cette épigramme :

· *Rome ne sera bientôt plus qu'une maison ; Romains, retirez-vous à Véies, pourvu que la maison de César n'envahisse pas aussi Véies.* »

[1] Textuellement : « Celui-là est un cheval qui mérite le baume ! » c'est-à-dire d'être embaumé.

« Évidemment cette épigramme antique est mère de l'épigramme moderne due à la collaboration de *Marforio* et de *Pasquino*. Clément XI (en 1700) envoyait tout l'argent de Rome à Urbin où il était né, Marforio s'écria :

« *Che fa Pasquino ?*
« *Guarda Roma che non vada a Urbino*[1].

— Presque toujours le trait satirique moderne est moins âpre et moins acéré que le trait antique, reprit un autre interlocuteur ; l'esclavage en émoussant le courage, émousse l'ironie ; la lanière qui flagelle s'enveloppe, pour ainsi dire, d'un duvet qui l'amollit. Ce n'est que dans les temps de luttes politiques ou religieuses que l'épigramme éclate sans ménagement dans la forme. C'est une arme de défi qui n'a toute sa portée qu'entre les mains des audacieux :

Il pastor romano non vuole pecorar senza lana[2]

est un proverbe romain qui raille l'avidité des papes, l'idée est la même que celle de ce grand vers du Dante :

In veste di pastor luppi rapaci[3].

Mais l'expression s'est affaiblie et n'a plus la trempe antique du génie d'Alighieri.

— En France, dit un Romain, qui avait longtemps habité Paris, vous n'avez de satirique implacable, au vers homicide et brutalement indigné, à la façon de Perse et de Juvénal, que votre vieil Agrippa d'Aubigné[4], du temps de la Ligue, et, parmi les contemporains que Victor Hugo. On pourrait, sans leur faire injure, leur adjoindre les gamins de Paris trouvant d'inspiration des épigrammes qui mordent jusqu'au sang. Ces mots terribles et en apparence improvisés par des enfants sont comme le verbe de vos révolutions ; ils mériteraient d'être réunis dans un recueil où les

---

[1] J'ai cité cette épigramme en parlant de la statue de Marforio.
[2] Le pasteur romain ne veut pas faire paître son troupeau sans en avoir la laine.
[3] En habits de pasteurs des loups rapaces.
[4] Rabelais est en prose un satirique tout aussi énergique et encore plus profond. Son chapitre de l'*Ile sonnante* est resté la satire la plus vraie et la plus audacieuse de la Rome papale.

écrivains de profession trouveraient des modèles d'un style énergique et concis. De même qu'il est nécessaire aux institutions d'un pays, pour se rajeunir et se fortifier, de se retremper dans la liberté, il est salutaire à sa langue de se retremper dans le peuple. »

Un mois après, de retour à Paris, cette conversation me revint en mémoire en déjeunant un dimanche à Auteuil chez le prince Pierre Bonaparte. Il y avait parmi les convives un membre de l'Académie de médecine qui nous répéta un de ces grands mots *juvénalesques* des gamins de Paris qu'il avait entendu la veille au soir : Une lorette, ayant équipage, sortait d'un des *cafés chantants* des Champs-Élysées; un enfant de quinze ans, en guenilles, se précipite, ouvre la portière de la voiture, en abaisse le marchepied et tend la main à la dame en lui demandant son pourboire; celle-ci sans lui répondre secoue l'ampleur de sa robe flottante, dont le bord soufflette le visage affamé du solliciteur. « *Au Bois!* » dit-elle à son cocher. « *Au bois de lit punaisé!* » crie à plein poumon le gamin sublime; résumant dans cette riposte toute la vie de la courtisane et nous la montrant rampant comme une bête immonde sur le lit qui fait sa honte et sa fortune éphémère.

Que le lecteur me passe cette digression, j'en reviens à mes amis de Rome :

Don Marino, complétement rassuré par le chancelier de l'ambassade de France sur le danger de mes enthousiasmes politiques, se montrait de plus en plus cordial envers moi; il m'offrit ce soir-là de me montrer avant mon départ le somptueux palais de son frère.

« C'est une grande faveur, me dit-il, car depuis ses malheurs le prince n'accorde plus cette permission à personne. »

Il fut convenu que nous nous rendrions le lendemain à deux heures au palais de l'opulent banquier situé sur la place de Venise. Le prince Torlonia, si envié pour ses immenses richesses et son honorabilité, confirme une fois de plus cette vérité banale : que la plus brillante destinée a son revers. Devenu prince romain, comme les Chigi, il épousa la princesse Colonna à qui le commandeur Visconti a dédié sa magnifique édition des vers de *Vittoria Colonna* qui fut la plus haute et la plus pure des illustrations de cette famille. Le prince Torlonia eut deux filles de son mariage. A la suite de sa dernière couche, la princesse Torlonia fut frappée de démence; l'enfant vint au monde avec les germes de la maladie de sa mère. L'autre fille, d'une santé délicate, est l'unique héritière d'une colossale fortune.

LXIV

Le plus déplaisant des convives de la table d'hôte de l'*Hôtel d'Angleterre* était un prince sicilien attaché à François II. Efflanqué, grand, osseux, la face rouge et terne à la fois, comme le sont certaines peaux malsaines; les yeux louches, le front déprimé, la bouche grimaçante; il teignait ses favoris et ses moustaches d'un noir violacé qui au soleil tranchait avec le noir plus naturel de son faux toupet. Ce duc qui comptait à coup sûr vingt quartiers puisait sa morgue dans ses titres et dans l'ordre de Saint-Janvier qu'il portait à la boutonnière de sa redingote serrée à la taille. Toute sa triste personne était décrépite et laissait deviner les efforts de toilette et de *retapement* qu'elle subissait chaque matin pour ne pas être trop repoussante le reste de la journée. Sa femme, une jeune Napolitaine, dont on l'aurait cru le père, était une petite brune, aux traits mauresques, aux yeux éclatants, à la chevelure d'un noir de corbeau. — Quand le hasard plaçait à table ce couple près de moi, les yeux tors du mari me désignaient toujours à sa pétulante moitié comme la *révolutionnaire* amie de Garibaldi, signalée par l'*Armonia* de Turin. La dame me jetait alors des regards curieux, qui me semblèrent d'abord malveillants. Le bon don Marino m'assura un jour que je me méprenais et que j'étais plutôt sympathique à la jeune femme. Tristement mariée au sortir du couvent à ce duc riche et décrépit elle s'ennuyait dans sa morne compagnie doublée de la compagnie plus morne encore de la duchesse douairière sa belle-mère. Celle-ci ne se montrait jamais; elle partageait son temps entre l'église et la petite cour du Quirinal; prêchait à sa bru le respect du pape et du souverain légitime, et, sous prétexte que la jeune femme n'était ni assez dévote, ni assez royaliste, lui interdisait la direction d'une petite fille, enfant de quatre ans, rejeton inespéré du sang appauvri du duc. Chaque soir, avant de monter chez moi, don Marino allait faire la partie de whist de la duchesse douairière et de son fils. L'enfant dormait, la jeune femme bâillait dans un coin ou se mettait à la fenêtre pour voir les passants qui ne passaient pas. Chaque soir quand don Marino sortait, elle lui disait :

« Je voudrais bien vous accompagner chez la *dame française*, ce doit être plus amusant qu'ici. »

A l'heure convenue (le lundi 6 mai 1861) don Marino vint me prendre, en grand équipage, pour me conduire au palais de son frère. Comme nous traversions le Corso j'aperçus la jeune duchesse sicilienne qui longeait le trottoir de gauche ; elle me sourit et échangea un signe d'intelligence avec don Marino.

« Vous ne vous doutez pas où elle court si vite, me dit celui-ci ; elle va nous attendre sous la porte du palais Torlonia qu'elle a voulu visiter pour faire votre connaissance.

— Mais engagez-la donc à monter en voiture, » repartis-je.

Un des laquais ouvrit la portière, abaissa le marche-pied, et la jeune duchesse s'élança d'un bond, en regardant effarée autour d'elle, pour s'assurer qu'on ne la voyait point.

« *Oh! caro don Marino, che seccatura*[1], s'écria-t-elle. (La plénitude de sa longue contrainte éclatait dans ces mots). — Que ne m'a-t-il pas fallu de prétextes, poursuivit-elle, pour obtenir deux heures de liberté ! Hier j'ai dû comploter avec ma couturière, qu'elle me fît dire qu'elle était malade et que si je voulais ma robe pour aller demain chez la reine elle me priait de venir l'essayer chez elle. Le duc s'est offert de m'y accompagner, alors j'ai écrit à une de mes amies de m'engager à la prédication d'un saint moine qui fait des miracles dans son couvent; mais, à son tour, ma belle-mère a voulu me suivre pour entendre ce divin frère. Heureusement qu'elle a été mandée au Quirinal par *la regina madre*; sitôt qu'elle a été sortie j'ai couru à travers le Corso comme une échappée de prison. Je vous avais guettés de la fenêtre et vus partir en voiture. — Tout en parlant, elle s'était assise auprès de moi et m'avait pris la main. — Oh! madame, poursuivit-elle, avec cette vivacité napolitaine à laquelle le geste

[1] Quelle scie!

et le regard ajoutent une pantomime expressive, que je vous envie d'avoir la liberté! c'est la seule allégresse de la vie; je la veux! je la veux, je l'aurai, je l'aurai! »

Don Marino riait en répétant : *poverina Duchessa!* Moi ne sachant trop que lui dire je lui débitai ces phrases banales : — « Vous avez pourtant des compensations; un mari riche et titré, une enfant que vous devez aimer et pour vous distraire le monde et la toilette.

— Je n'ai rien du tout, me répliqua-t-elle; je n'ai pas de mari, le duc n'est pas un mari, c'est un geôlier; une borne toujours dressée devant moi pour m'empêcher de marcher; il est vieux, il est laid, il est absolu et bête, il répugne à ma jeunesse; c'est une ruine vaniteuse qui ne m'impose pas. Je n'ai pas d'enfant, car ma belle-mère et le duc m'ont pris ma fille au berceau pour la repétrir et l'élever à leur guise. Ce qu'ils voulaient de moi, un héritier ou une héritière, ils l'ont; cela leur suffit et comme ils sont bien certains que je ne leur en donnerai pas une autre, je ne suis plus pour eux qu'un mannequin inutile. Vous savez, l'artiste relègue le mannequin dans un coin quand il a posé pour son œuvre. Eux, l'œuvre qu'ils désiraient, c'est cette petite qu'ils ont faite au berceau princesse de je ne sais quoi; ils lui disent devant moi : les diamants et les perles de ta mère t'appartiennent; ils appellent cela leurs joyaux héréditaires; ils les serrent sous clef et ne les sortent que pour m'en parer lorsque je dois figurer dans leur compagnie à la petite cour du roi de Naples. Si j'avais pu disposer d'une seule de ces parures je l'aurais vendue et me serais enfuie; ils ont sans doute deviné mon idée; ils peuvent bien l'entraver, mais tôt ou tard je leur échapperai. Les bagues, la montre, la chaîne et tous les bijoux que je porte, sont chaque soir inventoriés par mon mari et chaque matin il met dans ma bourse les *paoli* qu'il m'est permis de distribuer en baïoques aux mendiants ou aux troncs des églises. Vous ne savez pas, madame, jusqu'où peut aller la lésine d'un prince sicilien! Le duc, par gloriole, veut que je paraisse à la table d'hôte couverte de soie et de dentelles; mais si je faisais une tache à ma robe il me battrait, je crois. Et vous voulez que je reste plus longtemps avec ce pacha délabré qui me fait horreur et courtise mes chambrières! »

A ces derniers mets, je me hasardai à lui demander si elle n'avait pas au cœur quelque rêve plus doux?

« J'en ai vingt, j'en ai cent; les rêves d'amour sont de mon âge et je ne demande pas mieux que d'aimer, répliqua-t-elle naïvement ; mais ce n'est pas au Quirinal que je trouverai quelqu'un qui me plaise ; il n'y a là que des prêtres ou des vieux qui se réunissent pour conspirer et jeter leurs malédictions sur mon pays. Eh! bien, moi, j'aime Naples, j'aime l'Italie, j'aime Garibaldi, j'aime Victor-Emmanuel. Mes deux frères, qui sont aussi nobles que mon mari, ont été soldats du Libérateur et sont aujourd'hui officiers du roi ; ils sont charmants (*gentili*), bons et gais, ces chers frères ; ils ne m'ont jamais fait de peine, je n'ai eu de beaux jours qu'avec eux, lorsque nous étions tous trois des enfants; notre père lui-même n'est pas méchant quoiqu'il m'ait bien mal mariée ; j'irai les retrouver pour ne pas mourir.

—Ainsi vous êtes toujours bien décidée à partir, lui demanda don Marino.

— Ce soir, demain, le plus tôt possible, répliqua-t-elle, aussitôt que j'aurai trouvé *cento scudi* pour payer le voyage. »

Nous étions arrivés sur la *place de Venise*, devant le palais du Prince-banquier.

Le palais Torlonia fut construit au commencement de ce siècle, c'est un édifice immense et somptueux, mais sans intérêt historique. Son double portique intérieur entourant deux cours, ornées de copies de figures antiques, compose un décor imposant. L'escalier qui conduit aux appartements de réception est imité de la *Scala d'oro* du palais ducal de Venise. Chaque pièce resplendit du triple éclat des marbres, des peintures et des moulures d'or. Malheureusement les statues et les tableaux sont presque tous modernes et les plafonds ont été exécutés par les artistes contemporains les plus médiocres. Je remarque dans un grand salon quelques beaux tableaux hollandais et dans la galerie dont l'ensemble est magnifique, une admirable Vierge de Murillo. Le palais Torlonia renferme des bains élégants, des écuries spacieuses, un hippodrome à couvert pour les leçons d'équitation et un joli théâtre qui n'a jamais été inauguré. Nous parcourons les loges des acteurs, riantes et coquettes, toutes meublées à la Pompadour. Nous montons sur la scène et aussitôt la jeune duchesse sicilienne entonne une chanson de pêcheur.

« Oh ! que n'ai-je la voix d'une cantatrice, dit-elle, quand nous lui crions : *bravo !* — Je débuterais dans un mois à la barbe de mon mari. Il n'y a de la liberté que pour les artistes et il n'y a de bonheur que dans la liberté. Ce bonheur, je l'aurai, *caro don Marino*, je m'en irai à pied jusqu'à Naples, sous un habit de *contadino*; je suis maigre et noiraude ; on me prendra pour un garçon. »

Je profitai d'un moment d'*a parte* pour demander à don Marino, si elle parlait sérieusement ou si son *speech* d'émancipation n'était qu'un jeu.

« Elle est *indiavolata* pour quitter ce pauvre duc, répliqua-t-il; si j'avais voulu lui fournir la somme nécessaire elle serait déjà partie, mais je ne suis pas assez fou, ajouta le prudent don Marino, pour prêter de l'argent à une femme qui est en puissance de mari. »

Elle s'était rapprochée de nous : « Quand comptez-vous quitter Rome, me dit-elle.

— Hélas, après-demain, répondis-je.

— Si vous pouviez attendre jusqu'à la fin de la semaine, nous partirions ensemble, reprit-elle avec un regard résolu ; il me faut quelques jours pour exécuter mon projet. J'ai reçu une dot en me mariant et après tout, puisqu'on m'y force, ce ne sera pas voler mon mari que de lui enlever un de mes écrins et d'aller le vendre au *Ghetto*. »

Elle me serra fortement la main en prononçant ces paroles et quelques larmes coulèrent de ses longs cils noirs.

Pour ceux qui sont intéressés à croire que tout va pour le mieux dans le monde et que toute réforme est inutile, dans les institutions politiques et sociales, chaque tentative de révolte contre l'État, ou contre la famille, implique la négation du devoir. C'est oublier l'axiome irréfutable *qu'il n'est pas de devoir sans droit*. La légitime résistance de la liberté contre l'esclavage et de la justice contre la violence contient une aspiration généreuse: appel des âmes qui souffrent aux âmes qui font souffrir; avertissement douloureux mais salutaire, qui en se renouvelant sans trêve, obscurément ou avec éclat, finira par convaincre l'humanité que la concorde et la sécurité universelles resteront en péril tant qu'une oppression, n'importe sa forme et son degré, sera tolérée par les mœurs et sanctionnée par les lois.

En sortant du palais Torlonia, je me séparai de don Marino et de la jeune duchesse qui me dit attendrie : « Nous nous reverrons. »

Ce singulier épisode m'avait distraite un moment de l'émotion navrante que j'éprouvais à quitter Rome. Rome attriste le jour où on y arrive, mais elle attriste bien plus le jour où l'on en part. Nul ne peut lui dire adieu sans déchirement ; elle nous enlace par toutes les grandes ombres qui l'habitent, elle nous retient par son éternité. Je voulus la contempler encore, la revoir seule à seule jusqu'à la dernière heure, l'admirer une fois de plus dans ses splendeurs muettes ; en empreindre, ineffaçable, l'image dans mon cœur.

Je montai en voiture sur *la place de Venise* et me fis conduire au Vatican ; je saluai une à une mes chères déesses. Puis j'allai au Colisée, au Forum et sur la *Voie Appia*, où j'enviais une tombe au soleil ; mourir dans les lieux que l'on aime mêle une douceur à la mort.

Le soir mes amis comprenant mes regrets imaginèrent des projets nouveaux pour me retenir.

« Je vous conduirai aux ruines de Veïes, me dit le commandeur Visconti.

— Et moi à *Orvieto*, ajouta madame Loiseau d'Entraigues.

— La cathédrale d'*Orvieto* est une des plus belles églises du monde, reprit le commandeur, c'est un temple à l'intelligence aussi bien qu'à la foi. Une des chapelles est dédiée à Virgile, à Ovide, à Claudien et à Sénèque, la mythologie y est honorée à côté de la Genèse. »

Voulant m'étourdir sur la tristesse du départ, je racontai en détail au commandeur Visconti, que je n'avais pas vu la veille, mon entrevue avec le cardinal Antonelli.

« Il vous faut maintenant une audience du pape, me dit le commandeur, écrivez au cardinal de vous la faire obtenir.

— Je l'y crois peu disposé, repartis-je.

— N'importe, écrivez, il vous répondra et vous y gagnerez toujours une lettre aimable d'un homme célèbre. »

Le lendemain, mardi, j'adressai ma demande au cardinal et, quoique j'eusse tout disposé pour quitter Rome le jour suivant, je lui disais que mon départ était fixé au vendredi. J'envoyai ma lettre au Vatican, puis je sortis pour aller dire adieu au duc de Gramont; ce fut encore une heure de tristesse; l'esprit, la grâce exquise, la protection délicate de notre ambassadeur me laissaient un souvenir attendri; on ne rompt pas sans effort avec des relations aussi rares.

En rentrant à l'hôtel j'y trouvai la réponse suivante du cardinal Antonelli :

« Très-aimable Dame,

« Je suis bien désolé que la brièveté du temps que vous avez encore à passer à Rome ne me permette pas de satisfaire à votre demande comme je l'aurais particulièrement désiré, je vous assure; mais le Saint-Père n'accorde des audiences aux dames que dans la journée du dimanche.

« Si cette circonstance m'empêche d'acquiescer à votre désir elle ne m'enlève pas du moins le plaisir de vous assurer de nouveau de mes sentiments d'estime les plus vrais et les mieux sentis avec lesquels je vous souhaite un bon voyage.

« Mardi, 7 mai 1861.

« Votre sincère serviteur,
« Le cardinal ANTONELLI. »

La forme courtoise de cette lettre me fit regretter une fois de plus d'avoir à combattre le cardinal sur le terrain des idées où la conscience doit rendre inflexible. En dehors de la politique je me plais à reconnaître que le cardinal Antonelli est un esprit bienveillant, un Italien aimable, une grandeur accessible et mondaine, un ministre sans morgue qui n'a que faire dans cette galère vermoulue du moyen âge craquant sous sa cargaison détériorée de restes d'inquisition, d'index, d'embûches jésuitiques, de morale hypocrite, de miracles à la *Saint-Janvier*, et portant écrit à sa proue le solennel : *Non possumus*.

Je ne sentis aucun regret de ne pas voir le pape; je n'aurais pu lui parler avec la même franchise qu'au cardinal ; au premier mot hardi il m'aurait imposé silence, en agitant sa sonnette pour rompre l'audience, comme c'est son habitude en pareille occasion. Or un esprit libre contraint à se taire en reste plus convaincu de son droit à parler. Tout pouvoir qui décrète le silence dénonce son effroi d'être discuté.

Comme je m'asseyais ce soir-là pour la dernière fois à la table d'hôte, la petite duchesse entra précédée de son mari. Elle ralentit le pas en passant près de moi : « *Addio cara*, me dit-elle, je veux vous revoir et je vous reverrai tôt ou tard, car je vous aime. » — Je ne pus que serrer sa main ; le vieux duc tourna la tête et m'empêcha de lui répondre.

J'abrégeai le dîner pour aller errer jusqu'à la nuit à travers les ruines. Du haut de la rampe du Capitole je vis, comme le premier soir, surgir ainsi que des fantômes, les blanches colonnes des temples détruits ; comme le premier soir encore quelques soldats français passèrent près de moi ; ils étaient ivres et hurlaient un chant obscène ; on eût dit qu'ils insultaient à ces marbres sacrés dont leur laideur grotesque me gâtait l'harmonie. Les vers d'Auguste Barbier à l'Italie me montèrent aux lèvres ; je les récitai tout haut pour ne plus entendre le refrain grossier qui fuyait. Ainsi l'on couvre en élevant la voix une parole irritante.

Pauvre Rome, ô beauté ! si, malgré ta pâleur,
Tes membres ont encor gardé de la chaleur ;
Si du sang généreux coule encor dans ta veine ;
Si le monstre qui semble avoir bu ton haleine,
La mort, planant sur toi comme un heureux amant,
Pour toujours ne t'a pas clouée au monument ;
Si tu n'es pas enfin son entière conquête ;
Alors quelque beau jour tu lèveras la tête,
Et privés bien longtemps du soleil, tes grands yeux
S'ouvriront pour revoir le pur éclat des cieux ;
Puis ton corps, ranimé par la chaude lumière,
Se dressera tout droit sur la funèbre pierre.
Alors, être plaintif, ne pouvant marcher seul,
Et tout embarrassé des longs plis du linceul,
Tu chercheras dans l'ombre une épaule adorée ;
Et, les deux pieds sortis de ta tombe sacrée,
Tu voudras un soutien pour faire quelques pas.
Alors à l'étranger, oh ! ne tends point les bras :
Car ce qui n'est pas toi, ni la Grèce ta mère,
Ce qui ne parle point ton langage sur terre

Et ne réside pas sous ton ciel enchanteur
Trop souvent est barbare et frappé de laideur.

Ces vers *prophétiques* de l'auteur des *Iambes* exprimaient ma douleur de ne pas avoir vu Rome lever la tête et secouer son linceul papal. Ces soldats français étaient les *barbares* qui retardaient sa résurrection. Quand donc viendrait la fête espérée, la grande allégresse de la délivrance ! quand donc Rome debout tressaillerait-elle de son âme antique ! quand donc les acclamations de son peuple affranchi se confondraient-elles aux fanfares des bataillons du Libérateur ?

Je souffrais de l'humiliation de la cité auguste comme j'aurais souffert de l'affront fait à la France au jour où les étrangers l'envahissaient.

Nous ne saurions imaginer la justice divine partiale, variable et bornée. Nous la sentons universelle, la même pour tous, proclamant l'égalité des âmes et partant des droits égaux pour l'humanité entière. Ne parlez donc pas de justice terrestre si vous ne la fondez sur ce principe absolu.

LXV.

Après ces adieux à Rome (cité abstraite d'où l'infini se dégage, tombe qui garde la vie, la seule vie durable des nations : l'immortalité des souvenirs) je donnai la veillée aux adieux de mes amis, dernières heures tristes, mais douces, car l'attendrissement des regards et des voix révèle la sincérité des regrets. Demain on ne sera plus là, mais quelque chose de nous restera dans le cœur de ceux qui demeurent. Ils garderont l'empreinte des sentiments échangés ; les lieux vus ensemble évoqueront notre image. Un reflet, un écho c'est tout ce que peut espérer de laisser après lui le voyageur qui passe. C'est plus que ne laisse la vie quand elle s'est écoulée.

Je partis le lendemain matin (mercredi 8 mai 1861) par le convoi du chemin de fer de Rome à Civita-Vecchia qui correspondait avec le paquebot venant de Naples. Madame Loiseau d'Entraigues, amicale jusqu'à la dernière heure, m'accompagna à l'embarcadère.

Avant de quitter l'*Hôtel d'Angleterre*, je serrai cordialement la main de l'excellent M. Gendre, modèle des *padroni di casa*; il a fait de son hôtel une maison hospitalière; on oublie qu'on paye et l'on payerait volontiers double pour être assuré des soins, de la bonne grâce et de la sécurité qu'on vous donne gratis. Les Anglais s'y entendent et s'ils ont élu domicile chez M. Gendre, c'est qu'ils y ont trouvé le suprême confort.

Suis-je donc partie? est-il bien vrai que Rome disparaît derrière moi dans l'azur de ce beau jour qui commence. Le paysage, que la vapeur traverse en sifflant, saillit dans la lumière. La route jusqu'à Civita-Vecchia me paraît souriante par cette matinée printanière. Quand je la traversai, il y a trois mois, la campagne était morte et lugubre, d'ailleurs l'attente de Rome absorbait tout. Je l'évoquais à l'horizon et mon regard ne cherchait qu'elle. A présent que je la connais et que je pleure en la quittant, sur toute l'étendue de ce sol antique se déploie sa grande ombre. Quelque chose d'elle flotte aux deux bords du chemin. Nous franchissons un joli bois gazouillant et fleuri qui n'était que branches sèches en allant; je pense à la *villa Panfili*; au souffle embaumé de ses ombrages?

N'est-ce pas Ostie qui se dresse à gauche sur le fond bleuâtre de la mer? — C'est *Santa Severa*, l'antique *Pyrgos*, surprise un jour par Denis le Tyran qui pilla son temple de Junon et fit payer rançon à la ville entière.

A droite cette montagne rayonnante aux pentes graduées en collines ombreuses, n'est-ce pas Tivoli et Albano qui me rappellent?

La forteresse de *Civita-Vecchia*, sa douane et son port effacent mon mirage.

Elles sont finies les belles heures oisives qui fuyaient harmonieuses, à travers les villas et les ruines, m'enlaçant de leur ronde rapide sous les blancs portiques où je m'asseyais! Le rêve est détruit; la vie tracassière et sombre me ressaisit sous la forme de deux douaniers pontificaux.

« *Eccellenza, bisogna aprire i bauli!* (Madame, il faut ouvrir vos malles.)

— Voici ! fouillez, pillez, peu m'importe, j'ai enfermé Rome entière dans mon souvenir. »

Les *facchini* affairés heurtent les voyageurs ; la cloche du bateau sonne ; plus de cent Anglais se précipitent à bord et encombrent le pont. J'ai à peine le temps de remercier notre consul M. Dubreuil et de prendre chez lui ma caisse soustraite à la douane en venant.

J'ai voulu partir sur le bateau qui fait échelle pour toucher deux fois encore le sol italien. Me voilà gisante jusqu'à Livourne comme une chose inerte. Le corps va où la nécessité le mène ; mais l'âme plane ailleurs ; elle plane obstinée sur cette terre que le soleil féconde et qui fut à coup sûr sa patrie dans une vie antérieure.

Je fis une halte de six heures à Livourne, j'étais bien tentée de ne pas repartir. Florence est si près et Lucques est à l'horizon Je n'ai pas vu Lucques avec ses vieux remparts, Lucques la charmante que l'âge embellit. C'est la *Ninon* des cités, toujours jeune et fraîche dans son nid riant d'acacias.

A Gênes la tentation fut plus vive encore ; Milan et Turin m'appelaient par la voix de Manzoni et de Cavour ; j'aurais parlé au poëte de Pompéi et de Pæstum, du Colisée, du Forum et de la voie Appia. — J'aurais parlé au ministre du peuple de Rome qui comptait sur lui, des embûches de la cour papale, et des conspirations du Quirinal !.

Pourquoi résister à ce qui nous attire quand on sent qu'on ne vit que des élans du cœur ?

Le grand ministre est mort sans que je l'aie revu.

Le grand poëte est au bord de la tombe.

Je rentrai dans Paris par un jour sombre : une pluie glacée pleurait sur les maisons alignées et banales ; moi, je pleurais de retomber sous la pression écrasante de tous ces êtres indifférents et distraits ; les uns anxieux du seul travail de vivre, les autres de s'enrichir, les autres de parader. Foule affairée qui ne sent plus son âme ; steeple-chase anglais courant dans le brouillard ! Machine énorme fonctionnant sans trêve et peu à peu supprimant le cerveau ; matière asservissant l'idéal et clouant ses ailes sur le pavé boueux ; gain triomphant criant bien haut : je suis l'intelligence !

clinquant effronté se proclamant l'art divin. Durant trois ans, j'ai senti l'étreinte sauvage se resserrer étouffante et sinistre, absorbant en elle tous les points lumineux : l'amour importun à la débauche; la poésie inaccessible à l'argot; la foi gênante à l'hypocrisie; la fierté incommode à la bassesse; la liberté inutile à la fortune; les sentiments embarrassant les ressorts; tout ce qui chante inquiétant pour ce qui grouille; tout ce qui plane ennemi de ce qui rampe! J'ai fermé les yeux pour ne pas voir; j'ai roidi l'idée et je m'y suis murée. Je n'ai laissé pénétrer jusqu'à moi que les courants qui assainissent et que les rayons qui réchauffent; je leur ai dû la sérénité de l'attente et la vision de l'aurore qui viendra. Il est certain que quelques valeureux résistent, opposant aux forces avides leur inflexible rigidité. Il est visible que sur les ténèbres qui dominent un éclair va luire. Ainsi il arrive une heure dans les mers du Nord où les sombres montagnes de glace compriment et interceptent la vie. Elles s'agglomèrent, elles montent, du fond de l'Océan, elles escaladent le ciel. Tout ce qui palpite s'épouvante : les ailes des oiseaux, les voiles des navires, la respiration des êtres, le souffle des vents, la germination des plantes sont condamnés à l'immobilité et au silence; les formidables banquises triomphent, elles règnent sur le néant accompli. Mais voilà, que troublant la nuit, quelque chose blanchit et se dore dans le firmament obscurci. C'est une lueur si faible et si pâle, que sans doute elle va mourir. Le feu ne meurt pas, c'est l'indestructible symbole de l'esprit qui vivifie et perpétue la création. La lueur grandit; de tièdes haleines frémissent; les rumeurs du réveil circulent partout; elles ébranlent les blocs inertes qui croyaient à leur éternité. Leurs masses sinistres craquent et chancellent et bientôt leur écroulement retentit. Il a suffi d'un rayon pour les dissoudre et pour ranimer le mouvement et l'essor. On entend sourdre comme une renaissance de pas qui marchent, de vols qui planent, de cordages qui se délient, de voix qui s'appellent, de seins qui tressaillent et d'âmes qui se répondent. C'est la grande fête de l'allégresse! C'est la *Solemnitas jucunda* qui tôt ou tard dégagera Paris de l'engourdissement des banquises.

La fête quoique certaine tarde encore, je veux vivre pour la voir s'accomplir. Je suivrai du cœur ceux qui la préparent, jamais ma foi ne reniera la leur.

Mais il est une mystérieuse phthisie qui atteint les esprits comme les corps ; irrésistible alors est l'appel des contrées où nous espérons renaître.

Hier, des amis bien chers m'entouraient au début de cette année nouvelle. Ce qu'elle cache de tressaillements et d'espoirs les illustres, les militants et les forts l'énuméraient pour me retenir. Les obscurs, tendrement me disaient : restez puisque nous nous aimons ! Les poëtes m'exprimaient dans leurs vers toutes les sympathies qui enlacent. A l'un d'eux, fraternel et ému, toujours vaillant, malgré ses souffrances, j'ai répondu par ce chant d'adieu :

A ÉMILE DESCHAMPS.

Si je résiste à la prière
De tout ce qui vient m'attendrir,
C'est qu'au pays de la lumière
Je m'enfuis pour ne pas mourir.

Vous recélez en vous la flamme
Et le souffle des inspirés ;
Moi, je sens s'éteindre mon âme
Sous des cieux ternis et murés.

Il me faut le feu du Vésuve
Et l'ardent soleil d'Amalfi ;
Deux foyers d'éternel effluve
Jetant à la mort leur défi !

Il me faut l'espace sans brume,
L'éclat des horizons lointains,
Où des soirs la pourpre s'allume,
Où resplendit l'or des matins ;

Les golfes que l'éther azure :
Portici, Pæstum ou Baïa.
Paris, c'est pour moi la torture
Des Maremmes de la Pia.

Il me faut les chaudes ravines,
Où le camellia fleurit ;
Où les rameaux de mandarines
Heurtent la grenade qui rit ;

Où Sorrente a des lits de mousse
Pour le poëte et l'indigent ;

Où la vie est clémente et douce
Sans soucis d'orgueil ni d'argent ;

Où l'aménité du rivage,
Flots vibrants, monts aux purs contours,
Raniment la voix et l'image
De nos plus suaves amours ;

Où, quand décline la jeunesse,
Brises tièdes, parfums, clartés,
Comme une dernière caresse
Glissent sur nos fronts attristés ;

Où la grande nature en fête,
Mère d'immuable bonté,
Apaise en nous toute tempête
Dans sa vaste sérénité ;

Où la nuit limpide et sans voiles
Submerge le firmament bleu
D'un éblouissement d'étoiles
Au delà duquel on sent Dieu !

Janvier 1864.

FIN DU QUATRIÈME ET DERNIER VOLUME

TABLE DES MATIÈRES

I

Civita-Vecchia. — Soldats français affirmant, à Milan, la liberté de l'Italie et la comprimant à Rome. — M. Dubreuil, consul français, à Civita-Vecchia. — Route; aspect de la campagne. — Arrivée à Rome; désenchantement. — Un cocher garibaldien. — L'hôtel d'Angleterre. — M. Gendre, modèle de' padroni di case. — M. Gaillard.— Promenade nocturne à travers Rome. Place Saint-Jean-de-Latran. — Le Colisée. — Le Forum. 1

II

Premier aspect du Panthéon. — La place Saint-Pierre. — Façade de la basilique. — Le Vatican. — Souvenirs de l'antiquité. — Passage conduisant du Vatican au fort Saint-Ange.—Beauté du mausolée d'Adrien se détachant dans la nuit. — Rive du Tibre. — Pont *Ælius*. 14

III

La *Via Condotti*. — Les marchands. — Famille superbe de mendiants. — La place d'Espagne. — Colonne de l'Immaculée-Conception. — Son piédestal remplissant l'office de la statue de Pasquino.— Escalier et obélisque de la *Trinita de' Monti*. — Villa Médicis. — (Académie de France). — Vue des jardins. — Logement de M. Gaillard. — Ses esquisses. — Promenade du Pincio. — La belle fille de Frascati, modèle de l'Académie de France. — Bois de chênes de la villa Médicis. — Splendeur du panorama de Rome. — Fontaine de Trevi. — Ambassade de France. — Palais Colonna. — Fontaine *de' Termini*. — Ruines des thermes de Dioclétien. — Porte Pia. — Via Nomentana. — Carrosses de cardinaux. — Séminaristes irlandais en robes rouges. — Garibaldien du Pape. — Aperçu de la campagne de Rome. — Place Pilotta. — Soldats de Mgr de Mérode faisant l'exercice. — Place de Monte-Cavallo. — L'ex-roi de Naples et sa femme sortant du *Quirinal*. — Le Capitole et le Forum en pleine lumière. — Le *Forum de Trajan*. — Le saint Pierre en bronze juché sur la colonne Trajane. — Rome déserte et endormie à huit heures du soir 20

IV

Le Panthéon. — Intérieur du temple. — Saleté de la place de la Rotonde. — Saint-Pierre. — Tombeau des Stuarts. — Deux anges de Canova couverts de tuniques en fer-blanc. — Vêtement exigé par la femme d'un général, autrefois danseuse. — Mot d'un sacristain. — Rêverie sur le bon plaisir papal. — La *Pietà* de Michel-Ange. — Le monument de Christine de Suède. — Son ombre et celle d'Alexandre Borgia. — Un prêtre romain et un officier français. — Épouvante du premier et surprise du second au seul nom de Garibaldi. — Soldats de Mgr de Mérode faisant l'exercice sur la place Saint-Pierre. — Railleries des soldats français. — Un cocher qui a combattu avec Garibaldi au siège de Rome. — Temple de Pallas. — Forum de Nerva. — Quartier de l'antique Suburre. — San Pietro in Vincoli. — Moïse de Michel-Ange inspiré par un marbre antique de Neptune. — Plateau de l'Esquilin. — Admirable aspect du Colisée. — Vers d'Auguste Barbier. 36

V

Lettre du duc de Gramont, ambassadeur de France à Rome. — Visite du colonel baron Aymard. — Ce qu'il me dit de François II, — De la Reine, — Du général de Goyon, — Des Romains. — Affaiblissement de la fibre antique. — Place *del Popolo*. 48

VI

Éternel attrait de Rome. — Vers de Goethe. — La voie Appia. — Premier coup d'œil de la ruine gigantesque des thermes de Caracalla. — Les lignes d'aqueducs rompus dans la campagne romaine. — Mon ravissement. — Touffes de violettes fleuries embaumant l'air. — Aspect merveilleux des ruines du *Septizonium* au soleil couchant. — Quelques arcades du théâtre *Marcellus*. 52

VII

Port Ripetta vu la nuit. — César Borgia, assassin de son frère. — Récit de Victor Hugo dans son drame de Lucrèce Borgia. — Malheur du catholicisme d'avoir eu pour siége de sa puissance la ville des douze Césars. — Place Navone. — Souvenir d'Olympia Panfili. — Son palais. — Statue de Pasquino. — Le *Ponte Sixto*. — Patrouille de gendarmes pontificaux. — Le théâtre Valle. — Affiche de la grande tombola de la villa Borghèse. 56

VIII

Visite à l'ambassadeur de France. — Le duc de Gramont type d'élégance et de distinction. — Son cabinet au palais Colonna, bureau et fauteuil de Chateaubriand. — Conversation avec le duc de Gramont. — Son mot sur Liborio Romano. — Ce qu'il me dit de la reine de Naples, d'Alfred de Musset et de Mlle Rachel. 62

IX

La rue *Giulia*. — Intérieur de famille de l'avocat Tommasso comte Gnoli. — Sa fille Thérèse, poëte. — Je vais avec elle à la tombola de la villa Borghèse. — Porte del Popolo. — Versant du Pincio. — *Porta Pinciana*. — Mendiant romain. — Parc de la villa, ancien domaine des *Cenci*. — Souvenirs de Béatrix Cenci et de la princesse Pauline. — Hippodrome gazonné de la villa. — Fanfares de la musique des régiments français. — Tribune occupée par les autorités romaines et les officiers français. — Foule compacte. — Passion des Romains pour la loterie. — Tirage de la tombola. — Vertige et extase d'un paysan de Tivoli qui gagne un lot. — Splendeur du jour. 65

X

Chancellerie de l'ambassade de France; M. Loiseau d'Entraigues, chancelier. — Ascension du mont Janicule. — Rome se déroule à mes pieds. — Vue de la terrasse de *San Pietro in Montorio*. — Petit temple du Bramante. — L'église de *San Pietro in Montorio* veuve de la Transfiguration de Raphaël.— Je cherche en vain la tombe de Béatrix Cenci. — Fontaine *Pauline*.—Garibaldi au siège de Rome.—Assaut des Français.— Leur entrée par la porte *San Pancrazio*; retraite de Garibaldi.—Héroïsme d'Annita.—Le prêtre Ugo Bassi livré par l'évêque de Viterbe, et fusillé par les Autrichiens. — Ma rêverie sur le Janicule. — Vers indignés de Garibaldi. 69

XI

Un boucher romain. — Allure d'un sénateur antique. — Beauté typique du peuple de Rome. — Place Barberine. — Madame Loiseau d'Entraigues; mort de son cousin le jeune Prospero Santa Croce. — Le pape en belle humeur. — Le palais Doria. — Galerie de tableaux. — Olympia Panfili. — Souvenir de Tolla. — Les princes André et Dominique Doria. . . . 76

XII

Temps du Nord. — La basilique Saint-Laurent hors les Murs. — Le capucin custode. — Le mont *Mario* couronné de lumière. — Victor-Emmanuel proclamé roi d'Italie. — La population de Viterbe vote l'annexion. . . . 80

XIII

La *via San Stephano*. — La villa Campana. — La place Saint-Jean-de-Latran. Plantius Lateranus, récit de Tacite. — Musée de Saint-Jean-de-Latran. — Portiques. — Salle des antiques. — Mot sur le cardinal Antonelli prêté au prince banquier Torlonia. — Musée sacré. — Statue de Henri IV (chanoine de Saint-Jean de Latran) placée au dehors de l'église. — Intérieur de Saint-Jean de Latran. — Têtes de saint Pierre et de saint Paul. — Ce qu'en a dit Montaigne. — Statue colossale de Constantin le Grand. — Façade de la basilique. — Vue admirable de la campagne de Rome. — Cloître de Saint-Jean de Latran. — Baptistère de Constantin le Grand. — Baptême douteux du sanguinaire empereur. — Les murs de Rome couverts des mots mille fois répétés de : *Vive le roi d'Italie!* — La table d'hôte de l'hôtel d'Angleterre. — Les vieilles filles anglaises. — Mot de l'une d'elles sur Victor Hugo. — La dame aux verroteries bleues. — Un Anglais s'imagine que je l'ai appelé *sanglier*. — Le comte Teccio de Bajo, consul de Sardaigne. — Le marquis Doria, vice-consul. — M. Testa, de Gênes. — M. Schnetz, directeur de l'Académie de France à Rome. — La société romaine divisée en deux camps. 82

XIV

La villa Panfili. — Souvenir de Chateaubriand. — Rencontre de monsignor Sacconi. — La porte San Pancrazio. — Le palais du Saint-Office. —

L'*Albergo dell' Orso* où logèrent Rabelais et Montaigne. — Retentissement du procès Mirès à Rome. 91

XV

Messe à la chapelle Sixtine. — La *Scala regia.* — Les hallebardiers du pape. — La salle Regia. — Fresques de Vasari en glorification de la Saint-Barthélemi. — Description de la chapelle Sixtine. — L'assistance. — Malpropreté des cardinaux. — Le général de Goyon et la reine mère de Naples. Le pape; son portrait. — Chant des *mutilés* de la chapelle Sixtine. — Soirée à l'ambassade de France. — La duchesse de Gramont. — Mgr de la Tour d'Auvergne. — Le général D. — Sa sortie contre les généraux italiens. — Ma réponse. — Je refuse d'être présentée au général de Goyon. — Soirée à la villa Médicis. — Mot d'un capitaine d'artillerie contre les garibaldiens. — M. Delâtre. — Son portrait. — La baronne Schwartz. . . 94

XVI

Le Vatican. — Musée des antiques. — Galerie des inscriptions. — Galerie *del Braccio Nuovo.* — Galerie *Chiaramonti.* — Vestibule carré. — Vestibule rond. — Rotonde du Belvédère. — Salle des animaux. — Salle des statues. — Rencontre de soldats français et d'une cantinière. — Cabinet des mosaïques. — Cabinet des masques. — Salle des muses. — La Thalie. — Sa ressemblance frappante avec ma fille.—La salle ronde.—La salle de la croix grecque. — La chambre de la Bigue. — Le jardin du Vatican. — La galerie des candélabres. — Le musée Égyptien et le musée étrusque. — Salles des vases peints. — Salle des bijoux. — Immensité du Vatican. 100

XVII

Dîner et soirée chez Madame Loiseau d'Entraigues. — Mot d'un soldat français à un prêtre romain qui suivait une jeune fille. — Fusils à pierre envoyés, par le pape, à François II, durant le siège de Gaëte. — Vase nocturne du cardinal Antonelli, en cristal de roche. — Mœurs des *Monsignori.* — Basilique de Sainte-Marie-Majeure. — Rêverie. — Le code de l'église moins pur, moins moral et moins divin que les codes des sociétés laïques. — Vers sur la Pologne. — Ouragan. — Les vitraux de l'église tombent en éclats. — Réponse d'une mendiante sur la charité des prêtres romains. — Mot de la même mendiante sur la Madone. — Fontaine au pied de la colonne que couronne la statue de la Vierge. — Une partie de l'Esquilin. — Monument élevé à Henri IV après sa conversion. — Obélisque enlevé au mausolée d'Auguste. — Campanile de Sainte-Marie-Majeure. — Credo philosophique. 110

XVIII

L'*Armonia,* de Turin, signale mon inquiété. — Beauté d'un savetier et de sa femme raccommodant de vieux souliers dans une rue transversale du Corso. — Seconde causerie avec le duc de Gramont. — Les thermes de Caracalla. — Mosaïque aux couleurs italiennes. — Le gardien nous fait les cornes. — Me voilà entre deux diables. — Église de Saint-Clément. — Fresques de Masaccio 120

XIX

Église de Saint-Louis des Français. — Madame de Montmorin et Chateaubriand. — Mot d'un soldat français. — Il y a à Rome plus de trois cents

églises. — Je me garde de les visiter toutes. — Saint-Paul hors les Murs.
— Majesté du vieux Saint-Paul détruit par l'incendie. — Porte Saint-Paul.
— Pyramide de *Caius Cestius.* — Cimetière protestant. — *Ripa Grande.* —
Basilique moderne de Saint-Paul. — Cloître du treizième siècle. — Place
della Bocca della verità. — Fontaine des deux Sirènes. — *Santa Maria in
Cosmedin.* — Ancien temple de Cérès et de Proserpine.—Masque antique de
Pan devenu le masque *della bocca della verità.* —Malheur aux parjures !—
Mot de Pasquino sur les papes. — Campanile de *Santa Maria in Cosmedin.*
Temple de Vesta. — Temple de la Fortune virile. — Maison de Rienzi. —
Bords du Tibre vus du *Ponte Rotto.* — Jardins plantés d'orangers. — Embouchure de la *Cloaca Massima.* — Hospice Saint-Michel. — Une superbe
Transtévérine. — Ile *San Bartolomeo,* île antique *Tiberina.* — Église de
San Bartolomeo, ancien temple d'Esculape. —Hôpital des Frères de Saint-
Jean de Dieu. — Ponte *Quattro capi,* ancien pont Fabricius. 123

XX

La duchesse douairière de Gramont. — Toujours belle. — Son appartement au palais Colonna. — Souvenir de Marie Mancini. — Galerie Colonna. — Portrait de Marie Mancini. — Portrait de Charles Colonna, par van Dyck. — Vittoria Colonna. — Jardins du palais Colonna. — Thermes de Constantin. — Palais *Rospigliosi.* — Quelques tableaux. — Plafond de l'Aurore, par Guido Reni. 128

XXI

Santa Maria degli Angeli. — Ancienne salle des thermes de Dioclétien, transformée en église par Michel-Ange. — Ce qu'étaient ces thermes antiques.
— Martyre de saint Sébastien, par le Dominiquin. — Statue de saint Bruno, par Houdon. — C'est l'antithèse de son Voltaire du Théâtre-Français. —
Temple de Minerve Medica. — *Trophées de Marius.* — *Porta Maggiore.* —
L'ancienne porte *Prænestina.* — Tombe antique d'un boulanger romain.
Basilique de *Santa Croce in Gerusalemme.*—Porte *San Giovanni.* — Tours antiques de la porte *Asinaria.* — La *Scala Santa.* — Foule compacte dans l'escalier miraculeux. — Puanteur. — Un volontaire de Garibaldi. — La chapelle Sancta Sanctorum. 131

XXII

Comité libéral à Rome. — Le docteur Pantaleoni. — Le vice-consul de Sardaigne me conduit un soir chez le chef du comité. — L'assistance. —
L'abbé S... — Les femmes romaines. — Le pianiste Codino. — Il dénonce mon impiété à un cardinal, et déchire le portrait du prince Napoléon. 135

XXIII

Tombeau des Scipions. — Columbariums. — Murs de Rome. — Galerie de la villa Borghèse. — La Vénus de Canova, pour laquelle a posé la princesse Pauline. — Les thermes de Titus. — Palais d'or de Néron. — Ce qu'était ce palais. — Vertige de l'antiquité et de la vie des anciens. —
Fragment de Tacite. — Le Colisée en pleine lumière. — Le Forum. —
Romaines endimanchées. — Paysannes d'Albano et de Frascati. — Arc de Titus. — Jardins Farnèse. — Ruines du palais des Césars. — Découverte d'une *graffite* antique représentant le Christ en croix avec une tête d'âne
— Mot de Pasquino sur ce marbre détruit par l'ordre de Pie IX. — Bains

de Livie. — Paysage du genre Watteau. — Pavillon des jardins Farnèse. — Nous dominons le Palatin. — Panorama. — La *Marmorata*, etc., etc. — Autre partie des ruines du palais des Césars. — La maison de Cicéron. — Salle des gardes du palais d'Auguste. — Splendeur du ciel et de la végétation. — Le Vélabre. — L'arc de Janus quadrifrons. — La *Cloaca Massima*. 137

XXIV

La plus belle partie des ruines du palais des Césars. — L'enfant du gardien nous conduit. — Vue magnifique de la campagne de Rome. — Exubérance des plantes, des fleurs et légumes poussant à travers les ruines. — Débris du théâtre impérial où Néron chanta durant l'incendie de Rome. — La *villa Mills* (ancien palais d'Auguste), transformée en couvent des Dames de la Visitation. — Hippodrome de Néron, où furent trouvées cinquante statues en bronze des Danaïdes. — Partie des ruines appelée Terrasse. C'est là qu'était le fameux *Septizonium*. — Cabinet tapissé de plantes grimpantes. — Ruine de la tribune de Domitien, dominant le cirque Massimus. — Le petit garçon qui nous a conduits se nomme Josaphat. — Aux noms de Claude, de Tibère et de Néron, il répond qu'il ne connaît pas ces hommes-là. — Nous tournons le Palatin. — Voie triomphale. — Arc de Constantin. — Église de Saint-Grégoire le Grand. — Tombe de la courtisane Imperia. — Le Cœlius. — Les aqueducs de Claude. — Église *S. Giovanni*. — *Villa Mattei*. — L'antique *Macellum magnum*. — Couvent des frères passionnistes bâti sur les ruines de la façade du *Vivarium*. — Mot du custode du couvent. — Souterrains du *Vivarium*. 147

XXV

Encore le Vatican. — François II et sa femme en visite chez le pape. — Je les vois remonter en voiture dans la cour San Damaso. — Laideur et gaucherie du roi. — Beauté et grâce de la reine. — Sa toilette; élégance et fantaisies. — Mon indifférence pour la chute des rois. — Loges de Raphaël. — La *Pinacoteca*. — Musée de peintures modèles, quarante chefs-d'œuvre! — La bibliothèque, dons des souverains aux papes. — Musée sacré. — Le Christ en tunique. — Salle des peintures antiques. — Cabinet des *Bolli antichi*. — Portrait de Charlemagne jeune. — Autre portrait de Charlemagne vieux à Aix-la-Chapelle. — *Cabinet des médailles* vide de ses collections. — Médaille frappée en l'honneur de Christine de Suède. — La benoîste Tourraine. — L'appartement des Borgia. — Salle des archives. — Ce qu'a dit Montaigne de la bibliothèque du Vatican. — Galerie des *Arrazi*. — Cartons des *Arrazi* par Raphaël. — Galerie des cartes géographiques peintes à fresque. — Le palais du Vatican est un monde. — Scandale dans un couvent. — Vente des billets de communion. — Le général de Goyon reçu de la confrérie des *Sacchoni*. — Étrennes de Pasquino au général. — Sages conseils de Rabelais. — Tentative de hisser le drapeau italien au haut de la colonne Antonine. 153

XXVI

Musée de l'académie de Saint-Luc. — Arc de Septime Sévère. — Beauté du Forum inondé de lumière. — Rampe du Capitole. — Statue de Marc Aurèle. — Musée de peinture du Capitole. — La Protomothèque. — Buste d'Alfieri. — Sonnet de ce poëte contre la Rome papale. — Buste d'Emmanuel Philibert, duc de Savoie. — Sa ressemblance avec Victor-Emma-

TABLE DES MATIÈRES. 485

nuel. — Buste de Vittoria Colonna. — Souvenir de Corilla et de Delphine Gay. — Musée de sculpture. — *Morforio* rival de Pasquino. — Une épigramme faite à eux deux. — Le *Cabinet* secret renfermant la Vénus du Capitole. — Salle des empereurs. — Grand Salon. — Salle du *Gladiateur mourant.* — Palais des Conservateurs. — Je descends la rampe du Capitole par où passait le cortége des triomphes antiques. — Triomphe de César aux flambeaux. — Le *Tabularium.* — Prison Mamertine. — Escalier des Gémonies. — Premier cachot de la prison Mamertine. — Cachot inférieur des condamnés à mort, nommé Tullianum. — Légende du martyre de saint Pierre et de saint Paul. — Mort des enfants de Séjan bien autrement émouvante. — Récit de Tacite. — Crimes voilant les splendeurs de la Rome antique. 161

XXVII

Place Farnèse. — Fontaines formées par des baignoires antiques. — Sarcophage de *Cæcilia Metella.* — Statue équestre de Caligula. — Le custode fait la sieste. — Immondices dans le palais. — L'Aurore enlevant Céphale. — Le reste du palais habité par le général Ulloa et son état-major. — Je pense au frère du général ami de Manin. — La *Farnésine,* fête donnée par Chigi. — Pavillon décoré par Raphaël. — Fresques de l'Amour et de Psyché. — Le triomphe de Galatée. — La Fornarina inspirant Raphaël. — Carte de visite de Michel-Ange. — La famille de Darius et les noces d'Alexandre et de Roxane, par Sodoma. — Le palais Corsini (où mourut Christine de Suède). — Galerie de tableaux. — Le Prométhée enchaîné de Salvator Rosa. — Deux personnages mystérieux. — *Arcano di famiglia.* — Palais de la chancellerie. — Escalier où fut assassiné Rossi. — Église des SS. Laurent et Damas. — Petit palais de la *Farnesina.* 169

XXVIII

Le *monte Mario.* — La villa Madame. — Un cheval mourant. — La femme du gardien et sa fille. — Peintures de Jules Romain. — Vue de Rome. — Campagne morte. — Triple axiome du gouvernement papal. — Hauteurs de la villa Millini. — Cours du Vatican encombrées de caissons d'artillerie. — Dimanche de la Passion. — Nous entrons dans Saint-Pierre. — Le chant des *Mutilés.* — Le général de Goyon escortant toujours la *regina madre* de Naples. — Cercle de confessionnaux. — Absolution à la baguette. — Ce qu'en a dit Montaigne. — Le spectacle que m'en donnent mes amis. — Sonnet affiché sur une colonne du péristyle de Saint-Pierre. — Le pape comparé au Christ, et Victor-Emmanuel à Barabbas. — Une jeune Romain déchire cette poésie de sacristie. — Je dîne à l'académie de France en compagnie de quatre colonels. — Leur agression contre le roi d'Italie et Garibaldi. — Mot de M. Schnetz. — François II martyr. — *La reine nous ensorcelle,* disent les colonels. — Ce que je leur réponds en face du portrait de Napoléon III. — Discussion politique close par la danse, malgré le carême. 175

XXIX

Le mausolée d'Adrien. — Le sergent Dufour, du 17ᵉ de ligne, custode du fort Saint-Ange. — Nous parcourons les chambres, le souterrain et le caveau sépulcral. — Le prince Napoléon Bonaparte prisonnier au fort Saint-Ange. — Boulets de marbre faits avec des statues antiques. — Figure ailée de l'archange saint Michel. — Rome à nos pieds. — Le sergent

Dufour m'offre un boulet comme une orange. — Benvenuto Cellini. — Béatrix Cenci. — Fragments de la chronique de Béatrix. — Son supplice. — Sauvons les Ames! — Justification imperturbable de tous les crimes de la papauté. 173

XXX

Palais Barberini. — Portrait de Béatrix Cenci. — Tout a été dit sur cette tête navrée. — La Fornarina. — Mausolée d'Auguste. — Récit de Tacite. — La *voie Latine*. — Basilique de S. Stefano. — Peintures des tombeaux de la voie Latine. — Le jour décline. — Campagne romaine. — Attendrissement. — Vers. — Un custode et un ouvrier des fouilles. — Bel effet décoratif de la façade de Saint-Jean de Latran. — La lune posée sur la tête de la Vierge qui couronne la colonne antique. — Un paysan rêveur. — Le *Quadrivio delle quattro Fontane*. — Palais de la reine Christine, régente d'Espagne. — Le prieur général des franciscains grand d'Espagne. — Comment il consent à rendre hommage à la reine Christine. — Une belle repasseuse couronnée de son travail mieux que d'un diadème. . . . 185

XXXI

Cérémonie du Dimanche des Rameaux. — Le Pont Saint-Ange gardé par des carabiniers du pape. — La basilique de Saint-Pierre presque déserte. — Assistance officielle. — Bénédiction des palmes. — Le pape posté dans son fauteuil. — Son affaissement. — On respire à Rome un parfum d'incrédulité. — Deux bourgeoises romaines endimanchées. — Promenade hors les murs. — La *voie Appia* jusqu'au delà de la sépulture *Cotta*. — Soirée à l'ambassade de France. — Le général de Goyon et le général Ulloa. — Le général Denone et un sénateur français ultramontain. — Madame de Cabarrus. — Causerie de trois dévotes. — L'abbé Turlet. — Souvenir des filles de Louis XV. — Extase des trois dames sur les dons du cardinal Antonelli. 189

XXXII

Excursion à Frascati. — Halte à *Grotta Ferrata*. — La foire de ce village. — Église et abbaye de Saint-Basile. — Fresques du Dominiquin. — *Frascati*. — La villa *Aldobrandini* et la villa *Conti*. — Retour à Rome. — Promenade des libéraux le long des aqueducs de Claude. — Le pape au Pincio, acclamé seulement par quelques enfants des séminaires. 194

XXXIII

Temps sombre durant la semaine sainte. — Porte *Salara*. — Antique porte *Collina* par laquelle les Gaulois entrèrent à Rome. — La villa *Albani*. — Plus de colonnes que d'arbres dans les jardins. — Ombre de Winckelmann. — Son éblouissement de l'art païen. — Galeries et jardins de la villa. — L'air de Rome est chargé de langueurs accablantes. — L'orage. 197

XXXIV

L'exil du docteur Pantaleoni décrété par le pape durant la semaine sainte. — On accorde à peine vingt-quatre heures à l'exilé pour sortir de Rome. — Émotion de la bourgeoisie romaine. — Les ambassadeurs de divers États interviennent auprès du cardinal Antonelli. — Ce que leur dit le cardinal-ministre. — Les principaux Anglais, résidant à Rome, damandent une audience au pape. — Joyeuse humeur et réponse narquoise de Pie IX. — Antonelli bouc émissaire de tout le mal qui se commet. — Le pape faux bonhomme. — Rouage disloqué du gouvernement clérical, vraie machine de Marly. — Antonelli s'y fait un lit de roses. — Nuée de rats. — Antre de Sérapis. — Portrait de Pie IX et du cardinal Antonelli, par un prince romain. — Gioberti à Rome en 1848. — Le pape jugé par le philosophe chrétien. — Visite d'adieu au docteur Pantaleoni. — Agents de la police papale dans la rue *Babuino*. — Les journaux annoncent que Liborio Romano n'est plus ministre. — Promesse du *Miserere* d'Allegri à la chapelle Sixtine. — Monsieur et Madame Vavin, de Paris. — Palais de l'orfévre Castellani. — Ses magasins. — Ses bijoux étrusques et grecs. — Épées offertes par les libéraux romains à Victor-Emmanuel et à l'empereur des Français. — Le fils aîné de Castellani exilé de Rome. — Longue attente sous la galerie de Bernini. — Bataillon de deux ou trois cents Anglaises. Un officier matamore de François II. — Assistance de la chapelle Sixtine. — Les mères et les filles. — Propos édifiants. — La musique d'un protégé du cardinal Antonelli remplace le *Miserere* d'Allegri. — Jeudi saint. — Cérémonie de la Cène dans une salle du Vatican. — Les apôtres représentés par treize moines mendiants. — Ils entassent dans des paniers le pain, les bouteilles de vin et les mets que le pape leur a servis. — Ils portent leurs paniers au bras, comme des cuisinières. — Mot d'un *codino*, et réponse d'un libéral sur l'ex-famille royale de Naples. — Toutes les galeries du Vatican ouvertes le Jeudi saint. — Le reposoir de Saint-Pierre recouvert d'hermine. 202

XXXV

Lettre sur Rome écrite à un haut personnage français. — Rencontre de Merenda, ancien chef de la police des Bourbons de Naples. — Merenda et sa bande. — Prêtres et laïques. — On m'avertit que je suis surveillée par la police papale. — Ma vie à Rome. — Duperie et horreur de l'espionnage. — Le plus grand et le plus lâche des crimes. — Inquisition des âmes. . 212

XXXVI

Le Dimanche de Pâques. — Il pleut. — Pie IX bénissant le peuple. — Camail orné de pierreries du cardinal Antonelli. — Cent coups de canon tirés au fort Saint-Ange. — Défilé de vieux carrosses. — Le lundi de Pâques. — Illumination de la coupole de Saint-Pierre vue de la villa Médicis. — Le mardi de Pâques, visite des catacombes de Saint-Calixte. — Avant les tombes chrétiennes, les tombes païennes. — Sépultures des premiers papes. — Leurs squelettes. — Éboulement de débris humains. — Ce même jour le pape est frappé d'une attaque en officiant dans la chapelle Sixtine. — Le soir, feu d'artifice tiré sur le Pincio. — Aspect de la place du Peuple. — Tribune réservée à la famille royale de Naples. 216

XXXVII

Le carême est fini, les théâtres sont ouverts. — La police, les théâtres, etc. ont pour directeurs, à Rome, des cardinaux! — Représentation théâtrale donnée par les soldats français au profit des pauvres. — Aristocratique assemblée. — Enthousiasme du parterre au mot *Adriatique*. — Esprit, joyeuse humeur et laideur de nos soldats. — Beauté plastique des Romains. — Mot de Tertullien. — Recette détournée de sa destination. 220

XXXVIII

Le palais de Venise. — L'église de Saint-Marc. — Tombeau de C. Publicius Bibulus. — *Via de' Cerchi.* — Église de Santa Anastasia. — Fragments de marbre du palais des Césars. — Cirque Maximus. — Vol de corneilles sur les thermes de Caracalla. — Église de SS. Nérée et Achille. — Prison des jeunes vagabonds. — Siége pontifical de Saint-Grégoire le Grand. — L'église des Capucins. — Le Saint Michel archange de Guido Reni. — Le Saint François d'Assise en extase, du Dominiquin. — La barque de saint Pierre, carton de Giotto. — Un pauvre vieillard. 222

XXXIX

Palais Chigi. — Palais Sciarra. — Palais de la Poste. — Rencontre du *mari à breloques* et de sa femme. — *Santa Maria sopra Minerva.* — Seule église gothique de Rome. — Bibliothèque et cloître *della Minerva.* — Soldats français casernés dans le couvent. — *La Dogana di terra,* ancien temple d'Antonin le Pieux. — Le Pincio et le panorama de Rome en plein soleil. — La *Via Condotti* éclairé au gaz. — Ce que me raconte le consul de Sardaigne sur le *mari à breloques.* — Il est désavoué par M. de Cavour et éconduit par Antonelli.—Vif espoir de la fin de l'occupation de Rome. 226

XL

La petite rue *Bocca Leone.* — Le palais de don Marino, duc Torlonia. — Les deux belles-filles de don Marino, donna Francesca Torlonia, née Ruspoli, et la duchesse de Poli, née Chigi. — Flânerie et *far niente* des serviteurs romains. — Le marchand de fleurs. — La petite mendiante achetant des renoncules. — Poésie du peuple italien. — Promenade hors les murs avec la baronne Schwart. — Le temple de Romulus (fils de Maxence). — Le temple de Bacchus. — Un *bambino* nous offre des bouquets de roses. — La campagne de Rome. — La vallée *Caffarella.* — La nymphée d'Égérie. — Fragment de Plutarque. — Temple du dieu *Rudicolo.* — Récit de la baronne Schwart sur Garibaldi. — Caprera. — Garibaldi domptant et trayant sa vache. — La montre. — Le cheval. — Garibaldi à Bologne. — Sa fille Theresa. — La grosse gouvernante de Theresa parlant au peuple. — La baronne Schwart envoyée en mission en Sicile par Garibaldi. — Entrevue de la baronne et de Garibaldi à Caserte. — Réceptions de l'ambassade de France et de la *villa Médicis.* — Rencontre de M. Louis Curmer. — Proverbe arabe. 230

XLI

Course manquée à *Sant' Onofrio.* — Un fils de Cérès. — Portique d'Octavie — Abords du *Ghetto.* — Soldats pontificaux. — Saleté des ruelles du Ghetto. — Juifs accroupis. — *Via Cenci.* — Synagogue. — L'orage m'empêche de voir le palais *del Padre infame.* 241

XLII

Le mont Aventin. — Temples antiques remplacés par des églises. — *Santa Maria Aventinense.* — Prieuré des chevaliers de Malte. — Bastion de Paul III. — Église de Saint-Alexis. — Pénitence inactive de ce saint. — Église de Sainte-Sabine. — *La madone du Rosaire,* de Sasso-Ferrato. — Ruines du château du pape Honorius III. — L'église de *Santa Prisca.* — Légende de la sainte. — Débris de l'aqueduc de Trajan. — Sainte *Prasseda*. — Sainte *Pudenziana*. — *Sainte Cécilia*. — Jeunes vierges martyres, toutes aussi belles que les déesses de l'Olympe. — *Santa Maria in Transtevere* sur l'emplacement de l'antique *Taberna Meritoria*. — Encore le Ghetto. — Palais Cenci. — Note infâme du père infâme. — Spectre éploré *della figlia infelice*. 243

XLIII

La villa Ludovisi. — Jardins antiques de Salluste. — Fragments antiques. — L'*Aggere* de Servilius Tullius. — Le champ *Scélérat*, où l'on ensevelissait vivantes les vestales impudiques. — Fragment de Plutarque. — Ouragan. — Galeries des marbres de la villa Ludovisi. — Fresques du Guerchin. — Petits paysages du Dominiquin. — Jardin de la villa Ludovisi. — Satyre attribué à Michel-Ange. — Platanes d'Orient. — Église de Sainte-Agnès, gâtée par les fresques nouvelles du sieur Gagliardi. — Éboulement de la salle *Canonica*. — Pie IX sauvé par miracle. — Fresques bouffonnes rappelant cet événement. — Église de Sainte-Constance autrefois Baptistère de sainte Agnès. — Emblèmes païens des mosaïques. 247

XLIV

Le palais Borghèse. — Cour monumentale. — Deux sœurs de François II en visite chez la princesse Borghèse. — Galerie de tableaux. — Portrait de Savonarola. — C'est Lamennais qui se ranime et va parler. — Portrait de César Borgia, insolent, superbe, et comme radieux de ses crimes. — Chambre ovale. — Fresques de Raphaël. — Souvenir de la princesse Pauline. — Son frère dieu par la gloire, elle déesse par la beauté. — Balcon au-dessus de la fontaine du port *Ripetta*. — Fantômes des deux frères Borgia, l'assassin et l'assassiné. — Boudoir rond. — Illuminations pour l'anniversaire du retour de Pie IX de Gaëte. — Rome agitée. — Transparent de la place du Peuple. — Transparent du cercle des *Zouaves pontificaux*; la barque de saint Pierre, par le sieur Gagliardi. — Transparent de la place du Panthéon; Pie IX en archange Michel fondant sur l'hydre de l'anarchie, figurée par Victor-Emmanuel. — La foule crie : *Viva il re d'Italia!* — Les gendarmes pontificaux. — Émeute devant le palais de l'Université. — Transparents déchirés par les élèves. — Huit sont arrêtés. — Deux sont condamnés aux galères. — Noble adresse des élèves de l'Université au cardinal Altieri. — Les princes romains libéraux s'abstiennent d'illuminer. — Promenade hors les murs. 252

XLV

Visite à l'atelier du peintre Owerbeck avec M. Curmer. — Carton d'une peinture symbolique d'Owerbeck. — Atelier du sculpteur Hoffmann. — Souvenir de la duchesse d'Orléans et du statuaire Voltreck. — Orage sur la voie Appia. 260

XLVI

Visite du prince Caëtani, duc de Sermoneta, artiste, écrivain et commentateur du Dante. — Invitation de la duchesse de Sermoneta. — Couvent et église de *Sant'Onofrio*. — Carabiniers du pape. — Leur décoration. — Croix en forme de guimbarde. — Magnifique effet d'orage. — Terrasse de *S. Onofrio*. — Vue de Rome en clair-obscur. — Intérieur de l'église de *S. Onofrio*. — Déplorable monument du Tasse. — Vrai mausolée d'un banquier parvenu. —

Portrait contemporain du poëte. — Pierre tumulaire et inscription des moines. — Divers vestiges du fou sublime. — Inflexibilité du moine custode. — Épigramme sur la mort de Léon XII. — Le triomphe du Tasse. — Sa dernière vision dans le jardin du couvent. — Lettre de Chateaubriand à madame Récamier. — Sonnet d'Alfieri à la tombe du Tasse. . . .   265

XLVII

Le prince Antonio Santa-Croce, duc de Corchiano. — Esprit vif et primesautier. — Ma curiosité de savoir l'histoire de son frère Prospero. — Ce que me dit le prince Santa-Croce de monsignor Chigi, du cardinal Antonelli et de Pie IX. — Mot du prince à M. Thiers sur le gouvernement papal. .   271

XLVIII

Environs de Rome. — Le *ponte Molle* (antique pont Milvius). — Les cités étrusques. — Mon taciturne compagnon d'excursion à la Storta. — La *Tenuta* Giustiniani. — Le cardinal de ce nom. — La Storta. — La *cuaca della osteria della Posta.* — Un joli ravin et deux hameaux qui m'attirent. — Un berger romain. — Beauté du crépuscule sur la campagne de Rome. — Attraction mystérieuse des ruines. — Dîner à la Storta. — Causerie mondaine. — Marionnettes contemporaines. — Spectres aux rumeurs éternelles raillant les échos du monde vivant. — Une grande nuée de pourpre flotte sur le ciel au-dessus de Rome. — M. Delâtre me raille de mon ignorance. — Les deux hameaux qui m'attiraient renferment les ruines de Veïes. — Objets d'art découverts dans la cité étrusque. — Assassinat du comte de Liminghe. — Fragments de Plutarque sur le siége de Veïes. — Lettre de Chateaubriand à madame Récamier sur une fouille qu'il fait faire à Veïes. — Visite du commandeur Visconti, directeur des musées de Rome. — Ce qu'il me dit de Chateaubriand. — Amour de René pour madame Hortense Allard. —. Beauté, charme et droiture de cette femme presque oubliée. — En France, la pauvreté amène l'éclipse. — Léopold Robert. — M. de Tocqueville. — Antoni Deschamps, Delphine Gay à l'Académie *Tiberina*.   272

XLIX

Le Colisée au clair de lune. — Méditation philosophique. — Soirée chez le prince Caëtani, duc de Sermoneta. — Le palais Caëtani. — La duchesse de Sermoneta. — Amour en marbre de Paros, sculpté par le prince. — Modèles fournis par lui à l'orfévre Castellani. — Superbe portrait (contemporain) de Campanella. — Espérance des assistants de voir bientôt Rome capitale de l'Italie. — Le fils et la fille du prince Caetani.   285

L

Je visite la sacristie de Saint-Pierre avec M. Louis Curmer. — Magistrales statues de saint Pierre et de saint Paul qui décoraient la basilique primitive. — Bustes des mêmes apôtres en bronze doré. — Sainte famille de Jules Romain. — La madone de la fièvre. — Superbes fragments de fresques du quinzième siècle. — Le *Trésor* de saint Pierre invisible. — Feinte terreur de l'arrivée des Garibaldiens. — La *libreria* de la sacristie. — Déjeuner au restaurant du *Lion d'or*. — Les convives. — Bibliothèque du palais Corsini. — Le palais Spada. — Statue antique de Pompée. — *La mort de César*, de Voltaire, représentée au Colisée. — Mot d'Alfred de Musset sur la république. — Médiocre galerie de tableaux du palais Spada. — Le palais Braschi. —

TABLE DES MATIÈRES. 491

Le propriétaire actuel de ce palais fils d'un boulanger enrichi. — Église de Saint-André *della Valle*. — Le palais Bonaparte où mourut madame Lætitia. — Détails et anecdotes sur les dernières années de la mère de Napoléon. — Atelier du peintre Cornelius au palais *Poli*. — Cartons de Cornelius. — Ce peintre octogénaire remarié de la veille. — Sa troisième femme a vingt ans. — Portrait de Cornelius. — Sa belle parole sur Rome. — Pension promise par le roi de Prusse à la veuve quelconque de Cornelius. — Je revois Cornelius vieilli de dix ans. — Don Morino, duc de Torlonia. — Monseigneur Pacca et M. de Kisselef. — Visite de donna Francesca Torlonia, née princesse Ruspoli. — Effet que produit à Rome la lettre du duc d'Aumale au prince Napoléon. 288

L I

Ma visite au palais Santa-Croce. — Buste du cardinal Prosper Santa-Croce, qui conseilla le massacre de la Saint-Barthélemi. — La princesse de Santa-Croce aimée par le cardinal de Bernis. — Son portrait et celui du galant cardinal. — Archives de la famille Santa-Croce. — Appartement désert où est mort le jeune Publicola Prospero Santa-Croce. — Romanesque et sinistre histoire. — Mariage *in extremis* de Prospero. — Promenade sur la voie Appia et sur la voie Latine. — Ombres des vieux Romains. 300

LII

Seconde excursion à Frascati, accompagnée par un avocat au patriotisme intermittent. — La porte *Furba*. — Aqueduc *della Acqua felice*. — Porte et place de Frascati. — Déjeuner chez une vieille épicière. — Des ânes nous portent jusqu'à Tusculum. — La villa *Piccolomini*. — Le couvent des capucins. — La *Ruffinella*, propriété du roi d'Italie. — Il peut y arriver en ballon. — Vue à vol d'oiseau de la villa *Falconieri*, de la villa *Taverna*, de la villa *Mandragone* et du village de *Monteporcio*. — Le mont *Genaro*, les collines de Tivoli. — Les Apennins et la cime du Soracte. — Orage menaçant, nuées furieuses. — Jardins de la *Ruffinella*. — Délicieuse vallée. — Débris du cirque ovale de *Tusculum*. — Au centre de l'amphithéâtre est un magnifique noyer. — L'orage éclate. — Maisonnette du gardien de Tusculum. — Jeunes Anglaises à cheval abritées par des ombrelles-marquises. — Cavalcade de moines. — Parapluie rouge du gardien. — Ruines de la cité Pélasgique. — Nous descendons la colline noircie par la pluie. — Halte à la villa Aldobrandini. — Nymphée. — Belle Judith du Dominiquin. — Étendue de la plaine jusqu'à Rome. — Ce que dit Montaigne du gisement incertain de la Rome antique. — Je m'assois chez la vieille mercière. — Ses billets de loterie. — Sa tabatière en lapis-lazuli. — Histoire de cette tabatière, don d'un galant cardinal. — La vieille m'offre une de ses bagues. — Contraste du peuple italien et du peuple français. — Retour à Rome. — *Speech* patriotique de mon compagnon de route. 306

LIII

Le commandeur Visconti me conduit à Ostie avec madame Loiseau d'Entraigues et M. Louis Delâtre. — Voie antique *Ostiense*. — Claude agrandit le port d'Ostie. — Claude faisait un sacrifice au temple de Neptune à Ostie quand Messaline épousa Silius. — Récit de Tacite. — Tibère suivit la route que nous suivons quand il s'exila de Rome. — Camp lilliputien de Châlons de monseigneur de Mérode. — Le cardinal Wisemann. — Fragment de Rabelais. — Nos devanciers ont pu dire sur la cour de Rome ce qu'on nous interdit d'en dire aujourd'hui. — Taureaux et chevaux sauvages courant au bord de la route. — Pittoresque auberge. — Paysans en culottes courtes. — Fourrés d'asphodèles. — Deux vers d'Homère. — Ce que nous dit le commandeur Visconti de l'*Ile sacrée* et des fêtes des *Dioscures*. — Lagunes et salines d'Ostie. — La *Solemnitas jucunda*. — La moderne Ostie. — Église de Saint-Sébastien. — Magasin des fouilles. — Evêque-cardinal d'Ostie. — *Osteria*. — Succulent déjeuner. — Crême vanillée dite *Olympia*. — Anecdote sur Olympia Panfili racontée par Racine. — *Cazone à Rienzi* de Pétrarque. — Poétique figure de ce tribun. — Vers de Leopardi. — Les deux douleurs incurables de ce poëte. — Voie antique menant aux ruines d'Ostie. — Aspect de la campagne. — Rencontre de trois fermiers à cheval. — Temple de Jupiter. — Troupeaux de bœufs noirs. — Bergers taciturnes. — Fragment du Pogge. — Porte romaine. — Tombeau. — Petite place. — Thermes. — Partie déblayée de l'antique Ostie. — Cours du Tibre. Rivage de l'Ile sacrée. — Importance de l'antique Ostie. — Culte de Mithras. — Les quinze galériens de M. Visconti employés aux fouilles. — Touchante histoire de l'un d'eux. — La maison des initiés de Mithras. — Soleil couchant sur les ruines d'Ostie. — Retour. — Civilisation grecque et latine. — Les langues sont les clefs qui nous ouvrent les différents esprits des peuples. 315

LIV

Église de Saint-François de Paule. — Tableau représentant M. Alphonse Ratisbonne, en bottes à l'écuyère. — La Vierge lui apparaît. — Voilà comment ce juif devint chrétien. — Orgueil du modèle d'atelier qui a posé pour la Vierge. — Procès du chanoine Mallet. — Fredaines du père H. — Exclamation de Rabelais. — Eglise de *Santa Maria della Pace*. — Les trois Sibylles de Raphaël. — Un confesseur priant à outrance. — Scène burlesque. — Encore le Forum. — Dévastation du Forum par Robert Guiscard. — Grégoire VII appelant les Normands barbares pour défendre son pouvoir temporel. — Temple de *Romulus* et *Rémus*. — Basilique de Constantin. — Temple de *Vénus et Rome*. — Adrien le Grand bâtisseur. — Soleil couchant sur le Forum. 334

LV

Excursion à *Tivoli* avec M. et Mme Loiseau d'Entraigues. — *Ponte Mammolo* sur l'Anio. — Lac de' *Tartari*. — *Castel Arcione*. — Canal *della Solfatara*. — Thermes de Marius Agrippa. — Bains *della Regina*. — Pont *Lucano*. — Tableau du Poussin. — Grand tombeau de la famille *Plautus*, transformé en forteresse. — La villa Adriana. — Sa magnificence attestée par les statues et les mosaïques qui sont au Vatican. — Maison du gardien. — La *Palestre couverte* transformée en étable. — Ruines du *Théâtre Grec*. — Grand mur du *Pœcile*. — Temple des *Stoïciens*. — *Théâtre maritime*. — Vestiges de la *Bibliothèque*. — Galerie voûtée de l'hôpital militaire. — *Vallée de Tempé*. — Temple de *Vénus* et de *Diane*. — *Champs-Elysées* ceints d'une colonnade de cyprès. — Voûtes énormes du *Palais impérial*. — Ruine magnifique des *Thermes*. — Grands bœufs paissant dans un verger d'oliviers. — Abîme de végétation. — *Bains privés* de l'Empereur. — *Logements des esclaves*. — Prairie couverte d'érables. — Emplacement de *Canape*. — Ruine du *Temple de Sérapis*. — Emplacement du *Stade*. — *Les Cent chambres des gardes prétoriennes*. — Esplanade de la *Place d'armes*. — *Trône d'Adrien*. — Halte et rêverie. — Idylle dans la villa Adriana. —

Vers de Sainte-Beuve. — L'idylle profanée. — Lettre sur les cinquante-six évêques réunis à Rome. — Prêche de Mgr de Tulle au Colisée. — Litz. — — Le père Hermann et la princesse russe Wittgenst. — Ruine du *Pœcile*. — Déjeuner à la *villa Adriana*. — Mon désir d'habiter le logis du gardien. — Nous butinons des fragments de marbres et des carrés de mosaïques. 340

LVI

Tivoli (l'antique Tibur), fondé cinq siècles avant Rome. — Vers d'Horace. — Zénobie, reine de Palmyre, sa villa à Tibur. — Porte *Santa-Croce*. — Villa du même nom. — Collége des jésuites. — Soldats français logés chez les révérends Pères. — Place de Tivoli. — Bruit de la cataracte de l'Anio. — Auberge de la Sibylle. — Temple de Vesta et temple de la Sibylle. — Le gouffre des cascades, cratère d'un ancien volcan. — Un versant du mont *Catillo*. — Ruines d'une villa d'Horace et d'une villa de Tibulle. — Entonnoir des cascades. — Grotte de Neptune détruite. — Grotte latérale des Sirènes. — Ravissement. — Ermitage creusé dans le roc. — Grotte nouvelle de Neptune. — La grande cascade. — Vol de corneilles dans l'air. — Trois baudets s'amusant à braire. — Route de Tivoli à la vallée *de' Arci*. — Cours tranquille de l'Anio. — Soldats français lutinant les *contadini*. — Moines dominicains. — Trois chanoines montés sur des mules. — Deux vivat séditieux. — Fière parole d'un maraîcher. — Admonestation de M. Loiseau d'Entraigues. — Un fermier de campagne patriote. — Adresse des Romains à Napoléon III. — La vallée *de' Arci*. — Fragments superbes d'aqueducs antiques. — L'horizon. — Récit du fermier sur le marquis de C.... — Testament de ce marquis. — Invitation cordiale et poétique du fermier. — Nous nous séparons au cri de : *Viva la patria!* — Retour à Tivoli. — Groupe superbe de la ville encadrée de nuages d'or. — Ruines de la villa de Catulle. — Cascatelles. — Chapelle de la madone de *Quintiliano*. — Pont antique d'Aquaria. — Pont moderne en bois. — Voie *Tiburtine*. — Ruines de la villa de Mécène. — Luxe des patriciens romains. — Fragments de Plutarque. — Vers d'Horace. — Petit temple *della Tossa*. — *Villa d'Este*. — Jeux hydrauliques. — Jardins incultes. — Reproductions puériles e miniature des plus grands monuments romains. — Panorama des lieux parcourus. — Retour à Rome. — Intervention du chancelier de l'ambassade pour nous faire ouvrir la porte *San Lorenzo*. 352

LVII

L'esprit maîtrise la bête malade. — Mirages de quelques cités antiques. — Rencontre de mon mystérieux compagnon d'excursion à la *Storta*. — Commencement de causerie philosophique. — Le pont Milvius, Mabille de l'antique Rome. — Tableau fantastique d'un Lupanar romain. — L'art seul survit. — Porte *Pia*. — Pont Nomentano. — Tombe antique servant de cabane à des bergers. — Le mont Sacré. — Ménénius Agrippa. — Lucrèce et Virginie affermissant la liberté romaine. — Ruines de la villa de Phaon. — Récit de la mort de Néron par Suétone. — Dialogue philosophique. 374

LVIII

Orage formidable. — Atelier de Tenerani. — Buste de Pie IX. — Anecdote. — Atelier de Gibson. — La Pandore polychrome. — Chef-d'œuvre adoré des ladies. — Vestibule du couvent des augustins. — Le spectre de Néron et de ses victimes. — Spectres plus redoutables pour la papauté. — Luther et Lamennais au couvent des augustins. — Imprécations de Dante contre les pontifes romains. — Eglise de *Santa Maria del Popolo*. — Admirable bas-relief de Sansovino. — Chapelle mortuaire des Chigi. — Statue de Jonas par Raphaël. — Adresse à l'empereur des Français cachée dans le corset d'une danseuse. — Les couvents de nonnes harems des moines. — Mot de Pasquino. — La villa Walkonski. — Les deux villas Altieri et Giustiniani. — Ouvrages des *Prix de Rome* exposés à la villa Médicis. — La *Madeleine* de M. Charles Sellier. — Visite manquée au cardinal Antonelli. — Amour des poëtes et des artistes pour Rome. — Rome est à eux comme ils sont à elle. — Outrages faits à la ville éternelle par les souverains et les papes. — Vers de Gœthe. — Le tombeau d'Adrien éblouissant de lumière. . . 395

LIX

Don Marino, duc de Torlonia, nous propose une partie en *pique-nique* à son ancien fief de *Bracciano*. — Amour de don Marino pour sa suzeraineté perdue. — Voyage à trois. — Villa *di papa Guilio*. — Tour *del Bosco*. — Tentation de visiter Veïes. — Nouveaux détails sur les fouilles de cette cité étrusque. — L'*osteria nuova*. — Deux femmes et un vieillard atteints par la mal'aria. — *Ponte di Galera*, village abandonné. — Antique voie Claudia. — Apparition subite du lac et du château de Bracciano. — Beauté de ce tableau. — *Sabate*, ville antique engloutie. — *Anguillare*. — Histoire du donjon de Bracciano. — Les princes Orsini tenant en échec les papes. — Bracciano assiégé par le pape Borgia. — Les Odescalchi succèdent aux Orsini et vendent leur domaine aux Torlonia. — Restauration des Odescalchi. — Désespoir de don Marino. — Remparts, tours et créneaux du château de Bracciano. — Intérieur. — Souterrains, cachots, tour des supplices, corridors, voûtes. — Salles d'armes. — Chambres où couchèrent Clément VIII et Walter Scott. — Immense et splendide horizon du haut de la plate-forme. — Imprimerie de Bracciano. — *Alde Manucio*, originaire de Bracciano. — Eglise de Bracciano dédiée à *San Stephano*. — Le curé de *San Stephano*. — Une épicière, cousine de Tamberlick. — *Il signor Montanari*, médecin de Bracciano. — *Il signor Cerasari*, procureur de Bracciano. — Cri de : *Vive l'Italie et Rome pour capitale!* — Effroi de don Marino, rassuré par M. Loiseau. — Fragments inédits d'une tragédie de Walter Scott, écrits sur l'album de la duchesse Torlonia. — Un vers prophétique. — Fin de l'excursion. — Les brigands du pont d'*Acqua traversa*. . . 402

LX

Histoire de Gertrude. — Ferment du sang italien. — Amours antiques. — Amours du dix-huitième siècle. — Les jésuites dupés. — Moralité de l'histoire. 417

LXI

Mon entrevue avec le cardinal Antonelli. — Appartement du cardinal au Vatican. — Portrait du cardinal. — Conversation politique. — Haine du cardinal contre Napoléon III. — Mariages et testaments dans les États de l'Église. — Jeune princesse romaine en visite chez le cardinal. — Ni Richelieu, ni même Mazarin. — Paresseux et indifférent. — Pie IX en 1848. — Le fantôme de la patrie. — Retour de Gaëte. — Forces étrangères et divergentes qui soutiennent encore la papauté. — Marche de la révolution. — *Ma pur si muove*. 426

LXII

Galeries du Vatican vues aux flambeaux. — Dieux et déesses défendent le Vatican chrétien.. 445

LXIII

Départ pour Albano avec Madame Loiseau d'Entraigues. — Un sémillant cocher. — La porte *Maggiore*. — Le cirque *Castrense*. — Tombeau de Pompée. — Fragment de Plutarque. — Route superbe d'Albano à Castel-Gandolfo. — Castel-Gandolfo. — Lac d'Albano. — Magnifiques villas et domaines, tous *biens de moines*. — Albe antique. — Souvenir de Corneille. — Un triomphe de Néron. — Villa papale à Castel-Gandolfo. — Albano. — Villa Doria. — Tombeau des Horaces et des Curiaces. — Pont d'Aricia. — Villa Chigi. — Villa Cesarini. — Lac de Nemi. — Formidable orage. — Campagne romaine à travers un déluge. — Imperturbable gaieté de notre cocher. — Le cheval vaut le maître. — Comment l'homme glorifie la bête — Épigrammes de la Rome antique et de la Rome moderne. — L'esprit des épigrammes étranger à l'Angleterre et à l'Allemagne. — Rabelais, Agrippa d'Aubigné et Victor Hugo, seuls satyriques français à la façon de Juvénal. — Épigrammes des gamins de Paris. — Le prince banquier Torlonia.. 450

LXIV

Un vieux duc sicilien et sa jeune femme. — Palais Torlonia. — Désir de fuite de la duchesse sicilienne. — Mes amis me tentent par divers projets. — J'écris au cardinal Antonelli. — Réponse de Son Éminence. — Adieux à Rome du haut du Forum. — Soldats français ivres. — Vers d'Auguste Barbier. — La justice principe absolu. 464

LXV

Dernière veillée avec mes amis. — Un reflet, un écho, c'est plus que ne laisse la vie quand elle s'est écoulée. — Adieu à M. Gendre. — Départ de Rome pour Civita-Vecchia. — Derniers enlacements de la campagne romaine. — Douane papale. — Notre consul, M. Dubreuil. — Halte à Livourne. — Lucques, la *Ninon* des cités. — Halte à Gênes. — Manzoni et de Cavour. — Arrivée à Paris. — Compression. — Poids des banquises. — Lueur certaine. — *Solemnitas jucunda*. — Phthisie des esprits. — Vers à Émile Deschamps. 472

FIN DE LA TABLE DU QUATRIÈME ET DERNIER VOLUME.

PARIS. — IMP. SIMON RAÇON ET COMP., RUE D'ERFURTH, 1.

www.ingramcontent.com/pod-product-compliance
Lightning Source LLC
Chambersburg PA
CBHW071619230426
43669CB00012B/1991